北京经济技术开发区年鉴

BEIJING ECONOMIC-TECHNOLOGICAL DEVELOPMENT AREA YEARBOOK

（2016）

北京经济技术开发区年鉴编纂委员会 编

方志出版社
Publishing House of Local Records

《北京经济技术开发区年鉴》
编纂委员会

《北京经济技术开发区年鉴》

编　辑　部

《北京经济技术开发区年鉴》
组　稿　人

（按姓氏笔画排序）

丁孟良	于文婕	于金铭	于春影	于雪莲	马　乐
马　焱	马会林	马苏墨	马爱新	王　宁	王　欢
王　珍	王　洁	王　娜	王　菁	王　琴	王　琪
王　琳	王　森	王　惠	王　晶	王　翠	王　磊
王　巍	王　矗	王玉姗	王冬温	王华伟	王英建
王春时	王玲玲	王振权	王晓东	王海英	王德友
木　子	巨德慧	毛东颖	月梅兰	孔　畅	叶立华
田　丹	兰简瑶	匡　娜	邢　雷	权立云	乔　悦
伏社宏	刘　欢	刘　静	刘　璇	刘小幸	刘丹青
刘园园	刘明明	刘莎莎	刘晓幸	刘晓春	刘晓霞
刘湘永	刘署燕	闫　炎	闫盼娜	闫葆廷	池雨萌
安会会	祁振民	许　磊	孙　玲	孙　特	孙　琳
孙　辉	孙　淼	孙欣欣	孙继东	苏　欣	苏太山
杜　宇	杜海乐	李　华	李　欣	李　晔	李　倩
李　菲	李　婧	李小冬	李云翰	李军辉	李春澍
李艳平	李艳华	李楠楠	李静媛	李燕星	杨　帅
杨　帆	杨　旸	杨　洋	杨　莹	杨　博	杨　磊
杨　霞	杨亚菲	杨晶晶	杨韫辉	杨路萍	吴　璇

（续）

吴文雅	何　谊	何　霞	何亮颖	佟俐颖	余　婕
谷明华	冷　琎	汪鹤龄	沈　剑	沈佳子	宋　健
宋晓梅	张　一	张　凡	张　夺	张　弛	张　羽
张　杨	张　莉	张　莹	张　菁	张　敏	张　然
张　颖	张子一	张元璋	张文芮	张进红	张丽虹
张迎春	张明星	张春红	张思思	张胜智	张海璐
张婉君	张雯雯	张蔚青	陈　戈	陈　林	陈　晨
陈　嘉	陈乐央	陈君明	陈明月	陈莉莉	陈惠琴
林京姬	罗媛群	周　泉	周　婷	周　毓	周会丽
周菁楠	庞露露	房　帅	屈丽娜	屈洪博	孟　雨
孟　超	赵　欢	赵　娜	赵　新	赵　璇	赵小丽
赵玉立	郝美平	郝美丽	荀逸飞	胡艳涛	侯　萱
侯东昊	姜　涛	姜　静	姜小雨	姚　远	姚岫霞
桂　洋	贾　坤	贾　燕	贾莉莉	夏　源	徐博远
高　峰	高　磊	郭培先	席志斌	黄　文	黄文佳
黄永雷	黄秀敏	曹　旭	章丽慧	寇　红	彭立华
葛晨辉	董　妮	董凤荣	董佳琪	蒋健勇	韩　笑
韩　燕	韩士华	韩志锋	程　平	程　芳	程砚春
程晓芳	靳　洋	靳子畅	蒙　乐	蔺仿如	臧　林
谭　艳	翟　欣	翟志芳	翟家明	黎　军	潘利塔
潘雯娜	薛新杰	霍晓蕊	穆贵林		

北京经济技术开发区项目示意图

图中信息
仅供参考

编制：北京市规划委员会经济技术开发区分局　北京经济技术开发区城市规划和环境设计研究中心　2016年01月

一区六园示意图

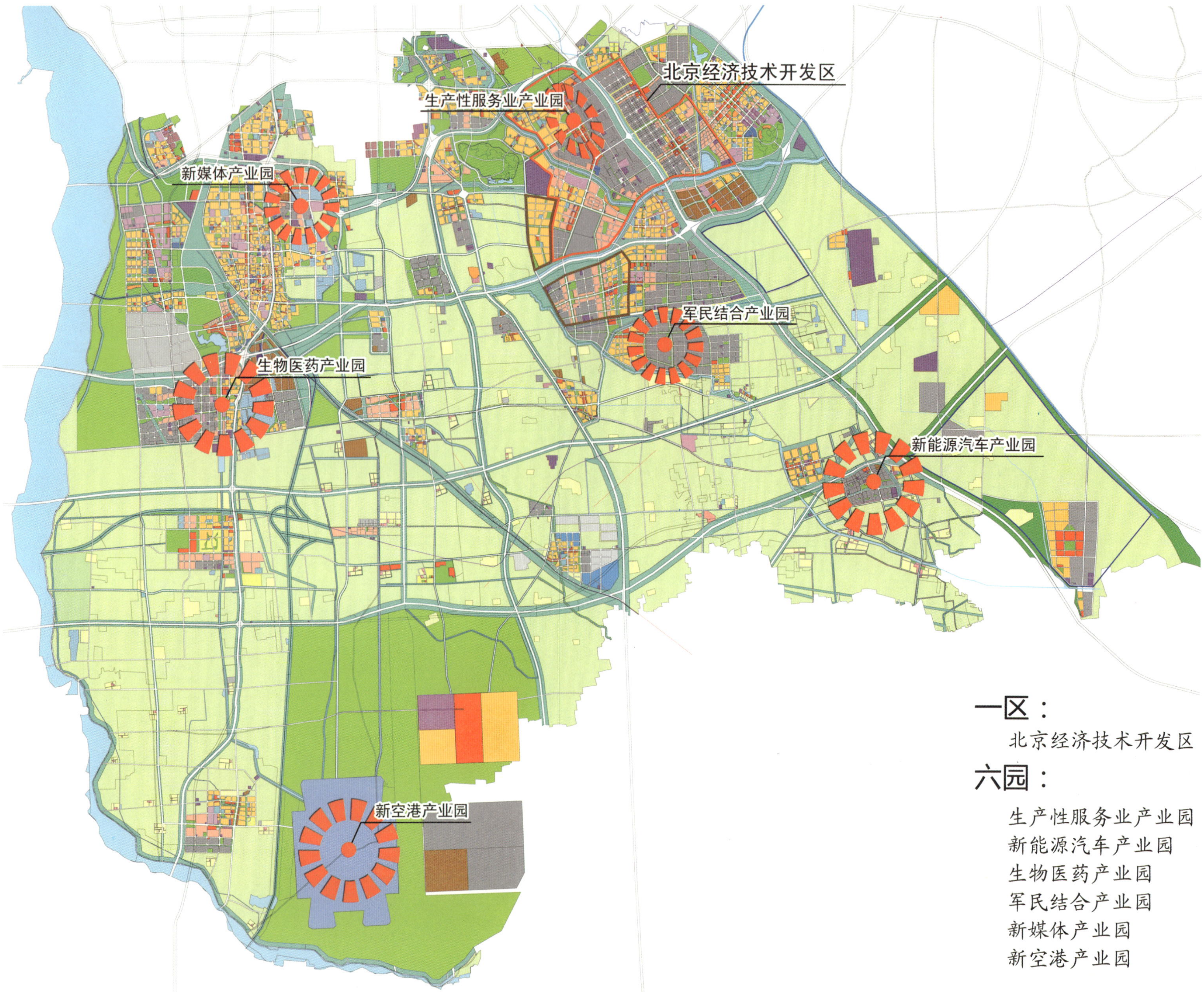
北京经济技术开发区
生产性服务业产业园
新媒体产业园
军民结合产业园
生物医药产业园
新能源汽车产业园
新空港产业园
一区：
北京经济技术开发区
六园：
生产性服务业产业园
新能源汽车产业园
生物医药产业园
军民结合产业园
新媒体产业园
新空港产业园

12 月 29 日，开发区 2015 年度工作会议召开　　郑云 摄

12 月 31 日，开发区举行北京市重点产业知识产权运营基金设立发布会　　郑玮 摄

5 月 29 日，北京亦庄 · 永清高新区获批并组建管理机构

7月16日，开发区特色产业园发展联盟成立，
16个园区获批首批特色产业园　　郑云 摄

潘清泉 摄

5 月 13 日，开发区参展第十八届中国北京科技博览会　田艳军

11 月 23 日，开发区参与承办 2015 世界机器人大会

郑云 摄

年内，开发区每公顷出让土地平均投资密度达到 4840 万美元，创造税收 1655 万元

潘清泉 摄

9月7日，天地互连主办的2015全球IPv6下一代互联网高峰会议在北京举行　　周悦 摄

6月9日，四达时代举办非洲数字电视发展论坛　田艳军 摄

2015全球IPv6下一代互联网高峰会议
Global IPv6 & Next Generation Internet Summit 2015

VISION NUMERIQUE EN AFRIQUE
四达时代集团
tarTimes Group
BUNDESLIGA

5 月 19 日，天地互连主导的全国智慧能源公共服务云平台上线　　周悦 摄

12 月，康明斯排放在华年度第十万台尿素泵产品下线　　康明斯排放提供

年内，华联印刷原尺寸复制圆明园四十景　　田艳军 摄

四达时代现代化播控中心　　四达时代提供

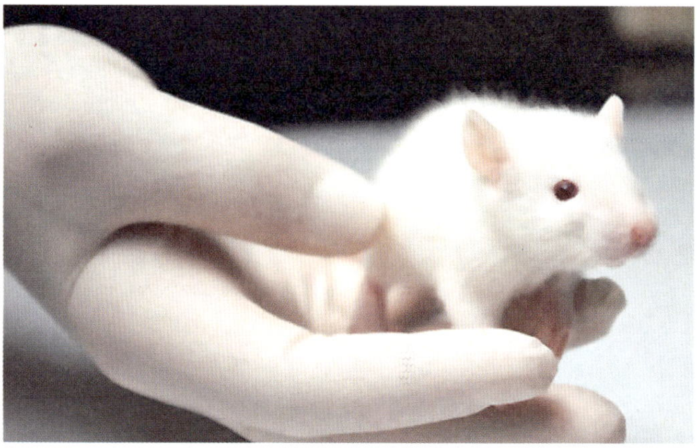

2月，艾德摩 IDSomatic 小鼠模型系统上线　艾德摩提供

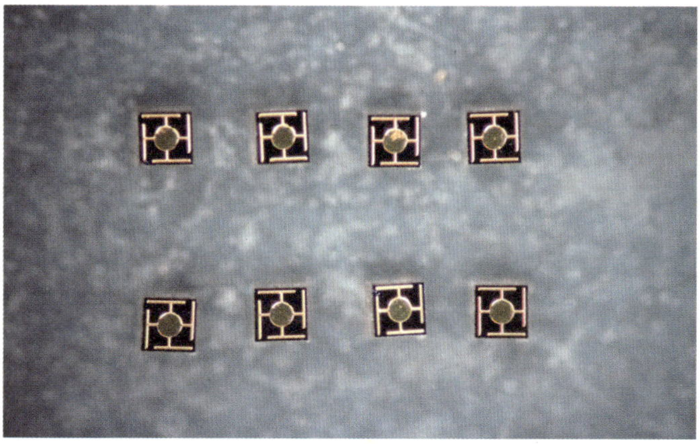

年初，太时芯光超高亮度 LED 红外芯片投入生产　廖伟 摄

1月6日，京东方推出全球最大尺寸 110 英寸 8K 屏
京东方提供

10 月 22 日，经纬纺机棉纺数字化车间通过验收　　经纬纺机提供

月，冠捷显示科技的基于多系统协同整合的一条龙智能制造项目投入生产　　田艳军 摄

新航城航站楼建设工地夜景

潘清泉 摄

7月17日，北汽新能源自建的首个公共综合充电站投入使用　田艳军 摄

10月12日，开发区首个全封闭型污水处理厂——路南区污水处理厂工程竣工　潘清泉 摄

月，中外运敦豪首批 35 辆纯电动物流服务车投入使用　　中外运敦豪提供

11 月 9 日，开发区荣华、博兴街道社区微型消防站落成　　李慧欣 摄

5 月 18 日，开发区海关开通 “一线进出境”业务

9 月 20 日，开发区内 80 个重要路口 287 个倒计时屏工程完工　　田艳军 摄

潘清泉 摄

10 月 27 日，位于电科职院的开发区公共图书馆揭牌并启动运行　　电科职院提供

10 月 4 日，博大公园儿童游乐场开放　　田艳军 摄

9 月 28 日，社区服务中心图书室新增图书 5000 余册　　田艳军 摄

4 月，二中亦庄学校教师博物馆和学生博物馆建成　　刘超 摄

4 月 25 日，开发区“为蓝天而行走”健步行活动在南海子公园举行　　田艳军 摄

8 月 25 日，开发区举办亦庄电影交响音乐会
田艳军 摄

9 月 25 日，开发区举办职工篮球联赛　　田艳军 摄

编辑说明

一、《北京经济技术开发区年鉴》是一部记述北京经济技术开发区发展变化的综合性、年度性资料工具书。2012年创刊，由北京经济技术开发区年鉴编纂委员会主持编纂。

二、本年鉴以马克思主义、邓小平理论、“三个代表”重要思想、科学发展观为指导，深入贯彻习近平总书记系列重要讲话精神，坚持辩证唯物主义和历史唯物主义的原理和方法，全面落实《国务院办公厅关于促进国家级经济技术开发区转型升级创新发展的若干意见》《京津冀协同发展规划纲要》和市委十一届九次全会精神，坚持实事求是的原则，科学、客观地记述本地区经济社会发展情况。

三、本年鉴采用类目结构，以条目为主体，附之以文章，用规范的语体文、记述体，直陈其事，文字力求言简意赅。

四、本年鉴在原来框架结构基础上进行了调整，调整后共设有19个栏目，包括区情概况、特载、文件选载、大事记、产业促进、主导产业、支撑产业、科技、综合经济管理、规划·建设·管理、区属国有资产经营、财政金融、社会发展、公用事业、党建事务、综合行政事务、法治建设、统计资料、附录。

五、本年鉴记述2015年1月1日至12月31日期间情况，凡2015年事项，均直书月、日，不再另写年份。

六、本年鉴在记述时使用了一些简称，主要有：大兴区和北京经济技术开发区合称为“新区”，北京经济技术开发区简称为“开发区”，中共北京市委经济技术开发区工作委员会简称为“开发区工委”，北京经济技术开发区管理委员会简称为“开发区管委会”，北京经济技术投资开发总公司简称为“开发区总公司”。凡入编企业、事业单位在其条目或标题下出现的简称均为单位习惯简称。条目中出现的国家、北京市部分机构均使用简称。“规模以上工业”指年主营业务收入2000万元及以上工业法人单位；固定资产投资项目统计起点是计划总投资额为500万元及以上的项目，该数据包含机场投资数据。“重点服务业”指年营业收入1000万元及以上（居民服务、修理和其他服务业，文化、体育和娱乐业指年营业收入500万元及以上）或年末从业人员50人及以上的重点服务业法人企业。

七、本年鉴中一般采用标准计量单位，人民币直书“元”，外币直接标明币种。“12平方公里”“16平方公里”“26平方公里”“46.8平方公里”等为特殊专属名词。

八、入选本年鉴的文章和条目、图片，均由各单位（部门）专人撰写或提供，并经主要负责人审核。凡图片摄影者无具体署名的，均注“单位”或“企业”提供。开发区经济社会统计资料统一由开发区统计局提供，业务部门统计数据由各主管部门提供。

九、本年鉴编纂出版工作得到了市地方志办公室的指导，得到开发区工委、管委会、总公司各部门、区内有关单位、入区企业的大力支持，其他年鉴编纂单位的同仁也给予了悉心帮助，全体编纂人员为年鉴的出版付出了辛勤劳动，在此谨致谢意。

十、由于编辑水平有限，年鉴中如有疏漏和差错，恳请广大读者批评指正。

目 录

CONTENTS

主导产业

区属国有资产经营

党建事务

高新技术企业情况 524

附 录

主题词索引

区情概况

区域简介

北京经济技术开发区（简称开发区）始建于 1992 年，位于北京市东南亦庄地区，同时享受国家级经济技术开发区和国家高新技术产业园区双重优惠政策。开发区被国家部委列为国家生态工业示范园、国家新型工业化产业示范基地、国家级循环经济示范区、国家太阳能光伏发电综合应用示范区、国家生物医药创新孵化基地、国家电子商务示范基地、国家海外高层次人才创新创业基地、北京电子商务中心区、北京国家生物产业基地、北京市 G20 工程生物医药成果转化基地等。

2015 年，开发区继续围绕首都功能定位，坚持集约发展、集群发展、创新发展、绿色发展，加快推进产业转型升级，打造“高精尖”产业体系，努力建设具有全球影响力的科技创新中心、首都科技创新中心主阵地、京津冀一体化发展桥头堡。全年实现地区生产总值 1081.4 亿元。完成规模以上工业总产值 2555.5 亿元，其中四大主导产业实现产值 2290.9 亿元。累计入区企业 12722 家（不含分支机构），累计投资总额 822.5 亿美元。已拥有世界 500 强企业投资项目 120 个。

开发区拥有良好的产业基础和产业集群，主要有以京东方科技集团股份有限公司为龙头的显示器产业集群；以中芯国际集成电路制造（北京）有限公司为龙头的集成电路产业集群；以北京奔驰汽车有限公司为龙头的汽车制造产业集群；以拜耳医药保健有限公司为代表的生物制药产业集群；以 SMC（中国）有限公司为代表的装备制造产业集群等。

开发区是北京市发展电子信息产业的主要聚集区之一。开发区不同类型的集成电路企业开展上下游协作和集聚发展，已形成较为完备的集成电路产业集群。移动通信产业已形成由核心芯片研发、终端升级研发和制造、综合服务、增值服务、互联网平台和应用、云服务组成的较为完整的移动通信产业链，尤其在核心芯片研发、终端设备制造和信息服务等环节具有明显的竞争优势。数字电视产业已形成上游以京东方 8.5 代线液晶面板为基础的“平板显示产业基地”，中游以冠捷显示科技（中国）有限公司为主体的“整机制造产业基地”，并逐渐延伸到下游以数字内容制作、数字电视内容传播等为终端的“数字电视创新基地”，形成完整的产、学、研为一体的数字电视全产业链。

开发区被誉为北京“药谷”，聚集的众多生物医药企业，形成了高端化药制剂、生物医药、现代中药、新型疫苗、诊断试剂、数字影像诊疗设备、生物医学材料等核心板块。此外，10 余家国家级研发中心、数百家研发机构和服务外包企业共同打造门类齐全的生物医药创新研发和公共服务体系。

开发区在发展装备制造业时着力吸引高质量龙头项目和关键配套项目入区，形成较为精锐的产业集群。重点发展面向自动化设备的高端仪器仪表和控制系统研发、中试、检测、认证、服务环节，以及大型装备的系统集成环节。发展电机、驱动器、控制器、传感器、网络控制系统等智能机器人核心部件，引进装配、焊接等工业机器人的总装集成和机器人系统开发企业。

开发区汽车产业是开发区四大主导产业中发展最快、增速最高的产业，近几年同比增速均为25%以上。已成为拉动开发区内工业增长，推动工业结构调整，走新型工业化道路的重要力量。

开发区文化创意产业发展迅速，每年均保持10%以上增速。已形成以四达时代集团、高校创意总部等企业为主体的文化创意产业集群。

开发区高端服务业重点发展金融服务、信息服务、商务服务、科技服务、都市服务等高端业态，着力发展产业金融和互联网金融。2012年5月，开发区被商务部列为首批“国家电子商务示范基地”。2014年3月，被市商务委、发展改革委、经济信息化委、工商局四部门联合授予“北京电子商务中心区”铭牌。开发区已形成比较完善的电子商务产业集群，代表企业有京东商城、菜鸟网络、酒仙网、惠买在线等。

开发区始终秉承“以业兴城、以城促业”理念，按照国际标准打造整体环境。不断优化配套环境、服务环境，提升综合承载能力。稳步推进民生工程，强化社会保障，完善公共服务体系，营造良好的社会环境。2009年，开发区被认定为国家生态工业示范园区。近几年来，开发区先后投资百亿元以上实施生态绿化工程。截至年底，开发区周边建有5个大型生态公园，林木覆盖率超过40%。开发区内交通便利，基础设施完善，实现“十通一平”，已发展为宜居宜业的生态园区。

2015年北京经济技术开发区国民经济和社会发展统计公报

2015年，开发区在市委、市政府的领导下，深入贯彻落实党的十八大，十八届三中、四中、五中全会和习近平总书记系列重要讲话精神，全面落实市委、市政府决策部署，坚持“稳中求快进、创新大发展”的总基调，全面深化改革，积极引领新常态，加快构建“高精尖”，主动融入京津冀，脚踏实地、攻坚克难，保障全区社会和谐稳定，经济持续健康发展，“十二五”规划顺利收官。

一、综合经济

2015年开发区地区生产总值实现1081.4亿元，比2014年增长8.4%。从产业结构看，二、三产业比重由2014年的64.1∶35.9调整为63.9∶36.1。新批企业3197个，比2014年增长16.8%，其中新批三资企业41个，比2014年下降6.8%。开发区实际利用外资3亿美元，比2014年下降52.5%。截至2015年年底，开发区累计入区企业12722家（不含分支机构），累计投资总额822.5亿美元。

开发区完成公共财政预算收入134.9亿元，比2014年增长12.4%。完成税收收入389.2亿元，比2014年增长13.7%。企业所得税实现财政收入33.4亿元，比2014年下降11.0%。公共财政预算支出145.4亿元，比2014年增长29.7%。

开发区金融机构本外币存款余额946.1亿元，比2014年增加173.8亿元；金融机构本外币贷款余额420.4亿元，比2014年减少82.5亿元。

开发区全年进出口总额146.6亿美元，比2014年下降22.8%。其中，开发区进口总额94亿美元，比2014年下降7.3%；出口总额52.6亿美元，比2014年下降40.6%。全年机电产品出口额48.2亿美元，比2014年下降43.3%，占开发区出口总额的91.7%。出口前五位的国家或地区为中国香港、美国、越南、中国台湾和韩国，出口额达25.3亿美元，占开发区机电产品出口总额的52.5%。

开发区全社会固定资产投资完成397.6亿元，比2014年增长1.7%。开发区房地产开发投资135.5亿元，比2014年下降11.3%。开发区商品房屋销售面积38万平方米，比2014年下降3.2%。

中关村示范区亦庄科技园实现总收入4100亿元，比2014年增长10.1%。

二、产业发展

开发区规模以上工业总产值完成2555.5亿元，比2014年增长5.6%。规模以上工业中，开发区现代制造业实现产值2013亿元，比2014年增长5.9%。开发区规模以上四大主导产业实现产值2290.9亿元，比2014年增长6.67%。其中，电子信息产业完成产值601.9亿元，比2014年下降24.6%；装备制造业完成产值471.6亿元，比2014年增长2.9%；生物工程和医药产业完成产值321.7亿元，比2014年增长13.8%；汽车和交通设备产业完成产值895.7亿元，比2014年增长47.2%。

开发区建筑业总产值258.4亿元，比2014年增长7.3%。开发区2015年新签合同额358亿元，比2014年增长45.3%。

开发区服务业收入实现421.3亿元，比2014年增长5.7%。其中，信息传输、软件和信息技术服务业实现收入129.5亿元，比2014年增长22.1%；科学研究和技术服务业实现收入166.8亿元，比2014年增长5%，两个行业收入占重点服务业收入的比重为49.1%。

开发区批发和零售业实现商品购进额3483.4亿元，比2014年增长15.7%。开发区批发和零售业实现商品销售额3208.7亿元，比2014年增长6.5%。开发区社会消费品零售额实现 354.5 亿元，比 2014 年增长 9.1%。

开发区全年邮政业务收入 2130 万元。其中，邮政函件收入 50.3 万元，包裹收入 91.2 万元，特快专递收入 73.0 万元，订销报刊流转额 548.3 万元。

三、科技创新

开发区新认定创新联盟、技术研究院、企业研发机构等各类创新服务机构 41 家，总计 314 家。新认定特色产业园、科技孵化器、公共服务平台等各类创新服务载体 23 家，总计 60 家；新设立科技、人才专项基金 2 只，总规模 11 亿元。新增国家高新技术企业、市级“小巨人”企业、北京市专利试点企业共 97 家。

开发区专利申请量与专利授权量分别为 4172 件和 2813 件，比 2014 年分别增长 18.39% 和 11.32%。其中，发明专利申请量和授权量分别为 1862 件和 886 件，授权量比 2014 年增长 58.5%；实用新型专利申请量和授权量分别为 1972 件和 1684 件，授权量与 2014 年基本持平；外观设计专利申请量和授权量分别为 338 件和 243 件，授权量比 2014 年增长 40.9%。

四、城市建设

开发区全社会用水量 4469 万立方米，比 2014 年增长 12.1%。其中，公共服务用水 579 万立方米，比 2014 年增长 54.3%；生产经营用水 1964.3 万立方米，比 2014 年增长 3.6%。开发区全社会用电量 44.8 亿千瓦时，比 2014 年增长 7.4%。开发区期末用热户数 306 户，比 2014 年增长 3.4%；供应能力 448 兆瓦，与 2014 年持平；期末管线长度 360.2 公里，与 2014 年持平；年末采暖面积 1254.5 万平方米，比 2014 年增长 7.2%。

开发区努力促进绿色出行，开通电动微公交接驳线路 9 条，建成公共充电桩 243 个，投放分时租赁新能源车 1800 辆；更新公租自行车 1676 辆，实现新区范围内车辆通存通取。

五、环境保护

开发区落实清洁空气行动计划，推进大气污染防治，深入开展压减燃煤、控车减油、工业治污、扬尘控制、大气主要污染物源解析等工作，同时继续实施区域联防联控，实现区域环境空气质量的整体改善。全年通过减排工程，实现氮氧化物减排 105 吨，实现挥发性有机物减排 867.5 吨。开发区大气污染物中细颗粒物（$PM_{2.5}$）年均浓度值为 94.4 微克每立方米，比 2014 年下降 9.2%；二氧化硫、二氧化氮、可吸入颗粒物（PM_{10}）3 项主要污染物年均浓度值分别为 16.9、53.3、117.5 微克每立方米，比 2014 年分别下降 30.2%、6.3%、4.5%。

开发区东区污水处理厂三期、四期，南区污水处理厂工程建设完工。开发区污水处理能力达到17万吨每天。

六、社会事业

开发区基础教育设施持续改善。完成十一学校实验中学、耀华耀中国际学校主体结构建设，北京市第二中学亦庄学校改扩建工程开工。提升学前教育水平，开办北京市大兴区中芯南海子幼儿园；高校创意总部爱乐恩幼儿园开始运营。

开发区公共卫生服务体系逐步提升。北京中医药大学东方医院南院区入驻开发区。经开企业大道园区社区卫生服务站开业运营。新增北京军海医院、数字电视产业园社区卫生服务站、国家康复医院3家医保定点医疗机构。

开发区文化事业实现新发展。开发区管委会与北京电子科技职业学院合作建设开发区公共图书馆。截至年底，共有文化站5个、文化活动中心1个、社区文化室9个；拥有公共图书馆2个，总藏书量109.8万册，总流通人次达5.6万人次。在企业和社区放映电影240余场，举办各类讲座80场，送演出12场，参与人员3.5万余人次。

开发区公共体育服务体系不断完善。在四达时代集团、经开企业园、生物医药园等新建5套健身路径、两块专项球类场地。深入开展全民健身活动，举办开发区第十二届全民健身体育节系列活动、“一区六园”第十届运动会等，推动全民健身。截至年底，开发区体育事业投入185万元。

七、人力资源和社会保障

开发区常住人口11.2万人，其中常住外来人口8.5万人。

开发区继续强化人才队伍建设。全年新增中央“千人计划”入选者8人，累计58人；新增北京市“海聚工程”入选者16人，累计107人；认定新区高端领军人才127人，累计374人。

开发区稳步提升社会保障水平。提高劳动就业水平，吸纳大兴区劳动就业4827人；905名北京市其他区县劳动力，7483名外省市劳动力通过公共就业服务机构推荐进入开发区工作，1000余家企业受益。各类企业劳动合同签订率达100%。全年组织各类培训2.68万人次，3105人取得国家级职业资格证。截至年底，开发区参加全市劳动保障部门城镇职工基本养老保险职工38.2万人，比2014年增长4.2%；参加城镇职工基本医疗保险职工32.9万人，比2014年下降5.8%；参加失业保险职工30.4万人，比2014年增长4.5%；参加工伤保险职工29.1万人，比2014年增长7.6%；参加生育保险职工26.1万人，比2014年增长4.8%。

特载

北京经济技术开发区年鉴 2016
BEIJING ECONOMIC-TECHNOLOGICAL DEVELOPMENT
AREA YEARBOOK

在开发区年度工作会上的讲话

中共北京市大兴区委书记
中共北京市委经济技术开发区工作委员会书记　李长友
（2015年12月29日）

同志们：

刚才，梁胜主任的总结分析和部署安排，我都同意，大家要认真抓好落实。

今年以来，面对复杂形势和艰巨任务，在市委、市政府的坚强领导下，我们坚决贯彻中央大政方针和习近平总书记系列重要讲话精神，深入践行“三严三实”要求，主动扛起“引领新常态、构建高精尖、服务京津冀”的重大责任，紧抓机遇，攻坚克难，锐意进取，各项工作迈上新台阶，实现“十二五”规划圆满收官。一年来，我们牢记职责，勇担使命。面对经济下行压力，坚持创新驱动，深化转型发展，加大海外并购，加快项目建设，实现经济较高速增长，为首都经济发展提供有力支撑。围绕京津冀协同发展，不等不靠，主动有为，不断完善合作机制，加快建设亦庄·永清园等产业园区，走出一条区域合作发展的新路子。我们胸怀大局，同心协力。不断完善主要领导议事会、梯次决策、AB角、“九个一体”等制度机制，新区上下思想高度统一、步调高度一致。大家不计得失、不分你我，全面推进“两区五园”和综配区建设，大力加强优势资源互补，以实际行动诠释“开发区就是大兴区，大兴区就是开发区”，以实际成果谱写一体发展的新篇章。我们锐意进取，改革创新。精心编制“十三五”规划，科学描绘未来发展。探索政企合作模式，盘活清理低效用地，加快低端产业退出。调整产业结构，创新招商模式，一批“高精尖”和总部型项目在新区加速集聚。深入推进行政审批、土地利用、国资国企、城市管理、社会建设等领域改革，进一步释放发展活力。我们锤炼作风，展示形象。持之以恒反“四风”，巩固拓展教育实践活动成果。深入开展“三严三实”专题教育，着力解决“不严不实”和历史遗留问题，大力改善民生。切实担起党风廉政建设“两个责任”，认真落实巡视整改，严明政治纪律。深化完善决策留痕、结果查究等机制，严肃查处违纪违法案件，不断巩固干事创业、风清气正的良好氛围。

一年来，市委、市政府和市相关部门对我们高度关注、悉心指导，社会各界、广大企业和群众对我们充分信任、大力支持，各级领导班子和广大干部勇于担当、主动有为，付出了艰辛努力、作出了重要贡献。在此，我代表新区领导班子，向所有关心、支持、参与新区建设发展的同志们、朋友们，表示衷心的感谢！

下面，围绕明年工作，我讲几点意见：

一、要从战略高度认识开发区的重要地位和作用

市委、市政府高度重视开发区的发展，赋予了我们“引领新常态、构建高精尖、服务京津冀”的重大历史责任。应该说，开发区是首都一面高扬的旗帜，是首都一张靓丽的名片。做大做强开发区，事关首都“四个中心”城市战略定位实现，事关京津冀协同发展，事关“高精尖”产业结构构建，事关新区改革发展大局。我们要站在全市乃至全国的高度，进一步深化思想认识，切实增强加快开发区创新发展的责任感和使命感。

推动国家战略实施，我们要发挥示范作用。推动京津冀协同发展，是党中央、国务院在新的历史条件下作出的重大决策部署，是重大国家战略。我们必须充分认识到，这既是重大任务，也是重要使命，更是必须肩负的政治责任。对北京来讲，开发区在疏解非首都功能的同时，还承担着发挥高端引领作用，辐射带动周边地区发展的重任。从要重点突破的领域来看，加快产业一体化发展，是推动京津冀协同发展的实体内容和关键支撑。作为京津城际发展走廊上的高新技术产业和先进制造业基地，我们必须发挥独特的区位优势、品牌优势、平台优势和产业优势，加快建设科技研发转化、现代服务业、高端制造业发展带，全力打造京津冀协同发展示范区。

推动首都战略实施，我们要发挥引领作用。作为全市唯一的国家级经济技术开发区，在实施“四个中心”战略，推动首都科学发展中发挥引领作用，这是使命、是要求，更是必须担起的责任。市委、市政府给予我们最好的发展政策、有力的资金支持、极大的审批权限，寄予了无限厚望，面对经济下行压力，引领新常态，保持较高速增长，我们责无旁贷。经过多年发展，开发区聚集“世界 500 强”企业 83 家，高端产业的规模、质量、效益都走在全市前列，这是我们紧跟形势、主动出击的结果，也是市委、市政府政策支持、优先布局的结果。面对发展新形势，引领产业转型升级，构建“高精尖”结构，我们责无旁贷。目前，开发区聚集了全市超过 1/4 的“千人计划”和“海聚工程”人才，国家高新技术企业达到 485 家，拥有明显的人才优势、科技优势，引领创新驱动，推动

科技创新中心建设，我们责无旁贷。各单位、各部门都要拿出永不畏难的勇气、舍我其谁的豪气、奋勇争先的士气投入到首都建设发展中去，为全市经济发展作出更大贡献。

推动新区战略实施，我们要发挥引擎作用。6年来，新区一体发展深入推进，实现了“1+1=1”“1+1>2”的良好效果。我们的经济总量、产业结构、发展活力、品牌形象等方方面面都得到显著提升。这里面开发区发挥了“发动机”“助推器”作用，过去是这样、现在是这样，将来还要是这样。“十三五”期间，我们提出要建设科技创新中心区、高端产业引领区、区域协同前沿区、国际交往门户区、深化改革先行区。这“五区”定位的实现，更加需要开发区发挥好引擎作用，加快高端产业全区布局、政策资金全区覆盖、优势资源全区统筹。各单位、各部门都要主动牵头、主动作为，找准发力点，作出新贡献。开发区总公司要继续当好一体发展的排头兵、国有企业的领头羊、新区发展的助力器，切实履行好新区赋予的职责使命。

二、要用历史担当扛起引领首都科学发展的重任

我们要牢记职责使命，深刻把握发展的阶段性特征，坚持走高端之路、创新之路、转型之路、协同之路，把开发区打造成全国乃至世界一流的开发区，更好地引领首都科学发展。

扛起重任必须坚持转型发展。转型发展是大势所趋，是必由之路。要聚焦产业选择促转型。围绕“高精尖”产业定位，立足四大主导产业基础，着眼四大新兴产业发展方向，强化“选商”意识，以绿色为先、质量为先、效益为先、品牌为先，重点引进引领行业发展的领袖企业，主导产业发展的龙头企业，掌握核心技术的领军企业，突破关键技术的先锋企业，打通技术链、补强产业链、部署创新链，促进符合首都定位要求的新技术、新产业、新业态，加快发展。要聚焦科技创新促转型。加快产业转型，关键是要发挥好开发区的比较优势，特别是科技优势和人才优势。以打造科技创新中心主阵地为目标，完善鼓励创新政策措施，强化企业技术创新主体地位，大力推动科技研发、技术创新和科技成果转化，真正把科技创新落到产业发展上，并主导产业转型升级，率先形成以科技创新为引领支撑的产业体系和发展模式。要聚焦功能疏解促转型。功能疏解是产业转型的重点、难点，也是关键点。要严格执行产业禁限目录，加大低端产业腾退力度。坚持跨区域全产业链布局，转移外迁制造业的一般生产环节。采用土地回购、租赁使用、合作盘活等多种形式，提高土地资源利用效率。明年的重点是集中力量推进起步区整体转型升级，要求突破、见成效、出效益。各部门、各单位都要把功能疏解当作重要职责，协调配合，共同推进。

扛起重任必须坚持改革创新。改革是决定命运的关键抉择，创新是推动发展的不竭动力。要着力强化改革意识。改革无处不在，改革无大小之分，各部门、各单位都有改革创新的责任，都有改革创新的任务。要坚持问题导向，用改革精神改进不适应的政策

措施，用创新精神拓展新思路新领域，积小胜为大胜，推动各项工作开创新局面。要持续加快改革步伐。围绕供给侧改革，优化资源配置，着力解决转型中的结构性问题。围绕破除制约科学发展的体制机制障碍，深入推进财税体制、行政审批、执法监督、社会管理等重点领域和关键环节改革。加快推进开发区总公司改革发展，激发动力，增强活力，不断提升核心竞争力。要营造改革良好氛围。打破“以成败论英雄”的惯性思维，要鼓励创新、表扬先进，也要允许试错、宽容失败，营造想改革、谋改革、善改革的浓厚氛围。

扛起重任必须坚持优化环境。环境好，则事业兴。我们要优化各种环境，包括生态环境、政务环境、人文环境、生活环境、治安环境等各个方面。这里，我围绕服务环境，讲两个观点。服务要由疏到亲，充满深厚感情。广大投资者和企业职工都是开发区这个大家庭的成员，服务好他们是本分，是责任。我们要把他们当成自家人，带着亲情去做好服务。面对经济下行压力，我们更要与企业共同承担，在企业困难的时候帮他们一把。企业也一定会在发达时不忘情谊，与我们同舟共济、携手前行，共同把新区建设好、发展好。服务要由浅入深，助力企业发展。大家要树立一个观念，服务企业既要铺路，更要开路，绝不仅仅是简单的接水、通电、协调事，而要把服务完全融入企业发展中去。各单位、各部门都要发挥自身优势，参与企业发展，帮助他们制定发展思路，帮助他们开拓市场，帮助他们技术改造，帮助他们转型升级，推进企业做大做强。

三、要全面加强党的建设，保障事业健康发展

管党、治党是各级党组织的职责所在、使命所在，要坚决落实从严治党责任，把抓好党建作为最大的政绩，一心一意谋发展、聚精会神抓党建，为开发区事业发展提供坚强保障。

切实加强思想政治建设。思想政治建设是灵魂、是根本。坚定理想信念，坚守共产党员的精神追求，始终是共产党人安身立命的根本。要深入学习习近平总书记系列重要讲话精神，切实增强落实“四个全面”战略布局的自觉性、坚定性。要全面落实意识形态工作责任制，牢牢把握舆论引导主动权，深入践行社会主义核心价值观，巩固新区干部群众共同奋斗的思想基础。要严守政治纪律，坚持讲政治、顾大局，始终与中央、市委市政府、区委工委保持高度一致。要严肃党内生活，持续推进“三严三实”专题教育，组织好专题民主生活会，认真开展批评与自我批评，强化整改落实和立规执纪。

切实加强干部队伍建设。从严治党，重在从严管理干部。坚持“好干部”标准，选优配强各级领导班子，增强抓班子带队伍的能力。持续全方位、大规模开展干部培训，让干部走进高校、走进园区、走进企业，拓宽视野、增长才干。注重实践锻炼，让干部在重点工作一线接受检验、在建设拆迁一线锤炼作风、在基层单位一线多接地气，全力提升干部队伍能力素质。进一步完善党管人才工作格局，不断优化人才服务环境，打造“高精尖”人才高地。严格执行领导干部报告个人有关事项和抽查核实制度，完成干部档案

专项审核，加强干部任期经济责任审计，把从严管理贯穿到选拔任用、监督管理、队伍建设全过程，让广大干部健康成长。

切实加强基层组织建设。立党强党，必强基层；治国强国，必固基础。突出开发区特色，以非公党建为重点，采取“四纵四联”建组织新模式，实施党员素质“领航”培训工程，推进党、工、团、社会“四站合一”建设，搭建共建共联交流平台，建立“十享五给”激励机制，不断加强阵地建设，不断扩大组织和工作覆盖面，不断完善党群一体化工作格局，不断增强基层党组织凝聚力和战斗力。

切实加强党风廉政建设。要坚决落实“两个责任”，细化和量化“两个责任”的内容和考核指标体系，层层列出责任清单，层层传导压力。加强日常管理、专项检查，深化实施部门“一把手”述责述廉，严格执行考核结果通报制和末位约谈制。深入学习贯彻《中国共产党廉洁自律准则》《中国共产党纪律处分条例》，真正做到内化于心、外化于行。深化落实决策留痕、结果查究等制度机制，严格规范权力运行。严防“四风”反弹回潮，健全作风建设长效机制，弛而不息正风肃纪。始终保持反腐高压态势，坚持有案必查、有腐必惩，绝不让腐败案件损害新区形象，绝不让腐败问题影响新区事业发展。

切实加强作风建设。作风关乎党的形象，关乎事业成败。越是任务艰巨，越要保持和发扬良好的工作作风。要坚定信念。永远保持干事创业的激情斗志，在锲而不舍中改革发展，在坚韧不拔中成就梦想，以严和实的作风一步一步朝前走，向着我们既定的目标继续奋勇前进。要真抓实干。以踏石留印、抓铁有痕的精神，明确目标任务、责任主体、工作标准、完成时限，确保每项工作和每个环节有人抓、有人管，真正落到实处、见到实效。要攻坚克难。始终保持拼劲、闯劲、钻劲、韧劲，不怕矛盾复杂、不怕任务艰巨，敢为人先、敢于碰硬、敢于担当，不断创造新的工作业绩。各级党员干部都要为开发区创新发展、机场规划建设、京津冀协同发展、“两个示范区”建设多尽责、多出力、多奉献。

最后，强调一下年终岁末工作。一是关于明年的工作。要认真思考谋划，把思路理清、把任务明确、把措施想实，确保各项工作取得开门红。二是走访慰问。要统筹安排好老干部、老党员、困难群众、一线员工的走访慰问，把组织的温暖送到党员群众的心坎上。三是抓好安全稳定。组织开展好各类安全检查和社会矛盾纠纷排查化解，做到全覆盖、无死角、零容忍，确保社会和谐稳定。四是保持清正廉洁。年底将近，领导干部要带头崇廉拒腐，严格落实八项规定精神，严格执行各项制度规定，坚决杜绝“节日腐败”。

在新年到来之际，我代表新区领导班子，祝大家新的一年身体健康、工作顺利、阖家幸福、万事如意！谢谢大家！

在开发区年度工作会上的报告

中共北京市大兴区委副书记
中共北京市委经济技术开发区工作委员会副书记
大兴区副区长　北京经济技术开发区管委会主任　梁胜
（2015 年 12 月 29 日）

同志们：

受开发区工委和管委会委托，我就 2015 年工作情况和 2016 年工作安排，向大会报告。

一、2015 年工作回顾

自习近平总书记“2·26”讲话以来，我们牢牢把握首都功能定位，深化改革、创新驱动，积极构建“高精尖”经济结构，转型发展取得显著成效。2015 年，在市委、市政府和开发区工委的坚强领导下，围绕“引领新常态、打造高精尖、服务京津冀”“发挥首都实体经济主力军作用，建设首都科技创新中心主阵地”的定位，转方式、调结构、惠民生、防风险，各项工作取得新的成绩。

（一）经济运行提质增效

2015 年，开发区完成地区生产总值 1081.4 亿元，同比增长 8.4%，首次突破千亿元大关。全社会固定资产投资完成 397.6 亿元，其中产业投资完成 220 亿元，同比增长 37.5%。公共预算财政收入完成 134.9 亿元，同比增长 12.4%。社会消费品零售额

354.5 亿元，同比增长 9%。工业总产值完成 2555.5 亿元，同比增长 5.6%，高于全市 7 个百分点（剔除诺基亚影响，同比增长 17%）；战略性新兴产业，完成产值 990 亿元，同比增长 12%。企业利润总额 370 亿元，同比增长 50%。挥发性有机物（VOCs）减排 1130 吨，超额完成市政府下达减排任务 200%。万元 GDP 能耗 0.15 吨标煤，同比下降 5%，达到国际领先水平；万元 GDP 水耗 2.6 吨，污水处理率保持 100%；工业高品质再生水使用量 3.3 万吨每天。经济发展速度和质量保持全市领先水平。

总结经济运行工作经验，成绩的取得，得益于我们坚持把“服务企业、服务项目、服务人才”贯穿工作始终，得益于坚持把推进供给结构调整、扩大有效供给贯穿工作始终。

一手抓微观，加快调整企业产品结构。积极引导企业提升“定义市场、定义产品、定义技术，定义服务”的能力。支持企业采用新技术、推出新产品，不断丰富产品结构，满足多元化市场需求；支持跨国公司和集团性企业优先将高技术、高附加值产品在开发区布局；支持企业通过应用绿色、智能技术，降低能耗、降低排放、降低成本，提升企业绿色生产能力；支持“互联网 + 生活服务”等新业态、新商业模式，加快市场扩张。

一手抓宏观，加快调整区域产业结构。一是聚焦业态升级，注重顶层设计，研究制定“中国制造 2025 示范区”和“科技与文化融合发展示范区”建设规划。二是提升土地利用效率，加快退出没有比较优势的一般制造业和亏损企业，加快建设特色产业园消化办公楼宇库存。三是增强经济发展韧性，发挥龙头企业引领作用，带动开发区内产业链上下游企业集群发展；发挥政府性投融资平台作用，组织全球资源开展海外并购，填补国内产业技术空白。四是补齐服务短板，建立完善科技创新服务体系，对企业、对创业者提供线上线下全方位服务。

总的来看，供给结构调整取得初步成效，开发区内企业投资意愿显著增强，全社会固定资产投资结构持续优化，产业投资占比持续上升，企业利润实现高速增长。

（二）转型升级效果显著

坚持做“减法”，低效产能加快退出。加大政策引导力度，盘活、清理低效用地。支持北人集团等企业，发展智能机器人研发、试制、验证、展示、交易等高端业态，全面启动世界机器人大会永久会址建设；诺基亚、三洋能源、三箭和众鼎等制造企业，实现产能转移、土地回收，腾退土地 28 公顷，解除劳动合同 1.54 万余人；推动 18 个项目实现开工建设，全年盘活闲置低效土地 100 公顷。

坚持做“加法”，高端产业加快集聚。一是建设工程项目，完成中芯国际三期、同仁堂健康药业等 19 个项目开工建设，投资总额 360 亿元。二是扩展产业合作渠道，第十六届北京微电子国际研讨会、首届信息菌素药物国际论坛等 13 项国际专业性学术会议在开发区内召开，签约落地 34 个“高精尖”项目，预计投资超过 300 亿元，跟踪储备“高精尖”项目超过 500 个。三是突出文创产业亮点，国研智库、百老汇中国代表处、艺术大师工坊、文化中心发展基金等重点项目签约入区，规模以上文化创意产业收入同比增长 10%，保持较快发展态势。

坚持做“乘法”，基金投资和国际并购加速展开。健全天使、风投、创投、私募、并购、代偿担保等投融资方式，完善投融资体系，亦庄国投母基金发起设立产业基金 35 只，总规模超过 2133.63 亿元，实际认缴额 280 亿元，为新区重大产业化项目提供低成本融资超百亿元。实施国际并购重组，落实国家战略，全年投入并购资金 24 亿元，撬动社会资金投入 540 亿元，在存储器、图像传感器芯片、半导体装备、MEMS、LED 照明技术等关键领域，实现弯道超车，填补国内产业和技术空白。促进龙头企业扩大出口，以融资担保、基金投资等方式，支持四达时代集团 10 亿元，用于拓展欧洲和非洲业务，开拓国际市场，推动开发区内文化产业实现“快增长”和组团“走出去”，出口额成倍增长。

（三）创新能力不断增强

建设创新服务体系。围绕服务端、创业端与投资端加大服务力度，成效突出。新认定创新联盟、技术研究院、企业研发机构等各类创新服务机构 41 家，总数达 314 家；新认定特色产业园、科技孵化器、公共服务平台等各类创新服务载体 23 家，总数达 60 家；新设立科技、人才专项基金 2 只，总规模 11 亿元，为打造北京科技创新和人才聚集高地奠定基础；新设立京津冀全球路演中心，举办项目路演活动 50 余场，吸引国内外知名投资机构超过 100 家，展示推介项目超过 800 个，参与活动人数超过 3000 人。

提升企业自主创新能力。支持企业掌握核心技术，新增国家高新技术企业、市级“小巨人”企业、北京市专利试点企业共 97 家，企业获国家科学技术进步二等奖 1 项、北京市科学技术进步奖 8 项。企业申请专利 4172 件，同比增长 18.39%，专利授权 2813 件，同比增长 11.32%，继续保持高速增长。

优化“双创”服务环境。大力推进“大众创业、万众创新”，认定“众创空间”12 家，成功举办 iCAN 国际大学生创新创业大赛、生物医药发展高端创新论坛等“双创周”主题活动。完善人才服务政策，制定出台《新区推进高端产业领军人才发展示范区实施办法》，举办首届新区高端产业领军人才国情研修班。全年新增中央“千人计划”入选者 8 人，累计 58 人，总数超过全市总量的 1/4；新增北京市“海聚工程”入选者 16 人，累计 107 人，总数超过全市总量的 1/5。认定新区高端领军人才 127 人，累计 374 人。

（四）协同发展更趋深入

创新合作机制，加快推进跨区域全产业链布局。推动中国开发区协会、天津市和河北省的 13 家国家级开发区，联合成立京津冀国家级开发区产业协同发展联盟，在开发区设立常驻办事机构，稳步推进三地园区产业发展，逐步实现“统一规划、统一布局、统一政策”。积极构建政府间横向交流合作机制，按照区域资源禀赋，推动产业合理布局。

延伸合作内容，统筹利用线上线下资源。建设京津冀科技创新公共服务平台，打造实体服务窗口，引入金融、文化、知识产权等合作机构 20 余家；整合线上资源打造网络服务窗口，京津冀三地 300 余家服务机构入驻网络平台。

夯实合作基础，稳步推进亦庄 · 永清园建设。高标准完成园区总规、控规和产业规划。与廊坊市制定完成园区管理机构方案，亦庄 · 永清园区获批挂牌。首批 7 个签约项目完成开工准备工作，其中“惠买在线”等两个项目进场施工，全年新签约项目 27 个，总投资额 1000 亿元。

（五）“两区五园”一体发展

一是基础设施投资力度进一步加强，专业园区发展活力明显提升。加大资金支持力度，新增投入 3 亿元，带动社会投资 4 亿元，统筹用于专业园区基础设施建设、资产购置、土地腾退盘活，促进新媒体基地首个腾退项目签约；增资新航城公司 10 亿元，提升园区开发平台投融资能力，全力保障新航城建设。

二是综配区环境建设进一步提升。全年完成政府性投资 80 亿元，提升综配区城市硬件环境，打通交通节点，完成旧忠路、庑殿路、西广德路等重点路段新建、扩建工程。提升用电保障，建成南海子电力隧道，启动五福堂和庑殿路 110 千伏变电站建设。改善居住环境，完成鹿海园、泰河园三里、贵园小区等 3 个老旧社区改造工程。

三是资源双向交流互补进一步强化。深化镇企对接，新区 4827 名劳动力在开发区实现就业，其中新机场管控区就业 892 人。开展农社对接，实施大兴优质农产品进社区活动，累计销售新区本地优质农产品 6.8 万公斤，服务社区群众 3.8 万人次。

（六）城市环境更加和谐

一是建设生态园区。联合市发改委、市财政局研究制定开发区绿色低碳循环发展三年行动计划方案，初步确定五大类 20 项指标、114 个项目，以及 47 亿元的投资任务。促进低碳发展，建设智能电网示范园区，供电网络实现环网供电，年节电 1000 万千瓦时；投入资金 3500 万元，支持 34 个项目实现节能减排。促进绿色出行，开通电动微公交接驳线路 9 条，建成公共充电桩 243 个，投放分时租赁新能源车 1800 辆；更新公租自行车 1676 辆，实现新区范围内车辆通存通取。

二是加强城市治理。围绕交通治“堵”，优化交通路网，打通科创街、凉水河一街等局部断头路，推动开发区交通规划纳入全市“十三五”总体规划。围绕环境治“水”，制定防洪防涝和雨水利用规划，完善路南区、路东区污水处理厂和污水管网设施。围绕网络治“慢”，实施 4G 信号全覆盖工程，新建、改建通信基站 190 处。

三是完善公共服务。推进集团化办学，完成十一学校实验中学、耀华耀中国际学校主体结构建设，开工建设北京二中亦庄学校改扩建工程。健全“社区卫生站 + 一级医院 + 区域医疗中心”基本医疗服务体系，区域医疗保障能力显著增强。发展文化体育事业，与电科职院合作建设开发区公共图书馆，举办新区“一区六园”第十届运动会。

四是保持社会稳定。构建安全生产监管大格局，健全安委会、防火委、食药安委“三委合一”联席会议机制，全面实施危化品统一配送。整治城市环境“死角”，针对露天烧烤等扰民问题，上海沙龙商圈等 9 个重点街区得到有效治理。完善城市网格化管理设施，经海路派出所、巡防大队、南区警务站开工建设，荣华街道、博兴街道管理和服务用房投入使用。

（七）政府服务效率提升

深入开展“三严三实”专题教育，持续巩固党的群众路线教育实践活动成果，深化整改“四风”突出问题，着力提升政府服务效率。

坚持改革创新。推进简政放权，全面实施“三证合一，一照一码”登记制度、不动产统一登记制度。推进国有企业改革，开发区总公司、亦庄国投、博大水务、博大网信改革取得明显进展。推进产业政策创新，统筹安排 52 亿元财政资金用于新区产业投资平台放大使用，统筹安排 2 亿元支持高端人才创新创业，公寓、公租房等住房保障能力进一步增强。

坚持改进作风。提高政务效率，实现开发区管委会职能部门集中办公，节约办公经费 2000 余万元。严格“三公”经费使用，落实因公出国（境）管理规定，完成公车改革。建设节约型机关，实施博大大厦、朝林大厦节能改造工程，全年用水量下降 7.5%，用电量下降 11%。

坚持依法行政。规范政府决策流程，完善开发区管委会工作规则、绩效管理实施意见和实施方案、“三重一大”集体决策制度、新建非住宅类项目实施意见和管理办法等 11 项制度。实施政务“督考合一”，启用督查管理系统，出台绩效考核办法，强化对重点工作任务的督查督办，圆满完成“9 · 3”阅兵、田径世锦赛等重大活动服务保障工作，全面完成大气治理、安全生产、人口管控等工作任务。

同志们，一年来，成绩的取得，离不开市委、市政府和开发区工委的坚强领导，离不开开发区内企业、新区干部群众的创新奉献。在此，向支持开发区发展的开发区内企业、新区广大干部群众，向各行各业、各条战线的建设者们，致以崇高的敬意和衷心的感谢！

看到成绩的同时，我们必须清醒地看到，“当好首都实体经济主力军、建设科技创新中心主阵地”还面临着不少困难和挑战。一是产业发展空间不足，腾笼换鸟，盘活低效、闲置、存量资源难度较大，企业转型升级意愿不强。二是职住不平衡，高端人才需要的高性价比生活条件缺乏。三是历史遗留的工改住、商改住问题引发大量突出的社会矛盾。四是企业经营由制造型向创新型转变，原创技术不多，创新能力不强。对于这些问题，我们要切实增强危机感、责任感、使命感，以滴水穿石、坚韧不拔的精神，做好改革发展各项工作，逐项探索解决办法，推动新区产业创新发展。

二、“十三五”时期的发展形势和目标任务

（一）“十二五”期间发展的基本情况

“十二五”时期，面对错综复杂的外部环境和改革发展的繁重任务，特别是总书记习近平 2 月 26 日视察北京作重要讲话后，在市委、市政府和开发区工委的坚强领导下，在区内企业和社会各界的共同支持下，全区上下坚持贯彻落实中央、市委市政府的决策部署，坚持稳中求快进、创新大发展的总基调，围绕首都城市功能定位，积极构建“高精尖”经济结构，地区生产总值年均增长 8.4%；“十二五”时期末政府公共预算财政收入比期初增长 90%；工业增加值占 GDP 比重超过 60%，规模以上高新技术企业产值连续占工业产值 95% 以上；累计吸引投资 340 亿美元，较“十一五”时期实现翻番增长；万人专利拥有量 240 件，万名工程师发明专利拥有量 1248 件，位居全市领先水平。发展质量效益同步提高，科技创新、产城融合、开放合作、一体发展等各方面综合竞争力得到显著提升。

从经济运行看。“十二五”时期，开发区加大投资力度，GDP 总量快速增长，第二产业在全市保持领先势头。主业突出，四大主导产业占全市比重逐步提升，产业集群优势显著。扩大开放，实际利用外资快速增长，开发区内企业国际交流合作频繁，基本形成高质高效高水平的发展特征。

从创新驱动看。“十二五”时期，开发区通过打造首都科技创新中心主阵地，在创新要素、创新服务、创新能力建设上不断加大投入，创新氛围日益浓厚，创新成果不断涌现。以企业为主体的创新活动更加活跃，基本形成与中关村南北两翼联动的发展格局。

从空间布局看。“十二五”时期，开发区通过扩区增加产业战略发展空间，加快完善市政基础设施，提升城市精细化管理能力，积极融入京津冀协同发展，确保一批重大项目落地，空间整体利用效率获得有效提升，基本形成高精尖产业加速集聚的发展态势。

从社会建设看。“十二五”时期，开发区通过加大政府公共事业投入，教育、医疗、文化、体育设施建设得到全面提升，社会稳定、安全生产、劳动保障、为老服务、住房保障等关系群众切身利益问题得到有效解决，基本形成宜居宜业的城市生活环境。

总的来看，开发区完成“十二五”规划目标任务，基本发挥了首都实体经济建设主力军的作用，有力地保障了新区国际化、高端化、一体化发展。

（二）当前面临的发展形势

从国际视角看，全球经济下行压力较大，主要经济体需求不振，美国等西方国家量化宽松货币政策退出后，市场流动性降低，资金成本走高，将进一步制约全球经济复苏。从国内情况看，中国经济进入“三期叠加”阶段，新常态下，经济发展表现出增长速度趋缓、结构优化、动力转换三大特点，增长速度要从高速转向中高速，发展方式要从规

模速度型转向质量效率型，经济结构调整要从增量扩能为主转向调整存量、做优增量并举，发展动力要从主要依靠资源和低成本劳动力等要素投入转向创新驱动。从自身发展看，开发区产业国际化程度高，早已融入全球经济，受国际形势制约较大。经济发展中，供给结构不合理问题仍然突出，产业空间拓展和盘活存量用地难度较大，与转型升级任务要求不相适应；城市基础设施条件和社会公共服务供给水平较低，与职住平衡的人才发展需求不相适应；企业技术创新能力和区域创新环境不够强，与建设科技创新中心主阵地的要求不相适应；历史遗留的工改住和商改住问题突出，与维护社会稳定和谐的要求不相匹配。妥善解决新常态下面临的突出问题，探寻推动发展的增长新动力，需要我们进一步认识新常态，转变发展方式，适应新常态，加大有效供给，更要引领新常态，通过改革创新化解发展矛盾。

尽管我们面临的问题还比较多、矛盾还比较突出，但我们还要坚定信心。今年以来，市委、市政府主要领导多次到新区调研，要求我们“引领新常态、打造高精尖、服务京津冀”“当好首都实体经济主力军、建设科技创新中心主阵地”“坚持发展高端制造业作为推动首都科技创新的重要支撑”。市委、市政府赋予我们新的使命和任务，以及建设北京大兴国际机场、推动城乡一体化发展、落实京津冀协同发展战略，为我们“十三五”创新发展带来难得的历史机遇。综合判断，开发区正处于大有可为的战略机遇期。我们要抢抓机遇，确保经济实现较高速增长、加快构建“高精尖”经济结构，在疏解中发展、在发展中疏解，做好引领新常态的“领跑者”。

（三）“十三五”期间发展目标

“十三五”期间，开发区经济发展的主要预期目标是：地区生产总值年均增长 8%，公共预算财政收入年均增长 9%，规模以上高精尖产业工业产值年均增长 7%，全社会固定资产投资完成 3000 亿元。到 2020 年，创新驱动整体提速，经济保持中高速增长，发展质量和效益持续提高。低碳绿色生产生活方式成为主流，生态环境更加宜居宜人，生活配套更为完善，工程师文化氛围更加浓厚。公寓、公租房、自住性商品房供应体系更加完善，职住平衡基本实现。

（四）“十三五”产业发展的基本思路

未来五年，开发区将坚决落实市委、市政府的决策部署，紧紧围绕新区“十三五”发展目标和发展任务，深入贯彻党的十八大和十八届三中、四中、五中全会，以及习近平总书记系列重要讲话精神，按照协调推进“四个全面”战略布局要求，坚持创新、协调、绿色、开放、共享发展的理念，紧紧围绕“引领新常态、打造高精尖、服务京津冀”中心任务，以“中国制造 2025 示范区”和“科技与文化融合发展示范区”建设为抓手，发挥首都实体经济主力军作用，推进科技创新中心主阵地建设，向“一体化、高端化、国际化，宜居宜业和谐新区”的目标迈进。

——坚持创新发展，把创新摆在产业发展的核心位置，加快形成有利于创新的体制机制，强化企业的创新主体作用，形成一批有国际竞争力的创新型领军企业，更多依靠创新驱动、更多发挥先发优势，建设好“中国制造2025示范区”“科技与文化融合发展示范区”。

——坚持协调发展，发挥引领作用，大力发展高精尖制造业、战略性新兴产业、现代服务业。推动产业在“两区五园”合理布局，全面提升综合服务配套区建设管理水平，促进新型工业化、信息化、城镇化同步发展，实现产城融合、城业互促、职住平衡。

——坚持绿色发展，全面实施绿色低碳循环发展三年行动计划，提升生产方式和生活方式绿色、低碳水平。把好产业准入关，控好增量、优化存量，推进水环境治理、大气环境治理，实施企业节能减排，提高资源能源利用效率，加快建设资源节约型、环境友好型社会。

——坚持开放发展，引导和鼓励企业通过国际并购、海外合作，走出去、请进来，提升国际市场竞争力；健全和完善京津冀开发区协同合作机制，在三地合作区率先推动实现“统一规划、统一布局、统一政策”，按照资源禀赋跨区域全产业链布局。

——坚持共享发展，聚焦群众关注度高、社会影响面大的重点领域，提高教育、医疗、养老、住房、就业、公共安全等公共服务的供给能力和服务质量，强化社会服务能力建设，通过产业发展推动新区加速实现城乡一体化。

——坚持一体发展，进一步探索建立和完善有利发展的体制机制，以改革释放发展红利。重点以产业一体化为抓手，统一规划、统一标准、统一政策、统一服务、统一布局，加速新区产业发展一体化进程。

三、2016年工作安排

2016年，是“十三五”的开局之年，是新区加快转型创新，推动协同开放，深化改革攻坚，实现生态宜居的关键之年，做好全年工作至关重要。综合考虑，2016年开发区经济发展的主要预期目标是：地区生产总值增长8.5%，公共预算财政收入增长10%，规模以上工业产值增长8%，全社会固定资产投资完成400亿元。主要做好以下7个方面工作：

（一）多措并举，精准施策，继续抓好经济运行

当好首都实体经济主力军，引领经济发展新常态，关键在于要尊重经济运行规律，始终坚持以产业结构升级和企业产品结构升级为突破，有效推进供给体系改革，确保经济保持较高速度、较高质量、较高效益增长。

要继续坚持发展和运用好两年来我们抓经济运行的成熟经验。一方面，进一步强化运行机制。健全和完善经济运行领导小组统筹调度职能，把经济指标分解、项目建设进

展与政府投资、产业支持、土地利用、水电气热保障统一纳入经济运行调度范围。针对不同行业、不同企业存在的问题，分类施策。另一方面，进一步强化政策落地。用好、用足中央、市委市政府各项政策，以及开发区内配套政策，确保政策效率最大化。

按照供给侧改革要求，要继续抓好产业和产品结构调整。坚持推进产业结构升级。加快“中国制造 2025 示范区”和“科技与文化融合发展示范区”建设。加快退出没有比较优势的一般制造业和亏损企业，鼓励扩大优质投资项目在津冀布局。充分发挥政府投融资平台作用，瞄准前沿技术，通过并购海外优质资源，填补国内空白。继续发挥财政杠杆作用，支持企业应用绿色、智能技术，提升绿色生产和盈利能力。支持电商、车联网等“互联网 +”产业形态加快扩张，开拓新业务、开发新模式。发挥龙头企业引领作用，支持区内企业加强合作，带动产业链上下游企业集群式发展。坚持推动企业产品结构升级。帮助企业应用新技术，通过新产品抢占市场，鼓励企业产品结构多元化，满足不同市场需求、提升市场占有率。支持跨国公司和集团性企业优先将高技术、高附加值产品布局在亦庄，将更多领先产能转移到亦庄。采取更有力措施，鼓励自主品牌和自主知识产权企业扩大产品出口。

（二）集中力量，重点突破，继续抓好重大项目建设

以高精尖产业为主攻方向，聚焦重点领域，推动突破发展，加快形成开发区在中国制造新格局中的比较优势。

第一，要加快建设“中国制造 2025 示范区”，打造“北京创造”新格局。全面落实北京创造“3458”战略，“3”即“三转调整”，有序推动传统制造业的关停淘汰、疏解转移和改造升级，实现转领域、转空间、转动力的转型发展；“4”即“四维创新”，全面强化以新技术、新工艺、新模式、新业态为主要内容的产业创新，提升制造业创新能力；“5”即“五类产品”，聚焦发展创新前沿、关键核心、集成服务、设计创意和名优民生等五类高精尖产品，打造北京创造品牌；“8”即“八个专项”，组织实施新能源智能汽车、集成电路、智能制造系统和服务、自主可控信息系统、云计算与大数据、新一代移动互联网、新一代健康诊疗、通用航空与卫星应用等 8 个新产业生态建设专项，培育新竞争优势。通过实施“3458”战略，到 2020 年，实现开发区制造业创新发展能力大幅增强，高端发展成效显现，集约发展程度持续提高，绿色发展水平迈上新台阶，形成一批具有较强竞争力的优势产业，力争“高精尖”制造业占 GDP 比重、对地方财政贡献率保持“两稳定”，实现创新能力和质量效益“双提升”，有力支撑构建高精尖经济结构，带动京津冀地区的数字化、网络化、智能化制造取得显著进展。

第二，要加快建设“科技与文化融合发展示范区”，打造首都文化产业发展新高地。总结四达时代集团以技术为基础、以文化产业为牵引的发展经验，突出区域科技优势，引导和鼓励区内高新技术企业，着力培育科技型文化产业。一是发展传媒影视板块，支持与中国传媒大学、美国南加州大学等知名院校合作，依托乐视、四达时代等文化传媒

企业，强化影视产品、渠道、人才、技术等资源优势，建设具有世界影响力的影视产品制作中心；二是发展设计服务板块，依托中冶京诚、中国通信建设集团设计院等工业设计龙头企业，鼓励有条件的大型企业设立工业设计中心，建设国家级工业设计中心；三是发展文化产品交易板块，依托保税物流园，抓住高端文化艺术品的仓储、物流、展示、交易等环节，推动建设文化产品和服务的出口交易平台；四是发展会展休闲板块，以承办中国设计周、微电子国际研讨会、云世界大会、互联网金融全球峰会为契机，打造优良的会展服务环境。依托南海子公园，推动文化与旅游、文化与休闲融合发展；五是试点组团走出去，以四达时代为龙头，和京东商城、京东方、乐视、小米等区内企业组团走出国门，开拓国际市场。

第三，要加快优化汽车产业结构，打造经济发展新亮点。大力发展新能源汽车产业，掌握核心技术，着力推进新能源汽车电池、电机、电控等核心技术产业化项目，垂直整合互联网服务资源，加快推进建设新能源汽车创新中心，重点布局电池和电驱动、整车集成和轻量化、竞品分析和造型设计、智能网联和大数据等关键技术环节，整合现有土地资源，建设电动汽车智能制造示范工厂。加强技术研发、检测试验、标准制定、技术转移等服务平台建设，引进一批高端车载电子、智能控制等创新企业，打造新能源汽车产业集群。大力推进车联网示范区建设，着力打造以4.5G/5G宽带通信网络、新能源汽车、智能汽车、智慧路网等新兴技术为代表的智慧交通示范应用园区。通过建设车联网示范区，延伸智能汽车产业链，引进相关专业人才和创新企业，解决智能车载平台、车路协同通讯联网、城市交通管理、智慧停车、无人驾驶等关键技术应用，推动相关产品产业化，形成国家及行业标准。将开发区打造成为智能汽车与智慧交通新技术、新产品验证和成果示范基地。大力发展高端整车技术，继续推进奔驰MFA二期、奔驰发动机二期开工建设，加快推进奔驰变速箱项目落地，鼓励北京奔驰推出新产品、新车型，实现30万辆年产能、产值突破千亿元大关。

第四，要巩固夯实集成电路产业，打造主导产业新引擎。立足保障国家信息安全，改变中国集成电路产品的进口依赖，发挥产业基础优势，聚焦国内进口量最大的存储器、CPU、工业控制和电力电子，以及发展移动通讯必备的基带芯片、物联网芯片等核心产品，在设计、制造、封测和装备材料等方面实现全产业链布局，加快集成电路在其他产业的推广应用。在存储器领域，依托兆易创新、京存和ISSI等企业，联合中科院微电子所等研发机构，突破3D-NAND产品关键设计技术和制造技术，启动大存储器工厂建设。在移动通信核心芯片领域，依托展讯、锐迪科等企业，通过国家重大科技专项支持，打通产业链关键环节。全力推动中芯国际二期项目达到3.5万片每月的产能，加快中芯国际三期建设进度，加快推进20-14纳米先导工艺技术研发，为移动通信核心芯片产品生产提供充足产能。在传感器领域，依托豪威科技、耐威科技等企业，加快技术工艺研发，加快耐威8英寸MEMS传感器芯片生产线建设，为先进生产线提供产能支撑。在液晶驱动芯片领域，依托集创北方等企业，支持京东方在芯片端进行布局，打造围绕龙头面板企业的芯片设计、制造、封测联盟。在IGBT领域，通过国际合作占领产业制高点，加快英飞凌8寸IGBT等生产线落地进度，强化与南车集团、北汽集团、国家电网的战略合作，推进IGBT在高铁、新能源汽车、智能电网等行业的批量应用。装备材料领域，有序推进国科光电、沈阳富创、沈阳新松等零部件企业建设进度，整合北方微电子、七星电子等骨干企业，加快高端装备和核心零部件的研发和产业化进程。应用集成电路方面，以满足党政军需求、国家重大产业战略实施为重点，加快集成电路产业链的整合和国产元器件的推广应用。

第五，要大力发展互联网产业，打造创新发展新动力。一是大数据和云服务方面。以中金数据、百度云基地、北京航天拓扑为依托，实施工业云和工业大数据创新应用试点，建设一批高质量的工业云服务和工业大数据平台，推动软件与服务、设计与制造资源、关键技术与标准的合作共享。二是电商企业方面。推动京东商城总部二期项目建设，打造京东互联网创新中心，提升互联网技术研发、互联网创新创业融合发展水平。鼓励酒仙网、惠买在线扩展市场，加快在京津冀布局。支持、鼓励旧宫电商谷加快发展。三是物联网方面。加快开展物联网技术研发和应用示范，支持德鑫泉、佳讯飞鸿、腾讯电子等企业培育智能监测、远程诊断管理等工业互联网应用新模式。

第六，要优先发展智能装备产业，打造行业企业新龙头。一是机器人领域。以建设世界机器人大会永久会址、举办2016年世界机器人大会为契机，重点推进亦创智能机器人产业园、康力优蓝服务机器人、哈工大机器人、新松研发设计总部等智能机器人项目建设进度；加快智能佳机器人研发基地、仪器仪表所实验平台建设，打造全球机器人研发设计和集成创新中心。二是加快示范生产线建设。依托中芯国际、奔驰、金风科技、同仁堂等企业，在关键程序智能化、关键岗位机器人替代、生产过程智能控制方面，推进一批智能车间、智能工厂改造升级。三是3D打印项目。对落地的瑞丰3D打印、颐元生物3D打印等项目，做好跟踪服务。重点推进交大恒通、金昊3D、光华伟业、时代天使等项目进度，促进3D打印规模化发展；加强与科研院所合作，共建研发应用平台、孵化创业平台，加快引入成熟的3D打印技术研究成果，在开发区内实现产业化。四是强化智能制造支撑能力。以加强智能制造系统集成设计能力为主线，整合和利时、SMC等系统集成、元器件高端装备企业，通过提供方案设计、提供装备等方式，发展智能制造技术服务业，支撑开发区以智能制造为特征的转型升级，并辐射京津冀产业发展。

第七，要加快提升生物医药产业，打造首都产业新名片。一是支持汇龙森、贝达药业、华兴长泰等企业，围绕核心技术研发和产业链上下游发展的共性需求，复制推广亦庄生物医药产业园模式，建设一批国家级专业技术公共服务平台。与科研院所合作，通过共建、集中支持、重点推动等方式，组建一批代表生物医药领域全球领先的研究机构。二是加快推动一批重点在建和潜力项目开工、投产。目前，开发区在建和待建医药项目12个，项目总投资77亿元，占地41万平方米，预计达产后新增产值180亿元，税收20亿元，对这些项目，要责任落实到人，一人一个项目，一企一套保障方案，确保项目顺利竣工达产。

（三）创新驱动，突出服务，继续抓好科技创新中心主阵地建设

大力推进“大众创业、万众创新”，充分借鉴硅谷经验，完善科技创新服务体系，营造崇尚创新、宽容失败的“工程师文化”，吸引一批具有国际竞争力的领军人才、核心技术、高端企业集聚，提升自主创新能力。

一要完善科技创新服务体系。着力激发区内工程师资源的创新活力，满足工程师创新创业需求，健全线上线下相结合的创新服务体系。通过线上平台，大量集聚基金投资、担保融资、人力资源、专利服务、法律和财务咨询等各类创新服务机构，为创业者提供低成本融资和高效便捷的创业服务；通过线下平台，建设实体服务窗口，打造京津冀路演中心服务品牌，实现投资人和创业团队有效对接。

二要提升企业自主创新能力。瞄准国际前沿技术，进一步完善“产业联盟＋研究院＋专利池＋技术交易平台＋基金＋特色产业园”六位一体创新链，着力推进“集成电路、新型显示、生物医药、智能制造、产业互联网”五大技术创新中心建设。支持和鼓励龙头企业加大科技研发投入，组建行业创新联盟、技术研究院、专利池，组织认定一批国家级高新技术企业和市级以上重点实验室、公共技术服务平台、专利试点示范企业，以及创新联盟、海外联盟、众创空间等创新创业服务载体；提高人才待遇，充分发挥“博大贡献奖”的激励作用，形成尊重劳动、尊重知识、尊重人才、尊重创新的社会风尚，促进海外高层次人才、科技创新领军人才、高技能领军人才、经营管理人才等人才队伍建设。

三要建立创新能力评价机制。健全和完善开发区创新能力评价体系，科学指导科技创新中心主阵地建设。要跟踪企业研发投入、海外并购投资等体现创新活力的趋势性指标，还要关注企业专利申请量及授权量、技术交易额等体现创新成果应用的特征性指标，更要掌握创新源头，关注企业工程师等人才队伍发展情况，及时掌握变动因素对企业产值、收入、能耗、创新成果等生产经营活动产生的影响，科学评价区域创新发展阶段性成效，为政府决策、提升服务提供科学依据。

（四）转变方式，强化调控，继续抓好土地资源高效利用

坚持重大项目调度机制，强化土地资源对产业发展的支撑作用，建立低效用地退出渠道，切实提高土地资源利用效率。

一方面，要加大土地收储力度。设立政府性收储平台，对停产企业、产能转移企业等拟转让土地的项目，统一回收土地，坚决遏制企业间擅自转让土地和以股权转让、资产转移等方式变相转让土地。加快推进星网工业园、核心区4S店等土地腾退，实现业态升级。

另一方面，要创新土地利用模式。确保有限土地资源用于产业发展，统筹公建用地和产业用地资源，重点吸引科技含量高、资源能源消耗少、经济效益突出的“高精尖”项目，

限制一般性房地产开发，实现产业发展和人口调控相协调。充分利用商务楼宇和工业园区资源，支持建设特色产业园。坚决制止商改住、工改住行为，营造良好的产业发展环境。

（五）以人为本，职住平衡，继续抓好城市建设管理

强化住房保障产城融合。改善人才居住条件，用好人才公租房和在建公租房资源，完善配租机制，加快推进人才公寓和自住型商品房建设，完善住房保障体系。

深化低碳城市绿色发展。加快实施“绿色低碳循环发展三年行动计划”，建设能源环境智能化综合服务平台，推广节能减排技术应用，引导和鼓励 2000 吨以上能耗单位开展清洁生产、能源审计、能源管理体系认证，完成重点企业分布式光伏电站、地源热泵、空气源热泵等项目建设。

促进教育医疗优质发展。确保十一学校实验中学、耀华耀中国际学校如期开学；东方医院分院、陆道培医院投入使用；加快推进北京二中扩建、同仁医院二期建设；加快河西区、路东区 3 所学校建设，加快引入名校集团化办学。

改善硬件环境协调发展。引入社会资本，推进政府基本建设投资模式创新，加快基础设施建设。改善城市环境，完成荣华路改造工程，推进核心区万源街、中和街、隆庆街、文化园路、北环路道路改造，推进国际企业文化园、路东区湿地公园环境提升。优化交通路网，完成西环路、太和桥、大羊坊桥、荣昌康定立交建设、改造工程，做好重点交通节点道路渠化工程。加强交通管理，优化交通信号系统、车辆导引系统，提高城市主干道、联络线通行能力。加强智慧亦庄建设，围绕“智慧城市”和“宽带北京综合示范区”试点，在重点区域实现 Wi-Fi 全覆盖。

保障社会和谐安全稳定。发挥街道综合管理作用，加强安全生产、违法建设管控、城市环境治理、商务楼宇管理等重点工作。充分发挥安委会、防火委、食药安委联席会议作用，切实抓好安全生产工作；充分发挥应急、信访、综治、劳动调解职能，切实维护社会稳定。

（六）加强统筹，改革创新，继续抓好新区一体发展

坚持以改革创新推动一体发展，围绕一体规划，突出差异化定位，完善城市功能、产业布局；围绕一体管理，突出树立品牌，强化城市运行服务；围绕一体建设，突出统一标准，推进基础设施和环境改造提升。通过开发区管委会投资和总公司开发两个“轮子”，加快综配区和专业园区基础设施和环境建设。

坚持“两区五园”一盘棋。推行基础设施建设“一套标准”，设立基础设施建设投资基金，由开发区财政安排 10 亿元资金，通过市场化放大使用，统筹支持各专业园区开发建设。重点推进采育新能源汽车基地土地开发、长子营军民结合产业园基础设施建设，为重大项目落地提供条件。支持新航城建设，深化临空经济区产业规划和保税物流园规划，加快推进新航城征地拆迁和安置房建设，做好首批市政道路开工准备，完成交通路网、

市政基础设施专项规划审批，推进南区排水工程建设。

坚持招商引资一盘棋。推进项目入区建设、运营、服务“一套标准”，健全和完善新区项目调度机制，抓好项目前期签约落地和后期开工投产的衔接，高效推进一批重大项目建设。加快推进生物医药基地转型升级，支持医药研发平台建设，通过专利授权实现制造环节区外布局；加快新媒体基地项目引进力度，实现文化产业快速发展。

坚持综配区建设一盘棋。不断优化提升“三镇一园”市政基础设施环境，确保综配区完成投资43亿元。加大力度实施“煤改气”工程；加快推进亦庄水厂、南海子公园二期、瀛海污水处理厂二期、宝善庄220千伏变电站建设；加快亦庄镇南工业区、瀛海三个半村工业大院拆迁腾退；加快集贤、德茂、旧宫村工业大院征地拆迁和安置房建设；加快南海子公园四片区土地上市，确保引进高端产业项目。

（七）改进作风，高效服务，继续抓好政府自身建设

要在做好服务上狠下功夫。巩固教育实践活动成果，践行“三严三实”要求，紧紧围绕“服务企业、服务项目、服务人才”，切实提高服务能力和水平。深入企业调研，倾听企业呼声，了解企业困难，帮助解决实际问题。优化办事流程、提高办事效率，打造服务品牌。

要在真抓实干上狠下功夫。以严的标准、实的作风，把心思放在发展上，把精力花在落实上，把时间用在办实事上。健全督查机制，对折子工程、拟办实事和重点专项工作开展持续督查，确保各项工作任务落到实处。

要在廉洁自律上狠下功夫。进一步强化制度建设，深入贯彻落实廉政建设责任制，规范政府权力运行，加强行政监察和审计监督，全面落实决策留痕、结果查究制度。认真落实党风廉政建设主体责任和监督责任，坚持标本兼治、综合治理，切实做到守土有责、守土负责、守土尽责。

同志们，新区发展蓝图已绘就，让我们紧密团结在以总书记习近平为核心的党中央周围，在市委、市政府和开发区工委的坚强领导下，解放思想，开拓创新，攻坚克难，真抓实干，为推动新区经济社会跨越发展而努力奋斗！

北京经济技术开发区“十二五”经济运行综述

“十二五”以来，开发区牢牢把握首都功能定位，深化改革、创新驱动，坚持稳中求快进、创新大发展，紧抓机遇、锐意进取，转方式、调结构，经济运行平稳有序，各项工作取得新的成绩。

一、经济总量突破千亿，综合实力显著提高

2015年，开发区地区生产总值首次跨入千亿级大关，达到1081.4亿元，增长8.4%（不变价，以下同），增速比北京市高两个百分点。“十二五”期间，除2012年增速低于北京市外，其余年份均高于北京市总体水平。经济总量排在海淀区、朝阳区、西城区、东城区、顺义区、丰台区之后，位于北京市第七位。2011—2015年，累计生产总值达到4602.5亿元，为“十一五”时期的1.7倍。二产比重进一步提升，二、三产业比由2010年的60.4:39.6变为2015年的63.9:36.1。

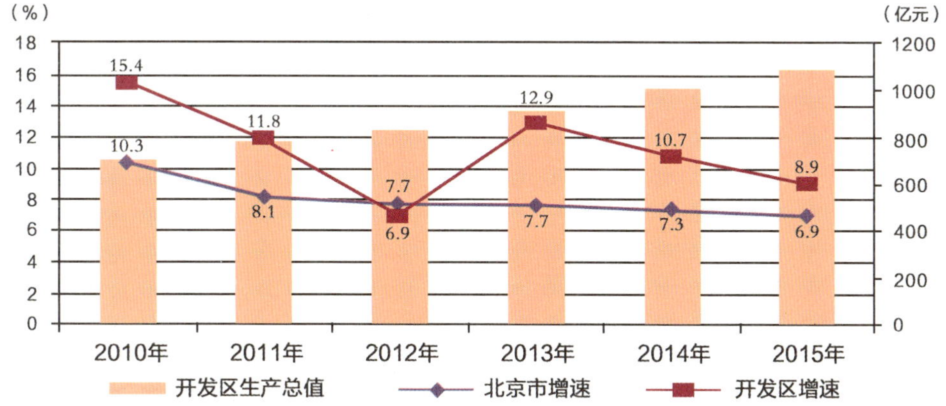

图1 2010—2015年开发区生产总值情况

“十二五”时期，开发区公共财政预算收入突破百亿元，其中2015年为134.9亿元，创历史新高。“十二五”期间年均增长17.2%，相当于开发区生产总值的比重由2010年的8.7%提高到2015年的12.5%。与此同时，财政对经济社会发展的支持不断加大。2015年公共财政预算支出145.4亿元，为2010年的3.4倍，年均增长27.5%，相当于开发区生产总值的比重由2010年的6.2%提高到2014年的37.2%。

二、转型升级成效显现，高精尖产业加快聚集

高新技术产业、现代制造业成为带动工业增长的主要力量。“十二五”以来，开发区围绕“中国制造 2025 示范区”建设，实现产业转型升级、提质增效。2011—2015 年，高新技术产业产值占全区工业产值比重始终保持在 90% 以上；现代制造业 2015 年实现产值 2013 亿元，是 2010 年的 1.7 倍，占全区工业产值的 79.8%，比重比 2010 年提高 26.2 个百分点，成为带动开发区工业增长的主要动力。四大主导产业中，增加值率更高的汽车产业和医药产业 2015 年产值占比分别为 35% 和 12.7%，比重相较于“十一五”末分别提高 26.7% 和 6.4%，产业转型升级效果明显。

2010—2015 年开发区四大主导产业产值一览表

（单位：亿元，%）

产业	2010 年	2011 年	2012 年	2013 年	2014 年	2015 年
电子信息产业	1276.7	985.4	872.8	865.2	798.4	599.5
装备制造产业	388.3	463.8	457.9	453.3	458.1	463.2
生物产业	140.5	199.3	236.6	233.8	282.6	319.3
汽车产业	185.2	349.7	389.4	488.1	608.4	882.1
四大主导产业总计	1991.3	1998.2	1956.7	2040.1	2147.6	2264.2
开发区工业产值	2228.7	2284.7	2187.9	2292.9	2421.0	2522.0
占比	89.3	87.5	89.4	89.0	88.7	89.8

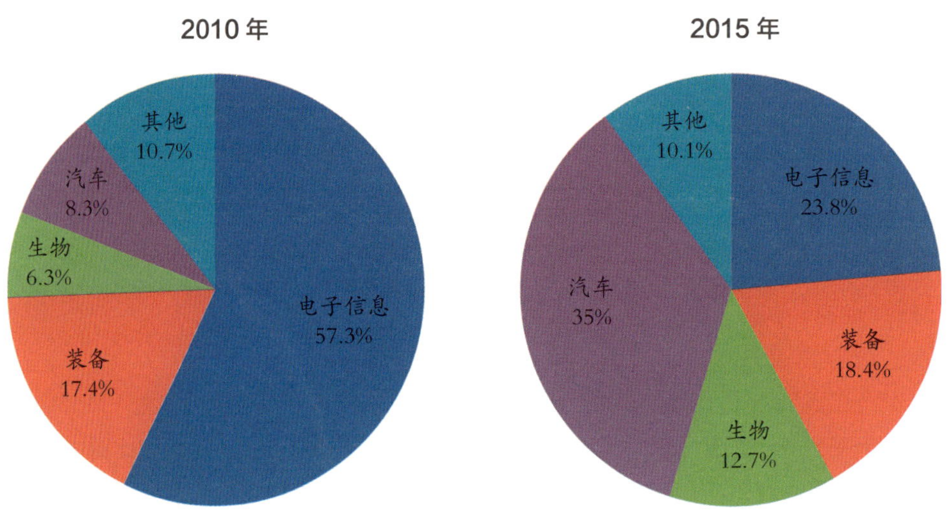

图 2　2010 年和 2015 年开发区四大主导产业产值占比情况

现代服务业格局已经形成。以信息服务、科技服务、金融服务为代表的知识和技术密集型行业发展态势良好，在经济总量中的占比不断提高。信息传输、计算机服务和软件业，金融业，科学研究、技术服务和地质勘查业增加值占比分别比 2010 年提高了 0.5、0.4、0.4 个百分点。而批发零售业、交通运输业等传统行业增加值占比分别由 2010 年的 24.1% 和 3.8% 降至 2015 年的 19.7% 和 2.6%。

“十二五”期间，文化创意产业快速增长。2014 年实现营业收入 595.8 亿元，是 2010 年的 6.5 倍，占第三产业收入比重由 2010 年的 8.5% 提升至 2014 年的 21.4%。2010—2014 年年均增长 59.6%。2015 年 1 月至 11 月营业收入突破 700 亿元，文创产业已经成为开发区又一支柱产业。

三、内部需求支撑稳固，需求结构持续优化

“十二五”时期，开发区全社会固定资产投资保持较快增长，投资结构不断优化，重大项目稳步推进。2011—2015 年累计完成投资 1824 亿元，年均增长 10.9%，总量是“十一五”时期总量的 2.7 倍。投资结构进一步优化，工业投资比重逐步提升，2015 年完成工业投资 184 亿元，同比增长 26.4%，占投资总量的 46.3%，比重比 2010 年提高 6.9 个百分点。为“十三五”可持续发展奠定坚实基础。

“十二五”期间，开发区消费品市场规模进一步扩大，消费品市场繁荣活跃。2015 年，开发区社会消费品零售额 354.5 亿元，是 2010 年的 1.6 倍，5 年间年均增长 9.5%。消费结构升级明显加快，电子商务新兴业态发展迅速，2014 年，北京市授予大兴区暨开发区为“北京电子商务中心区”（CED），吸引大批电商企业入驻，2015 年电商企业营业收入已突破千亿大关。

四、经济发展提质增效，招商引资成倍增长

“十二五”期间，开发区企业盈利能力进一步增强。2015 年，开发区工业利润首次突破 200 亿元，达到 224.6 亿元，“十二五”期间累计实现利润 924.4 亿元，是“十一五”累计数的 1.5 倍，年均增长 10%。2015 年 1 月至 11 月，第三产业利润 99.4 亿元，同比增长 1.4 倍。2015 年，开发区全社会劳动生产率为 37.7 万元每人，比 2010 年增长 18.9%，远高于同期北京市水平。

2015 年，开发区新批企业投资总额 192.6 亿美元，同比增长 26%，“十二五”期间累计吸引投资 529.7 亿美元，年均增长 26%，是“十一五”期间累计投资额的 3.1 倍。注册资本登记制度改革全面实施以来，市场活跃程度进一步提升，内资投资踊跃，2015 年内资投资总额增长 1.4 倍。

五、节能减排用能优化，土地利用不断提高

在产业结构调整与技术革新的作用下，开发区能源消费结构不断优化，单位产出的资源能源消耗水平进一步下降。“十二五”期间，北京市首个兆瓦级屋顶光伏电站——北京京运通科技股份有限公司硅晶材料产业园（一期）屋顶光伏电站实现并网发电，标志着开发区正式从能源合同管理示范阶段进入全面应用阶段。在此类新能源企业的带动下，开发区万元地区生产总值能耗从 2010 年的 0.1695 吨标准煤下降至 2015 年的 0.1508 吨标准煤。

合理利用土地，提高单位面积土地的产出水平和经济效益，既是转变经济增长方式的重要手段，也是实现经济可持续发展的必然途径。2015 年，开发区每公顷已出让土地平均投资密度达到 4840 万美元，创造税收 1655 万元，分别比 2010 年增加 3645 万美元和 643 万元。土地集约利用水平和土地产出效率进一步提高。

北京市大兴区和北京经济技术开发区国民经济和社会发展第十三个五年规划纲要

（2015年12月25日）

“十三五”时期是我国全面建成小康社会的决胜阶段，是全市落实首都城市战略定位、加快建设国际一流和谐宜居之都的关键阶段，也是新区融入大格局、转换新动力、推动跨越式发展的关键阶段。时代赋予新区更光荣的使命，人民寄予新区更美好的向往，新区必须以更高站位、更宽视野，牢固树立创新、协调、绿色、开放、共享发展理念，科学谋划未来五年的发展蓝图。

《北京市大兴区和北京经济技术开发区国民经济和社会发展第十三个五年规划纲要》是新区引领新常态、打造高精尖、服务京津冀的五年规划，是建成北京大兴国际机场、建设新航城、推进一体发展的五年规划，是全面深化改革、扩大对外开放的五年规划，是率先全面建成小康社会、推动新一轮转型发展的五年规划，是加快建设一体化、高端化、国际化宜居宜业和谐新区的五年规划。本规划主要阐明大兴区委、开发区工委、大兴区政府、开发区管委会的战略意图，明确“十三五”时期全区发展的目标路径和重点任务，是各部门、各镇街依法履行职责、编制年度计划和制定各项措施的重要依据，是全区人民共同奋斗的行动纲领。

本规划编制的主要依据是：《中共中央关于制定国民经济和社会发展第十三个五年规划的建议》《京津冀协同发展规划纲要》《中共北京市委关于制定北京市国民经济和社会发展第十三个五年规划的建议》《中共北京市委北京市人民政府关于贯彻〈京津冀协同发展规划纲要〉的意见》《关于制定大兴区和北京经济技术开发区国民经济和社会发展第十三个五年规划的建议》。

第一章 继往开来进入新阶段，创新思路谱写新篇章

一、过去五年的发展成果

“十二五”时期是新区发展实现重大突破的五年。五年来，新区上下坚决贯彻中央大政方针和市委、市政府决策部署，坚持稳中求快进、创新大发展，紧抓机遇、锐意进取、

攻坚克难，实现国民经济和社会事业全面健康发展，圆满完成“十二五”规划确定的主要目标与任务。

以落实“三城、三带、一轴、多点、网络化”空间布局为引领，城乡建设取得明显成效。“三城”实现快速发展，城市功能不断完善，公共服务水平不断提升，兴华大街和荣华大街聚集一批高端项目，综合服务配套区全面建设，北京大兴国际机场全面开工，新航城规划建设加快推进。“三带”加强建设管理，在京津塘高速沿线发展带，高端产业不断聚集，采育镇完成镇区改造；在南六环沿线发展带，“12 平方公里”、生物医药基地东配套区成为热点区域，瀛海镇完成镇区改造；在京开高速沿线和永定河绿色生态带，庞各庄镇、榆垡镇完成镇区改造，永定河沿岸得到有效清理整治。“一轴”推动实质发展，月季大会筹办和魏善庄镇区改造推动南中轴功能承载迈出重要一步。“多点”发挥支撑作用，各镇和产业园区成为全区发展的关键节点。建设 64 个美丽乡村，推动梨花村等新型农村社区建设试点，新农村建设取得积极成效。全区建设发展的“网络化”格局初步形成。在开发建设中，已累计拆迁 143 个村，11 万人搬迁上楼，城镇化发展为百姓带来实惠；拆除违法建设 1100 多万平方米，工业大院和“三场一基地”拆除腾退 1000 多万平方米，拆违拆除为实现规划蓝图提供了关键保障。

以建设“一区六园”和发展十大产业为引领，经济发展取得明显成效。开发区实力不断增强，京东方 8.5 代线、中芯国际二期、奔驰发动机等重大项目建成投产，世界 500 强企业新增 13 家，向六园布局重大项目 30 余个。专业园区加快发展，项目集聚和园区建设水平有效提升。规模以上工业总产值超过 3100 亿元，四大主导产业占比超过 80%，高技术制造业占比达到 46%。服务业聚集一批品牌企业，生产性服务业占地区生产总值比重达到 23%。环境一产、高效一产、特色一产快速发展，建成一批农业观光园，农业规模化、集约化、规范化水平不断提高。三次产业增加值年均增长分别达到 8.1%、11.4% 和 8%，带动地区生产总值年均增长 9.9%，总量超过 1500 亿元，位列全市第五。大兴区和开发区一般公共预算收入较 2010 年翻一番。社会消费品零售额达到 700 亿元，相当于 2010 年的 2.5 倍。全社会固定资产投资累计超过 4600 亿元，相当于“十一五”时期的 2.5 倍。科技创新能力不断增强，涌现出一批全国领先的科技成果，开发区万人专利拥有量达到 240 件，国家高新技术企业达到 744 家，“千人计划”和“海聚工程”入选者达到 140 人。

以基础设施提升和低碳绿色发展为引领，宜居环境建设取得明显成效。新增道路里程 115 公里。建成信息管道 1129 沟公里。改造升级黄村再生水厂，建成瀛海、西红门再生水厂，实施安全饮用水工程、高效节水工程。11 座变电站投入使用，天然气管网建设加快推进，资源能源保障能力进一步提升。完成平原造林 134 平方千米，建成南海子公园、大兴新城滨河森林公园、亦庄新城滨河森林公园，全区森林覆盖率达到 25%。实施新凤河中段、埝坛引水渠等治理工程，中小河道治理取得阶段性成果。退出高耗能企业超过 200 家，淘汰老旧机动车 13 万辆，$PM_{2.5}$ 浓度持续下降，万元地区生产总值能耗下降 19%。新增新能源公交车、出租车近 500 辆，投放公租自行车 1.6 万辆，绿色出行体系进一步完善。

以服务保障民生和发展先进文化为引领，社会和文化建设取得明显成效。城乡居民人均可支配收入年均增长11%。城镇登记失业人员就业3.8万人，农村劳动力转移就业4.6万人，超过 3 万名大兴区劳动力到开发区就业。建成首师大附中北臧村分校、北京亦庄实验小学等优质学校，教育质量不断提升。新增广安门医院南区、区人民医院等 3 家三级医院，基层总诊疗占比达到 43%，医疗卫生服务能力有效提升。完成国家公共文化示范项目创建，拓展文化空间 10 万平方米，推出《银杏庄》等精品剧目，开展文化惠民演出，有力开展扫黄打非，人民群众文化体育生活不断丰富。建成保障性住房 547 万平方米。健全城乡一体的社会保障体系，完善新型农村合作医疗制度，率先在全市远郊区县实现低保标准城乡一体化。

以两区一体发展和城乡接合部改造为引领，改革创新取得明显成效。深化行政资源整合，形成主要领导议事会、梯次决策、AB 角等工作机制，成立荣华、博兴两个街道办事处，实施开发区扩区，“北京亦庄”品牌覆盖各产业空间。探索集体建设用地利用模式，新区成为全国农村土地制度改革的试点区，西红门镇和旧宫镇成为全市开展城乡接合部改造的示范区域。农村改革继续深化，创新留地安置等资产经营模式，完成全市农村承包地确权颁证试点，农村金融不断创新。行政审批制度改革加快推进，承接市级下放权限 70 项，取消和调整审批事项 67 项。社会治理工作不断创新，“九控”等人口调控措施有效实施，网格化社会管理持续加强。

二、未来五年的发展环境

“十三五”时期，世情、国情和市情都发生重大变化，新区发展的形势、阶段、机遇、挑战也都呈现新的特点。

（一）新形势新阶段

继承既往时期特别是过去五年的发展成果，瞄准“两个一百年”奋斗目标，新区站到了新的历史起点，呈现新的阶段特征。

转型创新攻坚期。世界范围内的新一轮科技革命和产业变革正在加快孕育，国内经济正在向形态更高级、分工更优化、结构更合理的阶段演进，全市正在加快构建“高精尖”经济结构。新区已经取得高端产业发展的良好成效，积累较大的经济体量，未来五年需要把转方式、调结构放在更加重要的位置，以更大力度实施创新驱动发展战略，在转型升级、创新发展的攻坚战中取得具有战略意义的重要成果。

协同开放加速期。经济全球化深入发展，国家“一带一路”战略深入实施，京津冀协同发展全面推进，全市国际交往中心功能日益增强。新区在现有区域对接协作和国际产业交流的基础上，未来五年需要在区域产业合作、交通互联、生态共治等方面取得实质性进展，高标准建设北京大兴国际机场、临空经济区和新航城，加速融入区域协同发展和高水平全球合作发展。

宜居建设跃升期。全市正在加快建设国际一流的和谐宜居之都，全区城乡居民对宜居环境和美好生活具有更高期待。新区已经取得了新城建设、城乡接合部改造、镇区改造、新农村建设和生态建设、民生保障等工作的重要进展，未来五年需要更加注重提升品质和补齐短板，进一步加快城乡建设和生态建设，聚集更多优质公共服务资源，推动宜居水平再上新台阶。

先行改革突破期。“十三五”时期是全面深化改革的关键五年。新区已经取得城乡接合部改造、两区融合发展等改革的阶段性成果，未来五年需要继续以改革创新、先行先试精神，推动集体经营性建设用地入市、行政区与功能区一体发展等标志性改革取得突破性成果，全面推动经济社会各领域改革创新，形成一系列可复制、可推广的经验模式，进一步释放市场活力和两区一体发展潜力。

（二）新机遇新挑战

未来五年，新区发展面临新的重大机遇和一系列有利条件。第一，北京大兴国际机场建成通航，临空经济区全面建设，使新区区位优势更加凸显、社会关注度显著提高，为提升国际化发展水平、推动经济平稳较快发展提供了强劲动力。第二，全市确立“一北一南”科技创新中心的空间布局，有利于聚集更多科技、人才、金融要素，为新区增强创新驱动发展能力创造了有利条件。第三，京津冀协同发展战略全面实施，全市着力推动中心城区功能疏解，为新区承接优质资源提供了宝贵机遇，为深化产业协作和调整产业结构提供了广阔腹地，为改善生态环境和优化交通条件提供了重要契机。第四，新区三次产业发展各有特色，产业融合发展步伐加快，催生诸多创新性强、潜力大的新兴业态，为新区产业转型升级增添了重要动力。第五，农村集体经营性建设用地入市、两区一体发展等重点改革深入推进，将有效解决空间资源、一体发展体制机制等问题，为新区发展注入新的活力。

与此同时，未来五年新区面临一系列挑战。从国际形势看，世界经济在深度调整中曲折复苏，全球产业竞争日趋激烈。从国内形势看，经济在体量不断增大的高基数情况下，实现平稳运行并统筹好与转型、就业等的难度加大。从全市形势看，疏解非首都功能、治理“大城市病”、优化提升首都核心功能等重大任务对新区提出了更高要求。从问题导向看，发展不平衡、不协调、不可持续问题依然较多，科技创新水平和产业发展实力仍需提升，道路交通、资源能源等基础设施水平仍需加强，新城品质提升、城乡接合部改造、各镇特色化发展和美丽乡村建设仍需加快，生态治理、环境保护和节约集约利用资源任务艰巨，人民群众对公共服务水平具有更高期待，人口调控、城市管理等工作面临更多考验。

总之，新区在“十三五”时期面临新形势，步入新阶段，既面对严峻挑战，又迎来更大机遇。新区应牢牢把握全面建成小康社会、落实“四个全面”战略布局、引领经济发展新常态的要求，把握推进京津冀协同发展、落实首都城市战略定位、构建“高精尖”经济结构、建设国际一流和谐宜居之都的要求，把握经济全球化、国际产业分工变化、新一轮科技革命和产业变革的趋势，把握转型创新攻坚期、协同开放加速期、宜居建设跃升期、先行改革突破期的阶段特征，顺势而为，乘势而上，充分利用各种有利条件，积极应对各种风险挑战，以新理念、新思路和新举措，在新的起点上实现更大发展。

三、未来五年的发展战略

（一）指导思想

新区发展的指导思想是：高举中国特色社会主义伟大旗帜，全面贯彻党的十八大和十八届三中、四中、五中全会精神，以马克思列宁主义、毛泽东思想、邓小平理论、“三个代表”重要思想、科学发展观为指导，深入贯彻习近平总书记系列重要讲话精神，认真落实市委、市政府决策部署，坚持“四个全面”战略布局，牢固树立创新、协调、绿色、开放、共享的发展理念，坚持稳中求快进、创新大发展，主动引领新常态、打造“高精尖”、服务京津冀，以提升发展的质量和效益为中心，加快转变政府职能，加快优化发展环境，着力落实科技创新中心区、高端产业引领区、区域协同前沿区、国际交往门户区、深化改革先行区“五区定位”，着力提升基础设施、城乡建设、绿色集约、公共服务、社会治理“五个水平”，着力抓好服务新机场、建设新航城、做强开发区、打造“一河一路”、改造城乡接合部“五件大事”，统筹推进经济建设、政治建设、文化建设、社会建设、生态文明建设和党的建设，率先全面建成小康社会，在建设一体化、高端化、国际化的宜居宜业和谐新区上取得更大成绩。

（二）总体定位

根据落实首都城市战略定位、融入京津冀协同发展的要求，围绕新区在全市发展和改革中的职责作用，立足新区的发展基础、比较优势、发展方向、区位条件，“十三五”时期新区的总体定位是科技创新中心区、高端产业引领区、区域协同前沿区、国际交往门户区、深化改革先行区。

——从北京建设全国科技创新中心要求出发，按照全市“一北一南”的科技创新布局，围绕产业链布局创新链，打造创新要素汇聚、创新服务完备、创新能力突出、创新氛围浓厚、创新成果不断涌现的科技创新中心区。

——从北京构建“高精尖”经济结构出发，突出高端化、服务化、集聚化、融合化、低碳化，聚焦高端产业、核心领域和关键环节，抢占产业发展制高点，积极参与国际竞争与合作，带动首都实体经济整体提升，打造高端产业引领区。

——从落实京津冀协同发展战略出发，发挥区位优势、产业优势和创新优势，在更高层面、更大尺度上谋划新区发展，率先在产业、生态、交通等领域协同发展中取得突破，打造区域协同前沿区。

——从服务首都国际交往功能出发，依托北京大兴国际机场，大力发展临空经济，促进国际组织、国际活动聚集，提升对外交往层次，打造服务水平先进、文化魅力彰显、生态环境优美的国际交往门户区。

——从落实全面深化改革要求出发，全力实施农村集体经营性建设用地入市试点，深入推进行政区与功能区一体发展，推动经济社会全方位改革创新，打造深化改革先行区。

（三）主要目标

未来五年，新区发展的主要目标是：落实“五区定位”取得重要进展，提升“五个水平”取得良好成效，紧抓“五件大事”取得明显成果，率先全面建成小康社会，经济发展更具活力，城乡面貌更加美丽，品牌形象更富魅力，人民生活更加幸福，绿色园廊绵延相连、高端产业镶嵌其间的美好蓝图加快绘就，一体化、高端化、国际化的宜居宜业和谐新区建设取得更大成绩。

——经济发展提质增效，产业水平明显提升。经济保持中高速增长，综合经济实力和竞争能力明显增强。“中国制造 2025”示范区、国家科技文化融合发展示范区建设取得重要进展。现代服务业快速发展，制造业水平大幅提升，现代农业继续优化，产业结构不断优化升级，核心竞争力显著提升。各级产业园区全面发展，产业环境不断优化。

——科技成果不断涌现，创新能力稳步增强。建成若干具有全球影响力的产业技术创新中心，聚集一批具有国际竞争力的创新要素，突破一批原创技术、关键技术和先导技术，创造一批品牌化的创新产品，以企业为主体的科技创新体系不断完善，创新驱动发展的支撑作用进一步增强。

——协同发展扎实推进，国际交往加快步伐。临空经济区建设取得阶段性成果，共建产业园区健康发展，跨区域全产业链布局和产业协作体系不断完善，区域生态合作共建取得明显成效，交通一体化水平显著提升。机场投入运营，国际航空枢纽作用开始显现，一批国际机构落户，承接国际会议和文化、科技等活动的能力大幅提升。

——改革势能充分释放，体制机制更加健全。集体土地入市试点创造经验模式。一体发展体制机制不断完善。政府职能加快转变，政务、法治、市场、生活环境不断优化，各类市场主体的发展活力进一步迸发。重点领域和关键环节改革取得明显成效，各方面体制机制更加健全。

——城乡建设全面加强，生态环境更加宜居。三座新城建设实现新的突破，城乡接合部改造全面实施，各镇发展动能持续增强，美丽乡村建设取得明显成效。综合交通体系进一步完善，资源能源保障水平不断提高，信息网络安全高效。森林绿地系统更加完善，河流生态功能有效恢复，大气环境质量明显改善。资源能源节约集约利用水平不断提升。

——民生福祉持续改善，文明程度显著提高。就业、教育、文化、社保、医疗、住房等公共服务体系更加完善，基本公共服务均等化程度进一步提高。就业更加稳定，教育实现现代化，居民健康水平普遍提高，养老服务体系更加完善，城乡居民收入实现较快增长，困难群众基本生活得到有效保障。中国梦和社会主义核心价值观更加深入人心，市民素质和城市文明程度进一步提高。社会治理体系更加完善，社会环境更加和谐有序。

新区“十三五”时期经济社会发展主要指标

序号	指标		目标	属性
1	常住人口规模（万人）		<193	约束性
2	城乡建设用地面积（平方公里）		达到市级要求	约束性
3	用水总量（亿立方米）		达到市级要求	约束性
4	能源消费总量（万吨标准煤）		达到市级要求	约束性
5	单位地区生产总值能耗降低（%）		达到市级要求	约束性
6	单位地区生产总值水耗降低（%）		【>15】	约束性
7	单位地区生产总值二氧化碳排放降低（%）		达到市级要求	约束性
8	细颗粒物浓度降低（%）		【>20】	约束性
9	森林覆盖率（%）		28	约束性
10	人均公共绿地面积（平方米/人）		14.5	约束性
11	重要水功能区水质达标率（%）		100	约束性
12	生活垃圾无害化处理率（%）		>99.8	约束性
13	全区污水处理率（%）		95	约束性
14	城乡居民可支配收入年均增速（%）	城镇居民可支配收入年均增速（%）	7.8	预期性
		农村居民可支配收入年均增速（%）	8.5	预期性
		低收入农户可支配收入年均增速（%）	>8.5	预期性
15	城镇登记失业率（%）		<3.5	预期性
16	公共文化设施覆盖率（%）		基本实现全覆盖	约束性
17	“一刻钟社区服务圈”覆盖率（%）		基本实现全覆盖	预期性
18	食品药品安全监测抽检合格率（%）	重点食品安全监测抽检合格率（%）	>98	约束性
		药品抽验合格率（%）	>99	约束性
19	单位地区生产总值生产安全事故死亡率降低（%）		【20】	约束性
20	每万人发明专利申请量（件）		30	预期性
21	科技政策对高新技术企业覆盖率（%）		100	约束性
22	地区生产总值年均增速（%）		7.5左右	预期性
23	全社会固定资产投资额（亿元）		【5200】	预期性
24	服务业增加值占地区生产总值比重（%）		45	预期性
25	工业增加值年均增速（%）		6.5	预期性
26	一般公共预算收入年均增速（%）		9	预期性
27	社会消费品零售额年均增速（%）		8	预期性

说明：【 】内为五年累计数。

（四）空间布局

坚持“三城、三带、一轴、多点、网络化”空间布局（见图1），并根据京津冀协同发展、机场和临空经济区建设、城乡接合部改造、永定河生态建设等新形势，与时俱进完善和发展既有空间布局内涵，突出重点建设区域，突出区域之间在交通、产业方面的联系，促进五年规划任务在空间上落地实施。

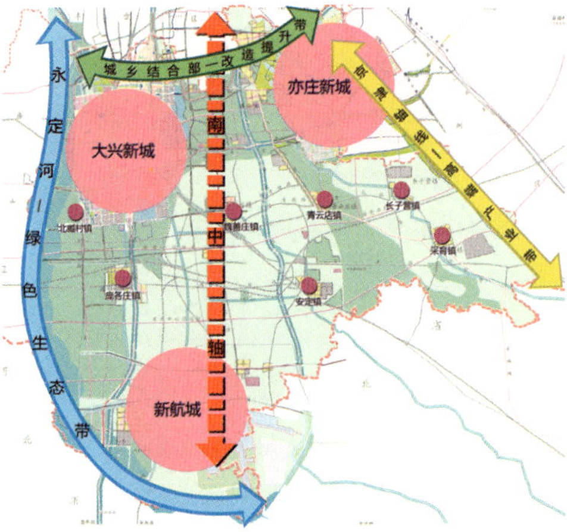

图1 空间布局示意图

三城，是全区开发建设、承载功能、发展产业的核心区域，是对外体现新区功能、对内带动全区发展的核心区域。具体为：大兴新城，突出行政管理、公共服务功能，发展现代服务业，建设综合服务新城，打造新区行政“总控室”。亦庄新城，突出科技创新、产业发展功能，完善配套服务，建设创新产业新城，打造新区产业“发动机”。新航城，突出临空服务、国际交往功能，推进临空经济区开发建设，建设国际空港新城，打造新区经济“新引擎”。

三带，由交通干线、重要河流串联起来的若干节点组成，体现全区的空间发展思路，体现新城辐射带动节点、节点支撑服务新城的关系，体现带上各节点的共同特性。具体为：京津轴线—高端产业带，按照京津发展轴总体部署和向东南方向发展的思路，以亦庄新城为龙头，依托京沪高速，推动长子营镇和采育镇发展，强化辐射带动周边、连接京津双城的作用，重点发展符合首都功能定位、体现开发区优势的高端产业。城乡接合部—改造提升带，按照向北发展、融入中心城的思路，加快建设综合服务配套区，加快西红门镇和黄村镇狼垡地区改造，建设“中关村·大兴”现代服务业产业园，发展现代服务业和文化创意产业，加快推进北部地区转型提升。永定河—绿色生态带，按照治理跨界河流的协同发展思路，积极配合市级层面工作，加强与房山区、廊坊市的合作，推动永定河生态供水、生态廊道建设和旅游步道建设，优化绿色生态环境和运动休闲条件。

一轴，对接全市空间布局，沿北京城市轴线，北连中心城，南接新航城，打通新区中线发展动脉。高标准改造南中轴路，推进南中轴森林公园和绿色廊道建设，加快新媒体产业园南区和沿轴镇区、组团建设，建成月季大会配套项目，保护修复团河行宫，充分挖掘南海子文化、月季文化，发展文化创意产业，弘扬中国梦，打造国门印象轴、绿色生态轴、中国文化轴。

多点，围绕三座新城，服务“三农”发展，培育壮大符合首都功能定位的产业，实现城镇特色化发展，打造新区发展的重要节点和关键支撑。具体包括：庞各庄镇、魏善庄镇、安定镇、采育镇、长子营镇、青云店镇、北臧村镇的镇区和工业区。

网络化，着眼于“城、带、轴、点”之间的联系，以强化国土空间的差异化功能和互补性发展为前提，以大力提升道路交通连接水平为基础，以机场、新航城、“一河一路”等重大项目建设为引领，以产业协作发展为支撑，促进三座新城之间、城与镇之间、产业区与配套区之间的联动发展，构建网络化发展格局。

第二章 增强产业化创新能力，建设科技创新中心区

创新是引领发展的第一动力。“十三五”时期，要大力实施创新驱动发展战略，立足产业链布局创新链，增强创新发展能力，营造浓厚创新氛围，更多靠产业化的创新来培育和形成新的增长点，建设科技创新中心区。

一、打造产业技术创新中心

强化企业创新主体地位和主导作用，抓住重大产业项目和制约产业发展的关键技术开展创新，打造具有国际影响力的产业技术创新中心。

（一）构建六位一体创新体系

加快构建企业主导的产学研用协同创新体系，集聚知识、技术、资本等创新要素，构建“产业联盟＋研究院＋专利池＋技术交易平台＋基金＋特色产业园”六位一体创新体系。建立产业技术创新战略联盟，优化联盟在重点产业领域的布局。支持企业建设重点实验室、创新中心、院士工作站和博士后工作站。支持产业园区、创新联盟、重点企业、高校院所对接协作，建设研究院和专利池。引进专利池委托管理等服务机构，建立专利评估、共享和维权机制，鼓励专利池成员通过专利拍卖等方式打包授权集成技术解决方案。依托特色产业园、孵化器和众创空间，引进和建设一批达到国际领先水平的公共研发平台。建立开放式创新社交圈和协同创新服务平台。

（二）建立优势领域创新中心

围绕集成电路、新型显示、生物医药、智能制造、产业互联网等优势领域，依托产业集群优势，聚焦产业关键环节，吸引一批具有国际竞争力的人才、技术、企业，集中突破一批原创技术、关键技术和先导技术，形成一批专利，促进上下游、软硬件、前后端、跨领域的融合创新，打造具有全球影响力的五大产业技术创新中心。

二、打造创新创业人才高地

强化人才作为创新第一资源的地位，实施人才强区战略，营造引人、育人、留人的良好环境，将产业落地、招商引资与引进高层次智力资源相结合，开发利用国内国际两种人才资源，形成一支实力雄厚的创新人才队伍。

（一）吸引高端领军人才

落实推进高端产业领军人才发展示范区建设的实施办法，实施创业创新人才支撑工程和高端领军人才聚集工程，依托中央“千人计划”“万人计划”，北京市“海聚工程”“高创计划”和新区“新创工程”等平台，大力吸引海内外高层次人才，实现人才数量和质量较大幅度提升。实施领军人才动态管理和培养，促进形成创新人才团队。

（二）开发培育青年英才

加强对青年人才队伍的培养，形成一批发挥领导作用的青年英才。支持青年人才进入博士后企业分站、科研工作站和创新实践基地开展研发。支持青年人才参与重大科研、工程项目和国际交流合作。鼓励企业与高校联合建立青年人才培养基地。

（三）培养专业技术人才

围绕重点产业领域，以紧缺人才为重点，引进培养一批专业技术人才，实施专业技术人才知识更新工程，重点提升技术水平、科研水平与创新能力，建设高素质专业技术人才队伍。

（四）完善服务保障机制

支持领军人才创办企业、上市融资、参与公共技术服务平台建设、承担重大项目和设立工作室。通过设立创新创业专项资金等方式支持国内外人才、团队创新创业。推荐符合条件的高端人才担任社会职务、参评高级职称。为高端人才提供落户、居住、生活等服务保障。

三、打造良好创新发展环境

突出政府的服务职能，营造良好创新发展环境，激发全社会创新活力和创造潜能。

（一）实施知识产权战略

实施“三个三”工程，培育千亿、百亿、十亿级专利企业，布局一批核心技术、一批关键技术、一批共性技术，打造专利展示交易中心、知识产权金融中心、专利孵化中心。完善知识产权政策体系，推动知识产权托管工程，实施重大经济活动知识产权评议。推进国家审查员实践基地、首都知识产权海外合作基地建设。加强知识产权执法维权、调查统计、人才建设等工作。

（二）构建多元投入体系

发挥政府投入引导作用，带动社会资本广泛参与，形成企业、社会、政府共同参与科技创新的投入体系。对接集成电路、新兴产业、中小企业发展、国有企业改革等国家重点基金，吸引风险投资、股权投资、天使投资、创业投资等社会资本，形成覆盖新区重点产业的基金体系。辅导服务科技企业上市，引导企业在股权众筹平台、区域股权交易市场开展融资。鼓励小微银行和互联网金融、普惠金融、众筹等机构与业态发展。加大财政支持力度，建立符合科技体制改革要求、创新规律和企业需求的政策体系，更多采取后补助、股权投资等方式支持企业创新发展，完善资金管理制度，提高资金使用效率。

（三）搭建创新服务平台

搭建创新创业孵化平台。推进新型科技企业孵化器、众创空间等公共平台建设。支持各类市场主体开展创业孵化等服务。将初创企业的扶持方式从选拔式、分配式转为普惠式、引领式。在项目推广、资金投入、房租补贴等方面给予支持。建立“创业导师＋天使投资＋专业孵化”的孵育运营模式和“种子—苗圃—孵化器—加速器—产业园”的孵化培育链条。

搭建专业服务、资源共享、信息发布、创新创业交流等各类平台。为企业提供集成电路核心技术中试验证、新药研发中试等专业化服务，提供仪器、数据、文献共享服务，帮助区内企业发布项目信息、开展成果对接，促进区内人才、学者、企业之间的交流协作，举办常态化创新创业活动。

（四）完善政府服务机制

推动政府职能从研发管理向创新服务转变。建立企业为主体的科技研发机制，市场导向明确的科技项目由企业牵头、政府引导，联合高等院校和科研院所共同实施。完善科技项目评审机制和管理制度，落实科研项目间接经费管理、创新政策调查和评价、科技报告等制度，建立科技创新咨询制度。

（五）推动区域协同创新

发挥京津冀开发区创新发展联盟作用，搭建创新创业服务平台，筛选、储备和孵化创新项目，提供项目展示发布、产业对接合作、投融资、研究咨询等综合服务，促进合作研发、项目对接和成果转化，形成京津冀开发区间常态化、可持续的创新合作机制，打造协同创新共同体。

（六）提升全民科学素质

加强科普工作，倡导崇尚科学、鼓励创新的良好风尚，积极开展科普活动，促进公众了解科技知识，掌握科学方法，提高全民科学素质，增强参与创新创业的积极性。

第三章 构建高精尖经济结构，建设高端产业引领区

坚持高端化、服务化、集聚化、融合化、低碳化的发展方向，大力发展服务经济、

知识经济、绿色经济、总部经济。产业水平上要代表国家一流、参与国际竞争、抢占发展制高点和引领未来发展，产业结构上突出构建现代产业体系和聚焦核心领域、关键环节，产业组织上突出园区内集聚、区域间协同、三次产业融合，发展动力上突出创新驱动，质量效率上突出绿色、高效。全力建设“中国制造 2025”示范区和国家科技文化融合发展示范区，打造新区产业升级版。

一、构建符合功能定位的现代产业体系

适应和引领经济发展新常态，按照落实城市战略定位、构建“高精尖”经济结构和建设国际一流和谐宜居之都的要求，从发挥现有产业优势、支撑经济平稳增长、强化引领示范功能出发，聚焦做强四大主导产业；从紧抓产业发展机遇、引领未来经济增长、优化结构促进转型出发，发展壮大四大新兴产业；从适应消费需求变化、服务宜居城市建设、促进城乡一体发展出发，优化提升两大支撑产业，构建新区“442”现代产业体系（见图2）。

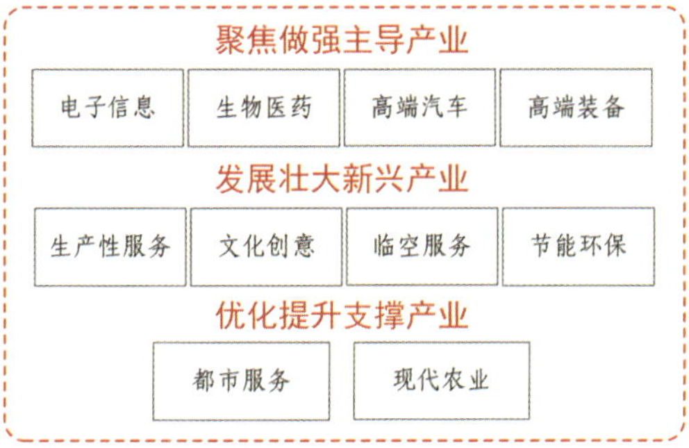

图2 “442”产业体系

（一）强化主导产业引领示范功能

把握国家实施制造强国战略的机遇，以提质增效为中心，以智能技术应用、科技创新衔接、制造服务融合为主攻方向，聚焦做强电子信息、生物医药、高端汽车、高端装备产业，增强核心竞争力，强化引领示范功能。

电子信息。重点发展集成电路和新型显示，以中芯国际、京东方为龙头，发展先进生产线成套工艺和设备的系统集成；下一代移动通信，发展核心技术及标准、软件平台、运营服务，以及应用内容服务；数字电视，发展“内容制作—互联网牌照—网络运营—终端产品”环节；大数据和云计算，发展算法设计、应用终端、数据清洗分析和增值服务。

生物医药。依托亦庄生物医药园，引进国家产业化重大工程，提升生物药、疫苗、抗体、试剂研发水平，发展医疗器械、总装集成、医药分装、研发外包等功能，培育远程医疗、智慧医疗、可穿戴医疗、医药流通等健康产业，发展高端化药和中药、高端医疗设备、个性化检测等内容。依托大兴生物医药基地，发展以生物技术药物、新型生物制剂、新型疫苗为代表的生物制药，以新型药物制剂为代表的化学制药，以中成药二次创新、名

医名方产业化开发为代表的中药，以远程医疗、数字化家庭诊疗设备为代表的医疗器械，以免疫调节、营养素补充、抗疲劳保健食品为代表的保健产业。

高端汽车。围绕高端品牌整车和新能源汽车，发展产业高端环节。以北京奔驰为龙头，发展整车设计环节、总装集成环节和智能导航、车载娱乐、信息处理、移动通信服务等汽车电子环节。依托北汽新能源汽车等项目，发展自主品牌整车和电池、电机、电控等关键环节，提升研发设计和总装集成水平。

高端装备。发展智能机器人、智能装备、智能硬件、精密装备。建设世界机器人大会永久会址，打造机器人展示交流、技术交易、研发设计和集成创新中心。以和利时、中铁信为代表，发展自动控制系统。以施耐德、金风科技为代表，发展高端装备总装集成。以北方微电子为代表，发展高端装备研发设计。

（二）增强新兴产业促进转型作用

紧抓生产性服务业快速发展、文化科技融合发展、临空经济区建设、节能环保市场潜力巨大等机遇，发展壮大生产性服务、文化创意、临空服务、节能环保产业。

生产性服务。重点发展金融服务，聚集银行、保险、券商等金融机构，征信、担保等信用管理机构，股权投资、小额贷款等机构，股权众筹等新兴互联网金融机构；电子商务和信息服务，引入互联网、电子商务企业的总部和研发中心，推进北京电子商务中心区建设；商务服务，发展企业管理服务、法律服务、会展服务等；科技服务，发展研发服务、设计服务、知识产权服务、技术转移服务等。

文化创意。发展艺术品贸易和拍卖、数字内容出版、电影电视制作发行、网络和手机游戏开发等环节。发展建筑、服装、平面和展示设计，打造中国（大兴）设计瑰谷。

临空服务。突出产业的临空关联性，发展机场服务、航空快递、航空维修、公务机等航空服务，金融租赁、国际总部、专业服务、会议会展等商务服务，国际教育、国际医疗、国际购物、休闲度假等生活服务。

节能环保。发展市政、建筑、工厂节能改造和能源管理等节能服务，合同环境改造等环保服务，节能环保相关的检验检测、资质审核、标准制定、技术展示、排放权交易，和检测设备等关键环节。

（三）提升支撑产业宜居服务质量

以服务居民生活为导向，优化提升支撑产业。

都市服务。适应消费需求变化特别是服务消费发展趋势，重点发展商业、旅游、健康服务和体育等产业。商业，推动兴华大街沿线商业带、开发区核心商务商业区等重点商圈建设，高标准规划建设机场和周边商业服务设施，推动商业便利化、精细化、品质化发展。旅游业，以提升吸引力和附加值为重点，挖掘文化内涵和区域特色，发展文化创意和节庆活动、传统乡村和都市农庄、商务会展、工业等主题特色旅游，加强庞安路和永定河沿线旅游配套设施建设并合理布局旅游项目，打造新区旅游品牌。健康服务和体育产业，发展健康体检、健康管理、健康文化、远程医疗等服务，促进体育产业发展。

现代农业。以提高农业现代化水平为目标，以三次产业融合为重点，大力推动都市型现代农业发展，增强农业的城市服务能力、生态涵养能力和核心竞争力。大力发展环境一产、高效一产、特色一产、合作一产，以调优、调精、调特、调活为方向，加快优化农业结构，构建东粮、中菜、南果、北绿的发展格局，促进农业功能转型升级。发挥农业多功能性，建设集节庆活动、观光休闲、会展商贸等于一体的都市型现代农业综合体。继续加强院区科技合作，建设国际农业科技示范基地。强化农产品质量安全源头监管，提高标准化基地覆盖率、“三品”基地认证率、农产品质量合格率。深入推进“一会一社一中心”建设，提升服务和带动能力，通过农超、农社、农企、农宅等对接，提高农产品中高端市场占有率。整合区内农产品品牌资源，加大宣传推广力度。加强林果产业体系建设，推进高效密植果园发展和低效果园改造，完善月季等花卉产业园建设，发展林下经济，建设规模化苗圃。

另外，促进房地产业健康发展和建筑业转型发展，为新区经济增长发挥积极作用。

二、建立多层级协同化的产业空间布局

大力发展国家级产业区（见图 3），辐射带动全区产业发展；重点做强中关村产业园，为经济增长发挥更大支撑作用；着力推动区级园区升级，释放产业空间潜力；加强园区之间的协同化发展，建立“两区五园多点协同化”的产业空间布局。

图 3 产业空间布局示意图

（一）大力发展国家级产业区

大力发展北京经济技术开发区和临空经济区两个国家级产业区，落实国家发展战略，做强自身产业实力，发挥辐射带动作用。

北京经济技术开发区。发展高端产业，促进科技创新，加快中芯国际三期、奔驰二工厂等重大项目建设，发挥产业发展主体平台作用，辐射带动全区和周边地区产业发展。实施起步区升级改造，以北人、北开、富士康、诺基亚等老厂区利用和4S店转型升级为突破口，统筹解决土地开发、设施配套、产业发展、资金保障等问题，建设北京市产业转型升级示范区。

临空经济区。对接国家临空经济区发展规划，发挥空港优势和区域协同优势，处理好与周边地区的产业分工，发展高端临空服务业，建设综合保税区，积极争取自由贸易区等政策支持，建设国家临空经济创新引领区、京津冀协同发展示范区和国家对外交往重要门户。

（二）重点做强中关村产业园

做强纳入中关村体系的五个产业园，依托“中关村”“北京亦庄”的平台和品牌优势，提升园区设施水平、环境品质和服务能力，发展高端产业，促进转型升级，为全区经济增长发挥重要支撑作用。

生物医药产业园。按照国家生物医药产业基地、国家新型工业化产业示范基地的定位，发挥中国食品药品检定研究院、中国医学科学院、中国中医科学院等权威机构作用，打造以生物医药尖端制造为主体、健康服务和创新研发为两翼的产业格局。

新媒体产业园。按照国家新媒体产业基地的定位，北区建设以新媒体、设计创意、数字网络服务、影视制作、商务办公和产业孵化为主要方向的专业型产业园区；南区推进文化创意基金产业园、星光影视园影视制作基地等项目建设，发挥月季大会品牌效应，发展文化创意产业。

新能源汽车产业园。以北京新能源汽车为龙头，聚焦整车和关键环节，引进关键零部件研发机构和高端汽车配套项目，打造新能源汽车的产业示范基地、研发基地和体验中心。

军民结合产业园。调整完善园区规划，加快完善基础设施和公共服务设施。重点发展集成电路产业和临空产业，促进红金龙企业国际港等项目发展。发挥“蓝鲸园”军民融合创新平台作用，打造国家级军民融合产业示范基地。

“中关村·大兴”现代服务业产业园。着力推动鸿坤金融谷、中科电商谷等项目的建设招商，依托兴华大街和地铁大兴线、荣华大街和地铁亦庄线沿线的区位优势和楼宇空间，营造高端配套环境，促进特色产业发展，打造服务业聚集区。

（三）着力推动区级园区升级

更加重视区级园区的存量产业空间挖潜。把握中心城功能疏解机遇，将园区建设与新城发展、乡镇特色化发展和城乡一体化有机结合起来，加快园区提升改造与产业转型升级，有序推进青云店镇垡上工业园等园区二次开发，打造全区产业发展的“新空间”。

（四）加强园区之间协同发展

坚持把两区、五园、多点的产业空间作为一个整体，推动各园区协同发展。充分发挥开发区辐射带动作用，实现龙头项目带动配套项目，“北京亦庄”品牌覆盖全区，开发区政策、基金、服务体系等产业扶持措施延伸至各产业空间。以“442”产业体系落地、重大项目落地、整体产业环境提升为目标，统筹各产业空间的发展方向、重大项目安排和开发建设。搭建区内企业对接平台，支持产业联盟、创新联盟发展，促进区内项目上下游配套协作、产业创新协作、跨领域融合发展协作。

三、增强引领产业潮流的持续发展动能

顺应智能制造、文化科技融合、“互联网 +”等产业发展趋势，增强产业发展新动能。

（一）打造“中国制造 2025”示范区

落实建设制造强国的战略目标，紧跟和引领全球制造业发展潮流，推动信息化与工业化深度融合，开展关键核心技术研发，形成引领全球的创新能力，做强研发设计、系统集成、总部运营等核心环节，大力发展机器人、下一代互联网技术等产业尖端领域，推动实现“在北京制造”向“由北京创造”的转变，带动京津冀成为引领中国制造由大变强的先行区域和制造业创新发展的战略高地。

（二）打造国家科技文化融合发展示范区

实施文化与科技融合发展战略，创建国家优秀文化承载地、文化产业创新核心区、国家优秀文化输出前沿、国际文化交流平台，打造国家科技文化融合发展示范区。紧跟移动化发展趋势，推动底层技术架构、应用技术开发、技术系统集成等文化科技发展，提升融合发展的支撑能力。引导传统文化业态向信息化、数字化、网络化转型，培育数字内容、新兴传媒、应用服务等新兴业态。积极创制文化行业技术架构应用标准和文化创意产业市场标准。

（三）实施“互联网 +”融合计划

推动现代信息技术在产业中的应用。发展“互联网 +”主导产业，建设智能工厂，开展网络化协同制造，发展个性化定制服务，形成全新的覆盖生产组织全过程的生产模式和商业模式，鼓励京东方、小米、京东商城、四达时代等企业跨界合作。发展“互联网 +”新兴产业，推动互联网金融、跨境电商和在线商务服务、科技服务、艺术品交易等业态发展。发展“互联网 +”支撑产业，推动生活服务线上线下融合发展，推动智慧商圈、游客智能服务、在线健康服务、农村电子商务等业态发展。

（四）完善产业政策体系

构建综合性、全方位的企业发展服务体系。制定有针对性的精准扶持政策，实现产业政策对重点产业和空间的全覆盖。加强财政对重点产业、重点园区、重点项目和公共服务平台建设的支持。强化投融资政策引导，广泛引入国资、民资、外资，设立产业基金，拓宽投融资渠道。完善支持企业开展创新和推进信息化、服务化发展的政策，支持企业开发新产品、新技术和开展技术改造，支持企业把信息技术融入研发设计、生产流通、经营管理等各环节，支持制造企业延伸服务链条、发展服务型制造。

第四章 推进京津冀协同发展，建设区域协同前沿区

深入贯彻国家和北京市关于推进京津冀协同发展的战略部署，发挥新区的区位优势、产业优势，以及北京大兴国际机场等跨区域重大项目优势，立足区域协同、谋划自身发展，借助区域协同、实现跨越发展，建设区域协同前沿区。

一、全力推动功能承接和疏解

有序疏解非首都功能是落实城市战略定位、治理“大城市病”的基础。要坚持问题导向，综合施策，严格控制增量，有序调整存量，积极承接符合首都定位和新区发展方向的中心城功能，加快疏解非首都功能。

（一）积极承接中心城功能

落实全市工作部署，制定具体实施办法，积极对接和承接中心城区优质资源。承接公共服务功能，加快建设北京儿童医院（大兴院区）等重点医院，吸引优质教育资源，保障北京建筑大学新校区入驻。承接优质产业功能，引导中央企业、市属企业项目落地，打造产业功能疏解的重要承接地。承接科技创新功能，积极引导科研机构、企业研发中心等向新区聚集。公共服务功能以三座新城为主要承接地，产业和创新功能以重点产业空间为主要承接地。

（二）加快疏解非首都功能

按照依法合规的原则，坚持严格控制增量与有序疏解存量相结合，集成利用多种方式，加快疏解非首都功能。

严格控制增量。根据北京市新增产业的禁止和限制目录，严把新增产业准入关，对列入目录的新建、改扩建项目一律不予批准建设。强化节水、节地、节能、环保、用工、技术等准入标准，引导产业集约式发展，促进新增项目与人口、资源、环境承载力相匹配。

坚决退出一般性产业。按照“就地淘汰一批、改造升级一批、转移疏解一批”的思路，落实全市工业企业调整退出政策，集成使用规划、行政、补贴等方式，分期分批推进高污染、高耗能、高耗水产业和工艺退出。引导机械、印刷、家具、零配件制造、食品饮料、服装加工等一般性制造业，以及高端制造业中不具备比较优势的生产环节向京外转移，鼓励企业根据自身情况开展技改升级。全面整治工业大院，淘汰退出低附加值、低技术含量企业。有序压减粮食生产和一般农业，推动现有农业用地向观光、籽种、绿化等功

能转型，退出不达标畜禽养殖。

整治疏解低端市场。整治疏解不符合规划、无照经营、严重影响交通和环境的小散乱批发、物流等业态。推动涉及城市运行和民生保障的蔬菜、粮油等市场升级经营业态。

二、加快推进产业对接协作

立足新区产业定位，按照政府引导、协会主导、企业主体、市场运作、多方共赢的思路，合作共建产业园区，引导形成区域全产业链布局，促进产业协同发展。

（一）加快共建园区发展

推进与廊坊永清共建的“亦庄·永清园”高新技术产业开发区发展，高标准编制园区空间规划和产业规划，建立组织管理、利益分享、人员管理等体制机制，推进宝健、惠买在线等项目建设，引导区内企业向共建园区布局新建项目和转移一般性制造环节。推进与廊坊市共建的“京津冀电子商务协同发展示范区”发展，在产业基金、人才培训、公共服务平台、产业联盟、投资平台等多领域加强合作，推动北京电子商务中心区固安园等项目建设。推动区内农业企业在北京周边共建农业生产基地，形成“总部＋生产基地”合作模式，保障北京菜篮子供应。扩大“大兴西瓜节”“春华秋实”等农业节庆活动影响力，促进区域农业合作。

（二）引导区域产业布局

以新区优势产业为重点，推动跨区域全产业链布局，形成上下游协作配套的分工格局，提升产业整体竞争力。集成电路产业，在新区布局集成电路设计、软件开发、系统集成环节，在河北曹妃甸、正定布局原材料生产加工、封装测试环节。新型显示产业，在新区布局研发和总装集成环节，在河北廊坊布局终端产品生产制造、仓储物流环节。生物医药产业，在新区布局药物研发环节和公共服务平台，在河北沧州等地布局原材料、成药生产环节。高端汽车产业，在新区布局新能源汽车和高端乘用车总装集成、发动机制造、汽车电子研发制造环节，在合作区域布局零部件制造、后台服务环节。

三、着力推动交通一体化发展

交通一体化是推进京津冀协同发展的保障条件。要按照国家和北京市的部署，积极配合相关单位，加快构建航空、铁路、城市轨道、公路高效连接的综合交通体系。

（一）全力配合机场建设

根据机场建设总体安排，做好征地拆迁和人员安置，保障群众放心拆迁、安心周转、舒心生活。高标准建设北京大兴国际机场，与首都机场、天津滨海国际机场、石家庄正定国际机场等形成分工协作的机场群，构建“空中的京津冀”。

（二）拓展区域交通通道

完善连接河北、天津的交通通道，配合建设一批重大交通基础设施。建设京霸铁路、廊涿城际铁路，推进市郊铁路 S6 线建设，建设京台高速（北京段）、机场北线高速、首都地区环线高速（密涿高速段），拓宽改造京开高速，提级改建 104 国道。

四、全面推进生态合作共建

以跨域水系治理、绿色廊道建设、大气污染防治为重点，共建良好生态环境，提升区域生态品质。

（一）突破跨域水系治理

推动永定河生态供水和水环境建设实现突破。探索永定河、永兴河、凤河和凤港减河等跨域河流的共治共管，联合实施生态修复、景观绿化、防污减排和水质净化，探索水系治理联合执法机制，共同改善和维护水系生态环境。

（二）推进绿色廊道建设

沿机场周边、京冀交界处建设大尺度森林景观，沿永定河建设游憩森林公园群，沿京台高速、新机场高速、京开高速、京霸铁路等重要通道建设生态绿带，打造连接京冀的绿色生态廊道。

（三）落实大气污染防治

落实大气污染防治行动计划和京津冀地区实施细则等工作部署，以治理 $PM_{2.5}$ 为重点，加大压减燃煤、控车减油、治污减排、清洁降尘等工作力度。落实空气重污染应急响应联动机制，共同应对空气污染。

五、建立区域合作长效机制

建立政府和民间的跨区域合作长效机制，为协同发展提供制度保障和对接平台。

（一）畅通政府协调机制

按照全市统一部署，依托与廊坊市、永清县、固安县、天津市武清区等周边市县良好的合作基础，研究建立高层定期会商机制和规划、交通、环境、科技、教育、产业等部门沟通机制，形成政府间直接对话常态通道。

（二）扩大民间交流合作

支持工商联、行业协会、企业联盟等组织互动往来，鼓励企业相互投资，支持区内企业到周边地区设立分厂、开办分店，促进教育、医疗等领域开展多种形式的交流合作，建立民间交流合作机制，充分调动社会力量参与协同发展。

第五章 发挥机场枢纽新优势，建设国际交往门户区

对接国家“一带一路”战略，顺应我国经济深度融入世界经济的趋势，充分发挥北京大兴国际机场的国际枢纽作用，提升对外交往层次，打造首都国际交往新门户。

一、增强国际交往功能

服务国际交往中心建设，以机场和临空经济区为重点，促进国际组织、国际活动落地，增强新区的国际交往功能。

（一）建设国际航空枢纽和亚洲门户

全力配合机场建设，按照经得起历史和实践检验的要求进行规划布局、高标准建设、风采风貌打造，使机场成为首都的精品力作和样板工程。建设全球航线网络，实现4小时航空圈直达国内大中型城市和东北亚地区，国际航线覆盖世界主要国家和地区，形成辐射全球的大型国际航空枢纽和亚洲门户。

（二）打造国家对外交往功能承载区

以临空经济区为载体，积极吸引国际航空总部、国际组织、国际知名企业、国际行业协会等相关机构，开展国际性高端论坛、展览展示、商务交流、体育赛事等活动，推动建设京交会永久会址，打造国家对外交往功能承载区。加强政策集成和创新，扩大对外开放范围，在服务贸易扩大开放、投资和贸易便利化、航空服务、金融创新、跨境电子商务等方面先行先试，营造国际化、便利化的营商环境。

二、加强国际产业合作

加快培育参与国际产业分工的新优势，推进与世界经济深度接轨，以开放的主动赢得发展的主动。

（一）提升产业国际影响力

主动参与国家推动的境外产业集聚区等国际重大项目，支持区内企业在“一带一路”沿线国家和地区开展业务。支持电子信息、生物医药、高端装备等优势领域承办国际性产业论坛、会展，提升世界机器人大会、中国设计节、北京微电子国际研讨会、北京亦庄生物医药产业创新发展论坛等活动的国际影响力。推动企业与德国、以色列等全球产业先进地区开展技术交流、联合研发、人才交流等合作。支持企业参加国际会展，拓展国外营销渠道。抓住国家实施“走出去”战略的机遇，鼓励有竞争力的企业通过对外直接投资、收购兼并、设立海外研发机构等方式开展跨国经营。积极吸引国际知名企业总部和研发机构落户新区。

（二）建立国际化创新网络

以北京国家生物医药国际创新园为重点，发挥生物试剂物流中心、海外新药认证中介服务平台等专业机构作用，把科技项目和人才“引进来”，推动成熟科技企业“走出去”。鼓励企业以联合攻关重大科研项目、共建实验室、开展学术交流、共同培养研发人才等方式，与国外知名大学、科研院所开展广泛合作。

三、塑造国际品牌形象

以举办国际活动和彰显文化魅力为重点，提升新区国际品牌形象。

（一）建立国际活动平台

高水平举办世界月季洲际大会，积极增强大兴西瓜节等节庆活动的影响力，增加活动的文化内涵，着力打造具有大兴特色、北京特色、世界水准的品牌活动。筹划引进更多具有影响力的国际交流活动。

（二）彰显中国文化魅力

配合全市文化魅力走廊建设，打造展现首都风貌的南中轴。在机场、临空经济区和周边地区的规划建设中，注重融合中国传统文化、中轴历史文化，建设具有中国特色的建筑、园林、水系，建成特色鲜明、和谐统一的城市风貌，彰显中国文化魅力，扩大新区国际影响力。

第六章 突破标志性重要改革，建设深化改革先行区

改革是发展的强大动力。“十三五”时期，要落实国家和北京市的部署，大胆改革，勇于创新，着力突破标志性改革，全面深化各领域改革创新，努力破除制约新区发展的障碍和藩篱，不断增强发展的活力和动力。

一、着力突破标志性改革

以集体经营性建设用地入市试点、两区行政资源整合为抓手，加快推动城乡一体、两区一体，积累可复制、可推广的经验路径。

（一）实施集体土地改革试点

探索城乡一体化发展新模式，促进土地资源高效利用，保障广大农民共享发展成果。

统筹设计政策体系和运行机制。坚守“土地公有制性质不改变、耕地红线不突破、农民利益不受损”三条底线，加强试点范围内的集体经营性建设用地统筹规划，科学设计区级协调、镇级统筹、联营公司运作的体制机制，合理平衡各镇的土地指标、拆建比例、入市时序，做好交易规则、入市程序、基准地价等与城镇建设用地的衔接，处理好国家、集体和农民的权责划分、增值收益分配等利益机制，确保达到国家开展试点的目标。

先行构建城乡一体化的建设用地市场。按照“统一规则、统一平台、统一管理”的要求，充分依托现有土地交易平台，制定详细的交易规则和程序，先行构建全区城乡统一的建设用地交易市场。所有竞争性交易环节纳入交易平台，公开交易信息。积极培育集体土地流转的市场中介组织，完善服务功能，降低交易风险。

推动改革试点融入全区发展大局。将试点与率先全面建成小康社会、推动城乡一体

发展结合起来。先行在城乡接合部、人口资源环境相对敏感地区、功能较为成熟地区和设施农业重点分布区开展试点。加强用地统筹，合理调配土地指标在新城、镇区、农村地区的分布，将用地指标分配至最能发挥土地效益的区域。推动上市地块发展符合区域定位的产业。

（二）深入推进行政资源整合

持续强化“开发区就是大兴区、大兴区就是开发区”的理念，进一步深化两区行政融合、资源整合、工作结合。积极破除制约新区一体发展的体制机制障碍，重点在计划考核、行政审批、资金使用、社会管理、干部管理等一体化方面实现更大突破，从体制和机制两个层面深入推进一体发展。巩固和完善交叉任职、主要领导议事会、梯次决策等制度。

二、全面深化各领域改革

落实上级改革部署，突出新区自身的问题导向，加快推动行政管理、国资国企、农村、社会事业和生态文明等经济社会各领域改革。

（一）更好发挥政府作用

加快转变政府职能，持续推进简政放权，建立权力清单、责任清单，使政府、市场、社会的权责边界更加清晰。推广政府购买服务，制定和动态修订购买服务指导性目录，向社会购买文化、民生、社会保障等多种服务；对政府购买服务实施绩效评价管理，提高项目管理水平和资金使用效益。探索中期财政规划管理，试行跨年度预算综合平衡。改进项目预算管理方式，实施全过程绩效管理。探索政府性债务管理改革。深化投融资体制改革，引导社会资本参与基础设施、公共服务、资源能源等领域建设，完善合理投资回报机制。推进行政管理和执法下沉，按照优化职能、相对集中的原则，整合城市管理和执法力量，强化镇街在城市管理中的统筹、组织和协调职能。推进街道管理体制改革，增强履行社会管理和公共服务的能力。

（二）深化国资国企改革

坚持政企分开、政资分开、所有权与经营权分离，以规范企业管理、资产保值增值、承担社会责任、增强发展活力为重点，加快国有经济布局结构调整。明确国资国企的功能定位，改革和完善国有资产管理体制，以管资本为主加强国有资产监管。加快区属国有企业公司化改造，积极发展混合所有制经济，进一步完善现代企业制度。着力打造 3~5 家管理规范、运转协调的集团化公司，不断增强国有企业活力、竞争力和影响力，形成适应首都城市特点、具有新区特色的国资国企发展格局。

（三）推进农村综合改革

落实国家深化农村改革综合性实施方案，推进农村土地确权登记颁证工作，规范土地流转行为，打破镇级、村级行政限制，推进土地经营权区域化流转。完善集体经济产权制度，完善农民对集体资产股份占有权、收益权，完善有偿退出机制和继承权、抵押权、担保权等制度，探索新型股份合作经济组织的股东进退、继承、转让机制和股权管理制度。推动农村闲置资产盘活利用。科学处置集体资产，推广集中理财、购买底商、产业经营、联村入股等经营模式。继续推进农村金融改革试验区建设，发展新型农村合作金融组织，拓宽“三农”融资渠道。以全市创新型“三农”保险示范区建设为契机，创新保险品种，完善保险机制，构建“三农”风险一体化防控体系。探索农村承包土地的经营权抵押贷款试点。推进长子营镇赤鲁村等“新三起来”试点工作。

（四）深化社会事业改革

深化医药卫生体制改革。以坚持公立医院公益性、调动医务人员积极性为导向，全面推进公立医院综合改革，着力构建科学有效的管理体制、补偿机制、运行机制和监管机制。完善医院法人治理结构，完善政府投入机制，逐步实现公立医院补偿向服务收费和财政补助两个渠道转变；深化人事制度和分配制度改革，建立以岗位责任、服务质量、患者满意度等为核心的绩效考核机制，探索建立医务人员收入合理增长机制，调动医务人员积极性。深化基层卫生机构综合改革，按照保障与激励并重的原则，完善绩效工资制度与绩效考核体系，适度向偏远地区倾斜，形成合理的收入分配机制，充分调动基层卫生人员的积极性，增强基层医疗卫生机构活力，提高服务能力。强化卫生计生人才队伍建设，积极引进高级人才，加大社区、农村基层医务人才培养力度，探索通过聘用人员财政补贴、购买服务等方式解决基层人员不足问题。积极探索医药分开，取消药品加成。

深化教育领域改革。探索管、办、评分离的现代教育治理体系，创新教育管理体制、教育投入体制、办学体制，激发企业、社会和家庭对教育的热情。推进人才培养体制、招生考试制度、教育人事制度、教育督导和评价制度改革，建立面向各级各类教育的质量监测制度。加大体制机制保障力度，着力解决师资队伍短缺问题。改革学校内部管理机构和机制，推进民主治校和依法治校，激发学校办学主动性，激发校长、教师、学生的积极性和创造性。

加强物业管理创新。探索在街道辖区内建立物业管理中心，统一管理物业公司，推动物业服务项目、收费标准等事项公开，构建和谐的物业、业主、社区间关系。

（五）深化生态文明改革

落实国家和北京市节能、节水、环保、耕地林地湿地保护等标准和规章制度。设定并严守资源消耗上限、环境质量底线、生态保护红线。实施居民用电、用水、用气阶梯价格管理。将资源消耗、土地和水资源节约、环境损害、生态效益等指标纳入政府年度绩效考核评价体系，构建符合生态文明要求的目标体系、考核办法和奖惩机制。试点推行领导干部自然资源离任审计和环境责任审计，建立生态环境损害责任终身追究制度。探索编制自然资源资产负债表，建立科学规范的自然资源统计调查制度。

第七章 提升基础设施水平，适度超前保障运行

基础设施是新区运行发展的重要保障。“十三五”时期，要适应当前和未来发展需要，按照城乡统筹、布局科学的要求，加快交通、市政、信息等基础设施建设，适度超前保障新区发展运行。

一、构建便捷高效交通体系

提升到中心城区、市行政副中心、周边区县和新城之间、城镇村之间的内外交通连接水平，建设“两铁、四轨、六高（速）、多条主次支路”，实施公共交通优先发展战略，改善慢行交通条件，构建便捷高效的综合交通体系。

（一）拓展对外连接通道

建设京霸铁路、廊涿城际铁路。建成轨道交通新机场线、地铁8号线三期和南延，推进市郊铁路S6线和S6支线建设。依托交通干线，建设黄村火车站等综合交通枢纽。建设京台高速（北京段）、新机场高速、机场北线高速、首都地区环线高速（密涿高速段），拓宽京开高速主辅路和京沪高速。抓住机场建设和南苑机场搬迁契机，推动打通南中轴路，建设连接至机场的城市主干路。提级改建104国道、博大快速路，建设东环路、芦东路、芦西路、房通路。

（二）完善区内道路网络

提级改建芦求路南段，建设博兴西路、亦柏路。建设广阳大街北段、广阳大街南延、广和大街、广茂大街、金辅路，实施一批立交桥建设和改造，加快建设大兴新城西片区、大兴新城东部、重点产业园区、城乡接合部改造地区等区域道路交通设施。实施新城路口精细化改造，提升道路通行能力。推动京沪高速辅路建设研究（见图4）。

图4 道路交通网络建设示意图

（三）优化公共交通服务

优化到中心城区和周边区县的快速公共交通服务，开通至通州、房山的公交快线，

在南中轴路、京沪高速开通公交快线，规划建设“北京大兴国际机场—首都机场”等专线。加大开发区内公交线网覆盖率，实现大兴新城500~800米公交站、农村地区800~1500米公交站覆盖率达到70%。合理设置公交站点，加强三座新城、各镇、各园区之间的公共交通联系。加强公交场站建设，保障设施用地。提高微循环线路的覆盖率，完善社区到轨道交通站点的接驳服务。在轨道交通站点周边同步建设停车设施。继续加强到开发区的就业通勤班车服务。

（四）改善慢行交通条件

加强步行自行车道建设，严格治理占用非机动车道的行为，构建慢行系统专属空间，提升慢行系统的连续性、安全性、舒适度和便利化水平。完善自行车停车设施，优化公租自行车网络布局，提高调度频率，推进自行车回归城市。建设林荫绿道和重点区域的空中、地下连廊。

二、提高资源能源保障水平

按照问题导向和需求导向的原则，有针对性地实施一批重大项目，确保资源能源有效供应。

（一）优化供水保障渠道

实施大兴新城、亦庄新城、机场与南水北调南干管连接工程，优化域外和本地水源结构，提高保障能力。建成黄村水厂（一期）、亦庄水厂，同步建设和改造供水管网，逐步实现村镇联网供水，保障城乡居民安全饮水。加大水源地保护力度。新建和改造机场、天堂河再生水厂，加强再生水管网建设，推进分质供水，推动企业内部再生水循环利用，提高再生水使用量，实现再生水利用率达到70%以上。

（二）加快完善电力设施

建设新航城500千伏输变电工程，张家务、亦庄西南等220千伏输变电工程，观音寺、丰都等110千伏输变电工程，提升地区供电能力，保障重大项目建设。加强配网升级改造，基本完成农网升级改造，全面提高供电可靠性。加快分布式电源并网接入和充电桩建设。

（三）扩大燃气供给范围

建设和升级改造次高压A调压站（箱），加强气源保障。完善燃气输配系统，优化燃气管网架构，提高供气系统可靠性。大力实施送气下乡，实现镇镇通天然气，扩大农村管道天然气覆盖范围，建设液化石油气集散中心，逐步缩小城区、镇区和农村的燃气供应差距。建设各类加气站。

（四）继续完善供热格局

合理确定供热分区，形成以集中供热为主的供热格局，提升供热保障能力。优化管网布局，扩大热源覆盖范围，增加管网供热用户。改造供热管网，提高供热质量。将机场纳入城市供热分区，建设供热中心。

（五）建设地下综合管廊

在临空经济区、开发区起步区等重点区域探索建设地下综合管廊，统筹市政管线规划、建设和管理，消除“马路拉链”现象，提升城市安全运行管理水平。

三、构建安全高效信息网络

适应信息化时代要求，全面增强信息网络支撑能力，构建高速、移动、安全、泛在的新一代信息基础设施。

（一）实施网络提速工程

扩大宽带网络覆盖范围，实现城乡家庭用户达到百兆，社区和商务楼宇达到千兆，高端功能区和重点企业达到万兆。完善政务网络建设，全区政务网络提升至万兆，部门网络提升至千兆。实现4G网络广泛覆盖，探索5G网络建设，实现重点公共场所的无线宽带覆盖。

（二）提升网络服务水平

建设容灾备份中心、安全运行管理中心等网络安全设施，建立监测平台，完善网络安全预警和应急处置机制，加强网络安全管理。推进政务、行业和教育等公共服务云平台建设。

第八章 提升城乡建设水平，优化发展载体平台

高水平推动城乡建设是全面建成小康社会的必然要求。“十三五”时期，要加快推进新型城镇化，促进城乡一体发展，构建新城、市镇、农村互促的发展格局。

一、高水平建设三座新城

把握全市功能布局调整、机场建设等机遇，进一步集聚优质资源、夯实产业基础，提升城市建设水平，加快产城融合发展，打造三座高端新城，使新城成为中心城功能疏解重要承接地、京津冀协同发展节点城市、全区经济增长极。

（一）增强大兴新城综合服务功能

加快西片区开发建设，积极承接中心城区优质资源。结合京霸铁路、轨道交通新机场线、市郊铁路S6支线建设，推进黄村站周边和团河地区开发建设。推进狼垡组团开发建设。推动京开高速以东地区建设发展。加快建设教育、医疗卫生、文化、体育、养老等公共服务设施，促进现代服务业发展，进一步提升城市建设与服务水平。

（二）提高亦庄新城产城融合质量

加快综配区开发建设，实施集贤地区旧村改造、南海子四片区拆迁等空间拓展，高标准建设基础设施和公共服务设施，推动重点产业项目建设和工业区转型升级，引进高

品质生活配套项目，推进保障房建设。加快推动起步区转型升级。增加优质公共服务供给，推进职住平衡和城业互促。加强公园绿地建设和管护。

（三）推动新航城高标准集约建设

围绕机场建设，对接临空经济区规划，坚持高端化、国际化，启动新航城起步区规划建设。突出绿色、低碳、智慧的建设理念，引入海绵城市、地下综合管廊、绿色建筑、绿色能源，以及绿色出行、健康出行等概念，高标准指导城市设计。培育高端临空产业，形成新的经济增长点。承接中心城区的高端产业和从业人员。高标准建设公共服务设施。加强土地开发管控和环境约束，避免人口和产业过度集聚。实施机场周边地区三年行动计划，加快补齐发展短板，兑现政府对百姓的承诺。

二、加快改造城乡接合部

把握集体经营性建设用地入市试点机遇，按照“快拆、快建”要求，消除传统城乡接合部形态，建设“基础设施完善、绿色空间覆盖、产业集聚高效、生活富裕美好”的新型城乡接合部。

（一）推进全面改造

深入推进西红门、旧宫城乡接合部改造，加快黄村、瀛海、青云店、北臧村、“三场一基地”城乡接合部改造。保持拆违打非高压态势，大力整治存量违法建设，坚决杜绝新增违法建设。加强工业大院、物流大院、小散乱市场的拆除腾退。探索城镇集中建设区与周边城乡接合部改造捆绑实施政策。

（二）建设绿色空间

实施绿化隔离地区遗留地块、拆迁腾退地块的绿化工程，构建生态廊道，落实全市园林绿化战略。加强环境整治，增加小微绿地，创造公共活动空间，实现与新城建设良好衔接。

（三）完善配套设施

优化城乡接合部对外交通连接条件，加密内部路网，提高出行便捷性。规划建设市政设施，推进水、电、气、热等管线与外网连通，保障城乡接合部运行能力。按规划配建社区服务站、文化站、图书室、超市等服务设施。

三、增强各镇发展新动能

按照与新城发展相结合、与服务“三农”相结合的理念，立足各镇资源禀赋，以镇区改造、工业区升级、特色产业发展、重点项目建设为动力，以完善道路交通设施、市政基础设施、公共服务设施为支撑，以加强管控、优化生态环境、美化镇区环境为保障，将各镇打造成定位清晰、功能明确、设施完善、环境优美的功能性特色镇。

（一）围绕新城协作发展

以三座新城为依托，形成三个协作城镇群。大兴新城协作镇，包括黄村镇、西红门镇和北臧村镇，为大兴新城创造良好生态环境，提供拓展空间。亦庄新城协作镇，包括亦庄镇、瀛海镇、旧宫镇和青云店镇、长子营镇、采育镇，为亦庄新城提供配套服务，提供产业发展空间。新航城协作镇，包括榆垡镇、礼贤镇和庞各庄镇、魏善庄镇、安定镇，为机场和新航城提供配套服务，发展高端临空产业，适当预留发展用地。

（二）合理定位特色发展

黄村镇，加快物流园等低端产业腾退，提升印刷包装基地、芦城工业园等园区发展质量，打造紧邻新城的综合服务镇、绿色生态镇。西红门镇，重点推进城乡接合部改造，建设良好生态环境，发展现代服务业，打造转型升级示范镇。北臧村镇，重点发展现代农业、旅游休闲和健康服务，打造绿色休闲镇。

亦庄镇、瀛海镇和旧宫镇，重点发展现代服务业，建设一流生活空间和生态空间，打造综合服务配套区。青云店镇，重点发展旅游、休闲产业，推动镇区和垡上工业区改造开发，打造特色文化旅游镇。长子营镇，重点建设军民结合产业园、发展集成电路产业，建设湿地公园、发展生态休闲产业，建设以航空食品为特色的临空产业副中心。采育镇，重点发展新能源汽车产业，打造协同发展重要节点镇。

榆垡镇、礼贤镇，重点服务临空经济区和新航城建设。庞各庄镇，重点发展会议服务、旅游观光、体育休闲和临空服务产业，打造商务休闲重点镇。魏善庄镇，依托临近空港、地处中轴的独特区位优势，重点发展文化创意、临空服务、旅游休闲等产业，打造体现国门印象的新型市镇。安定镇，突出空港配套功能，重点发展旅游休闲、临空服务等产业，打造临空服务镇。

（三）夯实基础持续发展

加快镇区水、电、气、热、路等基础设施建设，完善教育、医疗卫生、文化等公共服务设施，增强城镇综合承载力。开展绿化美化建设，提升城镇形象品质，到2020年实现全区80%的镇达到环境优美镇标准。

四、全方位建设美丽乡村

以建设“田园美、村庄美、生活美、人文美”的美丽乡村为目标，加大强农惠农富农政策力度，以每年不低于现有村庄15%的比例推进美丽乡村建设，使农村成为农民和谐宜居的幸福家园和增收致富的就业田园，成为市民向往的休闲乐园。

（一）实现田园美和村庄美

加强绿化美化建设，继续开展村庄环境综合整治，提高绿地管护水平，优化公共空间环境，推进农业污染物减排和农业资源循环利用，保持村庄田园优美整洁，到2020年实现全区60%以上的乡村建成北京郊区生态村。推广梨花村等社区改造经验，打造一批管理规范、生态优美、富裕文明的新型农村社区。

（二）实现生活美和人文美

加强农村基础设施建设，新建、改造一批乡村道路，实施电网改造，完善污水、垃圾处理设施，改造升级通信、网络、广播电视等设施，全面改善生产生活条件。提高公共服务质量，扩大优质教育资源覆盖面，提升基层卫生服务能力，完善文化体育设施。保护传承农村历史文化，挖掘整理非物质文化遗产，留存农村特色文化符号。加强农村地区安全生产、食品安全和重大动物疫病防控工作。

第九章 提升绿色集约水平，打造生态宜居环境

绿色集约是可持续发展和宜居建设的重要体现。“十三五”时期，要把生态文明融入经济社会发展全过程，扩大环境容量生态空间，促进资源节约集约利用，以天蓝、地绿、水净为目标，打造生态宜居环境。

一、保护和修复自然生态系统

树立“绿水青山就是金山银山”理念，让森林绿地融入百姓生活，让河流湿地展现美好风貌，让人与自然更加亲近和谐。

（一）完善森林绿地系统

建设南海子公园二期，推进永定河森林公园（大兴段）、南中轴森林公园建设。在机场周边打造“几何状、大色块”森林景观。沿京台高速等交通干线建设永久绿化带，沿永定河等河流建设生态景观带。加强城市绿地建设，实现人均公共绿地面积达到 14.5 平方米，推广屋顶绿化、垂直绿化。建设城乡“健康绿道”，服务居民健身休闲和绿色出行。加强绿色资源管控，健全绿隔地区腾退空间绿化美化政策机制，加强城镇绿地、平原生态林、防护林养护管理，对林地、绿地实施数据库动态管理。形成以绿色生态南中轴、永定河和凉水河凤河森林景观带、三座新城绿化组团为重点，以绿化廊道和绿化景观节点为支撑的“一轴两带三组团、廊道节点相融合”生态绿化格局（见图 5）。

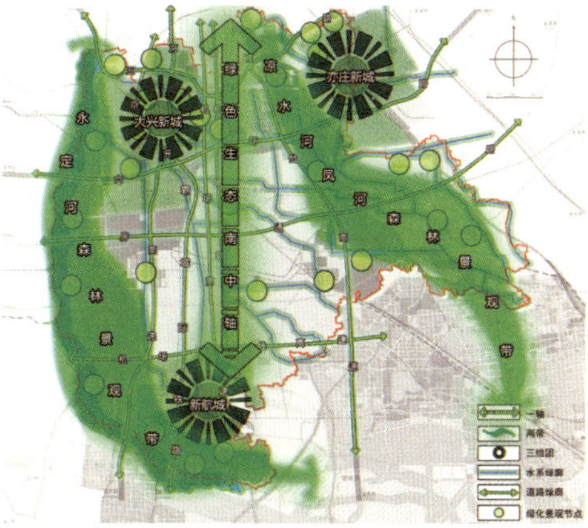

图 5 生态绿化空间示意图

（二）恢复水系生态功能

推动永定河生态供水，逐步恢复自然生态系统。完成一至四期中小河道治理，治理总长度达到 123 公里。改善永定河、永兴河等河道亲水条件，打造近水堤岸景观。沟通念坛公园和永兴河，凉水河、南海子公园和新凤河，实现水循环流动。综合利用埝坛水库、团河行宫、大泡子湿地、长子营镇湿地、青云店镇杨各庄湿地，在汛期蓄滞涝水，在非汛期作为湿地公园。按河道防洪标准建设堤防，疏挖治理河道，设计分洪通道，确保防洪安全。因地制宜确定各排涝区的防涝标准，增强排水能力，规划建设蓄滞洪区，保障排涝通畅。

二、全面加强污染防治

坚决打好环境污染治理攻坚战，全力解决大气、污水、垃圾等突出的环境问题，全面改善环境质量。

（一）坚决改善空气质量

坚持预防为主、源头治理，通过“调、提、建、减、推”综合施策，实现空气质量有效改善。

优化用能结构。完成康庄、观音寺供热厂和其他燃煤锅炉的煤改气工程，推动新建建筑采用清洁能源供热，实现全区清洁能源供热比例达到 100%。大力实施农村地区煤改电、煤改气工程，推动农业生产设施、农村公共设施、农村企事业单位使用清洁能源。积极推广利用太阳能、地热等新能源。

减少机动车排放。按照国家和北京市标准淘汰车辆，落实北京市第六阶段机动车污染物排放标准和车用燃油标准。加大机动车尾气监管，推动机动车加装尾气后处理装置。全区公交客运全部使用新能源和清洁能源车辆。扩大电动出租车覆盖范围，完善充电设施，推动电动出租车停车区域实现“一车一桩”。

加强监管执法。杜绝秸秆焚烧、垃圾焚烧、露天烧烤，严控工业气态污染物、餐饮废气排放，强化工地和道路扬尘控制。加强监测力度，增加监测设施，建立市级控点和区级站点组成的监测体系。

（二）加强城乡污水处理

以全区污水处理率达到 95% 为目标，全面增强新城、各镇和农村的污水处理能力。建设机场等污水处理厂，改造升级亦庄、瀛海等污水处理厂，实现各镇均建有污水处理厂，建设农村污水收集和处理设施，完善配套管网，全面实施新城和园区截污工程。建设黄村污泥处理厂，实现污泥处理率达到 100%。加强水环境监测，增强突发性水污染事故的应急处置能力。

（三）提升垃圾治理水平

按照减量化、无害化、资源化的原则，加强垃圾源头控制，减少生产生活中废弃物产生，通过建立分类制度和增强居民意识等方式强化垃圾分类管理，增强垃圾管理、处理和再利用能力。优化城镇垃圾处理站布局，升级改造村庄垃圾转运站，推动焚烧和生化处理，促进垃圾无害化处理。

（四）有效控制噪声污染

加强噪声污染源防控，严格监管建筑施工和工业生产噪声，有效管控交通运输、商业、娱乐业，以及家庭生活噪声。合理规划机场周边设施，避免飞机噪声扰民，最大限度降低噪声污染。

三、节约集约利用资源能源

加强资源能源利用管理，倡导绿色低碳生产生活方式，让节约集约理念落实到经济社会发展各个环节。

（一）推进节水型社会建设

坚持“以水定城、以水定地、以水定人、以水定产”原则，建设节水型社会。划定农业生产空间，调整种植结构，有序退出南部礼贤、榆垡等6个严重超采区域镇的传统粮食生产，推动高效节水设施全覆盖，逐步压减地下水开采。制定工业用水定额和节水标准，对企业用水进行管理考核，推动企业实施节水改造。对运行使用年限较长、严重老化和漏损严重的供水管网进行改造，严控公共供水管网漏损率。推动海绵城市建设，建设集中下凹式绿地湿地，推进新建道路下渗式设计，发展自然积存、自然渗透、自然净化的城市雨洪利用系统。

（二）推进节能型社会建设

严格控制能源消费总量，有效降低能耗强度。严控新增产业，退出高耗能企业。淘汰低效锅炉、风机、水泵等设备，实施余热回收、热电联产、电机系统节能、工业锅炉节能等技术改造。发展绿色建筑，推动既有建筑节能改造，推广使用新型墙体材料和节能产品。

（三）加强土地集约利用

按照严控新增、盘活存量、优化结构、提高效率的思路，大力推进节约集约用地，促进土地利用方式转变。强化土地利用总体规划和城市总体规划的管控作用，合理确定建设用地规模和城市开发边界，在安排新增建设用地时同步减少原有存量建设用地。促进产业用地节约利用，探索工业用地弹性出让年限、先租赁后出让、租让结合等供地方式。开展土地利用评价，建立综合反映企业用地强度、用地效益、地均就业、地均能耗等情况的评价体系。加强对闲置、低效用地的管理和盘活使用，鼓励追加投资，有序推进用地再开发，提高存量建设用地在土地供应总量中的比重。采用土地整治、城乡建设用地增减挂钩等方式，推进田、水、路、林、村综合整治，促进农村低效和空闲土地盘活利用。探索企业利用工业用地建设总部和研发中心，优化工业用地容积率。鼓励改造利用原有厂房、仓储用房发展文化创意等现代服务业。

（四）倡导绿色低碳生活

开展节能、节水教育进学校、进机关、进社区、进村庄活动，引导群众树立节约、集约和循环使用资源的理念。进一步推广节能、节水的技术和产品，鼓励居民购买使用节能家电和节水器具，让绿色低碳生活成为广大群众的自觉行动。

第十章 提升公共服务水平，增进城乡居民福祉

民生事关广大群众切身利益，改善民生始终是党和政府的工作重点。“十三五”时期，要坚持共享发展，按照人人参与、人人尽力、人人享有的要求，坚守底线、突出重点、完善制度、引导预期，多谋民生之利，多解民生之忧，让新区人民有更多更直接的获得感，生活更加幸福。

一、推进教育优质均衡发展

以促进公平为重点，以提高质量为核心，落实立德树人根本任务，着力提高人才培养水平。

（一）增强学前教育供给能力

实施“学前三年行动计划”，实现入园率达到 95% 以上。结合新城建设和入园需求，通过新建改扩建、回收补建、以租代建、师资配置、未注册园治理等方式，扩大学前教育资源总量，有效缓解“入园难”。结合美丽乡村建设，加快新建一批幼儿园，让农村孩子享受与城区同等的启蒙教育。支持引导社会资本开办幼儿园。加强各类园所的幼儿园园长和教师培训，切实保障各级各类幼儿园办园质量。遵循教育基本规律，防止幼儿园教育“小学化”倾向，促进儿童健康快乐成长。

（二）加快义务教育均衡发展

高标准均衡发展九年制义务教育，实现入学率达到 100%，完成率达到 99% 以上。统筹城乡教育一体化发展，深入推动教育协作区管理，缩小城乡、区域、校际教育水平差距。在学位需求紧张区域加快配建教育设施。继续通过人事、资金、培训等倾斜政策支持农村学校提高办学质量。以名校办分校、高等院校办附中附小、学校托管等方式，引进中心城区优质资源。鼓励大兴一中、兴华中学等区内名校开展联盟化、集团化办学。完善教师交流轮岗制度，以及到农村学校任教的激励政策。支持学校开展教学和课程改革，开发实施开放性科学实践、学科综合实践和与中考改革相适应的课程，促进中小学生全面发展。实施中小学义务教育阶段课外活动计划。开展校园足球活动，增强学生体质。

（三）推进普通高中特色发展

普及高中阶段教育，实现毛入学率达到 99% 以上。进一步提升重点高中设施水平，

推进大兴一中西校区、大兴五中综合楼、北京二中亦庄学校教学楼等项目建设。完善教育协作区体制机制，开展“打造优质教育资源点线圈”实践研究，进行同学段校际间、跨学段对口校间的交流合作，拓展优质教育资源覆盖面。探索普通高中与大学、科研机构合作培养创新人才的途径，创新特长生培养方式。开发实施与高考改革相适应的课程。

（四）服务居民发展职业教育

以服务居民就业和促进产业发展为目标，按照“对接服务产业、提升引领产业”要求，发挥学校和企业的积极性，发挥政府的服务引导作用，促进校企合作，科学设置专业和课程，发展生物医药、临空服务等特色职业教育。深化与北京电子科技职业学院等驻区高职院校的合作，创新中高职融通培养模式。

（五）引导公众进行终身学习

营造良好的学习环境和氛围，引导公众树立终身学习理念，建设学习型新区。完善社区教育管理和服务体系，推进社区教育中心、社区学校建设，培养社区教育专兼职人员和志愿者。鼓励区内学校等机构的图书馆、博物馆向公众开放，开展教育培训和展览展示活动。实施全民阅读计划，举办读书会等公益活动。

二、建设健康活力新区

树立“大卫生”“大健康”理念，统筹城乡发展，完善服务体系，增强服务能力，持续提高居民健康素质。

（一）均衡发展公共卫生服务

完善公共卫生体系。以新航城为重点，持续优化全区三级公共卫生服务体系，加快妇幼保健、大兴 120 急救分中心等公共卫生设施和组织机构建设。健全城乡急救网络，完善新航城地区应急信息报告机制，提高重大突发公共卫生事件应急处置能力。健全疾病监测网络，加强艾滋病、重大传染病等疾病防控能力，健全慢性病综合防治体系。完善卫生计生综合监督执法网络和长效机制。加强公众心理健康促进与心理危机干预。

强化全民健康管理。落实全民健康覆盖行动计划。动员社会广泛参与，加强专业健康教育队伍建设，形成以社区为基础，以家庭为单位，以学校、企业和公共场所为重点的健康促进与教育模式，开展健康大课堂等活动。探索建立社区健康监测与干预模式。

（二）多元发展优质医疗服务

优化医疗服务体系。加快项目建设，建成北大医院（南区）、北京同仁医院（南区）二期等项目，新建和改扩建新航城三级综合医院、区人民医院、区第二人民医院、区老年病医院等项目。优化医疗卫生资源布局，以新航城为重点，逐步解决“北多南少”的资源不均衡问题。引进中心城区资源，支持区级医院和社会资本办医院发展特色学科，补齐老年、康复、护理、儿科等服务短板，增加优质资源供给。从防治结合、中西医结合、医养结合等方面，明确各级各类医疗卫生机构功能定位，构建政府办医疗机构为主体、社会办医疗机构为补充的服务格局。

提升基层服务水平。以“基层首诊、双向转诊、上下联动、急慢分治”为目标，加强基层服务网络与内涵建设。新建瀛海、孙村等社区卫生服务中心，改扩建一批卫生院和社区卫生服务中心。强化社区卫生服务机构“六位一体”功能，深入推进家庭医生式服务，加强服务团队能力建设，逐步建立居民健康“守门人”制度，筑牢基层卫生服务“网底”。实施基层服务能力提升工程，加大对农村地区医疗机构支持力度，解决镇级医院吸引力不足问题，引导一般诊疗服务下沉基层，完善首诊在社区、大病到医院、康复回社区的医疗服务格局。

实施“互联网 +”医疗卫生计划。以“北京通—健康卡”系统建设为抓手，建设区域人口健康信息平台。整合公共卫生、计划生育、医疗服务、药品管理等信息资源，探索远程医疗、分级诊疗、健康管理等服务模式。

（三）提升计划生育服务水平

落实一对夫妇可生育两个孩子政策，以提升出生人口素质、保障妇女儿童健康为目标，积极推进妇幼保健与计划生育技术服务资源整合，加强队伍建设，提升服务水平。加强区妇幼保健院妇女保健、儿童保健、孕产保健、计划生育“四大中心”建设。以一级（婚检）和二级预防（产前筛查）为重点，加大宣传引导力度，为妇女儿童提供更好的保健服务与健康管理。落实各项计划生育帮扶政策。

（四）加快完善全民健身环境

建设场馆设施。建设大兴新城综合体育中心、新航城综合体育馆，满足群众健身需求，为承办综合性或单项赛事创造条件。推动体育设施向社会开放，实现公共设施开放率达到 100%，学校设施开放率达到 75% 以上。加强体育设施管理。

发展群众体育。加快为群众参与冰雪运动创造更好条件，动员全社会参与冬季健身运动，营造迎接 2022 年冬奥会的健身氛围。加强基层体育组织、群众体育骨干队伍建设，实现各镇街和各类健身场所均配备兼职体育工作指导人员，加强对全民健身锻炼点、国民体质测试站点的管理和指导。实施全民健身工程，普及体育知识，推广体育活动，创建群众欢迎、具有新区特色和全市影响的全民健身品牌活动。健全国民体质监测体系。

三、提升新区文化软实力

文化中心是国家赋予首都北京的重要功能。“十三五”时期，要坚持社会主义先进文化前进方向，服务全国文化中心建设，弘扬社会主义核心价值观，促进物质文明和精神文明协调发展，不断提升新区文化软实力。

（一）强化文化价值引领

加强广泛宣传，开展主题活动，用中国梦和社会主义核心价值观凝聚共识、汇聚力量。开展民族精神、时代精神教育，弘扬革命传统、烈士精神，引领社会价值取向。加强思想道德建设和社会诚信建设，增强居民的国家意识、法治意识、社会责任意识。挖掘典型事迹，评选表彰“道德模范”，开展“道德讲堂”活动。弘扬中华民族传统美德。深化群众性精神文明创建活动，提升居民素质和社会文明程度。

（二）加强公共文化服务

落实全市加强基层公共文化建设有关政策，争创首批首都公共文化示范区，建成均衡发展、供给丰富、服务高效、保障有力的现代公共文化服务体系。推进公共文化服务标准化、均等化建设，建设多功能基层综合文化中心。创新服务方式，建立群众文化供需对接机制，适时调整公共文化产品和服务内容结构，选取灵活多样的配送渠道，打通基层公共文化服务“最后一公里”。积极培育文化领域非营利组织，引导社会力量通过兴办实体、资助项目、赞助活动、提供设施等形式参与公共文化服务，形成政府为主、社会参与的公共文化服务投入机制。

（三）保护开发文化资源

加强对地方历史文化的整理、挖掘和传承。挖掘南海子文化，加强南中轴沿线西红门、瀛海、魏善庄、礼贤等镇的文化休闲功能，将南中轴打造成融历史文化和现代文化为一体的文脉。保护历史文化遗产，建设综合文物博物馆，实施团河行宫、德寿寺、礼贤清真寺等文物保护工程。保护和传承吴氏太极拳、太子务武吵子、诗赋弦、采育雕版刷印、“南路烧”白酒等非物质文化遗产，支持国家级非遗保护研究基地钧天坊古琴的生产性保护和文化传播。加强拆迁村历史文化传承。重视快速城镇化进程中历史资料的搜集整理，完成第二轮志书编修。

（四）不断创新精品文化

以人民为中心，讲好大兴故事，巩固“创意 + 专家”创作模式，创作更多反映新区人民积极进取、不懈奋斗、甘于奉献精神的主旋律、正能量精品剧目。引入高端文化项目，推进李可染画院等民营画院、博物馆免费开放。完善新区文化艺术专家委员会，引进和培养文化领域领军人才。发挥南海子文化奖名人作用和示范效应，鼓励名家创办工作室。健全公共文化专业人才、文化志愿者、基层群众文化组织员、业余文化骨干四支队伍。

四、促进高质量稳定就业

坚持就业优先战略，贯彻劳动者自主就业、市场调节就业、政府促进就业和鼓励创业的方针，促进实现更高质量稳定就业。

（一）促进职工技能提升

实施人才就业统筹谋划的技能人才提升工程，健全人才培养机制。培养高技能人才，深化首席技师制度，强化首席技师工作室的辐射带动作用。整合职教资源，建立面向培训机构、企业、劳动者的公共实训平台，鼓励各类培训机构利用平台开展培训。

（二）开发就业岗位资源

利用机场和开发区岗位资源聚集优势，落实重点项目建设与就业“三同时”工作机制，打造稳定就业载体。继续发挥各产业园区人才就业工作机制作用，形成多点分布的高质量就业增长源。

（三）鼓励创业带动就业

开发适合新区劳动力从事的创业项目。做好青年、未就业大中专毕业生、城镇失业人员、农村转移劳动力、复转军人、机场地区拆迁村民等群体的创业帮扶工作。加强以意识培养、项目指导和政策宣传为重点的创业培训。

（四）促进重点群体就业

研判非首都功能疏解、重大项目建设、农业结构调整过程中企业用工、劳动力就业形势，结合地域、人群和受影响程度，实施更加精准的就业促进政策。加大对高校毕业生、城镇失业人员等群体的帮扶力度，建立投入合理、规模可控的公益性岗位就业保障机制。对转非劳动力开展就业指导和技能培训，借助机场建设、产业园区、平原造林等重要载体，促进农业人口转移就业与绿色就业。实施农村实用人才支撑工程，培养生产经营型、专业技能型、专业服务型的新型职业农民。推进低收入村产业发展，加大低收入农户一产员工化和向二、三产业转移的力度。

（五）完善就业服务体系

推进公共就业和人才服务机构职能整合，引导基层公共就业服务机构职能升级，逐步建立服务机场和各产业园区的区级公共就业服务分支机构。通过移动互联网等手段向社会提供就业、培训信息，形成线上线下相结合的服务模式。推行人力资源市场管理制度与标准，促进人力资源服务产业规范发展，在机场和临空经济区引入中高端人力资源服务机构。

五、建立完善的社会保障体系

社会保障是民生的基础。要解决好群众最关心、最直接、最现实的利益问题，筑牢民生“网底”，提升人民幸福指数。

（一）完善社会保险制度

完善职工养老保险个人账户制度。建立机关事业单位职业年金制度，改进和规范企业年金管理。继续扩大工伤保险覆盖面，完善工伤预防、工伤康复、工伤补偿三位一体的制度体系。加强社保基金监管。加强服务创新，优化社会保障经办模式。实现新型农村合作医疗参合率达 99% 以上。

（二）健全社会福利网络

全面落实救助政策，推进社会救助管理规范化、精细化，全面提升综合救助能力，保障困难群众基本生活。

健全社会救助制度体系。完善最低生活保障认定条件，规范审核审批程序，健全准入、退出标准。健全“一门受理、协同办理”机制、急难事项求助“首问负责制”和“转介”工作制度。深化社会救助经办人员备案制度，严格落实信息公开，加强社会救助资金管理。加强“救急难”工作与最低生活保障、特困人员供养、受灾人员救助、各类专项救助、临时救助制度对接。加大对因病支出型贫困家庭、获得最低生活保障后生活仍有困难家庭的救助力度。积极推动社会力量参与救助，支持专业社工、志愿者为救助对象提供专业化服务。

关爱有特殊需要的社会成员。支持残疾人事业发展。落实无障碍建设标准，推进信息无障碍。保障妇女和未成年人权益。开展困境未成年人社会保护。完善流浪乞讨人员救助制度。

建设“慈善大兴”。弘扬慈善文化，拓宽募捐渠道，完善募集长效机制。完善慈善工作体系。探索设立慈善专项基金。推动建设慈善超市。

（三）加大住房保障力度

配合重大工程建设和区域开发，高标准建设机场、月季大会、庞各庄二号地、瀛海西区等安置房。实施保障性安居工程和人才住房保障工程，构建以租为主的多层次住房保障供应体系，满足低收入群体以及引进高端人才的住房需求。推进自住型商品房建设，满足中等收入人群改善型住房需求。实施老旧小区和棚户区改造，统筹安排推进时序，做好群众安置工作。

六、积极应对人口老龄化

打造适老宜居社会，按照“9064”模式，构建以居家养老为基础、社区养老为依托、机构养老为补充的服务格局，营造尊重、关爱老年人的社会风尚，让老年人生活得更加舒心、更加幸福。

（一）打造适老宜居社会

在交通出行、建筑设计和老旧小区改造、公共空间建设等方面充分考虑老年人的实际需求。鼓励发展适老的文化娱乐、体育休闲等产业。支持老年社会组织发展，支持有能力和有条件的老年人参加志愿服务。积极组织敬老爱老、健康义诊、文化体育等活动，鼓励相关机构和志愿者为老年人提供心理辅导、精神慰藉等服务，给予老年人更多的人文关怀。加大法律服务、法律援助和司法救助，维护老年人权益。给予失能、失独、失智、高龄和特殊困难老年人特殊照顾和福利保障。

（二）加强居家养老服务

落实《北京市居家养老服务条例》，以家庭为基础、社区为依托，大力发展社区照料服务，完善包括日间照料中心、托老所、老年之家、互助式养老服务中心等在内的社区养老服务体系，建设一批街道（镇）养老照料中心，培育引进一批高水平的居家养老服务机构。发挥互联网作用，开展生活配送、紧急求助、监测预警、远程医疗等服务。加强政府购买养老服务，重点安排与老年人生活照料、康复护理、就餐送餐等密切相关的服务需求。关注独生子女和各类优抚对象家庭的老年人。探索利用村民自有房屋开展居家养老服务。

（三）完善机构养老服务

根据“提升存量、保证增量”原则，优化养老机构布局，提升养老服务水平。改扩建现有公办养老机构，合理配建城乡接合部、新航城的养老服务设施。新增床位 3500~5000 张，实现养老床位总量达到 1.5 万 ~1.7 万张，护养型床位占比达到 70%。探索采取股份制、公建民营、民建公助等形式，建设满足不同层次需求的养老服务设施。鼓励机关、企事业单位将所属培训中心、招待所、疗养院、度假村等转型为养老机构。支持社会力量进入养老服务领域，建立多层次、多元化的养老服务体系。推进养老机构公办民营改革。

第十一章 提升社会治理水平，促进社会和谐稳定

围绕社会治理中的薄弱环节和民众关注的热点难点问题，创新人口调控机制，全力确保公共安全，加强城市精细化管理，完善社会治理体系，形成社会和谐稳定、人民安居乐业的良好局面。

一、大力实施人口调控

落实全市决策部署，以“控总量、调结构、优布局”为目标，加大“九控”措施落实力度，完善人口规模调控体系，实现人口结构持续优化、人口合理分布，促进人口与经济社会协调发展。

（一）优化人口结构布局

建立重大政策、项目的人口评估机制，从源头促进人口合理分布。统筹人口的南北布局，结合机场、新航城建设，依托临空经济发展和产城融合发展，有序引导北部人口向南部迁移。坚持“北清南控、清控同施、南北协同”，继续加大北部城乡接合部清理力度，严控疏解人口向南平移。妥善处理人口调控与人才引进的关系，新增人口向新航城等重点建设区域倾斜，向高端产业所需人才倾斜。

（二）严格控制人口总量

加大“以业控人”“以房控人”“以资源控人”等“九控”措施落实力度，做到精准调控、

全面调控。发挥产业对人口调控的源头作用，加快淘汰低端业态，科学管理物流行业，推动餐饮、住宿、零售等生活性服务业优化升级。根据机场建设进度，抓好建设区和周边区域限控工作。规范房屋出租，加强房屋统一管理，强化房屋出租登记备案制度和房屋租赁税收征收措施落实。依托村（居）民自治，深化用地、用水、用电等资源管理，严禁农户私自进行土地流转，发挥阶梯水价、电价、燃气费调控作用。

（三）加强人口动态监测

建立人口动态监测系统，运用科技手段，对全区人口流动进行动态监测、实时预警和形势分析，判断人口流动趋势，结合各镇街的功能定位和人口现状，提出促进人口有序流动和合理分布的有效措施。

（四）完善管理体制机制

制定人口调控政策、规划，明确调控目标，落实部门责任。完善“村（居）主体、镇（街）主责、区级督考”的体制机制，突出属地责任，指导属地开展人口规模、结构、分布评价，制定本辖区的人口调控规划与评估机制，发挥村（居）民自治调控作用，强化区级督考职能。落实国家和北京市积分落户、居住证管理等制度，提高人口管理精细化水平。

二、全力确保公共安全

牢固树立安全发展理念，坚持人民利益至上，健全安全防控体系，增强应急管理能力，建设平安新区。

（一）健全安全防控体系

落实“党政同责、一岗双责、失职追责”的要求，强化企业主体责任，健全安全生产监管体系，提升监管执法能力，加大监管执法力度，完善隐患排查治理体系，抓好危险化学品、建筑施工等重点领域，坚决遏制重特大事故。创新社会消防安全管理体系，构建“全覆盖、无盲区”的消防管理网络，推进公安消防队站建设和消防水源匮乏地区设施建设。加强人防管控措施，建设综合地下空间，提升地下空间安全管理水平。健全食品、药品安全监管工作机制，进一步提高监管、执法和服务水平，保障人民群众吃得放心、用药安心。

落实反恐怖工作机制，推进反恐应急救援、专业处置和保障力量建设，提高全民防恐反恐意识和能力，采取有效反恐防恐措施，及时发现、坚决打击暴力恐怖犯罪活动。加强社会治安防范，深化平安建设六项工程，推进社会治安防控体系七张网建设。提高人流聚集场所安全防范能力。

（二）增强应急管理能力

坚持“预防为主、防御与救助相结合”，完善城乡应急管理体系，建立地震、重大传染性疾病、城市内涝、防洪等应急体制及平台，提升城市安全防范、预警、处置能力。

建设全区统一的安全与应急决策指挥系统，提高应急处置和突发事件的监测、预警能力。建设应急物资储备库，加强医疗、应急汲水、临时发电和应急供暖设备等物资储备。将地震应急避难场所纳入城乡整体建设体系，推进地震安全社区建设，提升应急救援能力。加强志愿者队伍建设管理，开展教育培训，提高应急处置能力。

三、加强城市精细化管理

高标准做好城市管理，加强市容环境建设，加大环境整治力度，提高交通管理水平，促进城市智能管理，全力争创卫生城市，全方位优化城乡环境，提高文明程度。

（一）加强市容环境建设

配合机场建设和月季大会，实施亮化美化工程，打造沿线景观。改善和提升重点大街、重点地区、交通枢纽周边，老旧小区、胡同街巷、城市居住区，城乡接合部、农村等区域环境质量。规范公共设施的设置和管理。

（二）加大环境整治力度

集中清理流动摊点、占道经营、私搭乱建、户外广告不规范设置等影响市容市貌的违法违规行为。实施垃圾渣土脏乱点治理工程。遏制征而未建、拆而未建地区的垃圾乱倒、裸露地表扬尘等现象，基本消除环境脏乱死角。

（三）提高交通管理水平

规范停车秩序，加强占路停车综合整治，以停车收费区和主要道路为重点，坚决查处违法停车行为，减少乱停车造成的拥堵，培育交通文明。在老旧小区改造区域补建停车设施，在新建居住区和公共建筑按规划标准配建停车场，加强交通枢纽周边停车设施建设，缓解“停车难”问题。落实停车收费、拥堵收费等政策措施。推进新城拥堵节点改造。引导居民更多采取公共交通和自行车、步行等绿色出行方式。

（四）推进城市智能管理

应用现代信息技术，推动城市智能化管理。搭建“社会服务、城市管理、社会治安”三网融合的管理服务平台，推进网格化管理。实施智慧交通工程，推广停车诱导系统，推进停车场和公交营运车辆智能化改造，实现智能出行。推进建设包括建筑、地下管线等内容的地理信息系统，部署感知设备，对重要设施运行状态进行实时监测。推进生态环境和绿地资源监测。

四、完善社会治理体系

完善党委领导、政府主导、社会协同、公众参与、法治保障的社会治理体制，构建全民共建共享的社会治理格局，实现政府治理与社会调节、居民自治的良性互动。

（一）构筑多元治理体系

加强党委领导、政府主导作用，调动社会力量积极性，形成多元化治理体系。加大社会组织培育和孵化力度，形成全区社会组织服务“一中心、多基地”工作体系，推动各街道建立社会组织服务基地，提供政策咨询、业务培训、项目指导、信息发布等服务。重点培育和发展能够承接政府服务职能转移，以及公益慈善类、城乡社区服务类的社会组织。完善社会组织登记制度，加强管理和监督。实施社会工作人才发展工程，探索完善社会工作者薪酬制度。加强志愿服务组织建设，构建多元化志愿者激励体系，保障志愿服务常态化。

（二）提高社区治理能力

依托老旧小区自我服务管理联合会，与国有物业公司进行结对帮扶，实现无物业老旧小区自我服务管理全覆盖。加强机场回迁社区建设。推动社区建设逐步向城乡接合部和农村延伸，分类推进居委会组建，实现城乡社区全覆盖。深化完善社区民主自治，加强社区制度建设，提高社区户代表选举和直接选举比例。健全社区议事协商制度，在城乡社区推行“参与式协商”民主自治模式，健全社区协商评价和基层部门联动机制。推进社区信息化建设。基本实现“一刻钟社区服务圈”全覆盖，提供便利店、早餐、便民菜店等服务。

（三）营造良好社会环境

突出法治保障作用。践行法治要求，加强法制教育和宣传，提升全社会法律意识，引导群众依法行使民主权利、维护自身合法权益。制定新区新市民道德规范准则，建立和完善行业规范、社团章程、村规民约、社区公约，发挥社会规范在社会治理中的作用。健全和完善群众诉求表达、群众利益协调、社会矛盾调处和社会稳定风险评估等机制，及时化解社会矛盾。

建立新型社会关系。弘扬传统美德，建设和谐家庭，构建和睦家庭关系。创建和谐社区，增强社区认同感、归属感和凝聚力，构建和睦互助的邻里关系。开展民族团结进步教育，构建平等团结互助和谐的民族关系。健全争议调处机制，构建和谐劳资关系。

第十二章 抓落实建机制强督查，规范政府实施规划

新区“十三五”时期的发展任务艰巨繁重，要按照“抓落实、建机制、强督查”的要求，确保规划有效实施。

一、加强统筹协调

（一）加强组织领导

由大兴区政府、开发区管委会主要领导牵头，成立“十三五”规划统筹推进领导小组，总体协调规划实施中的重大问题，加强对重点项目、重大举措的决策和实施，定期检查重大事项进展情况，形成有领导、有落实、有监督的规划实施机制。

（二）统筹责任分工

从落实五年规划任务出发，制订年度工作计划，形成任务清单，明确牵头单位和工作责任并纳入评价考核体系。完善责任落实和追究制度，确保重点任务按期完成。

二、加强预算管理和项目建设

（一）统筹安排财政预算

根据本规划确定的目标和重点任务，合理安排财政预算，更多向生态环境、公共服务、社会保障和科技创新、“高精尖”产业发展等领域倾斜。

（二）推动重大项目实施

坚持“规划一批、建设一批、储备一批”，筛选形成对全区发展有重大影响的项目储备库。强化项目实施管理，完善重大项目推进机制。在安排年度政府投资时，将“十三五”规划作为重要依据。保障重大项目的用地和资金需求。

三、加强规划管理

（一）保持规划衔接联动

深入推进经济社会发展规划与城市总体规划、土地利用总体规划以及环境等规划“多规合一”，健全规划协调实施和动态调整机制，确保各项规划在总体要求、空间配置、时序安排上的协调统一。加强本规划的指导作用，区相关部门要据此组织编制相应的专项规划，细化本规划提出的主要任务，强化专业领域的总体谋划和工作安排。各镇街要结合自身实际，突出区域特色，做好与本规划的协调衔接。各重点园区制定的规划，要与本规划确定的产业发展方向和思路保持一致。

（二）监督规划实施情况

开展规划实施情况年度监测和中期评估，及时发现实施中存在的问题，定期向区政府、开发区管委会报告，接受区人大、区政协的监督。

四、加强政府自身建设

（一）提高干部队伍素质

实施党政人才素质提升工程，培养一批政治素质高、业务能力强的党政人才。全面提高各级干部队伍素质，增强面对新生事物、应对复杂局面的能力。加强党风、党纪教育，进一步整治“不作为、乱作为、慢作为”现象。各级新任领导干部应在到岗初期熟悉规划纲要和专项规划。

（二）创新行政管理方式

优化政府机构设置、职能配置、工作流程，以更高标准加强政府自身建设。健全重大决策专家咨询制度，提高依法行政水平。完善政府门户网站群，推进信息公开、在线行政审批等服务。建设行政电子监察平台。

第十三章 凝共识造环境强监管，引导社会实现规划

本规划是全区人民共同奋斗的行动纲领。必须调动全区各方面的积极性和创造性，最大限度地凝聚共识、汇聚力量，共同实现新区发展美好蓝图。

一、凝聚社会共识

（一）加强规划宣传

广泛开展“十三五”规划宣传。发挥镇街、园区管委会作用，加强与企业、群众的沟通交流，凝聚共识，争取支持，让公众更加了解规划。

（二）引导社会参与

调动驻区单位的积极性，引导高校、研究院所参与新区智库建设、服务科技创新和产业发展，引导企业按照规划推进产业发展。调动群众积极性，在工作的决策、实施和评价环节认真听取群众意见，引导群众参与规划任务实施，自觉接受群众、媒体和社会各界的监督。形成全社会关注规划、参与建设和共同监督的良好氛围。

二、打造四个环境

以打造良好的政务、法治、市场和生活环境为着力点，建设服务型政府，以良好的环境促进规划实施。

（一）打造规范高效政务环境

深化行政审批制度改革，做好国家和北京市取消、下放审批事项的衔接工作，进一步提高审批效率。完善政务公开制度，深入推进政府预决算信息公开，增强政策制定、项目建设的透明度和公众参与度，打造规范高效的政务环境。

（二）打造廉洁公正法治环境

加快建设法治政府，运用法治思维和法治方式推动发展。推进政府事权规范化和行政权力运行法治化，促进严格规范公正文明执法，打造廉洁公正的法治环境。

（三）打造公平有序市场环境

厘清政府和市场边界，进一步弱化政府微观管理职能，政府少干预或不干预市场机制能够发挥作用的领域，为各类市场主体提供高效、便捷的服务，充分发挥市场在资源配置中的决定性作用，着力打造公平有序的市场环境。

（四）打造配套完善生活环境

提高广大群众的出行、购物、餐饮等生活便捷程度，加强居住区环境美化，加大公共服务设施同步规划、同步建设、同步交付使用的落实力度，打造配套完善的生活环境。

三、促进人才集聚

（一）创新人才发展机制

强化党委统一领导，组织部门牵头抓总，有关部门各司其职、密切配合，社会力量广泛参与的人才工作格局。强化新区人才工作协调领导小组作用，完善区级领导联系专家制度。创新管理与服务机制，推进政府人才管理职能向调动主管部门和发挥企业主体作用、培育创业创新平台、创造良好发展环境、提供优质高效服务转变，不断完善政策体系。加快人才工作国际化进度，探索与国际接轨的管理制度。健全工作目标责任制，提高人才工作在各级党政领导班子综合考核指标体系中的权重。加大人才工作的保障力度，确保经费来源充足、投入方式多样化、有合理的增幅。

（二）统筹人才队伍建设

统筹推进党政人才、企业经营管理人才、社会工作人才和农村实用人才等队伍建设。推动产业和公共服务领域人才队伍协调发展，重点提升教育、卫生、文化、体育领域人才队伍的公共服务能力。鼓励用人单位以岗位聘用、项目聘用等灵活方式引进急需、紧缺人才。推动大兴区与开发区在引进高端人才、落实支持政策、使用专项资金、打造服务平台和舆论阵地等方面的资源共享，实现人才资源在新区内部优化配置。

四、加强市场监管

强化政府的市场监管职能，构建监管主体多元化、监管队伍专业化、监管信息共享化的监管机制。

（一）完善市场监管机制

规范执法程序，加强执法检查，落实监管责任制和责任追究制。提升执法人员专业技能。加强食品药品、节能环保、安全生产、文化市场等领域的专项整治。完善“各界参与、全面监督”的社会监管机制。发挥行业协会在行业准入、标准制定、违规处罚、企业竞争秩序维护等方面的监督作用。发挥媒体的舆论监督作用。运用聘请监督员、设立群众监督平台等方式，畅通群众监管渠道。

（二）推动监管信息共享

加强各监管部门的信息共享，设立市场监管信息共享平台，适时向社会发布信息。加强企业信用信息平台建设，建立企业、个人诚信体系，全面实施“诚信褒奖，失信惩戒”的市场诚信机制。

附件：

“十三五”时期重大固定资产投资项目表

项目类别		具体项目
一、“落实五区定位”相关项目		
（一）科技创新		
服务平台		京津冀科技创新公共服务平台，集成电路核心技术中试验证、新药研发中试等专业服务平台，仪器等资源共享平台
（二）高端产业		
园区开发	两区	开发区起步区改造
		临空经济区开发建设
	五园	生物医药产业园、新媒体产业园、新能源汽车产业园、军民结合产业园、“中关村·大兴”现代服务业产业园的基础设施等建设
	多点	青云店垡上工业园等园区的二次开发
主导产业	电子信息	中芯国际三期、燕东8英寸集成电路生产线、通富北京微系统研究院及封测生产基地、朵唯移动通讯、耐威8寸传感器芯片、中科晶电、小米电子互联网产业园、星光生产科研基地等项目
	生物医药	科创制药、齿科骨科及纳米药物载体研发与生产基地、同仁堂生产基地、瀚仁堂医药等项目
	高端汽车	奔驰二工厂、北汽新能源科技创新基地、航天新长征电动汽车产业化基地、乐视超级汽车生态园等项目
	高端装备	北京亦庄机器人产业创新基地、哈工大机器人华北总部等项目
新兴产业	生产性服务	金融谷、电商谷、兴开国际广场
	文化创意	星光电视节目制作基地、菜鸟网络北京电商产业园、北京爱情海玫瑰文化博览园
	临空服务	临空经济区国际会展中心，旅客购物中心“三五中国梦”项目
支撑产业	都市服务	西红门城市休闲商业中心、兴华大街沿线商业带、开发区核心商务商业区、开发区河西区商业区、旧宫中心商业区，机场周边商业设施，特色农业观光园，永定河运动休闲、健康养生旅游项目，永定河旅游步道，庞安路旅游步道，中国西瓜文化创意博览园，御林古桑园整体提升项目
	现代农业	农田基础设施提升工程，菜田瓜田建设工程，果园林地建设工程，北京航空食品原材料基地
（三）区域协同、国际交往		
机场		北京大兴国际机场、空军新机场
功能承接		北大医院（南区）、北京儿童医院（大兴院区）、北京同仁医院（南区）二期、东方医院（南区）
产业协作		“亦庄·永清园”：宝健、惠买在线等项目 京津冀电子商务协同发展示范区：北京电子商务中心区固安园

（续表1）

项目类别		具体项目
二、“提升五个水平”相关项目		
交通一体化	铁路	京霸铁路、廊涿城际铁路
	公路	京台高速、机场北线高速、首都地区环线高速，104国道改造
生态共建	水系	永定河生态供水和水环境打造
	绿廊	沿永定河、京开高速、机场北线高速、京台高速绿色廊道
（一）基础设施		
交通体系	对外连接	轨道交通：新机场线、地铁8号线三期及南延、S6线、S6支线
		主要道路：南中轴路、新机场高速、京开主辅路（主路：六环—黄垡桥，辅路：林校北路—大礼桥）、东环路、芦东路、芦西路、房通路
	区内网络	亦柏路、博兴西路、芦求路南段、广阳大街北段、广阳大街南延、广和大街、广茂大街、金辅路
	公共交通	公交枢纽和站点
	慢行系统	步行自行车道，自行车租赁点
资源能源	供水	大兴新城、亦庄新城、机场与南水北调南干管连接工程，黄村水厂（一期）及管网、亦庄水厂及管网，天堂河再生水厂、机场再生水厂
	电力	500kV：新航城输变电工程
		220kV：宝善庄、张家务、杨各庄、罗奇营、亦庄西南输变电工程
		110kV：后大营、观音寺、寿保庄、天堂河、张华、广厦、五福堂、清源、高米店、庑殿、紫各庄、诸葛营、东营房、明川、双源、丰都、瑞新、云和等输变电工程
		电力改造：煤改电工程、配网改造工程、老旧小区电力改造工程
	燃气	次高压A调压站（箱），燃气管网，加气站，液化石油气集散中心
	热力	机场供热中心，供热管网改造
信息网络		光纤改造、4G网络、5G网络、无线宽带
（二）城乡建设		
新城	大兴新城	西片区、团河地区、黄村火车站周边、狼垡组团开发建设
	亦庄新城	综配区建设
	新航城	榆垡镇、礼贤镇基础设施
城乡接合部		基础设施，绿化工程，社区服务站、文化站、图书室、超市等服务设施 黄村镇、瀛海镇、青云店镇、北臧村镇、“三场一基地”城乡接合部改造
镇		庞各庄东区开发、青云店镇区开发
村		村庄环境综合整治、农村社区改造、农宅抗震节能改造，乡村道路、供电、供气、排水、污水、垃圾处理等设施，通信、网络、广播电视设施，文化体育设施
（三）绿色集约		
自然生态	绿地	南海子公园二期、永定河森林公园（大兴段）、南中轴森林公园，新航城外围森林绿环，凉水河凤河森林景观带，城市绿地，绿化廊道

（续表 2）

项目类别		具体项目
自然生态	水系	永兴河、凤河（新凤河—凤港减河）、魏永路排水沟（明川大街—永兴河）、小龙河（京开高速—大龙河）、新凤河（永定河灌渠—京九铁路）、凤港减河（凤河—京沪高速）治理工程 长子营镇湿地、青云店镇杨各庄湿地
污染防治	大气	康庄供热厂和观音寺供热厂煤改气，农村地区煤改电、煤改气，新能源汽车充电设施
	污水	亦庄、瀛海污水处理厂改造，农村污水收集和处理设施，配套管网建设，黄村污泥处理厂
	垃圾	城镇垃圾处理站、村庄垃圾转运站
资源节约	节水	农业高效节水设施、工业企业节水改造、公共供水管网改造、海绵城市
	节能	节能技术改造、建筑节能改造
（四）公共服务		
教育		大兴一中西校区、大兴五中、北京二中亦庄学校、开发区河西区学校，幼儿园，社区教育中心
医疗健康		新航城三级综合医院、区第二人民医院、精神病医院综合楼、老年病院综合楼，区人民医院、红星医院、西红门医院、仁和医院门急诊楼改扩建，瀛海、孙村等社区卫生服务中心，大兴新城综合体育中心，新航城综合体育馆
文化		综合文物博物馆，区档案馆、开发区档案馆 街道（镇）综合文化中心、户外文化广场，社区（行政村）综合文化室，团河行宫、德寿寺、礼贤清真寺
养老		现有公办养老机构改扩建，机场地区和城乡接合部配套养老设施
住房		机场榆垡组团、礼贤组团安置房，月季大会安置房，庞各庄二号地安置房，瀛海西区安置房
（五）社会治理		
防灾应急		公安消防队站设施，地震安全社区、地震应急避难场所等设施，应急物资储备库，全区安全与应急决策指挥系统

2015 年北京经济技术开发区环境状况公报

2015 年，北京经济技术开发区环保局积极落实新环保法，不断加大环境保护工作的力度，主动开展工作，以承担的重点折子工程为抓手，以改善空气质量为重点目标、以推进污染物减排为重点工作、全面落实清洁空气行动计划。为改善区域环境质量，促进区域经济转型升级起到了积极的作用。

经过开发区各单位共同努力，在维持主要污染物排放量基本稳定的同时，实现 VOCs 减排 372 吨。年内，环境空气主要污染物年均浓度相比 2014 年均有所下降，其中 $PM_{2.5}$ 年均浓度为 94.4 微克每立方米，相比 2014 年下降约 9.2%。大气环境质量持续改善，地表水和声环境质量基本稳定，地下水和土壤环境质量保持良好，辐射环境质量保持正常。环境安全得到了有效保障。

环境质量

一、大气环境

1. 全区空气质量状况

2015 年，开发区内二氧化硫月均浓度值范围为 5.1~66.8 微克每立方米，年均值为 16.9 微克每立方米，低于《环境空气质量标准》（GB3095-2012）二级标准限值；二氧化氮月均浓度值范围为 37.4~70.4 微克每立方米，年均值为 53.3 微克每立方米，超过二级标准限值；可吸入颗粒物月均浓度值范围为 77.4~150.3 微克每立方米，年均值为 117.5 微克每立方米，超过二级标准限值；细颗粒物月均浓度值范围为 69.9~141.6 微克每立方米，年均值为 94.4 微克每立方米，超过二级标准限值。

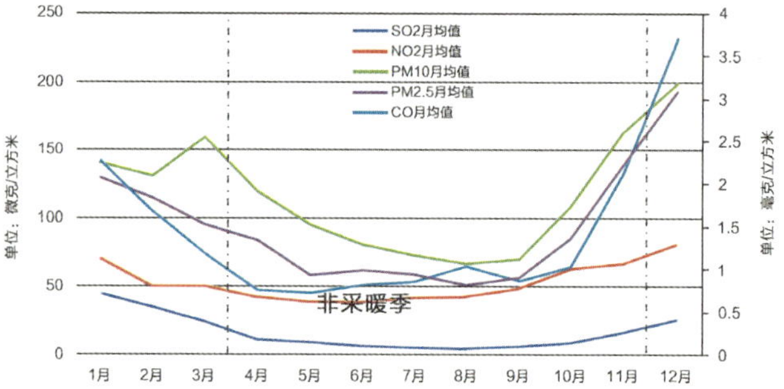

图 1 2015 年空气主要污染物月均浓度变化趋势图

年内，开发区环境空气主要污染物最低月均浓度均出现在夏季，最高月均浓度均出现在冬季。采暖期污染物浓度值明显高于非采暖期，特别是二氧化硫浓度上升极为明显。开发区内已无燃煤锅炉，采暖季空气主要污染物浓度上升主要受区域气象条件和冬季供暖影响。主要污染物在年内的变化趋势见图 1。

2. 空气质量指数

2015 年，开发区有效监测天数为 363 天。空气质量等级在二级及以上的天数为 159 天，约占全年的 44%；空气质量等级为五级、六级的空气重污染天数为 62 天，约占全年的 17%。各级天数的具体构成情况见图 2。

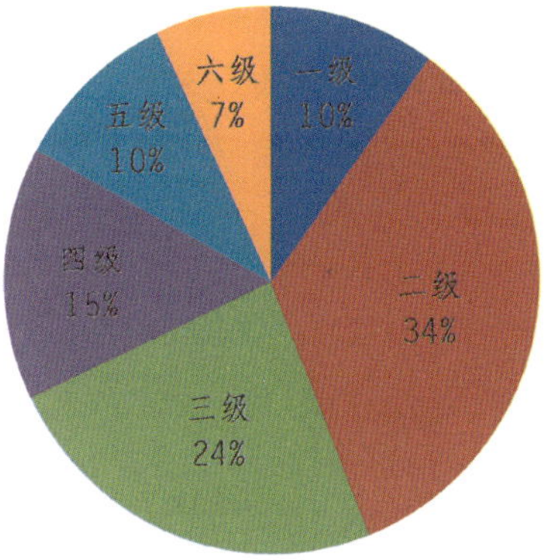

图 2 2015 年空气质量等级构成情况图

2015 年，开发区环境空气主要污染物以细颗粒物为主，其中有 182 天首要污染物为细颗粒物，约占总监测天数的 50.1%，年内主要污染物具体构成情况见图 3（空气质量为一级时不存在首要污染物，个别日期首要污染物数据缺失；部分日期有两个首要污染物）。

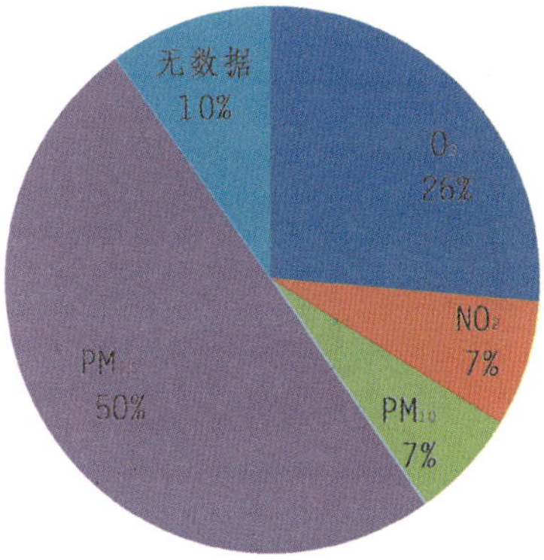

图 3 2015 年空气首要污染物构成情况图

二、地表水环境

1. 地表水总体水质状况

2015 年，开发区设置 7 个地表水监测断面，对新凤河桥、凉水河旧宫桥、凉水河马驹桥、凉水河马驹桥闸下游、大羊坊沟、通惠北干渠北和通惠北干渠南开展了地表水水质监测。统计结果表明：上述 7 个断面中出现的超标项目共有 9 项，分别为高锰酸盐指数、化学需氧量、生化需氧量、氨氮、总氮、总磷、氟化物、粪大肠杆菌群，以及阴离子表面活性剂。大羊坊沟断面的超标项目最多，为 9 项。其中，各监测断面的氨氮、总氮、总磷超标情况普遍较为严重；大羊坊沟、通惠北干渠北的阴离子表面活性剂超标比较严重；大羊坊沟、马驹桥闸下游的粪大肠杆菌群超标比较严重。从空间分布来看，开发区西南面的地表水环境质量略好于北面和东面，但总体上是因为大羊坊沟与通惠北干渠内地表水流动性较差。

2. 河流水质

凉水河和通惠北干渠为开发区内的主要地表水源，其水质类别在 2015 年均为劣 V4 类，污染类型为有机污染型；新凤河和大羊坊沟流经开发区内的长度极短，各仅有一个水质监测断面，粗略概括其水质类别分别为劣 V3 类和劣 V4 类。

三、土壤环境

开发区选取的 7 个土壤监测点的各监测项目全部达标，土壤质量等级均为 Ⅰ 级，说明开发区总体土壤环境质量较好。与 2014 年相比，六六六和滴滴涕的含量大大减少，其他指标变化不大，总体都在安全等级范围内。

四、地下水环境

1. 地下水环境质量状况

2015 年，开发区分别在路东区、文化园、河西区和软件园设置 4 个监测井位，全年进行 4 次监测，共计 24 个监测指标。经过统计分析，开发区地下水主要监测指标的年均值超标情况较少，路东区、文化园、软件园所有监测指标均达标，仅河西区总硬度指标超标，超标倍数 0.22 倍，比 2014 年有所增加。

2. 地下水综合水质

开发区内地下水水质总体为优良，仅河西区为良好。2015 年，开发区地下水水质总体转好。

五、声环境

2015 年，开发区声环境质量总体良好，但是 1 类区昼间等效声级监测值超标率较高。总体来看，开发区生活区域声环境质量仍有待提高，特别是夜间声环境质量亟待改善，而工业区声环境质量和道路交通声环境质量较为良好。

六、辐射环境

2015 年，开发区 γ 辐射剂量率月均值和年均值均在环境本底范围内，属于环境正常水平，未发现异常；环境中也未检出人工总 α 、总 β 、铯等放射性核素与空气中的放射性碘。

措施与行动

一、污染治理与减排

1. 全面落实清洁空气行动计划，持续改善空气质量

2015 年，开发区环保局制定《北京经济技术开发区 2015 年清洁空气行动计划》，通过 38 项 53 条具体措施，从建设高污染燃料禁燃区、控车减油、治污减排、清洁降尘、重大活动保障等方面努力改善区域空气质量。年内，开发区大气污染物中细颗粒物（$PM_{2.5}$）年均浓度值为 94.4 微克每立方米，同比下降 9.2%；二氧化硫、二氧化氮、可吸入颗粒物（PM_{10}）三项主要污染物年均浓度值分别为 16.9 微克每立方米、53.3 微克每立方米、117.5 微克每立方米，同比分别下降 30.2%、6.3%、4.5%。

2. 落实重点工程，扎实推进污染减排

2015 年，开发区内 4 项主要污染物指标与 2014 年相比基本维持不变。污水处理方面，东区再生水厂稳定运行，两个污水厂提级改造建设完成，东区污水厂三四期、南区污水厂项目已基本建设完成。污水处理能力达到 17 万吨每天，污水厂出水全部达到地表Ⅳ类水体标准。氮氧化物减排方面，推动华润协鑫（北京）热电有限公司余热锅炉脱硝改造和北京京东方显示技术有限公司酸性废气系统氮氧化物减排改造，实现氮氧化物减排 105 吨。挥发性有机物减排方面，推动安姆科软包装（北京）有限公司挥发性有机气体回收循环利用技改项目，完成挥发性有机物年度 372 吨的减排任务，3 年累计完成减排任务 1547.5 吨。

二、环境安全与监管

1. 加强环境监管力度

按照环保部关于开展环境保护大检查的通知精神，开发区环保局认真贯彻落实新《环境保护法》，在摸清污染源底数的基础上，综合运用行政处罚、经济、曝光等手段，不断加大区域环境监管力度。年内，共建立企业台账 812 家，查处各类环境违法行为 36 起，其中限期整改 1 家，处罚 35 家共 82.89 万元，查封扣押 3 家，排污申报登记企业 300 余家，征收排污费 174 家 727.05 万元，处理信访 325 件。

2. 加大污染源监测力度

组织开展国控、市控重点污染源等监督性监测。全年按时保质完成国控源、市控源和相关重点企业的 4328 个监测数据上报工作，完成率 100%，编制并上报各项月报、季报、半年报、年报等共 60 余份。同时，完成环境执法监察和总量减排等专项监测工作，覆盖重点排污企业 250 余家。

3. 逐步推进环保监控信息化建设

2015 年，开发区环保局完成环保监控系统一期工程的总体验收，实现对 3 家废气重

点污染源和11家废水重点污染源进行实时监控，搭建集“监测运行管理、数据中心、核心业务、应急管理、排放预警、领导决策”于一体的环保监控信息平台。积极推动环保监控系统二期工程的建设，进一步完善环境监控信息平台，逐步实现开发区的环保信息化。

三、环境准入

2015年，开发区环保局继续严格落实建设项目总量前置审批政策，配合开发区投促局完成环保预审项目10余个，总量前置共审批项目58个。同时，取消建设项目试生产审批，落实由环保部门委托开展环保验收监测。对于“未批先建”“擅自重大变更”等行政审批手续不完备的企业，必须在处罚的基础上予以补充办理。

四、机制创新与保障

1. 推动排污许可证试点工作

作为全市排污许可证试点区之一，开发区环保局完成6家试点企业排污许可证正副本编制和审核工作，为全市首批排污许可证发放工作奠定基础。开发区环保局还积极推动全市首批氮氧化物交易工作，促成多起交易活动，有效解决入区企业氮氧化物总量指标问题，同时做到“增产减污”。

2. 推进生态工业示范园区建设

2015年，在国家生态工业示范园区建设的基础上，开发区深入开展调研总结工作，形成了2014年生态工业示范区建设绩效评估报告。同时，开发区还申报了北京市生态工业示范园区并完成了审查答辩工作。

3. 继续实施环保专项资金政策

2015年，开发区环保局印发了《2015年度新区环境保护资金申报指南》，经评审和公示，共支持项目34个，专项资金计3515.15万元。通过项目的实施，共带动企业投资2.03亿元，改造燃煤锅炉481蒸吨，压减燃煤6.88万吨，实现挥发性有机物减排8.1吨，氮氧化物减排310.14吨，二氧化硫减排585.04吨，化学需氧量减排56.82吨，氨氮减排6.58吨。有力地保障了新区全年污染减排任务的顺利完成。（数据为大兴区和开发区范围内的，削减量包括大兴区数据）

全民参与

2015年，开发区环保局以新环保法实施、大气污染防治条例、清洁空气行动计划，以及“六五”世界环境日等为重点内容，通过形式多样的活动开展环保宣传。先后组织200余人次接受环保培训；在社区、企业开展宣传教育活动发放环保宣传材料5000余份；开通“亦庄环保”微信公众号，成为全市首批上线的环保微信平台。在开发区自有媒体累计新闻超过300条，网络视频点击量30万次。“@北京亦庄”政务微博在新浪网、腾讯网、人民网三大网络平台有关环保信息的阅读量超6万次。

文件选载

大兴区和北京经济技术开发区推进高端产业领军人才发展示范区建设的实施办法（试行）

京开党〔2015〕21号
（2015年8月24日）

第一章 总 则

第一条 为深入落实北京市《关于北京经济技术开发区建设高端产业领军人才发展示范区的实施意见》，实施高层次人才创新创业引领工程（简称新创工程），统筹好国内国外两种人才资源，进一步优化大兴区、北京经济技术开发区（简称新区）人才创新创业环境，鼓励领军人才创新创业发展，推动新区引领新常态、打造“高精尖”、服务京津冀，制定本办法。

第二条 “新创工程”领军人才是指在新区创新创业，并取得显著成绩，为新区产业发展做出突出贡献的国内外人才，包括海外高层次人才、科技创新领军人才、经营管理领军人才、高技能领军人才、公共服务领域领军人才和其他经认定的领军人才。

第三条 设立“博大贡献奖”，表彰在新区经济社会发展和科技进步中做出突出贡献的人员。

第四条 每年设立2亿元专项资金，用于“新创工程”领军人才的奖励、扶持和创新创业发展。

第二章 奖励政策

第五条 新入选的海外高层次人才、科技创新领军人才、经营管理领军人才，连续5年每年给予个人10万元奖励资金。新引进的公共服务领域领军人才，连续5年每年给予个人和团队10万元奖励资金。已认定的海外高层次人才自动纳入“新创工程”领军人才，连续两年每年给予10万元奖励资金。奖励资金主要用于改善和保障领军人才的工作条件和生活水平。

第六条 领军人才当选为中国科学院、中国工程院院士的，一次性给予个人100万元奖励资金。

第七条 “博大贡献奖”获得者，一次性给予个人30万~100万元奖励资金。

第八条 鼓励开发区内企业积极引进领军人才。

1. 引进中央“千人计划”入选者的，一次性给予企业 100 万元引才奖励；

2. 引进北京市“海聚工程”入选者的，一次性给予企业 50 万元引才奖励；

3. 3 年内引进领军人才 5 人以上并稳定工作，或一次引进领军人才创业创新团队 5 人以上的，一次性给予企业最高 50 万元引才奖励。

第三章 扶持政策

第九条 以股权投资等方式投资领军人才项目，扶持领军人才创新创业。支持领军人才投资创办企业，扩大生产规模。支持领军人才领衔企业上市。支持领军人才参与公共技术服务平台建设。优先支持领军人才申报重大项目。

第十条 支持企业与高校建立联合培养基地。每年对被认定的校企合作基地给予最高不超过 50 万元扶持资金。

第十一条 支持领军人才工作室建设。

1. 经认定的高技能领军人才领衔的技能工作室或团队，连续 5 年每年给予 10 万元的扶持资金；

2. 经认定的公共服务领域领军人才组建的工作室，给予每个工作室最高不超过 30 万元的扶持资金。

第十二条 支持领军人才企业以股份或出资比例等股权形式给予在科技成果转化过程中做出贡献的科技工作者、技术人员奖励。

第十三条 支持领军人才承担科技项目。领军人才承担市财政资金设立的科技项目，享受列支间接经费。间接经费最高不超过该项目直接费用扣除设备购置费后的 20%。

第四章 服务政策

第十四条 进一步完善《新区局级领导联系高层次人才制度》《关于建立开发区领导干部联系企业制度的意见》，定期对领军人才走访，听取意见建议。

第十五条 推荐符合条件的领军人才担任各级党代表、人大代表、政协委员等。推荐领军人才担任政府特聘专家。

第十六条 成立专业技术职称推荐委员会，优先推荐新区领军人才参评教授级高级工程师、高级工程师。

第十七条 为符合条件的领军人才提供落户、子女入学、就医、交通出行、推荐配偶就业、人才保障性住房等服务，协助申请各类人才培养资助和奖励等服务。

第十八条 为外籍领军人才和随迁外籍配偶和未满 18 周岁未婚子女申办“外国人永

久居留证”，或为其办理 2~5 年有效的多次往返签证、外国人工作居留许可。

第十九条 按照相关规定为领军人才进境携带合理数量的生活自用品协助办理减免税审批手续。为开发区内相关机构在进口科研、教学物品，协助办理免征进口关税和进口环节增值税、消费税。

第二十条 关心领军人才生活和身心健康。定期组织领军人才休假。每年为领军人才进行免费健康体检。搭建沟通交流平台。

第五章 培养政策

第二十一条 对符合本实施办法第二十二条至第二十五条规定的各类非领军人才纳入领军人才培养计划，实施动态管理，管理和服务期为 4 年。

第二十二条 对纳入领军人才培养计划的公共服务领域人才，给予最高不超过 10 万元的资金支持。

第二十三条 对进入企业博士后分站、博士后科研工作站、博士后（青年英才）创新实践基地工作站的博士后（青年英才），一次性给予 10 万元的科研经费资助。

第二十四条 获得国家或北京市资助的引进国外智力项目、“北京市优秀人才培养资助”“新世纪百千万人才工程培养资助”和“留学人员科技活动择优资助”的，按照 1:1 的比例匹配资助资金。

第二十五条 公共服务领域专业技术人才、技术团队独立或作为第一负责人承担省（部）级及以上科研项目的，按照 1:1 的标准匹配资金，最高不超过 50 万元。

第六章 组织实施

第二十六条 本实施办法在新区人才工作协调领导小组的指导下，由新区人才工作协调领导小组办公室统筹协调、组织实施。开发区高层次人才服务中心作为本办法的日常执行机构，负责领军人才奖励、扶持、服务、培养等政策的申请、受理和管理服务。

第二十七条 本实施办法由新区人才工作协调领导小组负责解释。本实施办法不得与其他政策重复享受。

第二十八条 本实施办法自公布之日起 30 日后实施，相关实施细则另行制定。《北京经济技术开发区“博大贡献奖”实施办法》（京开党〔2004〕27 号）、《关于鼓励和吸引海外高层次人才来北京经济技术开发区创业和工作的意见（试行）》（京开党〔2009〕1 号）、《中共北京市大兴区委 中共北京市委经济技术开发区工委关于为高层次人才提供专项服务工作的意见》（京兴发〔2010〕34 号）、《中共北京市大兴区委 中共北京市委经济技术开发区工委关于鼓励高层次人才来大兴区、北京经济技术开发区创新创业的意见》（京兴发〔2010〕35 号）同时废止。

北京经济技术开发区机动车停车管理办法

京技管〔2015〕18号
（2015年2月27日）

第一章 总则

第一条 为了加强北京经济技术开发区（以下简称开发区）机动车停车管理，规范停车秩序，提升停车服务水平，促进区域交通环境改善，引导公众绿色出行，根据《中华人民共和国道路交通安全法》《北京市城市道路管理办法》《北京市机动车停车管理办法》等有关法律、法规，结合开发区实际情况，制定本办法。

第二条 开发区范围内停车场的规划、设置、使用、管理和机动车停放管理适用本办法。

公共交通、道路客货运输车辆等专用停车场的规划、建设、管理和危险化学品运输车辆的停放管理，适用国家和本市其他有关规定。

第三条 北京经济技术开发区管理委员会（简称开发区管委会）负责本行政区域内停车场的规划、设置、管理和机动车停放管理的统筹协调，并负责组织制定开发区机动车停车管理的相关政策，通过行政管理和经济杠杆等方式合理调控停车需求，引导机动车有序停放。

管委会各部门依据职责具体承担机动车停车相关管理工作。

开发区市政行政主管部门主管开发区的停车管理工作，会同规划、发展和改革、公安交通管理、城市管理综合执法等行政主管部门对机动车停车管理工作进行综合协调、检查指导、督促考核；会同公安交通管理、信息化工作等行政主管部门，组织建立开发区公共停车信息系统，向社会公众提供停车相关信息服务；会同规划、市政管理、公安交通管理等行政主管部门根据城市总体规划的要求，结合开发区发展特点，编制公共停车场专项规划，并定期对停车专项规划的落实执行进度进行评估和修编。

发展改革行政主管部门负责开发区独立建设的停车场的项目审批、核准和备案工作，统筹安排政府投资项目建设资金；制定机动车停车收费标准，并对机动车停车收费标准执行情况进行监督检查。

市政行政主管部门会同公安交通管理行政主管部门负责开发区道路停车秩序管理和

道路停车泊位的设置方案的审批，对道路违法停车行为进行查处，并会同规划行政主管部门根据道路交通状况、周边停车需求情况，在开发区的道路上依法设置和调整道路停车泊位，并予以公示。

规划行政主管部门负责开发区停车配建指标的制定和实施，并负责配建停车场（库）的规划和验收。

城市管理综合执法行政主管部门会同相关部门负责停车场使用和运营过程中违法行为的查处。

财政、国土资源、质量技术监督、税务、民防等行政主管部门按照各自职责，依法负责机动车停车管理相关工作。

第四条　开发区鼓励社会资金参与停车场建设，鼓励单位和个人利用屋顶和地下空间资源开发建设公共停车场（库），鼓励社会单位专属（用）停车场（库）对社会开放使用；推广应用智能化、信息化手段提高管理停车场（库）利用率和管理水平。

第二章　停车场（库）规划建设

第五条　市政管理部门会同规划、公安交通管理等行政主管部门根据城市总体规划的要求，结合开发区发展特点，编制开发区公共停车场（库）专项规划经依法批准后实施，并定期对停车专项规划进行评估和修编。

停车场（库）专项规划应当包括开发区停车总体发展策略、停车资源供给体系和引导政策。停车场（库）专项规划，应当统筹地上地下空间资源与布局，明确建设时序，并与城市交通枢纽、城市轨道交通换乘站紧密衔接。

第六条　公共停车场（库）专项规划确定的相关事项的变更，须经法定程序，否则将视为违法。

第七条　建设项目停车设施配建标准由规划部门会同市政管理、公安交通管理行政主管部门制定，报开发区管委会批准后实施。

规划部门应当根据开发区交通发展情况和停车需求变化，适时研究制定适合开发区的停车设施配建标准。

第八条　各类新建、改建、扩建项目，应当按照国家和开发区有关规定和规划指标，配建机动车停车场（库）。配建停车场（库）应当与主体工程同步设计、同步施工、同时验收、同步交付使用。

开发区核心区的新建、改建、扩建项目，规划行政主管部门应当统筹考虑其所在区域周边的停车需求，鼓励建设单位在配建指标基础上利用屋顶和地下空间增设停车位。鼓励建设单位停车场对社会公众开放使用。

第九条　规划行政主管部门在审查建设项目时，应当及时向社会公布停车场的配建标准、出入口、交通组织等相关内容，通报公安交通管理和市政管理行政主管部门；规划行政主管部门应当视情况向公安交通管理和市政管理行政主管部门征求意见。

建设项目按照规定设计配建停车场后，方可取得规划行政主管部门核发的建设工程规划许可证并申请办理竣工验收。

第十条 开发利用卫生、教育、文化、体育设施、道路，以及广场、绿地地下空间等存量资源新建停车场，应当由建设单位委托专门机构和单位进行安全论证，征求地面设施所有权人意见，提出建设方案，并向市政管理部门提出申请。市政管理部门会同发展改革、规划、国土资源、住房城乡建设、民防、园林绿化等管理部门按照鼓励建设的原则，依法办理相应手续。

承担停车场设计的工程勘察、设计、施工、监理单位，应当具有与承担任务相适应的资质，遵守国家和本市法律、法规、规章的规定，执行规定的技术标准和规范。

依照前款规定建设停车场，应当符合国家和北京市有关建设标准和规范，并不得影响道路、广场、绿地，以及原有设施的使用功能。

第三章 管理与监督

第十一条 经验收合格的公共停车场，应当及时备案并投入使用。市政管理部门应当及时公开停车场验收合格和投入使用等信息。

任何单位和个人不得擅自改变公共停车场使用性质或者使用范围。确需改变使用性质或者使用范围的，应当经国土资源、规划行政主管部门按照原程序重新批准后方可实施。

第十二条 开发区停车收费标准由发展改革部门会同市政管理部门确定，报开发区管委会和市发展改革委批准后实施。

发展改革部门应当会同市政管理行政主管部门制定办法，规范居住区地下停车场公共停车位和地面停车位收费，提高居住区地下停车场（库）利用率和社区管理水平。发展改革行政主管部门负责停车收费日常巡查和定期专项检查工作。检查内容包括停车场资质、备案情况、收费标准执行情况。

第十三条 停车收费标准备案期限为一年一次。申请人应当到发展改革部门办理收费标准核定，并提供下列资料：

（一）机动车停车场收费申请报告（加盖公章有效）；

（二）机动车停车场收费标准表（一式二份，加盖公章有效，复印件附后），表中应按停车收费项目明确各项标准；

（三）提交北京市公共停车场备案表（开发区市政管理行政主管部门审发）；

（四）提交北京市公共停车场经营企业登记表（开发区市政管理行政主管部门审发）复印件；

（五）提交营业执照原件和复印件（原件供当场审核）。

第十四条　停车场（库）向社会开放并收费的，停车场管理单位应当依法办理工商登记、税务登记、价格核定、明码标价牌编号等手续，在完成工商登记后15日内到市政管理部门办理备案。市政管理部门负责办理公共停车场变更和年检手续。

第十五条　停车场管理单位办理经营性停车场备案时，应当提交下列材料：

（一）开发区市政管理行政主管部门统一格式的“北京市公共停车场经营企业备案登记表”；

（二）申请单位营业执照副本、税务登记证副本复印件（查验原件，留存复印件）；

（三）自有产权停车场的产权证明材料，受委托经营停车场另须提供委托经营材料（查验原件，留存复印件）；

（四）国有土地使用证复印件或其他产权证明资料；

（五）建设工程规划许可证并附蓝图；地下车库还需提供工程竣工验收备案表和消防验收意见或消防备案凭证（查验原件，留存复印件），机械车位提供立体停车设备检验报告；

（六）利用城近郊区集体土地开办停车场的单位还需提供工商部门的“住所（经营场所）使用证明”；

（七）利用地下人民防空工程和（或）普通地下室建设的停车场，须提供人民防空主管部门出具的“人防工程使用证”和（或）建设（房屋）行政主管部门出具的“北京市普通地下室使用登记备案表”；

（八）停车场车位平面示意图（标清每个车位具体位置并进行统一编号），停车场地理位置平面示意图；

（九）停车诱导系统建设技术说明书和管理运行方案；

（十）企业从业人员（服务人员、设施维护人员和管理人员）名册；

（十一）符合国家标准的停车标志、标线、安全监控设施、计时设施和停车设施说明材料，并附书面说明材料（依据《公共停车场工程建设规范》和《公共停车场运营服务规范》）；

（十二）停车场经营、服务、突发事件应急预案等（依据《公共停车场运营服务规范》）；

（十三）具备健全的安全管理制度。安全管理制度由企业制定，内容符合《北京市停车行业工作规范》要求；

（十四）单位大院等非经营性场所的内部停车场，经市政管理行政主管部门、属地街道、镇确认提供错时停车服务的停车场，应提供属地街道确认提供周边居民错时停车服务的证明；

（十五）申请新建居住区配建停车场（库）备案，还需增加以下材料：

1. 居住区地下停车场（库）由产权人委托；属建设单位产权时，需提供地下车位售卖情况说明并加盖公章。

2. 地上停车场由业主委员会委托，同时提交三分之二以上业主同意停车收费、现场公示无重大异议的证明材料与图片（可采用集体讨论或书面征求意见的形式），并出具属地街道（镇）意见。

3. 未成立业主委员会的居住区地上停车场，需提交居委会关于三分之二以上居民、业主同意停车收费并明确委托给停车管理企业名称、现场公示无重大异议的证明材料（可采用集体讨论或书面征求意见的形式），并出具属地街道（镇）意见。

统筹利用业主共有场地设置临时停车场和居住区周边街坊路或者胡同设置临时停车场提交的备案材料不包括前款第五项、第九项和第十一项。

第十六条 本办法实施之日后新建的非经营性停车场，应在竣工验收后十五日内到市政管理部门办理备案手续；已建成并投入使用的项目，在本办法实施之日起半年内，到市政管理部门办理备案手续。

第十七条 非经营性停车场备案时，除需提交本办法第十五条第（三）（四）（五）（六）（七）（八）（十一）（十三）（十四）项所述材料外，还应提交以下资料：

（一）填写非经营性停车场备案登记表；

（二）单位营业执照副本、税务登记证副本复印件。

第十八条 经营性停车场办理年审时需要提交以下资料：

（一）开发区市政管理行政主管部门统一提供的“北京市公共停车场经营企业年检登记表”；

（二）停车场备案原表和复印件；

（三）经营单位营业执照副本、税务登记证副本复印件（查验原件，留存复印件）；

（四）自有产权停车场的产权证明材料；受产权人委托经营停车场的单位须提供委托经营材料（查验原件，留存复印件）；

（五）利用地下人民防空工程和（或）普通地下室建设的停车场，须提供人民防空主管部门出具的“人防工程使用证”和（或）建设（房屋）行政主管部门出具的“北京市普通地下室使用登记备案表”（依据《北京市人民防空工程和普通地下室安全使用管理办法》）；

（六）北京市机动车停车场收费标准核准表复印件；

（七）停车诱导系统建设技术说明书和管理运行方案说明书；

（八）填写路外公共或居住区停车信息采集表，提供场车位平面示意图（标清每个车位具体位置并进行统一编号），停车场地理位置平面示意图；

（九）居住区停车场年审还需按以下说明提供材料：

1. 居住区地下停车场无明确约定的，由产权人委托；属开发商产权时，需提供地下车位售卖情况说明并加盖公章。

2. 居住区地上停车场有产权约定的，由产权人委托；无产权约定的，由业主委员会委托。

3. 未成立业主委员会的居住区地上停车场，应提供由居委会出具的相关证明。

非经营性停车场备案后，当停车场的使用功能或车位数量因实际需要发生变化，应报市政管理部门进行变更，并由市政管理部门征求规划行政主管部门意见。

第十九条 开发区鼓励单位和居住区将配建停车场向社会开放。

鼓励有条件的单位将配建停车场在非工作时间向社会开放；鼓励单位和个人实行共享停车。

专用停车场向社会提供有偿停车服务的，其管理参照本办法第十二条、第十三条规定执行。

第二十条 单位或者个人共享停车的，停车场管理单位应当予以支持和配合，并为停车人提供便利。停车场管理单位应当到开发区市政管理行政主管部门办理备案，变更和年检。

在单位配建停车场共享停车的停车人，应当按照约定的时段停车；超过约定时段拒不驶离、影响停车场正常运行的，停车场有权终止共享停车约定。

第二十一条 开发区市政管理行政主管部门应当与道路停车泊位的管理单位签订协议。协议应当包括双方权利义务、期限、终止协议的情形等内容。

道路停车泊位管理单位有下列情形之一的，开发区市政管理行政主管部门可以终止协议：

（一）发生服务质量纠纷，影响恶劣的；

（二）未按原承诺标准提供服务的；

（三）未按期足额缴纳占道费的；

（四）质量信誉考核不合格的；

（五）擅自转租转包、挂靠经营的；

（六）多次实施违法行为，拒不改正的；

（七）双方约定的其他可以终止协议的行为；

（八）法律、法规规定的其他情形。

第二十二条 设置、调整或者撤除道路临时停车泊位时，应当由公安交通管理行政主管部门向社会公告，充分听取相关单位和市民的意见。因道路施工或者交通管制，以及其他紧急情况需要撤除道路临时停车泊位的除外。

公安交通管理行政主管部门会同市政管理行政主管部门对道路停车泊位的设置和使用情况进行评估，每年不少于一次，并根据评估情况适时进行调整。

第二十三条　停车泊位与停车需求矛盾突出的住宅小区，其周边道路具备夜间等时段性停车条件的，市政管理行政主管部门可提出道路停车方案，经公安交通管理行政主管部门同意后，设置时段性道路临时停车泊位。道路停车方案包括允许停车时段、允许停放的机动车范围、停车收费标准、违反规则处理等内容。

第四章　其他

第二十四条　市政管理部门会同公安交通管理、信息化工作等行政主管部门，组织建立开发区公共停车信息系统，通过网络、停车诱导指示牌等方式，向社会公众提供停车场位置、停车泊位剩余数量等信息服务。

第二十五条　城市管理综合执法部门会同相关部门负责停车场使用和运营过程中违法行为的查处。

第二十六条　财政、国土资源、质量技术监督、税务、民防等管理部门按照各自职责，依法负责机动车停车管理相关工作。

第五章　附则

第二十七条　开发区停车场建设和管理工作，参照本办法执行。

第二十八条　本办法自 2015 年 4 月 1 日起施行。

北京经济技术开发区新建非住宅类项目管理办法（暂行）

京技管〔2015〕20号

（2015年2月28日）

第一条 为加强北京经济技术开发区（以下简称开发区）非住宅类项目的管理，落实开发区经济发展规划和产业政策，加强房屋和土地的管理，提高土地集约节约利用水平，结合开发区实际，制定本办法。

第二条 本办法所称的非住宅类建设项目，是指用于工业、研发、商业、办公等非住宅类用途的建设项目，包含配套公建、非配套公建、综合楼和其他项目。

第三条 开发区范围内非住宅类项目的开发建设和使用管理，应严格遵守本办法。

第四条 开发区投资促进、规划、建设、房屋和土地管理等部门应依据职责做好相应领域的监督管理工作。

第五条 非住宅类项目的开发建设单位应严格按照投资促进、发展改革、房屋和土地、规划、环境保护等部门的核准、备案要求组织项目建设，落实项目规划用途。

第六条 非住宅类项目在开发建设前，应向投资促进、发展改革等部门提交设计草案，设计草案包括项目性质、规模、布局等内容。

第七条 非住宅类项目开发建设单位应与开发区管委会签订《入区协议》，明确拟入区项目的产值、税收、产业发展方向、建设内容、设计草案、规划部门所提设计要求和限制条件等内容，并约定具体、可行的退出条款。

第八条 对于经批准同意分割销售的非住宅类项目，应实行“双一千”原则，即单体设计最小单元和最小分割销售单元均不得小于1000平方米。

第九条 非住宅类项目应严格按照国家和北京市有关公共建筑的现行规范标准进行规划设计，且必须符合以下要求：

（一）《入区协议》、招拍挂出让文件、《国有建设用地使用权出让合同》（以下简称土地合同）、立项批复文件和《开发区加强工业用地管理意见》规定的内容；

（二）严格按照公共走廊、公共卫生间等方式设计建筑物内部格局，不得采用单元式或住宅套型式设计；

（三）除食堂和集中就餐的餐厅外，不得增设厨房；

（四）严禁燃气管线敷设入办公单元（特殊工艺要求的须单独报审），燃气供应单位不得违反规定擅自供气。

第十条 非住宅类项目的设计单位应严格按照建设工程规划许可内容和有关设计规范、标准进行设计；施工图审查机构应严格施工图审查；施工单位、监理单位应严格按照设计规范、标准和经核准的施工图进行施工、监理。

第十一条 非住宅类项目在建设过程中，需要对平面布局进行重大调整或有二次结构设计变更的，开发建设单位应向规划部门提前办理审批手续。未经规划部门批准擅自建设的，建设部门责令停工并限期改正。

第十二条 开发建设单位不得采取以租代售等方式销售非住宅类项目，不得超过国家规定的租赁期限进行出租。

第十三条 对于经批准同意分割销售的非住宅类项目，开发建设单位在建设、销售过程中，不得欺骗和误导消费者。发布广告或开展其他形式宣传时不得含有虚假内容，不得暗示具有居住功能，不得采用带有公寓、家园、花园、花苑等含有住宅性质的名称，并应在楼盘名称后用相同字体、字号注明非住宅用途。

第十四条 开发建设单位应在项目建设现场、销售现场的明显位置，向购房人明示下列信息：

（一）明确告知项目用地性质、土地使用年限、规划用途、建设内容和规模等信息，并特别告知立项批复为非住宅；

（二）明确告知契税、物业服务费等信息，并特别告知项目水电气热不按住宅标准计费，且不享受户籍、入学等公共服务。

开发建设单位应在认购书和购房合同中与购房人明确约定项目规划用途。

第十五条 规划、建设行政主管部门应加强对项目设计单位、施工图审查机构、施工单位和监理单位的监督检查，一经查出擅自修改设计方案和不按规定进行施工图审查、不按经批准的施工图施工、不按规定监理等违法行为，责令立即停工并限期改正，并按照《中华人民共和国建筑法》《建设工程质量管理条例》《建设工程勘察设计管理条例》《北京市建设工程规划监督若干规定》等法律法规的规定予以处罚。

第十六条 非住宅类项目的专项验收、竣工验收，由相关行政主管部门严格按照验收规定，以及立项批复、已审定的设计方案等组织实施。不符合验收条件的，不予出具验收意见，不予办理竣工验收备案手续。

第十七条 工商行政管理部门、市政市容管理部门、城管执法部门对非住宅类项目销售宣传广告进行严格监督管理。

第十八条 房屋和土地管理部门在办理非住宅类项目产权登记时，应在房产证中根据规划文件明确注明用地和建筑性质。

第十九条 非住宅类项目的所有人、使用人应严格按照规划使用性质和土地合同上载明的土地用途使用该项目，不得擅自改变。对擅自改变用途的，规划部门按照《北京市建设工程规划监督若干规定》等规定予以处罚，房屋土地部门按照土地合同、投资促进部门按照《入区协议》等追究违约责任。

第二十条 根据非住宅类项目的用地性质，社会管理、户籍管理、街道办事处等部门和单位不得为其办理户籍、计生、民政、入学等公共服务手续。

第二十一条 非住宅类项目的水、电、气、热等价格严格按照用地性质分类执行收费标准，严禁按住宅标准计费。

第二十二条 本办法自公布之日起 30 日后实施，由开发区管委会负责解释。

大事记

北京经济技术开发区年鉴 2016
BEIJING ECONOMIC-TECHNOLOGICAL DEVELOPMENT
AREA YEARBOOK

1月

18日，中国杂技团有限公司《协奏·黑白狂想——男女技巧》节目获第三十九届蒙特卡洛国际马戏艺术节“金小丑”奖。

19日，第二届互联网金融全球峰会在开发区召开，设在中金数据系统有限公司的北京市互联网金融实验室启动。

23日，由开发区总工会、科技局主办的2014年度开发区职工创新工作室授牌仪式在北京泰德制药股份有限公司举行，北京金风科创风电设备有限公司等10家企业工作室获授牌。

是月，华润协鑫（北京）热电有限公司取得北京电力公司颁发的“黑启动”（大面积停电后的系统自恢复）电源点认证资质，成为北京电网唯一“黑启动”电源点。

是月，悦康药业集团有限公司完成在美国收购洛杉矶沃森阿特维斯制药厂的项目，成为中国化学制药企业收购美国制药厂的首例。

2月

4日，中国杂技团有限公司“龙凤图形”被工商总局商标评审委员会认定为中国驰名商标。

10日，全国人大常委会副委员长、农工党中央主席陈竺率队到开发区调研生物医药产业发展。市委常委、统战部部长牛有成等参加调研。

12日，惠买在线产业基地、行有恒（京津冀）互联网电子医药协同产业园、中泰德信电子商业档案（京津冀）运营中心、坤鼎欧企产业园配套、北鹏新材料生产基地和研发创新中心与亦庄·永清合作园区筹委会签订入区协议，成为首批入区落地项目。涵盖电子商务、生物医药、新材料、都市服务业、创新平台等产业，均为承接北京市产业转移疏导项目，总投资约100亿元。

27日，北京市科学技术奖励大会召开，开发区8家企业获奖。其中，中芯国际集成电路制造（北京）有限公司的“超大规模集成电路先进闪存存储器成套工艺与产品技术研发及产业化”项目、北京京东方光电科技有限公司的“超精细移动显示关键技术及应用”项目获得一等奖。

28日，北京锤子数码科技有限公司的Smartisan T1、京东方科技集团股份有限公司自有品牌显示终端——BOE Alta获第六十二届iF国际设计奖金奖。Smartisan T1成为中国大陆首个获得iF国际设计奖金奖的智能手机产品，BOE Alta成为中国唯一获得本届iF国际设计金奖的电视产品。

3月

2日，由北京天地互连信息技术有限公司、中国电信集团公司等单位共同发起推动的IEEE 1888标准，被国际标准化组织ISO/IEC批准成为全球能源互联网产业首个ISO/IEC国际标准。

16日，开发区正式输入南水北调工程水，使用范围为核心区和河西区，供水量为10万立方米每日。

23日，开发区首家社区老年大学开学，开设国画、书法、围棋、英语等7门课程。

26日，市委书记郭金龙到开发区调研，强调要始终牢记新常态、高精尖、京津冀三个关键词，明确区域功能定位，确立发展优势。市委常委、常务副市长李士祥，副市长张工陪同。

是月，全球唯一的信息菌素研究院和专利池运营主体——北京亦科信息菌素研究院有限公司在北京亦庄生物医药园注册成立，建设信息菌素产业化项目，项目总投资5亿元。

4月

8日，北京奔驰汽车有限公司生产的首辆国产梅赛德斯－奔驰GLA SUV在开发区下线，北京奔驰NGCC工厂投产。北京奔驰成为戴姆勒股份公司全球唯一拥有前驱车平台、后驱车平台和动力系统平台的合资企业。

16日，博大世通国际物流（北京）有限公司成立通关服务中心，将原来的7×24小时远程预约通关服务升级为7×24小时现场通关服务。

20日，由开发区科技局、亦庄生物医药园主办的2015年北京亦庄生物医药园产业创新与发展论坛第一期暨第三届国际创新型高端药物制剂论坛在开发区举办。

29日，开发区总工会召开劳动模范表彰大会，为开发区618个先进集体和先进个人颁奖。

是月，北京博奥晶典生物技术有限公司生物检测实验室通过美国组织相容性及免疫遗传学协会（ASHI）的认证，成为国内首家获该认证的生物检测实验室。

5月

7日，开发区知识产权局主办的开发区海外知识产权工作站日本站挂牌暨开发区海外知识产权工作推进会举行。该机构是开发区在海外设立的首家知识产权国际交流合作工作站。

12日，由市知识产权局和开发区管委会共同组建的北京经济技术开发区知识产权促进中心挂牌成立。

15日，中芯国际二期工厂的设计和建设团队获美国绿色建筑委员会LEED金奖，是中国本土首个获得认证的晶圆厂房。

是日，开发区团工委召开共青团表彰大会，为61个先进集体和134名先进团员青年颁奖。

18日，开发区海关以亦庄保税物流中心为依托，开通“一线进出境”业务，实现企业在海关办理一线口岸通关业务。为利乐包装（北京）有限公司办结首票“一线出境”货物通关手续。

19日，由中国智慧能源产业技术创新联盟发起，北京天地互连信息技术有限公司主导的全国智慧能源公共服务云平台上线。

25日，开发区社会发展局、大兴区卫生计生委、北京中医药大学东方医院三方签订项目合作框架协议，北京中医药大学东方医院南院区落户开发区。

28日，北京天地互连信息技术有限公司、英特尔公司共同建成全球首家智慧能源联合实验室。

29 日，河北省政府下发《关于同意设立省级北京亦庄 · 永清高新技术产业开发区的批复》的文件，批复园区为省级高新区。

是月，开发区科技局组建的高新技术企业服务平台正式运营，服务内容包括信息、认定、复审、信息统计分析等。

6 月

9 日，四达时代集团主办以“数字电视推动社会发展”为主题的第五届非洲数字电视发展论坛。

15 日，由开发区管委会、北京亦庄国际投资发展有限公司共同主办的“亦庄创造 +”揭幕仪式暨前沿科技国际产业孵化器推荐项目路演活动举行。

18 日，开发区投促局组织并协助北京汉氏联合生物技术有限公司在开发区举办首届全国组织修复与再生医学大会。

18 日—20 日，由开发区科技局、北京亦庄国际投资发展有限公司等联合主办的北京亦庄第一届创新创业大赛在亦庄金融汇举行。

30 日，开发区知识产权局、美国昭衍创新园区战略合作协议签约仪式在旧金山市举行，北京亦庄国家生物医药国际创新园——旧金山创新园（美国工作站）挂牌。

是月，京东方科技集团股份有限公司参加 2015 年美国显示周（SID Display Week），推出全球首款 82 英寸 10K 超高清显示屏，成为全球第一家研制出 10K 级显示技术的企业。

7 月

1 日，开发区工商登记注册指导站揭牌仪式在汇龙森科技园区举行。汇龙森科技园、经开产业园、嘉捷科技园 3 个园区为首批指导站设置点，6 名注册专员上岗。

14 日，在第三十二届全国医药工业信息年会上，开发区拜耳医药保健有限公司、悦康药业集团有限公司、赛诺菲（北京）制药有限公司等 8 家企业入选“2014 年度中国医药工业百强榜单”。

15 日，由北京天地互连信息技术有限公司一全球 SDN 测试认证中心主导的全球第一款完全覆盖 ONF OpenFlow v1.3 测试规范的测试工具——OFsuite 通过 ONF（开放网络基金会）官方测试认证工具验证，成为全球 OpenFlow 认证测试官方工具。

16 日，京津冀开发区创新发展联盟成立大会在开发区举行。京津冀三省市 13 家国家级经济技术开发区、天津自由贸易试验区（天津港保税区、东疆保税港区）、中国开发区协会和京津冀三省市开发区协会等 18 家发起单位共同签署《京津冀开发区创新发展联盟框架协议》。

是日，开发区特色产业园发展联盟成立大会暨首批特色产业园授牌仪式举行。生物医药园、大族企业湾、汇龙森医疗器械创新园等 16 个园区被认定为首批特色产业园。

17 日，开发区 200 台纯电动微公交车投入运行，6 条运营线路开通。北京新能源汽车股份有限公司自建的首个公共综合充电站同时投入使用。

19日，由盛景网联科技股份有限公司、北京亦庄国际投资发展有限公司、清华控股有限公司、中关村创业投资发展公司和中关村创新文化促进会共同举办的盛景全球创新大奖中国区总决赛在开发区举行。

28日，开发区电子信息产业工会联合会成立，88家电子信息企业入会。

8月

4日，开发区新增国家康复辅具研究中心附属康复医院、开发区数字电视产业园社区卫生服务站、北京军海医院3家定点医疗机构。

5日，副市长隋振江到开发区就“高精尖”产业发展情况进行专题调研。

6日，北京市首家保税直购中心落户开发区。

25日，开发区国际企业大道园区社区卫生服务站开业运营。该卫生站是开发区第一家设在工业园区内直接服务企业又面向社会开放的社区卫生服务站，由开发区社会发展局、北京经开投资开发股份有限公司、国家康复辅具研究中心附属康复医院共同开设。

26日，波兰—中国新能源技术研究院北京研发中心在开发区泰豪智能大厦揭牌成立。

28日，由开发区管委会、中国科学院物联网研究发展中心主办的第二届全球传感器高峰论坛暨中国物联网应用峰会在开发区举行。

是日，由开发区科技局主办的“北京·亦庄全球路演会”在京津冀（亦庄）全球路演中心启动。截至年底，全球路演会按主分会场形式举办创新创业项目、企业展示、产品推介等活动超过50场，4000人参加。

29日，由开发区管委会、大兴区政府、北京光华设计发展基金会主办的2015“中国智造”机器人创投大赛启动仪式在开发区举行，宣布成立2025智能制造产业联盟和2025智能制造产业基金。

9月

8日，华为技术有限公司、中兴通讯股份有限公司、杭州华三通信技术有限公司、神州数码网络4家公司的5款SDN交换机通过由北京天地互连信息技术有限公司—全球SDN测试认证中心进行的OpenFlow v1.3一致性认证测试，成为全球首批通过OpenFlow v1.3协议一致性认证的设备。

11日—13日，首届国际青年生命科学家论坛在开发区举行。

20日，开发区重点路口倒计时屏安装工程完成。涉及开发区内80个重点路口，安装倒计时屏287个。

25日，京东集团产品众筹总筹资额突破10亿元，成为国内首个10亿级体量的产品众筹平台。

是月，开发区作为智能配电网建设试点，开始使用“智能电”。遇停电系列自动通过短信告知用户，供电公司可通过系统及时调配资源维修。

是月，新区出台《推进高端产业领军人才发展示范区建设的实施办法（试行）》。

10月

12日，在2015中国（北京）电子商务大会上，新区与廊坊市政府签署《电商产业全面战略合作协议》，共建京津冀电子商务协同发展示范区。

16日，商务部贸易谈判代表兼副部长钟山带领调研组到开发区调研外贸工作。调研组实地考察了四达时代集团和京东方科技集团股份有限公司8.5代线。副市长林克庆参加调研。

19日，由发展改革委牵头的全国大众创业万众创新活动周启动，北京亦庄分会场以北人集团公司亦创智能机器人创新园为主场，以“智汇亦庄、创造未来”为主题，设置活动签约、展览展示、创业大赛、主题论坛、路演投资五大板块。

是日，开发区亦创智能机器人研究院揭牌成立。该院为北人集团公司亦创智能机器人创新园的重要组成部分，实行院长负责制，清华大学教授贾培发担任首届院长。

是日，由开发区管委会主导建设的京津冀科技创新公共服务平台启动。

19日—21日，第十九届北京国际生物医药产业发展论坛暨第一届信息菌素类药物研究与应用国际研讨会在开发区举行。

20日，2015德勤—亦庄高科技、高成长企业20强名单发布。

是日，北京博大水务有限公司投资建设的开发区路南区污水处理厂工程竣工，是开发区首个全封闭型污水处理厂。

21日，北京亦庄国际投资发展有限公司中标成为北京市知识产权运营机构股权投资管理机构。

22日，中关村天合科技成果转化促进中心与安快创业谷共建的中关村天合育成工场在开发区揭牌运营。

23日，北京亦庄国际投资发展有限公司联合中金甲子（北京）投资基金管理有限公司、北京洪泰投资管理有限公司等70余家孵化机构、投资机构、服务机构共同成立北京亦庄创投联盟。

27日，开发区公共图书馆揭牌仪式在北京电子科技职业学院图书馆举行。这是北京市首家政府与高校合作共建的图书馆。

29日，北京奔驰汽车有限公司首辆国产梅赛德斯－奔驰GLC SUV下线，北京奔驰MRA II工厂投产。

29日—30日，2015北京微电子国际研讨会在开发区举行。会议主题为“把握机遇，共促中国集成电路产业大跨越”。

30日，“央地携手、赢在亦庄”央企进亦庄活动举行。中国铁建股份有限公司等20余家中央企业参加，现场有13家重点项目集中签约进驻开发区。

是月，北京金风科创风电设备有限公司收到国际权威认证机构DNV GL颁发的金风121/2500-Sinoma59.5机组型式认证。该认证是DNV-GL根据IEC标准在中国颁发的第一张型式认证证书。

是月，新区人才工作协调领导小组办公室组织开展了第一批“新创工程”领军人才资格的认定申请工作，127人入选首批“新创工程”领军人才。

是月，由开发区管委会与中国科学院合作成立的首只基金——北京国科瑞华战略性新兴产业投资基金在开发区注册成立。

11月

5日，北京经开投资开发股份有限公司全资子公司经开租赁有限公司与广发证券资产管理（广东）有限公司共同设立资产证券化产品。产品共募集资金2.5亿元，为期1年半，是国内首笔以内资租赁公司为发起人的证券化金融产品。

9日，市委副书记、市长王安顺到开发区调研制造业转型升级情况。副市长隋振江、市政府秘书长李伟一同调研。

是日，开发区荣华、博兴街道“社区微型消防站”揭牌，标志着开发区在大型工厂和大型生活小区内建设的首批微型消防站启用。

12日，开发区第五批企业院士专家工作站授牌仪式举行。北京天广实生物技术股份有限公司、北京航天易联科技发展有限公司和北京华德液压工业集团有限责任公司3家企业挂牌建站，至此开发区共有14家企业院士专家工作站。

23日，IEEE（国际电子电气工程师协会）董事会议决定，中国下一代互联网工程中心主任、北京天地互连信息技术有限公司公司董事长、IEEE 1888委员会主席刘东，被任命为IEEE标准协会董事（2016—2017年），成为IEEE标准协会历史上首位来自中国的董事。

23日—25日，由中国电子学会、市经济信息化委、开发区管委会联合承办的2015世界机器人大会在国家会议中心（北京）举行。

25日—27日，首届海峡两岸工业发展与合作论坛在开发区举行，两岸工业界共同签署交流合作谅解备忘录。

26日，开发区召开志愿服务联合会第一次会员代表大会。

29日，中国教育电视台早教频道国际教育中心的智美汇嘉国际青少儿教育基地开始运营。

是月，中国教育电视台发起成立全国大学生移动互联网创新创业服务平台，平台立足于开发区高校创意总部基地，面向全国高等院校提供专业的创新创业全面服务。

是月，北京中交兴路信息科技有限公司、北京分豆教育科技股份有限公司、北京冠捷显示科技（中国）有限公司、北京华兴长泰物联网技术研究院有限责任公司、北京国信恒润能源环境工程技术有限公司开发区5家企业被评为“德勤中国50强”企业。

是月，北京亦庄国际投资发展有限公司联合控股公司北京亦庄国际产业投资管理有限公司设立领军人才创业发展基金，以股权投资等方式投资“新创工程”领军人才项目，扶持领军人才创新创业。

12月

2日，市知识产权局网站公布第十七届中国专利奖评选结果，开发区企业京东方科技集团股份有限公司、北京华德液压工业集团有限责任公司、博奥生物集团有限公司的4个项目获得中国专利奖优秀奖。

4 日，国家知识产权局公布 2015 年度国家知识产权示范企业和优势企业，京东方科技集团股份有限公司获国家知识产权示范企业称号，北京星和众工设备技术股份有限公司和航天长征化学工程股份有限公司获得国家知识产权优势企业称号。

8 日，以北京闪胜投资有限公司为代表的中国资本联合体完成对芯成半导体有限公司（ISSI）的收购。这是中国资本首次成功私有化一家总部位于美国的半导体设计领域的上市公司。

9 日，全国产业互联网与金融创新基地挂牌仪式暨 e 咖众创空间启动仪式在 OBE 互联网创新园举行。

11 日，开发区举行首个行业工资集体协商协议签约仪式。开发区人力资源企业分会首席代表、生物医药分会首席代表，分别与劳务服务企业工会联合会和生物医药产业工会联合会首席代表签订《开发区人力资源行业工资集体合同》和《开发区生物医药行业工资集体合同》。

15 日，中冶京诚工程技术有限公司、北京天广实生物技术股份有限公司获评 2015年度开发区优秀企业院士专家工作站。

17 日，亦庄生物医药园形成的工业服务业标准化体系通过评审，成为国家级工业服务业标准化试点。

18 日，2015 北京 · 亦庄国际金融创新峰会在开发区举行，中国股权投资基金创新研究院落户开发区。

22 日，在 2015 年第七届“北京影响力”评选活动上，北京奔驰汽车有限公司获北京影响力“最具影响力十大企业”奖，北京新能源汽车有限公司获北京影响力“产业生态”奖。

23 日，经全国博士后管理委员会批准，安诺优达基因科技（北京）有限公司、北京海思特临床检验所有限公司、北京泰豪智能工程有限公司、中国通信建设集团设计院有限公司等 4 家企业设立博士后科研工作站分站。

29 日，开发区 2015 年度工作会召开。会议总结 2015 年工作，部署 2016 年任务。

31 日，北京市重点产业知识产权运营基金设立发布会在开发区举行。该基金由北京亦庄国际投资发展有限公司发起设立，总规模 10 亿元，是国内首只由中央、地方财政共同出资引导发起设立且国内资金规模最大的知识产权运营基金。

是日，由开发区管委会主办的高性能异构计算及网络安全研讨会召开。依托华夏芯通用处理器技术有限公司建设运营的开发区高性能计算和网络安全实验室挂牌成立。

产业促进

北京经济技术开发区年鉴 2016
BEIJING ECONOMIC-TECHNOLOGICAL DEVELOPMENT AREA YEARBOOK

综述

2015年，开发区加快调整区域产业结构，供给结构调整取得初步成效，区内企业投资意愿显著增强，产业投资占比持续上升，企业利润实现高速增长。

年内，新批内、外资企业投资总额（含增资）折合183.8亿美元，同比增长58%。其中，外资项目投资总额38.3亿美元，同比增长192%；内资企业注册资本945亿元（折合145.5亿美元），同比增长46%。完成产业化项目固定资产投资227.9亿元，同比增长34%。合同利用外资9.2亿美元，同比增长84%。实际利用外资3.02亿美元，同比下降52%。内资项目备案金额226.6亿元，同比增长126%。

完成签约项目34个，总投资约308亿元。其中，签订入区协议投资额5亿元以上的重大项目6个，包括中航天宇、公安部智能安保产业基地等。促开工项目20个，总投资约169.2亿元，总占地面积约100万平方米，包括北京同仁堂健康药业股份有限公司、北京时翼航化科技有限公司、北京泰德制药股份有限公司等项目。促投产项目20个，包括奔驰发动机二工厂项目等。跟踪储备项目总计505个，项目总投资约4723亿元，总占地面积2476万平方米。新设立外资企业38家，外资企业增资额增幅较大，北京奔驰、康宁、采埃孚3家公司增资30.3亿美元。

服务京津冀协同发展。推动中国开发区协会、天津市和河北省的13家国家级开发区，联合成立京津冀国家级开发区产业协同发展联盟，在开发区设立常驻办事机构，稳步推进三地园区产业发展，逐步实现“统一规划、统一布局、统一政策”。亦庄·永清园区获河北省正式批复成为高新区并组建管理机构。基本编制完成园区总规、控规和产业发展规划初稿。首批7个签约项目完成开工准备工作，其中惠买在线等两个项目进场施工。全年签约项目27个，总投资额1000亿元。

（高洁 周翔）

产经活动

联盟走进亦庄活动举办

3 月 27 日，开发区投促局组织开展联盟走进亦庄生物医药产业活动。邀请中国生物技术研发服务联盟（ABO）领导和 8 位企业代表来开发区座谈，与开发区领导、相关委办局就联盟、企业和生物医药行业的发展进行交流，使企业对开发区的生物医药产业环境有了更全面的了解，为深入合作奠定基础。开发区投促局会后积极跟踪企业发展动态。截至年底，通过该活动引进入区企业 1 家，有合作意向企业 6 家，初步达到招商目标。

（王梓哲）

在第十八届科博会上签约 30.7 亿元

第十八届科博会开发区展厅　　田艳军 摄

5 月 13 日—17 日，开发区组织 40 余家企业携带“高精尖”产品参加在中国国际展览中心举行的第十八届中国北京国际科技产业博览会，获得由中国北京国际科技产业博览会组委办公室颁发的“第十八届中国北京国际科技产业博览会最佳展示奖”。5 月 15 日，在科博会科技合作项目签约仪式中，开发区管委会签下元心移动互联网产业中心、佳讯飞鸿物联网、无人系统产业园、贝达新药研发中心等 5 个项目，总投资金额 30.7 亿元。签约的 5 个项目自主创新代表性强，产业辐射带动作用大，符合开发区作为首都科技创新中心主阵地的功能定位。项目中既有反映产业集聚效应的平台建设项目，也有符合转型升级方向的物联网项目和创新研发项目。签约的北京元心移动互联网产业中心将在开发区创立自主商标和知识产权的移动操作系统，并建设软硬件产业生态链。两个创新药项目贝达新药研发中心、信息菌素产业化占签约项目投资金额的 50%。

（高洁）

首届全国组织修复与再生医学大会召开

6 月 17 日—19 日，由国家干细胞工程技术研究中心、中国人民解放军总医院、开发区管委会、北京汉氏联合干细胞研究院等联合承办的首届全国组织修复与再生医学大会在博大大厦召开，会议主题为“组织修复和再生医学与战略性新兴产业发展”。首都医科大学、军事医学科学院、中国医学科学院的院士和专家就“血管内皮的再生是血管修复的关键”“干细胞治疗进展与管理规划”“间充质干细胞在组织修复与再生中的作用”等作专题报告，近 30 名国内外组织修复与再生领域的著名专家、学者围绕干细胞与组织修复和再生、组织工程与组织修复和再生、创烧伤后的组织修复与再生、疾病损伤后的组织修复与再生、组织修复与再生医学临床和产业转化等议题进行学术交流。来自干细胞、组织工程、再生医学等领域的相关人士近 500 人参加会议。损伤组织的修复与再生是生物学和医学领域的一个重大问题，涉及遗传、发育、干细胞、组织工程、生物材料和创伤、烧伤、骨科等学科，中国已开始用间充质干细胞治疗脊髓损伤、脑瘫等临床难治性疾病，但应尽快出台干细胞技术标准体系，规范干细胞的管理流程、技术标准。

（崔春雷 王梓哲）

开发区首批特色产业园授牌

开发区首批特色产业园授牌　　郑云 摄

7 月 16 日，开发区特色产业园发展联盟成立暨首批特色产业园授牌仪式大会在开发区召开。开发区管委会副主任绳立成主持会议。特色产业园是指以发展某一特色产业为主，以形成产业集聚为目的，以商务楼宇或工业园区为载体，提供完善服务功能的产业发展空间。生物医药园、大族企业湾、汇龙森科技园二园、北京经开·数字工场等 16 家产业园区被认定为首批特色产业园。首批特色产业园产业发展方向包括电子信息、生物医药、装备制造、生产性服务业、文化创意和创新服务等。开发区管委会主任梁胜和常务副主任高言杰为特色产业园授牌。梁胜讲话要求开发区工委、管委会各有关部门要打破部门条块界限，将部门职能向特色产业园建设聚焦，形成分层、协同、高效、立体支持的全新行政事务格局，把开发区的特色产业园和“六位一体”的科技创新服务体系建设好。大兴区副区长谢冠超、开发区总工会主席张凤民和 68 家产业园区负责人参加会议。

（孔祥龙 孙玲 刘泳）

盛景全球创新大奖中国区总决赛举行

7 月 19 日，由盛景网联科技股份有限公司、北京亦庄国际投资发展有限公司、清华控股有限公司、中关村创业投资发展公司和中关村创新文化促进会共同举办的盛景全球创新大奖中国区总决赛在北京丰大国际大酒店举行。涉及生物医药、移动互联网产业在内的中国区 10 强项目从全国 50 强中脱颖而出。获胜者将代表中国与以色列、美国、欧洲拉美三大赛区的选手参加 8 月份举行的全球总决赛。

（崔春雷）

安快创业谷大学生创业基地落户开发区

8 月 12 日，由安快创业谷主办的安快创业谷陶行知教育基金会中国大学生创业孵化器基地启动仪式暨项目路演汇在开发区举行，陶行知教育基金会、开发区科技局等相关单位领导出席，创业导师、投资人、企业家、路演者和创业者代表 130 余人参加。北京华财会计股份有限公司董事长王久立等 29 人受聘为安快创业谷的创业导师；拟落户孵化基地的 8 个创业项目进行路演；安快创业谷推出“一对一导师创业辅导”，将采取“选、试、绑”独特方式，让创业者和导师之间相互选择，相互磨合，为创业者找到最适合自己团队的创业导师。陶行知教育基金会发起并实施的“全国大学生创新创业及就业工程”拟创建100个“全国大学生创新创业示范基地”，安快创业谷为其中之一。

（崔春雷）

企协建筑业分会第一次会员大会召开

8月23日，开发区企业协会召开建筑业分会第一次会员大会。会议完成年度理事会变更、联系人通讯录更新等事宜。开发区企业协会建筑业分会充分发挥在开发区内从事建设工程相关工作企事业单位牵头作用，促进开发区建筑市场健康有序发展，由北京博大经开建设有限公司、中铁二十一局第六工程有限公司、中铁十九局集团有限公司、中国华冶科工集团有限公司、中冶京诚工程技术有限公司联合发起并在开发区成立协会分支机构。开发区建发局总工程师刘志群担任第一任分会会长。

（石毅强）

第二届全球传感器高峰论坛召开

8月28日，第二届全球传感器高峰论坛暨中国物联网应用峰会在开发区召开。该论坛是一项关于传感器技术和物联网各类应用的大型国际性交流活动，展望全球传感器、中国物联网应用领域未来发展趋势，呈现中国MEMS、传感器、智能硬件、车联网和新能源汽车、3D打印、工业4.0、智慧养老、移动医疗产业现状。开发区管委会主任梁胜、副主任陈小男出席论坛和峰会。

（王旭）

第二届北京亦庄生物医药大会召开

10月15日—16日，由开发区企业协会承办的第二届北京亦庄生物医药大会在开发区召开。大会以新区和京津冀地区的生物医药企业交流展示为宗旨，共举办4个论坛和14场主题演讲，汇集了化药、中药、生物制药、生物技术、医疗器械和设备制造、临床试验、医疗检验、医疗健康服务、产品销售、投资、咨询等生物医药所有相关行业共75家企事业单位，进行包括产品、技术、融资项目、服务、团队等各个方面的集中展览展示，成为京津冀地区生物医药的一次行业盛会。吸引来自京津冀等地区国内外知名厂商、投资机构、科研院所、行业协会、新闻媒体等404家企事业单位共计821人参加。

第二届北京亦庄生物医药大会召开　　田艳军 摄

（石毅强）

企业精益生产方式实务研讨会举办

10月16日，开发区企业协会举办精益生产方式实务研讨会。研讨会围绕如何以精益生产方式推进制造企业转型升级主题展开。北京奔驰汽车有限公司、揖斐电电子（北京）有限公司、华德液压工业集团公司、北京北开电气股份有限公司、北人印刷机械股份有限公司等20家企业的100名企业高管人员全程参加研讨会。

（石毅强）

企协人力资源分会首届会员代表大会召开

10月18日，开发区企业协会召开人力资源分会第一届会员代表大会。人力资源分会的设立旨在帮助劳务派遣公司在变革中顺利转型，打破用人单位对新型用工模式的担心，为双方提供技术服务的交流平台。第一届会员代表大会审议通过《人力资源分会管理办法》；选举产生第一届理事单位、会长、副会长。卡夫食品公司原副总经理王卫凯任第一届会长，开发区42家在册的人力资源派遣公司中，有30家加入分会。

（石毅强）

亦创智能机器人研究院成立

亦创智能机器人产业研究院成立　　郑云 摄

10月19日，在全国双创周北京亦庄分会场启动仪式上，亦创智能机器人研究院揭牌成立。该院为北人集团公司亦创智能机器人创新园的重要组成部分，将以国内外机器人领域专家资源和产业基金为依托，为亦创园区的创业者提供一站式、全过程、全方位的综合创新服务。研究院实行院长负责制，清华大学教授贾培发担任首届院长。研究院将发布机器人产业内的相关研究报告，举办行业论坛，在建立运营模式和盈利模式方面进行深度探索；与政府沟通，主动承接科研课题和政府项目；加强与国内外知名企业的联系、沟通与合作；把握高起点规划、高标准建设、高效益产出的原则，参与亦创园区规划与入园企业遴选工作。

（崔春雷）

第一届信息菌素药物研发国际研讨会举办

10月19日—21日，由市科委、开发区管委会主办，北京亦庄国际投资发展有限公司联合北京生物工程学会、北京生物技术和新医药产业促进中心、北京亦科信息菌素研究院有限公司共同承办的第一届信息菌素类药物研究与应用国际研讨会，在北京丰大国际大酒店举行。研讨会就世界首创的信息菌素药物平台，药物研发的理论、技术、产业、优势、开发和所遇到的挑战进行专题讨论，并围绕信息菌素在人类健康、农业和兽医兽药等领域应用和未来发展方向等方面进行研讨，推动北京市和开发区信息菌素产业发展。中国疾病预防控制中心院士徐建国、美国科学协进会戈登会议（药物耐受专题）发起人玛格丽特·莱利、诺丁汉大学教授理查德·詹姆斯等60多名知名专家参加会议，开发区管委会副主任绳立成出席并致辞。

第一届信息菌素类药物研究与应用国际研讨会　　柳俊伟 摄

（王梓哲 杨莹）

iCAN大赛中国总决赛落幕

10月20日，国际大学生iCAN创新创业大赛中国总决赛在北人集团公司亦创智能机器人创新园举办。此次共有500支大学生创新创业团队入围。北京航空航天大学和北京大学联合团队的“Wipace智能鞋”等5个院校作品获特等奖，北京科技大学的“智能防丢寻踪器”等32个作品获一等奖；电动助老购物车、车流量调研与智能交通灯两个作品获青少年组特等奖，智能语音导盲杖、智能茶叶盒灯等6个作品获青少年组一等奖。此次决赛中的特等奖团队将于2016年7月赴巴黎参与iCAN国际总决赛的角逐。西部优势资本投资有限公司、安芙兰（北京）投资管理有限公司等投资机构现场与获奖项目代表签署投资意向协议。此赛事由教育部计算机教育指导委员会等主办，是教育部质量工程支持项目之一，是国际大学生物联网创新创业大赛的中国选拔赛。大赛始于2007年，面向国内高等院校和科研院所的所有专科、本科、硕士和博士研究生，均需以2~4人团队形式参赛，学生作品须原创，且有可以演示和操作的创新应用系统。

（崔春雷）

共建北京侨创空间

开发区归国华侨创业园签约　　郑云 摄

10月20日，在创业亦庄2015主题活动上，安博教育集团与开发区管委会联合举办开发区归国华侨创业园签约仪式，共建北京侨创空间。北京侨创空间位于开发区东尚E园，由安博教育集团与开发区管委会等政府机构、海外专业机构共同设立，是以帮助海内外高端华侨华人归国创业发展为主要目的，以云智能平台、网格化地面协同体系和公共服务体系建设为基础的新型创新创业孵化器。北京侨创空间将从“天、地、人”3个维度打造成全球三维网格化众创空间的中心节点，通过云端链接全球，构造网格化的地面协同体系，建立公共服务平台和运营体系。建成后将集创投基金、互联网人才培养、创业教育、公共服务为一体，依托云平台，融合全球资本、科技、人才等创新要素资源，为全球范围内的华人华侨科技创新与创业发展提供服务。

（崔春雷）

创业亦庄主题日活动举办

10月20日，开发区管委会主办的“创业亦庄”主题日活动在京津冀（亦庄）全球路演中心举办，市侨办、市科委、中关村管委会等有关单位领导出席，投资机构、企业、媒体等代表150余人参加。活动现场举行2015德勤—亦庄高科技、高成长企业20强发布会，开发区20家高科技高成长企业和10家明日之星企业入选；举办北京亦庄第一届创新创业大赛决赛颁奖仪式暨获奖企业和项目与投资机构签约仪式；安博教育集团与开发区管委会签署共建开发区归国华侨创业园战略合作协议；安快创业有限公司的“安快创业谷”等首批12家众创空间获授牌，其中开发区8家、大兴区4家；举办创新创业主题论坛，围绕产业、技术创新、开发区创新发展等议题进行探讨。

（崔春雷）

第十届文博会动漫游戏产业发展论坛举办

10月29日，第十届中国北京国际文化创意产业博览会动漫游戏产业发展国际论坛在开发区举办。该论坛以推动文化繁荣，促进融合创新为主导，以“‘互联网+’的时代机遇——动漫游戏产业融合发展趋势”为主题，邀请中国发展出版社、中国动漫集团、中国传媒大学、小米科技有限责任公司、京东方科技集团股份有限公司、完美世界网络技术有限公司等科技与动漫类典型企业代表发表主题演讲，分享在“互联网 +”时代背景下，动漫游戏产业发展的现状、趋势和对未来的展望。开发区发布科技文化融合发展，打造“文化智谷”整体思路。

（高洁 许钊）

2015 北京微电子国际研讨会举办

10 月 29 日—30 日，2015 北京微电子国际研讨会在开发区举办，会议由市经济信息化委主办，开发区管委会、北京半导体行业协会、国际半导体设备与材料协会（SEMI）和美国华美半导体协会（CASPA）、北京电子商会等承办，是微电子产业领域的一次年度性盛会。研讨会主题是“把握机遇，共促中国集成电路产业大跨越”，重点针对新形势下智能硬件、大数据、物联网等应用需求，围绕中国集成电路，以及微电子产业的发展与资本运作、创新创业环境营造、产业高端要素整合等话题研讨，搭建全产业链的国际化交流平台。科技部副部长曹健林、工业和信息化部副部长怀进鹏、北京市副市长隋振江等领导参会并致辞。

（王旭）

中央企业进亦庄活动举办

10 月 30 日，由开发区管委会主办、市对外联络办公室与市投促局协办、北京亦庄国际投资发展有限公司承办的“央地携手、共谋发展——央企进亦庄”活动在开发区举办。活动围绕开发区新的发展机遇、投资环境，以及为中央企业提供优质服务等方面展开座谈交流，在基金、投资、金融服务、园区运营等领域探讨合作，并安排中央企业座谈会和开发区重点项目签约仪式等两项内容，旨在深入贯彻国家《京津冀协同发展规划纲要》，落实市委、市政府“四个服务”要求，进一步强化对在京中央企业、和金融机构服务，提供发展空间，促进中央企业和金融机构总部、创新业务项目在开发区集聚，探索央地服务、合作新模式。国资委、市投促局、市对外联络办公室等部门和 25 家中央企业领导参加。

（宋昱瑾）

中国设计红星奖颁奖典礼在开发区举行

11 月 19 日，2015 中国设计红星奖颁奖典礼在开发区举办。科技部、中国工业设计协会、市科委、市委宣传部等相关单位领导出席，各界代表 500 余人参加。共有来自 18 个国家、1566 家企业的 6025 件产品参评，176 家企业的 289 件产品获奖。“联想 YOGA3 PRO 笔记本电脑”获中国设计红星奖 2015 · 至尊金奖。

（崔春雷）

自主商业服务机器人发布会举办

11 月 23 日，由中国科学技术协会主办的“智 · 物种 创 · 未来”自主商业服务机器人联合发布会在开发区举行，中国科学技术协会、工业和信息化部、市政府、市经济信息化委等相关部门领导出席，北人集团公司、完美世界、康力电梯等多位北京机器人产业的专家，400 余位行业代表参加。会议围绕北京市智能机器人研究和应用重点领域和智能社会创新发展，开展高水平的学术交流，组织最新成果展示，探讨机器人产业发展趋势、机器人革命对未来社会发展的影响。举办优友（U05）类人型智能商用服务机器人战略签约仪式，北京康力优蓝机器人科技有限公司与亦创智能机器人研究院签约；北京铂鑫森淼超高压医疗设备有限公司、艾美特焊接自动化技术（北京）有限公司、北京小亦科技有限公司等 10 家企业签约入驻亦创智能机器人创新园。

（崔春雷）

联合承办 2015 年世界机器人大会

11 月 23 日—25 日，由中国科学技术协会、工业和信息化部、市政府主办，开发区管委会、中国电子学会、机器人产业联盟、中国科协青少年中心联合承办的 2015 世界机器人大会在国家会议中心（北京）举行。大会以“协同融合共赢，引领智能社会”为主题，围绕世界机器人研究和应用重点领域，以及智能社会创新发展，开展高水平的学术交流和最新成果展示，搭建国际协同创新平台，为中国制定机器人产业发展战略、推动制造业转型升级提供决策参考，提升中国机器人产业的国际影响力。

2015 年世界机器人大会召开　　郑云 摄

（谭明慧）

机器人产业发展座谈会举办

11 月 24 日，由市经济信息化委、开发区管委会、中国机器人产业联盟联合主办，大族环球科技股份有限公司承办的中国机器人产业联盟走进亦庄暨机器人产业发展座谈会在开发区举办。开发区总工会主席张凤民，市经济信息化委装备处副处长黄葵红，亦创智能机器人产业研究院院长贾培发，开发区特色产业园发展联盟副理事长、大族企业湾总经理盛英泰，以及包括沈阳新松机器人自动化股份有限公司、中国电子科技集团公司第二十一研究所、哈工大机器人集团在内的 30 余家知名机器人企业领导共同出席座谈会。活动旨在为各方提供资源整合平台，共同推动机器人产业发展与合作。

机器人产业发展座谈会举办　　郑云 摄

（谭明慧）

海峡两岸工业发展与合作论坛举办

11 月 25 日—27 日，由中国电子信息产业发展研究院、财团法人台湾工业技术研究院主办，开发区管委会与《中国工业评论》杂志社承办的首届海峡两岸工业发展与合作论坛在开发区举行。论坛以“两岸合作创新，工业共赢发展”为主题，以增进两岸之间工业界交流互动，促进投资合作，提升两岸产业发展核心竞争力和区域经济实力为目标。工业和信息化部、中国台湾经济部、开发区管委会、两岸工业协会等领导，以及 200 多位两岸智能制造、绿色制造、集成电路领域的企业高层和专家参加论坛。论坛包括主论坛和多个分论坛、圆桌交流会等。

（常川）

亦庄国际金融创新峰会举办

2015 北京·亦庄国际金融创新峰会举办　郑云 摄

12 月 18 日，由开发区管委会、中国股权投资基金协会主办的 2015 北京·亦庄国际金融创新峰会在开发区举办，500 余位国内外投资机构和金融机构代表参会。峰会从宏观经济、金融格局、投资环境、产业金融等角度，分析当前环境下挑战与机遇，通过子论坛、交流会等形式，结合开发区当地优势产业，对金融创新如何支持实体产业转型升级发展进行深入讨论。国务院发展研究中心、开发区管委会等相关领导分别就“十三五”时期的“产业升级与金融创新”“区域转型、金融创新与产业高地建设”作主题演讲。信中利资本集团、高盛（亚洲）有限责任公司等企业高管就应对产业创新机遇的资本之道等问题进行高端对话，武岳峰资本、亦合资本等创始合伙人、企业高管就“集成电路的海外并购机遇”“解锁生物医药投资密码”等议题开展圆桌讨论。峰会上，还举行了中国股权投资基金协会金融创新研究院揭牌仪式。

（崔春雷）

世界机器人大会配套建设项目奠基

12 月 25 日，由亦创智能机器人创新园主办的世界机器人大会永久会址奠基仪式在开发区亦创园举办。市经济信息化委、开发区管委会等单位有关负责人和相关企业的代表近 300 人参加。宣布 2016 世界机器人大会由市经济信息化委牵头、开发区管委会承办，北京京城控股有限责任公司和北人集团公司提供配套场馆和相关服务。大会配套建设项目位于亦创园，将建成拥有 3 万余平方米的展馆和可容纳 3000 人的多功能会议中心，以及涵盖配套功能的会展综合体，围绕世界机器人研究和应用重点领域，开展高水平学术交流和最新成果展示，成为全球机器人科技展示交流交易的窗口和平台，力争成为世界机器人大会的永久会址。亦创园区将打造成集“技术创新研发、产业联盟、专利池、要素平台、基金、基地”“六位一体”创新链的智能机器人创新基地和产业创新平台，按照“围绕一个主题、实现两个目标、搭建九大平台”的总体思路，致力于成为全球机器人研发设计和集成创新中心、全球机器人展示交流和技术交易中心、全国机器人系统集成总部和工程示范应用中心。

世界机器人大会永久会址奠基仪式在亦创园举办　田艳军 摄

（崔春雷）

高性能异构计算和网络安全研讨会召开

12月31日，由开发区管委会主办的高性能异构计算和网络安全研讨会在开发区召开，国家信息化专家咨询委员会、中国工程院、工业和信息化部，市发展改革委、市科委等相关领导50余人出席，来自国内多个一流产学研用机构的专家、学者、企业家参加。研讨会就全球进入异构计算时代后如何抢抓机遇，发展新一代高性能异构计算芯片，保障网络安全等问题进行系统性探讨与交流。开发区高性能计算和网络安全实验室挂牌成立，实验室依托华夏芯通用处理器技术有限公司建设运营，将致力于打造开放式创新平台，吸引国内外创新资源，开展与产学研用相关单位的合作，推动自主可控的系列高性能处理器产业化发展和生态建设，提升中国在高性能计算领域的创新水平和国际影响力。

（崔春雷）

组织37家企业申报国家、市级资金

年内，开发区中小企业服务中心自行组织和配合相关政府主管部门、园区、服务机构、企业举办各类活动共计60余场次，参加企业总数达2000余家次，总人数达到3000余人次，活动内容包括政策宣传辅导、项目路演、项目推介、研讨座谈、学术交流、交友娱乐、主题日活动等。共组织8批次37家企业申报国家、市级资金20873.6万元，涉及项目有公共服务平台补助、创新融资、新型健康技术惠民工程、高性能集成电路工程等，已获批的有11家企业，获批资金2179万元；同步开展已获批资金项目检查、验收、协助完成拨款等工作共计7批次，涉及企业36家。

（马苏墨）

区域合作

亦庄·永清高新区签约项目27个

1月19日，亦庄·永清合作园区举行首批项目入区投资意向书签约仪式，由合作园区筹委会常务副主任，廊坊市委常委、常务副市长李波代表共建园区筹委会先期与惠买在线产业基地、行有恒（京津冀）互联网电子医药协同产业园、中泰德信电子商业档案（京津冀）运营中心、坤鼎欧企产业园配套、北鹏新材料生产基地和研发创新中心等5家首批入区企业分别签订投资意向书。2月12日，首批5家入区企业与合作园区筹委会签订入区协议，项目涵盖电子商务、生物医药、新材料、都市服务业、创新平台等产业，均为承接北京市产业转移疏导项目，总投资约100亿元，占地77.33公顷，预计达产后税收10亿元以上。11月20日，亦庄·永清高新区筹备委员会在石家庄举办的2015京津冀产业转移系列对接活动上，签约京津冀智能制造产业园、神州数码、阳光鸿志等第二批6个项目；12月18日，高新区签约京东集团、聚信军民结合产业园、越海物流等12个项目。截至年底，高新区完成签约项目27个，涉及总投资1000亿元，涵盖跨境电子商务、装备制造、生产性服务业、军民结合、汽车零配件、新能源、生物医药、电子信息等八大行业板块，其中首批7个项目均已取得项目用

地。与河北曹妃甸工业园区建立新材料、新能源等产业扩产转移区域，与河北沧州化工园区建立生物医药企业上下游合作，与河北廊坊霸州市建立推进新区食品产业升级转移区。

（周翔）

电科职院与西藏职院开展对口支援

4月14日，北京电子科技职业学院召开对口支援西藏职业技术学院2015年工作会议，电科职院等4所院校分别与西藏职院签订“对口支援西藏职业技术学院2015年度行动计划”，从师资建设、专业建设、课程建设、实习实训室建设、教学资源库建设等方面支持西藏职院建设。2011年，教育部确定，西北农林科技大学为组长校，与天津职业技术师范大学、深圳职业技术学院和电科职院组成工作队，每年在4个支援单位轮流召开工作会议，对口支援西藏职院建设。西藏职院隶属西藏自治区教育厅，2008年被教育部、财政部确定为国家100所示范性高等职业院校之一，占地面积29.27公顷，教职工367人，有农林、畜牧、电力、建筑、电子、财经、旅游、艺术等8类32个专科专业。

（王琴）

亦庄·永清高新区获批并组建管理机构

5月29日，河北省政府下发《关于同意设立省级北京亦庄·永清高新技术产业开发区的批复》文件，批复合作园区为省级高新区。明确高新区建设三个定位：建设成为京冀合作共建的典范、协同创新的战略高地、实现创新驱动与科学发展的先行区。亦庄·永清高新区是为深入贯彻习近平总书记“2·26”重要讲话精神，率先实践京津冀协同发展国家战略，由开发区管委会、大兴区人民政府同廊坊市人民政府按照政府引导、协会主导、企业主体、市场运作、多方共赢的原则，合作共建的省级高新区。亦庄·永清高新区位于河北省永清县，园区规划面积90平方公里，其中起步区30平方公里。以“亦庄产业新空间，廊坊发展新引擎”为定位，探索以开发区为主体开展跨区域全产业链布局集群发展模式。面向全球招商，重点发展“互联网+”智能制造和电子商务（临空经济、智慧物流、跨境电子商务）两个主导产业，打造旗帜产业，形成品牌特色，实现产业的规模化、高端化发展。11月6日，河北省机构编制委员会下发《关于组建北京亦庄·永清高新技术产业开发区管理机构的通知》，同意组建高新区管理机构，标志着园区管理机构成立。截至年底，基本编制完成合作园区总体规划和起步区控制性规划初稿。

（周翔）

京津冀开发区创新发展联盟成立

京津冀开发区创新发展联盟成立　　田艳军 摄

7月16日，京津冀开发区创新发展联盟成立大会在开发区召开。京津冀三省市13家国家级经济技术开发区、天津自由贸易试验区（天津港保税区、东疆保税港区）、中国开发区协会和京津冀三省市开发区协会等 18 家发起单位共同签署了《京津冀开发区创新发展联盟框架协议》。联盟以先行先试落实《京津冀协同发展规划纲要》为宗旨，以开展常态化产业合作、项目对接和企业服务为核心，打造全方位、可持续、一体化的产业创新发展平台，不断提升区域合作水平。发展改革委副秘书长范恒山，商务部外资司司长唐文弘，市经济信息化委副主任王学军，天津市商务委副主任孙剑楠，河北省商务厅副厅长奚献军，开发区工委书记李长友、管委会主任梁胜，和 36 家成员单位、40 多家企业代表、在京主流媒体参加会议。同日，京津冀开发区创新发展联盟召开第一届理事会，讨论通过联盟章程；选举梁胜担任第一届理事会主席，中国开发区协会秘书长关嵘担任联盟秘书长，各发起单位委派相关领导担任副秘书长，开发区管委会委派开发区企业发展服务局副局长池宇担任联盟副秘书长。联盟设立秘书处，内设 6 个业务部门，中国开发区协会和开发区管委会牵头负责日常工作。11 月 23 日，京津冀开发区创新发展联盟秘书处入驻开发区亦城国际大厦，各成员单位推荐的 30 余名挂职人员报到。秘书处完成内设部门人员配备和分工。

（蔡腾飞）

京津冀科技创新公共服务平台建立

10 月 19 日，京津冀科技创新公共服务平台启动。该平台由开发区管委会主导建设，由线上平台“互联京津冀”（www.ihljjj.com）和线下实体平台组成，依托政务服务，集聚优质服务资源，以政策、空间、金融、人才、科技、市场六大服务为基础，通过网络信息系统的互联互通，叠加放大服务范围和效果，形成“互联网 + 服务”格局。率先建成立足北京亦庄，面向京津冀开发区，推动大众创业、万众创新，促进产业协同、企业转型发展的全流程、一体化服务支撑体系。平台着重建设“1488”，即 1 个综合服务平台，四大服务频道（创业服务、企业服务、政策服务、三地生活），八大类创业服务主题（找空间、开公司、组团队、做产品、找天使、做推广、找融资和询政策），八大类企业服务（我的政策、金融服务、融资服务、科技创新、技术平台、人才服务、经营管理、园区服务）。7 月，开发区管委会将线上服务平台交由智慧神州（北京）科技有限公司，线下服务交由北京博大万泰国际投资咨询有限公司建设运营。“互联京津冀”依托云计算和大数据，聚合各类服务资源，为创业者和企业提供线上全流程一站式办理服务。首个线下平台选址开发区亦城国际中心 A 座，定名“京津冀创新创业服务大厦”，集政府政务服务和社会公共服务于一体，通过优选一流、优质服务机构、社会组织入驻和服务，引导带动京津冀地区服务资源聚集，服务方式创新，服务效果叠加。截至年底，平台已对接四大类 200 余项服务资源，多项企业服务、创业服务均可做到全流程“一站式”办理。

（马苏墨 蔡腾飞 崔春雷）

实施京津冀协同发展座谈会举行

11 月 5 日，北京港澳台侨企业实施京津冀协同发展座谈会在宝健（中国）有限公司举行。市政协主席吉林、副主席沈宝昌、秘书长周毓秋，市投促局局长周卫民，新区领导李长友、梁胜、王新出席座谈会。

宝健作为首批入驻北京亦庄·永清园的港资企业代表，发布企业最新的投资计划。

（林京姬）

举办京津冀产业合作交流会

12 月 25 日，京津冀开发区创新发展联盟在开发区举行首次京津冀开发区产业合作交流会。23 家联盟成员单位与 20 家在京行业协会、30 家意向投资企业围绕产业合作进行交流。会上，联盟发布了小型民用直升机制造、电商综合体项目等 8 个新投资项目，投资金额近 50 亿元。截至年底，联盟储备项目信息近 100 个，重点跟踪推进项目约 30 个，投资总额 300 多亿元。

（蔡腾飞）

北京 SMC 教育基金会开展助学活动

年内，北京 SMC 教育基金会向清华大学、哈尔滨工业大学、北京理工大学等 16 所院校提供奖学金，资助院校举办学术交流和学术研究活动，资助贫困地区援建希望小学。5 月，北京 SMC 教育基金会援建的第三所希望小学——云南省富源县大河镇篆湾中日友谊希望小学投入使用。8 月，组织山东、四川、云南 3 省的希望小学师生代表参加北京之旅夏令营。11 月，2015 年 SMC 中国大学技术中心学术交流会在西安交通大学举行。

（李芳）

对接京津冀产业协同发展资源

年内，京津冀开发区创新发展联盟围绕产业合作与项目对接，组织开展各类活动 100 余场。先后接待河北、天津、山东、辽宁、山西等 6 省市 20 余家开发区、30 余家企业来访；主动对接产业协同发展资源，与市经济信息化委、市医药协会、中国五矿集团等 30 余家政府机构、行业协会、服务机构对接，围绕招商引资和企业服务，开展常态化合作交流，共同推进京津冀协同发展工作。

（蔡腾飞）

持续开展“走进京津冀”系列活动

年内，京津冀开发区创新发展联盟持续开展以“走进京津冀”为主题的常态化走访交流活动。先后走访曹妃甸、邢台、衡水、秦皇岛、廊坊、武清、蓟县、芦台等开发区，进行专题调研，探讨项目合作。组织联盟成员单位、企业参与“百家优秀民企进邢台”、衡水工业新区承接京津产业转移项目推介会和承德市投资项目洽谈会等活动。分别在河北省承德市双滦开发区和天津市武清开发区、东疆保税港区举行两次京津冀开发区交流考察活动。

（蔡腾飞）

主导产业

北京经济技术开发区年鉴 2016
BEIJING ECONOMIC-TECHNOLOGICAL DEVELOPMENT AREA YEARBOOK

综述

2015年，开发区围绕“高精尖”产业定位，立足新一代信息技术、汽车制造、生物医药、智能制造四大主导产业基础，着眼“互联网+”、文化创意产业发展方向，发挥中芯国际、京东方等龙头企业引领作用，带动区内产业链上下游企业集群发展。

开发区产业聚集度保持较高水平，接近80%的项目投资投向集成电路、生物医药、智能装备、技术开发等开发区主导产业。开发区四大主导产业实现产值2290.9亿元，同比增长6.67%。其中，电子信息产业完成产值601.9亿元，同比下降24.6%；装备制造产业完成产值471.6亿元，同比增长2.98%；生物医药产业完成产值321.7亿元，同比增长13.8%；汽车制造产业完成产值895.7亿元，同比增长47.2%。

引进哈工大机器人集团华北（北京）总部项目，签约康力优蓝爱乐优商用智能服务机器人U05型机器人项目，智能装备产业发展迅猛。引进MEMS 8英寸代工线项目、太赫兹高频芯片工程研发实验室等项目，填补产业和技术空白。促进龙头企业扩大出口，以融资担保、基金投资等方式，支持四达时代10亿元，用于拓展欧洲和非洲业务，开拓国际市场，推动开发区内文化产业实现“快增长”和组团“走出去”，出口额成倍增长。支持惠买在线发展垂直电商业务，发展“互联网+生活服务”等新业态、新商业模式，加快市场扩张，促进符合首都定位要求的新技术、新产业、新业态加快发展。

（高洁）

新一代信息技术

锤子数码官网商城上线

1月6日，北京锤子数码科技有限公司官网商城上线启用。官网商城销售的商品包括公司旗下Smartisan T1、Smartisan T2、坚果等智能手机产品；手机背壳、保护壳、耳机、T恤等周边配件产品；公司旗下手机产品的意外保修服务和延长保修服务；精选的第三方数码产品为用户提供全方位和“一站式”的购物体验。

（窦淼磊）

北京泰豪节能技术入选国家推广目录

1月6日，北京泰豪智能科技有限公司“烟气源热泵供热节能技术”入选发展改革委《国家重点节能低碳技术推广目录》。烟气源热泵供热节能技术属于能源动力系统节能减排技术，采用三级降温两级换热的热能梯级利用方式，利用汽水换热器和烟气源热泵将烟气中的热能（显热和潜热）全部回收利用。适用于燃气锅炉（直燃机）供热和热水的医院、学校、宾馆、饭店、写字楼、游泳池，以及工业生产的食品加工、饮料生产、金属表面处理、汽车涂装生产线等高耗能行业。

（毛东颖）

北方微电子刻蚀机客户端超过100台

1月，北京北方微电子基地设备工艺研究中心有限责任公司ELEDE系列刻蚀机客户端安装量超过100台，遍布海内外近30家芯片厂商，在泛半导体领域国产高端装备LED和SiC功率器件领域实现市场突破。

（杨帆）

北方微电子PVD被指定为Baseline机台

2月16日，北京北方微电子基地设备工艺研究中心有限责任公司自主研发的Metal Hardmask工艺设备exiTin H430金属物理气相沉积系统被国内领军集成电路芯片制造企业指定为28纳米制程Baseline机台。28纳米集成电路制造技术是国内最先进的半导体工艺制造技术，中国本土设备商打破了国际半导体设备巨头的垄断。该台被国内标杆客户认定为Baseline机台的exiTin 430 HM PVD系统是面向28纳米后段大马士革工艺中硬掩膜层沉积工艺所使用的专用物理气相沉积设备。由北方微电子自主开发的该设备采用单片自动工艺，新型溅射源设计和全新的辅助磁场发生装置等独特设计，具有成膜均匀性好、应力低、操作简单、占地小、运行成本低、产能高等特点。仅以工艺腔设计为例，其超高的靶材利用率、极佳的厚度和电阻均匀性均优于同类国际竞争对手，并同时可将薄膜应力控制在很低的水平。除此之外，还具备高Throughput、低CoO和CoC等特点，给客户工艺集成提供非常广阔的优化空间。

（杨帆）

京东方多款产品参加展览

4月，京东方科技集团股份有限公司携98英寸8K超高清显示屏、新概念显示终端BOE Alta等多款明星产品参加在日本东京有明国际展览中心举行的全球规模最大的平板显示产业盛会——FINETECH JAPAN 2015；携全球最大尺寸、最高分辨率110英寸8K显示屏参加在深圳会展中心举行的2015中国电子信息博览会（CITE），在家居、金融、医疗、车载、教育、公共显示领域展现了互联时代的显示无处不在。6月，携98英寸8K超高清显示屏参展第二十届好莱坞影视设备展览会（Hollywood Cine Gear Expo2015），与来自美国、英国的Panacision/Light Iron、Quantel Ltd.、RED3家顶尖影视设备企业联手，全方位展示8K超高清拍摄、传输、编辑、片源、显示等供应链的巨大潜力，为现场专业人士展示了未来8K影像传输编辑的前景。10月，携82英寸10K、98英寸8K、110英寸8K超高清产品参加在日本东京千叶幕张会展中心举行的第十届日本高新电子展（CEATEC JAPAN 2015），参展产品均获CEATEC 2015“生活方式创新产品大赏”。11月，携82英寸10K、98英寸8K、110英寸4K、65英寸4K、55英寸4K等超高清显示产品，参展第十七届中国国际高新技术成果交易会。

（沈佳子）

京东方成都第6代生产线动工建设

5月，京东方科技集团股份有限公司在成都布局的第二条半导体显示生产线——第6代LTPS/AMOLED生产线在成都高新技术产业开发区动工建设。京东方成都第6代LTPS/AMOLED生产线设计产能为4.5万片每月玻璃基板投片量（玻璃基板尺寸为1.85米×1.5米），定位于高端手机显示和新兴移动显示等产品，计划于2017年投产。

（沈佳子）

东港嘉华成立瑞云档案子公司

5月，北京东港嘉华安全信息技术有限公司投资成立全资子公司北京瑞云档案管理有限公司（简称瑞云档案），主要从事档案存储、软件研发、数字化加工、数据处理和金融外包等服务。公司严格按照《档案馆建筑设计规范》（JGJ25-2010）、《档案建设标准》《档案库房技术管理暂行规定》建设档案库房，各项要求均达到管理要求。档案库房为框架结构的全封闭独立库房，建筑面积5500平方米，能够满足客户的长期存档和未来存储需求。7月1日，瑞云档案成为中国档案学会数字化加工服务类定点生产企业。12月3日—17日，与北京市档案教育培训中心合作组织了七期档案培训讲座，公司员工全部通过档案从业资格证考试。

（张琳）

太赫兹高频芯片工程研发实验室落户

5月，巨大树科技有限公司着力建设的“太赫兹高频芯片工程研发实验室”项目落户开发区。项目主要依托“千人计划”学者、美国电气和电子工程师协会（IEEE）院士庄晴光带领的技术团队，开展毫米波与太赫兹超微化高频系统芯片技术研发、成果转化暨产业化项目，可应用于安检仪、5G基站芯片、智能汽车（雷达）等领域。实验室确定选址朝林广场，面积约1800平方米，计划投资2亿元建设量测能力1.5THz的实验室和小型封测线。

（王旭）

中芯北京B2项目28纳米量产

下半年，中芯国际集成电路制造（北京）有限公司B2项目正式投产，28纳米制程产品开始贡献销售收入。12月底，B2项目月产能6000片。年内，中芯北京维持满产，实现年销售收入7.8亿美元，同比增长 20% 以上。

（捷菲）

波兰—中国新能源研究院研发中心揭牌

波兰—中国新能源技术研究院北京研发中心揭牌成立　　毛东颖 摄

8 月 26 日，波兰—中国新能源技术研究院北京研发中心在泰豪智能大厦揭牌成立。波兰国家商会主席、林特集团、绿色能源技术有限公司董事长 Leszek，中国国际城市化发展战略研究委员会副主任、北京智中能源互联网研究院院长、清华大学教授李凤玲共同为中心揭牌。绿色能源技术有限公司副总裁 Domaradzka，清华大学院士韩英铎，开发区管委会副主任绳立成，开发区总公司党委书记、经理白文参加揭牌仪式。

（毛东颖）

国富通公司签约光明网共创“云端农信”

9 月 29 日，光明日报融媒体成果发布暨合作签约仪式在北京举行，光明网和国富通信息技术发展有限公司签署合作协议，共同推出农产品信息服务平台“云端农信”。“云端农信”旨在为用户提供农产品追溯信息服务和企业、电商微站服务。在 PC 端和移动互联网端为用户提供“云端农信”扫码或查询功能，对农产品包装上的二维码进行扫描或查询，获得该农产品的溯源信息，并验证农产品真伪的解决方案，同时为客户提供企业电商微站建站和展示服务。

（杜海乐）

京东方位列中国电子信息百强第十一位

9 月，工业和信息化部发布 2015 年电子信息百强企业名单，从资产和收入规模、盈利能力、发展能力、债务偿还能力、经营能力、研发创新能力、企业社会责任等方面综合评估选出中国电子信息百强企业，京东方科技集团股份有限公司由 2014 年第十二位升至第十一位。

（沈佳子）

国富通公司护航国际金属加工展

10 月 19 日，南京斯图加特展览公司主办的第五届中国（南京）国际金属加工展在南京国际博览中心开幕，国富通信息技术发展有限公司作为会展移动解决方案提供商，提供全程技术支持服务和全套会展解决方案，涉及展会各个环节，为参会者数据分析、信息互动等提供便利条件。

（杜海乐）

中芯北京二期 B3 厂房工程启动

10 月 29 日，中芯国际集成电路制造（北京）有限公司二期项目 B3 厂房工程破土动工。中芯北京二期项目总投资 72 亿美元，自 2012 年启动，分两个阶段实施。第一阶段即 B2 项目，投资 35.9 亿美元，将实现 3.5 万片 40~28 纳米产能，2013 年底封顶，2015 年 5 月开始装机试产；第二阶段即 B3 项目，投资达 36.1 亿美元，将实现 3.5 万片 28 纳米和更加先进工艺的产能。

（马焱 捷菲）

北方微电子 12 英寸硅刻蚀机得到认可

11 月，北京北方微电子基地设备工艺研究中心有限责任公司自主研发的 NMC612 系列 12 英寸硅刻蚀机得到国内最先进集成电路芯片代工企业认可，应用于 LED 制程中平面蓝宝石基片的 AlN 薄膜缓冲层沉积设备高速量产，标志着北方微电子在集成电路装备和 LED 装备双线取得突破。

（王旭）

云狐时代提供深度运动数据统计计算服务

11 月，北京云狐时代科技有限公司软件点点运动与 Moto 360 Sport 运动手表实现合作，将运动数据算法内置在 Moto 360 Sport 中，提供跑步、骑行、羽毛球等深度运动数据统计计算服务。

（杜宇）

北京泰豪承担首都蓝天行动培育项目课题

11 月，北京泰豪智能科技有限公司承担北京市科技计划——首都蓝天行动培育项目《基于电凝并过滤技术的公建楼宇室内净化产品开发及示范》课题。该课题由北京泰豪与清华大学联合申报，将发挥产学研的合作优势，为北京市首都大气污染治理工作提供有效科技成果支撑。

（毛东颖）

京东方合肥第 10.5 代生产线动工建设

12 月 2 日，京东方科技集团股份有限公司投建的全球首条第 10.5 代薄膜晶体管液晶显示器件（TFT-LCD）生产线在合肥动工。京东方合肥 10.5 代线整体设备的自动化、智能化水平和采用的核心工艺技术将达到业界最高水平，主要生产 65 英寸以上大尺寸超高清液晶显示屏，设计产能为 9 万片每月玻璃基板，玻璃基板尺寸为 3370×2940 毫米，总投资 400 亿元，预计 2018 年投产。届时，京东方将跃升全球显示行业三甲之列。

（沈佳子）

中国集成电路海外并购第一单落定

12 月 8 日，以北京闪胜投资有限公司（Uphill Investment）为代表的中国资本联合体完成对芯成半导体（ISSI）的收购，ISSI 于 12 月 7 日美国时间从纳斯达克退市。这是中国资本第一次成功私有化一家总部位于美国的半导体设计领域的上市公司。北京闪胜是武岳峰资本、亦庄国投（屹唐半导体）、华创投资、华清基业专门为该项目在开发区设立的实体公司。

（王旭）

北京泰豪亮相第二届世界互联网大会

12 月 15 日，第二届世界互联网大会（WIC）互联网之光博览会在浙江省桐乡市乌镇开幕，北京泰豪智能科技有限公司亮相展会，集中展示泰豪智慧应用和泰豪城市级能源与环境监测管理平台、智慧建设大数据平台、建筑能源管理平台、光伏云平台、全生命周期管理云平台等应用平台。中共中央总书记习近平等国家领导人到展会参观。北京泰豪董事长黄代放在博览会品牌发布区发表“智慧城市——探索生态文明发展新模式”的主题演讲。

（毛东颖）

通力盛达进军轨道交通系统

年内，北京通力盛达节源设备股份有限公司与北京贝能达技术有限公司合作，业务领域拓展到轨道交通铁路方面。2014 年，贝能达投资入股通力盛达。贝能达是轨道交通通讯信息系统集成商，适应中国铁路跨越式发展和城市轨道交通建设需要，促进资源优化配置，提高整体竞争能力而组建的集铁路通信配线、客运综合信息系统集成和设备制造于一体的专业化公司。通力盛达在电源通讯领域已经有 20 多年的工作经验。基于这种双方面的需求，双方可优势互补，实现双赢。

（姚晨迪）

通力盛达基站节能率 40% 以上

年内，北京通力盛达节源设备股份有限公司智能换热系统升级后，在青海抽取 4 个地区、8 个基站，接受青海联通公司 3 个月的挂表性能测试、检测表明，通力盛达在每个基站节能率都在 40% 以上。其能效比为 15，是普通空调的 3~5 倍，产品覆盖了铁路长春段、河南联通、河北联通、青海联通、内蒙古联通、云南联通、安徽电信等大型企业机房。

（姚晨迪）

新一代信息技术企业（部分）

京东方科技集团股份有限公司

京东方科技集团股份有限公司（简称京东方，英文简称 BOE）2015 年注册资本 351.5 亿元，归属于上市公司股东的净资产 774.9 亿元，总资产 1525.9 亿元，实现营业收入 486.2 亿元，同比增长 32%。其中，归属于上市公司股东的净利润 16.4 亿元；研发投入 33.2 亿元，同比增长 34%；拥有科技人员约 1.3 万人，占员工总数逾 1/4；新增专利申请量 6156 件，累计可使用专利超过 4 万件。年内，京东方智能手机液晶面板、平板电脑面板市场占有率居全球第一位；第四季度电视面板市场占有率升至全球第二位。京东方拥有北京第 5 代和第 8.5 代 TFT-LCD 生产线、成都第 4.5 代 TFT-LCD 生产线、合肥第 6 代和第 8.5 代 TFT-LCD 生产线、鄂尔多斯第 5.5 代 LTPS/AMOLED 生产线，以及重庆第 8.5 代 TFT-LCD 生产线 7 条半导体显示生产线，正在建设中的有面向柔性的成都第 6 代 AMOLED 生产线、福州第 8.5 代 TFT-LCD 生产线和一条全球最高世代线——合肥第 10.5 代 TFT-LCD 生产线，能够自主研发、生产和制造 1.5 英寸 ~110 英寸全系列半导体显示产品。

京东方创立于 1993 年 4 月，是一家物联网技术、产品与服务提供商，核心业务包括显示器件、智慧系统和健康服务。产品广泛应用于手机、平板电脑、笔记本电脑、显示器、电视、车载、数字信息显示、健康医疗、金融应用、可穿戴设备等领域。公司以半导体、显示、传感、人工智能、大数据等技术为核心，正在由单一的显示器件事业向显示器件、智慧系统与智慧健康服务事业转型，向“软硬融合、应用整合、服务化转型”的方向转变，构建网络 3.0 时代的新生态。

（沈佳子）

京东方科技集团股份有限公司

董事长 王东升

副董事长兼首席执行官 陈炎顺

中芯国际集成电路制造（北京）有限公司

中芯国际集成电路制造（北京）有限公司（简称中芯北京）2015 年销售收入 22.4 亿美元，实现利润 2.5 亿美元，拥有员工 2500 人。10 月，中芯北京二期项目 B3 厂房工程破土动工。截至年底，12 英寸集成电路生产线月产能 3.7 万片。中芯北京是中芯国际集成电路制造有限公司（简称中芯国际）的全资子公司，中芯国际月产能折合8英寸达到28万片晶圆，技术能力覆盖0.35/0.25/0.18/0.13微米、90/65/55/45/40纳米多个技术代。

（马焱）

中芯国际集成电路制造（北京）有限公司

董事长 周子学

首席执行官 邱慈云

揖斐电电子（北京）有限公司

揖斐电电子（北京）有限公司（简称北京揖斐电）2015年拥有员工1700人，生产电路板31万平方米，产值约10亿元。在最佳合作伙伴大会中获优秀奖，获“首都文明单位”“中国质量诚信企业”等称号。在生产方面，挑战设备故障为零、合格率98%的目标，淘汰旧设备更新工艺，投资36亿日元以满足客户和市场的需求。建立“能源与碳排放管理体系”，通过认证后获得北京市政府专项补助资金。

北京揖斐电是日本揖斐电株式会社IBI（总公司）全额出资创立的子公司，于2000年12月在开发区设立，专门从事移动终端用多层高密度印制电路板的生产制造、销售，产品全部用于移动终端（如智能手机、平板电脑等）的高密度内置印制线路板。

（李小冬）

揖斐电电子（北京）有限公司

总经理 远藤本镇

富智康精密组件（北京）有限公司

富智康精密组件（北京）有限公司（简称北京富智康）2015年营业收入6.65亿元，利润1912万元，净利润1703万元，资产56.84亿元，员工3000余人，研发设计人员250余人。年内，应鸿海集团转型发展需要，先后成立富连网、富连商贸等电商业务部门。通过“残障人士就业工程”，为残疾人士提供更多就业岗位，企业残疾员工占总员工人数2.8%。

北京富智康成立于2001年，隶属于世界500强鸿海集团，是集团FIH（Foxconn International Holdings）事业群在华北地区的重要无线通信设备制造厂，拥有世界先进的冲压、成型、表面处理、SMT、系统组装和测试生产线，有高水平的模具研发制造能力和研发设计队伍，能快速为世界顶级手机制造商提供整体服务方案并快速实现量产，主要业务是手机零组件的研发和加工制造，服务于微软、小米、黑莓等知名手机厂商。

（安会会）

富智康精密组件（北京）有限公司

总裁 郭台铭

北京锤子数码科技有限公司

北京锤子数码科技有限公司（简称锤子数码）2015年拥有高级管理人员、检测和维修工程师、客服人员200余人。2月28日，Smartisan T1手机获iF国际设计奖金奖。8月25日，发布坚果手机。10月19日，发布坚果手机文艺青年版和Smartisan S-1000系列耳机。S-1000系列耳机由公司和国内耳机研发机构VSONIC（威索尼可）合作开发和生产，是公司旗下首款耳机产品。12月29日，发布Smartisan T2手机，是国内首款采用无断点金属中框的智能手机。

锤子数码成立于2014年6月3日，位于开发区永昌北路永昌8号科技广场。主要业务是Smartisan智能手机产品和手机附件产品的销售、售后检测、维修、客服等服务工作，销售渠道包括线上电子商务、线下实体体验店。在全国拥有 105 家（授权）售后服务中心，在北京、上海、郑州、太原等城市开通上门快修服务，在广东地区开通上门取送服务。

（窦森磊）

北京锤子数码科技有限公司

首席执行官 罗永浩

北京通力盛达节源设备股份有限公司

通力盛达生产车间 单位提供

北京通力盛达节源设备股份有限公司（简称通力盛达）2015 年员工人数 178 人。公司成立于 1993 年，注册资金 7335 万元，是中国最早开发、生产通信电源并起草行业技术标准的企业，研发与制造高效开关电源和相关 LED 照明应用，在开发区拥有一座 1.4 万平方米的现代化生产基地，是北京市质量 AAA 级企业、国家高新技术企业。通力盛达以节能减排、保护环境为核心理念，努力开发 LED 新能源行业的高效驱动电源和照明应用。通信电源、LED 驱动电源是通力盛达的主流产品。通信基站是无线通信网的硬件，每个基站所有直流设备用电就靠通信电源。在通信电源出现之初工作效率仅为 89%，通力盛达经过多年研发，生产的通信电源工作效率达到 95% 以上，实现了高效、可靠、绿色环保。通力盛达不断选取新的原材料研发出 LED 驱动电源，其高效性能让 LED 更加节能。凭借此产品，成功打开海外市场。

（姚晨迪）

北京通力盛达节源设备股份有限公司

董事长兼总经理 郑小勇

北京北方微电子基地设备工艺研究中心有限责任公司

北京北方微电子基地设备工艺研究中心有限责任公司（简称北方微电子）2015 年营业收入 3.76 亿元，利润总额 4484.60 万元，纳税额 783.22 万元，员工人数 720 人。北方微电子开发的刻蚀设备（ETCH）、化学气相沉积设备（CVD）、物理气相沉积设备（PVD）已广泛应用于集成电路（Semiconductor）、半导体照明（LED）、微机电系统（MEMS）、功率半导体（Power IC）、先进封装（Advanced Packaging）、光通信(Optical Communication)和化合物半导体（Compound Semi）等尖端领域。年内，LED AlN（氮化铝）首次进入中国台湾主流 LED 外延和芯片生产企业。

北方微电子成立于 2001 年，是国内领先的高端半导体装备制造企业，为微电子产业提供产品和服务，拥有刻蚀工艺、薄膜工艺、等离子技术、精密机械、自动化和软件、超高真空等核心技术。

（杨帆）

北京北方微电子基地设备工艺研究中心有限责任公司

董事长 王岩

总经理 耿锦启

北京中电科电子装备有限公司

北京中电科电子装备有限公司（简称北京中电科公司）2015 年营业收入 1.28 亿元，同比增长 146.87%，实现回款 1.39 亿元，同比增长 95.55%。集团公司内部优势资源整合，3 个研究所整合为中电科电子装备有限公司（简称装备子集团），公司股权变更为中电科电子装备有限公司100% 控股。截至年底，公司有员工 202 人。研发人员 104 人，占职工总人数的51.5%；大专以上科技人员 116 人，占职工总人数的 57.4%。其中，研究员 3 人、北京市科技新星 1 人、北京市优秀青年工程师 3 人、开发区高层次人才 3 人。年内，北京中电科公司完成国家高新技术企业重新认定工作；获北京市企业科技研发机构认定和德勤—亦庄高科技、高成长企业 20 强第三名，申请发明专利 39 项（授权 13 项）、申请软件著作权 1 项、发表论文 15 篇。

北京中电科公司注册于 2003 年，时为中国电子科技集团和中国电子科技集团第 45 研究所控股的子公司，主营业务为集成电路专用设备、电子元器件设备和光电器件设备的设计、销售、安装调试、技术咨询、技术服务，晶圆颗粒生产加工服务，货物进出口、技术进出口、代理进出口。公司电子封装设备涵盖整个半导体后封装工艺线。具备减薄机、划片机、装片机、键合机、高密度倒装键合机等集成电路后封装关键设备的批量供货能力。2009 年，北京中电科公司被认定为国家高新技术企业。2014 年，被认定为国家火炬计划重点高新技术企业。公司形成了由系统集成技术、精密运动控制技术、精密光学和机器视觉技术、超精密零部件与结构设计技术、工艺物化和特种工艺技术等五大核心共性关键技术研究室体系，以及引线键合工艺实验室、机器视觉实验室、划片工艺实验室、减薄工艺实验室等专用实验室，为后封装设备的研发提供技术支持。通过了 GB/T 19001-2000 质量管理体系认证，拥有核心发明专利 30 余项，正在申请和公示的发明专利 70 余项。

（荀逸飞）

北京中电科电子装备有限公司

董事长 景 璀

总经理 姚立新

信维创科通信技术（北京）有限公司

信维创科通信技术（北京）有限公司（简称信维创科）2015 年营业收入 4.08 亿元，利润 6197 万元，职工总人数 242 人。公司是国家高新技术企业，先后通过了 ISO 9000、ISO 14001、OHSAS 18001 等国际标准认证。

信维创科隶属于深圳市信维通信股份有限公司（简称信维通信），前身是 2001 年 8 月在开发区成立的阿尔贡电信设备（北京）有限公司。该公司由瑞典阿尔贡移动通信公司投资兴建，专门从事手机天线设计与制造。2002 年 11 月，美国圣韵公司收购瑞典阿尔贡移动通信公司，公司更名为阿莫斯圣韵电信设备（北京）有限公司。2004 年，莱尔德公司收购了阿莫斯圣韵电信设备（北京）有限公司，公司于 2006 年更名为英资莱尔德无线通信技术（北京）有限公司。2010 年 11 月，信维通信成功登陆创业板（股票代码：300136）。2011 年 6 月，莱尔德集团宣布退出手机天线业务后，深圳市信维通信股份有限公司（简称信维通信）全资收购了英资莱尔德无线通信技术（北京）有限公司的产权。

信维通信致力于成为全球领先的射频技术、零部件供应商，产品包括天线、音射频、连接器、整机射频解决方案，应用领域包括消费电子、汽车、工业、军事和移动终端测试服务等。公司客户群包括微软、索尼移动、摩托罗拉、华为、

OPPO、RIM和其他北美国际知名品牌。信维通信的核心竞争力在于拥有雄厚的研发实力，领先的测试能力，优质的客户资源和卓越的运营管理，核心价值观是始终坚持以核心大客户需求为中心，通过优质的产品和周到的服务，从天线、连接器、射频隔离器件和音频等产品角度切入，维系和发展优质大客户。信维通信凭借其实力已在全球布局，除北京、上海、深圳，在美国、瑞典、韩国，以及中国台湾均设立分支机构，公司将以射频技术为核心不断发展。

（杜敏 王雷 刘静）

信维创科通信技术（北京）有限公司

董事长 彭 浩

执行副总裁 吴会林

北京东港嘉华安全信息技术有限公司

东港嘉华档案管理库房　　田艳军 摄

北京东港嘉华安全信息技术有限公司（简称东港嘉华）2015年收入1.07亿元，工业总产值1.2亿元，纳税653.74万元，职工人数126人。东港嘉华是由东港股份有限公司和欣泉有限公司共同投资，于2007年2月注册成立，投资总额2亿元，位于开发区经海四路139号，拥有超过3.3万平方米的综合研发生产大楼。公司主要业务范围涵盖开发、生产电子发票应用软件，为电商等企业和税务部门提供电子发票技术支持、技术服务、软硬件系统集成和档案存储、数字化加工。先后通过ISO 9001质量管理体系、ISO 14001环境管理体系、GB/T 28001职业健康安全管理体系、ISO 27001信息安全管理体系认证。公司拥有国家高新技术企业、北京市级科技研究开发机构、中关村高新技术企业、开发区企业创新中心等多项称号。

（韩士华）

北京东港嘉华安全信息技术有限公司

总经理 刘 宏

中科晶电信息材料（北京）股份有限公司

中科晶电信息材料（北京）股份有限公司（简称中科晶电）原名称中科晶电信息材料（北京）有限公司，2015年总资产5.45亿元，全年实现营业收入2.09亿元，缴纳税金956万元，拥有200余名员工。12月29日，完成股份制改制备案登记，整体变更为股份有限公司，注册资本由1595.74万美元变更为1.45亿元。被评为北京市专利试点企业、北京市高新技术企业成果转化示范企业、2015德勤—亦庄明日之星，获得各级政府补贴合计447.69万元。高品质微电子工业用砷化镓单晶片获北京市新技术新产品称号。

中科晶电是中外合资企业，成立于2004年，定位于高科技、高成长型砷化镓衬底材料综合供应商，服务于国内外各大半导体元器件用外延片和芯片制造商，旗下拥有4家子公司，分布在北京、江苏张家港、山西运城和香港地区，除北京地区的子公司是以蓝宝石衬底和图形化蓝宝石衬底产品为主营业务以外，其余3家外埠子公司均与北京总部一同承担集团砷化镓衬底产品的研发、生产和销售职能。中科晶电所研发的核心技术和经改良的关键设备已达国际先进、国内领先水平，获得国家发明专利与实用新型专利授权。公司通过了ISO 9001:2008、ISO/TS 16949:2009、俄罗斯GOST等管理体系认证，符合欧盟《RoHS指令》（2011/65/EU）和《REACH法规》（1907/2006/EC）要求的产品检测认证。光电子领域用砷化镓衬底片国内市场占有率自2008年起始终位列前茅。2011—2015年，累计销售2英寸~6英寸光电子和微电子领域用砷化镓衬底片1309万片（折算为2英寸砷化镓衬底片），营业收入合计超过14亿元，缴纳税金总计约5228.72万元。中科晶电是国家高新技术企业、中关村高新技术企业、国家火炬计划产业化示范项目认证企业、北京科技研究开发机构、中关村瞪羚重点培育企业、2012—2013年中关村信用培育双百工程一百家最具影响力信用企业、北京中关村企业信用促进会Azc+级信用单位、2013年度北京市诚信创建企业、北京市信用企业、北京市安全标准化二级企业。

（张元璋）

中科晶电信息材料（北京）股份有限公司

董事长 张　杰

北京太时芯光科技有限公司

北京太时芯光科技有限公司（简称太时芯光）2015年生产外延片20万片、芯片1000亿粒，销售额3262.91万元，纳税额36万元，员工165人，其中博士3人、硕士9人、本科35人。7月，太时芯光马鞍山厂的高亮度和超高亮度红黄光LED外延片和芯片月均产量达2万片。太时芯光成立于2008年7月，是北京市高新技术企业，企业注册资本3000万美元，产品以高亮度和超高亮度红黄光LED外延片和芯片为主。

（闫静）

北京太时芯光科技有限公司

董事长 沈光地

总经理 廉　鹏

北京中交兴路信息科技有限公司

北京中交兴路信息科技有限公司（简称中交兴路）2015年总资产7.68亿元，净资产1.77亿元，实现营业收入2.42亿元，纳税额22.97万元，净利润446.98万元，员工人数78人。11月，中交兴路被评为德勤—中关村高科技、高成长企业20强第二位、德勤—中国高科技、高成长企业50强第八位。12月初，中交兴路运营平台入网车辆数突破30万辆。该平台是国内首批通过交通运输部道路运输车辆卫星定位系统标准符合审查的企业监控平台，也是国内首家结合“车联网”“驾驶分析”“RFID”“客运管理”“物流管理”于一体的“车联网行业应用系统”。截至年底，由中交兴路提供技术支持的“全国道路货运车辆公共监管与服务平台”入网车辆突破250万辆。

中交兴路成立于2004年6月，注册资本5688.89万元，是商用车车联网领域的运营和服务商，致力于为中国1400万辆营运货车和其背后3000万名公路货运从业人员提供工作和生活的全方位服务。

在北京、重庆两地建有国家级车联网产业基地，拥有省级分支机构40余家，业务范围覆盖全国。中交兴路秉承“大平台、大数据、大服务”的发展战略，融合物联网、移动互联、智能交通、云计算、大数据、地理信息、位置服务等先进技术，整合货运产业链上下游资源，开发拓展包括货运大数据、定位、社交、运力、电商、金融在内的一系列业务，构建公路货运生态。公司已取得多项国家级、市级资质专业性认证，包含国家高新技术企业、中关村高新技术企业、互联网地图测绘甲级资质证书、全国增值电信业务经营许可证、电信与信息服务业经营许可证、道路运输经营许可证、信息安全等级保护三级证书、ISO 9001质量管理体系认证证书、北京市交通运输经营备案证、交通运输部合标系统平台认证等。

（张明星）

北京中交兴路信息科技有限公司

董事长 夏曙东

总 裁 曹二虎

北京云狐时代科技有限公司

北京云狐时代科技有限公司（简称云狐时代）2015年销售额5652.46万元，纳税额14万元，利润153.56万元，员工人数700人，其中北京300人、上海100人、沈阳300人。

云狐时代成立于2010年6月，是中国最大的互联网运动健康方案提供商；运动生态链由点点运动平台和点点智能运动、户外装备组成。旗下点点运动基于深度运动数据算法，是集运动健身、户外、健康测试于一体的互联网运动平台，倡导健康生活方式，以“工具＋内容＋服务”为核心，致力于打造“互联网＋全民运动”产业下的智能户外、智能运动、智能健康大数据服务平台，获得年度热门应用、最具创新价值APP等荣誉。总部位于开发区，在上海、深圳、杭州等城市，和美国、日本、韩国等国家设有分支机构，已通过ISO 9001、ISO 14001、HOSAS 18001认证。2014年，云狐时代进入全民运动领域，以“移动智能和户外运动”为出发点，聚焦于智能运动，推出3款六防运动手机。

（杜宇）

北京云狐时代科技有限公司

董事长 董德福

北京华兴长泰物联网技术研究院有限责任公司

北京华兴长泰物联网技术研究院有限责任公司（简称华兴长泰）2015年营业收入3100万元，员工85人，其中本科以上学历占85%。公司申请专利33项，已获授权23项，其中13项为发明专利，并拥有全部知识产权。6月，由市卫生计生委主办、华兴长泰协办的“物联网技术助力医改”院长研讨会召开。11月，华兴长泰被评为2015德勤—亦庄高科技、高成长企业50强和2015德勤—亦庄高科技、高成长20强明日之星。年内，公司完成了北京大学人民医院全手术室智能药品管控系统（软硬件）布局和北京大学国际医院全院智能药品管控系统（软硬件）布局。

华兴长泰由从事药品管理系统开发的海归、北京市海外高层次人才、博士王旻和国际欧亚科学院院士、原清华医学院常务副院长赵南明于2011年3月共同创办，是一家自主创新型高新技术企业，通过了国家级双软认证和ISO 9001质量体系认证。公司运用物联网技术，为中国医院落实用药安全、减少用药出错和智能便捷管控提供整体解决方案，是中国全手术室布局、医院全院布局的智能药品和耗材管控系统的供应商和服务商。华兴长泰拥有近30家三甲级医院用户，包括北京大学人民医院、北京大学国际医院、北京大学第一医院、首都医科大学宣武医院、首都医科大学佑安医院、北京友谊医院、解放军309医院、武汉协和医院、上海市普陀区中心医院、福建省武夷山市立医院等。

（康晓虹）

北京华兴长泰物联网技术研究院有限责任公司

董事长 王 旻

北京东械科技有限公司

北京东械科技有限公司（简称北京东械）2015年营业额6000万元。北京东械成立于2010年，是国家高新技术企业，是国内领先的基于工业4.0提供硬件设备和软件平台一体化解决方案的集成商，搭建实物管控与信息平台的桥梁，实现实物流与信息流的统一和融合。致力于高智能自动化设备研发制造和基于物联网的应用技术开发，已获授权发明专利15项，实用新型20余项，外观专利10项。自主开发的E-drawer软件平台可以实现智能制造全流程全数据的调度和管理，可以实现与ERP、MES等第三方软件的无缝接驳交互。软硬件一体的智能仓储和智能设备运行精度可以达到0.1毫米，自动称重计数可以达到1克，所有部件都可实现长达1000小时不间断烤机，设备达到一年以上极限负荷持续平稳运行。以制造业智能制造为主体方向，覆盖金融、医药、电力、图书档案、安保等多个行业。2012年全资子公司山西东械自动化科技有限公司成立，注册资金1050万元，承担生产任务。

（张超平）

北京东械科技有限公司

董事长 时桂强

国富通信息技术发展有限公司

国富通信息技术发展有限公司（简称国富通公司）2015年3月作为博鳌亚洲论坛2015年运维服务方，为论坛官方中英文网站提供技术支持、内容维护、英文翻译等工作，保障了两网安全运行。4月，在中国葡语国家经贸合作即双语人才平台上线发布会上，国富通公司承建的“构建一个平台、三个中心信息平台项目”上线。同月，公司中标北京电子商务中心区投资有限公司电子商务公共服务平台项目，负责为其提供新区电子商务公共服务平台的咨询规划、开发和测试服务，并负责系统软件的安装、调试、培训、技术支持工作。12月，由电子贸易产业技术创新战略联盟组织推荐国富通公司参与申报的4项新产品（服务），即“诚信农商网追溯服务”“港口货物信息核查服务”“商务举报投诉服务”“中药材流通追溯服务”全部获批北京市2015年第二批新技术新产品（服务）认定。

国富通公司成立于1998年，是中国国际电子商务有限公司的全资子公司。公司总部设在北京经济技术开发区，是专门从事IT服务、软件研发、系统集成的高新技术企业。公司以大型应用软件开发和服务为核心，集自主开发的行业软件和应用工具于一体，涵盖系统软件、支撑软件、行业应用软件等各个层次，形成以电子商务研发、物联网应用和移动互联网为核心的三大主营业务。公司旗下设立6家子公司和分支机构，专门从事电子支付、跨境物资交易、城市一卡通等专业化电子商务服务。获得ISO 9001:2000质量体系认证、CMMI ML3、计算机系统集成、涉密计算机信息系统集成等资质证书。

（杜海乐）

国富通信息技术发展有限公司

总经理 丁 强

北京泰豪智能科技有限公司

北京泰豪智能科技有限公司（简称北京泰豪）2015年营业收入13.5亿元，产值13亿元，总资产17亿元，利润2亿元，纳税额4980万元，员工人数529人。年内，北京泰豪加快智慧城市产业布局，寻求“互联网＋智慧城市”新路径。承担国家和省部级重点科技项目泰豪建筑电气节能管理系统、泰豪IBMS建筑电气节能系统技术项目成果转化、泰豪建筑机电设备全生命周期管理系统V1.0（THBEMS V1.0）、区域分布式建筑光伏系统集成技术研究与示范、新型智能采暖能耗分栋热计量与热分摊技术研发项目等。北京泰豪申报的智慧城市信息惠民运营服务平台、泰豪建筑机电设备全生命周期管理系统THBEMS V1.0、智慧城市节能减排综合监管与服务平台、智慧城市能源与环境监管服务平台4项新技术、新产品（服务）获得2015北京市新技术、新产品（服务）认定。

北京泰豪成立于1998年，是国内最早从事智能建筑和建筑节能产品的研发、生产，智能化工程设计、系统集成，技术顾问、咨询等服务的高新技术企业。公司主要业务覆盖智慧城市顶层规划，智慧能源、智慧园区、智慧机场、光伏电站和智慧水务等领域的投资、建设和运营，建筑节能产品的研发生产等，已在全国25个省市设立分支机构。北京泰豪拥有住房城乡建设部建筑智能化工程专业承包、设计、安全技术防范、信息系统集成和服务等一级专项资质，并通过ISO 9001质量管理等体系认证。已承接包括故宫博物院、国家博物馆、上海世博中心、国家会议中心、深圳机场T3航站楼等上千项建筑智能化重大工程，获“智能建筑行业十大品牌企业”“优秀智慧城市解决方案供应商”“节能中国先进单位”等多项荣誉。

（马益荣 毛东颖）

北京泰豪智能科技有限公司

董事长 李春生

总经理 邹卫明

冠捷显示科技（中国）有限公司

冠捷显示科技（中国）有限公司（简称冠捷显示科技）2015年销售额51亿元，纳税额8787万元，利润1.13亿元，员工人数2106人。全球电脑显示器市场占有率37.8%；液晶电视出货量同比增长41%，全球市场占有率7.9%。冠捷显示科技（中国）有限公司于2010年在开发区投资建设新厂，新建4条生产线，年产能达液晶显示器600万台、液晶电视200万台，年营业额达40亿元以上。产品线由液晶显示器扩展到智能数字电视、3D电视电脑一体机等高端数字显示领域。

冠捷显示科技的母公司冠捷科技有限公司（简称冠捷科技）保持2006年以来全球最大电脑显示器制造商地位，2011年成为全球第四大液晶电视制造商，也是全球前五大制造商中唯一一家原设计厂商。冠捷科技集团拥有十二大制造基地、七大销售中心和三大研发中心，形成全球3631个售后服务网络与销售中心。其中，海外制造基地分别位于巴西的玛瑙斯与圣保罗、波兰的戈茹夫、墨西哥的蒂华纳、俄罗斯的圣彼得堡等。七大销售中心分别位于中国大陆、美国、巴西、德国、荷兰、印度、日本。三大研发中心则分别位于印度、中国台北、厦门。自有品牌 AOC/Envision 在全球销售 30 多年，产品分销至全球逾 130 个国家、地区并持续增长。截至年底，冠捷科技集团在亚太地区 18 个国家拥有 38 个服务中心，欧盟 45 个国家建有 63 个服务中心，北美 3 个国家设有 51 服务网络，中南美洲控制着 23 个国家 139 个售后服务中心。冠捷显示科技通过产品创意、模式创新、流程再造、成本结构、价值提升、形象工程等六大核心战略指导工作，按照新型工业化的要求构建显示技术产业新体系，塑造一个全球化的华人显示品牌。2005 年，冠捷科技集团与荷兰皇家菲利浦电子公司（简称飞利浦）在电脑和电视业务方面建立合作，并购飞利浦显示器及部分电视制造业务。2012 年，与飞利浦电视业务的合资企业 TPVISION。通过长期持股奇美电子面板供应商，获得富有弹性的面板资源，为拓展海外市场奠定基础。

（林为民）

冠捷显示科技（中国）有限公司

董事长 谢继琮

总经理 吴光发

汽车制造

北京奔驰首辆国产 GLA SUV 下线

4 月 8 日，首辆国产梅赛德斯 - 奔驰 GLA SUV 在北京奔驰汽车有限公司下线，同时也拉开了北京奔驰 NGCC 工厂正式投产的序幕。由此，北京奔驰成为戴姆勒全球唯一拥有前驱车平台、后驱车平台和动力系统平台的合资企业。

北京奔驰首辆国产 GLA SUV 正式下线　　岳政 摄

（壬酉）

采埃孚北京 X156 车桥和 X253 车桥量产

4 月 14 日，采埃孚汽车底盘系统（北京）有限公司为北京奔驰汽车有限公司 GLA 级车型配套的 X156 车桥产品实现量产。采埃孚北京为戴姆勒新车型——奔驰 GLA 车型组装前桥角模块和完整的后桥，平均年产量预计为 6.1 万台。10 月 20 日，采埃孚北京为北京奔驰 GLC 级车型配套的 X253 车桥实现量产，为此款戴姆勒新车型组装完整的前桥和后桥。

（张硕 赵子乾）

北京奔驰首辆国产标准轴距 C 级车下线

北京奔驰首辆国产标准轴距 C 级车下线　　岳政 摄

4 月 24 日，北京奔驰汽车有限公司在 MRA Ⅰ总装车间举行首辆国产标准轴距梅赛德斯 - 奔驰 C 级轿车下线仪式，标志着北京奔驰 MRA Ⅰ综合改造项目第一阶段目标全面完成和北京奔驰首次实现同一车型、不同轴距的混线生产。

（壬酉）

中航天宇通航国际总部基地项目入区

7月13日，开发区管委会与中国天宇国际投资有限公司签署入区协议，建设亦庄通航国际总部基地项目。项目的主营业务以通航服务贸易、通航大数据库、通航指挥管理中心、通航技术服务和研发、通航国际企业总部等为核心产业。该项目总投资10亿元，占地2.86公顷，项目达产后，预计实现年营业收入15.59亿元，年缴纳税收1.87亿元。

（宋昱瑾）

北京奔驰举行成立十周年活动

8月24日，以“筑梦十年，驰向巅峰”为主题的北京奔驰汽车有限公司成立十周年纪念活动举行。相比成立初期，北京奔驰厂区面积扩大1.5倍；在职员工人数扩大3倍；当年产量增加近6倍，工业总产值增加近8倍，实现高速增长，并发展成为推动北汽集团实现自身战略发展目标的主力军。

（壬酉）

北京奔驰新员工导师制项目启动

9月9日，北京奔驰汽车有限公司举行新任经理暨新员工导师制项目启动仪式。该项目旨在提升公司新任经理的管理水平和领导能力，加快培养一大批既能干事业又善于带队伍的管理人才，满足公司战略发展对管理层能力建设的要求。以导师制为载体的人才培训新模式，是北京奔驰创新人才培养方式，拓展“人才蓝海”空间的重大突破。

（壬酉）

北京奔驰首辆国产GLC SUV下线

10月29日，北京奔驰汽车有限公司首辆国产梅赛德斯－奔驰GLC SUV正式下线，北京奔驰MRA II工厂投产。

（壬酉）

北京奔驰举办“同一质量”路演活动

11月17日，戴姆勒“同一质量”路演活动在北京奔驰汽车有限公司启动。使员工增强对“百年品牌”和“星徽文化”内涵和戴姆勒质量文化的理解，为不断提升工作质量、产品质量和服务质量打下基础。

（壬酉）

采埃孚北京产能实现60台车桥每小时

采埃孚北京产能实现60台车桥每小时　　单位提供

12月18日，采埃孚汽车底盘系统（北京）有限公司通过北京奔驰的产能审核，公司实现60台车桥每小时的整体产能，并成为采埃孚集团内底盘系统生产位居前列的工厂。公司自2014年底开始逐渐提升生产线的产能。2014年10月前，采埃孚北京的产能是40台车桥每小时，平均工位生产时间77秒，在整个采埃孚底盘技术工厂中属于中上水平。随着北京奔驰的全面提产，采埃孚北京对生产线进行改造，重新分配瓶颈工位的操作内容，并根据人机工程学原理，优化各个工位的工作环境。2014 年 10 月，实现 50 台车桥每小时的产能，平均工位生产时间达到 63 秒。在改造生产线的同时，对物料的上料方式进行同步改进。从原始的线边物料上料，到三种物料上料方式的结合使用（线边 +Milk Run+ 预备料），大幅提升物料切换的速率。2015 年国庆期间，再次对生产线进行改造，最终实现 60 台车桥每小时的生产效率，平均工位时间 53 秒。

（赵子乾）

北京奔驰年产突破 25 万辆

北京奔驰年产突破 25 万辆　岳政 摄

12 月 29 日，在新竣工的 MRA II 工厂总装车间，北京奔驰汽车有限公司 2015 年生产的第 25 万辆车驶下完成线，北京奔驰年产量成功突破 25 万辆，综合实力迈上了新的台阶。

（壬酉）

康明斯排放第十万台尿素泵下线

12 月，康明斯排放处理系统（中国）有限公司在中国年度第十万台尿素泵产品下线。2009 年，尿素喷射系统被康明斯确定为战略性产品，并将其列为高优先级开发项目。2010 年，康明斯排放组建一支多领域的设计专家团队，并开启项目研发计划。2011 年 10 月建成的年产能 33 万台的 UA2 尿素泵柔性装配生产线，在当年即获得康明斯 2011 年度的健康与安全最佳实践奖。在过去的四年中，这条基于精益理念和防错技术设计的生产线运行可靠、质量可控，保证了 100% 的按时交付率，在 2014 年获得康明斯总裁质量奖。

（赵超越）

汽车制造企业（部分）

北京奔驰汽车有限公司

北京奔驰汽车有限公司（简称北京奔驰）2015 年销量突破 25 万辆，同比增长 72%，约占梅赛德斯—奔驰品牌在中国总销量的 2/3。

年内，北京奔驰实现了 GLA SUV、标准轴距 C 级车、GLC SUV 三款全新车型和 M270 发动机投产，NGCC、MRA II 两座工厂的投产，成为戴姆勒全球唯一同时拥有前驱车、后驱车和动力系统三大平台的合资企业。为实现企业的可持续发展，北京奔驰注重质量管理和人才培养，启动戴姆勒“同一质量”路演活动与新任经理暨新员工导师制项目。公司获得北京影响力“最具影响力企业”奖项、“首都文明单位标兵”称号。北京奔驰团队代表中国参加 2015 年世界叉车锦标赛并获得第三名。

（周泉）

北京奔驰汽车有限公司

总裁兼首席执行官　夏博韬

党委书记兼高级执行副总裁　陈宏良

采埃孚汽车底盘系统（北京）有限公司

采埃孚汽车底盘系统（北京）有限公司（简称采埃孚北京）2015 年营业收入 39.6 亿元，员工人数 435 人，为北京奔驰汽车有限公司组装C级、E级、GLA级和GLC级车桥，平均年产量达26万件。5月31日，采埃孚北京举办采埃孚百年庆典和首个家庭日活动。公司成立于2012年9月，是采埃孚集团下属的独资公司，位于开发区兴海一街一号，主要业务是汽车底盘零配件的进口和提供、汽车底盘零配件和汽车车桥系统的装配，以及销售和交付自产产品。

采埃孚北京欢庆百年庆典举办家庭日　单位提供

（陈明月）

采埃孚汽车底盘系统（北京）有限公司

董事长　Benjamin Roos

总经理　Thinus Steyn

北京北汽李尔汽车系统有限公司

北京北汽李尔汽车系统有限公司（简称北汽李尔）2015年销售收入14.66亿元，纳税总额1.6亿元，职工人数597人。年内，奔驰W205座椅项目和X253座椅项目陆续量产；AGV智能上料系统启用。公司通过高新技术企业申请，并获得李尔中国区座椅事业部2015年第三季度最佳持续改善工厂称号。举办以“有爱、有家、有北汽李尔”为主题的家庭日活动，邀请获得优秀员工称号且有4年以上工龄的100多名员工和70多名员工家属参加活动。

北汽李尔主营业务为汽车座椅的组装生产，具备年产10万套高端汽车座椅的产能。公司生产工艺和质量控制体系完全引进德国李尔相同的座椅制造体系，关键测量设备直接由德国进口，并通过ISO/TS 16949/ISO 14001认证。

（贾燕）

北京北汽李尔汽车系统有限公司

董事长　许小江

总经理　孙　琦

康明斯排放处理系统（中国）有限公司

康明斯排放处理系统（中国）有限公司（简称康明斯排放）2015年产能达40万套。12月，康明斯排放在华年产第十万台尿素泵下线。年内，公司获福田汽车2015年度优秀供应商“科技创新奖”。

康明斯排放成立于2008年6月，2009年9月批量生产，为轻型、中型、重型和大马力的商用车发动机开发和生产各种排放解决方案与系统产品。康明斯排放可生产与集成氧化催化器、壁流式和半壁流式颗粒过滤器、选择性催化还原器等排放控制系统，碳氢喷射系统、尿素喷射系统、发动机与后处理控制模块、超低排放系统分解反应器等核心后处理子系统，为中国和全球客户提供完备的后处理排放控制系统集成解决方案。针对特定市场，康明斯排放还开发出EcoFitTM系列后处理产品，可适应不同市场的应用和需求，实现高效、兼容。康明斯排放后处理产品可应用于从2.8~9.5升的各种发动机平台，可装配在汽车、工程机械、船机、火车和发电机组上。客户除康明斯排放自身事业部外，还包括福田、一汽、东风、宇通、金龙等众多国内外知名企业。康明斯排放开发生产欧四、欧五、欧六、国四、国五、京五和特京五，及以上排放标准的排放处理系统，是集排放处理系统产品开发、生产和销售为一体的在华独资企业。2009年9月第一台后处理产品下线，2013年11月历史10万台后处理产品下线，2014年年度10万台后处理产品下线，获得福田汽车“同步开发优秀供应商”“科技创新贡献奖”“优秀供应商”和日野汽车“最优秀供应商”等表彰。

（赵超越）

康明斯排放处理系统（中国）有限公司

总经理 苟 明

北京德尔福万源发动机管理系统有限公司

北京德尔福万源发动机管理系统有限公司（简称德尔福万源）2015年销售收入26亿元。公司拥有20余条生产线，国产化项目产品主要为电喷系统零部件，包括喷油系统、燃油输送系统、供气调节系统、传感器类、排放检测传感器、点火线圈等，均能满足世界公认的排放法规标准。ITMS-6F、MT20、MT20U、MT20U2、MT22U、MT34、MT60、MT80、MT22.1等系列产品不断推出，德尔福万源已成为国内汽车市场发动机管理系统的第二大供应商，市场占有率10%。

德尔福万源是由美国德尔福公司与中国运载火箭技术研究院共同投资组建的合资企业，于2000年投产，主要开发和生产汽车发动机管理系统（电子燃油喷射系统）。2012年11月，德尔福万源从同济北路的老厂址迁入位于开发区博兴路19号的新厂址。新厂总投资达3.6亿元，占地面积近3万平方米，建有生产基地和研发中心，主要从事汽车发动机电子控制系统的生产和发动机管理系统和变速箱控制系统的研发，搬入新厂址后，增加供给北京奔驰和中国大众的两条新的点火线圈生产线。

（邢贵中 刘蜀燕）

北京德尔福万源发动机管理系统有限公司

董事长 韩树旺

总经理 王 晖

北京中瑞蓝科电动汽车技术有限公司

北京中瑞蓝科电动汽车技术有限公司（简称中瑞蓝科）是全球唯一电池产业链垂直整合的实联长宜中国控股有限公司的绝对控股子公司，是一家专注于纯电驱动新能源汽车动力电源总成、电驱动总成、智能化整车控制总成和关键零部件的开发商、制造商、技术服务商。中瑞蓝科起步于2003年在欧洲荷兰建立的电动汽车实验室，研发纯电驱动汽车动力电源系统、驱动电机系统和整车控制系统三大技术，形成以荷兰DURACAR新能源汽车科技公司为重点的海外研发基地，以北京中瑞蓝科中央研究院为核心的科技研发基地，以动力电源工厂、电子工厂、电机工厂为基础的核心产品制造基地，以北京中恒瑞弛科技有限公司、北京中瑞北方商用车有限公司为主体的专业制造基地。以江苏尼欧凯汽车有限公司、江苏海安电动汽车和三电总成批量制造工厂为新能源汽车产业基地。

（张莉）

北京中瑞蓝科电动汽车技术有限公司

董事长 林伯实

生物医药

信息菌素产业化项目入区

3月，畿科联生物技术研究（北京）

有限责任公司与北京亦庄国际投资发展有限公司共同成立北京亦科信息菌素研究院有限公司，注册于亦庄生物医药园，作为全球唯一的信息菌素研究院和专利池运营主体，建设信息菌素产业化项目。该项目总投资5亿元，预计2019年销售收入不低于5亿元，年税收不低于5000万元。项目方借助首届信息菌素国际研讨会的契机与国内外多方资源建立联系，寻求广泛合作，将在开发区进行信息菌素类新型兽药的研发和产业化，并建设信息菌素研究院、专利池，完成学科建立、专项基金组建业务，从事信息菌素药物的研发和生产。

（牛旭辉）

赛升药业在创业板上市

赛升药业上市庆典活动现场　　徐莎莎 摄

6月26日，北京赛升药业股份有限公司在深圳证券交易所创业板挂牌交易，股票代码300485，注册资金由原9000万元增至1.2亿元。

（宋梦薇）

悦康集团与宣武医院达成战略合作

7月15日，悦康药业集团有限公司与首都医科大学宣武医院战略合作关系签约仪式在宣武医院举行。首都医科大学宣武医院在神经科学和老年医学领域拥有权威地位，作为承担医疗、教育、科研、预防、保健和康复任务的大型公立医院，肩负着重要的社会责任。双方建立战略合作关系是积极响应国务院关于建立政产学研用体系，推动首都转化医学中心建立的要求，整合科研和产业优势，加强在医学科技成果转化与产业化方面的交流与合作，共同推动以市场为导向的成果转化模式，促进科研与产业的深度融合，提高医学成果转化效率与质量。

（何钺）

智飞绿竹生物承担的市科委课题通过验收

7月24日，北京智飞绿竹生物制药有限公司承担的市科委创新品种临床前研究专项课题的A、C、Y、W_{135}群脑膜炎球菌-b型流感嗜血杆菌多糖结合疫苗的临床前研究项目通过答辩并实现验收，获得北京市科委的课题完成确认书。该课题启动于2013年，获得120万元资金支持，旨在研发A、C、Y、W_{135}群脑膜炎球菌-b型流感嗜血杆菌多糖结合疫苗，完成临床前研究并申报临床。

（李楠楠）

凯因科技引进礼来战略合作伙伴

7月，北京凯因科技股份有限公司引进战略合作伙伴——礼来亚洲基金（Lilly Asia Ventures）。礼来亚洲基金（Lilly Asia Ventures）对凯因科技实施战略投资，为凯因科技发展提供资金支持，带来市场经验和行业资源。

（熊凤涛）

安诺优达举办中国优生科学西部行培训

8月，安诺优达基因科技（北京）有限公司携手中国优生科学协会在成都举办2015中国优生科学西部行·成都站培训班，来自产前诊断、遗传学、妇产科学、基因组学等临床与基础研究领域的专家们围绕“预防出生缺陷、践行优生优育”的主题，从 NIPT 的临床应用规范、双胎的诊断和处理原则、高通量测序技术在生育健康领域中的应用等多方面作学术报告。

（肖飞）

艾德摩举办圆桌学术研讨会

8 月，北京艾德摩生物技术有限公司举办以“人源化模式动物与精准医疗”为主题的学术研讨会。患者来源的肿瘤异种移植 PDX 模型（patient derived xenograft model）是一种体内模型，主要是将病人的新鲜肿瘤组织简单处理后移植到免疫缺陷小鼠上，依靠小鼠提供的环境生长，保留原代肿瘤微环境和基本特性。这种模型能帮助科学家更好地研究肿瘤异质性和遗传复杂性，更深入探究肿瘤发生机制和发现潜在治疗靶点，同时通过观察建立表型、药物应答和药物抵抗机制之间的关联。来自各科研院所、医院、企业和学校的研究肿瘤、毒理的科研人员百余人参与此次圆桌会议。

（潘雯娜）

义翘神州承办国际青年生命科学家论坛

首届国际青年生命科学家亦庄论坛召开　　边金烨 摄

9 月 11 日—13 日，由开发区管委会主办、北京义翘神州生物技术有限公司承办，中国科学技术交流中心和国家外专局等单位支持的首届国际青年生命科学家亦庄论坛在开发区召开。会议内容涵盖癌症、再生医学、生物医药研发，以及结构生物学等热点学科。嘉宾由数 10 名青年“千人计划”入选者组成，开展 50 场学术报告，200 多篇论文展示交流。来自中、美、日、韩、西班牙的知名专家学者，30 多名青年“千人计划”入选者和各研究领域的青年杰出代表共 300 余人出席会议。

（李燕星）

行有恒产业基地项目开工建设

9 月 30 日，由北京行有恒医药有限公司投资 1.5 亿元建设的医药物联网数据协同运营基地项目，取得开工许可证，并启动建设。项目包括特需药品和器械的调配、医院药房托管平台系统研发。项目位于河西区 X27F3 地块，占地面积 0.85 万平方米。项目达产后预计产值 3.1 亿元，实现税收 2900 万元。

（刘青）

艾德摩参加 CSCO 学术年会

9 月，北京艾德摩生物技术有限公司参加第十八届全国临床肿瘤学大会暨 2015 年 CSCO 学术年会。艾德摩作为全场唯一一家以人源化动物模型为主打内容的企业，为各位专家详细介绍了人源化动物模型与精准医疗、精准医疗创新合作模式等内容。艾德摩通过现场讲解与深入交流，和各位临床专家建立全面合作，共同为患者提供精准医疗服务。

（潘雯娜）

泰德健康产业园项目开工建设

10 月 29 日，由北京泰德制药股份有限公司投资 13 亿元建设的泰德健康产业园项目，取得开工许可证，并动工建设。项目占地约 8.2 万平方米，主要用于研发、生产氟比洛芬贴剂、鱼油软胶囊、透明酸质胶囊、玉米肽薄膜包衣片、姜黄素口服液等药品和保健品。

（刘青）

安诺优达举办乳癌公益项目启动会

安诺优达举办让健康远离乳癌公益项目启动会 赵春霖 摄

10月，由安诺优达基因科技（北京）有限公司和中国健康促进基金会发起的“乳腺癌高风险人群基因筛查课题”阶段专家交流会暨“让健康远离乳癌”公益项目启动仪式举行。“乳腺癌高风险人群基因筛查课题”组织单位中国健康促进基金会，牵头单位第三军医大学西南医院，技术单位安诺优达和40多家应用研究中心一起召开阶段成果交流会。为更好地推动乳腺癌基因筛查从临床走向大众，帮助更多人从中受益，“让健康远离乳癌”公益项目启动仪式上发布向家族性乳腺癌患者免费提供乳腺癌BRCA1/2基因检测的公益方案。

（肖飞）

智飞绿竹生物盟威克®出口印度尼西亚

11月18日，北京智飞绿竹生物制药有限公司产品A、C、Y、W_{135}群脑膜炎球菌多糖疫苗（盟威克®）通过清真验厂，获得印度尼西亚穆斯林协会（MajelisUlama Indonesia，MUI）颁发的清真证书（HALAL CERTIFICATE），有效期两年，这是继2013年后第二次获得清真证书。12月16日，盟威克®向印尼首次出口，加速了该产品国际化的进程。

（李楠楠）

悦康集团与日本化学药品株式会社合作

12月8日，悦康药业集团有限公司董事长于伟仕一行赴日本化学药品株式会社本部参观并签署销售合作协议。悦康集团董事长于伟仕、国际事业部副总滕秀梅，日本化学株式会社社长山口一城、董事安本昌秀，日本化学北京事务所所长山本雅夫等领导出席签约仪式。2014年，悦康集团与日本化学药品株式会社确立合作关系，双方建立了包含品种开发、项目合作、市场拓展等业务在内的多方位合作关系，最终明确具体合作销售协议。

（何铖）

悦康集团与沈阳药科大学共建海外基地

12月25日，悦康药业集团有限公司与沈阳药科大学举行校企合作座谈会，悦康集团总裁于圣臣与沈阳药科大学副校长程卯生共同签署“沈阳药科大学与悦康药业（美国）公司共建专业学位研究生实践教育海外基地的合作协议”。该基地是悦康集团首个海外实践基地，为企业推进国际化进程、学校提高专业人才培养水平提供平台。

（何铖）

艾德摩获108度资本2000万元投资

12月，108度资本团队联合才金资本等投资机构在亦庄生物医药园为北京艾德摩生物技术有限公司完成2000万元A轮融资。艾德摩将融资主要用于利用人源性肿瘤组织异种移植模型建立精准医疗平台，拓展合作医院和肿瘤类型、建立合适的模型用于药物筛选和评价等。

（肖雅娟）

安诺优达与高校建立校企合作联盟

年内，安诺优达基因科技（北京）有限公司先后与北京理工大学、中国海洋大学等高校举行校企合作授牌仪式。通过建立校企合作关系，为学生搭建就业平台，提升学生实践能力，实现校企双赢。

（肖飞）

赛升药业设立并购基金

年内，北京赛升药业股份有限公司与北京亦庄国际投资发展有限公司、北京亦庄生物医药园合作发起设立北京亦庄生物医药产业并购基金。基金规模 8 亿元，赛升药业占比 26.25%。经过甄选，并购基金通过市经济信息化委和财政局的专家审评，入选北京高精尖产业发展基金首批 11 只合作基金之一。并购基金将围绕公司战略发展方向组织投资，主要投资于新一代生物医药行业，并聚焦于生物大分子技术、即将或已产业化的生物药物、细胞工程技术、基因调控制剂、再生医学材料等相关领域。并购基金由上市公司直接参与并购项目全程管理，探索行业资源配置新方式，开创北京生物医药产业并购的新模式。

（王雪锋）

生物医药企业（部分）

拜耳医药保健有限公司

拜耳医药保健有限公司（简称拜耳医药保健）2015 年主营业务收入 142 亿元，工业总产值 131 亿元，在中国有超过 7000 名员工。随着中国成为世界上增长最快的市场之一，拜耳医药保健也逐步加大在这里的投入。年内，大中华区（中国大陆、香港和台湾地区）成为拜耳在亚洲最大的单一市场，拜耳医药保健在大中华区销售额超过 45 亿欧元。截至年底，拜耳医药保健与卫生计生委会合作开展的走进西部项目，在全国 26 个省份完成 192 期培训，培养卫生人才 2.7 万余人次。

拜耳医药保健于 1995 年 8 月 25 日在开发区注册成立，是一家世界级创新型企业，核心能力集中在医药保健领域。拜耳医药保健为创新产品和解决方案研发新分子，通过预防、缓解和治疗疾病，以改善人类健康、提升人类的生活品质。拜耳医药保健在大中华区的主要业务部门包括：拜耳处方药、保健消费品、动物保健。拜耳医药保健处方药业务遍及 260 多个城市，处方药事业部专注于心脏病学、肿瘤学、妇科学、血液学和眼科学等治疗领域，在中国的总部位于北京，在北京、广州、成都、和江苏设有工厂。

1995—1997 年，拜耳医药保健在北京兴建了一座药品生产与包装工厂，用于制造固体和半固体产品。为满足中国市场日益增长的需求，公司扩建北京生产基地，大规模提升工厂产能，并装配具有领先技术水平的生产设备，包括在中国甚至整个亚太地区最为快速的包装生产线。2011 年，北京工厂获得市食品药品监管局颁发的 GMP 证书，成为北京市第一家获此证书的制药企业。为满足中国市场对拜耳产品日益增长的更高需求，拜耳医药保健投资 1 亿欧元，用于大规模提升北京工厂生产能力。这项产能扩充计划旨在保证高质量产品的稳定供应，以满足中国患者对治疗心血管疾病和糖尿病的拜耳处方药产品的需求。该扩建项目包括用于全自动物料处理的提升型物流后勤区域、分析实验室，以及高速包装生产线。这项投资也使北京工厂成为拜耳医药保健全球最大的处方药包装基地。

（董巧玲）

拜耳医药保健有限公司

总裁 江 维

悦康药业集团有限公司

悦康集团三期包装纸盒生产线　　田艳军 摄

悦康药业集团有限公司（简称悦康集团）2015 年主营业务收入 48.28 亿元，拥有员工 2600 人，其中科研人员 200 余人。年内，悦康集团广州药厂通过日本 JGMP 认证。并购美国阿特维斯集团旗下洛杉矶制药厂，成为中国化学制药企业收购美国制药厂的首例。

悦康集团是一家集新药研发、药品制造、流通销售、国际贸易于一体的医药企业集团，是北京市级科研机构、企业技术中心、工程实验室。在中国内地建立从医药原料到制剂生产的全产业链医药工业体系。2011 年，通过欧盟 GMP 认证。2013 年，在美国设立研发中心进行 ANDA 申报。2014 年，悦康集团位列工业和信息化部“中国制药工业百强”第四十位，被评为“中国医药研发产品线最佳工业企业”“中国医药工业制剂国际化先导企业”和“医药高端制剂北京市科技国际合作基地”。

（何铖）

悦康药业集团有限公司

董事长 于伟仕

总 裁 于圣臣

北京泰德制药股份有限公司

北京泰德制药股份有限公司（简称泰德制药）2015 年拥有员工 2280 人，销售收入 26.50 亿元，净利润 7.85 亿元。泰德制药主导产品前列地尔注射液（凯时®）全年销售收入 12.70 亿元，氟比洛芬酯注射液（凯纷®）全年销售收入 9.65 亿元。1 月，泰德制药巴布膏剂生产线通过 2010 版 GMP 复审。3 月，泰德制药位于开发区路东区的健康产业园项目奠基。4 月，泰德制药获评“2014 年度中国医药制造业百强企业”“2014 年度中国医药成长 50 强企业”，公司总裁孔泰获评“2014 年度中国医药行业十大新锐人物”。6 月，泰德制药“凯时”获评北京市著名商标。7 月，泰德制药获得由工业和信息化部颁发的 2014 年度中国医药工业百强企业、中国财经峰会颁发的 2015 最佳品牌形象奖等荣誉。10 月，泰德制药与台湾友霖生技医药股份有限公司合作的“用于治疗阿尔茨海默病性痴呆症贴片的技术转让与合作”项目获京台科技论坛卓越项目奖。11 月，泰德制药获评“2015 年中国化学制药行业工业企业综合实力百强”，泰德制药主导产品前列地尔注射液（凯时®）获评“2015 年中国化学制药行业其他心脑血管类优秀产品品牌”。泰德制药被评为“2015 中国年度最佳雇主北京地区 30 强”。

（贾琳）

北京泰德制药股份有限公司

董事长 郑翔玲

总 裁 孔 泰

北京同仁堂科技发展集团

北京同仁堂科技发展集团（简称同仁堂科技集团）2015 年营业收入 29.2 亿元，利润 5.2 亿元，纳税额 3.7 亿元，员工人数 2117 人，各重点经济指标继续保持两位数增长。同仁堂科技集团开展“国药同仁堂·助力中国梦”“中医药文化进校园”文化营销活动，先后在 69 个城市开展 1200 场终端买赠活动。年内，产品西黄丸销售量与 2014 年相比实现翻番，阿胶系列产品销售同比增长 160.2%，研发 1 个六类新药（金蓝颗粒）与两个经典颗粒（厚朴七物汤、桃红四物汤）。同仁堂科技集团被评为“北京市诚信创建企业”。子公司完成原成都龙泉高科天然药业有限公司收购工作，完成 29 款日化产品、贴剂类、保健食品茶类、同仁老酒等新产品的研发上市。

同仁堂科技集团作为北京同仁堂集团旗下的六大二级集团之一，是一家集产、供、销为一体的现代化中药企业。公司于 2003 年通过 ISO 9001 质量体系认证，所有生产车间均按照 GMP 标准设计、改造和运行，所有生产线均通过国家 GMP 认证，其中通过澳大利亚 TGA 认证的生产线 8 条、通过日本厚生省认证的生产线 1 条。产品涉及 20 多个剂型，200 多个品种。

（刘欣 刘慧）

北京同仁堂科技发展集团

董事长 梅 群

总经理 高振坤

舒泰神（北京）生物制药股份有限公司

舒泰神高效液相分析室　　单位提供

舒泰神（北京）生物制药股份有限公司（简称舒泰神）2015 年营业收入 12.48 亿元，同比增长 14.17%；营业利润 2.38 亿元，同比增长 16.89%；归属于上市公司股东的净利润 2.11 亿元，同比增长 8.09%；研发投入 5609.55 万元，占归属于上市公司股东的净利润的 26.58%，占营业收入的 4.5%。拥有员工 721 人，其中本科以上学历 366 人，占总人数的 50.76%。主要产品苏肽生和舒泰清的销售量同比分别增长 16.39% 和 18.86%。公司和子公司 2015 年共获得授权 5 项国家发明专利、4 项国际发明专利，申请 9 项国内发明专利；申请国内商标 24 项、国际商标 4 项，新增国际注册商标 6 项。5 月，舒泰神在香港成立全资子公司舒泰神香港投资有限公司（Staidson Hongkong Investment Company Ltd.），获得 2015 年诚信长城杯企业称号。6 月，获得中国医药十大人力资源特色案例称号。9 月，以增资方式收购北京德丰瑞生物技术有限公司（增资后持有其 60% 股份）。12 月，完成药品生产许可证换证复审，获得开发区科技创新发展专项资金支持，获得中关村技术创新能力建设专项资金支持。

舒泰神于 2002 年 8 月 16 日成立，

是以研发、生产和销售生物制品为主的制药企业。公司主要产品为苏肽生（注射用鼠神经生长因子）和舒泰清（复方聚乙二醇电解质散（Ⅳ））。其中，苏肽生是国家一类新药，具有促进神经损伤恢复的作用，用于治疗视神经损伤；舒泰清主要用于清肠和治疗便秘。2008 年 12 月，公司被认定为北京市高新技术企业，2014 年 12 月通过重新认定。2009 年 12 月，被科技部、北京市政府和中国科学院联合认定为中关村国家自主创新示范区创新性企业，承担多项国家级、市级科技创新和产业化项目；多项课题入围国家重大新药创制项目并获得滚动支持。产品被认定为国家火炬计划产品、北京市高新技术成果转化项目、国家生物医药高技术产业化示范工程项目和北京市自主创新产品，获得北京市科学技术奖三等奖。

（吴文雅）

舒泰神（北京）生物制药股份有限公司

董事长　周志文

总经理　张荣秦

北京赛升药业股份有限公司

北京赛升药业股份有限公司（简称赛升药业）和子公司 2015 年销售收入 6.07 亿元，净利润 2.09 亿元，扣除非经常性损益净利润 2.08 亿元。销售收入和净利润同比分别增长 2.93% 和 3.31%。缴纳企业所得税 3513.35 万元，员工人数 396 人。取得发明专利授权 1 项，实用新型专利授权 1 项。赛升药业在开发区河西区的医药生产基地正式开工建设。赛升药业核心产品薄芝糖肽注射液销售收入 1.22 亿元，脱氧核苷酸钠销售收入 1.87 亿元，GM-1 销售收入 1.53 亿元，纤溶酶注射剂销售收入 8796.69 万元，注射用胸腺肽销售收入 1431.58 万元，其他产品销售收入 3235.06 万元。主要核心产品的销售收入占比 97.61%。6 月 26 日，赛升药业在深圳证券交易所创业板上市，注册资金 1.2 亿元。与北京亦庄国际投资发展有限公司、北京亦庄生物医药园合作发起设立北京亦庄生物医药产业并购基金，并入选北京高精尖产业发展基金首批合作基金。年内，赛升药业被评为 2014—2015 年度中关村信用培育双百工程“百家最具影响力信用企业”、2015 年度“首都文明单位”，入选 2015 德勤—亦庄高科技、高成长企业 20 强。

赛升药业原名北京赛生药业有限公司，成立于 1999 年 5 月，于 2011 年 7 月 28 日整体变更为股份制企业，是一家专注于生物化学医药产品研发、生产和销售的高新技术企业，产品涉及心脑血管、免疫调节（抗肿瘤）和神经损伤三大医疗领域药品，包括活性蛋白、活性蛋白酶、活性多肽、活性多糖、两性脂类等生物大分子。

（梁冬娜）

北京赛升药业股份有限公司

董事长兼总经理　马　骉

北京利德曼生化股份有限公司

北京利德曼生化股份有限公司（简称利德曼）2015 年营业收入 6.82 亿元，同比增长 26.95%；利润总额 2.09 亿元，同比增长 24.60%；总资产 16.59 亿元，同比增长 2.63%；归属于上市公司股东的净利润 1.57 亿元，同比增长 22.56%。2 月，完成预留部分限制性股票授予工作，向 71 名激励对象定向发行限制性股票 39.8 万股。7 月，完成发行股份购买资产事宜，向成都力鼎银科股权投资基金中心（有限合伙）、上海赛领并购投资基金合伙企业（有限合伙）、拉萨智度德诚创业投资合伙企业（有限合伙）定向发行股票共计1245.3万股，用于购买其所持有的德赛诊断系统（上海）有限公司45%的股权和德赛诊断产品（上海）有限公司39%的股权，并完成股权过户手续和相关工商变更登记，公司持有德赛诊断系统（上海）有限公司和德赛诊断产品（上海）有限公司各70%的股权。10月，利德曼完成2015年半年度利润分配，以资本公积金转增股本，每10股转增15股，注册资本由1.58亿元增至4.25亿元。

利德曼创始于1997年11月，主营业务涵盖生化诊断、免疫诊断、分子诊断三大领域，包括诊断试剂、诊断仪器和生物化学原料等业务。在诊断试剂方面，包括生化诊断试剂、化学发光免疫诊断试剂、分子诊断试剂和食品检测试剂等系列诊断试剂产品。获得166项体外生化诊断试剂产品注册证书，具有丰富的生化检测项目，分为十二大类，涵盖肝脏疾病、肾脏疾病、心血管病、糖尿病、免疫性疾病、代谢性疾病、胰腺炎、凝血与纤溶障碍等主要疾病类型。已获得61项免疫诊断试剂注册证书，免疫诊断产品涵盖肿瘤标志物、性激素、甲状腺激素、糖代谢、肾功能、心肌标志物等八大类检测项目，基本满足终端用户的各种检测需求。在诊断仪器业务方面，利德曼拥有国内外诊断仪器，自主研发的全自动化学发光免疫分析仪CI1000和全自动生化分析仪BA800，及与IDS合作的全自动生化免疫分析仪已取得注册证书，同时还拥有与Eingma合作的ML分子诊断（基因检测）系统，及德赛POCT检测系统和全自动生化分析仪等系列仪器。生物化学原料领域公司完成17种诊断酶的产业化、20种诊断酶的基因工程构建，正在进行产业化研究，是一家集研发、生产和销售于一体的高新技术企业。

（牛巨辉 杨路萍）

北京利德曼生化股份有限公司

董事长兼总经理 沈广仟

康龙化成（北京）新药技术有限公司

康龙化成（北京）新药技术有限公司（简称康龙化成）2015年总资产12亿元，产值增长30%以上，销售收入7.8亿元，净利润4550万元，缴税总额1014万元，直接研发投入5.2亿元，出口总额1.2亿美元。员工总人数2300名，向客户提供外包服务的科研人员占90%，博士学历科研人员占10%，硕士学历科研人员占43%。有50多位归国科学家，2人入选国家“千人计划”，16人入选北京市“海聚工程”，23人入选开发区“海外高层次人才”。6月，成立康龙化成（宁波）新药技术有限公司，康龙化成在中国北方（北京、天津）、西部（西安分公司）、南方（宁波分公司）均设有研发服务基地，完成国内战略部署。12月，达成总额为2.8亿美元的新一轮融资最终协议。康龙化成是北京市认定的高新技术企业，连续入选北京市“G20工程”企业。年内，被市科委认定为技术先进型服务企业。通过北京市科委的新技术新产品认定，连续获得市商务委国际服务外包业务发展资金支持，市商务委认定的2015年度服务外包骨干企业。

康龙化成成立于2004年，注册资本2.12亿元，为全球制药和生物技术公司提供临床前的药物研发服务，主营业务涉及新药研发临床前的全流程，包括化学、生物、药物代谢和药代动力学、药理、毒理等领域。

（权立云）

康龙化成（北京）新药技术有限公司

董事长 楼柏良

总经理 楼小强

北京智飞绿竹生物制药有限公司

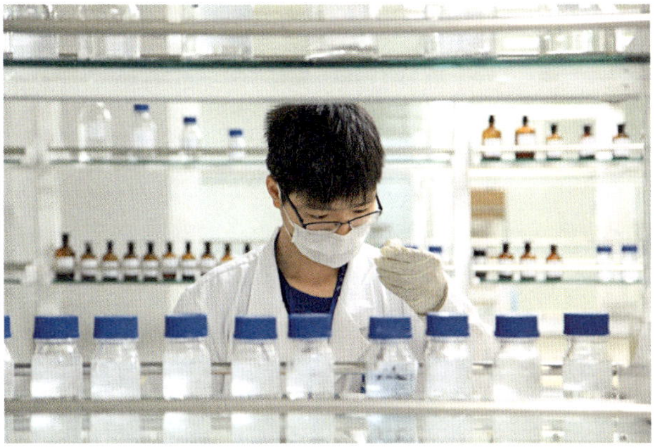

智飞绿竹生物生产线　　田艳军 摄

北京智飞绿竹生物制药有限公司（简称智飞绿竹生物）2015年总资产13.15亿元，销售收入3.13亿元，利润总额2.11亿元，上缴税收3667万元。年内，智飞绿竹生物独家专利产品AC群脑膜炎球菌（结合）b型流感嗜血杆菌（结合）联合疫苗上市销售，单产品销售收入1.6亿元。福氏宋内氏痢疾双价结合疫苗、23价肺炎球菌多糖疫苗、冻干A群C群脑膜炎球菌多糖结合疫苗、冻干AC群脑膜炎球菌（结合）b型流感嗜血杆菌（结合）联合疫苗4个品种获得临床试验批件，1个品种（冻干b型流感嗜血杆菌结合疫苗）提交了临床试验申请并获得受理通知书。年内，智飞绿竹生物通过了北京科技研究开发机构、北京市诚信创建企业复审，入选2015年德勤—亦庄高科技、高成长企业20强。公司一类新药福氏宋内氏痢疾双价结合疫苗获得2015年重大新药创制科技重大专项资助。4个上市产品AC群脑膜炎球菌（结合）b型流感嗜血杆菌（结合）联合疫苗，A、C、Y、W_{135}群脑膜炎球菌多糖疫苗，A群C群脑膜炎球菌多糖结合疫苗，b型流感嗜血杆菌结合疫苗均获得了北京市新技术新产品认定。智飞绿竹生物执行董事杜琳被评为开发区首届“新创工程”领军人才。

智飞绿竹生物成立于2003年10月，原名北京绿竹生物制药有限公司，是集疫苗科研开发、生产制造和市场营销于一体的国家高新技术企业。相继获得北京市专利试点企业、中关村“瞪羚计划”重点培育企业、中关村“十百千工程”企业、北京科技研究开发机构、北京市细菌性疫苗工程技术研究中心、北京市企业技术中心等称号和资质认证。

（李楠楠）

北京智飞绿竹生物制药有限公司

执行董事 杜　琳

总经理 刘　刚

北京凯因科技股份有限公司

北京凯因科技股份有限公司（简称凯因科技）2015年营业收入2.8亿元。年内，凯因科技引进礼来亚洲基金，投资银杏树药业（苏州）有限公司，完成丙肝根治产品组合的战略布局。具有自主知识产权的治疗丙肝的生物制品聚乙二醇化重组集成干扰素变异体注射液完成Ⅲ临床。公司生产线通过哥伦比亚INVIMA和乌克兰GMP认证。公司与韩国合作方签署关于PEG-GCSF项目技术输出的战略性合作协议；被认定为2015年北京市诚信创建企业、2015北京市工程实验室。董事长、博士周德胜被评为科技部创新创业人才。

凯因科技成立于2008年，注册资本1.15亿元，以生物技术为平台，专注于肝病领域，致力成为提供治疗解决方案的专业化公众公司。是一家集研发、生产、营销、服务于一体的国家高新技术企业。2010年完成股份制改制，2011年先后引进君联资本、海通开元、赛伯乐等战略合作伙伴。入选中关村高端领军企业、中关村新锐企业百强、北京市生物医药产业跨越发展（G20）工程。

凯因科技研发团队由海归和本土博士、硕士组成，专业涵盖生物分子学、药理、工艺开发、质控和制剂等领域，完全具备自主开发生物药物的技术力量。其中，“千人计划”1名、“海聚工程”2名、“高聚工程”3名。以集成创新的方式，在“十一五”“十二五”等国家重大科技专项项目基础上开发系列具有自主知识产权的创新药，建立以抗病毒、免疫调节、保肝、抗肝纤维化和肝癌的系列产品格局。研发中心被评为“北京市重组蛋白药物工程技术研究中心”“北京市企业技术中心”“北京市专利示范单位”。

（郭培先）

北京凯因科技股份有限公司
总经理 周德胜

北京昭衍新药研究中心股份有限公司

北京昭衍新药研究中心股份有限公司（简称昭衍）2015年拥有员工200余人，实现营业收入超过1亿元，完成对200余个药物新分子的临床前评价，其中生物药占一半以上；开展1000余项药理、毒理学试验，其中近100项试验是向美国FDA递交的注册申请；支持中国的药物创新和中国新药研发的国际化进程。年内，昭衍投入2000余万元用于实验设施、设备的条件改善，启动动物房的扩建项目，新增动物设施面积约2000平方米；实验室信息化管理系统（LIMS）通过验证并全面使用，提升昭衍的服务能力、工作效率和法规依从性。昭衍承担的发展改革委的蛋白质药物专项“动物实验公共服务平台”项目结题，提升公司的综合服务能力。

昭衍是一家专业从事新药临床前评价的实验室，是中国最早成立的GLP实验室之一，是中国首家通过美国FDA的GLP检查、同时具有国际AAALAC（实验动物福利的国际认证机构）和OECD GLP资质的新药评价机构；昭衍的业务领域包括药物的药理和毒理学评价、实验动物生产、食品动物产品和化学品评价服务；昭衍致力于打造一个规模化、具有综合服务能力的评价机构，为药物创新提供支持。

昭衍外景　温慧霞 摄

（何亮颖）

北京昭衍新药研究中心股份有限公司
董事长 冯宇霞
总经理 左从林

北京天坛生物制品股份有限公司

天坛生物全自动细胞工厂操作系统 ACFM1070PV 车间 单位提供

北京天坛生物制品股份有限公司（简称天坛生物）2015年销售收入16.18亿元，总资产56.32亿元，利润总额1.98亿元，拥有员工2603人，大专以上学历1894人。亦庄疫苗产业基地项目园建绿化工程完成竣工验收，办公质保楼完成消防验收。年内，天坛生物被市科委、发展改革委、财政局、经济信息化委、中关村管委会联合授予“北京市高新技术成果转化示范企业”称号；获得2015中国化学制药行业工业企业综合实力百强称号；被评为纳税信用A级企业。公司生产的麻腮风联合减毒活疫苗被认定为北京市高新技术成果转化项目。口服Ⅰ型、Ⅲ型脊髓灰质炎减毒活疫苗（二价OPV）完成临床研究，通过了注册研制现场、临床现场、生产现场核查和GMP现场检查，提交药品生产注册申请，获得药品生产文号和GMP证书。黄热疫苗获得GMP认证证书。水痘减毒活疫苗（北京株）获得申请药品生产现场检查通知书。公司获得口服脊髓灰质炎减毒活疫苗细胞工厂工艺改进、流感病毒裂解疫苗工艺改进、黄热减毒活疫苗生产场地变更3个药品补充注册申请批件和A群C群脑膜炎球菌结合疫苗1个临床试验批件。Sabin株脊髓灰质炎灭活疫苗（S—IPV）在获得临床研究批件的基础上，开始了Ⅰ期临床研究。注射用重组人干扰素β-1b完成两个生产基地的质量对比研究及工艺验证。“一种乙型肝炎表面抗原的纯化方法”获得专利授权。

天坛生物是一家从事疫苗、血液制剂、诊断用品等生物制品的研究、生产和经营一体化的国有控股高科技上市公司，公司注册资本5.15亿元，拥有成都蓉生药业有限责任公司、长春祈健生物制品有限公司、北京天泽生物制品有限责任公司等控股子公司。

（于金铭）

北京天坛生物制品股份有限公司

董事长 魏宝康

总经理 魏树源

第一三共制药（北京）有限公司

第一三共制药（北京）有限公司（简称第一三共制药）2015年营业额5.17亿元，同比增长10%；纳税额1.09亿元，同比增长35%；净利润9500万元；员工207人，其中硕士3人、本科生58人。截至年底，投资总额25140万美元。4月23日，第一三共制药注射剂软袋生产线制剂栋竣工，邀请日本驻华大使馆全权特命大使木寺昌人、公使林祯二参加竣工仪式，预计2016年接受GMP检查后开始投入生产。

第一三共制药原名第一制药（北京）有限公司，由日本第一制药株式会社投资，1998年5月19日在开发区注册成立，总投资2000万美元。2005年，日本总社因企业合并重组，公司名称变更为第一三共株式会社。2009年，公司更名为第一三共制药（北京）有限公司。2011年，第一三共株式会社在上海设立了第一三共(中国)投资有限公司，调整在华事业，由第一三共(中国)投资有限公司统一管理在华事业，第一三共制药（北京）有限公司仅作为生产基地。2012年，第一三共株式会社通过第一三共（中国）投资有限公司向第一三共制药增资，建设软袋生产线，增强了第一三共制药的生产能力。第一三共制药主要生产品种有泰利必妥®片剂、可乐必妥®片剂、可乐必妥®注射剂、优利福®硬胶囊剂，都达到《药品生产质量管理规范（2010年修订）》的要求，通过认证并获得药品GMP证书。

（尚红欣 董佳琪）

第一三共制药（北京）有限公司

工厂长 孔 雁

北京四环生物制药有限公司

北京四环生物制药有限公司（简称四环生物）2015年产值1.7亿元，同比增长2%；销售额1.6亿元，同比增长2%；纳税额1400万元，同比增长1%。公司员工总人数230人，其中工程技术人员占70%以上，专科以上学历员工超过80%。年内，四环生物作为国内促红素、白介素-2的主要生产厂家之一，分别在4月、7月、9月、11月参加了全国血液净化论坛、中国肿瘤内科大会、第十八届全国临床肿瘤学大会（CSCO）和中华医学会肾脏病学分会2015年学术年会。

四环生物作为中国首家集基因工程药物的研发、生产和销售为一体的高新技术产业，是中国拥有生物制药品种最多的企业之一，拥有4种上市产品。新生物制品第一类抗癌药物德路生®（注册用重组人白介素-2）是国家“八五”重点课题；基因工程人白细胞介素-2是“863计划”高技术研究开发项目，是由公司研制、中试、生产和临床应用的科研成果；新德路生®(重组人白介素-2注射液）是公司自行研制，在国际上拥有专利的首家上市白介素-2水针剂新药；环尔博®（重组人促红素）是抗贫血新生物制品第二类新药；欣粒生®(重组人粒细胞刺激因子）是促进中性粒细胞增加的新生物制品第二类新药。四环生物的销售网点遍布全国32个省、市、自治区；主要产品环尔博和欣粒生远销亚洲、非洲的6个国家。

（朱丽芳 吕众）

北京四环生物制药有限公司

总经理 程度胜

北京亚宝生物药业有限公司

北京亚宝生物药业有限公司（简称亚宝生物）2015年固体制剂车间产量约7亿片，营业收入1亿元，销售收入8000万元，净利润2100万元，纳税额953万元，企业员工172人。3月30日至4月3日，第二次接受美国FDA的cGMP现场检查，检查结果零缺陷，6月收到FDA现场检查批准函。

亚宝生物是亚宝集团的全资子公司，成立于2007年6月，是一家以生产缓控释制剂为主体的现代外向型制药企业。拥有两个美国产品的ANDA批件，国内产品有硝苯地平缓释片、维生素C泡腾片、奥美拉唑肠溶片等，年生产能力可达100亿片。亚宝生物拥有国际一流的固体制剂生产设备和实验设施，按照FDA法规要求建立了六大质量管理体系，各项技术指标和产品质量符合美国cGMP要求。亚宝生物于2011年成为国内首批通过新版GMP认证的企业；2012年被评为北京市药品质量管理示范企业；2013年接受了美国FDA的cGMP现场检查，并获得批准。

（薛红 郝美平）

北京亚宝生物药业有限公司

总经理 田海根（7月任）

解静萍（7月免）

北京旷博生物技术股份有限公司

北京旷博生物技术股份有限公司（简称旷博生物）2015年总资产1.33亿元，有北京“海聚工程”人才3名、开发区“新创工程”领军人才5名，有5位专家来自海外，本科以上学历占70.4%。旷博生物拥有两家全资子公司和1家控股子公司。年内，旷博生物获得医疗器械经营许可证和专利试点证书，被评为安全生产标准化三级企业。旷博生物主持和参与“十一五”“十二五”国家科技重大专项、卫生行业科研专项等多个政府科研开发课题，拥有13项国家发明专利、1项计算机软件著作权、5个注册商标、45个医疗器械注册证书。

旷博生物以开发生产临床诊断试剂和科研试剂产品为方向，建立了分子诊断、分子免疫、细胞免疫、蛋白免疫、发光生化五大技术平台，拥有化学发光试剂、荧光标记抗体、结核ELISpot酶联免疫试剂、四聚体特异性T细胞检测试剂、Aimplex流式高通量多因子检测试剂、重组蛋白等多个产品线，提供microRNA表达谱分析和功能研究、基于microRNA表达谱的诊断试剂等系列产品和服务。公司临床产品主要包括化学发光系列产品（肿标类、性腺类、心肌类、甲功类等）、流式产品、分子诊断产品和蛋白免疫产品，主要用于肿瘤的临床早期诊断、临床免疫功能评价、白血病免疫分型和重大传染病防控。

（杨碾零）

北京旷博生物技术股份有限公司

董事长 兰宝石

总经理 贾冼钊

北京永瀚星港生物科技股份有限公司

北京永瀚星港生物科技股份有限公司（简称永瀚星港）2015年销售额637.66万元，利润60.52万元，纳税额61.46万元，员工22人。年内，永瀚星港分别与深圳市源海资产管理有限公司和自然人卢彤签订股份认购协议，募集资金1197万元；与中国太平保险集团北京分公司开展合作，对中国太平承保客户进行肿瘤筛查。与南德认证检测（中国）有限公司（北京分公司）签订合作协议，进行EN ISO 13485:2012/AC:2012认证；与加拿大NRC和DueNorth BioDev签署合作意向书，建立跨境连锁医疗服务机构LifinDuoNorth Joint International Biomedical Center；永瀚星港的非医疗生物中间件产品的生产和销售以年度20%的增长率稳步发展。

永瀚星港成立于2006年，致力于癌症、心脑血管病和代谢性疾病的早期诊断、预防和治疗，是新三板挂牌企业中唯一的“自体孵化型高新技术生物企业”。公司业务包括研究先进诊疗方法、诊疗器械和提供相关医疗服务，产品有抗体、适配体、诊断试剂、医疗服务软件、精密快速诊断仪器等。永瀚星港是国家高新技术企业、中关村高新技术企业、国家重点新产品计划企业、科技部重点项目承办单位，曾承担科技部重点项目，获国家重点新计划、科技部中小企业创新基金项目、中关村科技园小企业创新资金项目和开发区科技创新项目立项，所有诊断类产品均获北京市自主创新产品称号，拥有发明专利 6 项、实用新型专利 2 项、软件著作权 1 项。

（李婧）

北京永瀚星港生物科技股份有限公司

董事长 列海权（8 月任）

范飞舟（8 月免）

总经理 范飞舟（8 月任）

尹 星（8 月免）

北京迈劲医药科技有限公司

北京迈劲医药科技有限公司（简称迈劲医药）2015 年总资产 2891 万元，主营业务收入（技术转让，技术开发和技术服务）669 万元，员工 30 人。公司拥有 700 余平方米独立配套、先进完整的研发设施，公司设药物合成室、药物制剂和分析室、临床室、药理室、药品注册部和医学情报网络部，组成完整的新药项目研发体系。基于上述体系建立新药项目情报搜集、立项、研发、申报的流程管理系统。

迈劲医药前身是由北京大学、香港灵素科研有限公司和北京迈劲医药科技有限公司合资组建的一家中外合作企业，是专门从事新药基础研究和应用开发技术型企业。2001 年，迈劲医药成为注册于开发区的外商独资企业。2002 年，被市科委认定为高新技术企业。2003 年，被市科委认定为科技研究开发机构。迈劲医药已取得 18 项新药证书，56 件临床批件，25 件仿制药生产批件，申请 8 项发明专利。与悦康药业集团有限公司、华东医药股份有限公司、远大（中国）制药有限公司、寿光富康制药有限公司、扬子江药业集团、哈药集团、双鹤药业等多家企业有合作关系。使创新产品替格瑞洛、富马酸沃诺拉赞、法匹拉韦均能产业化。2010—2012 年，在新立项目投资 350 万元。

（何艳梅）

北京迈劲医药科技有限公司

总经理 马 超

北京协和建昊医药技术开发有限责任公司

北京协和建昊医药技术开发有限责任公司（简称协和建昊）2015 年营业收入 3123 万元，利润 309 万元，上缴税金 245 万元，员工 89 人。年内，协和建昊完成 47 个药物的临床前评价，其中化学药物 35 个、中药 8 个、生物药物 3 个、农药 1 个，开展 193 项实验；承担国家科技重大专项两项，分别是特需药品安全评价技术平台建设项目和医科院国际标准药物安全评价技术平台建设项目；承担北京市科技项目两项，分别是市科委疫苗非临床安全性评价研究技术服务平台建设项目和市发展改革委药物安全评价关键技术北京市工程实验室项目；通过 ISO 9001 质量管理体系认证复查和化学品实施良好实验室规范（GLP）复查。

协和建昊是食品药品监管总局 GLP 认证和国际实验动物福利国际认证机构（AAALAC）认证的临床前药物安全性评价专业机构，是农业部的农药 A 级毒理学测试 GLP 实验室、环保部的化学品生态毒理 GLP 实验室、CNAS 化学品 GLP 实验室。

（苏太山）

北京协和建昊医药技术开发有限责任公司

董事长 庾石山

总经理 王爱平

北京康乐卫士生物技术股份有限公司

北京康乐卫士生物技术股份有限公司（简称康乐卫士）2015年拥有员工89人，其中专家教授3人、博士6人。9月，在全国中小企业股份转让系统挂牌（股票名称：康乐卫士，股票代码：833575）。

康乐卫士于2008年在开发区登记注册，是一家致力于创新生物医药研发的国家高新技术企业。公司成立以来，在以“千人计划”专家、教授陈小江为核心的技术团队带领下，以“基于结构设计的重组蛋白生物制品的研发”为核心技术和业务方向，逐步建成国内外领先的重组蛋白药物设计、工程表达和GMP中试开发等多个关键技术平台，开发了基于中国宫颈癌流行病学特征的重组三价人乳头瘤病毒疫苗，将疫苗对宫颈癌的预防覆盖范围从已上市疫苗的70%提高到了85%以上，并正在开发重组九价人乳头瘤病毒疫苗、重组手足口病疫苗、重组诺如病毒疫苗和重组人甲状旁腺素等预防和治疗用生物制品。先后被认定为北京市专利引擎试点单位、开发区企业创新中心、北京市科技开发研究机构、国家高新技术企业、开发区海外高层次人才创办企业等。

（李艳华）

北京康乐卫士生物技术股份有限公司

董事长　郝春利

国药中生生物技术研究院有限公司（北京生物制品研究所有限责任公司）

国药中生生物技术研究院有限公司简称国药中生研究院，北京生物制品研究所有限责任公司简称国药中生北京公司，2015年完成1项Ⅰ类新药Ⅲ期临床研究，申报新药证书和生产文号，正处于待审批阶段；1项Ⅰ类新药处于Ⅲ B期临床试验阶段，1项Ⅰ类新药完成Ⅱ A期临床试验，准备开展扩大试验；获得临床研究批件1项，新申报临床研究1项，另有两项已申报新药临床研究批件的项目处于评审阶段。

国药中生北京公司主要从事新型疫苗、抗体、新型佐剂、治疗类生物制剂和基因与蛋白质诊断试剂等生物制品的研究和中试工艺的开发，主持或参与完成了手足口病疫苗、宫颈癌疫苗、艾滋病疫苗、治疗性乙肝疫苗、脊髓灰质炎灭活疫苗、北京株水痘减毒活疫苗、发热伴血小板减少综合征灭活疫苗等国家重点研发项目，并与日本国立感染症研究所、日本DNAVEC公司、美国帕斯适宜卫生科技组织（PATH）、加拿大国家研究院理事会（NRC）、荷兰克鲁塞尔生物制药公司（Crucell Holland B.V.）、以色列Valin Technologies Ltd.等开展国际合作研究。

（祖立航 王振权）

国药中生生物技术研究院有限公司

（北京生物制品研究所有限责任公司）

总经理　王玉琳

北京同为时代生物技术有限公司

北京同为时代生物技术有限公司（简称同为时代）2015年申报两项国际专利，获得国家治疗类生物制品一类新药临床批件，进行高新技术企业季度复审工作。

同为时代成立于2005年，是一家从事治疗性抗体药物研发的生物高新技术企业。注册资本5950万元，拥有独立的1200多平方米的抗体药物研发基地。同为时代与中国科学院、中国医学科学院、军事医学科学院、北京大学等建立人才培养、技术合作和科学顾问机制，以研发和生产治疗恶性肿瘤、自身免疫性疾病和传染性疾病的基因工程抗体为主营方向，承担并参加“重大新药创制”科技专项“十二五”实施计划。

（张凌）

北京同为时代生物技术有限公司

总经理 唐艳旻

珐博进（中国）医药技术开发有限公司

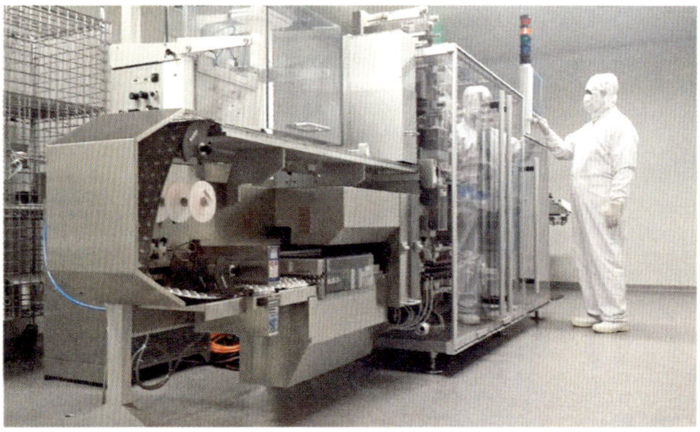

珐博进制剂生产车间 高超 摄

珐博进（中国）医药技术开发有限公司（简称珐博进）2015年总资产1.08亿元，员工64人，其中47人有本科以上学历。4月，对参加可博美（FG-4592）三期临床试验的研究者进行临床试验前培训；协助开发区科技局在北京亦庄生物医药园组织“引领科技创新，关注病患需求”专题研讨会，邀请肾脏病领域的学术带头人、教授林善锬和陈楠作主题演讲，得到健康报、中国医药报、北京日报、科技日报、人民网、搜狐网等主流媒体的密集关注和报道。8月，设计年产能为7500万粒的胶囊制剂生产项目完成环评开工建设，可博美（FG-4592）获批开展三期临床试验，公司将与全国30家三级甲等医院合作开展三期临床试验。12月，公司向食品药品监管总局提交了拟上市产品和临床样品之间的生物等效性试验申请。年内，生物工程角膜生产车间和实验室建成并开始试制样品，与北京同仁医院合作开展生物工程角膜临床前研究。

珐博进成立于2011年11月28日，2013年12月入驻北京亦庄生物医药园，是一家致力于研发创新性生物技术、化学药品的生化科技公司，在研项目有治疗肾性贫血和骨髓增生异常综合征相关贫血的口服小分子抑制剂——可博美（FG-4592）；恢复角膜盲患者视力的创新医疗器械——生物合成角膜（FG-5200）。公司投资8400万元对位于北京亦庄生物医药园A2楼的中试研发基地升级改造，于2014年竣工并获颁药品生产许可证，先后被评定为中关村高新技术企业、北京市级企业科技研究开发机构。

（陈君明）

珐博进（中国）医药技术开发有限公司

董事长 Tom Neff

执行总裁 钟黎蕴华

安诺优达基因科技（北京）有限公司

安诺优达基因科技（北京）有限公司（简称安诺优达）2015年营业收入超过1.1亿元，纳税额超过250万元，企业员工500多人。6月，安诺优达和美国Illumina公司达成战略合作协议，双方共同推出更适合中国临床市场的NextSeq 550AR测序仪。年内，公司作为高通量测序临床转化应用的代表企业，在基础研究、临床转化、市场推广、产品检测质量和服务等方面取得长足进步。在医学健康领域，安诺优达人类遗传学团队汇集国内外优秀的基因组学和医学专家，在生育生殖、肿瘤诊治、基因体检等方向形成产品体系。在生育健康领域，无创产前DNA检测和染色体异常检测产品在全国众多合作医院推广。其中，联合北医三院、北京妇产医院等关于“降低无创产前DNA检测假阳性率的研究成果”发表在 ***Nature*** 子刊 ***Scientific Reports*** 上。在肿瘤个性化诊疗领域，安诺优达联合中国健康促进基金会启动“乳腺癌高风险人群基因筛查课题”，全国40家大型三甲医院参与课题，并于10月份发布第一阶段成果；联合解放军总医院开发的血液病基因检测项目，历经3年研发，成果正式推向临床，拓宽NGS技术的临床应用。在基因体检方面，开辟和保险公司共同推广的新型营销模式。此外，在科技服务领域，安诺基因作为安诺优达旗下注册品牌，销售额相比2014年实现了3倍增长。在基因组学、转录组学和表观遗传学等多组学领域与国内外高校院所和研发机构广泛开展科研合作，涉及领域包括人类重大疾病基础研究、动植物分子育种、遗传与进化、环境微生物和生态等，并且在基因表达分析、单细胞技术、染色体Hi-C技术等领域形成特色优势，有多项学术成果发表在 ***Science***、***Genome Biology*** 等国际期刊上。年内，安诺优达通过ISO 9001等三大质量体系年审，14项自主研发的检测项目获得2015年北京市新技术新产品（服务）认证。

安诺优达成立于2012年4月28日，专注于新一代基因组学技术在人类医学健康和生命科学研究两大领域的产业化应用，建立了高通量测序平台和高性能计算平台，形成Bio-IT基础和产业化服务能力，旗下的医学检验所于2014年12月入选卫生计生委批准的首批高通量测序临床应用试点单位。安诺优达先后获得北京科技研究开发机构、中关村高新技术企业、中关村十大创新成果、中国优生科学协会第六届理事会员单位、中关村高成长企业TOP100、德勤一亦庄明日之星、博士后科研工作站、精准医疗与基因工程北京市工程实验室等资质与荣誉；其自主研发技术获多项专利和软件著作权。安诺优达还先后和北京大学、北京理工大学、中国海洋大学、上海海洋大学、华中农业大学、河北农业大学等高校建立校企合作联盟。

（肖飞）

安诺优达基因科技（北京）有限公司

董事长 夏佐全

总经理 陈重建

北京悦康科创医药科技股份有限公司

北京悦康科创医药科技股份有限公司（简称悦康科创）2015年营业收入1124.29万元，其中技术性收入1124.29万元，占总收入的100%，研究开发费用105.3万元，占销售收入的9.36%。在职员工70人，其中研发人员占87.1%，本科以上学历占74.3%，研究生以上学历占22.9%。年内，悦康科创获得1项国家新药发明专利证书，公共服务平台条件建设支持和醋酸奥曲肽缓释微球、多肽缓释微球公用技术平台研究项目获得新区科技发展专项资金支持。悦康科创完成了中小企业股份制改制。

悦康科创成立于2009年4月，是一家从事医药产品的技术开发、技术咨询、技术转让和技术服务的高新技术企业。公司可进行新药调研立项，化合物合成、分析测试，制备合格的制剂终产品，申报或技术转让。悦康科创获得北京市科技研发机构、高新技术企业、开发区企业创新中心、大兴区小巨人企业、北京市专利试点单位、新区重点科技服务机构等称号。与沈阳药科大学、北京理工大学、北京石油化工学院等学校建立学术交流和长期合作关系。

（张胜智）

北京悦康科创医药科技股份有限公司

总裁 于圣臣

本元正阳基因技术有限公司

本元正阳基因技术有限公司（简称本元正阳）2015年研发投入1360万元，1个Ⅰ类新药项通过市食品药品监管局专家会议答辩，重组蛋白A基因和其表达产物的制备获得专利证书，专利号200810240553.9。承担国家“863计划”“973计划”、发展改革委、市科委等科研课题11项，发表学术论文58篇，申请国内外专利37件，其中17件专利获授权。

本元正阳于2000年10月成立，注册资金1.11亿元，是一家从事基因载体研发和生产的生物技术企业。公司立足于病毒载体平台研发、生产、服务和药物开发，是国家“863计划”生物领域病毒基因载体研发基地和国内唯一一家具备多品种病毒载体开发和规模生产能力的高科技企业。公司建有腺相关病毒、腺病毒、仙台病毒(同日本DNAVEC公司合作）、慢病毒和质粒DNA等多种基因载体的生产、纯化和检定技术平台和中试工艺，可以大规模生产高质量的基因载体制品以用于基因治疗药物、载体疫苗的临床前研究和早期临床，产品线涵盖世界上90%以上的用于基因治疗的载体种类。自主研发或合作研发的基因治疗药物主要针对临床重大疑难病症，如恶性肿瘤、先天性遗传病、老年性痴呆、重症下肢缺血、视网膜疾病、类风湿性关节炎等。

（何新舟）

本元正阳基因技术有限公司

董事长 贺 旋

总经理 许允立

北京义翘神州生物技术有限公司

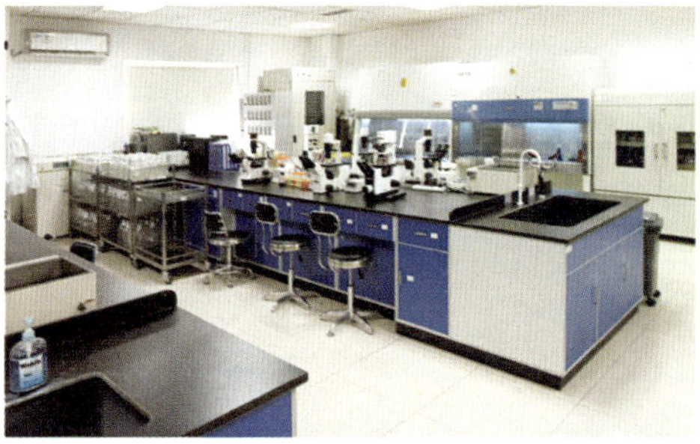

义翘神州实验室　　边金烨 摄

北京义翘神州生物技术有限公司（简称义翘神州）2015年营业收入0.86亿元，利润0.4亿元，纳税额0.08亿元，各重点经济指标持续保持两位数增长。员工420人，其中硕士、博士190人。截至年底，义翘神州研发生产的基因产品20多万条，蛋白5000多个，抗体7600多个，细胞因子产品累计620多个，ELISA试剂盒和抗体对产品480多个，真核细胞培养基产品10个，其他科研工具产品100多种。义翘神州保持着每年1000多个产品的快速增长速度，产品服务于全球90多个国家的19000多位科研工作者，助力清华大学、哈佛大学、麻省理工学院、耶鲁大学、剑桥大学等高等学府。公司主持了国家重大专项唯一的蛋白/抗体药企业综合大平台的攻关、国家新发突发传染病生物药应急研发平台的攻关和发展改革委战略性新兴产业公共服务平台建设。美国CDC、美国NIH、美国FDA等单位将部分具有重要科研应用价值的科研成果发表在国际顶尖学术杂志 *Science*、*Nature*、*Cell* 等。总经理谢良志被评为“2015 年度北京榜样十大人物”。

义翘神州成立于 2007 年 4 月 23 日，是一家以研发、生产和流通销售为主的高端科研试剂大平台性质企业。先后被认定为国家高新技术企业、G20 企业，也是北京科技研究开发机构、北京市重点实验室、企业创新中心。

（李燕星）

北京义翘神州生物技术有限公司

董事长兼总经理 谢良志

北京罗诺强施医药技术研发中心有限公司

北京罗诺强施医药技术研发中心有限公司（简称罗诺强施）2015 年销售收入 252 万元，自公司成立以来销售收入累计 504 万元，利润累计 82.9 万元，首次达到收入和支出持平后略有盈利。公司拥有员工 15 人，其中 11 名技术人员。年内，公司完成两个研发产品的实验研究，开始进入中试。其中，1 个产品完成了中试生产和技术转移交接，该产品的临床实验一次成功。签订两个药品委托开发合同。获得 1 个市科委项目资助和 1 个金桥资金奖励，共获得支持资金 14.6 万元。罗诺强施获得两项发明专利授权，分别是氟伐他汀钠组合物，专利号为 201410101596.4；氟伐他汀钠药物组合物，专利号为 201410101600.7。截至年底，累计申报 13 个发明专利，其中有 6 个发明专利和 1 个实用新型专利获得授权。

罗诺强施成立于 2011 年 9 月，由博士魏世峰所领导的海外制剂专家团队创立。罗诺强施拥有口服固体制剂、注射剂和皮肤外用制剂三大技术平台。在口服固体制剂领域，罗诺强施开发了缓控释技术、克服难溶药技术、克服稳定性低技术等具有自主知识产权的 13 种技术平台。公司从 2014 年开始承担北京亦庄生物医药园制剂平台的技术支持和日常运营管理。罗诺强施的主要业务是具有高技术壁垒的独家药物制剂产品的研究开发，核心技术是国际领先水平的高端制剂技术和工艺，核心团队具有 20 多年在美国多家著名跨国制药公司开发原创药制剂产品、创新制剂产品和 OTC 产品的经验。魏世峰在北京大学药学院、清华大学药学院、医科院药物研究所等学术单位授课，应聘作为学位答辩委员会委员参加医科院药物研究所硕士和博士论文答辩。

（汪鹤龄）

北京罗诺强施医药技术研发中心有限公司

董事长兼总经理 魏世峰

北京艾德摩生物技术有限公司

北京艾德摩生物技术有限公司（简称艾德摩）2015 年营业收入 100 万元，纳税额 3 万元，员工 22 人。截至年底，公司人源化动物模型小鼠数量 3000 只。艾德摩成立于 2014 年 8 月，由“海聚工程”“高聚工程”“北京市科技新星计划”入选者、博士彭思颖带领其团队创立。公司创立理念是为现代精准医学提供高度符合人类疾病特征的动物模型，研发最理想的人源化小鼠模型。公司坐落于亦庄生物医药园区 B3 栋三层，整体建筑面积 880 平方米，包含四大功能区：办公生活区，占地 150 平方米；分子实验室，压差靠调整风速来实现，有效控制气溶胶污染，保证实验结果准确性，达到实验安全的目的；动物房，达到 SPF 级实验动物的使用要求，可以满足高度免疫缺陷动物和人源化模式动物的饲养；万级细胞间，供实验研究人员做细胞相关的实验操作；另外配有监控值班室，专职人员全天 24 小时监控整个公司的设备运行情况，以及人员安全问题。公司在组织管理、环境设施、实验动物来源、饲养与使用等方面建立了一套标准的操作程序（SOP），进出各个实验室必须穿戴对应工作服，严格控制人流物流方向。实验人员需进行培训后，才允许开始实验。公司致力于肿瘤转化医学研究及癌症个体化治疗。通过使用自主研发的人源肿瘤异种移植模型（patient derived xenograftmodel，PDX），针对不同的癌症患者筛选适合的治疗药物，为医生提供精确的临床用药指导，进而共同为患者提供具有针对性和高效性的个体化治疗方案。目标是建立高度人源化的小鼠疾病模型生物库，应用于个体化精准医疗，为肿瘤患者提供个性化的“小鼠替身”，建立“小鼠医院”，并通过对“小鼠患者”的治疗研究为人类患者提供最佳的治疗方案。艾德摩与清华大学、首都医科大学、厦门大学、第四军医大学、上海长海医院、无锡第二人民医院、南华大学第一附属医院等建立长期项目合作。

（潘雯娜）

北京艾德摩生物技术有限公司
董事长兼总经理 彭思颖

北京集翔多维信息技术有限公司

北京集翔多维信息技术有限公司（简称集翔多维）2015 年有员工 8 人，其中研发人员 5 人。全年除承担国家课题研发以外，取得营业收入 27.4 万元，是 2014 年的 25%，取得净利润 -49 万元。集翔多维创立于 2004 年 2 月，是一家专业从事医学图像引导手术导航系统研发的高新技术企业。公司利用自主开发的多项图像识别技术、实时图像处理技术，开发了 CTO 手术导航系统、GANZ 截骨导航系统、肝肿瘤手术导航系统、支气管镜下活检导航系统、光学相干断层成像图像分析系统、冠脉造影分析系统、血管内超声图像管理系统等产品，通过与山东大学齐鲁医院、北京阜外医院、北京安贞医院、上海交通大学附属上海市胸科医院等多家医院合作完成上述医疗产品测试，投入临床试用。

（王玉珊）

北京集翔多维信息技术有限公司
董事长兼总经理 易 新

贝达药业股份有限公司北京新药研发中心

贝达药业北京研发中心生产车间　　田艳军 摄

贝达药业股份有限公司北京新药研发中心（简称贝达药业北京研发中心）2015 年拥有 91 名研发人员，学历以本科和硕士为主，并有数名博士、博士后，及国家“千人计划”人员。国家一类新药、中国首个靶向非小细胞肺癌治疗药物埃克替尼（凯美纳）的年销售额突破 9 亿元，该产品的研发和产业化成果获 2015 年国家科技进步奖一等奖。在研的多个抗肿瘤、心脑血管疾病的1.1类新药有重大进展，BPI-9016M是针对肺癌、肝癌、胃癌等较为敏感的选择性的c-Met、VEGFR抑制剂，已获得一期、二期、三期临床试验批文；长效GLP-1类似物用于糖尿病治疗的BPI-3016、全新结构的第三代T790M耐药突变的选择性不可逆抑制剂BPI-15086、从美国Xcovery公司引进的针对肺癌的新一代靶向抗癌药X-396均已完成药效、药代、安全性评价等临床前研究，X-396在美国已进入临床三期，获得CFDA临床试验批文。

贝达药业北京研发中心成立于2003年3月，坐落于开发区北工大软件园，总部位于杭州余杭经济技术开发区，设有合成、药理、分析、制剂、注册等多部门，能够完整地完成新药开发过程中临床前期的所有工作。

（刘湘永）

贝达药业股份有限公司北京新药研发中心

董事长 丁列明

总　裁 王印祥

智能制造

航天工程公司在上海证券交易所上市

1月5日，航天长征化学工程股份有限公司取得证监会关于核准公司上市首发批复文件；1月28日，公司在上海证券交易所上市（股票代码：603698）。公司公开发行A股8230万股，发行价格为12.52元每股，实现募集资金总额10.30亿元。

（冷琎）

东方雨虹新材料装备研发总部基地入区

1月15日，开发区管委会与北京东方雨虹防水技术股份有限公司签署入区协议，拟在开发区设立总部，实现管理、销售、结算和展览展示功能，并建立新材料装备研发基地。项目投资6亿元，选址路东区C4M-1地块，占地面积4万平方米，项目预计2018年达产，可实现营业收入约60亿元，纳税约3亿元。

（鱼鹏涛）

赤那思电气保障一汽大众电能质量

1月23日至10月，北京赤那思电气技术有限公司与一汽大众汽车有限公司达成战略合作，赤那思电气通过对一汽大众公司涂装车间、焊装车间、10kV配电所、编组站变电所、新实验中心等现场环境和主要负荷进行勘测，选用CEGH抽出式低压智能无功自动补偿装置和CETBB积木式智能型高压无功自动补偿装置，并进行现场改造，降低供电变压器和输送线路的损耗，提高供电效率，改善供电环境，使补偿后功率因数达0.95以上。

（于春影）

中冶京诚承办超高层建筑结构设计论坛

1月27日，中国工程建设标准化协会钢结构专业委员会和《建筑结构》杂志社共同组织的第一场2015结构前沿系列论坛——超高层建筑结构设计论坛，在中冶京诚工程技术有限公司举行。论坛强调产学研结合、理论研究与实践创新结合，展示和交流中国建筑结构设计领域最新研究成果、最佳创新实践。中冶京诚专家王立军、清华大学教授陆新征、北京市建筑设计研究院副总工程师束伟农分别作“从国贸一期、二期、3A、3B看超高层结构设计”“超高层建筑地震灾变模拟及抗震性能研究”“超高层建筑结构设计介绍”学术报告。近200名超高层建筑结构专家、学者、设计人员参加论坛。

（程芳）

京运通新产品长锭铸锭炉获订单

1月，北京京运通科技股份有限公司研发出新产品长锭铸锭炉，获得20台2600C硅芯炉订单。该产品主要用于生产长方形硅芯，可以生产长度2.1~2.8米的硅芯，改变了原有的硅芯生产方法和工艺，采用定向凝固法生产硅芯，成为一套全新的硅芯生长铸锭炉。

（王琪）

赤那思电气20名员工取得电工入网证

3月30日，由北京赤那思电气技术有限公司主办、北京供电培训学校承办的“赤那思·2015电工入网培训”在赤那思电气北京总部基地启动。培训为期5天，分为理论培训和实际操作培训两部分，旨在加强对进网作业电工的管理、规范电工进网作业许可行为并保障供用电安全。参加培训的20名学员均取得“电工入网许可证”。

（于春影）

中冶京诚入围陕西小城镇基础建设项目

5月4日，中冶京诚工程技术有限公司与韩国（株）先进综合建筑工程事务所联合入围世界银行陕西小城镇基础设施建设项目设计审查、监测评价和项目管理咨询服务短名单。其他入围公司包括中国香港两家公司、美国1家公司、英中联合体1家，以及1家中国国内公司。世行贷款陕西小城镇基础设施建设项目拟在陕西7个市9个县区新建和改造城镇道路、给排水基础设施，以提高项目区基础设施服务水平。项目总投资15.75亿元，其中世行贷款1.5亿美元。

（程芳）

时翼航化项目开工建设

5月6日，北京时翼航化科技有限公司项目开工建设。项目总投资8.26亿元，占地面积4.84万平方米。公司于2010年12月22日在开发区注册成立，公司技术在国际上处于领先水平，拥有72项国家专利，替代了国外高端同类产品，在国内石油化工、天然气化工、煤化工和农药等行业内有良好业绩。

（宋昱瑾）

安达维森居家养老智能看护系统参展

刘延东副总理听取安达维森校企合作项目情况介绍 企业提供

5月10日，北京安达维森机电设备技术有限公司携校企合作项目——居家养老智能看护系统，参加首届中国职业教育宣传周活动启动仪式，公司执行董事陶雨向中共中央政治局委员，国务院副总理、党组成员刘延东介绍项目开展情况。居家养老智能看护系统是安达维森“空巢老人生活规律异常监测系统”在居家养老领域的升级版，充分发挥公司在物联网领域工程实施能力，在原本无需购置大量设备的基础上，通过对老人已有的日常用具的智能化“升级改造”，使之成为系统的监测目标，从而丰富系统监测对象，降低系统拥有成本，方便老人日常生活。

（蒋健勇）

中航国际北京公司委内瑞拉水泥项目点火

5月17日，中国航空技术北京有限公司总承包的委内瑞拉日产2400吨水泥熟料生产线项目举行点火仪式。这是中航国际北京公司在委内瑞拉承接的第一个水泥工程总包项目，项目建成将为缓解当地水泥产品供应紧张的局面、实现“大住房计划”发挥重要作用。

（王金成）

安达维森智慧社区街镇服务平台参展

5月22日，由北京安达维森机电设备技术有限公司承担的市经济信息化委智慧城市试点项目——智慧社区街镇服务平台参加第十八届中国（北京）国际科技产业博览会北京市科技创新与应用成果展。智慧社区街镇服务平台是安达维森“智慧生活、智慧家庭、智慧组织、智慧社区”iHouse平台的一个重要的组成。通过由一副扑克牌所承载的《社区服务目录》，将社区生活的医、食、住、行各个方面（以4个花色分别承载）的52种服务需求予以详细规划。在此基础上，服务的需求者与供应者通过手机APP登录系统进行注册，分别将住址、联络信息、服务提供者可提供的《目录》内容进行登记。从而构建起一个社区居民自主化、自助化、互助服务平台。其最大的特点在于服务提供商可随时上下线。从而实现挖掘社区各种零星服务资源为他人服务的互助模式，具有典型的互联网经济的特征。

（蒋健勇）

中冶赛迪电气原料场控制技术国内领先

5月，中冶赛迪电气技术有限公司研发的全自由流程控制技术在宝钢湛江原料场工程中应用。截至年底，湛江原料场各工艺子系统均投入生产运行，控制系统运行稳定。该技术是中冶赛迪电气通过智能化控制技术创新和系统优化在国内首次开发出的具有自主知识产权的核心技术，其开发和应用大大提升了原料场生产的自动化水平和智能化程度，有效降低企业人力投入和生产成本，标志着中冶赛迪电气原料场控制技术已处于全国领先地位。

（杨博）

京运通武汉子公司成立

6月7日，北京京运通科技股份有限公司子公司武汉京运通环保工程有限公司成立。公司主要经营范围为发电、玻璃、冶炼和水泥等行业脱硫、脱硝、除尘等环保工程研发、设计、销售、安装调试运行和项目总承包；汽油机、柴油机移动源脱硝催化剂产品和装置研发、设计、销售等，标志着京运通集团正式步入EPC环保工程总包行业。

（王琪）

中冶京诚总除尘改造项目排放国内领先

6月8日，中冶京诚工程技术有限公司总承包的山东寿光巨能特钢有限公司转炉一次除尘改造项目于热负荷试车成功并开始连续生产。业主组织当地环保机构对该工程的烟气排放含尘浓度进行检测验收，连续测试结果为16~18毫克每标准立方米，远低于国家排放标准50毫克每标准立方米。

（程芳）

赤那思电气胜诉同业两企业侵权案件

6月17日，江苏省南通市中级人民法院对江苏两电力设备公司擅用“赤那思”

作为企业名称而侵害北京赤那思电气技术有限公司商标权和不正当竞争纠纷案做出一审判决，两被告立即停止侵害“赤那思”商标权的生产、销售行为；立即停止在其企业名称中使用“赤那思”字号；给予原告赤那思电气经济赔偿；并在《人民法院报》除中缝以外的版面上刊登声明，消除影响。2014 年 9 月，赤那思电气向江苏省南通市中级人民法院提起诉讼，诉讼理由是两被告在未经授权的情况下，分别于 2008 年和 2010 年开始将“赤那思”作为企业字号使用，并在相同或类似商品上使用与原告注册商标相同或近似的商标，造成公众混淆；将原告注册商标相同或近似的文字作为企业字号在相同或类似商品上突出使用，造成公众误认；在网站和宣传手册上使用与原告相同的宣传内容。根据两被告的侵权规模、侵权时间、侵权范围等因素，南通中院对原告的诉求给予支持。《人民法院报》、新华网、慧聪网和《电气时代》《电工文摘》杂志先后以“擅用知名商标注册企业名称，江苏两电力设备企业不正当竞争被判赔偿”为题，报道此案。

（于春影）

安川首钢首条全自动铝铸造件系统启动

6 月，安川首钢机器人有限公司与包头汇众铝合金锻造有限公司就机器人全自动铝铸造件下件、去浇冒口、打磨、检测、打标系统签署合作协议，安川首钢第一条机器人全自动铝铸造件生产线系统启动。

（刘欢）

华德液压中标 2015 年强基工程项目

7 月 25 日，北京华德液压工业集团有限责任公司以第二名成绩中标 2015 年强基工程项目“工程机械与工程车辆用多路阀实施方案”，获政府资金支持 2200 万元。项目的实施进一步加强华德液压工程多路阀的研发能力，加快工程阀市场化步伐，突破主机在高端工程多路阀领域受制于进口产品的瓶颈，助力国家强基工程战略。

（岳高丽）

经纬纺机日中研究院成立

7 月 26 日，经纬纺织机械股份有限公司日中研究院成立。经纬纺机通过日中管理学院（JCMS），建立与日本专家、企业合作的新型模式，集成最优秀的日本技术和管理专家，以及配套的日本企业，共同推动经纬纺机的进一步转型升级和国际化。

（金宏健）

经纬纺机商务智能项目启动实施

7 月，经纬纺织机械股份有限公司 U+ 工程三期（商务智能）项目启动实施，项目确定经纬纺机 BI 指标体系、指标口径、实施蓝图和实施方案，实施后将实现信息化与经纬的纺机工业、汽车工业和金融业务领域管理信息互通，推动公司“互联网 +”的建设步伐。

（张鹤）

天诚同创变流器型式鉴定试验平台试运行

8 月 14 日，北京天诚同创电气有限公司变流器型式鉴定试验平台完成主电上电测试，标志着变流器型式鉴定试验平台项目开始进入通电调试、试运行阶段。变流器型式鉴定试验平台项目由天诚同创产品开发中心变流部牵头建设，目的是建成一个测试功能多样化，具有通用性、兼容性、前瞻性的变流器大功率测试平台，提高研发进行型式试验的能力，增强公司变流器产品在市场的竞争力。

（张国杰）

哈工大机器人集团华北（北京）总部入区

9月，开发区管委会与哈工大机器人集团签订入区协议，建设哈工大机器人集团华北（北京）总部，打造集研发、实验、检测、销售、服务和总部结算于一体的机器人创新基地，并成立机器人产业基金和机器人研究生院。项目总投资10亿元，预计2020年全部达产，预计年营业收入不低于6亿元，年缴纳税收不低于4000万元。一期投资1亿元，成立集团北京总部，统筹开展哈工大机器人集团华北地区业务，于11月25日完成注册手续，正式投入运营。

（谭明慧）

欧必翼门控承办双创周融资路演活动

OBE互联网创新园创新创业综合服务平台发布　单位提供

10月21日，欧必翼门控科技（北京）有限公司的OBE互联网创新园承办以“羽翼计划筑梦亦庄暨双创周路演活动”为主题的融资路演、洽谈、意向签约活动。活动发布OBE互联网创新园创新创业综合服务平台和大道金融股权众包平台。红杉资本、英诺基金、大道资本等120家投资机构参加，50家投资机构有投资意向，13家路演项目接收了投资机构的投资意向书。极享（北京）网络科技有限公司、北京东霖消防科技有限公司等5家企业获得欧必翼投资基金并入驻OBE互联网创新园。

（王娜）

京运通完成非公开发行股票工作

11月2日，北京京运通科技股份有限公司收到中国证监会出具的核准批复，核准公司非公开发行不超过4.08亿股新股，发行价格为7.88元每股。本次定向增发于11月26日实施完毕，募集资金总额约为21.55亿元，主要用于投资太阳能光伏发电项目和环保脱硝催化剂项目。

（赵曦瑞）

中冶京诚项目获联合国执行理事会签发

11月6日，中冶京诚工程技术有限公司嘉宇公司承担的南京钢铁股份有限公司转炉煤气回收发电清洁发展机制（CDM）项目（NISCO Converter Gas Recovery and Utilization for Power Generation Project）第五期二氧化碳核证减排量（CERs）获得联合国执行理事会（EB）签发和世界银行资金拨付。该项目是中国首个钢铁行业CDM项目，也是世界银行碳融资活动的首个钢铁行业项目，中冶京诚嘉宇公司作为技术咨询方承担该项目设计文件（PDD）开发、申报、EB注册、核查签发等全过程技术咨询服务；项目于2006年4月获得发展改革委批准，2009年12月在EB注册；南钢转炉煤气回收发电CDM项目共完成五期核查签发，出售二氧化碳减排量70万吨，该项目的实施为中国钢铁行业碳排放权交易积累经验。

（程芳）

经纬纺机参展第十七届国际纺织机械展

11月12日，第十七届国际纺织机械展（ITMA 2015）在意大利米兰举行。经纬纺织机械股份有限公司携“自动化工厂解决方案”和最新纺纱技术与设备参展。青岛宏大 SMARO-I、宜昌经纬 K3502E 高效节能型地毯丝加捻机等机型亮相展览会。

（马叶壮）

大基医疗与都江堰市政府签署合作协议

11 月 14 日，北京大基康明医疗设备有限公司与都江堰市人民政府签署项目合作协议。在未来两年内，大基医疗将投资 10 亿元陆续在都江堰落户三大康体产业项目，即在都江堰建成国内顶级癌症诊断治疗中心；在青城山旅游度假区建设康体养生基地；建设大基软件中心，研发医疗软件。癌症诊断治疗中心将引进大基医疗的核医学诊断设备和治疗设备 A45，打造国内领先的集影像和分子影像诊断，健康、亚健康检测和保健于一体的癌症，心脑血管和神经系统等疾病的治疗中心。对健康和亚健康进行检测，对癌症、心脑血管、糖尿病、各种感染性疾病进行治疗。

（章丽慧）

京运通销售多晶铸锭炉 101 台

11 月 19 日，北京京运通科技股份有限公司与晶海洋半导体（东海）有限公司、宁晋松宫电子材料有限公司分别签订 41 台、60 台多晶硅铸锭炉销售订单，此两大订单为京运通带来新的利润增长点。

（王琪）

中航国际北京公司土耳其项目并网发电

11 月 25 日，中国航空技术北京有限公司土耳其余热发电项目实现并网发电。该项目的执行工作创造多个土耳其同类项目记录，如最短施工周期（12 个月），系统发电效率最高（超额 58%）等，获得业主和各方的高度赞誉，树立了公司品牌和中国企业形象。

（袁航）

康力优蓝机器人项目入区

11 月，开发区管委会与北京康力优蓝机器人科技有限公司签署入区协议，建设爱乐优商用智能服务机器人 U05 型机器人的研发、组装基地。该智能机器人代表家用智能机器人研发最新方向，可实现幼儿启智教育、智能家居控制、远程监控、智能信息提醒等多项功能。项目投资 8000 万元，选址亦创智能机器人创新园，预计达产后可实现年营业收入 4 亿元，年缴纳税收 3500 万元。

（常川）

中冶京诚子公司入选首批碳排放评价机构

11 月，中冶京诚工程技术有限公司的全资子公司京诚嘉宇公司入选由市发展改革委评定的“北京市首批能源管理体系和碳排放管理体系第三方评价机构”。京诚嘉宇公司长期为企业开展清洁生产审核、节能评估、CDM 项目开发、企业温室气体排放评估和低碳发展规划方案等咨询工作。

（程芳）

航天工程公司与环保部环评中心合作

11 月，航天长征化学工程股份有限公司与环保部环境工程评估中心签署《战略框架协议》和《“十三五”合作计划》。双方将共同发挥所在领域优势特点，加强工艺技术和环保技术的集成，提升新型煤化工技术竞争力。

（冷琎）

经纬纺机原 H 股成功退市

12 月 28 日，恒天集团依规完成全面要约收购经纬纺织机械股份有限公司原 H 股项目，共收购已发行原 H 股的 86.5%。经香港联交所批准，经纬纺机原 H 股于

16:00 整从香港联交所撤销上市。

（韩宝新）

赤那思电气中标延安能化电容器采购项目

12 月，北京赤那思电气技术有限公司中标北京石油化工工程有限公司承建的陕西延长石油延安能源化工有限责任公司延安煤油气资源综合利用项目 35kV 框架式并联电容器成套装置采购项目。赤那思电气通过对现场环境和主要负荷进行勘测，选用 CETBB 1 回路和 2 回路的积木式智能型高压自动无功补偿装置。

（于春影）

航天精密光机电与信息技术产业园区入区

12 月，新区与航天科技集团九院十三所签订入区协议，建设大兴航天精密光机电与先进信息技术产业园区，主要建设新型精密传感器、特种精密测量系统、物联网应用系统、系统集成、国家惯性技术产品质检服务等五大产业项目，加速以惯性技术为主体的信息传感技术研发与产业孵化，实现信息传感产品的专业化、产业化、系列化、体系化发展。该项目总投资 33.5 亿元，占地面积 19 万平方米，项目达产后，预计实现年产值 77 亿元，年缴纳税收 3.86 亿元。

（宋昱瑾）

蓝星北化机完成电解槽升级换代

年内，蓝星（北京）化工机械有限公司重点围绕电解槽维修升级换代业务、配合新产品试制开展工作，完成单元槽制造 50 万吨，升级换代单元槽 196 万吨。制作阳极网 116 万吨、阴极网 160 万吨、底网 5380 张 43 万吨。完成丙烯腈新型电解槽，制造军工产品高原氧仓 5 台。自主设计制造的 MET 循环水微电解处理装置在山东蓝星东大化工有限责任公司、沈阳化工股份有限公司等企业投入运行。完成烟尘处理技术 DDFR 单机试制。氧阴极法、垃圾渗透液首套实验装置投入运行，与唐山生物质能源有限公司签订的生物质能源项目开始实施。青海德令哈工业园区光热发电储能项目进入安装收尾阶段。与深圳爱能森公司签订光热储能集热器项目合同。

（孟静静）

蓝星北化机产品进入欧洲市场

年内，蓝星（北京）化工机械有限公司制造的 16 台烧碱装置蒸发设备运往捷克 Spolchemie 公司，标志着蓝星北化机产品打入欧洲市场，公司在生产能力和技术实力等方面，与欧洲市场开始对接，为日后进入欧洲，以及世界市场奠定基础。

（孟静静）

中冶京诚总承包的圆形储料库项目封闭

年内，中冶京诚工程技术有限公司总承包的新疆新业能源化工有限责任公司圆形储煤库工程完成结构安装，圆形封闭储煤库上部钢结构实现与下部混凝土结构衔接，110 米直径大跨度穹顶成功全封闭，呈现出美观整洁和环保适用的料库外形。圆形储煤库直径 110 米，混凝土挡墙高度 16 米，储量 13 万吨，圆形堆 / 取料机能力为 1000/600 吨每小时。

（程芳）

蓝星北化机加强国际国内技术交流

年内，蓝星（北京）化工机械有限公司针对压载水技术、太阳能蓄热储能技术、高盐废水浓缩零排放技术，以及重金属污染土壤修复技术与多家国外公司进行交流。与德国拜耳公司建立新的战略合作关系，继续推进在 ODC 盐酸电解和 ODC 食盐电解技术领域的研发合作。通过和日本旭化成公司联合开展电极涂层研究活动，加快硝酸电极涂层的研发进度。另外，蓝星北化机与北京化工大学合作成立的新型电极研究中心，成为北京市重点实验室材料电化学过程与技术“分部”，与沈阳化工大学在三传一反研究的基础上，开展模拟工况培训平台的建设。

（孟静静）

赤那思电气转型为电力服务型企业

年内，北京赤那思电气技术有限公司由无功补偿装置制造企业向以客户需求为导向的电力服务型企业转型。转型后，集中精力投入技术研发和客户需求研究，为用户提供合同能源管理方案，向成套企业和用户直接销售电容器、电抗器和控制器等核心器件，降低行业采购成本。赤那思电气官网（www.bjcee.com）和微信公众号（北京赤那思电气）也随之完成功能升级。

（于春影）

宏达日新营业订单成绩提升

年内，北京宏达日新电机有限公司中标泰国 SETC 项目、泰国东海理化项目、乌干达项目、新加坡项目等 110kV 变电站组合电器开关（GIS）合计 14 个间隔。宏达日新特有的三次回路专用开关 LBS 设备中标国家电网公司蒙西—天津南特高压交流项目蒙西站 11 个间隔、晋北站 14 个间隔，中标国家电网公司榆横—潍坊 1000kV 高压交流输变电工程晋中站和潍坊站合计 13 台 LBS 设备，该产品市场占有率达到同类招标设备的 70% 以上。中标南网、国网 252kV、110kV 扩建项目合计 13 个间隔。

（王凝）

和利时亮相系列展会

年内，和利时集团参加中国（重庆）国际智能制造技术装备博览会的中国国际测量控制与仪器仪表展，上海第十七届中国国际工业博览会的智能制造试点示范专项展，北京第十八届科博会国际高端产业新区展区，北京第十六届中国国际煤炭采矿技术交流和设备展览会，首届中国—蒙古国博览会，ISA 2015 印度德里自动化峰会等。和利时还以燕房线 TIAS 实例工程参展第六届北京国际城轨展。

（张蔚青）

和利时多个重大项目投入运营

年内，青荣城际铁路（济南方向）、沈丹客运专线、吉图珲客运专线开通，和利时集团是以上 3 条线路列控地面系统核心设备供应商，负责提供 LKD-HS 型客运专线列控中心、LEU-H 型列控系统地面电子单元、TSRS-HS 型临时限速服务器和信号安全数据网等产品。北京轨道交通昌平线二期开通运营，和利时自行设计、生产、调试的数据通信子系统 DCS 和 MSS 维护支持系统在地铁领域首获应用，并实现全功能、零尾工开通。神福鸿山电厂 2×1000MW 超超临界发电机组 DCS 项目双机投入运行。和利时作为该工程 DCS、DEH、脱硫、脱硝的控制系统和现场总线系统供应商，完成系统安装、调试、试运行等工作任务。国华绥中电厂 2×800MW 发电机组 DCS 改造项目双机投入运行，和利时作为该改造工程 DCS 系统的供应商，完成系统安装、调试、试运行等工作任务，公司全面拓展高端火电改造市场业务。和利时现场总线设备管理系统（HAMS）在国内大型百万火电机组——神华福能成功应用。

（张蔚青）

和利时中标多个重大项目

年内，和利时集团中标时速250公里动车组CTCS-2级列控系统车载设备采购项目和时速350公里动车组CTCS-3级列控系统车载设备采购项目，签约81套200H型和60套300S型列控系统车载设备。中标国华寿光电厂2×1000MW项目超超临界燃煤发电机组全厂DCS控制系统。签订深圳地铁11号线综合监控、MCC系统合同和兰州地铁1号线综合监控系统合同，两项目均采用和利时MACS-SCADA系统地铁综合监控平台。中标江苏新阳科技60万吨乙苯30万吨苯乙烯联合装置DCS/SIS一体化项目。签约国华九江电厂2×1052MW超超临界燃煤发电机组全厂DCS项目，工程采用主机DCS和辅控一体化控制，DCS控制点数超过4万点。中标甘肃敦煌10MW熔盐储热塔式光热发电项目。签约辽源市二次供水改造工程自控和SCADA系统项目，标志着和利时SCADA软件和LK PLC产品在城市水务领域取得新突破。

（张蔚青）

长城测控公司完成大运项目

年内，北京瑞赛长城航空测控技术有限公司完成承接的航空某所综合铁鸟台加载系统一期和补充项目的所有调试工作，并于11月底通过中航工业第一飞行研究院的项目验收。

（项东）

长城测控公司签订煤矿安全产品合同

年内，北京瑞赛长城航空测控技术有限公司先后与阳泉煤业集团签订KJ2000N系统合同、监控系统和制氮机配套合同，与扎赉诺尔煤业有限责任公司签订制氮系统合同，与平顶山天安煤业股份有限公司签订监控系统配套合同，合同总金额2981.23万元。

（张稳）

智能制造企业（部分）

北京金风科创风电设备有限公司

北京金风科创风电设备有限公司（简称金风科创）2015年产值54亿元，上缴税费近2亿元；拥有员工1110人，其中具有大专以上学历人员占比94%，本科及以上学历人数占比68%，研究开发人员占比21%。年内，金风科创基于风峰演算法的高风速大容量风电机组的研发和应用项目获2014年北京科学技术奖二等奖，发布1.5Value Plus系列产品，金风2.5MW机组荣获国际权威认证机构DNV GL首张中国型式认证。

金风科创成立于2006年2月，注册资金9.9亿元，是上市企业新疆金风科技股份有限公司（简称金风科技）的全资子公司。主营业务包括大型风力发电机组生产与销售、风力发电机组技术的引进与应用、风力发电机零部件的生产与销售、风电场建设运营业务的技术咨询服务、中试型风力发电场的建设与运营。

（陈戈）

北京金风科创风电设备有限公司

总经理 曹志刚

SMC（中国）有限公司

SMC（中国）有限公司（简称SMC）2015年销售收入43.1亿元，利润5.3亿元，纳税2.3亿元，员工人数

3402人，平均年龄31岁，大专以上专业学历技术人员占职工总数的50%。公司产品出口额11.6亿元，达到1998年的58倍，国内销售额31.5亿元，达到1998年的67倍。SMC主要产品是气动元件，其市场占有率在世界同行业中排名第一位。年内，“多工件的搬运工装”“防尘气缸”“翻转搬运装置”“内壁润滑油喷涂装置”“分箱机构”获得6项国家实用新型专利授权，“紧凑型气缸”获得国家外观设计专利证书；公司被海关总署评为中国首批AEO认证企业；受邀参加以“节能、高效、创新、智能”为主题的2015中国国际工业博览会（CIIF）；举办TAMAGO新产品＆通用特注品技术交流会。

（孙欣欣）

SMC（中国）有限公司

总经理 赵彤

通用电气医疗北京工业园

GE工业园实验室　　单位提供

通用电气医疗北京工业园（简称GE工业园）2015年有包括生产、采购和研发团队超过1200名员工，其中高级研发人员500名，生产大型设备超过3000台套，70%外销。被列入开发区纳税前50强企业，是北京市十百千模范企业之一，获“国家2025”试点企业、开发区十大功勋企业等称号，获开发区“安全生产月”优秀组织奖和优秀个人奖。中国本土研发团队开发了包括昆仑、玲珑、珠峰和银河等高品质医疗器械。年内，GE在开发区建设新园区，命名为GE北京科技园，是GE在北京的旗舰园区，总建筑面积7.42万平方米，计划于2016年8月投入使用。

GE工业园由通用电气医疗集团（简称GE医疗）旗下航卫通用电气医疗系统有限公司（简称GE航卫）和北京通用电气华伦医疗设备有限公司（简称GE华伦）组成，分别成立于1991年和1995年，以进口部件组装业务为主，发展成为GE医疗全球最大的医疗影像设备生产基地，其产品线覆盖了CT、X光机、手术机、心血管机和核医学设备，能生产探测器、直准器和控制柜等核心零部件和分系统。2005年，GE医疗在中国建立了包括独资和合资企业在内的多个经营实体，拥有员工7000多名。GE医疗在中国共拥有北京CT扫描系统和X光成像系统工厂、上海生命科学基地、无锡超声和患者监护仪设备工厂、桐庐滤纸生产基地和天津磁共振成像系统生产基地五大全球生产基地。

（贾莉莉 杨冬华）

航卫通用电气医疗系统有限公司

董事长兼总经理 陈和强

北京通用电气华伦医疗设备有限公司

总经理 陈和强

北京天诚同创电气有限公司

北京天诚同创电气有限公司（简称

天诚同创）2015年收入44.68亿元，同比增长76%；利润额7.7亿元，同比增长307%；纳税额2.9亿元，同比增长72.78%。拥有员工1095人，其中博士5人、硕士148人、本科生307人，技术研发序列人员292人，制造工人490人。年内，天诚同创Ⅳ型逆变器产品，以大于98.3%的中国效率，成为中国第一批获得CQC发起的光伏产品“领跑者”太阳能产品认证证书的企业。天诚同创2.5MW风电机组主控系统、3.0MW风电机组主控系统、2.0MW风机直驱型高功率密度变流器被认定为北京市新技术新产品。参与两项国际标准的制定（均已立项）；9项国家标准的制定(2项已发布、7项已立项)；18项行业标准的制定（3项已发布、15项已立项）。累计申请专利共247项，已授权106项。公司被国家能源局任命为能源行业20150634号《微电网运行与控制技术条件》标准的主要起草单位，以IEC微电网标准为基础，制定国内微电网行业标准。被市科委认定为北京市高新技术成果转化示范企业，被评为德勤一亦庄高科技、高成长企业20强。获2015年中国电器工业协会“电器工业标准化良好行为示范企业”称号。

天诚同创成立于2008年12月，注册资金1亿元，是新疆金风科技股份有限公司的全资子公司。天诚同创制造基地建筑面积4.2万平方米，具备亚洲一流的风电电控产品制造硬件设施。天诚同创致力于新能源领域电控系统研发、制造、销售和服务。业务领域包括风力发电、光伏发电、伺服控制、电网质量和智能电网等。作为国内最大的风电电控系统研发、制造企业，拥有包括变桨系统、主控系统和变流器系统在内的完整的风力发电电控系统自主开发平台和自主研发生产光伏逆变器的能力，具备业内领先的技术研发实力和产业化能力。在负荷侧，通过建立数据采集系统，全面准确采集负荷信息，实现对负荷可视化监控和预测。依据供电可靠性要求，对负荷进行分类，通过负荷特性详细分析实现对负荷的优化管理，提供个性化节能解决方案。在电源侧，根据负荷分析结果和自然资源分布情况，规划、配置和集成各类分布式电源（风、光、电、柴、储）。实现多电源的安全使用，通过能源之间的调度，提高终端能源的利用率。在电网侧，基于负荷侧和电源侧的综合智慧管理，实现电网侧的优化运行，最终提高电网的运行管理水平。

（杨华 李晔）

北京天诚同创电气有限公司

总经理 杨　华（1月任）

周云志（1月免）

北京大基康明医疗设备有限公司

北京大基康明医疗设备有限公司（简称大基医疗）2015年利润总额595.75万元，纳税总额1315.52万元，拥有员工300多人。11月，大基医疗与都江堰市人民政府签署项目合作协议，在都江堰建立国内顶级癌症诊断治疗中心，引进大基医疗的核医学诊断设备和治疗设备A45，对健康和亚健康进行检测，对癌症、心脑血管、糖尿病、各种感染性疾病进行治疗。

大基医疗是一家专业从事核医学诊断设备PET-CT、PET-MRI和治疗设备电子加速器-A45生产、研发、销售为一体的国际化高科技医疗集团，在美国、瑞典等国家设有公司、研发中心和工厂；

是国家高新技术企业、G20企业，中关村“十百千工程”企业，承担或参与国家支撑计划“863计划”工程、国家高性能医学诊疗设备专项等国家重大科技项目。2013年底，大基医疗与美国费城国际癌症中心医院签署协议，将PET-CT、PET-MRI和治疗设备电子加速器-A45销售到美国费城。

（章丽慧）

北京大基康明医疗设备有限公司

董事长 孙启银

施耐德（北京）中低压电器有限公司

施耐德中低压库房　　田艳军 摄

施耐德（北京）中低压电器有限公司（简称施耐德中低压）2015年销售总额29.5亿元，纳税总额3.77亿元，年产值19.9亿元，固定资产投资0.36亿元，出口额5.6亿元。职工总人数915人，其中管理人员12人、生产员工799人、技术人员104人。公司拥有先进的生产流水线，现代化车间和设备，在行业领域处于领先地位。施耐德中低压致力于减少温室气体的排放，6月，工厂对六氟化硫（SF6）集中供气系统通过总部验收顺利投入使用。新系统在安全、效率、成本和自动化水平等方面都有很大提升，助力工厂打造高效节约环保型工厂。截至2015年9月13日，工厂实现连续安全生产1000天，实现了长周期连续安全生产。

施耐德中低压成立于2009年，前身为施耐德中压和施耐德低压。施耐德电气（中国）投资有限公司占股权90%，施耐德电气公司（法国）占5%，开发区总公司占5%。施耐德中低压制造低压MCCB产品和中压二次产品，供应中国和海外市场。工厂的低压产品系列有Compact NSX系列C1/C2: 100 ~ 630A；Compact NS/NSX 80 MH系列；Easypact CVS系列C1/C2: 100 ~ 630A（包括Easypact CVS100E）；Compact INV/INS系列：40 ~ 630A。中压二次产品有RM6所有系列，SM6所有系列，RM6-S，FBX和Premset（固体绝缘）系列；SF断路器和MCset一次产品的本地组装。自动开关/继电器：柱上产品。新项目Premset中压开关柜生产线，开创全新的中压电网设计、安装和运营模式，完成北京供电局丰台720号开关站改造项目全部成功通电。

（王洁）

施耐德（北京）中低压电器有限公司

工厂总经理 胡仲海

安川首钢机器人有限公司

安川首钢机器人有限公司（简称安川首钢）2015年机器人销售台数同比增加84台，同比增长2.6%，销售金额与2014年持平。通过降低生产成本和间接费用等途径，确保企业经营稳定发展。年内，安川首钢完成新型变位机产品标准化；

进行企业安全生产分类分级复评，由原来的C级提升为B级；新一代车桥焊接组件自动检测系统、汽车底盘焊接机器人生产管理系统、木门自动打胶系统、空间相贯线轨迹机器人多层多道埋弧焊接系统先后投入使用；新型机器人弧焊工作站首次亮相；汽车排气系统自动封装线系统项目填补了国内空白；开发了用于机器人线圈包带机的控制软件和机器人自动折弯功能模块、全自动铝铸造件生产线系统和机器人冲压连线自动搬运系统。公司1项发明专利和5项实用新型专利获得授权。安川首钢获得2015年度中国十大系统集成商恰佩克奖，被评为一汽轿车股份有限公司优秀供应商、长春佛吉亚排气系统有限公司最佳供应商、东旭集团有限公司优秀供应商、迈赫机器人股份有限公司优惠战略供应商、福建骏鹏通信科技有限公司优秀供应商等。

（葛晨辉）

安川首钢机器人有限公司

总经理 富田也寸史

北京北开电气股份有限公司

北京北开电气股份有限公司（简称北开电气）2015年资产总额11.01亿元，从业人员971人。北开电气参与的“地铁直流牵引供电系统自主化保护装置及开关柜研制与应用”课题通过立项，并于5月获得市科委资金支持，该项课题将集中攻破直流微机保护装置和配套开关柜的关键技术，有利于打破国外技术垄断，推动产品的国产化应用推广。与通用电气企业发展（上海）有限公司就轨道交通业务达成合作共赢意愿，共同签署合作备忘录。9月，完成13项新增和扩充换版的低压成套获证产品CCC认证，其中新增产品5项，实现对低压成套产品市场领域更为全面的产品覆盖和认证。年内，北开电气通过2015年安全标准化一级复评，被评为北京市专利示范单位、首都文明单位标兵。2001年以来，北开电气共申请专利99项，授权专利96项，其中发明专利2项，商标1项。

北开电气前身是北京开关厂，具有63年开关电器制造经验，1999年12月组建成为股份制企业，2003年迁至开发区，占地面积14万平方米，注册资本26998万元。北开电气致力于高、中、低压开关控制设备，超导和机电一体化开关控制设备技术的研究、管理、销售、制造和安装维修服务，主营智能化组合电器、SF6组合电器、SF6断路器、真空断路器和接触器、充气柜、智能变电站、低压陆用（船用）空气断路器、高低压成套配电装置和军工产品等，作为国家电网公司和南方电网公司主要设备供应商，产品广泛应用于电网、电厂、电气化铁路、地铁和轻轨等市场。

（刘晓春）

北京北开电气股份有限公司

董事长 冯纪华

总经理 何 伟

经纬纺织机械股份有限公司

经纬纺织机械股份有限公司（简称经纬纺机）2015年总资产280.66亿元，营业总收入103.95亿元，利润总额27.56亿元，资产负债率50.99%，在全国有40多家分、子公司，在职员工1.1万余人，其中技术研发人员1908人，公司被确定为国家级技术中心。12月28日，公司实际控制人中国恒天集团收购公司原H股的项目完成，公司原H股从香港联交所撤销上市。年内，公司能源管理体系建设工作启动；公司承办的国家智能制造装备发展专项“棉纺数字化车间”项目通过验收；被中国纺织工业联合会评为“中国纺织服装行业社会责任建设先进单位”，行业排名再次蝉联第一。

经纬纺机隶属于中国恒天集团有限公司，是以纺织机械为主业，兼营商用汽车、金融和股权投资业务的上市公司（股票代码：000666）。作为全流程棉纺成套设备供应商，经纬纺机构建了“三大板块”（纺织机械、金融信托、商用汽车）和“六大单元”（棉纺机械、织造机械、纺机专件、捻线机械、经编机械、印染机械）业务格局，产品出口40多个国家和地区，全部产品备件上线互联网，价格公开、服务公开。

（翟家明）

经纬纺织机械股份有限公司

董事长 叶茂新

总经理 姚育明

中冶赛迪电气技术有限公司

中冶赛迪电气技术有限公司（简称中冶赛迪电气）2015年完成新签合同额9.26亿元，营业收入7.01亿元。截至年底，中冶赛迪电气有享受政府特殊津贴专家4人，全国冶金高级技术专家2人，百千万人才工程北京市级人选1人，国家注册电气工程师40余人，本科以上学历占在职员工90%以上，硕士以上学历占在职员工41%，其中博士11名。年内，中冶赛迪电气获得国际CMMI3（软件能力成熟度模型集成）认证、信息系统集成和服务三级资质认证、工业领域电力需求侧管理服务机构二级资质认证、北京市安全生产B级认证、进出口权、进出口业务相关资质；通过了中国质量认证中心CCC认证的监督审核；获得9项新型专利授权和冶金行业软件项目一等奖和二等奖；公司自主研发的修正型高精度温度计获评中国自动化产业年度十大最具竞争力创新产品；依托中冶赛迪电气组建的中冶自动化设备工程技术中心在中冶集团27家中冶工程技术中心考评中连续三年第一名，获评中冶集团优秀技术中心；总承包建设的济钢1700毫米热轧技术改造工程通过考核验收；承担了台塑河静钢厂、宝钢湛江钢铁基地诸多工程的三电设计和成套工作。

中冶赛迪电气前身是1992年由民间出资成立的北京新融友联技术有限公司。2010年8月20日，中冶新融电气技术有限公司正式更名为中冶赛迪电气技术有限公司。2011年，中冶赛迪电气技术有限公司与中冶赛迪工程技术股份有限公司自动化事业部正式整合成为新的中冶赛迪电气技术有限公司。中冶赛迪电气是世界500强企业中冶集团（MCC）旗下中冶赛迪集团（CISDI）的全资子公司，是集工程咨询、设计、工程总承包、设备成套、软件开发、生产技术服务、电气和自动化产品的设计开发、制造、集成和商业贸易等为一体的国家高新技术企业。服务领域覆盖冶金、电力、市政、化工、轨道交通、矿山、节能环保等，业务范围涵盖发输变电、供配电、电气传动，及自动化、仪表、计算机、铁路信号等专业的工程设计、软件开发和咨询服务，并提供电力电子、电气自动化系统的产品设计、制造与成套。

（罗媛群）

中冶赛迪电气技术有限公司

董事长兼法人代表 熊 兵

博世力士乐（北京）液压有限公司

博世力士乐监控视频墙　　单位提供

博世力士乐（北京）液压有限公司（简称博世力士乐）于2015年2月1日将第二厂区交割给德国采埃孚股份有限公司。年内，博世力士乐开展“强化依法治安意识，建设安全发展区域”活动，安装相关安防设备，包括视频监控系统、红外报警系统、门禁系统、门磁报警系统。博世力士乐在开发区共建有两大生产厂区，第一厂区主要生产行走、回转、卷扬减速机、液压泵和马达等产品，第二厂区主要生产2MW风力发电变速箱。

（李静媛）

博世力士乐（北京）液压有限公司

副总裁兼商务总经理 Jin Zheting

副总裁兼技术总经理 Czychy Uwe

北京ABB低压电器有限公司

北京ABB低压电器有限公司（简称ABB低压）2015年全自动化生产线实现第三亿极微型断路器产品下线，发布“永致系列”开关插座类新产品，及面向中国市场的SH200-NA ARVP自恢复式过欠压保护断路器新产品。实现全年零事故，被开发区安监局评为“安全生产标准化A级企业”。公司工会活动日渐完善，改进职工之家、妈妈屋、图书室、卡拉OK室等。ABB低压产品广泛应用于城乡建筑、工业和公共事业等自动化领域。

（张海璐）

北京ABB低压电器有限公司

总经理 杨文广

蓝星（北京）化工机械有限公司

蓝星（北京）化工机械有限公司（简称蓝星北化机）2015年资产总额11.24亿元，营业收入4.31亿元，利润总额3061万元，实际上缴税款4319万元。职工总人数902人，其中有科技人员229人，研发人员122人，高级以上职称66人，博士5人、硕士40人。累计办理退休49人，终止解除劳动合同13人，新增研究生、本科生26人。申报完成专利18项。有效专利117项，其中发明专利64项。子公司实现出口合同额1.15亿元，同比增长44%。与日方合作N系新型电极，通过旭化成实验室认证，完成实验室向工业化转化的至关重要的一步。完成国家财政预算资金资助项目——高效节能氧阴极离子膜电解装置产业化项目竣工验收，该项目获得国家预算资金资助1310万元，获得中关村管委会配套资金支持157.2万元。公司通过北京市企业技术中心年度考核。公司被市经济信息化委认定为“知识产权运用示范企业”。

蓝星北化机是中国化工集团旗下中国蓝星（集团）股份有限公司全资子公司，是能够提供成套离子膜烧碱装置和电解工艺技术与服务的专业化公司，能够自主设计、制造离子膜电解槽。

（孟静静）

蓝星（北京）化工机械有限公司

总经理 康建忠

北京京精医疗设备有限公司

京精公司外景　　高超 摄

北京京精医疗设备有限公司（简称京精公司）2015 年员工总人数 365 人，拥有一支光、机、电、信息、医学等学科较齐全的科技队伍，大专以上学历科技人员 138 人，占 37.8%；研究开发人员 56 人，占 15.3%。

京精公司成立于 2000 年 6 月，是从事血液回收系统、血液净化、血液治疗和血液储存技术的研究、生产、推广、销售、服务、培训为一体的国家高新技术企业。3000P/3000N 血液回收机系列产品是主打产品，满足临床自体血液回收需求，3000H 型血液回收治疗机属国内首创引入血浆置换、血液治疗功能，HS-9000/HS-9000B 加温输液泵系列产品满足临床加温并快速输液需求， BX-A 冰冻红细胞洗涤机适用于对解冻后的冰冻红细胞进行洗涤，满足备战需求。血液回收机产品为全国上千家大中型医院使用，年均血液回收 10 余万例，回收失血 100 余吨。公司获得 ISO 9001/ISO 13485 国际质量体系认证，2012 年通过医疗器械质量管理规范体系审核。公司先后获得国家重点新产品证书、国家科技进步奖二等奖、北京市科学技术进步奖一等奖、北京市高新技术企业证书、北京十大优秀专利实施项目、北京市重大科技成果推广计划和北京市安全生产标准化二级企业等荣誉。

（高光普）

北京京精医疗设备有限公司

董事长 鲁天龙

首席执行官 黄 帆

北京龙源冷却技术有限公司

北京龙源冷却技术有限公司（简称龙源冷却）2015 年总资产近 6.03 亿元，生产总值 4.13 亿元，纳税额 2482 万元；员工 500 人，其中本科以上学历占 95%。截至年底，已签订国际、国内合同总装机容量累计超过 30500 兆瓦。2015 年获得 10 项专利授权，累计获得 37 项专利技术授权，掌握核心产品专利 23 项。公司空冷散热器生产基地占地面积 3.47 万平方米，可制造大扁管直接空冷散热器、钢管钢翅片间接空冷散热器、铝管铝翅片间接空冷散热器等各种新型电站空冷散热器。

龙源冷却是中国国电集团所属国电科技环保集团股份有限公司的控股子公司，主营业务是发电厂的空气冷却系统（空冷）设计、空冷系统核心设备制造、成套设备供货、空冷系统施工安装服务。具备 1000MW 机组直接空冷和间接空冷系统 EPC 总承包能力。是国家高新技术企业和中关村高新技术企业，具有 ISO 9001、ISO 14001 和 GB/T 28001 认证证书。龙源冷却产品获得欧盟 CE 认证、美国 ASME 认证，安全生产管理体系获得北京安全生产标准化认证，是中国电力企业联合会 AAA 级信用企业。

龙源冷却设有独立的空冷技术研究分公司，是市科委授予的北京市科技研究开发机构。2011 年，在美国成立益美高龙源冷却空冷公 司（Evapco-Blct Drycooling,Inc.），标志着龙源冷却可在世界范围内销售电站空冷设备，公司已完成 10 余个国际项目的直接空冷散热器供货。

（马雷）

北京龙源冷却技术有限公司
董事长 杨 东
总经理 边新坚

航天长征化学工程股份有限公司

航天长征化学工程股份有限公司（简称航天工程公司）2015 年营业额 15.5 亿元，同比增长 29.2%，纳税额 1.34 亿元，利润额 3.44 亿元，同比增长 7.5%。拥有员工 643 人，其中硕士及以上学历 310 人、本科生 252 人，研究员 20 人，高级工程师 98 人、工程师 335 人，具有国家注册化工工程师、结构工程师、注册造价工程师等相关国家注册资格的人员共 124 人。1 月，航天工程公司在上海证券交易所上市；7 月，获“2015 年度全国化学工业优质工程奖”；11 月，当选中国煤炭加工利用协会煤转化分会理事单位；12 月，获“石化行业‘十二五’最具竞争力企业奖”，“高温氧气切断球阀”和“高压氧气调节阀”两项产品通过了由中国机械工业联合会组织的科技成果鉴定会。

航天工程公司位于开发区经海路 141 号，注册资本 41230 万元，是以航天粉煤加压气化技术为核心，专业从事煤气化技术和关键设备的研发、工程设计、技术服务、设备成套供应和工程总承包的工程公司。公司拥有的航天粉煤加压气化技术具有自主知识产权，是国家高新技术企业、北京市专利引擎试点企业、北京市知识产权专利示范单位、中关村高新技术企业，获得专利授权 123 项，参与制定国家标准 4 项，拥有化工石化医药行业甲级工程设计资质，拥有压力容器 A1/A2/A3/SAD 级设计资质、压力管道 GB 类 /GC 类 /GD 类设计资质。2009 年，公司的煤气化装置通过了中国石油和化学工业联合会的科技成果鉴定，航天粉煤加压气化技术被发展改革委列入《国家重点节能技术推广目录》。2010 年，航天粉煤加压气化技术被工业和信息化部列入《重点行业清洁生产技术推行方案》，被中国氮肥工业协会评选为“2007—2010 年氮肥、甲醇行业技术进步奖”（特等奖）。2011 年 5 月，公司被中国低碳经济发展促进会评为“2011 年低碳经济科技示范基地”；8 月，航天粉煤加压气化装置获科技部、环保部、商务部和质检总局联合颁发的“国家重点新产品证书”。2012 年 11 月，公司成为全国石油和化工行业粉煤气化技术工程研究中心。2014 年 10 月，公司获“2014 中国化工装备百强”企业、航天煤气化技术获第 66 届纽伦堡国际发明展览会金奖和国际创新专项奖。

（冷琎）

航天长征化学工程股份有限公司
董事长 唐国宏
总经理 王明坤

北京利达华信电子有限公司

北京利达华信电子有限公司（简称利达华信）2015 年销售额 5.36 亿元，员工近千人，被中国消防协会授予“企业信用评价 AAA 级信用企业”称号，连续 7 年蝉联消防行业“十大知名报警企业”。

利达华信前身为北京利达防火保安设备有限公司，成立于 1990 年 1 月 18 日，公司拥有建筑面积 3 万平方米的集中央空调、楼宇自控、安防监控系统、宽带网和综合布线系统的智能化星级厂房。利达华信主要产品有：火灾自动报警控制系统，消防广播、电话和联动系统，电气火灾监测预警系统，城市消防联网系统，工业用高抗干扰火灾自动报警系统，石油化工等行业所用的防爆火灾报警控制系统，以及应急疏散系统。产品销往国内外 20 多个国家和地区，并设有 100 多个分销公司和售后服务机构。

（木子）

北京利达华信电子有限公司

董事长 涂燕平

北京华德液压工业集团有限责任公司

北京华德液压工业集团有限责任公司（简称华德液压）2015 年推进市场结构、产品结构和人力资源结构调整，启动文化园建设和空间布局调整。年内，获 2015 年中国工程机械产业最具影响力液压系统品牌、北京市安全文化建设示范企业、2015 装备中国创新先锋榜技术创新奖等称号和表彰。“高压大流量比例阀关键技术研究及应用”和“高压轴向柱塞泵 / 马达设计与测试关键技术及应用”项目，分别获得中国机械工业科学技术一等奖和技术进步一等奖；静液压驱动产品获“2015 中国农机零部件产品”创新奖和“2015 年中国工程机械十佳配套件创新品牌”；六维度市场营销模式获“北京市企业管理创新”一等奖。

华德液压成立于 1979 年，已成为国内产品种类最全、最具规模的液压基础元件，及系统集成供应商，系中国液压气动密封件工业协会副理事长单位、中国液压行业骨干、北京京城机电控股有限责任公司麾下重点企业。华德液压发展成为以高压液压阀、高压柱塞液压泵 / 马达、液压成套设备三大支柱产业为核心，辅以密封件等产品，具有自主知识产权的液压基础件专业企业。主导产品液压泵 / 马达、液压阀规模和质量居行业前列，部分高端产品在国防等重大装备列装。“十一五”“十二五”期间多次承担国家级项目的研究与应用，参与工业和信息化部“强基工程”。华德液压作为国家高新技术企业，所属分公司均通过 ISO 9001 质量管理体系、ISO 14001 环境管理体系、OHSAS 18001 职业健康安全管理三大体系认证，主导产品通过中机诚业产品质量认证、德国莱茵 CE 认证、中国船级社 CCS 认证、美国 FM 认证、节能产品认证。华德液压产品广泛用于工程机械、冶金、机床、军工、环保、船舶、航天、石油石化等领域，被评为北京名牌产品、北京市著名商标、中国液压行业最具影响力产品等多项称号。2013 年，华德液压入选工业和信息化部品牌培育企业、工程机械高端液压件协同平台。

（岳高丽）

北京华德液压工业集团有限责任公司

集团总经理 廖显胜

北京供电福斯特开关设备有限公司

北京供电福斯特开关设备有限公司（简称福斯特）2015 年拥有员工 219 人，销售额 4 亿元，纳税额 921 万元。福斯特是原机械工业部和电力工业部定点的高低压开关设备的生产厂家。2002 年进驻开发区，园区占地面积 2.7 万平方米，公司下设 7

个部门、3个车间，有大中小型设备16台套，装备了从日本进口的58工位数控冲模回转头压力机、数控剪板机、数控折弯机等。福斯特已通过ISO 9001:2000、ISO 14001:2004、OHSAS 18001:2007体系认证。主要产品为高低压开关设备，共5大类20多个品种，主要生产KYN28A-12等高压成套设备、MNS等低压成套设备。福斯特产品广泛应用于石油化工、发电、输变电、配电等行业。

（陈林）

北京供电福斯特开关设备有限公司

董事长兼总经理 赵学明

北京瑞赛长城航空测控技术有限公司

北京瑞赛长城航空测控技术有限公司（简称长城测控公司）2015年销售收入1.95亿元，利润总额179.12万元，缴纳税款523.94万元，员工人数200余人。4月，操纵面加载和油源系统进入现场调试阶段；5月，公司通过ISO 9001质量体系再认证，通过安全标准中心监督审核，参加德国“SENSOR+TEST 2015”展览会；6月，通过安全生产分类分级评审；7月，通过高新技术企业重新认定，完成油库MES层综合信息管理系统交付验收。年内，完成重大转台项目交付验收，研发产品当年产生实现经济效益。公司对新商业模式的探索、新营销方式的建立初见成效，与集成商建立战略合作关系，为其提供终端产品和服务，相继签订了中石化长治分公司计量系统改造合同、中石化燃料油江苏分公司滨江油库自控集成合同、中石化云南分公司松林油库扩建二期库控系统设备采购合同；与国家和企业计量检定部门保持沟通交流，一起立项研制产品并推广，通过与客户联合立项、联合研发，积极开拓石化业务领域，签订LNG车载式流量计自动检定装置标准溯源技术开发合同，合同总金额达到1073.2万元；和美国AMETEK公司就APT磁致伸缩探棒签订代理协议，开发自主知识产权的液位计，并进入中石化产品供应商采购目录。

长城测控公司成立于1990年7月30日，注册资本1200万元。隶属于中国航空工业集团公司，是从事易燃易爆环境和特种环境测控系统，及测控设备研究、开发与制造，并提供监测、管理、控制一体化的整体解决方案（技术支持、工程服务）的高新技术企业。多年来，公司在“军民结合、亦军亦民”方针的指导下，产品分布于全国的20多个省、自治区、直辖市。

（姚远）

北京瑞赛长城航空测控技术有限公司

董事长 张振伟

总经理 申燕双

北京宏达日新电机有限公司

北京宏达日新电机有限公司（简称宏达日新）2015年资产总额3.24亿元，纳税167万元，投资收益154万元。共有从业人员135名，包括在岗职工131名，专业技术人员39人，中方派驻高级管理人员1名，日方派驻高级管理人员3名。宏达日新签订多个海外订单，包括泰国SETC项目、泰国东海理化项目、乌干达项目、新加坡项目等110kV变电站组合电器开关（GIS），合计14个间隔。

宏达日新成立于2001年9月29日，前身是北京北开日新电机高压开关设备有限公司，为日本日新电机株式会社和北京京城机电控股有限责任公司共同出资成立的中日合资有限责任公司，注册资本 6500 万元。主要从事设计、生产气体绝缘开关及配套设备、零部件；销售自产产品；提供自产产品的安装、调试、维修、技术咨询、技术服务（售前和售后服务）。主要技术和产品从日新电机株式会社引进或自主开发，主导产品包括 126kV GIS、252kV GIS、72.5-168kV 无功补偿专用开关（LBS）等。

（青木务 绘内康晴）

北京宏达日新电机有限公司
董事长 青木务
总经理 绘内康晴

北京京运通科技股份有限公司

北京京运通科技股份有限公司（简称京运通）2015 年总资产 105.72 亿元，净资产 61.03 亿元，营业收入 15.83 亿元，净利润 2.4 亿元。京运通共有员工 1168 人，其中大专以上学历人员占 40.15%。京运通拥有 35 家全资子公司、4 家控股子公司、3 家参股子公司和 1 家孙公司。5 月底，京运通微信公众号开通。年内，JQ-900 区熔炉被评为北京市新技术新产品（服务），子公司山东天璨环保科技有限公司提交的《稀土型选择性催化还原（SCR）脱硝催化剂》国家标准制定计划获得国家标准委立项。京运通参展 SEMICON China2015 国际半导体设备、材料、制造和服务展览、2015 年国际太阳能展会。两个 50MW 光伏电站实现并网发电。公司获得“北京市安全生产标准化二级企业”称号。

京运通成立于 2002 年 8 月 8 日，注册资本 19.93 亿元，是一家以高端装备制造、光伏发电、新材料和节能环保四大产业综合发展的集团化企业，主导产品包括单晶硅生长炉、多晶硅铸锭炉、区熔单晶炉等光伏和半导体设备，硅棒、硅锭和硅片等光伏产品，光伏发电和稀土无毒脱硝催化剂。

（王琪）

北京京运通科技股份有限公司
董事长兼总经理 冯焕培

北京华东电气股份有限公司

北京华东电气股份有限公司（简称华东电气）2015 年营业收入 1.25 亿元，总资产 3.58 亿元，纳税总额 899 万元，职工人数 248 人，拥有科技人员 75 人，研发人员 58 人，高级职称 17 人，博士 2 人、硕士 2 人；公司拥有有效专利 32 项。4 月，环保型气体绝缘开关设备、码头岸电变频系统、HAPF/SVG+HPF 有源滤波节电装置项目通过市科委组织的北京市企业研究开发项目鉴定；6 月，通过北京天一正认证中心装备质量管理体系审核；8 月，公司研发的核电站用 1E 级金属铠装移开式开关设备、ZF38-126（L）/T2500-40 气体绝缘核金属封闭开关设备获得北京市新技术新产品证书；12 月，获得开发区科技创新资金支持 50 万元。

华东电气成立于 1985 年，主要从事智能电气成套设备的研发、设计、生产和销售，是国家新技术企业、中关村瞪羚企业、武器装备科研生产许可企业。产品广泛应用于核电站、城乡电网、发电厂、变电站、石油、化工、冶金、造船、电气化铁路、地铁、城市轻轨、港口、军队国防、垃圾电站和环保等市场。

（彭立华）

北京华东电气股份有限公司
董事长 王怀新
总经理 王钰洲

北京牡丹联友环保科技股份有限公司

牡丹联友新三板挂牌　　单位提供

北京牡丹联友环保科技股份有限公司（简称牡丹联友）2015 年 7 月同时完成新三板的挂牌、定增和上市，证券代码 832987。同月，再次与美国 TML 公司签订独家代理国际领先的稀释法烟气低浓度在线监测系统协议，使公司拥有国际一流的烟气排放连续监测技术和产品。8 月，公司被中关村评为 2014—2015 年度中关村信用培育双百工程——百家最具发展潜力信用企业。年底，公司股东大会决议通过对管理层、核心员工进行股权激励的方案。

牡丹联友成立于 1992 年，是中关村科技园区的北京高新技术企业，注册资本金 6900 万元，是专业从事环保领域污染源在线监测设备的研发、生产、销售和后期运营服务公司。

（孟雨）

北京牡丹联友环保科技股份有限公司
董事长　杨　森
总经理　王东民

中冶京诚工程技术有限公司

中冶京诚工程技术有限公司（简称中冶京诚）2015 年销售额 80.39 亿元，纳税额 5.25 亿元，利润 2.78 亿元，社会贡献率 10.35%。员工总人数 4042 人，有国家工程设计大师 1 人，享受政府特殊津贴专家 9 人，全国冶金高级管理专家 2 人，全国冶金高级技术专家 15 人，中冶集团首席专家 5 人，中冶集团工程技术院院士 4 人，具有国际认证资格 11 人，持有国家注册证书人员 801 人，教授级高级工程师 359 人，高级工程师 846 人，工程师 1190 人，博士 55 人。

年内，中冶京诚被中央精神文明建设指导委员会评为“全国文明单位”，被国资委文明办授予“2012—2014 年度首都文明单位标兵”称号。中冶京诚子公司赛瑞斯国际公司因对北京地铁 15 号线工程的特殊贡献被北京城市快轨建设管理有限公司评为“突出贡献奖”，获“中国园林绿化综合竞争力百强企业”和“全国十佳园林工程企业”称号。赛瑞斯国际公司名列 2014 年全国工程监理企业排名第十四位。全资子公司京诚嘉宇公司入选北京市首批能源管理体系和碳排放管理体系第三方评价机构。

中冶京诚“中厚板高性能矫直机系列成套设备开发与应用”项目获 2015 年度冶金科学技术奖二等奖，“新型顶管机组的研制与应用”和“高炉煤气一塔式多级除氯工艺及装备的研究与应用”两项科技成果获三等奖。中冶京诚总承包的“广东韶钢松山股份有限公司高等级热轧钢筋生产线改建工程”获得全国工程勘察设计行业工程总承包项目铜钥匙奖。中冶京诚主持设计的“中国国际贸易中心三期工程（A 阶段）”获“改革开放 35 年百项经典暨精品工程”称号，全国共有 102 项工程入选。“宝钢集团上海浦东钢铁厂有限公司搬迁工程宽厚板轧机工程设计”项目获第十四届全国优秀工程勘察设计奖金质奖，“首钢京唐钢铁联合有限责任公司炼钢连铸工程设计”和“天津钢管集团有限公司Φ460PQF 轧管工程设计”项目分获全国优秀工程勘察设计奖银质奖。

由中冶京诚主编的国家标准《钢铁企业能源计量和监测工程技术规范》GB/T 51050-2014、《炼钢工程设计规范》GB 50439-2015 获得住房城乡建设部批准发布，分别于 2015 年 8 月 1 日和 2015 年 12 月 1 日起实施；主编的国家行业规范《钢铁企业能源计量和监测工程技术规范》被安全生产监督管理总局批准发布；中冶京诚参编的《城市综合管廊工程技术规范》获得住房城乡建设部批准发布，编号为 GB 50838-2015，自 2015 年 6 月 1 日起实施。安全生产监督管理总局发布了中冶京诚秦皇岛公司主编的《金属非金属矿山建设项目安全设施设计编写提纲》，自 2015 年 7 月 1 日起施行。

中冶京诚前身为成立于 1951 年的北京钢铁设计研究总院，系中国第一家国家级的冶金设计单位，于 2003 年 11 月 28 日改制为国际化工程技术公司，隶属于世界 500 强企业中国冶金科工集团公司。公司先后为国内外 500 余家客户提供近 5000 项工程技术服务。2007 年起公司经营收入连续多年超过 100 亿元，历年百强排名均位居前列。2007 年、2008 年两年位列全国勘察设计企业营业收入排名百强之首。

中冶京诚于 2008 年被北京市工业促进局认定为“北京市企业技术中心”，2010 年由人力资源和社会保障部批准建设中冶京诚博士后科研工作站，公司形成了研究、设计、制造、中试、工程、产业一体化的创新模式。公司曾完成多项国家重点工程设计和科研课题，获国家技术发明奖、国家和省部级科技进步奖、国家和省部级优秀工程设计奖等 500 余项，拥有职务专利 604 项，其中发明职务专利 142 项。公司主、参编了 280 余项国家和行业标准。

（程芳）

中冶京诚工程技术有限公司

董事长兼党委书记 施设

总裁 刘波

和利时集团

和利时集团（简称和利时）2015 年营业额 40 亿元，员工 3500 人，业务遍及海内外。年内，采用和利时列控系统核心设备的青荣城际铁路、沈丹客运专线、吉图珲客运专线等多条客运专线开通运营，和利时负责实施的神福鸿山电厂 2×1000MW 超超临界发电机组 DCS 项目、国华绥中电厂 2×800MW 发电机组 DCS 改造项目投入运营，和利时现场总线设备管理系统（HAMS）在国内大型百万火电机组——神华福能成功应用。

和利时始创于 1993 年，是中国领先的自动化与信息技术解决方案供应商。公司总部位于北京，在杭州、西安、深圳、新加坡、马来西亚、印度设有研发、生产或服务办公基地，在全国各地设有数十处服务机构，并已建成了可靠性与系统仿真试验中心、国家级企业技术中心和 4 条自动化产品生产线，建成了年产能超过 1 万台控制柜的大型控制系统成套基地。业务集中在工业自动化、轨道交通自动化和医疗自动化三个领域。每个业务领域又包含三个业务方向：工业自动化包含过程自动化、离散自动化和矿山自动化；轨道交通自动化包含干线铁路自动化、城际铁路自动化和城市轨道交通自动化；医疗自动化包含中药调剂自动化、颗粒包装自动化和实验自动化。公司拥有客户近万家，成功实施2万多个控制系统项目。

（张蔚青）

和利时集团

董事长 贺剑锋

北京京诚瑞达电气工程技术有限公司

北京京诚瑞达电气工程技术有限公司（简称瑞达公司）2015年拥有员工360余人，其中硕士、博士130余人，具有中高级以上技术职称250余人，注册电气工程师、注册自动化系统工程师、冶金建设高级技术人员等50余人，参加国家各项专业技术学会、协会专家10余人。1999—2015年，累计合同总额超过60亿元。高速起停式倍尺飞剪控制系统和棒材生产线自动化控制系统产品居国内同行业市场首位。年内，瑞达公司重点研发CERI.INVT高性能变频装置、智能燃烧模型、CSPDA高速数据采集分析系统、低压/中压无功补偿装置、铁路信号计算机联锁系统等节能产品。其中，"高性能低压变频器的研发与应用"通过由中国机械工业联合会组织的科技成果鉴定，鉴定结论为综合技术性能达到国际先进水平，该项目同年获得中冶集团科技进步二等奖。截至年底，冶金原料、连铸、棒材、飞剪、无缝钢管、中厚板等多项控制系统获得冶金科学技术奖一、二、三等奖；40余项软件成果获得版权局授予的软件著作权。瑞达公司建立了远程维护服务中心，通过互联网远程访问，可以组织专家团队在北京中心快速响应分析现场的疑难问题。年内，瑞达公司建立了健康电网、智能工厂、绿色工厂、智慧管网及智能建筑四大技术方向，努力实现从工程集成向产品和服务转型。

瑞达公司于1998年4月成立，是中冶京诚工程技术有限公司的全资子公司。公司经营范围包括技术服务与咨询、工程设计、设备集成、基础自动化、过程自动化、信息化系统集成等，能为用户提供全方位服务。业务领域覆盖了冶金、化工、港口、市政、发电、输配电、弱电智能化、新能源等。工程项目遍及国内各地，并出口白俄罗斯、孟加拉国、印度、伊朗等海外市场。

（张楚）

北京京诚瑞达电气工程技术有限公司

总经理 李铁

欧必翼门控科技（北京）有限公司

欧必翼门控科技（北京）有限公司（简称欧必翼门控）2015年总产值1.2亿元，总资产1.7亿元，拥有员工300人，其中高级机械工程师、电子技术工程师35名，本科以上学历技术研发人员45名。10月，欧必翼门控参加2015年第十五届中国国际公共安全博览会。年内，OBE互联网创新园被开发区授予首批特色产业园和首个"全国产业与金融创新示范基地"称号。

欧必翼门控成立于2000年，是一家在旋转门、速通门、平移门、门控五金领域内集研发、销售、生产、安装、售后于一体化的专业公司。注册资本310万美元，办公生产区3万平方米，拥有门控和通道管理两大类产品，可为多种应用场合提供门控产品和出入口控制系统解决方案。2007—2009年，欧必翼门控连续3年被评为门类科技创新企业、中组部工程优秀施工单位。2008年，被评为建设部自动门车库门标准化技术委员会常务委员单位、中国饭店协会常务理事单位和供应商专业委员会常务理事单位。2009年，被评为“质量、服务、信誉 AAA 示范企业”，获绿色建材产品证书。2010 年，获“2010 中国饭店业金牌供应商”称号。2011 年，获“中国优秀创新企业”称号，被认定为北京市高新技术企业，产品先后通过美国 UL 认证、欧盟 CE 认证。

（王娜）

欧必翼门控科技（北京）有限公司

总裁 张建新

北京华安远大智能电气有限公司

华安远大新型磁控电抗式动态无功补偿装置安装　马彦华 摄

北京华安远大智能电气有限公司（简称华安远大）2015 年资产总额 1.2 亿元，纳税总额 153 万元。年内，获得计算机软件著作权 5 项、技术专利 9 项、实用新型专利 4 项、外观设计授权专利 2 项。

华安远大 2012 年入驻开发区，注册资本 1 亿元，占地面积近 7 万平方米，拥有钢结构大型厂房近 1.5 万平方米，近 5000 平方米现代化办公楼和 2300 平方米多功能综合楼。主要从事智能电气设备的研发、设计、生产和销售业务，主要产品系列有（干式、油浸式）高压动态无功补偿和谐波治理成套装置（MSVC）、自动调谐偏磁式消弧线圈、高压静止无功发生器（SVG）、高压动态无功补偿装置（SVC）、有源滤波成套装置（APF）、高压自动无功补偿电容柜、调压式动态无功补偿装置干式变压器、特种电抗器、柱上式线路自动调压器、高压开关柜局部放电检测仪等智能电气设备。华安远大是国家高新技术企业、中关村高新技术企业，获得开发区科技创新资金支持，设计开发的大型故障限流器技术填补了国内行业空白。

（马彦华）

北京华安远大智能电气有限公司

总经理 陈宜军

北京赤那思电气技术有限公司

北京赤那思电气技术有限公司（简称赤那思电气）2015 年有员工 50 人。年内，公司完成由传统的无功补偿装置制造企业向以客户需求为导向的电力服务型企业的战略转型；参与制定国家标准《无功补偿装置术语》、能源行业标准《高压并联电容器组投切用固态复合开关》和《电力系统用串联电容器第二部分：串联电容器组用保护设备》；当选北京市建筑装饰协会电气委员会副会长单位、陕西省节能协会副会长单位；依法维护公司注册商标专有权和市场的正当竞争秩序。

赤那思电气主要致力于无功补偿、谐波治理和电能质量优化等领域的技术研究，主要产品有高 / 低压无功补偿成套装置和其电力电容器、电抗器、控制器等核心元器件。产品广泛应用于电力、汽车制造、船舶、冶金、煤炭、石油化工、水泥等领域。

赤那思电气自主研发20多个核心专利技术，通过国家高新技术企业认证和中关村高新技术企业认证、CCC国家强制性产品认证、ISO 9001:2000认证、ISO 14001:2004认证、GB/T 28001-2001质量环境安全管理体系认证。公司是中国电工技术学会电力电容器专业委员会会员单位，能源行业无功补偿和谐波治理装置标准化技术委员会委员，《高压电力滤波装置设计与应用导则》《高压并联电容器装置的通用技术要求》国家标准起草委员会成员，《高压静止同步补偿装置》《低压静止无功补偿发生装置》《磁控电抗器型高压静止无功补偿装置》能源行业标准起草委员会成员。公司积木式无功自动补偿装置、抽出式低压智能无功自动补偿装置入选第二批自主创新产品目录，是市政府采购的首选产品。公司是中石油、国家电网合格供应商。

（于春影）

北京赤那思电气技术有限公司

总经理 战子英

中国航空技术北京有限公司

中国航空技术北京有限公司（简称中航国际北京公司）2015年销售收入62亿元，利润总额5600万元。5月，委内瑞拉日产2400吨水泥熟料生产线项目点火。11月，土耳其余热发电项目并网发电。

中航国际北京公司成立于1992年，是中国航空工业集团公司的成员单位，中国航空技术国际控股有限公司的全资子公司，注册资本8亿元。中航国际北京公司主营以水泥建材、机械车辆、石化工程为主的机电工程总包业务，具有机电工程设计、设备供应、土建安装、设备调试、运营管理等整体解决能力，在全球10余个国家和地区设立了投资企业和海外机构，在南美、中东、东南亚、非洲等区域建设多个海外工程项目。中航国际北京公司是德国洪堡公司的控股股东。

（江玮）

中国航空技术北京有限公司

总经理 邹康宁

北京利达科信环境安全技术有限公司

北京利达科信环境安全技术有限公司（简称利达科信）2015年拥有员工78人，年产值2100万元，纳税额185万元。年内，利达科信研发油烟在线监测设备、五参数在线监测仪、总氮在线监测仪、重金属在线监测设备等产品。取得5项中国环境保护产品认证、两项发明专利、4项实用新型专利、7项软件著作权。利达科信油烟在线监测设备与北京市朝阳区环境保护局联合进行课题研究，并在2015年完成项目试点工作。

利达科信成立于2002年7月，注册资金1500万元，是一家集研发、生产、销售环保在线监测设备的高新技术企业。利达科信先后取得国家高新技术企业认定证书、中关村国家自主创新示范区创新型试点企业称号、北京科技研究开发机构称号、北京市“瞪羚”重点培育企业称号、ISO 9001质量管理体系认证证书、ISO 14001环境管理体系认证证书、环境污染治理设施运营证书。

（王欣 陶素杰）

北京利达科信环境安全技术有限公司

董事长兼总经理 王 欣

北京卓越航空工业有限公司

北京卓越航空工业有限公司（简称卓越航空）2015年向美国卓越航空发动机

公司出口发动机整机产品 Vantage 发动机两台；向国内客户交付两台发动机，其中 Vantage 发动机 1 台、莱康明发动 1 台；交付国产零部件 71 种，共计 482 件。年内，卓越航空最新研发的 Gemini100 重油发动机的生产准备工作和市场推广工作进展迅速。塞斯纳 172R/S 飞机的补充型号合格证的认可（VSTC）工作已签署客户意向协议，中国民航（CAAC）受理了公司申请。

卓越航空专门从事航空发动机销售、零部件开发和委托加工。公司通过全资收购美国卓越航空发动机公司而将其生产技术和质量管理体系引进中国，在中国组装生产 XP（150–215 马力）和 Vantage（180 马力）、航空重油发动机系列活塞发动机。

（于雪莲）

北京卓越航空工业有限公司

董事长 成身棕

北京安达维森机电设备技术有限公司

北京安达维森机电设备技术有限公司（简称安达维森）2015 年总资产 621.17 万元，净资产 504.38 万元，高科技类营业收入占比 85.88%，同比增长 30.76%。申报专利和软件著作权 11 项。年内，安达维森通过国家高新技术企业认证，并获“2015 年北京市诚信创建企业”称号。承担的市经济信息化委智慧城市试点项目——“智慧社区街镇服务平台”通过专家鉴定。“空巢老人生活规律异常监测系统”“居家养老社会化街镇服务平台”“iHouse 智能建筑房间控制器”3 项核心产品获得北京市新产品新技术（服务）证书；获得市通讯信息协会颁发的“新锐创新奖”和“智慧城市建设积极推进奖”。截至年底，“五位一体养老服务社会化技术支撑平台”项目落户北京市西城区、朝阳区超过 20 个社区，为老年餐桌订餐管理提供技术服务支撑。

安达维森始创于 2011 年 5 月。2013 年初，现任公司执行董事、北京市通讯信息协会副理事长的陶雨携多年技术开发成果加盟安达维森，由此开启安达维森在高技术领域的业务。安达维森是一家基于自动化控制技术、有 / 无线通信技术及计算机软 / 硬件技术的物联网技术应用企业。主要业务是面向社会、社区、企业、家庭和个人多个方面提供信息化、网络化、智能化技术产品与系统的应用定制与委托开发服务。公司核心技术资源包括：硬件体系——物联网应用网关、软件系统——精细化管理平台、云端服务——大数据智能中心。公司物联网技术应用研发中心是开发区认定的区级科研机构。企业新技术项目“空巢老人生活规律异常监测系统”获得市科委科技型中小企业技术创新项目和开发区科技局新区科技创新专项资金支持。企业拥有 GB/T 19001–2008idt、ISO 9001:2008 质量管理体系认证、西门子（中国）公司自动化系统（M3）入围供应商等资质。

（蒋健勇）

北京安达维森机电设备技术有限公司

执行董事 陶 雨

总经理 蒋健勇

航天长征火箭技术有限公司

航天长征火箭技术有限公司（简称航天火箭公司）2015 年完成以载人航天工程为代表的多个型号科研生产任务，产值突破 15 亿元，销售收入突破 17 亿元，利润总额 1.38 亿元，上缴税款超过 4400 万元。

航天火箭公司于1999年12月15日在开发区注册成立，注册资本3.99亿元。连续多年被评为开发区纳税先进企业；获得首都文明单位、新区精神文明单位称号；2008年被评为“全国精神文明建设工作先进单位”，被全国总工会授予“全国五一劳动奖状”；2010年获“全国模范职工之家”“全国五四红旗团支部”称号；2013年被评为北京市“纳税信用A级企业”；2014年获“全国工人先锋号”称号。

（韩志锋）

航天长征火箭技术有限公司

总经理 李艳华

北京航天拓扑高科技有限责任公司

北京航天拓扑高科技有限责任公司(简称航天拓扑)2015年营业收入2.3亿元，利润总额2200万元。年内，航天拓扑烟草工业自动化控制业务领域实施了包括郑州、涪陵、天水、杭州、滕州、井冈山等千万元级的大型卷烟厂制丝集控系统项目；燃气监控调度和信息化业务重点围绕北京燃气、省级天然气、中石油三大板块开展工作，保持了市场占有率。

航天拓扑于2001年5月15日成立，是中国运载火箭技术研究院下属的民品公司，致力于烟机、燃气、热力、供水、配电、物流等领域的自动化控制和监控管理系统集成、军品配套产品和旋转机械故障诊断系统的设计、开发、生产和服务。针对北京燃气集团非家用燃气计量系统研发的TOPLINK400控制器通过业主验收，取得防爆产品合格证。

（尹飒）

北京航天拓扑高科技有限责任公司

董事长 刘中兵

总经理 孙晓波

中国航空科技工业股份有限公司

中国航空科技工业股份有限公司（简称中航科工）2015年收入264.08亿元。公司权益持有人应占溢利为8.63亿元。航空整机业务收入115.73亿元，同比增长2.64%。年内，中航科工国际合作项目顺利进行。中直股份与英国吉凯恩宇航公司合作的国际转包项目HTF7500E短舱风扇罩首架份产品成功交付，与埃赛合作的银冠项目实现首件交付；在哈尔滨安博威飞机工业有限公司组装的莱格赛650大型喷气公务机交付客户两架；哈尔滨哈飞空客复合材料制造中心有限公司完成A320工作包交付工作。中航科工收购中国航空规划设计研究总院有限公司100%股权，业务拓展至航空制造业前端的规划、设计、咨询等工程服务领域；投资生产商用飞机座椅的专业公司湖北航宇嘉泰飞机设备有限公司；参与出资设立中航工业南京伺服控制系统有限公司和中航工业南京机电科技有限公司，以利于扩展民用航空产业链；拟参与增资沈飞集团和成飞集团，将产业链拓展至防务领域。

中航科工成立于2003年4月30日，同年其H股在香港联交所挂牌上市（股票代码：2357）。内资股股东为中国航空工业集团公司中航机电系统有限公司、中国华融资产管理股份有限公司、中国信达资产管理股份有限公司、中国东方资产管理公司，H股股东主要有空中客车集团（Airbus Group）。中航科工旗下企业包括中直股份、洪都航空、中航电子和中航光电四家A股上市公司，及天津航空、中航传媒等多家航空制造业相关企业。中航科工制造的产品包括直1~15吨系列直升机；L-15高级教练机、K-8中级教练机和CJ-6初级教练机；Y-12系列运输机和N-5系列农林飞机，其中Y-12出口美国，成为首次进入发达国家市场的中国民用飞机；机载电子产品、连接器产品和机电产品三大类，广泛应用于航空、航天、兵器、船舶、通信、铁路、石油、医疗设备、电力、电子、轨道交通、新能源、通信网络和电子信息等领域。

（夏源）

中国航空科技工业股份有限公司

董事长 林左鸣

副董事长兼总经理 谭瑞松

赛维航电科技有限公司

赛维航电科技有限公司（简称中航工业赛维航电）2015年员工人数160人，营业收入5705.59万元，利润总额391.41万元，缴纳税费384.87万元。承担国家重点型号测试任务28个，涉及131项软件。软件测试规模累计1262.5万行，设计测试用例约24.4万个，发现软件问题约1.6万个。7月，中航工业赛维航电与北京安达维尔科技股份有限公司共同投资成立北京中航赛维安达科技有限公司。该公司主要开展国产机载航电产品维修业务，重点进行直升机系列的机载航电产品维修设备开发，具备30余项航电产品的维修能力，其中22项已经获得陆航维修能力批准并开始试修，实现试修难易梯度搭配，维修利润高低搭配。子公司北京中航赛维生物科技有限公司主要业务是体外诊断行业下的磁微粒化学发光免疫分析仪器与试剂的研发、生产、销售和服务。VI-180型全自动化学发光免疫分析仪、肿瘤标志物、甲状腺功能类和性激素类测定试剂盒取得了医疗器械注册证；公司取得1个软件著作权、两个实用新型专利。

中航工业赛维航电于2001年12月成立，注册资金8980万元，是中国航空工业集团公司的成员单位，隶属于中航航空电子系统股份有限公司，是中航工业计算机软件北京测评中心的挂靠单位。公司致力于军用软件测试和系统测试环境建立等相关工作，测试业务领域覆盖海装、陆航、空装、总参二部、总参四部、二炮、科研院所和院校，参与了所有航空在研型号和老机改造型号等40多个国家重点型号500余项军用软件测试任务，已成为海装、陆航、空装软件工程化检查与管理的重点支撑单位，也是中国航空工业集团公司软件质量信息收集汇总和软件工程化管理推进的依托单位。同时，公司也具备民用软件测试的资质（CNAS/DILAC）和能力。

（张弛）

赛维航电科技有限公司

董事长兼总经理 郑育

互联网+

京东首家县级服务中心在青岛开业

1月8日，京东集团首家县级服务中心在青岛平度市开业。县级服务中心模式是京东推进农村电商、渠道下沉战略的重要抓手，服务中心让更多的农村消费者享受到京东“多快好省”的全流程优质购物体验，为农民提供售后、金融服务，真正让“工业品进村、农产品进城”，推进城乡消费公平。9月22日，京东宣布作为其农村电商核心力量的乡村推广员招募已达

10 万名，京东乡村推广员遍布全国 27 个省市自治区、600 多个县、近 1 万个乡镇的 10 万余个村庄，肩负起帮助农民建立网购习惯、享受与城市居民同等优质产品和服务等电商红利的任务。

（王晓东）

京东和易车、腾讯共同发展汽车电商平台

1 月 9 日，京东集团和易车、腾讯共同宣布，三方将共同发展汽车电商平台。京东以认购新发行普通股形式，向易车网投资 11.5 亿美元，京东将持有易车全面稀释下的总发行流通股中 25% 的股份，并将获得易车董事会席位。

（王晓东）

国富瑞数据举办数据中心安全服务论坛

1 月 13 日，国富瑞数据系统有限公司主办的 2015 年数据中心安全服务运营高峰论坛在北京锦江富园大酒店举行。国富瑞数据邀请了公安部、教育部、中国通信工业协会企业信息化委员会、中国民航信息网络股份有限公司、国家电网国电通网络技术有限公司、太平洋电信（深圳）有限公司、三星数据系统（中国）有限公司、国民银行（中国）有限公司、亚马逊通技术服务（北京）有限公司、香港电讯有限公司、连连银通电子支付有限公司、银杏树信息技术服务（北京）有限公司等政府机构、国内外知名的信息技术企业的业内专家学者出席。论坛就数据中心安全服务运营形势、数据中心网络基础服务构建、新一代容灾解决方案、云计算安全和国富瑞数据新服务产品等进行探讨。

（申娜）

天地互连组织 2015 智慧能源国际峰会

1 月 21 日，北京天地互连信息技术有限公司组织的 2015 智慧能源国际峰会在北京召开。来自全球能源互联网、智慧能源领域的专家、学者、官员和业界人士围绕“开启能源互联网新时代”主题展开讨论，共同探寻在能源革命背景下，能源产业如何互联网化，为智慧能源产业发展过程中的互联网和能源产业融合提供破解之道。

（周悦）

京东与法国政要签署联合声明

法国总理曼纽尔·瓦尔斯会见京东集团 CEO 刘强东 单位提供

1 月 31 日，法国总理曼纽尔·瓦尔斯在法国驻上海总领馆会见 7 名中国知名企业家，京东集团首席执行官刘强东作为唯一一名中国电商代表参加会见。2 月 3 日，刘强东率京东代表团亲赴巴黎，与包括法国经济委员会主席让·克劳德·勒努瓦、法国人民运动联盟主席萨科齐在内的法国各界政要共同签署联合声明，并主持京东“法国馆”的启动仪式。联合声明郑重承诺：“我们将尽一切努力保证在京东‘法国馆’内所提供和销售的一切法国产品品质优良、且产权得到严格保护。”

（王晓东）

天地互连 IEEE 1888 成为国际标准

3 月 2 日，国际标准化组织 ISO/IEC 发布文件，由北京天地互连信息技术有限公司担任主席、中国电信等国内外单位共

同发起推动的 IEEE 1888 标准通过 ISO/IEC 最后一轮投票，成为全球能源互联网产业首个 ISO/IEC 国际标准，最终发布版本号 ISO/IEC/IEEE 18880。

（周悦）

京东集团与科大讯飞签署协议

3 月 4 日，京东集团与科大讯飞股份有限公司在北京签署协议，宣告双方将在智能家居和语音技术领域展开全面合作，全力推动成立一家合资公司，充分发挥京东在智能产业链方面的优势和科大讯飞出色的语音技术和人工智能技术优势，致力于智能家居硬件产品、语音解决方案，及智能硬件平台服务的研发和推广，并打造出可组成智能应用解决方案的热点产品，让语音智能生活体验进入千家万户。5 月 25 日，京东智能与科大讯飞联合推出第一款战略单品——DingDong 智能音箱，并首次通过 CES ASIA 对外发布。DingDong 智能音箱充分展示了京东智能在产业链整合、生态体系建设上的实力，和科大讯飞在语音识别和人工智能上的卓越成就。

（王晓东）

京东新增 5 个海外馆

京东“澳洲馆”正式开启　　单位提供

3 月 26 日，京东集团 “韩国馆”开启仪式暨韩大型招商会在韩国首尔国际会议会展中心召开。近千名来自服饰、化妆品、母婴、食品、大型综合超市等领域的韩国知名企业、商家代表参会。6 月 1 日，京东全球购日本招商发布会暨“日本馆”启动仪式在日本东京虎之门 hills 召开。“日本馆”汇集母婴用品、食品保健、个护美妆、服饰箱包、家居家电等品类，涵盖花王、贝亲、日清、资生堂、高丝、象印、佳能、松下等多个日本知名品牌，同时将陆续引进膳魔师、爽快药妆、井藤汉方、Unimat 等上千个日本知名品牌入驻。6 月 29 日，京东全球购澳大利亚招商会暨“澳洲馆”启动仪式在澳大利亚墨尔本市召开。7 月 20 日，京东全球购美国招商会暨京东“美国馆”启动仪式在美国纽约举行。中国用户可以“一站式”购买来自美国的优质商品。同时，京东与 DHL 签署战略合作协议，为美国商家和中国消费者提供国际物流服务。10 月 9 日，京东全球购德国招商会暨“德国馆”启动仪式在德国科隆万豪酒店召开。

（王晓东）

刘强东入选 50 位最伟大的领导者榜单

3 月 27 日，全球知名财经媒体《财富》杂志公布“全球 50 位最伟大的领导者”榜单，京东集团首席执行官刘强东首次入选。关于获评理由，《财富》杂志写道：“刘强东所创立的京东发展迅速，他打造了由数万人组成的配送力量，确保订单在中国超过 130 个区县实现当日送达。虽然公司上市后刘强东已经成为亿万富翁，但他依然充满亲和力并很‘接地气’，没有明星架子，每年抽出一天时间亲自为客户送货”。

（王晓东）

京东设立 O2O 业务子公司京东到家

3 月 31 日，京东集团宣布成立 O2O

业务全资子公司拍到家，与京东商城、京东金融、拍拍、京东智能共同组成京东集团五大业务板块，“拍到家”APP于3月16日上线，4月16日更名为“京东到家”。它将依托京东物流体系，整合各类O2O生活类目，向用户提供3公里范围内生鲜和超市产品的配送，并基于移动端定位实现两小时内快速送达，打造生活服务一体化应用平台。12月12日，“京东到家”携手万家优质商家，在APP平台掀起“全场4.8折”（除外卖）大促，订单量突破25万单，参与配送的众包配送员接近3万名。

（王晓东）

天地互连发布IPv6 Ready支持度报告

3月，北京天地互连信息技术有限公司—全球IPv6测试中心发布《2014全球IPv6 Ready支持度报告》。报告显示，截至2014年底，全球共发放IPv6 Ready Logo认证数量1939个，同比增长7.6%。中国地区设备认证增长率增长迅速，总量596个，认证总量居全球第一。在全球范围内，支持IPv6的终端产品也逐年增长，增幅达150%。一些细分领域，包括工业交换机和应用支付、网络接入、网络安全等产品，逐渐开始全面支持IPv6，IPv6支持领域逐渐向全面覆盖延展。

（周悦）

中金数据与电讯盈科共同开拓海外市场

3月，中金数据系统有限公司与电讯盈科有限公司在香港达成战略合作协议，双方将通过资源共享、协作共赢的方式，加速开拓海外与国内数据中心市场。中金数据与电讯盈科将整合海外与国内优质客户资源，打造高标准与专业的IT整合服务平台，为客户提供专业成熟的数据中心基础设施服务。

（王佳宏）

“JD+”智能奶茶馆布局智能创业生态

京东集团“JD+”智能奶茶馆开业　单位提供

5月8日，“JD+”智能奶茶馆在中关村创业大街开业，标志着京东集团在智能领域的进一步深入布局。“JD+”计划是京东智能为智能硬件行业量身打造的生态服务，其目的是整合智能行业内外部优秀资源，为不同阶段的硬件企业服务，共同打造开放、共赢的智能硬件生态。“JD+”智能奶茶馆是京东智能集团旗下的经营实体，它不仅会成为京东“JD+”孵化器的落地窗口之一，同时还将承载智能新品首发、路演、体验，创业者交流、融资洽谈、行业权威信息发布等活动。

（王晓东）

京东布局在线旅游、生鲜、商超等领域

5月8日，途牛旅游网和京东集团联合宣布，京东向途牛旅游网投资5亿美元，致力于为中国消费者提供优质的在线休闲旅游服务。5月25日，中国最大的水果生鲜电商天天果园宣布完成总金额7000万美元的C轮融资。这是生鲜电商领域最大

的一笔融资，由京东领投，海纳亚洲创投基金（SIG）、锴明（Clearvue）投资等机构跟投。该笔资金将用于天天果园的基础建设投入、团队建设、全国业务拓展和上游供应链体系建设。双方在水果生鲜电商领域进行更深层次的布局和探索，共同开发万亿市场规模的生鲜市场。8月7日，京东与永辉超市达成战略合作，京东将战略入股永辉超市。根据双方协议，京东入股永辉超市的价格为每股9元（约1.45美元），总价值为43.1亿元（约7亿美元）。通过这一交易，京东将持有永辉超市10%的股份。12月1日，永辉超市与京东“京东到家”——O2O业务合作，首个永辉超市上线“京东到家”APP平台并开始运营。

（王晓东）

天地互连主办SDN技术大会

5月18日—19日，北京天地互连信息技术有限公司主办的2015全球未来网络暨SDN技术大会在北京召开。中国工程院院士刘韵洁、ONF执行总裁Dan Pitt、全球5G联盟主席Latif Ladid、ICANN首席技术官David Conrad、互联网体系结构委员会（IAB）主席Andrew Sullivan等全球未来网络和SDN/NFV行业专家，围绕网络面临的挑战与对策、未来网络的技术发展趋势和SDN开放网络的未来走向等重大议题展开讨论。

（周悦）

天地互连建成首家智慧能源联合实验室

5月28日，北京天地互连信息技术有限公司和英特尔公司建成全球首家智慧能源联合实验室。这是双方响应国家关于节能减排和“互联网+”发展战略，联合产业伙伴推动移动互联网、云计算、大数据、物联网等与能源科技相结合，助推能源产业智能化发展的新进展。

（周悦）

天地互连举办SDNFV ShowCase测试

6月，由北京天地互连信息技术有限公司—全球SDN测试认证中心联手Ixia在北京共同举办SDNFV ShowCase测试活动，并发布《SDNFV测试&ShowCase白皮书》。作为亚太地区最大规模的SDN/NFV测试活动，该活动顺应市场向北向推进，首次增加NFV整体方案测试内容；引入全球首款OpenFlow 1.3专项测试工具OFsuite，同时扩大测试范围，面向全球应用厂商、开源方案、交换机厂商、控制器厂商和测试工具厂商开放，提供SDN/NFV全方位的测试服务。

（周悦）

京东入选纳斯达克100指数

7月24日，纳斯达克在其官方网站宣布，京东集团（Nasdaq: JD）将在2015年7月29日美国股市开盘前，成为纳斯达克100指数（Nasdaq: NDX）和纳斯达克100平均加权指数（Nasdaq: NDXE）成分股，自此，京东与百度成为纳斯达克100指数中仅有的两家中国互联网公司。纳斯达克100指数被公认为纳斯达克整体表现的“风向标”，其100只成分股均具有高科技、高成长的特点。京东业绩增速是中国电商行业平均增速的两倍，因其高成长性符合纳斯达克100指数筛选标准而入选。

（王晓东）

国富瑞数据参加数据中心技术与应用大会

7月25日，由工业和信息化部国际经济技术合作中心主办的2015中国数据中心技术与应用大会在北京召开，国富瑞数据应邀出席。国富瑞数据数据灾备和解决方案总监吕军作了题为“国家绿色数据中心试点创建”的主旨演讲，详细解读国家绿色数据中心试点工作方案，结合国富瑞数据在建设、运维数据中心实践中的经验，以新建数据中心、已经运行的数据中心为例，讲解数据中心在建筑结构、空调制冷系统、供配电系统等方面的节能技术和措施。

（吕军）

京东商城新总部大楼启用

京东新总部大楼　　单位提供

8月16日，京东商城启用位于开发区的新总部大楼，第一批3800余名京东员工迁入。截至年底，入驻员工1.3万名。新总部项目占地4.5万平方米，建筑面积28.3万平方米，总投资21亿元，7月竣工，工程历时3年。

（王丽华）

中金数据参与丝绸之路经济带项目

9月3日，中俄两国多项双边贸易和商务合作协议签署仪式在人民大会堂举行，中金数据系统有限公司董事长杨洁和华为技术有限公司俄罗斯公司总经理万飚共同与俄方政府伊尔库茨克州临时代理州长叶罗申科·斯·乌、EN+集团经理穆·穆·索克夫、Lanit公司执行经理隔日伯父·乌·雨签署《在丝绸之路经济带项目框架下华为技术有限公司、中金数据系统有限公司、EN+集团有限公司、LANIT新型信息科技实验室对内股份有限公司和伊尔库斯克州政府关于在亚太地区发展数据中心和云服务的互利合作协议》，中国国家主席习近平和俄罗斯总统普京出席并见证了签字仪式。中金数据将提供专业的数据中心领域技术与经验，为中俄两国的经济发展服务，也迈出了向国际化发展的重要一步。

（王佳宏）

京东实现9城市非自营商品同城当日送达

9月初，京东集团物流为进一步提升消费者购物体验，正式推出同城“当日达”服务，该服务是京东物流针对第三方商家出台的服务举措。京东首批同城“当日达”的服务范围覆盖北京、上海、广州、成都、武汉、沈阳、哈尔滨、长春、西安9个城市。自此，京东除自营商品外，第三方平台商品也可以实现订单的当日送达。

（王晓东）

天地互连主办全球IPv6下一代互联网会议

9月7日，全球IPv6论坛（IPv6 Forum）和北京天地互连信息技术有限公司（BII Group）共同主办的全球IPv6下一代互联网高峰会议在北京举行。以“IPv6时代来了，你准备好了吗”为主题，邀请互联网之父、博士Vint Cerf，ICANN总裁兼CEO Fadi Chehadé，APNIC主席Paul Wilson，ICANN董事&DNSOP工作组主席Suzanne Woolf等业内权威专家，数百位全球运营商代表，行业知名厂商代表，学术机构专家，用户企业和众多权威媒体共同参与，就“IPv6大规模部署的技术焦点与主流方案”“IPv6发展给网络安全带来的影响与挑战”“IPv6助力全球物联网”等焦点话题展开讨论。

（周悦）

天地互连提供 OpenFlow v1.3 认证测试

9 月 8 日，开放网络基金会（ONF）执行主席 Dan Pitt 在 2015 年 ONF Member Workday 上宣布，华为、中兴、华三通信、神州数码网络 4 家公司的五款 SDN 交换机通过由北京天地互连信息技术有限公司一全球 SDN 测试认证中心进行的 OpenFlow v1.3 一致性认证测试，成为全球首批通过 OpenFlow v1.3 协议一致性认证的设备。

（周悦）

京东产品众筹成为首个十亿级众筹平台

9 月 25 日，京东集团产品众筹总筹资额突破 10 亿元，成为国内首个迎来 10 亿级体量的产品众筹平台。京东产品众筹的总参与人数超过 200 万人，平均每一位筹客向京东众筹投入了 500 元众筹资金。11 月 26 日，以“创 × 造”为主题的京东众筹 bigger 大会在深圳举行。京东众筹总筹资额突破 12 亿元，在规模优势之下，率先根据自己在众筹领域的探索经验，为众筹行业重新界定了定义。京东金融 CEO 陈生强表示，京东金融重新定义众筹为新场景解决方案，激活新消费形态，倡导新文化主张，传递新生活态度。未来，众筹将没有品类之分，只有场景之分。京东众筹要造福于生活，造福于整个互联网时代的美学进步与生活方式基于审美维度的提升。京东金融全面披露京东众创生态圈版图，用京东内外的强势资源“一站式”全方位扶持创业创新企业，实现京东金融的长期价值与社会价值。

（王晓东）

京东研发中心落户硅谷

10 月 11 日，京东集团硅谷研发中心（JD Group Silicon Valley Research Center）在美国硅谷揭幕，研发中心位于圣克拉拉县，致力于进行人才、技术方面的沟通交流，开发云计算、大数据等技术，提升京东的用户体验，并帮助美国零售商、合作伙伴和各大品牌通过京东购物平台建立与扩大其在中国的影响。

（王晓东）

京东白条 ABS 在深圳证券交易所挂牌

10 月 28 日，京东金融所发行的资本市场第一个基于互联网消费金融的 ABS（资产证券化）产品——“京东白条应收账款债权资产支持专项计划”在深圳证券交易所挂牌。京东金融 CEO 陈生强出席挂牌仪式，并与京东白条 ABS 的管理方华泰证券资产管理公司总经理崔春共同敲响开市钟。

（王晓东）

酒仙网启动专场挂牌仪式

10 月 28 日，酒仙网电子商务股份有限公司在北京全国中小企业股份转让公司金阳大厦启动专场挂牌仪式。酒仙网于 2009 年成立，通过 6 年的发展已经形成了涵盖酒类商品线上零售 B2C（酒仙网）、线上特卖 B2B（中酿酒团购）、即时服务 O2O（酒快到）和品牌运营综合服务四大板块，在供应链、物流、仓储等方面形成一套规范的专业化流程体系。酒仙网共经历 7 轮融资，累计金额达 14.3 亿元，在资本市场认可下登陆“新三板”。

（王丽华）

京东“双十一”交易额同比增长超 140%

11 月 12 日，京东集团公布“双

十一”销售情况，11 天总下单量超过 1 亿单，同比增长 130%，交易额同比增长超过 140%。在 11 月 11 日的最高峰，京东再度刷新销售纪录，全天下单量超过 3200 万单，同比增长 130%。其中，服饰家居品类下单量排第一位，当日订单突破 1300 万单，占比 40%；家电类品类下单量同比增长 100%；3C 品类同比增长 140%，手机、数码、电脑办公总销量超过 2850 万件，手机总销量 287 万台，移动端订单占比达 74%，在新增下单用户中，来自微信购物和手机 QQ 购物的比例占 52%。

（王晓东）

天地互连刘东当选 IEEE 标准协会董事

11 月 23 日，中国下一代互联网工程中心主任、北京天地互连信息技术有限公司董事长、IEEE（国际电子电气工程师协会）1888 委员会主席刘东，被任命为 IEEE 标准协会董事（2016—2017 年），成为 IEEE 标准协会历史上首位来自中国的董事，这也是中国在国际标准组织领导上的重要突破。刘东将全面参与 IEEE 标准协会战略决策、运营管理等工作，为中国企业主导制定“互联网 +”国际标准，规划互联网价值链顶层设计，推动中国成为全球创新中心提供有力支撑。

（周悦）

京东与 EMS 合作完善全球网络布局

11 月 25 日，京东集团与中国邮政速递物流股份有限公司就双方在全球范围内的跨境电商业务签订战略合作协议，双方在境外仓储、小包裹跨境直邮等方面进行深入合作。京东高级副总裁李永和、中国邮政速递物流股份有限公司副总经理杨建国出席签约仪式。根据合作协议，京东全球购平台上的海外商家，可以通过选择中国邮政速递物流的 EMS 中邮海外购业务，将海外商品直接送到中国消费者手中，同时京东全球购的海外商家也可以继续选择海外直邮或保税区备货等方式配送商品。

（王晓东）

京东实现全国首例电子发票全流程应用

12 月 3 日，京东集团、航天信息股份有限公司和金蝶国际软件集团在北京国家会议中心举行国家税务总局增值税发票系统升级版电子发票全国推广暨可报销启动仪式，现场展示全国首例增值税发票系统升级版下的电子发票从自动开具、接收、自动记账，再到电子会计凭证自动归档的全系统闭环流程，这既是京东联合合作伙伴实践“互联网 + 税务”行动计划的重要进展，也标志着电子发票在电子商务领域进入到全覆盖、全流程应用阶段。市国税局相关领导、京东税务与资金副总裁蔡磊、航天信息总经理助理陈懿、金蝶集团副总裁林波共同出席启动仪式。

（王晓东）

天地互连承办未来网络发展与创新论坛

12 月 10 日—11 日，由中国工程院、南京市政府联合主办，北京天地互连信息技术有限公司和江苏省未来网络创新研究院承办的 2015 中国未来网络发展与创新论坛在南京开幕。论坛主题为“建设未来网络试验设施，推动网络发展与创新”。中国工程院院士、美欧日等国家地区的未来网络项目负责人、信息领域专家和国内外主流运营商、知名互联网企业、先进设备商代表等近千人参会。通过主题演讲、学术交流和产品演示等多种形式，共同研讨未来网络的技术发展趋势和未来网络试验设施的建设与应用前景。

（周悦）

天地互连发布控制器性能测试白皮书

12月，北京天地互连信息技术有限公司—全球SDN测试认证中心发布《SDN控制器性能测试白皮书》，填补了SDN控制器性能测试领域的空白，通过详尽的开源控制器的测试结果，为业内各领域提供可靠的报告分析。

（周悦）

互联网+企业（部分）

京东集团

京东展厅主屏幕　　单位提供

京东集团（简称京东）2015年市场交易总额4627亿元，同比增长78%，达到行业平均增速两倍，净收入1813亿元。7月，《财富》公布了2015年中国500强排行榜，京东再度入榜，排名从2014年的79名升至45名。8月7日，京东原采销体系组织架构进行事业部制调整，成立3C事业部、家电事业部、消费品事业部、服饰家居事业部四大事业部门。8月16日，位于开发区的新总部大楼启用，第一批3800余名员工迁入。京东规划和开展"鸟巢计划"，即以亦庄为中心、向外辐射的专门为京东员工打造的办公、住宅、教育、医疗等一体化的基础设施，为京东人的幸福感筑巢。12月18日，第八届第一财经·中国企业社会责任榜在上海揭晓，京东蝉联"杰出企业奖"奖项。12月31日，停止提供C2C模式（PAIPAI.COM）的电子商务平台服务。截至年底，京东拥有近11万名正式员工，业务涉及电商、金融和技术三大领域。在全国拥有7大物流中心，在50座城市运营了213个大型仓库，拥有5367个配送站和自提点，覆盖全国2356个区县，仓储设施占地面积约400万平方米。京东加速渠道下沉，发展农村电商，推进3F战略，即工业品进农村战略、农村金融战略和生鲜电商战略。开设约800家县级服务中心和近1300家京东帮服务店，拥有约15万名乡村推广员，覆盖1.2万个乡镇15万个村，服务25万个村民。年内，全球专业零售咨询机构Kantar Retail公司发布2015年中国电商力量排行榜，京东综合排名蝉联排行榜首位，在受访企业推荐中占比73.9%。在5个主要评判维度——商业实力、战略实力、运营实力、市场营销实力、组织架构和能力建设中，京东均排名第一位。

京东于2014年5月在美国纳斯达克证券交易所挂牌上市，是中国第一个成功赴美上市的大型综合型电商平台，跻身全球前十大互联网公司排行榜。京东旗下设有京东商城、京东金融、拍拍、京东智能、京东到家和海外事业部。京东到家提供各类到家服务，如超市到家、外卖到家、品质生活、上门服务、健康到家等。京东金融于2013年独立运营，已建立七大业务板块，分别是供应链金融、消费金融、众筹、财富管理、支付、保险、证券。京东在就业、纳税、全球化等方面积极践行企业社会责任，目标是成为一家真正的国民企业。

（王晓东）

京东集团

首席执行官 刘强东

国富瑞数据系统有限公司

国富瑞数据系统有限公司（简称国富瑞数据）2015年转为纯内资企业，营业收入1.6亿元，同比增长10%，员工人数132人。享有国务院特殊津贴专家两人，公司80%以上的管理和技术人员是获得了CCIE、H3CNE、OCP、BCFP、ITIL、MBCI等专业认证证书的高技术人才。1月10日，国富瑞数据总裁张念录当选为2015年数据中心总经理俱乐部主席。年内，公司参展2015国际大数据产业博览会暨全球大数据时代贵阳峰会、第五届中国数据中心产业发展大会，获得可信云服务认证，并被选为国家绿色数据中心试点单位，同时连续五年获得“数据中心优秀运营服务单位”等多项称号。国富瑞数据福建分公司获得“福建省青年突击队”称号。

国富瑞数据是商务部直属中国国际电子商务中心（公司）旗下控股子公司，成立于2008年，注册资本1.98亿元，是专注于数据中心外包和云计算服务的专业化公司。公司在北京、广州、上海、苏州、福建等地运营管理着11个高等级数据中心，占地面积累计10万平方米以上。为政府、金融、民航、电力、石化、跨国公司等客户提供专业化外包服务。国富瑞数据是唯一同时获得ISO 9001质量管理体系认证、ISO 20000 IT服务管理体系认证、ISO 27001信息安全管理体系认证、ISO 22301业务连续性管理体系认证四大国际认证的国有机构，并取得“信息安全服务（灾难恢复类一级）”“IDC/ISP经营许可证”等资质。公司一直投身于国家各项重点课题的制定与重大项目的实施、运营等工作，参与完成多项课题和标准的研究与编写，以及国家“金关”工程主干网——外经贸专用网的建设与运营。

（申娜）

国富瑞数据系统有限公司

董事长 付　诚

总　裁 张念录

北京天地互连信息技术有限公司

北京天地互连信息技术有限公司（简称天地互连）2015年销售收入近7000万元，员工120人。年内，天地互连下一代互联网工程中心获批升级为国家级工程中心；董事长刘东出任IEEE标准协会董事，系中国人首次当选。由天地互连担任主席的IEEE 1888标准成为全球能源互联网产业首个ISO/IEC国际标准；发布全国首个能源互联网云平台；组织智慧能源国际峰会、全球未来网络暨SDN技术大会、全球IPv6下一代互联网高峰会议、中国未来网络发展与创新论坛、SDNFV测试活动等会议。

天地互连于1999年成立，专注于互联网域名系统（DNS）、下一代互联网（IPv6）、软件定义网络（SDN）、能源互联网（Internet of Energy）等领域的互联网基础技术公共服务平台。互联网域名系统（DNS）方面，天地互连依托下属下一代互联网国家工程中心，建成IPv6根服务器实验验证平台，面向全球开展实验项目。IPv6下一代互联网方面，IPv4/IPv6网站迁移方案、IPv4/IPv6过渡与互通方案已经在电信运营商规模部署；基于

IPv6 和物联网的行业应用解决方案已经在石化、农业、建筑等重点行业部署应用；天地互连还承建了下一代互联网 IPv6 认证测试服务北京市工程实验室，建成全球最大的 IPv6 测试中心，测试业务量占全球的 45%，作为核心成员承担建设中国下一代互联网（CNGI）评测体系。SDN 软件定义网络方面，天地互连承建了全球 SDN 测试认证中心，成为全球第一家国际 OpenFlow 认证实验室，面向全球开展 SDN 测试认证服务；由天地互连和开放网络基金会（ONF）联合主办的 PlugFest 测试活动已连续举办多届，成为 SDN 产业最具影响力的测试活动。能源互联网方面，由天地互连主导的 ISO/IEC/IEEE 18880 标准是首个由中国发起并获得国际认可的绿色 ICT 标准，成为全球“能源互联网”领域首个国际标准；天地互连主导的“能源互联网云平台”在 14 个省市构建智慧能源地方分平台，旨在构建基于互联网基础架构的能源管理模式，实现能源互联网全国布局。被科技部、中科院、北京市人民政府联合评为首批“创新试点型企业”，获信息产业部科学技术奖一等奖、科技奥运先进集体等 10 多项国家级和省部级奖励；牵头制定了 IPv6、能源互联网等 17 项国际、国家和行业标准，并拥有核心发明专利近百项。

（刘东）

北京天地互连信息技术有限公司

董事长兼总经理 刘 东

中金数据系统有限公司

中金数据系统有限公司（简称中金数据）2015 年 1 月成为北京市金融工作管理局认定的“北京市互联网金融实验室”。截至年底，已有 28.3 万平方米的高可用性、高安全等级数据中心建设投产，全部为自主投资、自主建设、自主管理、自主运营。

中金数据成立于 2005 年，是国家高新技术企业，总部设于北京，在苏州、烟台设有子公司。10 年来，中金数据以数据中心为基础，以符合国际和国家规范标准的运行管理体系和专业的服务团队为支撑，以面向行业的整体解决方案为价值体现，以云计算、大数据、移动互联网的应用为增值服务，发展成为业界领先的数据中心外包服务、IT 应用综合提供商，客户主要覆盖政府部门、金融企业、中央企业、跨国公司等领域。中金数据北京数据中心是北京市规模最大的高等级数据中心服务园区，是国内最大的第三方数据中心服务商、全国最具规模的社会化服务金融后台，机房 IT 设备区总面积 2.2 万平方米，可容纳机架 9000 个。

（王佳宏）

中金数据系统有限公司

董事长 杨 洁

总 裁 张 利

北京国富安电子商务安全认证有限公司

北京国富安电子商务安全认证有限公司（简称国富安）2015 年形成了实名身份认证服务、安全可信无纸化、可信电子证据保全服务、移动应用安全服务、网络安全防护为主的五大业务体系，致力于“中国电子商务——第三方安全与认证中心”的发展。国富安充分发挥自主创新优势，注重新产品、新技术的研发与运用，逐步完善形成云签章、安信签、证据保全等多款拥有市场竞争优势的产品。并具备“两地三中心”高可靠性云服务保障，服务范围及技术支持力量遍及全国。

年内，国富安成为北京商用密码行业协会会员，获得“第二届在线供应链金融优秀案例奖”“工业和信息化部电子商务集成创新奖”“2015 年度北京市第二批新技术新产品（服务）认定”等荣誉资质，并成功入围中央政府采购名单。参加 2015 中国国际电子商务博览会、第十八届中国北京国际科技产业博览会、第二届中国—阿拉伯国家博览会、第十九届中国国际软件博览会，展示了国富安稳定、可靠的信息安全解决方案，为提升市场竞争力奠定基础。

（田丹）

北京国富安电子商务安全认证有限公司
总经理 唐清文

文化创意

中杂公司节目获“金小丑”奖

第三十九届蒙特卡洛国际马戏节金小丑奖　　徐有成 摄

1 月 18 日，中国杂技团有限公司《协奏·黑白狂想——男女技巧》节目获第三十九届蒙特卡洛国际马戏艺术节最高奖——“金小丑”奖，并收获由青少年组评委组评选出的特别奖在内的3个特别奖。这是中杂公司收获的第三个“金小丑”奖，《协奏·黑白狂想——男女技巧》节目在一年半内摘得中国杂技比赛、法国明日国际杂技艺术节和蒙特卡洛国际杂技马戏艺术节国内外三大赛事的桂冠，被誉为“中国杂技艺术中富有革命性意义的作品”。

（匡娜）

中杂公司参加申办冬奥会海外推介活动

中杂公司参加北京申办冬奥会评估团演出　　徐有成 摄

2 月 2 日，中国杂技团有限公司的《俏花旦——集体空竹》《腾·韵——十三人顶碗》《邀月弄影——对手顶》《雪玲珑——顶上滚杯》《指尖流动——球技》等富有中国特色的金奖节目随“欢乐春节·魅力北京·激情冬奥”综艺晚会在美国洛杉矶比佛利山市演出，赢得现场 1800 名观众的热烈回应。此次演出也是北京申办 2022 年冬季奥运会的首场海外推介活动。

（匡娜）

中杂公司“龙凤图形”获评中国驰名商标

2 月 4 日，中国杂技团有限公司“龙凤图形”被工商总局商标评审委员会认定为中国驰名商标，这是中国杂技界首个被认定的中国驰名商标。“龙凤图形”释意着“龙飞凤舞、中国杂技”。其品牌设计以龙凤图案为基础，融汇华夏哲学思想的图腾——太极于设计之中，体现了中华民族奋发向上的进取精神，太极阴阳图形体现了中国杂技艺术与万事万物相通相融，预示着中国杂技艺术与各门类艺术相互借鉴共同繁荣。由龙凤组成的优美线条，犹如杂技艺术的软功造型，象征着杂技是极限与智慧的结合是难与美的统一；龙凤形状犹如跳动的火焰，象征着新体制、新机制充满旺盛的活力，中杂公司的事业红红火火蒸蒸日上；龙凤图形幻化成一个“中”字，代表杂技是中华民族艺术宝库中之瑰宝，中杂公司牢记弘扬杂技艺术之责任与使命。

（匡娜）

中杂公司邸慧入选“四个一批”人才

中杂公司邸慧入选“四个一批”人才　　徐有成 摄

3月，中国杂技团有限公司演员邸慧入选北京市宣传文化系统“四个一批”人才。“四个一批”人才即一批理论家，一批名记者、名编辑、名主持人，一批出版家，一批作家、艺术家。邸慧是中杂公司的优秀青年杂技演员，其空竹节目获得“金K奖”“金狮奖”“法兰西共和国总统奖”“黄鹤金奖”等国内外多个奖项，是获得法国玛希国际马戏节比赛最高奖“水晶大奖”第一名的主要演员。

（匡娜）

苍穹数码与山东科技大学签署合作协议

4月17日，北京苍穹数码测绘有限公司常务副总经理李艳敏与山东科技大学测绘学院院长签署战略合作协议。以KQ GIS平台用于教学为契机，提高苍穹数码GIS平台的应用，以社会需求为导向，以为企业和社会培养更多的应用性专业人才为目标，共同推动新行业项目合作。

（李欣）

中杂公司多人获得表彰奖励

4月29日，中国杂技团有限公司魔术师李宁、杂技演员邢运伟获得“北京市劳动模范”称号。8月，中杂公司杂技演员邢运伟被中国教科文卫体工会全国委员会评选为全国艺德标兵。田俊秀被评为第十二届北京市优秀思想政治工作者，其注重规范管理，提高党群工作水平；提出“我是党员我先行”倡议，引导党员做心里有群众、肩头有责任、身上有正气、工作有本领的“四有”党员；积极开展城乡文明建设，与平谷等区的村庄签订共建协议；创办“秀出你的精气神”竞赛活动，丰富职工文化生活；帮助解决职工继续教育、演员互助保险和杂技宣传推广等问题，推动中国传统艺术的传承和发展。

（匡娜）

中杂公司获得“设计之都”建设专项立项

5月，中国杂技团有限公司总工程师王建民领军的“杂技专业下肢肌腱量化训练装置设计研发”研发项目获得市科委2015“设计之都”建设专项立项，并获得80万元资金支持。王建民创新和改革杂技、马戏、魔术的道具与器械等共计500多件，获得各项专利20余项，其研发成果为杂技艺术的道具改革和进步作出贡献。

（匡娜）

高校创意总部举办移动应用创新大赛

高校创意总部举办大学生移动应用创新大赛　　企业提供

5 月至 12 月，高校创意总部举办 CMAIT2015 全国大学生移动应用创新大赛，大赛在全国 21 个城市 84 所高校进行宣传推广，开展高校创业主题宣讲会 12 场，赛事报名团队 2000 余个，涉及全国各地和海外高校近 300 所。经海选评比、分赛区决赛评选、复赛评比、最终总决赛，评选出五大赛区共计 75 支优秀队伍，并最终通过现场项目路演、评委评分的形式评选出全国一、二、三等奖。最终重庆大学的“Feeling”项目获得一等奖，湖南大学 OMGVR 团队的“OMGVR 虚拟现实内容供应商”项目和清华大学的“闪客”项目共同获得二等奖，上海交通大学的“Oneband”项目、伦敦大学的“其乐旅行”项目等 5 个项目获得三等奖。

（丁孟良）

四达时代举办非洲数字电视发展论坛

6 月 9 日，四达时代集团主办第五届非洲数字电视发展论坛。论坛以“数字电视推动社会发展”为主题，旨在通过加强中非数字电视方面的合作推动非洲国家广播电视行业繁荣，进一步推动经济发展。来自尼日利亚、坦桑尼亚、赞比亚、刚果（布）、印度尼西亚、斯里兰卡等 30 个国家广播电视行政管理部门的领导和国家电视台台长，中国文化部、外交部、商务部、广电总局、北京市委、北京经济技术开发区、文化局有关领导，中国进出口银行、中非发展基金、中国出口信用保险公司等金融机构，以及中非多家主流媒体和来自欧美的广播电视行业的资深专家出席论坛。文化部部长雒树刚在北京会见来华参加论坛的几内亚全国新闻委员会主席、几内亚政府新闻部部长、刚果（布）政府新闻和与议会联系部部长、中非共和国政府新闻部部长等 30 余位代表。双方就中非文化交流与合作，特别是在电视领域的合作深入交换意见。

（兰简瑶）

苍穹数码完成承包经营权确权登记项目

7 月 8 日，北京苍穹数码测绘有限公司完成安徽省农村土地承包经营权确权登记工作，首批颁证活动在凤阳县小岗村举行。安徽省委副书记、代省长李锦斌，副省长梁卫国，滁州市委书记李明，市委副书记、市长张祥安出席。与二轮“农村土地承包经营权证”相比较，此次颁发的带有土地确权性质的证书，更像是农民土地的“二代身份证”，证书内涵信息更丰富，田块位置、形状、大小都标注清楚，给农民流转、租赁土地吃了颗“定心丸”。该证还具有类似房产等不动产一样的质押功能，为开展土地质押贷款提供条件，农民可以用土地确权证抵押贷款，为放活农村土地金融、扶持“三农”发展，开辟一条新途径。2014 年 5 月 19 日，凤阳县农村土地承包经营权确权登记颁证专业测绘公开竞标，苍穹数码等 5 家单位中标，由苍穹数码制定凤阳县农村土地承包经营权试点实施方案，并由苍穹数码来完成小岗村的数据库建设、成果输出、证书打印等工作。苍穹数码是第一批通过农业部组织的县级农村土地承包管理信息系统软件测评并进行公告的 6 家开发单位之一，也是这 6 家单位中唯一一家采用自主研发国产 GIS 平台，具备甲级测绘资质的企业。苍穹数码农村土地承包系列软件采用基于 GIS 技术、工作流技术，基于分布式应用框架，提出以农村土地承包经营权数据库、农村土地承包经营权管理为主体内容的设计。苍穹数码以雄厚的研发能力，以及在国土资源领域的深厚经验，形成基于依托于行业软硬件相结合的一体化解决方案。采用苍穹数码自主研发的 KQGIS 平台和苍穹图文一体化业务协作架构平台，加大了信息安全保密力度，进一步提高了涉密信息保密安全水平。用户需求可以从底层平台进行修改，灵活开发。该系统在云南省昆明市富民县、晋宁县、文山州广南县、丘北县、楚雄州牟定县，山西省、北京市平谷区、四川、山东、安徽、河北、河南、广西、广东、甘肃等 50 多个市县都取得成功应用。

（李欣）

苍穹数码完成不动产统一登记工作

7 月 29 日，北京苍穹数码测绘有限公司承担的安徽省不动产统一登记工作完成。国土资源部、安徽省省政府领导，南京督察局领导，各地市政府分管领导、国土局局长和各地国土局分管局长、科长参加在滁州召开的安徽省不动产统一登记现场会。现场会上，在滁州市常务副市长汪建中的主持下，安徽省副省长方春明向编号为 NO34000000001 的首位不动产登记证书持有人洪凤姬颁发证书，国土资源部副部长王广华颁发安徽省第一本林权不动产权证。

（李欣）

申报北京市文化创新发展专项资金

7 月，开发区投促局组织开发区内文创企业参与北京市文化创新发展专项资金申报工作，旨在更好地支持开发区内文化创意类企业发展。开发区投促局积极与文创企业进行联系沟通，开展项目摸底工作，收集申请 2015 年度文化创新发展专项资金项目的详细信息，并邀请北京市文资办相关负责人为开发区内企业解读政策。开发区内共有 50 余家企业参与申报，经过信息核实和项目申报预审，有 13 家企业通过预审。最终，冠捷显示科技（中国）有限公司获得企业奖励 200 万元，北京四达时代国际投资有限公司获得企业并购奖励 80 万元，中国杂技团有限公司的京韵百戏开心汇《北京》获得项目奖励 73 万元。

（许钊）

中企动力与百度云加速达成战略合作协议

8 月，中企动力科技股份有限公司与百度云加速达成战略合作协议，百度云加速通过自身 CDN 技术为中企动力所建企业网站提供访问提速，优化用户使用体验，提升中企动力服务质量。

（郭秋莲）

四达时代北京影视剧非洲展播季启动

9 月 22 日，由市新闻出版广电局主办、四达时代集团承办的“南非中国年——北京周”活动之一——2015 北京影视剧非洲展播季活动在南非约翰内斯堡举行，展播的影视剧总量接近 30 部，其中电视剧 400 集、电影 17 部。北京影视剧非洲展播季在输出中国优秀电视剧的同时，更好地加深中非之间的友谊。

四达时代“2015北京影视剧非洲展播季”启动 单位提供

（兰简瑶）

高校创意总部太阳花艺术团参加公益活动

10月21日，高校创意总部建设并运营的中国教育电视台太阳花艺术团的学员受邀参加在北京语言大学举行的“全球拯救天才培育计划”大型公益活动启动仪式。11月2日，中国教育电视台太阳花艺术团的主持朗诵班学员受邀参加在人民大会堂举办的庆祝联合国成立70周年文艺盛典，学员们共同演出配乐诗歌朗诵《大爱无疆》，充分展示当代中国少年昂扬向上的斗志与爱国情怀。

（张鹏飞）

大地影院发布“电影+”战略

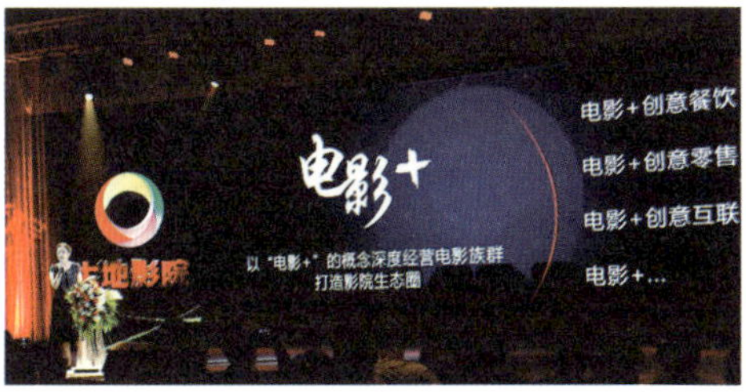

大地影院2016年战略发布会 韩冰 摄

10月23日，大地影院集团九周年庆典上，总经理于欣发布2016年集团战略，即以电影文化族群为核心，全方位创新突破，整合各方资源，加强跨界合作，致力打造“电影+创意互联网”“电影+创意餐饮”“电影+创意零售”等多业态经营的体验式影院生态圈，用电影丰富大众生活。

（郝美丽）

大地影院与乐视影业、阿里影业战略签约

10月23日，大地影院集团与乐视影业、阿里影业战略签约，联手实现资源共享，用互联网思维共同打造影院生态圈。从在线视频、联合会员出发，与乐视网形成多屏互动。阿里影业借助得天独厚的营销优势，与大地影院优势互补，通过在线选座、联合影片营销、自助售取票机等共同拓展影片的营销渠道。

（郝美丽）

中企动力举办企业开放日活动

11月18日，Open Day走进中企动力企业开放日活动在中企动力科技股份有限公司总部数码庄园举办，此次活动主题为“互联网+转型”，中企动力副总经理叶青沅分享多个企业的转型案例，来自生物科技、航空设备、印刷纸张、生活日化、餐饮等行业的30多位企业家，共同讨论在“互联网+”形势下，传统企业究竟该怎么转型升级，如何应用好互联网让自己在行业更有竞争力、业务获得更好的发展交流经验。

（郭秋莲）

智美汇嘉国际青少儿教育基地开业运营

11月29日，位于高校创意总部基地2层A区的中国教育电视台早教频道国际教育中心的智美汇嘉国际青少儿教育基地开始运营。该基地是北京地区首家“一站式”国际教育基地，基地内开设视觉艺术教育、音乐艺术教育、芭蕾艺术教育、创新科技教育、体能教育，以及传统文化教育的培

训科目。同月，智美汇嘉国际青少儿教育基地联合波兰使馆开展“波兰历险记”高品质国际会员日活动，波兰使馆文化项目负责人 EwaSzkudelska 来到基地现场讲述波兰文化故事，这是波兰使馆文化进课堂项目的第一站。

（张鹏飞）

大学生移动互联网创新创业服务平台成立

11 月，中国教育电视台发起的“全国大学生移动互联网创新创业服务平台”成立，项目立足高校创意总部基地，依托国家级教育电视优势平台，面向全国高等院校提供专业级别的创新创业全面服务。平台目标是吸引和汇聚教育类移动互联网应用创新项目，成为最受全球关注的大学生移动应用教育展示平台；培养和激发最具潜力的高校创新人才，成为国际高端的教育移动互联网创意开发人才集聚区；孵化和投资能创造价值的创新创业团队，成为最富竞争力和影响力的移动教育应用创新产业基地。

（丁孟良）

四达时代协办首届中非媒体领袖峰会

12 月 1 日，首届中非媒体领袖峰会在开普敦举办，来自中国和非洲的约 200 名媒体专家出席峰会，峰会以“中非媒体合作双赢新时代”为主题，旨在促进中非交流，推动双方友好关系。该峰会是由中国国务院新闻办公室主办，四达时代集团和南非传媒巨头 Naspers 集团协办。出席此次峰会的有来自 43 个国家的报纸、新闻通讯社、电视广播和新媒体等媒体机构。

（兰简瑶）

大地影院跨界进入零售领域

12 月 15 日，大地影院集团“电影 +”战略布局提速。其母公司南海控股以 1.225 亿美元收购英国著名护肤品品牌 Crabtree & Evelyn，标志着大地影院跨界进入零售领域。未来，大地影院旗下零售品牌 Crabtree & Evelyn，将与餐饮品牌、影院同时入驻购物中心，实现多业态有效联动和客流资源共享。

（郝美丽）

中杂公司交流慰问演出超百场

中杂公司赴海南省三沙市慰问演出　　王强 摄

12 月 31 日，中国杂技团有限公司的《拍球》节目随市文联主席张和平一行赴海南省三沙市慰问演出，在海岸码头、军营警营、渔村社区等地高质量地完成五场演出。演员的精彩表演受到三沙市党政军领导、驻岛群众的高度赞扬。中杂公司首次登上南中国海西沙永兴岛。年内，中杂公司随文化部参加庆祝中泰两国建交 40 周年“欢乐春节——地坛文化庙会全球行 · 曼谷之旅”演出。为纪念中菲建交 40 周年，赴菲律宾参加由菲律宾共和国外交部、中国驻菲律宾大使馆、菲中各界联合会共同主办的“千载情 · 同一梦”专题晚会演出。随中国侨联主办的“亲情中华”活动赴美国、巴拿马、加拿大，随文化部、市文化局参加“欢乐春节”活动，赴土耳其、芬兰、爱沙尼亚。为庆祝中国年，赴普吉岛演出。参加美国玲玲马戏团巡演等国外文化演出活动。参加慰问老艺术家、北京市各区县基层迎新晚会、卫视新春联欢晚会，旅游驻场演出等国内演出。各类演出共计百余场，在国外传播推广中国传统文化，丰富百姓文化娱乐生活。

（匡娜）

大地影院推出自由人影城

年内，大地影院集团针对追求自由时尚生活的电影文化族群，推出高端品牌——自由人影城，致力为观影者打造享受完美观影体验的社交空间。未来，自由人影城将陆续在北京、上海、广州、深圳等一线城市开业。

（郝美丽）

大地影院获“中国文娱 50 强”等称号

年内，大地影院集团被赢商网、21 世纪中国商业地产研究院联合评为“2014—2015 年度中国连锁商业卓越企业”和“中国最佳体验式休闲娱乐品牌”，集团总经理于欣被评为“中国体验式品牌创新人物”；被中国文娱创新峰会评为“中国文娱 50 强”，被观点地产新媒体评为“2015 年度最佳影院发展品牌”。

（郝美丽）

苍穹数码定制产品入编大学配套教材

年内，由北京苍穹数码测绘有限公司张玉华、彭宜平提供的四川省资阳市国土资源“一张图”和综合监管平台项目案例被编入《土地管理学总论（第六版）》（中国农业出版社），用于全国大学配套教材。国土资源“一张图”和综合监管平台是苍穹数码为国土管理量身定制的软件产品，可形成国土资源“一张图”核心数据库，全面、快速和准确地掌握土地、矿产等各类资源的数量、质量、结构和空间布局，准确记录资源开发利用生命周期中各个阶段的信息，并监测地质灾害发生情况，做到资源状况一览无余，为国土资源各项业务审批、资源监管、宏观决策、社会化服务提供数据和技术保障；通过国土资源“一张图”和应用系统建设，实现国土资源“天上看、地上查、网上管”，实现“以图管图、以图管矿、以图防灾”，带动国土资源管理的科学化、精细化，促进国土资源管理方式的转变，全面提高国土资源管理水平。苍穹数码国土资源“一张图”已广泛应用到江苏、辽宁、内蒙古、新疆、青海、河南、安徽、甘肃、四川、山西等省市县的国土项目。

（李欣）

文化创意企业（部分）

中企动力科技股份有限公司

中企动力科技股份有限公司（简称中企动力）2015 年销售收入 6.1 亿元，员工人数 8000 人，其中研发和运营工程师 1200 人。年内，与百度云加速达成战略合作，获得“2015 中国年度最佳雇主奖”“BSIA 2015 年度优秀软件产品”“2015 年度中国互联网百强”“2015 年度五星级注册服务机构”“2015 年度最具社会责任奖”“2015 年度责任品牌奖”等荣誉。中企动力组织线上线下活动传播“互联网 +”知识，帮助中小企业向“互联网 +”转型。

中企动力成立于 1999 年，是香港联合交易所上市公司中国数码信息有限公司旗下的一家大型股份制高新技术企业，在全国设立 80 家直属分支机构，是中国领先的企业电子商务服务运营商，为 120 多万家中小企业提供互联网电子商务服务，中小企业客户保有量超过 30 万家。中企动力连续多年被评为中小企业网站建设推荐示范平台；多次获评“企业信用评价 AAA 级信用企业”“诚信经营企业”。

（郭秋莲）

中企动力科技股份有限公司

董事长 陈 丹

总经理 陈鸣飞

中国杂技团有限公司

中杂公司《协奏·黑白狂想——男女技巧》节目 徐有成 摄

中国杂技团有限公司（简称中杂公司）2015 年演出 1531 场，观众总数 298.07 万人。公司共有员工 266 人，其中拥有专业职称人员占 31.2%，大专以上学历人员占 35%。公司拥有 5 家涉及魔术、艺术培训、舞美工程、文化地产、多元演艺经营控参股企业。年内，中杂公司创作改编剧目四台，创作提升节目 8 个，《协奏·黑白狂想——男女技巧》节目获得第三十九届蒙特卡洛国际马戏艺术节“金小丑奖”；《北京》剧目和杂技艺术人才培养项目得到了国家艺术基金支持和北京市文化创新发展专项资金支持；参加 2022 年北京申冬奥评估团演出、迎接 3000 人日本友好使者访华中日友好交流大会文艺演出、亚信非政府论坛首次年会、世界旅游城市联合会 2015 年香山峰会演出、南非中国年之南非豪登省狂欢节演出等重大演出活动；出访 23 个国家和地区；进行公益惠民演出 111 场，同比增长 66%；邸慧入选北京市宣传文化系统“四个一批”人才；李宁、邢运伟被评为“北京市劳动模范”；邢运伟被中国教科文卫体工会全国委员会评选为全国艺德标兵；田俊秀被评为第十二届北京市优秀思想政治工作者；中杂公司“龙凤图形”被工商总局商标评审委员会认定为中国驰名商标。截至年底，中杂公司先后在国内外主要赛场上获得 60 枚金奖和 8 枚荣誉金奖，创作出数十部剧目，足迹遍及全国各地并出访七大洲 124 个国家和地区。

中杂公司前身系成立于 1950 年的中华杂技团，1953 年更名为中国杂技团，是新中国成立后，由中央政府组建的第一个国家级杂技艺术表演团体，也是第一个代表新中国出访的艺术表演团体。2006 年转企改制为中杂公司，2009 年北京演艺集团成立，中杂公司成为北京演艺集团旗下的龙头企业。中杂公司历经 65 年发展，汇聚了一大批优秀的杂技演员、教练和国内一流水平的节目编导、道具研发、舞美设计等创作人才。尤其是与北京市杂技学校形成的“团校一体”发展格局，使得中杂公司具备科学发展的基础，形成可持续发展机制。

（匡娜）

中国杂技团有限公司

董事长 康 伟

总经理 张 红

北京苍穹数码测绘有限公司

北京苍穹数码测绘有限公司（简称苍穹数码）2015 年总资产超过 4 亿元，拥有各类专业人才 2200 余人。公司在北京中关村、开发区、大兴、怀柔、通州等地设有办公区，在开发区办公区投资 6000 万元、总面积约 1.4 万平方米的“苍穹数码大厦”全面竣工。除此之外，公司在全国的31个省、自治区、直辖市设立分支机构，在北京、武汉、济南、合肥、成都、石家庄等地设有技术中心，市场和技术支持网络遍布全国，海外网点超过20个国家。

苍穹数码于2001年5月在开发区注册成立，经过10余年发展，已经发展成为“3S”（GIS地理信息系统、RS遥感、GPS全球定位系统）领域集软硬件研发、测绘服务于一体的高新技术民营企业。公司是北京市企业技术中心，具有高新技术企业、甲级测绘资质、双软认证、计算机系统集成、质量管理（ISO 9001）、信息安全管理（ISO 27001）、CMMI3级认证、国家二级保密资质等10余种资质。公司致力于遥感、地理信息、卫星导航等核心技术和产品的研发，业务范围涉及数据采集与加工、GIS平台研发、遥感平台研发、卫星导航软硬件产品研制与生产、政企与国防信息化解决方案、大众应用与服务等。公司经过多年积累与沉淀，拥有了自己的一大批核心技术，开发出了具有自主知识产权的苍穹桌面GIS平台、苍穹服务GIS平台、苍穹移动GIS平台、基于多源遥感数据一体化处理系统、高精度多频多星RTK野外成图系统等多款基础软硬件平台产品，并以此为基础，开发了集门户、工作流、企业服务总线、统筹GIS服务、数据交换于一体的业务协同平台，形成以空间信息为基础，涵盖数据采集、数据处理、数据管理、专业应用等近百种全面成熟的空间信息化解决方案，并广泛应用于政府、企业、国防、大众服务等领域。公司主持和参与多项联合国开发计划署、发展改革委、科技部、国土资源部、总参测绘局、北京市等重大科研项目，承担大量全国、全省性的涉及国土、林业、水利、农业、数字城市、国防、测绘、环保、电力等领域大型项目，获得省部级科技进步、优秀工程等各类表彰超过50项。

（李欣）

北京苍穹数码测绘有限公司

董事长兼总经理 徐文中

四达时代集团

四达时代集团（简称四达时代）2015年6月9日主办第五届非洲数字电视发展论坛。9月22日，承办“南非中国年——北京周”活动之一——2015北京影视剧非洲展播季。12月1日，协办首届中非媒体领袖峰会。四达时代创立于1988年，是中国广播电视行业最具影响力的系统集成商、技术提供商、网络运营商和内容提供商。2002年，四达时代开启与非洲各国共同推动社会数字化、信息化的事业。已在尼日利亚、肯尼亚、坦桑尼亚、乌干达、卢旺达、莫桑比克、几内亚、刚果（金）、南非等30个国家注册成立公司并开展数字电视运营，发展用户超过800万个，成为非洲大陆发展最快、影响最大的数字电视运营商。

（兰简瑶）

四达时代集团

董事长兼总裁 庞新星

大地影院集团

大地影院集团（简称大地影院）2015年观影人次达7158万人次，票房收入突破22亿元，同比增长47%，位居全国影院投资管理公司第二位。6月11日，大地影院入驻安徽省芜湖银泰城。6月24日，大地影院以旗下200多家直营影院作为互动平台，推出“暑片计划”活动。截至年底，大地影院已开业影院286家，共1481块银幕，终端覆盖中国 28 个省 140 个城市，已签约未开业的影院数量超过 300 个。

大地影院是大地传播集团子公司，成立于 2006 年，负责经营与管理旗下的直营影院。大地影院采用世界顶级水准的放映工艺，全面实施数字化服务，规划设计了传统风格、光影驿站风格、摩登风格和现代风格等多种影院风格，致力打造能真切享受高品质电影的理想环境，为观众带来极致的视听体验。

（郝美丽）

大地影院集团

董事长 刘 荣

总经理 于 欣

高校创意总部

高校创意总部外景　　企业提供

高校创意总部（英文缩写 UCP）2015 年举办第二届全国大学生移动应用创新大赛，共征集项目 2000 余个，获得天使投资的项目超过 10 个。在北京主办中国互联网大会在线教育高峰论坛、在山西长治主办互联网区域化发展论坛、在广东深圳主办 2015 全国大学生创新创业高峰论坛，推进移动互联教育云服务平台。12 月，智美汇嘉国际青少儿教育基地开始运营，基地致力于开展高品质的国际教育，为用户提供“一站式”便捷教育服务。太阳花艺术团成立有舞蹈团、主持团、声乐合唱团三个团。

高校创意总部是中国教育电视台所属的大型文化教育领域的产业基地，主要包括大学生创业教育实习基地、早期教育基地、中国教育电视台演播大厅等组成部分，是中国教育电视台新媒体发展战略的重要组成部分，旨在深入贯彻教育部关于大力推进高等学校创新创业教育和大学生自主创业工作的意见，依托中国教育电视台等平台资源，创建开放、平等、共享的创意产业平台，通过有效协同机制，促进高校创意产、学、研相结合，形成高校创意产业成果转化和品牌集聚，服务于北京市文化创意产业发展，服务全国高校创意成果转化和大学生实习见习与就业创业。2010 年，教育部依托高校创意总部基地建立全国大学生创业教育实习基地。从 2014 年年底，高校创意总部利用电视台优势资源，探索早教产业化道路，探索集早教产业与移动互联网并行发展的道路。

（丁孟良）

高校创意总部

主任 周 宁

支撑产业

北京经济技术开发区年鉴 2016

BEIJING ECONOMIC-TECHNOLOGICAL DEVELOPMENT AREA YEARBOOK

综 述

2015年，开发区着眼转型和创新，按照“高端化、服务化、集聚化、融合化、低碳化”的发展要求，创新招商模式，积极推进产业研究，制定产业规划，构建“高精尖”产业结构，推动产业实现跨区域全产业链布局。

开发区服务业收入实现421.3亿元，同比增长5.7%。其中，信息传输、软件和信息技术服务业实现收入129.5亿元，同比增长22.1%；科学研究和技术服务业实现收入166.8亿元，同比增长5%，两个行业收入占重点服务业收入的比重为49.1%。开发区批发和零售业实现商品购进额3483.4亿元，同比增长15.7%。开发区批发和零售业实现商品销售额3208.7亿元，同比增长6.5%。开发区社会消费品零售额实现354.5亿元，同比增长9.1%。

城乡世纪广场开始营业，拥有集购物、美食、娱乐、生活、文化、健身、商务等于一体的“一站式”综合消费商业服务设施。北京华联印刷有限公司在国家图书馆承办《圆明园四十景》原件再造特展。汇龙森小微企业创业基地经工业和信息化部批准成为“第一批国家小型微型企业创业示范基地”。汇龙森科技园设立开发区首批工商登记注册指导站，为初创企业服务。生物试剂出入境公共服务平台通关生物试剂共有1310批次，进出口额1.2亿元。

（高洁）

都市工业

富思特净霾自洁涂层被推选为典型案例

1 月 31 日，由中国工业环保促进会联合富思特新材料科技发展股份有限公司等多家环境领域知名企业，共同发起的“治霾在行动”年度论坛暨 2014 中国治霾典型案例发布会在北京举行。论坛发布 2014 中国治霾典型案例，其中富思特净霾自洁涂层被组委会评选为治理雾霾典型案例。富思特研发的净霾自洁涂层可以对氮氧化物和二氧化硫进行氧化分解，保持建筑物洁净。

（程平）

北京新华获多项行业大奖

3 月，在北京质量协会印刷分会 2014 年度工作会议上，北京新华印刷有限公司获得北京质量协会首届“北京印刷知名品牌企业”称号和“2014 年度印刷出版物优质品金奖”。公司印制的《邓小平文集（上、中、下）》获得 2014 年度北京印刷质量协会最高荣誉“北京印刷质量大奖”。公司员工肖相远和柴福强被评为 2014 年度印刷优秀选手。4 月 7 日，公司印制的《老生》获得“第五届中华印制大奖银奖”，中华印制大奖由中国印刷及设备器材工业协会、香港印刷业商会、台湾区印刷暨机器材料工业同业公会、澳门印刷业商会联合主办。公司印制的《蒲公英》等系列丛书获得北京出版集团“印装质量优质奖”和“少儿类绿色印刷优质奖”。8 月 19 日，在 2015 年第八届印刷行业品牌盛会颁奖盛典上，北京新华获得“十佳出版印刷企业”称号。10 月 22 日，新闻出版广电总局公布中国 2015 年国家印刷示范企业名单，北京新华与其他 14 家印刷企业被评为“国家印刷示范企业”。

（王冬温）

惠买集团业务板块向垂直电商延伸

4 月 9 日，北京惠买在线网络科技有限公司在开发区注册成立惠买控股集团有限公司，将业务板块向垂直电商领域延伸。公司主营电视购物业务，自 2010 年入区以来发展迅速，连续多年被评为开发区纳税 50 强企业；凭借良好的客户资源，在开发区打造新家庭购物生态圈。

（马宁）

北京可口可乐赞助多项公益活动

4 月 25 日，开发区总工会、社会发展局，北京可口可乐饮料有限公司等单位在博大公园举行“为蓝天而行走”公益徒步 10 公里大会，近千人以徒步竞走的形式倡导公众节能减排、保护生态环境。5 月 10 日，北京可口可乐百名志愿者参加了在奥林匹克森林公园举行的第四届“为爱而走”慈善健走大会，表达对血友病患者的关注和支持。

（张进红）

华联印刷承办圆明园四十景原件再造特展

中华商务成立 35 周年庆典　　田艳军　摄

5 月 8 日，北京华联印刷有限公司在

国家图书馆承办《圆明园四十景》原件再造特展暨中华商务成立35周年庆典。《圆明园四十景》原件再造具有十分重要的学术价值和历史意义。此次活动的成功举办，是传承中华商务一直秉承的"为文化传播与印刷产业发展提供优质产品和服务、推动社会进步和发展理念"的体现，也是"互联网+"时代印刷与出版、技术与内容深度融合的一个典范。

（胡艳涛）

北京可口可乐改造饮料生产技术

5月，开发区管委会批复同意北京可口可乐饮料有限公司利用自有厂房投资建设饮料生产技术改造项目申请。该项目是针对原有碳酸饮料生产线实施技术改造，增加生产设备，生产非碳酸饮料。项目投资总额1.5亿元，年新增产值1.2亿元，年新增税收340万元。

（张静）

北京可口可乐2022年冬奥金罐上市

北京可口可乐2022年冬奥金罐上市　　企业提供

7月31日，国际奥委会宣布北京联合张家口获得2022年冬季奥运会和冬季残奥会举办权，可口可乐大中华区和韩国区副总裁、北京可口可乐饮料有限公司总经理在北京的公众庆祝活动上，共同为金色限量版可口可乐北京2022年冬奥会祝贺纪念罐揭幕。同时，北京可口可乐启动生产线，7.2万罐可口可乐北京2022年冬奥会祝贺纪念罐陆续灌装，连夜运往北京各大超市卖场，和北京市民共享冬奥激情。

（张进红）

加多宝全程助力2015中阿博览会

9月10日，加多宝（中国）饮料有限公司金罐加多宝以"2015中阿博览会唯一指定凉茶"身份亮相2015中阿博览会，得到中阿博览会的认可。昆仑山雪山矿泉水致力于国政会议的全程饮水保障，中阿博览会的全程饮水赞助，是继两会、APEC会议之后又一次为各国首脑会议提供饮水。

（杨洋）

金罐加多宝获得中国国际广告节7项金奖

10月，加多宝（中国）饮料有限公司凭借打通赛场、秀场、卖场的苏迪曼杯整合营销，《正宗重庆味》互动整合营销，《加多宝·中国好声音》首播微博抢头条移动营销，加多宝米兰世博会"为中国点赞"数字营销等多个优秀营销案例，在第二十二届中国国际广告节上，获得"营销传播金奖""中国电视媒企合作案例金奖"等7项金奖。

（杨洋）

宝健投资20亿元打造新生产基地

年内，宝健（中国）有限公司投资20亿元在北京亦庄·永清园建设新的生产基地、大型国际培训和会议中心。作为北京亦庄·永清园首批签约的5家企业之一，宝健将在永清建设集饮品生产线、护肤品生产线、家居用品产业的产业园，并将引进生物整合研发，建设植物干细胞研发中心。

（林京姬）

北京新华投入4300万元购置高端设备

北京新华双色轮转印刷机安装调试完毕　　企业提供

年内，北京新华印刷有限公司投入4300万元，购置八色平张印刷机、数字印刷系统、骑马钉联动线等20多台高端设备，用于印刷、装订设备的更新和绿色印刷技术的改造。截至年底，双色轮转印刷机、CTP制版机、高速塑封机、折页机等已经安装到位。

（王冬温）

都市工业企业（部分）

和路雪（中国）有限公司

和路雪（中国）有限公司（简称和路雪）2015年8月将运转21年的和路雪北京工厂制冷系统停止运行，进行压力管道和容器的拆除更换工作。将老凝冻机升级换代，新增自动开箱机和封盒机。10月，新增机器人设备。11月，World Class Manufacturing（WCM）新管理模式启动。12月，制冷系统投入使用。年内，新增梦龙白巧克力坚果、麦酷狮1指冰和和路雪OREO香草杯产品，销售范围遍及中国大陆、澳大利亚、南非等国家和地区。

（乔悦）

和路雪（中国）有限公司

厂长　张家磊

加多宝（中国）饮料有限公司

加多宝（中国）饮料有限公司（简称加多宝）2015年4月20日进行全面战略升级，推出金罐加多宝，并推出“金标准”体系，打造与国际接轨的世界级工厂，建立全球一体化营销体系。作为第一个实施“移动互联网+”战略的快消品牌，加多宝以罐体为入口，激活每年销售数十亿罐的流量资源，联合众多互联网行业领导品牌，为年轻消费群体创造出衣食住行多方面的凉茶消费增值服务，拉近金罐加多宝与年轻消费者的距离，使金罐加多宝品牌形象更加年轻和时尚。7月，加多宝入选以加多宝、联想、海尔等企业为理事单位的中国品牌领袖联盟。9月，昆仑山雪山矿泉水成为中阿博览会指定用水，并被选为中阿外交国礼。11月，金罐加多宝获“2015中国凉茶行业领袖品牌”和“2015最具口碑价值产品”两项大奖。年内，昆仑山雪山矿泉水获第四届“中国娱乐营销实效活动类大奖”。金罐加多宝获“2015消费者最喜爱的食品品牌”称号。加多宝在2015中国企业·公益勋章峰会评选活动中获“中国扶贫公益事业勋章奖”，成为企业公益3.0时代的标杆。金罐加多宝先后以“中国国家馆、企业联合馆官方指定凉茶”“中国—阿拉伯国家博览会唯一指定凉茶”亮相米兰世博会、中阿博览会。

加多宝创立于1995年，是一家集原材料种植、饮料生产和销售于一体的大型企业，1996年首创并推出第一罐罐装凉茶。1998年，加多宝在广东省东莞市长安镇建立首个生产基地。加多宝所有工厂均按照GMP标准建造，引进欧美先进的全自动饮料生产线，产品质量管理体系覆盖本草植物原料种植、采购、生产制造到市场流通销售全过程，全面保障产品质量。加多宝旗下生产工厂先后通过ISO 9001、GMP、HACCP、ISO 22000、ISO 14001等多个管理体系认证、国家出口食品卫生注册。旗下产品包括罐装、瓶装、盒装加多宝凉茶和昆仑山雪山矿泉水。2012年，加多宝出品的罐装凉茶启用“加多宝”品牌。

（杨洋）

加多宝（中国）饮料有限公司

董事长 陈鸿道

葆婴有限公司

葆婴有限公司（简称葆婴公司）2015年销售额24.03亿元，连续5年获得食品安全示范单位称号，获“最具社会责任企业奖”“企业公益慈善建设成就奖”“超速发展企业奖”“WTA最信赖产品奖”“健康产业慈善公益杰出贡献奖”等。11月，葆婴公司携手中国扶贫基金会，将真正健康基金“天使之心”儿童先心病救助项目落地中国。12月，葆婴公司支持的“营养与疾病预防”（NDP）全国医生营养继续教育项目首个落地成果《营养与疾病预防——医护人员读本》由人民卫生出版社出版；旗下品牌葆苾康连续9年成为国际女子网球联盟（WTA）官方营养品指定唯一提供商，连续5年成为中国网球公开赛白金赞助商、珠海WTA超级精英赛黄金赞助商和新疆男篮官方唯一营养品提供商。

葆婴公司成立于1999年1月，总部设在北京，是一家专业从事健康理念传播，健康产品研发、生产、销售和服务，专门为孕妇、婴幼儿和家庭健康提供营养健康食品和全面系统健康资讯的外商独资企业。公司注册资本3000万美元，总投资9000万美元，在开发区投资4000万美元建设了符合GMP规范的生产基地，并在全国设立27家分支机构。2009年，葆婴公司获得商务部颁发的直销经营许可证。葆婴公司所有保健食品都在食品药品监管总局注册登记并获得批准证书，符合中国国家标准和GMP规范。公司连续多年获得国家、各部委、地方级别的“食品安全示范单位”“消费者放心品牌”“质量管理示范企业”“中国保健品公信力产品”“质量信得过好产品”等近百项称号。

（白琳）

葆婴有限公司

总裁 杨立基

北京可口可乐饮料有限公司

北京可口可乐饮料有限公司（简称北京可口可乐）2015年纳税1亿元，职工总数1803人。连续7年获中国饮料行业节水优秀企业、节能优秀企业称号。被中央精神文明建设指导委员会授予“2015年全国文明单位”称号。年内，北京可口可乐承办北京第二届高校创意展和北京高校篮球赛；赞助北京市职工体协“吃动平衡走向健康”和北京打工子弟学校平安校园活动；公司代表队在开发区女职工劳动保护知识竞赛中获二等奖。

北京可口可乐是可口可乐在北京地区唯一授权的装瓶厂，也是中粮可口可乐系统下灌装厂之一，产品销售范围为北京市行政区域，在北京饮料市场具有领导地位，汽水类的市场份额近70%。主要产品包括可口可乐、雪碧、芬达、健怡可口可乐、零度可口可乐、醒目、美汁源果汁系列、果粒奶优、酷儿、冰露矿物质水、冰露纯悦矿物质水、酷乐仕维他命水、水动乐、怡泉+C、乔雅咖啡等。北京可口可乐在生产和管理中，生产工艺、质量控制、市场营销和售后服务全过程采用可口可乐在全球推行的TCCMS全面质量管理系统。

（张进红）

北京可口可乐饮料有限公司

总经理 刘 森

宝健（中国）有限公司

宝健（中国）有限公司（简称宝健）2015年捐建9所希望小学。宝健于1996年开始运营，是首都第一家直销企业、国家高新技术企业、北京市著名商标，是专业从事健康理念传播和健康产品研发、生产、销售的大型港资高科技健康企业。作为“自主健康”理念的倡导者，宝健通过提供多元化的产品与服务为国民提供全方位的健康呵护，满足国人对健康的全面需求。宝健现已拥有营养保健、美容护肤、日用护理、健康家居四大系列近百种产品。宝健从1997年起资助学校，20年来，由3个1%（公司每年捐出应纳税所得额的1%、员工和代理商自愿捐出个人收入的1%）构成的宝健自主基金，已在全国捐建并资助了100所宝健希望小学和农民工子弟学校，爱心志愿者有10万名，帮助12万名贫困孩子获得公平受教育的机会。

（林京姬）

宝健（中国）有限公司

总裁 李 道

北京金辰西维科安全印务有限公司

北京金辰西维科安全印务有限公司（简称金西公司）2015年取得国家秘密载体印制（涉密防伪票据证书/涉密文件资料）甲级资质证书；通过ISO 9001质量管理体系、ISO 14001环境管理体系、GB/T 28001职业健康管理体系审核。有员工200多人，2/3的员工拥有印刷专业执业资格。公司从国内外著名高等学府和权威科研机构聘请了一批知名专家学者，组成多学科的顾问团，绝大多数技术骨干都有国外专业技术培训经历。公司年生产能力达2000万本本式防伪证件和1亿张卡式防伪证件。

金西公司成立于1995年12月，注册资本6640万元，注册地点为开发区荣昌东街甲一号。金西公司是专门从事国内外出入境证件、IC卡、票据、证券、防伪商标等防伪产品设计和印制的国家级高安全防伪证件印制企业。公司拥有ISO 27001信息安全管理体系认证证书、中国环境标志产品认证证书、全国质量信得过单位荣誉证书和重质量守信用企业荣誉证书。金西公司被评为中央国家机关印刷政府采购定点单位和北京市市级政府采购印刷定点单位。金西公司拥有世界防伪印刷技术手段，并引进了国际安全生产和制版系统，拥有先进的防伪设计系统软件，掌握国际防伪设计手段。

（程砚春）

北京金辰西维科安全印务有限公司

总经理 王永捷

北京华联印刷有限公司

北京华联印刷有限公司（简称华联印刷）2015年销售总额4亿元，从事工业生产制造人员600余人。公司秉承“互联共融 汇智经营”的理念，一如既往地坚持“以客为尊，以质取胜”的经营方针，为客户提供优质的一步到位的精品印刷服务，获“首都文明单位”“2014年度北京印刷质量十佳企业”“中国印刷技术协会优秀会员”“北京印刷职业技能大赛优秀组织奖”等多项荣誉。

（胡艳涛）

北京华联印刷有限公司
董事长 文宏武
总经理 朱 敏

北京新华印刷有限公司

北京新华外景　　企业提供

北京新华印刷有限公司（简称北京新华）2015 年营业收入 2.35 亿元，利润 110.07 万元，纳税额 1266.37 万元，员工人数 587 人。年内，公司印制的《邓小平文集（上、中、下）》获得 2014 年度北京印刷质量协会“北京印刷质量大奖”，公司员工肖相远和柴福强被评为 2014 年度印刷优秀选手；公司印制的《老生》获得“第五届中华印制大奖银奖”，《蒲公英》等系列丛书获得北京出版集团“印装质量优质奖”“少儿类绿色印刷优质奖”。

北京新华位于开发区凉水河一街 8 号，占地面积 3 万平方米，总建筑面积 5.4 万平方米，固定资产 5 亿元。是由中国出版传媒股份有限公司和中国文化产业发展集团公司共同组建的国有大型综合性印刷企业，可提供各种经典书籍、精美画册、期刊、商业广告、包装、证件的制版、印刷、装订“一站式”服务，产品涉及书刊印刷、期刊印刷、商业印刷、包装印刷、数码印刷等领域，年生产规模可达彩色印刷 800 万色令、单色印刷 80 万令、装订 200 万令，是国家级印刷基地，生产了包括《马克思恩格斯全集》《列宁专题文集》《毛泽东选集》《邓小平文选》《江泽民选集》等一系列具有代表性的领袖著作；《苏加诺藏画集》《齐白石作品集》《中国传世人物名画》《中国美术全集》《中国人物画全集》《明清扇画书画集》等为代表的大批精美画册产品；《现代汉语词典》《新华大字典》《牛津高阶英汉双解词典》《牛津高阶英语词典》等工具书，以及《二十四史》《四大名著》《鲁迅全集》《哈利波特》《中华人民共和国国家科学技术奖励证书》《中国人民解放军军衔证书》等产品。

北京新华前身是原正中书局北平印刷厂，1949 年 4 月 24 日成立，是由中国文化产业发展集团公司（原中国印刷集团公司）下属的北京新华印刷厂、人民美术印刷厂和北京百花彩印有限公司三家企业整合而成。

（王冬温）

北京新华印刷有限公司
党委副书记兼总经理 兰本立

北京百花蜂业科技发展股份公司

北京百花蜂业科技发展股份公司（简称百花蜂业）2015 年销售收入 2.2 亿元，同比增长 0.91%，利润 2241.5 万元，员工人数 125 人。5 月 27 日，百花蜂业全国中小企业股权转让系统挂牌启动仪式举行。11 月 5 日，百花蜂业廊坊生产基地举行开工奠基仪式。年内，百花蜂业连锁事业部获“全国青年文明号”，百花蜂业被评为首都文明单位、北京市农业产业化重点龙头企业，并入围第二批首都安全优质农产品品牌推广名录和产品目录。

百花蜂业是一家具有 90 多年历史，集科研、生产、经营于一体的蜂产品高新技术企业。经营范围包括蜂蜜、蜂花粉、蜂王浆、蜂胶、日化、蜂产品制品等六大类 140 多个产品，其中蜂蜜类产品销往全国 27 个省市。销售模式包括专卖店、商超和电子商务。百花蜂业作为中国蜂产品协会副会长单位和蜂蜜专业委员会的主任单位，先后参与制定蜂蜜、蜂王浆、蜂胶、蜂花粉国家标准，公司领导兼任中国蜂产品协会副会长、中国蜂协蜂蜜专业委员会主任。

（张子一）

北京百花蜂业科技发展股份公司

总经理 郭利军

北京东港安全印刷有限公司

北京东港安全印刷有限公司（简称北京东港）2015 年销售收入 2.96 亿元，工业总产值 1.19 亿元，纳税 3705.32 万元，职工人数 195 人。7 月 22 日，北京东港协助市国税局依托“云平台”和“物联网”技术，推出“票 e 送”服务，实现发票配送的全流程信息化和自动化。北京东港奉行“绿色印刷”的经营理念，致力于建立资源节约型社会，促进人与自然和谐发展。

北京东港是由东港股份有限公司和欣泉有限公司共同投资，于 2004 年 8 月 25 日注册成立。公司主要从事商业防伪票据印刷、数字印刷、数据处理和邮发封装等业务，专注于高新技术的研发与推广，是中关村高新技术企业、国家高新技术企业。

（李明）

北京东港安全印刷有限公司

董事长 史建中

总经理 李　翔

乐天（中国）食品有限公司

乐天（中国）食品有限公司（简称乐天食品）2015 年拥有员工近 220 人，产值 1.23 亿元，实际销售收入 1.56 亿元，上缴税收 1213.6 万元。注册资本 9206 万美元，占地面积 7.6 万平方米。

乐天食品 1994 年建厂，1995 年投产，是最早入驻开发区的企业之一，也是乐天集团投资在华成立最早的一家工厂。生产出了中国第一瓶木糖醇口香糖，公司还生产派、小熊饼干、巧克力棒等系列休闲食品。产品除在大陆销售外，还销往中国香港、中国澳门，韩国、中东、东南亚、澳洲、俄罗斯、巴西和欧盟地区。

（屈洪博）

乐天（中国）食品有限公司

董事长 金龙洙

总经理 朴起弘

资生堂丽源化妆品有限公司

资生堂丽源化妆品有限公司（简称资生堂丽源）2015 年销售收入 19.3 亿元，工业总产值 23.6 亿元，纳税额 3.2 亿元，员工人数 4263 人。10 月，资生堂丽源在北京举办第九届全国秋季护肤日活动。同月，在北京举办以“化妆品的安心与安全”为主题的市民讲座。12 月，在贵州荔波举办走进贵州——香化行业爱心书包公益活动，为荔波县 2176 名学生捐赠价值 21.76 万元的学习和生活用品。资生堂丽源连续 8 年组织甘肃兰州罗汉山植树活动，累计植树 10 万余棵，成活率达到 94%。

资生堂丽源成立于 1991 年 12 月 9 日，是日本资生堂与北京丽源有限公司的合资企业，隶属于北京一轻集团有限责任公司，是国家二级企业，中国最早生产、经营化妆品的企业之一，中国轻工业总会定点生产化妆品的骨干企业。公司是以生产化妆品为主，集工业、科研、贸易、服务为一体多种经营的大型企业，全国轻工系统 200 家最大工业企业之一。

（姚岫霞）

资生堂丽源化妆品有限公司

总经理 堀利理

北京大宝化妆品有限公司

大宝天然集萃美白系列　　单位提供

北京大宝化妆品有限公司（简称大宝化妆品公司）2015 年职工总数近 500 人，生产产值 5.9 亿元，销售总额 5.4 亿元，纳税总额 9716.14 万元。大宝化妆品公司作为强生消费品中国的一成员，致力于为消费者提供高质量的服务。BRANDZ™ 名列 2015 年最具价值中国品牌 100 强、个人护肤品牌首位。2015 年是大宝品牌 30 周年、大宝 SOD 蜜上市 25 周年，新推出的大宝 SOD 宣言瓶系列仍采用了 SOD 蜜的经典配方，搭配特别设计的中国红包装。年内，大宝天然集萃美白系列全新上市，大宝化妆品公司发起“大宝凡人堂”活动。

（周婷）

北京大宝化妆品有限公司

厂长 杨京宜

北京同益中特种纤维技术开发有限公司

北京同益中特种纤维技术开发有限公司（简称同益中）2015 年营业额 1.8 亿元，同比增长 2.52%；纳税额 1055 万元，同比增长 6.96%，员工人数 470 人。全年申请专利 9 项，其中申请发明专利 7 项、实用新型两项；新授权专利 8 项，其中发明专利 6 项、实用新型两项。生产超高分子量聚乙烯纤维 1800 吨，超高分子量聚乙烯纤维无纬布 700 吨。年内，同益中的“纳米增强防弹专用高强高模聚乙烯纤维产业化项目”获“北京市高新技术成果转化项目”，公司被市科委认定为“北京市高新技术成果转化示范企业”；参与制定的国家标准《超高分子量聚乙烯纤维 8 股、12 股编绳和复编绳索》（GB/T 30668-2014）、主持制定的行业标准《超高分子量聚乙烯长丝耐磨性试验方法》（FZ/T 50025-2014）正式实施；参与制定的行业标准《超高分子量聚乙烯网线》（FZ/T 63028-2015）由工业和信息化部颁布。公司“新一代高强高模聚乙烯纤维高技术产业化”项目获国家开发投资公司科技成果奖一等奖，公司“新一代超高分子量聚乙烯纤维产业化”和“宽幅超高分子量聚乙烯纤维复材研制”项目获两项开发区科技创新专项资金支持。取得 TM35 新一代高强高模聚乙烯纤维新基地营业执照和环评批复并获得军队物资供应商入库资格。

同益中于 1999 年注册于开发区，注册资本 8000 万元，隶属于国家开发投资公司，是国内最早从事超高分子量聚乙烯纤维及其无纬布生产的企业之一。1994年，开始超高分子量聚乙烯纤维的研发；2000年，率先在国内实现了超高分子量聚乙纤维的产业化；2009年，获得国家科技进步奖二等奖。

（余燕飞 吴璇）

北京同益中特种纤维技术开发有限公司

董事长 黄兴良

北京中纺化工股份有限公司

北京中纺化工股份有限公司（简称中纺化工）2015年拥有员工89人，销售收入1.56亿元，利润822万元。年内，中纺化工承担的中国通用技术集团自主创新专项资金项目“有机氟拒水拒油剂的开发及应用技术研究”完成结题，开发出的新产品已生产100吨，提高了产品的通用性和稳定性。承担的中国纺织科学研究院项目“丙烯酸酯无氟防水剂的开发及应用技术研究”，取得阶段性成果。承担的中央本级重大增减支项目“中草药天然染料的开发与应用”完成进度，等待项目验收。中纺化工申报中国纺织工业联合会应用基础研究项目1项、绍兴科技局产学研项目1项、开发区科技创新专项资金项目1项；联合申报晋江发改局项目1项；环保型拒水拒油剂申报了北京市新产品、新技术。申请发明专利1项，即“一种三防易去污纺织衬衫面料及其制备方法”，申请号201510984633.5。获得发明专利授权5项，即“一种全棉或涤棉织物的无汽蒸冷轧堆工艺”（授权号ZL201210311108.3）、“一种复合功能墙纸及其制备方法”（授权号ZL201210270197.1）、“一种活性印花糊料及其制备方法”（授权号ZL201310596679.0）、“一种环保型液体溴靛蓝燃料复合添加助剂及其制备方法”（授权号ZL201210311251.2）、“一种含氟拒水拒油剂及其制备方法与应用”（授权号ZL201310636435.0）。

中纺化工是中国纺织科学研究院控股高新技术企业，专业从事纺织化学品和生物酶制剂研发、生产、销售，同时进行特种纺织品研发并提供技术服务。

（周毓）

北京中纺化工股份有限公司

董事长 李庆峰

总经理 朱清峰

富思特新材料科技发展股份有限公司

富思特新材料科技发展股份有限公司（简称富思特）2015年连续第五次获中国房地产开发企业500强首选供应商品牌、中国金漆奖十大工程涂料品牌、中国涂料工业百年百强企业称号。董事长郭祥恩被评为“中国涂料工业百年杰出企业家”。年内，入选2015年世界涂料企业100强，排名第77位，在中国专业工程建筑涂料厂商中排名第一位。

富思特始创于1995年，是集建筑涂料、保温、地坪、保温装饰板的研发、生产、销售和施工为一体的大型现代化企业，20年来，凭借“精准、精专、精进”的理念，专注于精品建筑外墙装饰完美效果的研究与应用，产品研发与生产综合实力全行业领先，累计施工面积达4亿平方米，并以每年超过30%的增长速度引领行业发展。富思特建有先进的科研实验室，拥有115台行业领先的专业试验、检测设备，并设有博士后科研工作站，有86人的技术研发团队。在北京、成都、厦门、太原、沈阳等地建有大型生产基地，全国设有 50 余家分支机构。2013 年，推出高科技专利产品——净霾自洁涂层。

（程平）

富思特新材料科技发展股份有限公司

董事长 郭祥恩

章光 101 控股集团有限公司

章光 101 控股集团有限公司（简称章光 101 集团）下属的北京章光 101 科技股份有限公司 2015 年营业收入 6189 万元，利润总额 231 万元，纳税总额 1104 万元，员工人数 214 人。2 月，章光 101 集团和拉罗林斯卡医学院在瑞典签署合作科研项目章光 101 红豆杉缓释颗粒，用于防治失眠作用机理的研究。4 月，章光 101 集团董事长赵章光应邀参加 2015 年中美创新论坛并发言。6 月，中国老年保健协会毛发保健与疾病防治专委会在北京成立，赵章光获聘为专业委员会顾问，集团董事赵胜霞获聘专业委员会副主任委员。9 月，章光 101 紫杉负氧枕亮相加拿大国际中医药高峰论坛。

章光 101 集团以赵章光发明的章光 101 生发、护肤系列产品为主导，涉及制药、房地产、园林工程等多种行业，是一家拥有 10 多亿元固定资产，1.4 万余名员工，2000 多家 101 生发专业连锁咨询服务机构的外向型经济实体。产品包括生发、养发、防脱发和护肤 4 个系列 20 多个品种，除“章光 101”系列之外，还开发了以养发为主的子品牌，满足不同层次、不同类型头发亚健康人士的需求。“章光 101”于 2007 年 9 月被认定为中国驰名商标，拥有北京、乐清、郑州 3 个生产基地，产品行销世界 65 个国家和地区，在海外设有 16 个分支机构。

（章芳 郑伟涛）

章光 101 控股集团有限公司

董事长 赵章光

总 裁 赵旭良

嘉纳尔科技（北京）有限公司

嘉纳尔科技（北京）有限公司（简称嘉纳尔科技）2015 年营业收入 289.67 万元，拥有员工 23 人。截至年底，嘉纳尔科技共拥有 8 项发明专利和 4 项实用新型专利。公司研发飞机导管专用清洗剂产品并试用生产。

嘉纳尔科技成立于 2005 年 10 月，主要从事航空、船舶维修用清洗材料、环保型建材、高分子过滤材料和相关专业设备的研发设计制造和推广，主导产品包括航空维修用化学品和配套设备、自熄型阻燃聚氨酯保温材料、PVF 高分子过滤材料、电子传感器、数控大型工业微波设备等。2008—2015 年，嘉纳尔科技通过 ISO 9001：2008 国际质量管理体系认证、中关村高新技术企业认证，是市知识产权局授予的专利试点单位、市科委等部门认定的北京市自主创新产品单位、北京质协质量评价中心评审的“长城杯质量信得过单位”。公司产品被编入《中国军工军需企业与产品物资采购目录》《中国军转民品物资采购手册》《中国民航商务指南》。公司研制的工艺成熟、成本低廉的聚乙烯醇缩甲醛（PVFM）精密高分子滤材（滤芯）产品，获得北京市中小企业创新基金支持。

（王春时）

嘉纳尔科技（北京）有限公司

董事长兼总经理 金 鑫

都市服务业

嘉捷美锦平安微创项目投入运作

1月，北京嘉捷美锦科技发展有限公司投资注册成立平安微创（北京）医药科技有限公司，运作“平安微创”项目。该公司是依托中国肿瘤微创治疗技术创新战略联盟的技术支持和指导成立的一家专门从事肿瘤精准微创和个性化治疗技术研究与推广的公司。公司拥有一体化微创手术室专利技术，围绕该核心技术进行手术室整体设计、系统集成和相关微创治疗设备研制。公司申请“肿瘤化疗药物敏感性检测系统”“肿瘤特异性标志物早期筛查方法”等专利技术。公司致力于构建一个肿瘤精准微创和个性化治疗相结合的全新肿瘤治疗系统，并将其规范化和标准化。

（李军辉）

中外运敦豪在鲁甸地震灾区启动加油计划

中外运敦豪在鲁甸地震灾区启动“加油计划”　企业提供

3月，中外运－敦豪国际航空快件有限公司携手中国扶贫基金会在云南鲁甸地震灾区鹊落小学启动“加油计划”。包括“未来空间”教室建设和“加油课程”的开展。这是中外运敦豪继向雅安地震灾区捐款200万元用于20所小学“中外运敦豪·未来空间”教室建设后，再次向地震灾区伸出援助之手，全力支持灾区儿童的心理素质建设和教育发展。

（国微　孙淼）

华北高速控股光伏平台公司启动运作

华北高速控股光伏平台公司启动运作　孟宪岭　摄

4月17日，华北高速公路股份有限公司控股光伏平台公司在华利光晖新能源投资有限公司（简称华利光晖）召开的股东会和董事会上启动运作。华利光晖是由华北高速全资子公司华祺投资有限责任公司与中利腾晖、瑞阳基金共同发起成立的光伏电站投资平台公司，注册资本10亿元，三方出资比例分别为52%、28%和20%。

（翟欣）

金鹰国际完成尼泊尔地震灾区物资运输

4月27日14时，金鹰国际货运代理有限公司华北区总部接到中国红十字会为尼泊尔地震灾区运送151吨物资、238立方米的2000顶帐篷的委托，要求金鹰国际27日当天起运救援物资，28日早晨前将救灾物资全部运到首都机场，并完成报关、报检和装机任务。根据中国红十字会的要求，金鹰国际华北区运输部门立即抽调两辆17.5米的箱车、一辆19米的箱车和30名装卸工人、2名叉车司机，在27

日 14:30 到达红十字会仓库提货，按时将援助尼泊尔的 151 吨救灾物资全部运到首都机场，完成任务。

（蔄仿如）

锋创科技园举办锋创·优客工场入园仪式

锋创·优客工场入驻锋创科技园　　企业提供

5 月 25 日，锋创科技园举办“锋创·优客工场”入园仪式，将“大众创业、万众创新”新趋势引入开发区，为创业者提供最温暖共享的办公服务和创业指导。优客工场入园与优客工场其他旗舰店略有不同，“锋创·优客工场”面向已经完成天使轮融资、从初创期过渡到成长期的创业企业，向企业提供联合办公服务平台和创业指导等各类服务。

（张夺）

嘉康利中国推广全民健身万里行活动

5 月至 12 月，嘉康利（中国）日用品有限公司作为由国家体育总局批准、国家体育总局人力资源开发中心主办的“嘉康利中国全民健身万里行”大型公益活动连续三年的官方合作伙伴，继续在全国推广“嘉康利中国全民健身万里行”活动。活动分别在北京、杭州、哈尔滨、青岛、重庆、广州、苏州举办了主体形式为 3 ~ 5 公里跑步和健步走的主题站活动。中国奥运会冠军张国政、王丽萍、李娜、奚爱华、张会、王濛、仲满、眭禄、杨维、骆晓娟、冯坤、李婷、陈艳青等参加 2015 年嘉康利中国全民健身万里行活动。

（张丽虹）

金鹰国际邀请百年职校学生到公司参观

6 月 11 日，金鹰国际货运代理有限公司华北区管理层邀请百年农民工子弟职业学校的 120 名学生来到北京市顺义区 BALP 站点参观学习物流知识，并颁发绿色奖学金。旨在响应 DHL Global Volunteer Day “Go Green”“Go Help”“Go Teach”主题。DSC 华北区总经理袁航向学生介绍 DHL 公司的业务状况；DSC 华北区高级人力资源经理夏雪梅介绍 DHL 的社会公益责任，并特别介绍 2014 年 DHL 在社会公益方面做的一系列活动；袁航等给获得绿色奖学金的 10 个节约用电寝室颁发奖状和奖学金；学生会主席介绍同学门日常环保行为和故事；操作主管带领大家到仓库参观、实地操作；包装间质量管理员给大家上了一堂物流知识入门讲座。2011 年，DSC 华北区在百年职校启动了绿色奖学金项目。

（蔄仿如）

城乡世纪广场投入运营

6 月 18 日，城乡世纪广场试营业，9 月 18 日正式开业。这个集购物、美食、娱乐、生活、文化、健身、商务等于一体的一站式综合消费商业服务设施将成为北京市东南部地区具有影响力的标杆性项目。该商业综合体投资 30 亿元，经营面积 30 余万平方米。其中，商业经营面积 15 万平方米，包括 1.5 万平方米超大精品超市，3 万平方米美食区，5300 平方米电影院；5000 平方米多功能会演中心和 3000 平方米动感健身中心区等。城乡世纪广场的建成，满足了消费者多业态覆盖，一站式消费、体验式消费的需要，与传统百货经营的多品类全业态形成良好的互动，丰富开发区商业功能，优化开发区商务环境。

（张蕾）

内外500多名斑马鱼研究人员参加，现场发布65场最新研究成果的讲演报告，展示75个项目墙报和24个平面报告，交流探索斑马鱼研究最新成果。

（周菁楠）

汇龙森科技园设立工商登记注册指导站

7月14日，汇龙森科技园设立开发区首批工商登记注册指导站，为初创企业服务。开发区管委会副主任绳立成，开发区工商分局局长朱学增、副局长林树涛，汇龙森公司总裁朱强和园区企业代表100多人出席揭牌仪式。

（刘泳）

汇龙森企业实验室　徐健 摄

生物试剂出入境公共平台通关1310批次

7月，经市科委、市经济信息化委和中关村管委会等单位审定，中关村国际生物试剂物流中心生物试剂出入境公共服务平台获得北京市新技术新产品（服务）证书。该平台于2014年1月在亦庄生物医药园开始运行，已建成为全国首条生物试剂进出口的绿色通道。年内，经过生物试剂出入境公共服务平台通关的生物试剂共有1310批次，进出口额1.2亿元。该平台创新生物试剂监管模式，改善监管条件，提升有效监管能力，提高生物安全监管水平，缩短生物试剂进出口周期，改善生物试剂出入境的瓶颈问题。

（李艳平 王洪平）

爱生科技赞助第四届全国斑马鱼研究大会

9月，北京爱生科技发有限公司成为第四届全国斑马鱼研究大会主赞助商。大会以“小鱼世界，大家精彩”（Small Fish，Wonderful Life）为主题，吸引海

汇龙森成立全资子公司

9月，汇龙森国际企业孵化（北京）有限公司投资组建的全资子公司——中孵高科产业孵化（北京）有限公司（简称中孵高科）注册成立，公司注册资本1000万元，是一家专业从事科技园（孵化器）规划与运营咨询、科技园托管运营、科技产业孵化、科技投资、科技服务的公司。为更好地服务创新创业，中孵高科在全面负责汇龙森科技园区运营管理的基础上，积极开展对外业务拓展，凭借“托管服务”“孵化院线”“网上科技园”“服务换资产”四大业务板块，公司业绩迅速提升。截至年底，实现园区托管1家，托管面积3万平方米，孵化器院线加盟两家，有效提升公司产业孵化服务能力。

（刘泳）

汇龙森获评国家级小微企业创业示范基地

11月16日，由汇龙森国际企业孵化（北京）有限公司旗下的中孵高科产业孵化（北京）有限公司申报的汇龙森小微企

业创业基地，经工业和信息化部批准成为“第一批国家小型微型企业创业示范基地”。小型微型企业创业基地既是创办小型微型企业的场所，也是新形势下大众创业、万众创新的载体，此次评定出的国家级示范基地将在原有基础上，进一步改善创新创业设施和环境，完善服务与运营模式。此次共批准 95 家企业。

（刘泳）

嘉捷学堂举办人力资源沙龙活动

11 月 17 日，嘉捷学堂举办“回顾与展望——分享与组织共生发展之道”为主题的沙龙活动，参会人员主要是区内企业法人、高级管理人员、人力资源总监等。活动围绕“如何在新形势下，运用新模式、新思维应对转型升级”“企业如何培养高潜质人才从优秀迈入卓越”“人才培育培养的系统性和长期性，推动企业人才战略的实施”等内容进行深度研讨。

（李军辉）

嘉捷学堂主办人才高峰论坛

12月 16 日，“双创同行，联合共赢——新常态下组织与人才的突围与重生高峰论坛”在嘉捷企业汇 12 层举行，来自开发区企业的人力资源经理和高层管理人员等 200 余人参加。论坛由嘉捷集团·嘉捷学堂主办，北京亦庄国际人力资源有限责任公司、北京华仕汉基企业管理顾问有限公司、北京电子科技职业学院培训中心、百诚释心（北京）咨询管理有限公司共同承办。论坛承办单位联合发起成立亦庄·人力资源培育服务联盟。中国人民大学商学院人力资源战略教授、MBA 中心主任、中国人力资源理论与实践联盟秘书长、博士周禹，SMC（中国）有限公司总经理、博士赵彤分别以“冰火两重天：组织与人才的突围与重生”和“基础工业的崛起是一个国家去强大的根本”为主题发表演讲。论坛最后进行以“新常态下组织与人才的突围与重生”为主题的圆桌对话。

（李军辉）

中外运敦豪 35 辆电动服务车投入使用

12 月，中外运 – 敦豪国际航空快件有限公司首批 35 辆纯电动物流服务车投入使用。电动车采用针对城市物流特点量身打造的比亚迪 T3 车型，用于深圳 CBD 和周边地区的日常派送。这标志着中外运敦豪与比亚迪股份有限公司的战略合作全面启动，双方将共同打造电动物流解决方案，通过推动新能源车辆在中国市场的使用，助力“绿色物流”发展。

（国微 孙森）

中铁十九局进入中亚市场

中铁十九局承揽塔吉克斯坦铁路工程项目　　企业提供

年内，中铁十九局集团有限公司在塔吉克斯坦共和国承揽瓦赫达特 – 亚湾铁路工程项目，这是中国铁路施工企业首次进入中亚地区铁路市场。至此，中铁十九局全集团海外在建项目合同额达 80 多亿元，形成以北非和中东为主，中亚和东南亚为辅的海外区域经营，涉及公路、铁路、房建、矿山和城市轨道等基础设施领域。

（张莹）

都市服务业企业（部分）

阿尔特汽车技术股份有限公司

阿尔特汽车技术股份有限公司（简称阿尔特汽车）2015年销售收入3.83亿元，净利润4735.70万元。承接开发项目134个，合同金额5.14亿元。其中，传统汽车开发类项目有128项，合同金额3.06亿元；新能源汽车开发项目6项，合同金额2.08亿元。拥有员工1127人，其中国外专家73人、国内专家68人，高级工程师206人、一级工程师280人、二级工程师500人，研究生学历员工占14%，本科学历员工占85%。获授权专利58项。获得国家高新技术企业、北京市企业技术中心、北京科技研究开发机构、北京市设计创新中心、ISO 9001体系认证、信用双百企业、信用AAA级企业、中关村新锐企业十强、北汽优秀供应商、一汽大众优秀供应商、一汽轿车优秀供应商等30多项资质和称号。2月12日，江西阿尔特汽车技术有限公司成立。10月，阿尔特汽车申请在全国中小企业股份转让系统挂牌，同时定向增发2亿元。

阿尔特汽车成立于2002年，先后在长春、上海、成都、宁波、武汉、宜兴、柳州、江西等地开设分公司，在海外开办阿尔特日本（有限会社IAT）、北美技术中心和欧洲办事处，逐渐形成以北京为总部，跨越国内外重要汽车产业聚集区的设计、研发和销售中心，发展成为全方位汽车设计开发与工程服务公司。

（杨博）

阿尔特汽车技术股份有限公司
董事长 宣奇武
总经理 张立强

华北高速公路股份有限公司

华北高速公路股份有限公司（简称华北高速）2015年总资产62.29亿元，营业收入9.33亿元，营业利润1.62亿元，其中净利润1.54亿元。华北高速成立于1999年7月20日，是经交通部、经贸委批准成立的，以京津塘高速公路为主营资产的股份制上市公司。公司主营业务为投资开发、建设、经营收费公路。公司注册资本10.9亿元。公司股票于1999年9月在深圳证券交易所挂牌交易，股票代码为000916。公司推进公路资产和光伏产业拓展，全面提升经营管理水平，着重突出履行社会责任，连续多年位列开发区纳税50强企业。

（翟欣）

华北高速公路股份有限公司
董事长 郑海军
总经理 杨利军

中铁十九局集团有限公司

中铁十九局集团有限公司（简称中铁十九局）2015年全集团新签合同195项、总额535.09亿元，其中集团母公司新签合同两项、总额11.54亿元；营业总收入358.04亿元，其中集团母公司130.14亿元；利润5.57亿元，其中集团母公司4.98亿元。工程质量分项工程一次检查合格率100%，单位工程合格率100%，员工人数17720人。年内，中铁十九局施工工程获得中国土木工程詹天佑奖1项，国家优质工程银质奖1项，省部级优质工程8项，省部级优质结构工程4项；获得全国优秀QC小组4个，省部级优秀QC小组31个；获得国家级工法1项，省部级工法10项，省部级科学技术奖8项；获得知识产权局授权专利 113 件，其中发明专利 13 件。中铁十九局副总工程师兼重庆火车站项目部经理孙吉东获得“全国劳动模范”称号。

中铁十九局归属国资委管理，2009 年 7 月集团总部机关从辽宁省辽阳市搬迁至开发区荣华南路 19 号。公司具有铁路工程施工总承包特级，铁道行业工程设计甲Ⅱ级，公路、矿山、市政公用、水利水电、房屋建筑工程施工总承包一级，公路路基、桥梁、隧道、铁路铺轨架梁工程专业承包一级，地质灾害治理工程施工甲级资质。具有承装（修、试）电力设施许可和爆破作业单位许可证（营业性）A 级，同时拥有境外工程承包资质和对外经营权。下辖第一、二、三、五、六、七工程有限公司、电务工程有限公司、轨道交通工程有限公司、矿业投资有限公司、房地产开发有限公司、国际建设分公司、物资总公司、计量测试中心、职工中心医院、辽阳基地，东北、西北、东南、西南、华南、华东、华北、北京、新疆、中原 10 个区域指挥部。施工领域分布全国 32 个省市自治区和北非、中东、中亚、东南亚国家。

中铁十九局是国家高新技术企业，被中国施工企业管理协会评为“科技创新优秀企业”，中铁十九局技术中心是北京市专利示范单位。公司先后被授予“全国优秀施工企业”“全国先进建筑企业”“全国质量管理先进单位”“全国工程建设管理先进单位”“全国守合同重信用企业”“全国建设施工企业设备管理优秀单位”“全国思想政治工作优秀企业”“全国精神文明建设工作先进单位”“全国企业文化建设优秀单位”“全国文明单位”“全国工程建设质量管理优秀企业”等称号。所建工程先后获得“古斯塔夫斯—林德恩斯”国际桥梁大奖 1 项，中国建筑工程鲁班奖 12 项、中国土木工程詹天佑奖 14 项、国家优质工程金奖 8 项、国家优质工程银奖 27 项、省部级优质工程 172 项。

（张莹）

中铁十九局集团有限公司

董事长兼总经理　王学忠

党委书记　赵国旗

奥码拓（北京）科技有限公司

奥码拓（北京）科技有限公司（简称奥码拓）2015 年公司销售业绩创历史新高，与多所国家重点大学、实验室合作科研。多次组织员工到德国培训学习。奥码拓成立于 2010 年 5 月，注册资本 100 万元，资产总额超过 500 万元。奥码拓是一家集研发、生产、销售、技术服务、技术咨询于一体的专业从事材料检测设备的高新技术企业，主要产品有各类摩擦形式的摩擦磨损试验机、万能手指磨耗仪等。奥码拓研发中心服务于高等院校、科研院所、企业技术中心，为其提供材料学、摩擦磨损学等前沿技术和一站式解决方案。

（张一）

奥码拓（北京）科技有限公司

董事长　Wolfgang P .Weinhold

首席执行官　王　杨

龙创信恒（北京）科技有限公司

龙创信恒（北京）科技有限公司（简称龙创科技）2015 年销售收入 4585.5 万元，同比增长 19.9%；纳税额 50 万元，同比增长 25.5%。拥有职工总人数 160 人。年内，龙创科技承担的涿州开发区市政路灯节能与监控项目和北京电子科技学院校区路灯远程监控工程进展顺利。龙创科技总部一层展厅投入使用，举办公司十周庆活动。中标唐山国丰群里钢铁节能改造项目和河北涞水县城区照明系统远程监控改造工程。龙创科技被列为“德勤—亦庄高科技、高成长企业20强”。

龙创科技于2005年1月成立，是一家集研发、生产、销售、技术服务于一体的专业从事节能节电、脱硫脱硝和能源管理的高新技术企业，是发展改革委、财政部首批备案，工业和信息化部重点推荐的节能服务公司，承担着1项国家火炬计划项目即市政路灯节电器项目。

（穆耀威）

龙创信恒（北京）科技有限公司

总经理　高向武

金鹰国际货运代理有限公司

金鹰国际货运代理有限公司（简称金鹰国际）2015年华北区正式员工533人。金鹰国际拥有具备高标准的医药仓储条件和符合安全质量标准的冷链运输系统，运营站点6个，仓储面积18万平方米。全年业务收入11.47亿元，纳税824万元。与宝马公司、霍尼韦尔公司、苹果公司、玛氏公司等知名企业签约，提供全方位仓储、运输和保税物流服务。4月27日，金鹰国际接到了中国红十字会为尼泊尔地震灾区运送救援物资的委托，于28日早晨前将救灾物资全部运到首都机场，并完成报关，报检验和装机任务。6月15日，公司邀请百年农民工子弟职业学校学生到公司参观学习，并设立2014年优秀学生DHL绿色奖学金。9月，公司志愿者远赴四川省甘孜州甘孜县，联合当地红十字会为4所小学捐赠校服和文具。金鹰国际关注社会环境、公益事业的发展和保护，把9月定为志愿者活动月，围绕“绿色环保、支教和帮助”主题开展系列社会公益活动。

金鹰国际于1996年9月成立，隶属于DHL品牌，为德国邮政集团的全资子公司。2002年，金鹰国际作为第三物流服务和解决方案企业入驻开发区。

（蔺仿如）

金鹰国际货运代理有限公司

中国区董事兼总经理　邹　胤

北京亦庄国际生物试剂物流中心有限公司

北京亦庄国际生物试剂物流中心有限公司（简称中关村国际生物试剂物流中心）2015年服务企业219家，服务收入236万元。拥有北京国检局指定的生物材料和制品监管库，专业服务人员19人。7月，经市科委和市经济信息化委等单位审定，生物试剂出入境公共服务平台获得北京市新技术新产品（服务）证书。

中关村国际生物试剂物流中心于2012年7月在亦庄生物医药园成立，是由行业联盟、监管部门和政府多方合作共建的第三方公共服务平台。经营范围为货物、技术进出口、代理和仓储服务，货物运输代理，销售化学和生物试剂、化工产品，以及技术咨询、技术服务等，能提供生物试剂快速通关“一站式”服务，包括生物试剂进出口许可审批、报关报检、检验检疫、物流仓储等。

（王洪平　李艳平）

北京亦庄国际生物试剂物流中心有限公司

董事长　兰宝石

总经理　龚　翔

中外运－敦豪国际航空快件有限公司

中外运－敦豪国际航空快件有限公司（简称中外运敦豪）2015年在DHL快递

全球 220 个网络国家中名列前茅，覆盖中国 95% 人口聚集区和经济中心城市，拥有近 7000 名员工。快递服务覆盖全国 390 个城市，设立了 200 多处办公设施。国际快递服务可直达 131 个主要城市，每周使用超过 500 架次商业航班和专机。年内，中外运敦豪连续获得由杰出雇主调研机构、卓越职场研究所、智联招聘评选的“最佳雇主”称号。参与中国足球超级联赛、电动方程式等体育赛事。

中外运敦豪创建于 1986 年，由德国邮政敦豪和中国对外贸易运输集团总公司各注资 50% 成立，专注发展国际限时快递服务、全球范围文件和包裹快递。中外运敦豪成为中国最大的国际快递供应商；中国也成为 DHL 快递全球最为重要的市场之一。近两年来，中外运敦豪支持集团公司 Go Green 项目发展，先后实施基础设施改造、生产线和运输服务优化等一系列节能举措，并与比亚迪携手开发绿色物流解决方案。中外运敦豪已累计减少碳排放逾 400 万吨，相当于植树 20 多万棵。

（国微 孙森）

中外运－敦豪国际航空快件有限公司

董事、总经理 吴东明

汇龙森国际企业孵化（北京）有限公司

汇龙森国际企业孵化（北京）有限公司（简称汇龙森）2015 年营业收入 3292.76 万元，利润 361.91 万元，纳税额 401 万元，员工人数 73 人。截至年底，园区中有中组部“千人计划”16 人，北京市“海聚工程”36 人，中关村“高聚工程”29 人，开发区海外高层次人才 66 人。年内，汇龙森被科技部火炬高技术产业开发中心评选为 2014 年度第二批科技型中小企业创业投资引导基金阶段参股项目立项单位之一，被工业和信息化部评定为首批国家级小型微型企业创业示范基地，被市科委评定为北京市战略性新兴产业科技成果转化基地，成为开发区工商分局设立的工商登记注册指导站。汇龙森科技园二园被开发区授牌成为首批特色产业园——创新医疗器械特色产业园；汇龙森成立控股子公司——中孵高科产业孵化（北京）有限公司负责汇龙森科技园的运营业务。

汇龙森成立于 2002 年 4 月 26 日，注册资金 6000 万元，是一家专业从事科技园区建设与管理、科技企业服务和科技投资业务的集团公司。

（刘泳）

汇龙森国际企业孵化（北京）有限公司

董事长 刘泳

北京蓝新特科技股份公司

北京蓝新特科技股份公司（简称蓝新特）2015 年总资产 4423 万元，营业收入 565 万元，纳税总额 39 万元，员工人数 40 人。11 月 5 日，蓝新特总工程师赵煜民和工程师刘华、王寿龙、张海军、宋金山等人共同研发的 9 轴万能夹具机床，通过由清华大学博士生导师、教授王辉，全国数控技能大赛专家组长、高级工程师金福吉等专家组成的先进制造工艺技术评审小组评审。评审专家一致认为公司研发的 9 轴万能夹具机床立意新颖，实用性强，其夹具功能将传统工装夹具的生产准备时间从 1~2 个月，缩短到几十分钟，对提高机床效率、保证产品质量、降低生产成本、减轻劳动强度起到重要作用。

蓝新特成立于 2002 年 7 月 18 日，位于开发区双羊路 7 号，注册资金 4000

万元，是专业从事工装夹具技术研究生产的高新技术企业、北京市科技研究开发机构，拥有发明专利、实用新型专利10项，成功孵化2项专利。为空军装备部研发的柔性航电试验台获2008年军队科技进步二等奖。蓝系组合夹具被全国数控技能大赛、全国职工数控技能大赛、全国职业教育数控技能大赛指定为唯一夹具比赛器材。

（晏川）

北京蓝新特科技股份公司

董事长 王 军

总经理 张勇毅

美德创新（北京）科技有限公司

美德创新（北京）科技有限公司（简称美德创新）2015年生产产值153.62万元，销售额63.52万元，职工人数12人。年内，美德创新获得两项奥斯卡红点奖，奠定了开发区在工业设计领域的基础。美德创新成立于2010年10月18日，致力于与国际型企业合作，提供全球领先的工业设计、结构设计、机械电气设计到样机制作、产品供应一站式服务。公司注重创新，通过科学并完备的设计流程为客户创造最大的设计价值。美德创新团队具有丰富的专业背景，可以覆盖设计研究、工程设计、电气设计和市场营销策划等多领域业务内容，对于客户诉求、生产环节、管理环节和销售环节都能科学的关注和把控，从而保证最终的设计既可以在生产线上得以完整呈现，更能符合市场诉求，引领行业潮流。

（王祎鹏）

美德创新（北京）科技有限公司

董事长 张敬雷

总经理 任相栋

北京嘉捷美锦科技发展有限公司

北京嘉捷美锦科技发展有限公司（简称嘉捷美锦）2015年营业收入211万元，利润3206万元，纳税额1679万元，员工人数80余人。嘉捷美锦成立于2005年，由北京嘉捷集团、山西美锦集团共同投资建立，是以科技园区建设和运营为主营业务的民营企业。开发和运营的项目包括嘉捷科技园、BDA企业汇、BOX企业汇等，统称为嘉捷企业汇。嘉捷企业汇以“满足政府招商条件，以创新型企业为主要客户的企业园运营商”为业务发展新定位。融区位优势、产业优势、政策优势、环境优势、交通优势于一身，入园企业拥有生态办公、景观办公的优越环境，享受国家级开发区和中关村科技园的双重优惠政策，高品质的物业管理和一流的商务配套服务，共引进企业120家。

（李军辉）

北京嘉捷美锦科技发展有限公司

董事长 李佰龙

总经理 任 彤

北京华测北方检测技术有限公司

北京华测北方检测技术有限公司（简称北京华测）2015年营业收入6800万元，同比增长43.6%；利润总额1361万元，同比增长60%；上缴税金454万元。截至年底，北京华测总资产7685万元，仪器设备约1000台，价值约3100万元；有员工304人，其中本科及以上学历所占比例为40.5%。年内，北京华测为3000多家企业提供检测技术服务，出具报告近3万份；获市安监局颁发的2015年度职业卫生技术服务机构评估优秀荣誉证书；被国家认证认可监督管理委员会授权为

"CCC"认证实验室。与黑龙江生物科技职业技术学院等院校签订协议，成为该校的实习基地。

北京华测成立于2007年5月，注册资金3000万元，属于华测检测认证集团股份有限公司的全资子公司。华测检测致力于为企业提供环境、食品、电子电器、有害物质等专业的第三方检测技术服务，是国内最大的民营第三方检测认证机构，获得CNAS、CMA、CMA-f、职业卫生安全等专业资质证书。北京华测拥有发明专利2项、实用新型5项、软件著作权5项；获得中关村高新技术企业、中关村高成长TOP100、首都科技条件平台检测与认证领域中心优秀成员单位、德勤—亦庄高科技、高成长企业20强等称号。被市商务委认定为北京市外贸公共服务平台；被开发区认定为新区公共服务平台；获得北京市水利建设市场主体信用评价AAA级检测单位称号；成为中国环境修复网首批推荐的两家污染场地调查评估修复从业单位之一，2014年通过复审，获得国家高新技术企业称号，被开发区科技局认定为新区公共检测技术服务平台，获得开发区"安全生产标准化岗位达标"称号。

（寇红）

北京华测北方检测技术有限公司

总经理 吕小兵

锋创科技发展（北京）有限公司

锋创科技发展（北京）有限公司（简称锋创科技）2015年销售收入5620万元，职工人数40人。锋创科技园占地面积7万平方米，建筑面积近17万平方米，入驻企业300余家。7月8日，锋创科技园在以"心PARK+"为主题的2015中国产业新区高峰论坛上，获由中国品质园区参评委员会颁发的"2015中国品质园区项目"称号。7月16日，锋创科技园在开发区举办的特色产业园发展联盟成立大会暨首批特色产业园授牌仪式上，获电子商务创新园区授牌。9月22日，锋创科技园在市科委举办的众创空间工作推进会暨众创空间代表授牌仪式上，获北京众创空间授牌。10月20日，锋创科技与京东云在"互联网+"2015年战略发布会上联合签署战略合作协议，建立创新基地，联手打造产业园O2O服务平台"锋创云"。年内，锋创科技园获北京市园林绿化工程精品工程奖。

（张夺）

锋创科技发展（北京）有限公司

董事长兼总经理 张寒燕

大族环球科技股份有限公司

大族环球科技股份有限公司（简称大族环球）2015年拥有员工72人，当年投入3.2亿元，实现资产总额23.9亿元，同比增长24.4%。在北京亦庄代表项目有大族企业湾、大族广场和大族溢彩城。7月16日，大族企业湾被开发区特色产业园发展联盟认定为"工业4.0创新园"，承接北京亦庄机器人产业创新基地的运营工作；大族广场被开发区特色产业园发展联盟认定为"互联网+创新园"，并授予牌匾。截至年底，大族企业湾签约进驻企业44家，出租率达60%，以机器人、智能制造、汽车、医疗器械、激光装备制造、互联网信息技术行业及其上下游企业客户为主，包括戴姆勒卡客车（中国）有限公司、控创（北京）科技有限公司、DT集团、滨特尔流体控制（北京）有限公司、路特利举升机（海门）有限公司、哈工大机器人集团等多家世界500

强和国际知名企业。大族广场签约企业3家，包括国信世纪人才服务（北京）有限公司、潍坊宏源防水工程有限公司北京分公司、北京天地人环保科技有限公司，出租率5%。大族溢彩城签约10余家商户，包括西贝莜面村、麦当劳、星巴克、屈臣氏、CGV影院等知名商家，签约率达到15%以上。

大族环球隶属于大族控股集团，于2007年12月17日在北京成立，注册资本4亿元，大族控股集团是一家以房地产开发、经营和金融运作为主的综合性企业，业务涉及商品住宅和商用物业开发、酒店经营、高尔夫、旅游度假、运动休闲和养老地产等产业，足迹遍布北京、上海、南京、太原、沈阳、厦门、东莞、海南、深圳等省市，总开发面积达350万平方米，项目投资达60多亿元。大族企业湾位于凉水河二街8号，占地面积10.8万平方米，建筑面积22万平方米，由18栋5~6层独栋写字楼和两栋配套公寓组成。大族广场位于开发区荣华南路2号，占地面积6.7万平方米，建筑面积31.7万平方米，由6栋22~26层成舰队造型的甲级5A写字楼组成。大族溢彩城位于大族广场地上三层，建筑面积6.5万平方米，是全国首创的多媒体互动休闲娱乐主题购物中心。

（张羽）

大族环球科技股份有限公司

董事长 高云峰

北京爱生科技发展有限公司

北京爱生科技发展有限公司（简称爱生科技）2015年销售额1800万元，实现收入1600万元。4月，爱生科技与中国建筑设计院有限公司达成编制协议，正式成为新版CJ 94《饮用净水水质标准》、CJJ 110《管道直饮水系统技术规程》两个行业标准的主编单位。6月，“爱生”商标再次被市工商局评定为北京市著名商标。9月，爱生科技成为第四届全国斑马鱼研究大会主赞助商。11月，爱生科技被慧聪网评选为2015年度中国净水行业公共饮水十大领军品牌。

爱生科技是集大型管道直饮水系统、实验超纯水系统、斑马鱼和水生模式生物实验系统等专业设备研发、设计、生产、销售、安装为一体的国家高新技术企业，是市专利试点单位和市科学技术研发机构。

（周菁楠）

北京爱生科技发展有限公司

董事长兼总经理 张琼

北京金蓝人力资源服务有限公司

北京金蓝人力资源服务有限公司（简称金蓝人力）2015年对旗下业务进行重新整合，开拓移动互联网项目。启动“亲亲我家”项目，项目是基于家族亲人和同乡之间的亲情互动工具平台，让打工在外的蓝领能在网上随时和自己的亲人家人互动，成为金蓝人力为整个蓝领社区提供各种服务的平台和窗口。在互联网的高效传播下，使公司在服务人次、业务收入和企业利润同比增长均达300%。年内，手机缴社保“亲亲小保”项目，已分离为北京金色华勤数据服务有限公司作为经营主体，在全国13个省会和二级城市设立子公司，以线下线上相结合的方式进一步推广人事代理服务业务、工商服务、商业保险等。截至年底，注册用户达到20余万人次。

金蓝人力成立于2000年，是一家服务范围覆盖全国主要省市的人力资源机构，旗下直属分公司遍布中国10多个省份100多个主要城市，为15600家企业提供人力资源服务。金蓝人力的主要业务包括劳务派遣、人事代理、业务外包、企业培训、技能培训、求职推荐、短工服务、招聘服务、家政保洁等。金蓝人力引入国际先进的标准职位体系、人力资源能力成熟度模型（PCMM）和服务外包管理模型，结合中国企业管理和劳动力资源的现状，建立员工招聘测评体系、培训开发体系和绩效管理体系，为客户企业综合提升人力资源效益提供保障。金蓝人力北京、西藏等分支机构多次获评为优秀劳务派遣单位、先进职业介绍单位等。

（屈丽娜）

北京金蓝人力资源服务有限公司

总经理 兰 珍

亨特建筑产品（北京）有限公司

亨特建筑产品（北京）有限公司（简称亨特建筑）2015年营业收入3800万元，纳税280万元，拥有员工15人，均为大专及以上学历。年内，亨特建筑为同仁堂大兴生物医药基地、中海油天津研发产业基地、华为环保园等多个项目，为京津冀区域内客户提供乐思龙建筑吊顶和外墙产品介绍、项目配合、方案建议、客户服务、项目履约等服务。

亨特建筑为荷兰亨特集团（THE HUNTER DOUGLAS GROUP）的全资子公司，亨特集团于1994年在北京设立办事处，为北京、吉林、辽宁、黑龙江、天津、河北等北方区域的客户提供产品和服务。2000年1月，办事处升级为亨特建材（北京）有限公司。2010年集团将亨特建材（北京）有限公司拆分为亨特建筑产品（北京）有限公司和亨特窗饰产品（北京）有限公司。亨特建筑专注于在北京、天津、河北经营亨特旗下的乐思龙金属吊顶和外墙、NBK建筑陶土产品。

（沈剑）

亨特建筑产品（北京）有限公司

董事长 李 东

总经理 钱自力

嘉康利（中国）日用品有限公司

嘉康利（中国）日用品有限公司（简称嘉康利中国）2015年营业额28.03亿元，上缴税费约10亿元，拥有员工540人。5月至11月，公司继续推广由国家体育总局人力资源开发中心主办的“嘉康利全民健身万里行”大型公益活动。12月，嘉康利中国获由中国青少年发展基金会颁发的“希望工程2015年接触贡献奖”。截至年底，嘉康利中国公益基金累计向社会捐助善款超过1500万元，用于发展儿童教育事业、植树造林、赈灾、支持全民健身等公益活动。年内，嘉康利中国成为北京保健协会副会长单位。

嘉康利中国于2005年11月在开发区注册并设立工厂，注册资本8000万元，投资总额逾1.6亿元。2007年3月19日，嘉康利中国获得商务部颁发的中华人民共和国直销经营许可证。2008年3月12日，嘉康利中国完成了商务部对企业服务网点的核查备案。2014年，成为中国外商投资企业协会直销委员会理事单位。

（张丽虹）

嘉康利（中国）日用品有限公司

董事长 欧哲涛

大中华区总裁 黄海涛

科技

综述

2015年，开发区围绕"引领新常态、打造高精尖、服务京津冀""发挥首都实体经济主力军作用，建设首都科技创新中心主阵地"的定位，整合优势资源构建"六位一体（研究院＋联盟＋基地＋平台＋基金＋专利池）"创新生态，强化学术理论高地、技术创新高地和产业聚集高地，着力打造以企业为主体，具有全球影响力的集成电路、新型显示、生物医药、产业互联网、智能制造五大产业技术创新中心。

建设创新服务体系。围绕服务端、创业端与投资端加大服务力度，成效突出。新认定创新联盟、技术研究院、企业研发机构等各类创新服务机构41家，总数314家；新认定特色产业园、科技孵化器和公共服务平台等各类创新服务载体23家，总数60家；新设立科技、人才专项基金2只，总规模11亿元，为打造北京科技创新和人才聚集高地奠定基础；新设立京津冀全球路演中心，举办项目路演活动50余场，吸引国内外知名投资机构超过100家，展示推介项目超过800个，参与活动人数超过3000人。

提升企业创新能力。支持企业掌握核心技术，企业获国家科学技术进步奖二等奖1项、北京市科学技术奖8项。企业申请专利4172余件，同比增长18.39%，专利授权2813件，同比增长11.32%，继续保持高速增长。

建设京津冀科技创新公共服务平台，打造实体服务窗口，引入金融、文化、知识产权等合作机构20余家；整合线上资源打造网络服务窗口，京津冀三地300余家服务机构入驻网络平台。

优化"双创"服务环境。大力推进"大众创业、万众创新"，认定"众创空间"12家，举办iCAN国际大学生创新创业大赛、生物医药发展高端创新论坛等"双创周"主题活动。

（李宏）

综合管理

开发区首批职工创新工作室获授牌

1月23日，由开发区总工会、科技局主办的2014年度开发区职工创新工作室授牌仪式在北京泰德制药股份有限公司举行，相关企业代表50余人参加。工作室由开发区总工会、科技局共同认定，北京金风科创风电设备有限公司、欧必翼门控科技（北京）有限公司等10家企业入选。工作室主要围绕降低成本、节能减排、技术改造、技术革新、安全生产等相关技术难题，组织员工开展技术攻关、管理创新、科学研究等活动，推广普及创新理念、技术和方法，解决本地区、本行业、本单位的技术发展瓶颈；发挥工作室负责人的自身优势，将理论研究和工作实践相结合，加强团队成员间的技术交流与协作；通过师带徒、培训交流等方式，最大限度地提升职工技术、技能水平。

（崔春雷）

组织召开技术创新中心规划座谈会

1月，开发区科技局组织召开5场专题座谈会，市科委和相关产业专家、企业家共计200余人参加。会上，主办单位分别就集成电路、新型显示、生物医药、产业互联网和智能制造五大技术创新中心规划草稿征求与会者的意见和建议。

（崔春雷）

开发区科协第二次代表大会召开

2月9日，由开发区科学技术协会主办的开发区科学技术协会第二次代表大会在党群活动服务中心召开，市科协、大兴区科协、开发区管委会等相关单位领导出席，有关代表300余人参加。会上，大兴区科协第一届委员会作工作报告；审议并通过题为“团结带领开发区广大科技工作者，为建设科技创新中心主阵地，推进一体化、高端化、国际化发展而努力奋斗”的大会工作报告和《北京经济技术开发区科学技术协会管理办法（草案）》；选举中国工程院院士程京为第二届委员会主席，产生6名副主席、15名常委和45名委员。

（崔春雷）

开发区科协获国家级荣誉

3月17日，北京市科协系统工作会议在北京会议中心召开，来自学会、基金会，区县科协，基层组织，市科协机关和事业单位负责同志，以及受表彰的先进集体和个人代表400人参加会议。开发区科协作为园区科协的代表，在会上作了题为“加快科技创新主阵地建设　助推科技企业创新发展”的典型发言。会议表彰在2014年度积极实施社区科普益民计划和科普惠农兴村计划、“讲理想、比贡献”活动、优秀科技工作者建议等各方面工作取得优异成绩的先进集体和个人，并对2015年科普、学会学术和决策咨询、宣传和信息化工作进行部署。开发区科协获评2014年北京市科协信息工作先进单位，开发区科协常务副主席李宏分别获得2013—2014年度全国和北京市“讲理想、比贡献”活动优秀组织者。

（崔春雷）

肾性贫血专题科技研讨会在开发区召开

3月26日，由开发区科技局主办、珐

博进（中国）医药技术开发有限公司承办的以“引领科技创新 关注病患需求”为主题的肾性贫血专题科技研讨会在北京亦庄生物医药园举办。国际肾脏病学会全球发展委员会、上海交通大学医学院附属瑞金医院相关专家分别就慢性肾脏病贫血治疗与策略、慢性肾脏病贫血现状与病人需求作主题演讲，分析中国肾性贫血治疗现状，认为应高度重视贫血治疗，降低终末期肾病患者的心血管病变风险和死亡率。开发区管委会、北京生物技术和新医药产业促进中心等相关单位领导出席研讨会，100余位行业人士参加，分享创新领域的相关政策法规和典型案例。

（崔春雷）

中关村企业征信政策培训会召开

4月2日，由开发区科技局主办的中关村企业征信政策培训会在博大大厦召开。会议邀请北京中关村企业信用促进会、北京中关村科技融资担保有限公司、中国国际电子商务中心信用研究中心、北京国富泰信用管理有限公司的相关专业人士分别就“中关村企业征信政策”“信用担保”“中关村企业征信服务流程”“完善信用服务，助力企业发展”作专题宣讲，介绍申请企业征信服务线上和线下流程、补贴领取方式、申报和系统填报等，讲解《社会信用体系建设规划纲要（2014—2020年）》等相关政策，并以多家高新技术企业的信用建设为例，进行具体分析。开发区内高新技术企业有关负责人120余人参加。

（崔春雷）

产业互联网研究院建设座谈会召开

4月8日，产业互联网研究院筹建研讨会在中金数据系统有限公司召开。清华大学网络研究所介绍了产业互联网研究院建设的整体设想，包括中金数据、北京华兴长泰物联网技术研究院有限责任公司等在内的11家开发区内外涉及产业互联网共性平台的企业参与讨论。年底，产业互联网技术创新研究院注册成立。

（崔春雷）

生物医药创新发展论坛开讲

4月20日，由开发区科技局、亦庄生物医药园主办的2015年北京亦庄生物医药园产业创新与发展论坛第一期暨第三届国际创新型高端药物制剂论坛在开发区举办，北京斯利安药业有限公司、北京化工大学等30余家企业和院校共120余位专家和来宾参加。北京罗诺强施医药技术研发中心有限公司、军事医学科学院、北京伊斯康科技有限公司、上海睿智化学研究有限公司、深圳市华力康医药生物有限公司的高管和专家分别就“制剂和工艺开发中遇到的瓶颈和解决方案——仿制药和创新制剂产品”“鼻黏膜递送给药系统的构建与研究”“新型缓控释制剂的进展”“仿制药研发中的影响因素、控制和相关QbD的简介”“根据FDA的要求制剂产业化思路和案例分享”发表演讲，分析质量源于设计的理论如何在制剂研发中应用，国内新药制剂与国际的差别、产业化的不足和制剂创新的潜在问题等。推出开发区科技局微信订阅号“科技etown”，通过移动互联的方式发布新区的科技政策和信息。年内，论坛共举办10期，累计参会人员2000余人。

（崔春雷）

艾滋病检测产品科技成果汇报会举办

5月5日，开发区先进医疗器械联盟、

中国农工民主党生物技术与药学委员会主办的国家科技重大专项艾滋病检测产品科技成果汇报会在北京亦庄生物医药园举办。全国政协常委何维、中国工程院副院长侯云德和科技部重大专项办公室、卫生计生委科教司、中国疾病预防控制中心等相关单位领导和有关企业代表150余人参会。汇报会就“艾滋病等重大传染病防治”进行研讨，与会人员一致认为中国的艾滋病检测产品无论是检测试剂，还是检测仪器，已实现从无到有、从单一到齐全、从完全依赖进口到全面国产化。会议展示了北京旷博生物技术有限公司等企业研发的有关艾滋病初步筛查、新发感染检测与确认、病毒载量、淋巴细胞检测、耐药检测、核酸检测等各个环节的检测试剂26项，检测仪器13项；现场演示深圳市汇松科技发展有限公司的全自动液体工作站，再次证明该仪器与试剂结合，可通过检测血清/血浆样本，体外诊断艾滋病。

（崔春雷）

首都知识产权合作基地日本工作站获授牌

5月7日，由开发区知识产权局主办的开发区海外知识产权工作站日本站挂牌暨开发区海外知识产权工作推进会在博大大厦举行。该机构是首都知识产权国际交流合作基地日本工作站、开发区知识产权局与北京银龙知识产权代理有限公司合作建设，为企业提供涉外知识产权维权援助服务、海外专利分析、法律研究、侵权预警、信息情报等工作。

（崔春雷）

开发区知识产权促进中心成立

5月12日，由市知识产权局、开发区管委会主办的开发区知识产权促进中心揭牌仪式在博大大厦举行，市委常委戴均良和签约双方相关领导出席。市知识产权局与开发区管委会就建设开发区知识产权促进中心签署合作协议。戴均良提出：要依靠创新驱动引领新常态，注重发挥知识产权对区域经济发展的支撑作用；要深化体制机制改革创新，建设知识产权环境最优示范区；要发挥园区优势，推动知识产权与产业发展深度融合；要加强品牌建设，提升经济发展的质量效益。该中心在行政上隶属市知识产权局，业务上接受开发区管委会指导，将重点打造“六位一体”（产业创新联盟+研究院+专利池+技术交易平台+基金+特色产业园）的知识产权创新链条和推进“三个三”工程（三个一批，即千亿企业、百亿企业、十亿企业；三个技术，即一批核心技术、一批关键技术、一批共性技术；三个中心，即专利展示交易中心、知识产权金融创新中心、专利孵化中心）。

北京亦庄分会场启动仪式　　田艳军 摄

（崔春雷）

中科院公众科学日走进开发区

5月21日，开发区科技局主办的中国科学院公众科学日走进开发区专场交流会在博大大厦召开，中科院、开发区管委会，中科晶电信息材料（北京）有限公司、北京伊斯康科技有限公司等企业代表共50余人参加。中科院微生物研究所、国家纳米科学中心、中科院遥感与数字地球所的相关人士为开发区内企业介绍所在院所科技条件平台、开放实验室等科技服务资源和生物医药、纳米技术等领域最新的科技研发项目，与到会者共同探讨合作新模式。

（崔春雷）

高新技术企业服务平台运营

5月，开发区科技局组建的高新技术企业服务平台开始运营。开通“科技etown”微信订阅号，搭建开发区科技局服务企业的移动端平台，实现科技政策、培训讲座、产品发布、服务信息第一时间的直接推送，为企业提供方便、快捷的服务。在开发区行政服务中心开设专门服务窗口，为企业解答国家、市、中关村示范区有关高新技术企业的相关政策，接受企业咨询，并受理企业报送的国家、中关村高新技术企业申报材料；对高新技术企业进行政策宣传、培训服务10期。

（崔春雷）

首届亦庄创新创业大赛举办

6月18日，由开发区科技局、团工委、宣传部，北京亦庄国际投资发展有限公司联合主办的北京亦庄第一届创新创业大赛启动新闻发布会在亦庄金融汇举行，主题为“来亦庄，我们一起创业吧！”。锋创科技园、汇龙森国际企业孵化（北京）有限公司等企业，以及新华社、人民日报等媒体代表200余人参会。参赛项目分为企业组和团队组，通过网站报名，采用书面评审加面试形式进行初赛，以项目路演的方式现场评审决赛结果。大赛有501个项目报名，36个企业项目进入决赛，56位专家和投资人对参赛项目进行评审和点评，近300名投资人观摩比赛。10月20日，创业大赛决赛颁奖仪式举办，最终评出一、二、三等奖12项，其中华油阳光（北京）科技股份有限公司的“水平井实时地质导向技术”等两企业项目获一等奖，北京金景科技有限公司的“超便携式移动平台激光雷达——ScanLook”等4家企业项目和团队获二等奖，北京赛欧兰阻燃纤维有限公司的“全新一代环保型硅—氮系阻燃粘胶纤维”等6家企业项目和团队获三等奖，涉及电子信息、智能制造等领域。获奖企业和团队将赢得免租金入驻、大赛奖金、银行贷款、创业投资等奖励和资助。

（崔春雷）

“百进千”专场对接会举行

6月30日，由首都科技条件平台开发区工作站主办的百家重点实验室进千家企业（简称“百进千”）专场对接会在博大大厦举行，北京中科金马科技股份有限公司、安快创业谷、中国电力科学研究院等13家有专项科技需求的单位参加。北京师范大学研发实验服务基地、北方工业大学研发实验服务基地、首都科技条件平台科技金融领域中心的相关人士向参会者介绍各自的科技服务资源，分享最新的科技研发项目，探讨合作新模式；主办单位介绍了首都科技创新券的申请条件和流程。

（崔春雷）

开发区知识产权美国工作站获授牌

6月30日，开发区知识产权局、美国昭衍创新园区战略合作协议签约仪式在旧金山举行，市知识产权局、中国驻旧金山总领事馆等相关领导出席。北京亦庄国家生物医药国际创新园——旧金山创新园（美国工作站）获授牌。开发区科技局与北京银龙知识产权代理有限公司签署《北京经济技术开发区知识产权美国工作站合作协议书》，美国工作站将为开发区企业在美国开展创新提供知识产权保护、海外布局等一系列服务。

（崔春雷）

北京大学医学部校友创新创业基地成立

6月30日，由北医校友会、开发区管委会主办的大健康产业国际商务合作发展论坛暨北京大学医学部校友创新创业基地成立大会在博大大厦举办，市发展改革委、市经济信息化委、北京大学等相关单位领导出席，北医校友会、部分企业代表共80人参加。嘉康利（美国）日用品有限公司、人保资本投资管理有限公司、北京汉氏联合生物技术有限公司等企业代表发表演讲，就如何通过天然营养品和绿色环保产品来创造更健康的生活、人保在搭建大健康产业平台的一些设想和行动、大健康视野下如何提升用药安全等议题进行交流。北医校友会开发区分会同日揭牌。创业基地是北医校友会在国内建立的唯一一个创业基地，位于开发区国盛科技园，将以北京华兴长泰物联网技术研究院有限责任公司、神州细胞工程有限公司、北京罗诺强施医药技术研发中心有限公司等北医校友会企业为主要成员，与国盛科技园合作，开辟独立空间，打造生物医药大健康创新创业服务平台。北大医学部校友会开发区分会会长为北京华兴长泰物联网技术研究院有限责任公司董事长王旻。

（崔春雷）

北京·亦庄全球路演会举办

8月28日，由开发区科技局主办的北京·亦庄全球路演会在京津冀（亦庄）全球路演中心启动。市科委成果转化中心、开发区管委会等有关部门领导，投资机构、企业和新华社、人民日报、北京电视台等主流媒体的代表共150余人参加启动仪式。全球路演会按主分会场形式定期举办创新创业项目、企业展示和产品推介等活动，向所有创新创业团队提供免费场地、免费配套会务、免费品牌推广、免费对接投资机构和免费对接新四板市场等服务，助推创新创业项目以最快的速度走向市场，促进京津冀产业创新发展。

（崔春雷 马苏墨）

机器人创投大赛举办

8月29日，由大兴区政府、开发区管委会、北京光华设计发展基金会主办的2015“中国智造”机器人创投大赛启动仪式在博大大厦举行，主题是“创意 创新 创业”，主办、承办单位领导，行业专家，参赛选手等500余人参加大会。华兴泰达发起成立“2025智能制造”产业联盟，将以亦庄为核心，打造京津冀一体化“中国智造”机器人产业高地；华兴泰达等联合建立“2025智能制造”产业基金，已筹集3000万元，将为智造2025产业服务；北京航空航天大学智慧制造研究院、浙江大学等相关专家分别就“中国智造”机器人产业、“能态思特践行智造2015”作演讲；漫步者（天津）康复设备有限公司等企业展示康复机器人、跳舞机器人等研发成果。新华社、人民日报、北京电视台等媒体进行报道。11月19日，举行大赛颁奖盛典。北京小亦科技有限公司的无人机飞控系统应用获机器人大赛二等奖、北京众星智联科技有限责任公司的机器人视频与控制系统应用获三等奖；北京城市学院伍盛雪获创意设计金奖。

（崔春雷）

“双创”周亦庄分会场活动举办

“双创”周亦庄分会场启动　　田艳军 摄

10 月 19 日—23 日，由发展改革委牵头、各相关部委配合组织的首届“全国大众创业、万众创新活动周”（简称“双创”周）在北京主会场和深圳等 7 个城市同时启动，活动周在北京亦庄设立分会场。北京亦庄分会场由开发区管委会主办，北京博大万泰国际投资咨询有限公司承办，活动主题为“‘智’汇亦庄　‘创’造未来”。分会场活动启动仪式在北人集团公司亦创智能机器人创新园举办，其他活动以京津冀全球路演中心为主要承办场所。市科委、市经济信息化委、中关村管委会等相关单位领导，园区各有关部门、企业、投资机构代表和大赛参赛选手共 1800 余人参加启动仪式。活动设置有展览展示、创业大赛、主题论坛、路演投资等板块，举办各类活动 10 余项，包括发布京津冀科技创新公共服务平台，亦创智能机器人产业研究院揭牌；2015 国际大学生 iCAN 创新创业大赛中国总决赛开赛；举办北京亦庄第一届创新创业大赛决赛颁奖仪式暨获奖企业和项目与投资机构签约仪式；亦庄创投会企业入驻签约；举办机器人产品展览展示。活动参与人员 4000 余人，路演项目 49 个，吸引国内外投资机构 200 余家，达成投资意向项目 14 个，约 7 亿元。10 月 22 日，万众创业 · 众筹未来暨北京亦庄全球路演会 MINMAX 专场在北京亦庄亦城国际 B 座二层京津冀全球路演中心举办，智能硬件、电子商务等领域的创新创业项目进行路演，专家和投资机构现场点评。投融资机构专家、行业协会和企业家们就如何利用政府相关政策和社会资源提升企业科技创新和融资能力进行探讨和交流。

（崔春雷 马苏墨）

北京亦庄创投联盟成立

亦庄创投汇企业入驻签约　　郑云 摄

10 月 23 日，由北京亦庄创投汇承办的北京亦庄创投联盟成立仪式暨亦庄创投汇企业入驻签约仪式在隆盛大厦举行，主题为“产业生态　亦庄创造”，开发区管委会、北京亦庄国际投资发展有限公司等相关单位领导和代表 200 余人出席。联盟由亦庄国投牵头，中金甲子（北京）投资基金管理有限公司、锋创科技园等入驻企业、私募股权基金投资者、孵化器共 30 余家各方机构联合构建，将开展资源共享，利用行业领军人物经验分享、产业政策解读等多种形式，加强创业投资资本和政府创新资源互动，打造服务开发区、北京市、京津冀科技创新的交流与合作平台，构建产业新生态。信中利国际控股有限公司董事长汪潮涌任联盟首届理事长。IC 咖啡、快创学院、洪泰创新空间等 8 家孵化投资机构与亦庄创投汇签署入驻协议。

（崔春雷）

新增3家企业院士专家工作站

11月12日，市科协、开发区管委会主办的2015年北京经济技术开发区企业院士专家工作站授牌活动在博大大厦举办，主办单位相关领导出席，进站院士、企业代表共50余人参加。此次由开发区科协认定的企业院士专家工作站为北京天广实生物技术股份有限公司、北京航天易联科技发展有限公司、北京华德液压工业集团有限责任公司，进站院士分别为中国工程院院士沈倍奋、杨华勇，中科院院士姚建铨。12月15日，开发区科协评选出2家2015年度区优秀企业院士专家工作站，即中冶京诚工程技术有限公司、北京天广实生物技术股份有限公司。截至年底，开发区共有14家企业建立院士专家工作站，进站院士14人，共开展60项研究工作。

（崔春雷）

全国产业互联网与金融创新基地揭牌

全国产业互联网与金融创新基地揭牌　　陈亮 摄

12月9日，由开发区管委会、中国投资协会主办的全国产业互联网与金融创新基地挂牌仪式暨e咖众创空间启动仪式在开发区欧必翼互联网创新园举行，主题是“融合创新 创造未来”。发展改革委、中国投资协会等相关单位领导，开发区管委会领导，金融专家、人士和创业者共计140人参加仪式。中央财经领导小组办公室、发展改革委、中国投资协会的专家就宏观经济形势和产业政策，如何看待创业与投资形势，传统企业如何转型、产业互联网如何与金融创新融合，如何更好地指导创新创业企业实现成功融资等内容与到会者分享。欧必翼互联网创新园作为亦庄特色产业园，定位为互联网＋产业园，被授予“全国产业互联网与金融创新基地”称号。基地采取“6+1”版块组合模式，“6”即6个中心，包括产业中心、上市公司培育中心（企业成长中心）、科技孵化中心、资本中心、创业中心和公共服务中心；“1”指资源催化整合和价值重构的高端智力顾问，涉及产业与金融价值链重构，策划规划、资本运作等。欧必翼互联网创新园与中国投资协会产融平台进行战略合作签约，“时尚梦工厂”“宠物E族”“Next Date”“太极疗”“华人处境自由行”等多个项目进行路演。

（崔春雷 王娜）

市重点产业知识产权运营基金设立

12月31日，由市财政局、市知识产权局、开发区管委会主办的北京市重点产业知识产权运营基金设立发布会在开发区举行，副市长隋振江出席。开发区管委会与昌平园等5个分园区现场签订基金出资意向协议书。基金是中国首只由中央、地方财政共同出资引导发起设立的知识产权运营基金，采取有限合伙形式，存续期为10年，计划规模10亿元，重点关注移动互联网、生物医药等重点产业领域。首期4亿元已认购完毕，其中中央、北京市、部分中关村分园三级财政体系投入政府引导资金 9500 万元，引导重点产业企业、知识产权服务机构和投资机构等投入社会资本 3.05 亿元。基金将更加关注产业发展中的知识产权要素，服务国家重大专项知识产权管理，培育运营高价值专利，紧密联系中关村园区各类创新主体，推动基金服务首都各大高校、科研院所和创新型企业，助力产学研相结合，提升中国重点产业领域的知识产权创造运用能力。

（崔春雷）

技术研发

中冶京诚不锈钢大盘卷项目试车成功

2 月 15 日，中冶京诚工程技术有限公司总承包的无锡兴澄华新钢材有限公司不锈钢大盘卷项目热负荷试车一次成功。该项目产品为直径 14 ~ 40 毫米圆钢，钢种为奥氏体不锈钢和铁素体不锈钢，设计生产能力 4.515 万吨每年，产品性能和表面质量要求高。

（程芳）

中冶京诚承担的课题通过验收

3 月 31 日，由中冶京诚工程技术有限公司、北京市建筑工程研究院有限公司和北京市建设工程质量第一检测所有限责任公司共同承担的中关村现代服务业重大课题“建筑结构全寿命安全性诊治综合服务体系”通过验收。该课题以复杂结构仿真计算系统、全寿命健康诊断监控系统、建筑结构安全监控可视化系统、工程诊断评估系统、工程抗震加固技术系统等五大系统为核心，首次建立集仿真、监测、鉴定、评估、加固等综合性服务于一体的建筑结构全寿命安全性诊治综合服务体系。以全寿命健康诊断业务咨询、建筑结构安全与健康数据库、社会化咨询平台三大服务模块为基础，创建建筑结构全寿命安全性诊治社会化咨询服务平台。该课题研究成果已在上千项工程中得到成功应用，社会效益和经济效益显著，具有广泛的推广应用价值。鉴定小组由国家勘察设计大师、中国电子工程设计院副院长兼总工程师娄宇任组长，由中国电子工程设计院、北京市建筑设计研究院、清华大学、北京工业大学、北京交通大学、北京建筑大学等单位的 7 位专家组成，一致认为课题研究成果总体上达到国际先进水平，课题通过验收鉴定。市科委、市住房城乡建设委和生产力促进中心相关领导出席鉴定会。

（程芳）

安川首钢线圈包带机控制软件开发成功

3 月，安川首钢机器人有限公司针对哈尔滨丰溢电力设备有限公司的大型发电机线圈绝缘带包扎问题，开发出用于机器人线圈包带机系统的计算机控制软件。该软件将机器人示教程序轨迹显示为线圈形状，通过点击计算机界面视图中相应的位置和列表框中的数据，即可进行分段的包扎参数设置，在设置完包扎层数和动作方向等参数后可快速生成完整的机器人作业程序。

（张昆）

京运通拉制出整颗 6 英寸区熔气掺单晶

4 月 1 日，北京京运通科技股份有限公司子公司北京天能运通晶体技术有限公司拉制出一整颗等径长度600毫米的6英寸区熔气相掺杂硅单晶，在大直径气象掺杂单晶领域，工艺与技术处于同行业领先地位，达到国内先进水平。

（王琪）

泰德制药获得3项发明专利

4月8日，北京泰德制药股份有限公司“一种盐酸胺碘酮注射乳剂及其制备方法”和“一种甲磺酸卡莫司他口崩片及其制备方法和其新应用”获得知识产权局颁发的发明专利证书，专利号分别为ZL201210382934.7、ZL201310577872.X。9月16日，泰德制药“一种含有生物蛋白的外用溶液及其制备方法”获得知识产权局颁发的发明专利证书，专利号：ZL201210391695.1。

（贾琳）

长城测控操纵面加载和油源系统联调完成

4月13日，北京瑞赛长城航空测控技术有限公司进入操纵面加载和油源系统设备现场，完成现场布线和控制系统与液压系统的联调工作，并完成第一阶段的调试和功能测试任务。该系统用于水上飞机铁鸟试验，需要与试验管理系统和飞行仿真系统共同交联完成各类试验，项目难度较大。

（张腾飞）

苍穹数码承建的公共基础平台项目验收

4月28日，北京苍穹数码测绘有限公司承建的江西省林业厅公共基础平台项目通过验收。中国林业科学研究院研究员唐小明、江西省林业厅研究员谢利玉、江西省信息中心研究员徐依庚、江西省计算机用户协会高级工程师刘斌等出席验收评审会。江西省林业厅公共基础平台的建设内容主要包括编制《江西省智慧林业总体设计》，制定《江西省智慧林业建设标准》，整合林业资源与业务和开发公共基础平台四部分内容。公共基础平台具体包括综合门户网站、数据管理系统、信息服务、资源展示、数据交换和运维管理6个子系统，通过平台的共享交换功能可以实现各级林业部门和外部业务部门横向、纵向的信息资源共享服务，基于平台的应用接口，用户可以快速构建林业业务应用系统。通过数据共享服务和业务应用集成，实现统一入口，统一用户管理，集中与整合信息资源、业务应用，实现信息资源的全方位共享服务，为宏观决策、管理监督和林业业务服务提供全方位技术支持。专家组一致同意通过验收。江西省林业厅公共基础平台的建立，有利于加快江西省智慧林业的建设，有利于江西省林业信息资源数据共享，加速了江西省林业信息化的发展。

（李欣）

航天工程公司三高煤项目实现长周期运行

4月，航天长征化学工程股份有限公司承担的晋煤天溪煤制油改造项目（简称天溪项目）实现长周期满负荷运行，气化装置产能、消耗和排放指标均达到设计要求。天溪项目是首个使用“三高煤”（即灰分高、硫分高、灰熔点高）为原料煤种的气化项目，该项目解决了国内“三高煤”储量大且利用难的问题，标志着全烧“三高煤”的航天粉煤气化技术已在同行业中处于领先水平，同时该装置成为在全国范围内清洁高效经济利用“三高煤”的示范装置。

（冷琎）

安川首钢研发机器人自动折弯功能模块

4月，安川首钢机器人有限公司研发出机器人自动折弯功能模块。传统的机器人示教方式时间长，而且精度难以保证，安川首钢研发的机器人自动折弯功能模块通过设定折弯角度和速度，有效地解决每次折弯都会改变夹具和折弯线之间距离的问题，节省操作人员的示教时间，保证折弯的精度，为实现机器人自动化折弯奠定基础。

（张洪涛）

智飞绿竹生物冻干 Hib 结合疫苗申报临床

5 月 12 日，北京智飞绿竹生物制药有限公司向市食品药品监管局提交冻干 b 型流感嗜血杆菌结合疫苗的临床试验申请并获得受理通知书。该产品是公司 b 型流感嗜血杆菌结合疫苗的更新换代产品，可使产品的有效期更长。

（李楠楠）

智飞绿竹生物 1 项发明获得专利申请受理

5 月 20 日，北京智飞绿竹生物制药有限公司“一种百日咳疫苗制剂及其联合疫苗”申报国家发明专利并获得专利申请受理通知书，专利申请号：201510261063.7。该发明涉及一种新型百日咳组分疫苗制剂，以及含有该制剂的联合疫苗，特别是百日咳组分中含有脂寡糖成分，以结合物状态存在，用于特定传染病的预防。

（李楠楠）

苍穹数码承建的电子政务系统项目验收

6 月 8 日，由北京苍穹数码测绘有限公司承建的白城市国土资源局电子政务系统建设项目通过验收。验收组听取苍穹数码的汇报，观看项目系统的功能演示，审查相关资料，并就相关问题进行认真的质询与讨论，最后一致同意通过验收。验收组成员表示：该项目实施规范，电子政务系统很好地完成了局内系统平台的搭建和地籍管理系统、建设用地预审系统、建设用地审批系统、矿业权管理系统等的开发、部署和上线运行，满足了白城市国土资源局和各县市区的工作需求，运行可靠，功能完善，实现了白城市国土资源局管理工作信息化。

（李欣）

泰德制药新药获 SFDA 颁发的临床批件

6 月 11 日，北京泰德制药股份有限公司研发的国家一类新生物制品注射用磷脂化重组人铜锌超氧化物歧化酶（简称 PC-SOD）获得食品药品监管总局颁发的Ⅰ期、Ⅱ期药物临床试验批件。PC-SOD 是基于磷脂化修饰技术开发的具有高细胞亲和力的重组酶制剂，主要用于 PCI 术后的心肌保护。PC-SOD 也是国家重大新药创制专项资金支持的品种，被卫生计生委推荐为优先审评品种，成为全国 18 个获得专项支持的重大新药品种之一。泰德制药研发团队历经 7 年摸索研发，使该项目获批临床试验，标志着泰德制药在生物制品研发领域步入全新阶段。

（贾琳）

京运通 8 英寸区熔单晶研发取得突破

6 月 29 日，北京京运通科技股份有限公司子公司北京天能运通晶体技术有限公司区熔 8 英寸单晶保持 3 小时 30 分钟收尾，等径长度达到 500 毫米以上。京运通最先使用国产设备研究 8 英寸区熔单晶的生长工艺，在大直径区熔单晶生长工艺和技术上处于国际领先水平。

（王琪）

中冶京诚总承包烧结机烟气脱硫系统热试

6 月 30 日，中冶京诚工程技术有限

公司总承包的首钢水城钢铁（集团）有限责任公司4号烧结机烟气脱硫系统启动热联调，各个系统均运行顺畅，标志着4号烧结机烟气脱硫系统的热负荷试车成功。该系统的投运将显著减排保护大气环境，每年为首钢水钢公司减少二氧化硫排放量1380万吨。

（程芳）

安诺优达联合 Illumina 研发桌面式测序仪

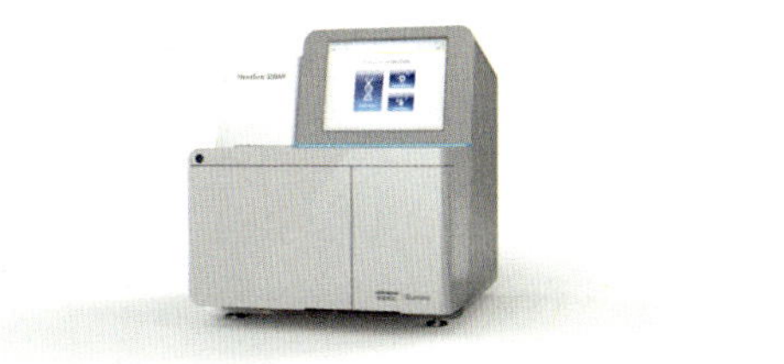

安诺优达研发 NextSeq 550AR 桌面式测序仪　　康翠荣 摄

6月，安诺优达基因科技（北京）有限公司和美国 Illumina 公司在北京和美国圣迭戈同时宣布双方就联合开发应用于生育健康的高通量测序平台进行合作。安诺优达和 Illumina 的合作将聚焦于为临床应用市场提供最先进的整体解决方案，双方将联合为中国市场开发便于用户操作的无创产前 DNA 检测平台。

（肖飞）

太时芯光启动半导体激光器外延片研发

6月，北京太时芯光科技有限公司启动以博士廉鹏为带头人的半导体激光器外延片和芯片研发项目，初期目标产品为中小功率650纳米、808纳米半导体激光器外延片和芯片，主要应用于固体激光器泵源，医疗、打印、红外照明，材料加工、打标和指示等领域。半导体激光器是以半导体材料为工作物质，以电流注入为激励方式的一种小型化激光器，具有波长范围宽、体积小、重量轻、寿命长、能耗低等特点。半导体激光器经历50年的发展，已占有整个激光器市场的最大份额，并广泛应用于各个领域。

（闫静）

京运通研发出催化剂新配方

7月30日，经过7个月的研发，北京京运通科技股份有限公司子公司山东天璨环保科技有限公司研发出具有宽温度活性窗口的“901”催化剂新配方（第三代产品），各项性能指标均达到或优于钒钛体系催化剂，并已开始工业应用。7月31日，子公司提交的《稀土型选择性催化还原（SCR）脱硝催化剂》国家标准制定计划获得国家标准委正式立项。

（王琪）

华德液压数字液压技术研发项目通过评审

8月1日，北京华德液压工业集团有限责任公司“华德液压数字液压元件关键共性技术研发及产业化项目”通过市国资委专家评审，获2015年国有资本金预算支持1500万元，项目助力公司数字液压的发展。按照《中国制造2025》智能制造的要求，数字液压将是未来液压发展的重要方向，华德液压将在未来5~10年内逐步实现数字液压元件系列化、产业化，逐步打造智能化的产品体系，推进华德液压产品结构调整。

（岳高丽）

中冶京诚双速比大开口度强力飞剪热试

9月19日，中冶京诚工程技术有限公司自主研发的双速比330吨、250吨大开口度强力飞剪热试在大冶特殊钢股份有限公司举行。钢坯从加热炉中缓缓驶出，通过粗中轧机，由飞剪切头进入精轧，再由飞剪分段倍尺到达冷床，经过锯切定尺，最后收集打包，标志着大冶特钢中棒工程热试一次性成功。

（程芳）

经纬纺机棉纺数字化车间项目通过验收

10月22日，由经纬纺织机械股份有限公司承担的国家智能制造发展专项棉纺数字化车间项目通过验收。棉纺数字化车间项目是经发展改革委、工业和信息化部、财政部批准的国家智能制造装备发展专项。棉纺数字化车间选用的经纬纺机棉纺成套设备，均采用成熟稳定的粗细络联系统等最新技术，应用国内首创的集尾纱清除、空满管交换、选管装置于一体的粗纱机三合一装置，节省空间、运行高效、尾纱清除效率稳定。其中，应用清梳联流程纺制天丝品种在世界纺织领域尚属首次。经纬纺机新型无人化数字棉纺工厂主要由智能化单元设备、车间数据采集与监控系统、智能物流与搬运系统、基于大数据的智能数据处理与分析等系统组成。车间环境智能监控系统、智能物流系统和经纬e系统的样板，车间装备数控化率大于90%，万锭用工由普通车间的45人减少到20人，全面提升全流程工序设备的单机数字化性能，增加收集在线断头检测等质量数据，实现粗细联直接换粗纱、筒纱自动输送、自动打包等功能。

（王玉珍）

艾德摩成立人类疾病小鼠模型资源库

10月，北京艾德摩生物技术有限公司携手中国食品药品检定研究院—实验动物资源研究所共同建立人类疾病小鼠模型资源库。人类疾病小鼠模型是生命科学基础研究和新药研发不可或缺的重要工具，针对国内很多的小鼠品系都是从国外引进的，经常由于人为的操作不当造成表型丢失的问题，资源库首要工作是开展公益性的冷冻保种服务，力求最大限度的保护小鼠种质资源。另外，为解决国内的小鼠品系过于分散，并且缺乏信息交流的渠道，导致很多小鼠品系被重复构建，造成资源的浪费等问题，资源库的建立将统合国内人类疾病小鼠模型资源，形成聚合效应，再通过与科研、临床相关研究机构合作寻找疾病靶点，对疾病模型进行全面严格的表型分析，以确认候选靶点与疾病的相关性，以达到小鼠模型商业化的目的。

艾德摩发布人类疾病小鼠模型资源库项目　　企业提供

（潘雯娜）

安诺优达标准化Hi-C数据分析流程发表

12月，安诺优达基因科技（北京）有限公司和法国居里研究所、法国国家健康与医学研究院共同研究的标准化Hi-C数据分析流程成果发表于 ***Genome Biology***。两家机构共同研发出一种Hi-C数据处理和分析的新流程HiC-Pro。HiC-Pro是一种经过优化的可操作性极强的信息分析流程，采用基于酶切位点的分析策略，可以将原始的Hi-C测序数据转化成标准化的相互作用图，运行时间大大缩短。同时，HiC-Pro可比对测序reads、检测有效连接产物、执行质量控制，以及制作染色体内部和染色体之间的相互作用热图。此外，HiC-Pro 还可以利用阶段性基因型数据来构建等位基因特异性相互作用图。

（姜莹）

天诚同创首个智能微电网示范项目成功

天诚同创首个微电网 EPC 工程　杨金海 摄

12 月，天诚同创首个 EPC 项目——宁夏嘉泽发电集团投资 4200 万元在宁夏嘉泽红寺堡工业园建造的在孤岛状态下可自动化控制的智能微电网系统，完成智能微电网的并网发电和完全孤岛化运行。宁夏嘉泽智能微电网项目为国内首个商业化兆瓦级风光燃储多能互补（含微燃机热电联供）、并网孤岛协调运行的微电网项目，实现了微网核心产品微电网暂态稳控系统的首次工程应用。天诚同创自主研发的应用于宁夏嘉泽智能微电网项目的两套产品“智能微网暂态稳控保护装置”“孤岛微燃机和储能联合控制系统”获 2015 年度中关村国家自主创新示范区首台（套）重大技术单位示范项目。

（李晔）

安川首钢完成新型变位机标准化

12 月，安川首钢机器人有限公司完成新型变位机的标准化工作和样机试验。完成图纸归档的新型标准变位机包括三轴垂直翻转变位机 THL 系列、三轴垂直翻转变位机 THH 系列、单轴变位机 SHL 系列、单轴变位机 SHH 系列，预计将于 2016 年 3 月投入使用。新型标准变位机结构优化，整机内置独立电缆，电缆可配套采购，双端预制航空插头，方便安装和故障维护。重量比原来降低 10%，制造成本也随之降低。

（李晓燕）

和利时多项科技项目通过验收

年内，北京市科技计划“以行车指挥为核心的轨道交通综合自动化系统研究及示范应用”项目通过验收，项目编号：D13110600400000。其中，由和利时集团牵头的北京市科技计划“以行车指挥为核心的轨道交通智能运营自动化系统的数据平台的开发”课题，课题编号：D131100004013003，也通过验收。和利时自主 CBTC 信号系统通过业内专家咨询会；由和利时承担的发展改革委、工业和信息化部 2013 年下达的国家重点产业振兴和技术改造专项“智能轨道交通信号系统及装备自动化产业基地”项目通过验收。

（张蔚青）

宏达日新 110kV GIS 产品通过多项测试

年内，北京宏达日新电机有限公司 110kV GIS 用断路器 3150 安容性电流开断试验，在电力工业电力设备和仪表质量检验测试中心获得通过。110kV GIS -40℃低温试验，在国家电器产品质量监督检验中心获得通过。110kV GIS 抗震试验，在中国水利水电科学研究院获得通过。110kV GIS 145kV 等级绝缘试验，在电力工业电力设备和仪表质量检验测试中心获得通过。以上试验的通过全面提高110kV GIS产品的技术能力，其具备开断容性电流为3150安的并联电容器组能力、-40℃超低温地区的运行能力、耐受9级裂度的地震能力和145kV等级的绝缘水平，确保电网安全运行，在同行业产品中处于领先地位。

（王迎春）

智飞绿竹生物4个品种获得临床试验批件

年内，北京智飞绿竹生物制药有限公司福氏宋内氏痢疾双价结合疫苗、23价肺炎球菌多糖疫苗两个品种获得临床试验批件；A群C群脑膜炎球菌多糖结合疫苗、AC群脑膜炎球菌（结合）b型流感嗜血杆菌（结合）联合疫苗两个品种，获得冻干剂型的临床试验批件。上述4个品种即将开展临床试验研究。

（李楠楠）

安川首钢获得多项国家专利

年内，安川首钢机器人有限公司获得6项专利授权，其中发明专利1项、实用新型专利5项。发明专利为“定位装置及具备该定位装置的机器人系统”，申请号：201210313315.2，发明人：刘冰。实用新型专利分别为“一种机器人抓手”，申请号：2014206006539，发明人：刘新军；“具有工件间接检测功能的夹具”，申请号：2014206012830，发明人：赵玉君；“一种风干装置”，申请号：2015200432804，发明人：徐冉；“气路控制装置”，申请号：201520043277.2，发明人：张峰；“手动式悬臂变位机”，申请号：201420105262.X，发明人：刘新军。

（李晓燕）

中冶京诚两项科技成果达国际先进水平

年内，中冶京诚工程技术有限公司“13MN冷剪的研发与应用”科技成果通过中冶集团科技成果鉴定，达到国际先进水平。专家认为，国内首台套13MN冷剪机的开发和应用，解决大规格棒材定尺锯切效率低、噪音和粉尘污染等严重问题，使大规格棒材产品（直径110毫米以内）的剪切成为可能，低温轧制和控轧控冷等节能新工艺得以充分发挥，为企业产品升级改造创造有利条件。中冶京诚“烧结恒温复合循环余热回收技术”科技成果通过中国金属学会科技鉴定，专家一致认为该成果具有自主知识产权，已成功应用于多家钢铁企业，经济效益和环保效益显著，已达到国际先进水平。认为该项目具有4个方面创新：开发双热源阶梯式余热回收烟气系统，采用自主开发的大烟道烟气余热回收和回风恒温调控技术，提高烧结烟气余热回收效率和系统运行的稳定性；研发烧结恒温复合循环余热锅炉、长效一体式除氧器（兼低压汽包）和新型汽包汽水分离技术，既统筹优化冷却机和烧结机余热资源，又提高系统运行稳定性；利用随动密封原理，采用多种密封结构，研发冷却机随动密封组，提高冷却机整体密封效果和使用寿命；研发大负压自平衡启闭装置，确保在余热锅炉检修或故障时不影响烧结机的正常生产。

（程芳）

嘉纳尔科技获得授权发明专利3项

年内，嘉纳尔科技（北京）有限公司“一种脱漆剂以及其制备方法”“一种高分子过滤材料的制备方法”“一种高阻燃聚氨酯硬质泡沫材料及制备方法”获得授权发明专利 3 项。

（王春时）

中铁十九局 113 件专利获授权

年内，中铁十九局集团有限公司共有 113 件专利获得知识产权局授权，其中发明专利 13 件。企业已累计拥有有效专利 323 件，其中发明专利 23 件。中铁十九局被评为北京市专利示范单位。

（张莹）

成果转化

京东方推出全球最大尺寸 110 英寸 8K 屏

1 月 6 日，全球最大消费电子展 CES 在美国拉斯维加斯开幕，三星公司展出由京东方科技集团股份有限公司自主研发的全球首款 110 英寸 8K 超高清显示屏，该屏采用京东方独有的 ADSDS 超硬屏技术，视角达到 178 度，亮度达 600 尼特，分辨率为 7680×4320，是主流高清电视分辨率的 16 倍。相比 2013 年下半年推出的，获国际信息显示学会（SID）和柏林国际电子消费品展览（IFA）“双料大奖”的 98 英寸 8K 超高清显示屏，尺寸有所增大，亮度有所增强，在彩膜、模组等工艺上均有改良和突破，凭借超大尺寸超高分辨率面板分区驱动技术和超大尺寸面板拼接曝光技术等，实现了超大尺寸的 8K×4K 超高清显示。

（沈佳子）

京东方 BOE Alta 上线

1 月，京东方科技集团股份有限公司推出一款自有品牌新概念显示终端——BOE Alta，该产品仅通过自有智慧商务平台进行线上销售。BOE Alta 是京东方与国际知名设计公司 Luna 联手打造，搭载其独有 ADSDS 技术的 55 英寸 4K 超高清显示屏，屏幕为纯平无边框设计，采用高硬度保护玻璃全贴合工艺，防反射镀膜处理，背板超薄平滑，选用航天材料铝镁硅合金一体成型，无缝连接，呈现雕塑般的极简时尚造型，一根线缆整合所有数据线，实现科技与艺术的完美结合。

京东方 BOE Alta　　企业提供

（沈佳子）

天地互连首个能源互联网云平台上线

2 月 10 日，由北京天地互连信息技术有限公司主导的全国首个“能源互联网云平台”启动。该平台是基于 IEEE 1888 标准打造的智能化能源管理平台和数据中心，以实现整合全国能源数据，组织公共资源，提供数据存储、实时监控、可视化管理、数据分析、风险控制、能效分析等功能。同时，山东、北京、湖北、浙江、广东、四川、福建、甘肃和广东省佛山市等 9 个地区性联盟和 9 个区域性分平台也在启动仪式现场签约成立。

（周悦）

艾德摩 IDSomatic 小鼠模型系统上线

2 月，北京艾德摩生物技术有限公司自

主研发的首批产品——IDSomatic 小鼠模型系统上线。它是一种可实现多基因、体细胞突变疾病模型构建的新系统，具有构建快速、操作简单、基因选择灵活、突变类型多样等特点。相比常规的动物模型制备方法，利用 IDSomatic，使复杂的模型构建过程变得简单，降低小鼠疾病模型的构建成本和周期；使用者可以迅速在小鼠体细胞中同时进行多基因的改造，以最快的速度来验证基因组测序中发现的基因突变功能；该系统可以实现高通量靶点筛选。

（肖雅娟）

北京奔驰发动机工厂 M270 发动机投产

梅赛德斯 - 奔驰 M270 发动机投产仪式　岳政 摄

3 月 9 日，梅赛德斯 - 奔驰 M270 发动机在北京奔驰汽车有限公司发动机工厂投产，这标志着梅赛德斯 - 奔驰 M270、M274、M276 三大系列发动机已全部在北京奔驰进入序列化生产，实现对北京奔驰所有系列整车生产的供给。

（壬酉）

京东方重庆 8.5 代线产品点亮

3 月 20 日，京东方科技集团股份有限公司重庆第 8.5 代 TFT-LCD 生产线投产，并向长虹、康佳、创维等首批客户进行产品交付，创造了从打桩建设到产品点亮仅用 17 个月的全球业内最快速度。京东方重庆第 8.5 代 TFT-LCD 生产线设计产能为 9 万片玻璃基板每月，采用京东方 ADSDS 超硬屏技术和 Oxide TFT 技术，用于生产手机、平板电脑、笔记本电脑和电视用显示模组。

（沈佳子）

京东多个频道上线

3 月 31 日，京东集团股权众筹上线。京东股权众筹的上线将有效地连接创业企业和投资人，既有利于创业者更好地实现融资目标，也能帮助投资人节省寻找项目的时间和精力，让更多投资者参与投资，分享收益。4 月 15 日，京东上线全球购业务，首批上线商品超过 15 万种，品牌数量超过 1200 个，商铺超过 450 家，涵盖母婴用品、食品保健、个护化妆、服装鞋靴、礼品箱包等众多品类。5 月初，京东到家上线“众包物流”新模式，并命名为“京东众包”。“京东众包”模式在京东强大的自营配送体系基础上进行创新和探索，并更适应 O2O 的业务需求。当业务量逐渐增多或陡增时，可借助社会化平台的配送力量来完成，为提升用户的送达体验，做出更进一步的尝试。5 月 13 日，京东与全球化妆品零售业翘楚 SEPHORA 丝芙兰达成合作，成为丝芙兰首个电商合作平台。SEPHORA 丝芙兰旗下拥有 100% 品牌授权的 70 多个国际美妆品牌、超过 1200 件美妆产品在京东开售，并将采用京东物流配送且支持货到付款。8 月 11 日，京东农资频道 (http://nong.jd.com) 上线，为全国亿万农民提供种子、农药、化肥、农具等农资产品的电商服务，京东也成为中国首家采取自营农资方式的综合电商。农民可通过京东商城或手机客户端登录京东农资频道，挑选农资产品，享受京东物流的送货上门、分期付款、京东白条和保险等金融服务。8月18日，“京东维修”开放平台（http://weixiu.jd.com）上线，该平台主要涵盖手机、电脑、笔记本电脑、平板等在内的3C产品，并且拥有中兴、HTC、戴尔、联想、LG、摩托罗拉等数十个品牌的原厂维修服务授权。消费者无论从任何渠道购买上述产品，如果有产品维修需求、“京东维修”都将提供免费取送、原厂检修的特色服务。9月18日，京东农村金融品牌——“京农贷”上线。首批试点的“先锋京农贷”和“仁寿先锋贷”分别针对农资购买环节的生产资料信贷和农产品销售环节的信贷需求，打造“三农”服务闭环，从采购种子、化肥等农资，到农产品的生产和加工，再到成品的销售，形成传统农产品完整的产业链。这是京东发力农村金融战略的重要一步。

（王晓东）

安川首钢车桥焊接自动检测系统投入使用

3月，安川首钢机器人有限公司自主研发设计的车桥焊接组件自动检测系统在保定长城3个项目中完成调试并投入使用，标志着安川首钢在汽车自动检测系统设计方面完成团队搭建和产品定型。该自动检测系统部分机构采用标准化检测单元，检测过程稳定性和检测精度显著提高，达到国内领先技术水平。

（李晓燕）

太时芯光超高亮度LED红外芯片投入生产

年初，北京太时芯光科技有限公司超高亮度LED红外芯片投入生产，产品主要应用于红外遥控领域。红外遥控系统一般分发射和接收两个部分，发射部分的主要元件为红外发光二极管。公司研制的红外LED芯片的工艺已经非常成熟，产品有850纳米和940纳米两种可选波长，其外延片均采用自主气相外延技术生长，具有很高的输出功率，可用于摄影棚、智能传输系统、家电、玩具等领域。

（闫静）

安川首钢汽车底盘焊接生产系统投入使用

4月，安川首钢机器人有限公司为长城汽车设计的汽车底盘焊接生产线机器人生产管理系统投入使用。在该系统中，上级服务器通过网络对汽车生产线的所有工作站的运行模式、累计产量、工位操作状态、工位生产节拍、报警信息、焊接电流电压等生产数据进行采集并自动保存。该系统可以查看整个机器人生产线的实时运行情况，具有历史查询功能，有助于企业实现高效、灵活、及时的生产管理模式。

（张颖）

云狐时代推出旗舰手机云狐A-7

5月，北京云狐时代科技有限公司推出全新旗舰手机云狐A-7。产品在防水技术上进行升级，采用“三重防水”技术。采用双料注塑工艺外壳，拥有高度密封性；在外设接口处进行器件密封处理；通过减压的方式将手机内部进行真空处理，并以防水纳米材料液化气体注入，从而在器件表层形成一层防水涂层。全面提高手机对液体的隔离功能。

（杜宇）

金风科创1.5Value Plus系列产品面世

5月，北京金风科创风电设备有限公司推出金风1.5Value Plus系列产品，有效提高产品的发电效率与整个风电场的投资回报性。除了单机的全面优化改进，从技术上实现可调节整机功率模式，结合以整个风电场为投资单位的一揽子价值提升（Value Plus）策略。该策略搭载智能场群协调控制系统，有效提高风电场能量可利用率，机组出力更优，全风电场机组寿命预期均衡，环境和并网更友好，显著提高客户的投资回报率。

（陈戈）

京东方推出多款自主创新新产品

京东方5.5英寸UHD超高清显示屏　　企业提供

6月，在2015年美国国际显示周SID大会上，京东方科技集团股份有限公司发布两款采用LTPS新型显示背板技术的4K级手机屏幕。一款是4.7英寸UHD超高清显示屏像素密度达941 PPI，是全球分辨率最高的手机显示屏；5.5英寸UHD超高清显示屏像素密度达806 PPI，清晰度已超越手机市场中分辨率最高的手机屏产品，其边框仅为0.55毫米，为业内4K超高清产品最窄边框。另外一款5.0英寸FHD AMOLED显示屏像素密度达441 PPI，是AMOLED小尺寸产品中少数达到FHD级别的手机屏。京东方考虑到色觉缺陷人群的需求，推出27英寸色觉矫正屏。该产品针对色盲、色弱等色觉缺陷使用者，设计有三种不同的模式，帮助色觉缺陷人群分辨画面中的色彩差异。这款色觉矫正屏可应用于商业、娱乐、车载、医疗等领域，色觉缺陷人群可通过使用该显示设备进行工作、娱乐、股票交易等。在柔性显示、可穿戴显示设备领域，京东方展出9.55英寸柔性透明OLED显示屏，最小弯曲半径仅10毫米，未来可应用于柔性可卷产品、透明信息显示等；4.8英寸OLED臂环，在弯曲半径达10毫米时依然可以正常使用，实现平直和环形状态的自由切换，搭载体征传感器后，还可防水、抗震，应用于智能穿戴显示、运动健康、医疗显示等广泛领域。

（沈佳子）

安川首钢新型机器人弧焊工作站首次亮相

6月，安川首钢机器人有限公司开发的新型机器人弧焊工作站在第20届北京埃森焊接与切割展览会首次亮相。该工作站由1台重载机器人MH400 Ⅱ、2台弧焊机器人MA1440、1台水平回转3轴变位机和夹具库组成。实现工装夹具的自动更换和机器人焊接程序的自动矫正，柔性化程度更高。焊接机器人采用随变位机转动的工作模式，可保持工作100%不间断，生产效率更高。

（郭超）

京东方首发10K超高清屏

6月，在2015年美国显示周（SID Display Week）上，京东方科技集团股份有限公司推出全球首款82英寸10K超高清显示屏，成为世界上第一家研制出10K级显示技术的企业。此款10K屏分辨率高达10240×4320，是4K显示屏的5倍，是主流高清电视（FHD）的21倍，10K超高清屏真正实现了人眼超过100度视角覆盖，该屏色域达到90%，有更强的画面表现能力和更丰富细腻的色彩。该产品的独特之处还在于其21∶9的长宽比，作为全球首款采用电影模式的超高清显示屏，可用于高端商业展示、视讯转播、家庭影院、博物馆、艺术馆等行业。

京东方首发10K超高清屏　企业提供

（沈佳子）

中冶京诚烧结余热发电项目投产

7月2日，中冶京诚工程技术有限公司子公司科林公司总承包的济源钢铁烧结余热发电项目投产。烧结余热回收发电项目不需要消耗一次能源，不产生额外的废气、废渣、粉尘和其他有害气体，实现节能减排、防治环境污染，同时还能增加钢铁厂电力供应的稳定性和用电自给率，降低钢铁企业生产成本，获得良好的社会效益和经济效益，符合国家重点产业调整和振兴规划的相关政策，是一项一举多得的资源综合利用工程。

（程芳）

北京奔驰发动机工厂二期投产

7月9日，北京奔驰汽车有限公司发动机工厂二期投产，戴姆勒首个海外梅赛德斯－奔驰乘用车发动机工厂全面落成。这里将生产制造M270、M274和M276三大系列共计10余款梅赛德斯－奔驰发动机主力机型，其核心部件缸体、缸盖、曲轴也将继续出口德国，用于戴姆勒德国发动机工厂的装配。二期项目实现了安全“零”事故，清关“零”滞纳，供应商“零”抱怨，序列化生产“零”阻碍，支持部门“零”距离，里程碑“零”风险的“六零奇迹”，提前两个月完成项目投产任务。

（于淼 壬酉）

长城测控公司油库信息管理系统验收

7月，北京瑞赛长城航空测控技术有限公司浙江省油库MES层综合信息管理系统交付现场，完成了现场安装与调试工作，于年底完成验收，该项目填补了公司在MES层综合信息管理软件产品的空白。

（王彪）

东港嘉华首张增值税升级版电子发票开出

截至8月3日，北京东港嘉华安全信息技术有限公司瑞宏网电子发票服务平台开出的电子发票份数达到1亿份。10月，东港嘉华与电子商务交易技术国家工程实验室联合成立电子商务交易技术国家工程实验室电子发票研究中心。12月25日，公司助力天津市首张增值税升级版电子发票在酒仙网开出，奠定了在电子发票行业的专业领先地位。东港嘉华以推动中国电子发票事业的发展为己任，研发电子发票领域的相关技术，探索电子发票应用的新模式。

（钱刚）

京运通两个 50 兆瓦光伏电站并网发电

8 月 6 日，北京京运通科技股份有限公司子公司宁夏远途光伏电力有限公司 50 兆瓦地面电站和子公司宁夏银阳光伏电力有限公司 50 兆瓦地面电站并网发电。

（王琪）

锤子数码坚果手机发布

8 月 25 日，北京锤子数码科技有限公司旗下全新品牌坚果手机在上海发布。坚果手机是公司旗下首款千元手机，拥有精美的设计、舒适的手感和强劲的性能。缤纷的配色为年轻人提供个性化的时尚选择；宽广的视野，以及“远程协助”功能的加入则为老年人普及智能手机提供便利的途径。10 月 19 日，坚果手机特别版发布会在北京举行，发布了坚果手机文艺青年版和 Smartisan S-1000 系列耳机。坚果手机文艺青年版采用了八种文艺青年专属的颜色，硬件配置保持不变。Smartisan S-1000 系列耳机由公司和国内最专业的耳机研发机构 VSONIC（威索尼可）合作进行开发和生产，是公司旗下首款耳机产品。

（窦森磊）

京东首推“互联网 +”信用卡

8 月 27 日，京东金融与中信银行信用卡中心在北京联合举办“就是要白”新闻发布会，共同宣布推出国内首张“互联网 +”概念信用卡——中信白条联名信用卡，该卡是国内首款全白设计的信用卡，简称“小白卡”。“小白卡”为泛 90 后的年轻用户度身定制，通过商业信用 + 金融信用的创新模式，帮助用户实现超长免息消费体验。此外，用户还能通过“扫码赚钱”的方式分享全新的互联网社交体验。同时，京东金融借此宣称，“京东金融是一家金融科技公司，我们要让银行和互联网都没有标签，一起走向新金融时代。”

（王晓东）

艾德摩构建 NOD-Prkdcscidll^{2}rgnull 小鼠

8 月，北京艾德摩生物技术有限公司自主构建 NOD-Prkdcscidll^{2}rgnull 小鼠，此小鼠有三大特点和优势：移植成功率高，是免疫缺陷程度最高的工具小鼠，可成功移植的肿瘤类型广泛；对人源细胞和组织几乎没有排斥反应，成瘤率高、建立 PDX 模型和活肿瘤样本库效率高；无 T、B 淋巴细胞泄露，成瘤率稳定；与 NOD/SCID 小鼠相比寿命更长，平均长达 1.5 年，可用于研究评价的时间周期长。PDX 小鼠模型能够成功从各方面复制病人肿瘤的异质性，包括其分子层面、基因层面和组织层面上的复杂性，这种模型与患者身上所患肿瘤的相似度可达 90% 以上，通过此种模型可以获得更接近人体真实反应的数据，加快肿瘤研发进程，有效缩短为病人筛选药物的时间，提高病人用药的精确度。

（潘雯娜）

资生堂丽源推出欧珀莱紧致塑颜产品

9 月 1 日，资生堂丽源推出 AUPRES 欧珀莱时光锁紧致塑颜系列产品。该产品是对欧珀莱王牌“时光锁”系列的全面升级，首次运用业界前沿科技——胶原蛋白可视化技术，融合人参根等八大植物精华，针对与抗老密切相关的四大胶原蛋白，产生抗皱、滋润、赋弹等八大功效。

（姚岫霞）

中交兴路推出商用车 UBI 差异化车险

9 月 24 日，北京中交兴路信息科技有限公司与天安保险达成战略合作协议，双方共同推出国内首款商用车 UBI 车险，通过采集车辆行驶时间、行驶里程、加减速行为等数据，对商用车司机的驾驶行为进行全面评估，进而为车主定制 UBI 差异化车险产品，开展车辆风险管理与服务，督促司机安全驾驶。

（张鑫 张云蕊）

中冶京诚酸轧联合机组投产

9 月 29 日，中冶京诚工程技术有限公司承担设计的包钢稀土钢板材公司 2030 冷轧工程中的第二个重要生产机组——酸轧联合机组，进入热试车阶段。包钢稀土钢板材公司 2030 冷轧工程中的酸轧联合机组由日本三菱日立公司进行技术总负责，采用重要设备国外引进，国内制造厂合作制造的模式建设，中冶京诚在机组相关的设计工程中负责工厂设计、非标设备设计和转化设计。在整个设计过程中，中冶京诚完成约 1.5 万张、9000 份 A1 的设计图纸。

（程芳）

安达维森建筑智能系统应用到城市规模

10 月，北京安达维森机电设备技术有限公司核心产品建筑智能 iHouse 系统光纤网络分布式架构投入工程应用，标志着企业核心产品建筑智能 iHouse 系统的覆盖能力已可从一栋建筑拓展到整个城市规模。建筑智能 iHouse 系统是公司开发的一套基于物联网思想的建筑元素智能化系统，通过一套分布式网络架构，利用位于现场的传感节点实现下辖的各种建筑元素的状态数据、控制指令与其他传感节点间的共享与交互。应用项目是一个占地面积 186.67 公顷的文化产业园区，采用光缆网络作为底层网络环境，第一次将 iHouse 系统架构于光缆介质之上。由于光缆网的常规传输距离可达数十公里以上，因此从工程层面探索了将 iHouse 从建筑内部拓展到城市规模的可行性。该项目采用安达维森的 iHouse 建筑智能系统和 iPoint 街镇服务平台作为园区建筑硬件设施和运营软件环境的智能管理平台。

（蒋健勇）

云狐时代推出两款全新型号手机

10 月，北京云狐时代科技有限公司推出全新型号 4G 户外手机极地 Polar 和 6 英寸 4G 大屏户外手机 Anote。Anote 是云狐时代专为高端户外人群设计的奢智户外手机，拥有 6 英寸 16：9 炫彩大屏，1080P 高清画质，全贴合屏幕设计，一枚 1300 万像素摄像头，高亮闪光灯，支持水下潜拍功能，支持一键连拍。采用太阳黄与炫酷黑的经典搭配，双料注塑材质，全球顶级记忆原材料。12.5 毫米超薄机身，超窄边设计。采用安卓智能操作系统，32G ROM+3G RAM 3500 超大容量电池，1.5G 4 核 CPU。拥有 IP68 级防尘、防水能力，MIL-STD-810G 等级防震。极地 Polar 手机搭载 1.7GHz 八核处理器，5 英寸 1080p 分辨率显示屏，高清夏普 IPS 硬屏，支持移动、联通双 4G 网络。内置 2GB 运行内存和 16GB 存储空间，支持 TF 卡扩展。该机内置 2800 毫安时容量电池，并采用安卓 5.0 系统和基于大运动物联网研发的点点运动 OS 操作系统。深度运动数据采集分析、多种运动辅助功能。后置 1300 万像素后置摄像头，高闪光灯组件，具备超强低光拍摄能力，支持水下自动对焦、随心畅拍，并支持手势拍照、笑脸拍照和语音拍照模式。

（杜宇）

中交兴路车旺大卡 APP 上线

11 月 12 日，北京中交兴路信息科技有限公司“车旺大卡”APP 上线，打造了卡车人自己的圈子、基于位置的业务工具和货运行业的产业社交平台。“车旺大卡”APP 延伸货运公共平台服务的触角，将货主、车主、司机、第三方物流（货代）和亲朋好友等联接，形成多方沟通网络，并推出多种实用平台服务，实现货运人工作生活的全面连通。

（张云蕊）

安川首钢机器人木门打胶系统投入使用

安川首钢机器人木门自动打胶系统 单位提供

11 月，安川首钢机器人有限公司为大自然木业有限公司量身设计的木门自动打胶系统投入使用。该系统机器人采用离线编程技术，对木门的二维码进行识别，并从数据库中自动调用离线生成的程序指令完成打胶作业。该系统可满足快速精确对木门打胶和快速响应产品变更的双重要求，是木门涂胶行业满足工业 4.0 标准的典范。

（姚鹏程）

安诺优达无创产前 DNA 检测成果发布

11 月，安诺优达基因科技（北京）有限公司开发的有效降低无创产前 DNA 检测（NIPT）假阳性率的优化分析方法论文在 ***Nature***（《自然》）子刊 ***Scientific Reports***（《科学报告》）上发表。安诺优达联合北京大学第三医院、北京妇产医院、新疆医科大学附属第一医院、山西医科大学第一医院、北京友谊医院经过两年的大规模临床实践，率先验证了优化分析流程可成功排除母体 CNV 干扰，有效降低 NIPT 假阳性率。安诺优达是国内最早一批进入无创产前 DNA 检测领域的企业、卫生计生委首批高通量测序临床应用试点单位。

（董妮）

锤子数码 Smartisan T2 手机发布

12 月 29 日，北京锤子数码科技有限公司年度新品 Smartisan T2 手机在北京发布。Smartisan T2 突破性地采用无断点的全金属中框，是国内首款采用无断点金属中框的智能手机，是公司恪守“工匠精神”的体现。Smartisan T2 还拥有全网通、光学防抖和 Hi-Fi 等多项先进功能。

（窦森磊）

冠捷显示科技一条龙智能制造项目投产

12 月，冠捷显示科技（中国）有限公司着力建设的“基于多系统协同整合的一条龙智能制造”项目投入生产。该项目自 2014 年年初开始实施，总投资 6345 万元，通过多系统集成方案，优化研发、制造、采购、销售和售后服务等环节，建成后将实现从液晶显示模块制造至整机的一条龙智能制造模式。

（张楠）

安川首钢多层多道埋弧焊接系统投入使用

12 月，安川首钢机器人有限公司与中

电华强焊接工程有限公司联合开发的空间相贯线轨迹机器人多层多道埋弧焊接系统在哈尔滨锅炉厂投入使用。该系统采用机器人离线编程技术，对两管相贯所形成的马鞍形立体区域进行多层多道的焊接。机器人与把持工件的双轴变位机协调作业，使焊枪始终保持与工件角焊缝开口垂直，焊剂与氧气充分隔离，通过提高对焊缝的保护和电弧的导电性能，进而提高焊接的效率和精度。

（姚鹏程）

安诺优达单细胞测序成果发布

12月，安诺优达基因科技（北京）有限公司与中科院动物所、上海生命科学院营养所合作，在高脂饮食诱导的父代肥胖小鼠模型中，发现一类成熟精子中高度富集的小 RNA（tsRNAs）可为一种表观遗传信息的载体，将高脂诱导的父代代谢紊乱表型传递给子代，成果发表于 *Science*（《科学》）。该研究从精子 RNA 角度为研究获得性性状的跨代遗传现象开拓了全新的领域，未来关于精子 tsRNA 及其修饰谱在早期胚胎发育调节中的作用机制将是领域内亟待解决的关键问题。

（姜莹）

安川首钢冲压连线自动搬运系统启动

12月，安川首钢机器人有限公司为上海捷众汽车零部件有限公司自行设计的全自动机器人冲压连线系统启动。该系统是安川首钢自成立以来第一条大型全自动机器人冲压连线系统，也是上海捷众投入的第一条全自动机器人冲压搬运线，实现自动拆垛、双料检测、伺服对中等全自动功能，降低设备成本投入和人工劳动强度，减少设备对场地的需求，提高产品质量、生产效率和自动化程度，满足用户精益化生产的要求。

（李鹏）

安川首钢推出模块化移动培训平台

年内，安川首钢机器人有限公司率先在行业内推出模块化集成移动培训平台。该系统可提供机器人操作、电气维护和机械维护等方面标准化、定制化的技术培训，满足用户分岗分级的培训需求，让技术操作人员更好地了解 MOTOMAN 机器人的功能与特性，最大限度地提高机器人的使用效率和用户生产效率。

（杨向宇）

北方微电子 NMC 612B 项目量产

年内，北京北方微电子基地设备工艺研究中心有限责任公司 NMC 612B 项目是国家重大专项“90/65 纳米刻蚀机研发与产业化”和“32-22 纳米栅刻蚀机产品研发及产业化”项目，在客户端进行项目量产验证。NMC 612B-55 机台在中芯国际集成电路制造（北京）有限公司 55 纳米生产线上累计量产 2.7 万片产品，机台月置换率可达 63%，填补国产 300 毫米刻蚀机台量产的空白。

（杨帆）

智飞绿竹生物新产品喜贝康®上市销售

年内，北京智飞绿竹生物制药有限公司研制的 AC 群脑膜炎球菌（结合）b 型流感嗜血杆菌（结合）联合疫苗（喜贝康®）上市销售，全年单产品销售收入 1.6 亿元，占公司销售收入总额的 51.4%。喜贝康®能同时预防 A 群 C 群脑膜炎球菌和 b 型流感嗜血杆菌引起的流脑、肺炎、中耳炎等疾病感染。该疫苗作为专利产品上市后，将部分替代市场上使用的 A 群 C 群流脑多糖、多糖结合疫苗和单价 Hib 疫苗，有着广泛的临床应用前景。

（李楠楠）

通力盛达电信迷你机房问世

年内，北京通力盛达节源设备股份有限公司研制出电信迷你机房。随着通信技术的发展，大型通信基站将被取代，基站集成化更高，芯片也会更小，基站布设呈蜂窝状、多点小功率发展。迷你机房就是蜂窝上大的节点，将监控、设备、电池、光纤、馈线集成到一起，让通信基站由以前的一个大机房，变成路边的小柜子，这个户外机柜就像电力系统的变压器，体积虽小，通过集成能“一站式”实现通信信号覆盖。通力盛达从出售单一产品向为客户规划、设计一个方案，“一站式”解决客户节能难题方向转型。

（姚晨迪）

美德创新推出后花园情侣智能盆栽

美德创新推出后花园情侣智能盆栽　　企业提供

年内，美德创新（北京）科技有限公司推出后花园情侣智能盆栽。该智能盆栽内部结构紧凑、水箱方便拆卸清洗；多种传感器的协同可检测土壤湿度、温度和光照强度；App 支持可以查看植物的状况，并且向他人分享植物状态。将浇水、光照、温度误差控制在 2% 以内。LED 补光灯和光传感器能够辅助植物进行光合作用并进行检测。固定 LED 补光灯的支架可以灵活地上下调节，不仅可以方便植物光合作用，还能给周围环境提供光照。

（王祎鹏）

航天拓扑研制完成非家用数据采集系统

年内，北京航天拓扑高科技有限责任公司在民用领域燃气专业研发了第一款具有完全独立自主知识产权的非家用数据采集系统 TOPLINK400 控制器产品，以满足各城镇燃气企业对非家用类燃气用户进行阶梯计费、远程调价、数据采集和计量管理等方面的需求。该款产品经两年的反复论证、试验验证，最终通过业主的验收，并取得防爆产品合格证，提升公司在国内燃气领域的竞争力，促进智能燃气技术的发展。

（尹飒）

长城测控公司完成转台项目交付验收

年内，北京瑞赛长城航空测控技术有限公司先后完成了航天集团某研究所 3 个型号项目、武汉高德公司五轴转台项目、航空某所电性能测试系统转台的现场交付验收工作，奠定行业占位。

（张明华）

长城测控公司研发产品当年实现经济效益

年内，北京瑞赛长城航空测控技术有限公司加大对高附加值煤矿新产品的营销力度，瓦斯突出灾前预警系统、锂离子电源箱等新产品，陆续获得订单，其中瓦斯突出灾前预警系统当年研发当年形成销售收入，是产品转化成效益的成功案例。

（郭磊）

表彰奖励

京东方入选中国消费电子领先品牌 10 强

1 月 7 日，在美国国际数据集团 IDG 主办的 2014—2015 年度中国消费电子领先品牌 10 强评选颁奖典礼上，京东方科技集团股份有限公司入选“2014—2015 年度中国消费电子领先品牌 10 强”，并获“年度显示技术创新大奖”单项奖。作为全球领先的半导体显示技术、产品与服务提供商，京东方连续 8 年入选“中国消费电子领先品牌 10 强”。

（沈佳子）

中冶京诚获工程总承包铜钥匙奖

1 月 7 日，中冶京诚工程技术有限公司总承包的广东韶钢松山股份有限公司高等级热轧钢筋生产线改建工程获得全国工程勘察设计行业第七届优秀工程项目管理和优秀工程总承包项目奖工程总承包铜钥匙奖。项目为年产 80 万吨的全连续式高等级热轧钢筋生产线改建工程，是包括项目工程设计、施工、设备材料供货、安装调试、指标测试、人员培训、投产直至达到设计指标的交钥匙工程。为国内首例全线通过控轧控冷工艺和闭环水冷设备来大幅提高钢材性能，降低生产成本的螺纹钢生产线，该项目工艺设计、设备研发和项目管理实践成果可填补国内同类工程的空白，并对行业有示范效应。

（程芳）

京东方获评 2014 中国 CSR 贡献榜

1 月 14 日，由《经济观察报》报社主办的“2014 中国 CSR 贡献榜”颁奖典礼在北京举行，活动主题为“新常态 · 新责任”，旨在寻找愿意承担社会责任、履行企业自身社会角色的优秀企业，建立以创新、互利和承担责任为本质的新商业文明，树立优秀企业的新标杆。京东方科技集团股份有限公司获评“2014 中国 CSR 贡献榜”。

（沈佳子）

云狐酷玩相机获评最佳移动终端设备

1 月 26 日，由《IT 时代周刊》杂志社、IT 时代网主办，创客 100 协办的《IT 时代周刊》第十届 CEO 年会暨首届中国 TMT 创业大赛在北京开幕，北京云狐时代科技有限公司推出的云狐酷玩相机凭借其小巧的外形、140 度广角、60 帧每秒高速摄像和高强度防护功能等优势，被评为“年度最佳移动终端设备”。

（杜宇）

中企动力产品获评年度优秀软件产品

1 月，北京软件和信息服务业协会（BSIA）组织了 2015 年度优秀软件产品评选，经过企业申报、专家评审等程序，中企动力科技股份有限公司的“ZtouchS 触享官网”产品获评 2015 年度优秀软件产品。这次评选出的软件产品，分布在智慧政务、智慧医疗、智慧社区等各个领域，代表软件行业转型发展的趋势。

（郭秋莲）

云狐时代点点运动获多项奖励

1 月，北京云狐时代科技有限公司研发的点点运动大数据运动平台获得智能硬件类“TOP10 奖”。点点运动深挖运动数据算法，突破传统运动类软件只支持基于 GPS 定位的跑步、骑行、计步等浅度的运动数据统计分析模式；打通与智能穿戴设备的接口，达到软硬结合，将产品向游泳、羽毛球等深度运动数据分析领域拓展。在2014年度官方权威盘点暨颁奖盛典上，点点运动大数据运动平台获年度热门应用奖；在中国互联网产业峰会暨光芒体验盛典上，点点运动获智能硬件组“光芒奖”。在金立易用汇颁奖典礼上，点点运动获“优秀开发者奖”。在2015年度金立手机官方软件商店开发者颁奖礼上，点点运动研发团队获“最佳团队奖”。在2015中国惠州物联网·云计算技术应用博览会暨第三届中国手机创新周上，点点运动软件获得“最具创新价值APP奖”。

（杜宇）

开发区8家单位获北京市科学技术奖

2月27日，北京市科学技术奖励大会召开，中芯国际集成电路制造（北京）有限公司、北京京东方光电科技有限公司、北京中交兴路信息科技有限公司、北京航天易联科技发展有限公司、北京北方微电子基地设备工艺研究中心有限责任公司、北京金风科创风电设备有限公司、中冶京诚工程技术有限公司、联通宽带业务应用国家工程实验室8家单位获奖。其中，中芯国际的“超大规模集成电路先进闪存存储器成套工艺与产品技术研发及产业化”项目、京东方的“超精细移动显示关键技术及应用”项目夺得北京市科学技术奖一等奖。金风科创项目“基于风峰算法的高风速大容量风电机组的研发及应用”获北京市科学技术奖二等奖，是新能源风电整机制造企业中唯一上榜单位。该项目解决“三北”（西北、华北、东北）地区传统风电基地现存的装机容量小、风能利用率不高等技术问题，促使国家从风电大国向风电强国的转变，特别是新型叶片的开发技术、整机载荷控制技术和风峰控制算法等，在国际上均处于先进水平。机组已经广泛应用包括哈密烟墩风电厂、山西新荣二期风电场、北京智能微网等国内大型风电场建设项目。项目实施促进北京亦庄金风风电产业园的产业带动作用，提升整机和高端核心零部件竞争力和国产化水平，形成风电产业领域工程设计、系统集成、检测认证、运营维护的链条协同发展，带动风电技术服务行业的整体水平进一步提升。

（崔春雷 董万亮）

锤子数码Smartisan T1手机获设计奖金奖

2月28日，第六十二届iF国际设计奖获奖名单公布，北京锤子数码科技有限公司出品的Smartisan T1获得最高级别的金奖。此次共有53个国家2102个参赛单位的4783件设计作品参加评选，Smartisan T1的设计得到评审团的认可，也是中国大陆的智能手机产品首次获得该奖项。

（窦森磊）

中冶京诚获数字化工厂（DF）设计奖

3月19日，中冶京诚工程技术有限公司在中国勘察设计协会首届“创新杯”数字化工厂（DF）设计大赛上获3个奖项，热轧宽厚板工程的应用、邯钢集团邯宝公司2230毫米冷轧工程数字化设计分获“最佳配管设计”二、三等奖；冷轧酸洗联合机组工程的应用获得“最佳绿色工厂设计”三等奖。“创新杯”数字化工厂（DF）设计大赛由中国勘察设计协会联合鹰图（中国）有限公司、AVEVA公司、Bentley公司等共同举办。

（程芳）

北京泰豪获多项奖励

3 月 19 日，在中国建筑业协会智能建筑分会 2014 年年会暨 2015 智能建筑行业发展高峰论坛上，北京泰豪智能科技有限公司获“2014 年度全国智能建筑行业十大品牌企业”行业大奖。3 月 28 日，在中国智慧城市论坛主办的 2015 中国智慧城市企企合作大会上，北京泰豪获评 2015 中国智慧城市领军企业、智慧能源管理最佳企业。7 月 2 日，在中国百大智能集成商及集成创新应用颁奖典礼上，北京泰豪获“中国百大智能集成企业奖”。8 月 24 日，《智能建筑精品工程》（2013—2014 年）项目名单公布。由北京泰豪承建的“滨州医学院烟台附属医院信息化与建筑智能化系统工程”经专家评审，被中国建筑业协会智能建筑分会评为“智能建筑精品工程”。10 月 20 日，由中国勘察设计协会工程智能设计分会与北京《智能建筑与城市信息》杂志社共同举办的“中国市场智能建筑十大品牌”评选活动公布获奖名单，北京泰豪获“中国市场智能建筑十大系统集成商产品品牌”“最佳科技创新品牌”“最佳客户服务奖”“最具行业影响力品牌奖”等多个奖项。12 月 12 日，在中国产学研合作促进会与云南省人民政府共同主办的第九届中国产学研合作创新大会上，北京泰豪因在产学研合作创新方面的突出成绩，获“2015 年度中国产学研合作创新奖”。

（毛东颖）

富思特获评房地产开发企业首选供应商

3 月 24 日，2015 中国房地产 500 强测评成果发布会暨 500 强峰会在北京举行，富思特新材料科技发展股份有限公司入选“首届诚信交易平台试点单位”，并获 2015 中国房地产开发企业 500 强涂料类、外墙工程漆类首选供应商两个称号。

（程平）

国富瑞数据获数据中心优秀运营服务奖

3 月 26 日，在第五届中国数据中心产业发展大会上，国富瑞数据系统有限公司获得中国数据中心产业发展联盟评选的“2014—2015 年度数据中心优秀运营服务单位”奖项，该奖项是数据中心行业最具权威和影响力的奖项之一，国富瑞数据连续 5 年获得此奖项。

（申娜）

北京中电科获半导体创新产品和技术奖

3 月，北京中电科电子装备有限公司承担的国家 02 重大专项“高密度倒装设备”课题成果 Octopus-1000 型倒装机获中国半导体行业协会第九届中国半导体创新产品和技术奖。课题研发的高密度倒装设备以核心技术和工艺验证为引导，开发装片精度在 10 微米、效率在 3500 圆片每小时（UPH）左右（非直接热压键合）的 C2W 倒装键合机，以满足国内封测企业 C2W 工艺的生产需求，是国内首台可用于批量生产的倒装键合设备，该产品技术复杂、研制难度大、创新性强、倒装键合质量高，主要性能指标达到同类产品国际领先水平，作为集成电路先进封装工艺关键设备，取得较大的经济价值和良好的社会效益。

（荀逸飞）

北京中电科研发产品与技术获多项表彰

3 月，北京中电科电子装备有限公司封装设备关键部件与核心技术获中国电子学会科技进步三等奖。公司依托 02 国家重大专项开发的高速空气静压电主轴、轻质高刚性键合头等关键部件和核心技术，通过几年的研发已成功推广应用。同月，8英寸集成电路封装关键装备研发与产业化获中国电子学会科技进步二等奖，公司在集成电路后封装领域开发的几种关键设备包括减薄机、划片机、装片机、键合机、高密度倒装键合机经过数年研发，取得产业化推广，打破国际垄断的同时也使自身得到长足的发展。9月，集成电路封装装备关键部件核心技术和整机产业化获集团公司科技进步一等奖。该项目是公司承担的国家“十一五”02科技重大专项。由封装设备关键部件与核心技术项目，关键封装设备、材料应用工程项目中的4个关键封装设备课题（QFN自动切割机开发与产业化、引线键合机开发与产业化、晶圆减薄机开发与产业化、全自动晶圆划片机开发与产业化）组成。集成电路封装装备关键部件核心技术和整机产业化项目中的关键部件和技术在设备中大量应用，减少采购成本4000多万元。四种关键封装设备的成功研发，迫使国际同类设备大幅度降价。未来三年内，在集成电路封装装备关键部件核心技术的支撑下，根据集成电路制造技术发展和封装设备市场容量分析，本项目支持的设备产品预计可占10%以上市场份额，实现年产值2.5亿元、利润2500万元以上。

（蔺逸飞）

北方微电子获半导体创新产品和技术奖

3月，北京北方微电子基地设备工艺研究中心有限责任公司自主研发的DSE200L产品获第九届中国半导体创新产品和技术项目奖。中国半导体创新产品和技术评选活动由中国半导体行业协会、中国电子材料行业协会、中国电子专用设备工业协会和中国电子报共同举办。DSE200L深硅等离子体刻蚀设备是一款面向MEMS、电力电子器件、3D封装领域的高端微电子装备。该设备可采用Bosch工艺，能实现高达70∶1的深宽比，同时实现高速刻蚀，达到行业最高水平。该设备能在进行精确角度控制的同时实现Non-Bosch工艺高达25∶1的深宽比刻蚀，以及速率高达25微米每分钟的Non-Bosch斜孔刻蚀，可满足陀螺仪最精细的刻蚀工艺标准和背孔传感器最快捷的刻蚀速率要求，并可以拓展至石英传感器等应用领域。该设备具有集成化程度高、占地面积小、工艺兼容性强特点。

（杨帆）

京东方BOE Alta获多项大奖

年初，京东方科技集团股份有限公司推出的自有品牌新概念显示终端BOE Alta获得iF产品设计金奖、红点大奖。iF设计奖创立于1954年，是国际设计界最著名的奖项之一，有“设计界奥斯卡”之称，其最高奖项为iF产品设计金奖，仅有1%的参赛产品能够获得，此次BOE Alta从全球50多个国家的近5000件入围作品中脱颖而出，成为中国唯一获得本届iF产品设计金奖的电视产品。9月，第五十五届德国柏林国际消费类电子展（IFA）揭晓“2015 IFA产品技术创新大奖”榜单，京东方在16项大奖中连获两项金奖，全球首发的82英寸10K屏获显示技术金奖，新概念显示终端BOE Alta获电视设计金奖。

（沈佳子）

中冶京诚铁矿工程获国家优质工程奖

4月7日，中冶京诚工程技术有限公司子公司秦皇岛工程公司设计并监理的河北钢铁集团矿业公司司家营铁矿二期采选工程获国家优质工程奖。司家营铁矿二期采选工程位于唐山市滦县响嘡镇，厂区面积1104.87万平方米,总投资约81.4亿元，年采选矿石达到1500万吨，堪称亚洲最大、国际领先的精品矿山。

（程芳）

中冶赛迪高精度温度计获评创新产品

4月22日，在北京举行的第十届中国自动化产业年会上，中冶赛迪电气技术有限公司自主研发的修正型高精度温度计获评2014年度十大最具竞争力创新产品。该修正型高精度温度计曾获国家发明专利授权。中冶赛迪电气将继续加快包括温度计在内的自主产品的研发和推广力度。

（罗媛群）

富思特入选2015年世界涂料企业100强

5月8日，中国涂料行业首家财经媒体《涂界》杂志联合中国涂界网发布2015年世界涂料企业100强排行榜（TOP 100 Companies），富思特新材料科技发展股份有限公司入选中国工程建筑涂料厂商榜首。该排行榜是对全球涂料企业2014财年涂料销售业绩的综合排名。富思特位居2015年世界涂料企业100强第七十七位，在中国专业工程建筑涂料厂商中居第一位。

（程平）

中芯北京二期项目厂房获LEED金奖

5月15日，中芯国际集成电路制造（北京）有限公司12英寸新厂房以其建筑设计的绿色节能和建设施工中的环保做法，获美国绿色建筑委员会（USGBC）认证的能源与环境设计先锋（LEED）金奖。这是中国本土首个获此认证的晶圆厂房。

（马焱）

富思特连续五年获评十大工程涂料品牌

6月17日，在中国涂料报第六届经销商最喜爱的中国十大涂料品牌颁奖大会暨第七届中国涂料企业高峰论坛上，富思特新材料科技发展股份有限公司获评“中国十大工程涂料品牌”，这是富思特连续五年获此称号，富思特董事长郭祥恩被评为论坛“2014年度十大风云人物”。

（程平）

加多宝获IDF国际设计创新奖

6月，加多宝（中国）饮料有限公司金罐加多宝第一个成为2015年米兰世博会中国馆、中国企业联合馆官方指定凉茶。加多宝在米兰世博会举办凉茶文化全球行（米兰站）暨金罐加多宝全球招商会，加快推进全球化战略布局。在2015年世界绿色设计论坛米兰峰会上，金罐加多宝获世界设计领域权威大奖“2015 IDF国际设计创新奖”“中国食品企业国际贡献奖”。其中，“IDF国际设计创新奖”素有工业设计界“诺贝尔”之称。这是加多宝继2010年获得“全球食品工业奖”后再次在国际舞台斩获殊荣，也是继4月战略升级推出金罐并开启国际化战略以来首次获得的国际大奖。

（杨洋）

云狐时代手机获多项奖励

7月10日，在第十四届中国国际消费电子博览会（SINOCES）上，北京云狐时代科技有限公司5月自主研发的最新旗舰手机云狐A-7，凭借首创机身防水、纳米主板防水、原件接口防水的三重防水技术，获“Leader创新奖”。11月1日，在2015中国惠州物联网·云计算技术应用博览会暨第三届中国手机创新周上，云狐时代云狐极地 Polar 手机获得“年度最佳安全手机”奖。

（杜宇）

悦康集团入选中国医药工业百强企业榜单

7月12日，悦康药业集团有限公司入选由中国医药工业信息中心主办，工业和信息化部、中国医药企业管理协会、中国医药工业研究总院联合支持的第三十二届全国医药工业信息年会2014年中国医药工业百强企业榜单，位列中国医药工业百强企业榜单第四十位。百强榜单是以反映国家医药工业经济运行状况的唯一官方资料——《中国医药统计年报》为依托，在工业企业法人单位基础上，由医药工业主营业务收入排序在前100位的企业构成。该公司自2008年以来，连续入选医药工业百强榜。同时，悦康集团再次入选2015年中国医药研发产品线最佳工业企业、中国医药工业最具投资价值企业（非上市）和中国医药工业最具成长力企业榜单。

（何铖）

北方微电子获评全国品牌培育示范企业

7月21日，在工业和信息化部组织的2015年工业企业品牌培育工作交流会上，北京北方微电子基地设备工艺研究中心有限责任公司获2014年度“全国工业品牌培育示范企业”称号，名列97家示范企业第九位。

（杨帆）

航天工程公司获化学工业优质工程奖

7月，航天长征化学工程股份有限公司承揽的沧州正元化肥有限公司年产60万吨合成氨、80万吨尿素项目获2015年度全国化学工业优质工程奖。全国化学工业优质工程奖是化工行业工程建设部级质量奖，由中国化工施工企业协会根据《化学工业部优质工程奖评选办法》，评选工程质量达到化工行业国内先进的企业，旨在鼓励化工建设、勘察、设计和施工单位加强科学管理，提高化工建设工程质量，争创更多的优质工程。

（冷琎）

华德液压获中国农机零部件产品创新奖

8月10日，北京华德液压工业集团有限责任公司“农机行走静液压驱动系统关键液压元件A4VTG90+A2F80”在江苏举办的农机零件部件峰会上获“2015中国农机零部件产品”创新奖。该奖项的获得提升了华德液压在农机产品的竞争力。

（岳高丽）

中冶赛迪电气两个软件项目获奖

8月11日，中国冶金建设协会公布2015年度全国冶金建设行业优秀工程勘察、设计、软件奖项目的评选结果，中冶赛迪电气技术有限公司两个软件项目获2015年度冶金建设行业优秀工程软件奖，分别是济钢1700毫米热轧改造自动化控制系统软件获一等奖，高精度方坯加热炉二维模型控制系统软件获二等奖。

（杜雪飞）

云狐时代获多项企业奖励

9月12日，由浙江高新汇科技服务有限公司、杭州高新技术产业开发区科技创业服务中心共同承办的IBM Smartcamp China 2015总决赛在杭州举办，北京云狐时代科技有限公司凭借其与“大数据时代”的运动市场需求的紧密联系和对“互联网+运动”产业的长远布局，获优胜企业奖。11月27日，在慧聪电子网主办的第二届HCFT智能硬件供应链大会上，云狐时代凭借其在户外六防智能终端设备的研发成就和全民运动领域中的深度运动数据算法获得优秀方案设计商奖。12 月 29 日，在中国通信学会、中国通信工业协会、中国电子信息产业发展研究院、通信产业报社联合举办的 2015 中国通信产业大会暨第十届中国通信技术年会上，云狐时代依靠基于“互联网 + 运动”“软硬结合”产业研发的点点运动大数据平台、户外六防智能终端设备获 2015 年度中国通信产业创新企业奖。

（杜宇）

北京奔驰团队获世界叉车锦标赛第三名

北京奔驰团队获“2015 年世界叉车锦标赛”第三名 岳政 摄

9 月 17 日，北京奔驰汽车有限公司叉车代表队参加在德国举行的 2015 年世界叉车锦标赛，获得第三名。这是继 2014 年获亚军之后，北京奔驰团队再次代表中国登上领奖台。

（壬酉）

中交兴路获卫星导航定位科技进步奖

9 月 24 日，北京中交兴路信息科技有限公司受邀参加由中国卫星导航定位协会主办的以“北斗耀全球，璀璨中国梦”为主题的第四届中国卫星导航年会暨展览会。中交兴路获 2015 年卫星导航定位科技进步奖三等奖。公司运营支持部总监李靖和在“车联网与位置服务”分论坛上发表题为“基于车联网的大物流·大金融·大服务”的主题报告。

（张云蕊）

天诚同创与中科晶电获新技术新产品称号

9 月，北京天诚同创电气有限公司 2.0MW 风机直驱型高功率密度变流器、2.5MW 风电机组主控系统、3.0MW 风电机组主控系统 3 项产品获由市科委、发展改革委、经济信息化委、住房城乡建设委、质监局和中关村管委会联合组织评审的“北京市新技术新产品”称号。2.0MW 风机直驱型高功率密度变流器是 2.0MW 直驱风力发电机组核心部件，主要功能是把风能转化为电能并入电网，既能对电网输送风力发电的有功分量，又能联接电网间无功分量，起到无功补偿作用。2.5MW、3.0MW 风电机组主控系统分别应用于 2.5MW、3.0MW 风力发电机组，主要包括主控柜、机舱柜，也是由天诚同创自主研发生产，产品达到国内领先水平。主控系统是风力发电机组的“大脑”，它负责整机状态的切换、信息采集、数据存储、逻辑判断、故障保护、整机的综合控制、执行算法等功能。2.5MW、3.0MW 风电机组主控系统具有成本低、性能稳定可靠、便于维护等诸多优点，可广泛应用于高温高湿、沿海潮间带、低温等多种现场环境。12 月，中科晶电信息材料（北京）股份有限公司“高品质微电子工业用砷化镓单晶片”获“北京市新技术新产品”称号。该砷化镓单晶片是由中科晶电自研生产工艺制备而来，与业界普通半绝缘砷化镓单晶片相比，其电性能参数更优、杂质更少且分布更均匀、稳定性更强，同时生产成本也更低。

（陈晓慧 张元玮）

苍穹数码获不动产登记软件测评第一名

10月13日，北京苍穹数码测绘有限公司获江西省不动产登记系统系列软件测评第一名。江西省不动产登记系统系列软件测评会由江西省不动产登记局组织苍穹数码、北京中天吉奥信息技术股份有限公司、江西中煤奥格信息产业有限公司、北京超图软件股份有限公司等四家单位参加测评。苍穹数码自主研发的不动产系统系列软件具有最熟悉土地登记业务，流程最清晰；出具的成果最规范，要素齐全；软件功能最齐全，实现不同部门数据横向纵向共享；软件登记平台在自己研发的平台上搭建，二次开发方便、简单；具有很好安全性；对不同源头的数据，有一套完整、实用的整合方案等优势。

（李欣）

德勤—亦庄高科技、高成长企业20强揭晓

10月20日，在“创业亦庄”2015主题活动上，2015德勤—亦庄高科技、高成长企业20强发布会举行，由德勤中国、开发区管委会共同主办的“2015德勤—亦庄高科技、高成长企业20强”评选揭晓，冠捷显示科技（中国）有限公司、北京合创三众能源科技股份有限公司等20家企业入选，安诺优达基因科技（北京）有限公司、北京诺康生物药业有限公司等10家明日之星企业同时揭晓。悦康药业集团有限公司名列第二，悦康集团副总经理何铖出席颁奖仪式并领奖。“德勤—亦庄高科技、高成长企业20强”评选活动旨在发现并推介开发区的高科技、高成长企业，使企业获得更多的社会资源，协助企业持续健康发展，帮助参选企业提升品牌影响力和国际化程度，更好地与国内外资本市场对接，提升企业竞争力。此次评选为无收入企业制定了“德勤全国明日之星评选”体系；为首年收入200万元至2000万元企业设立了参选“德勤全国50强评选”的渠道；继续为首年收入2000万以上企业提供“德勤—亦庄20强（2015）”和“德勤全国50强”双评机会；为获评20强企业提供浦发银行500万元至2000万元的信用贷款服务；为全部参评企业提供免费培训、科技政策咨询、市场信息咨询等服务。11月，北京中交兴路信息科技有限公司、北京分豆教育科技股份有限公司、北京冠捷显示科技（中国）有限公司、北京华兴长泰物联网技术研究院有限责任公司、北京国信恒润能源环境工程技术有限公司5家企业入选“德勤中国50强”。

（崔春雷 何铖）

爱生科技获创新创业大赛企业组优秀奖

10月20日，第四届中国创新创业大赛北京赛区暨亦庄第一届创新创业大赛决赛颁奖仪式在京津冀（亦庄）全球路演中心举行，北京爱生科技发展有限公司的参赛项目“试验用斑马鱼净水循环系统”经过海选、初赛、复赛等环节，获得创新创业大赛的企业组优秀奖。

（周菁楠）

4个项目获第十七届中国专利奖优秀奖

11月27日，知识产权局发布《关于第十七届中国专利奖授奖的决定》，开发区3家企业、4个项目获第十七届中国专利奖优秀奖，即北京京东方光电科技有限公司完成的“移位寄存器单元、移位寄存器电路、阵列基板及显示器件”项目、参与完成的“TFT-LCD阵列基板、多层图形尺寸检测方法和设备”项目，北

京华德液压工业集团有限责任公司完成的“一种先导式电业比例阀”项目，博奥生物集团有限公司等完成的“一种检测遗传性耳聋的试剂盒”项目。

（崔春雷）

北京奔驰获评最具影响力企业

12月，在第七届“北京影响力”评选活动中，北京奔驰汽车有限公司获得“最具影响力企业”奖项；在“首都文明标兵”的评比中，北京奔驰被评为“首都文明单位标兵”。

（壬酉）

航天工程公司获最具竞争力企业奖

12月，航天长征化学工程股份有限公司获评石化行业“十二五”最具竞争力企业奖。风云“十二五”精英评选结果暨颁奖仪式由中国石油和化工企业联合会与中国化工报社联合主办。通过化工行业精英评选活动，充分肯定航天工程公司在行业发展中的积极示范作用，为行业“十三五”时期发展树立行业标杆。

（冷琎）

智飞绿竹生物多个项目获政府资金支持

年内，北京智飞绿竹生物制药有限公司获得重大新药创制办公室、市科委、开发区科技局批复的科技项目经费共计595万元。其中，9月17日，获得重大新药创制科技重大专项课题“福氏宋内氏痢疾双价结合疫苗的研制”批复经费460万元；11月9日，获得市科委重大新药创制专项配套项目课题“福氏宋内氏痢疾双价结合疫苗的研制”批复经费90万元；12月18日，获得开发区科技局研发A类课题“新型AC群脑膜炎球菌（结合）b型流感嗜血杆菌（结合）联合疫苗的临床研究及产业化”批复经费45万元。

（李楠楠）

和利时获得多项奖项

年内，和利时集团获第十六届中国电气工业100强。和利时HiaGuard安全仪表系统获得国家重点新产品证书，该称号由科技部、商务部、环保部、质量监督检验检疫总局四部委联合认定。“两化融合”管理体系通过两化融合评定工作委员会评定并获两化融合管理体系评定证书，和利时成为全国首批通过评定的200家“两化融合”企业之一。和利时智能控制系统首批被评为国家智能制造试点示范项目。和利时获2015年全国“质量标杆”企业称号。和利时新加坡BOND公司获东盟最佳电气承包商奖。北京和利时系统工程有限公司和北京广利核系统工程有限公司合作研发的“百万千瓦核电机组运行控制系统研制及产业化”项目获北京市科学技术奖一等奖。和利时获香港铁路有限公司承建商品质铜奖。和利时入围2015年浙江省技术创新能力百强企业。和利时入选“2015中关村高成长企业TOP100”。和利时董事长贺剑锋获“安永企业家奖2015中国”科技业企业家奖，成为“安永企业家奖2015中国”的13位获奖者之一。

（张蔚青）

中铁十九局所属单位获得国家级企业荣誉

年内，中铁十九局集团有限公司子公司第二工程有限公司和电务工程有限公司获得全国优秀施工企业，矿业公司获得全国矿山建设十强企业。10月20日—23日，矿业公司应邀参加2015中国国际矿业大会，大会以“新常态、新机遇、新发展”为主题，由高峰论坛、矿业博览会和专题活动组成，来自55个国家和地区8000多名代表参加大会。该公司通过积极参与大会活动，展示了矿业品牌，为进一步开拓国内外矿山市场奠定基础。

（张莹）

中铁十九局获得国家级和省部级大奖

中铁十九局华能大理五子坡风电工程　　企业提供

年内，中铁十九局集团有限公司参建的施工工程获得国家级优质工程奖2项：北京地铁九号线获中国土木工程詹天佑奖；华能大理五子坡（一、二、三期）148.5MW风电工程获国家优质工程银质奖。获得省部级优质工程8项：新建石家庄至武汉客运专线（河南段）卫辉卫供特大桥，新建盘锦至营口铁路客运专线盘海特大桥，新建盘锦至营口铁路客运专线海城上、下行联络线海城河特大桥获国家铁路局铁路优质工程；重庆海螺三线4500吨每天熟料生产线和配套余热发电建筑工程B标区获国家建材工程建设优质工程；华能大理五子坡（一、二、三期）148.5MW风电工程获中国电力优质工程；昆河公路弥勒城区段拓宽改造工程获云南省优质工程；中国石油辽阳石化总医院门诊楼扩建工程获辽宁省建设工程“世纪杯”；武汉轨道交通2号线一期工程获全国市政金杯奖。

（张莹）

中冶京诚项目获百年经典暨精品工程奖

年内，中冶京诚工程技术有限公司主持设计的中国国际贸易中心三期工程（A阶段）获由中国建筑业协会会同中国电力建设企业协会、中国铁道工程建设协会等13家行业建设协会共同组织的改革开放35年百项经典暨精品工程评选活动“改革开放35年百项经典暨精品工程”奖。参评该活动的企业都是各行业中实力雄厚的设计企业，全国共有102项工程入选。中国国际贸易中心地处北京CBD核心区域，分一期、二期、三期建设，总体占地面积17公顷，建筑面积110万平方米，为世界最大的国际贸易中心。中国国际贸易中心三期A阶段工程建筑面积29.65万平方米，包含主塔楼、宴会附楼、商业附楼，容纳了国贸大酒店、高档写字楼、国际精品商场、电影院等多种公共设施，其中还包括一个2340平方米的大宴会厅，为北京最大的宴会厅。

（程芳）

华联印刷获第五届中华印制大奖多项殊荣

年内，北京华联印刷有限公司的产品在第五届中华印制大奖赛中脱颖而出，印品《山湖之灵》获特殊非传统类铜奖，《兰亭序》获艺术品复制类铜奖，《抄经本》获环保印刷品类优质奖。中华印制大奖是国内唯一经国资委批准的综合性评比项目，每两年举行一次，是华人印刷界最高奖项，代表着两岸四地最高的印刷工艺成就。华联印刷每次参赛并获得多项奖项，树立了印刷质量专业水平的品牌形象，也对推动印刷技术的发展产生积极影响力。

（胡艳涛）

华联印刷获3项美国金墨奖

年内，2015年度全球瞩目的印制大奖——美国金墨奖（Gold Ink Awards）评选结果揭晓，北京华联印刷有限公司作品获3项大奖，其中文创中心自主设计制作的《中华商务成立三十五周年请柬》获得金奖，印制图书《透望》和《盛开广场》获得优异奖。美国金墨奖创办于1987年，旨在表扬业内杰出企业和从业人员的作品和成就。2015年度角逐的印刷品有上千份之多，竞争非常激烈，华联印刷的作品在印刷质量、技术和视觉效果各方面呈现了较高水平，获得评审专家一致认可。

（胡艳涛）

嘉纳尔科技专利技术获科技创新资金支持

年内，嘉纳尔科技（北京）有限公司通过自主创新，研制一种工艺成熟、成本低廉的聚乙烯醇缩甲醛（PVFM）精密高分子滤材（滤芯）产品，项目获得北京市中小企业创新基金支持并结题。

（王春时）

重点工程

北京市互联网金融实验室落户中金数据

1月19日，在开发区召开的“互联网+金融+产业”第二届互联网金融全球峰会上，开发区管委会主任梁胜、市金融工作管理局巡视员沈鸿副和中金数据系统有限公司董事长杨洁，共同启动设在中金数据系统有限公司的北京市互联网金融实验室。至此，中金数据成为北京市唯一一家同时被市发展改革委认定为“面向金融行业的大数据处理平台工程实验室”和市金融工作管理局认定为“互联网金融实验室”的企业。互联网金融实验室，是实现产、学、研对接的平台，是推广、展示新技术、新应用的平台，是技术与资本对接的平台。互联网金融实验室落户中金数据，将有利地发挥中金数据在金融领域的数据处理和服务优势，结合北京金融资源集中的优势，在北京市构建一个面向金融行业的大数据应用后台和平台，从而推动北京成为领先全国的、以大数据金融和互联网金融为经营业态的金融服务中心。

北京市互联网金融实验室落户中金数据　　田艳军 摄

（王佳宏）

京运通子公司项目入选国家“2011计划”

3月16日，北京京运通科技股份有限公司子公司山东天璨环保科技有限公司与南京工业大学合作，开展“新型高效催化材料”的研究。该项目作为“江苏先进无机功能复合材料协同创新中心”平台建设的一个子课题入选首批国家“2011

计划”。

（王琪）

经纬纺机旗下产品获批国家重点新产品

3月，经纬纺织机械股份有限公司旗下企业青岛宏大纺织机械有限责任公司自主研发的高新技术产品JWG1009型自动络筒机被评为国家重点新产品，SMARO-E托盘式自动络筒机获“纺织之光”二等奖。托盘式自动络筒机是具有自主知识产权的新一代自动络筒机，通过了中国纺织工业协会组织的科技成果鉴定，具有省人工、低成本、智能化、自动化的特点。

（刘霞）

国富瑞数据入选国家绿色数据中心

12月24日，工业和信息化部、国家能源局、国家机关事务管理局联合发布关于国家绿色数据中心试点地区名单的通知，根据《国家绿色数据中心试点工作方案》的要求，经试点地区主管部门联合推荐和专家审查，确定了84个国家绿色数据中心试点单位，其中制造领域8家、金融领域3家、能源领域1家、公共机构16家、电信领域27家、互联网领域29家。国富瑞数据系统有限公司凭借高品质的数据中心基础设施、专业化的技术服务团队和优质的服务产品等优势，以北京通州光机电数据中心（BJ3）为申报主体，入选为84个国家绿色数据中心试点单位之一。

（申娜）

天地互连下一代互联网工程中心升级

12月，经发展改革委批复，北京天地互连信息技术有限公司—下一代互联网北京市工程中心获批升级为国家地方联合工程研究中心，全称为下一代互联网关键技术和评测国家地方联合工程研究中心（简称下一代互联网国家工程中心）。天地互连董事长刘东任下一代互联网国家工程中心主任。该中心的升级推动了中国下一代互联网部署，加速技术标准创新，拓展网络空间，支撑“互联网+”行动计划的快速实施。

（周悦）

资质认证

京运通子公司通过光伏制造行业准入条件

6月5日，北京京运通科技股份有限公司子公司荣能半导体材料有限公司通过工业和信息化部光伏制造行业准入条件。此次入榜，标志着无锡荣能在新能源光伏领域的产业布局、生产规模、研发能力、生产产能、产品性能和质量管理体系建设等均达到行业规范要求，有利于为行业客户提供更优质的产品。

（王琪）

悦康集团通过欧盟GMP再认证

7月7日—12日，悦康药业集团有限公司接受欧盟GMP再认证现场核查，国际认证官对片剂、胶囊剂三个固体车间进行欧盟GMP再认证核查。来自德国药监局的两名检查官Dr.Rainer Kahlich和Dr.Daniel Mueller对悦康集团的生产质量管理系统软硬件设施进行全面、严格审查，并于7月13日召开的欧盟GMP认证总结会上宣布，悦康集团的软硬件设施完全符合欧盟GMP标准，决定予以颁发

GMP 证书。这是悦康集团继 2011 年通过欧盟 GMP 认证后，再次取得认证资格。

（何铖）

天地互连 OFsuite 通过 ONF 认证

7 月 15 日，由北京天地互连信息技术有限公司一全球 SDN 测试认证中心主导的全球第一款完全覆盖 ONF OpenFlow v1.3 测试规范的测试工具——OFsuite 正式通过 ONF（开放网络基金会）官方测试认证工具验证，成为全球 OpenFlow 认证测试官方工具。OFsuite 是全球首款 OpenFlow v1.3 专项测试套件，全面覆盖 ONF OpenFlow v1.3 一致性测试规范，可以为申请 OpenFlow v1.3 一致性认证的设备提供全面的自动化测试支持。OFsuite 具有丰富的监控和诊断特性，方便在测试过程中对设备进行修改与升级。

（周悦）

中冶赛迪电气通过资质认证

9 月 30 日，中冶赛迪电气技术有限公司通过工业和信息化部信息系统集成和服务资质授权管理机构——中国电子信息行业联合会组织的资质评审，获得信息系统集成和服务企业三级资质证书，中冶赛迪电气从事信息系统集成和服务方面的综合能力得到了政府管理部门的认可，获得独立承揽信息系统集成和服务方面业务领域的资格。

（杜雪飞）

国富瑞数据获可信云云主机服务认证

9 月，国富瑞数据系统有限公司被数据中心联盟授予可信云云主机服务认证，这标志着国富瑞的云主机在功能、服务可用性、服务资源调配能力、故障恢复能力、网络可接入性、安全性等多方面均达到了行业先进水平。此次工业和信息化部通信发展司公布了 42 家企业提供的 65 项云服务。

（孙昂）

中外运敦豪成为 AEO 高级认证企业

10 月 14 日，中外运－敦豪国际航空快件有限公司作为中国快递行业的唯一企业代表，受海关邀请参与在北京进行的中国与欧盟海关的 AEO 互认项目。在欧盟海关成员观摩下，中外运敦豪通过中国海关主导的 AEO 高级认证复审，管理制度与合规情况受到中欧海关的认可。

（国徽 孙森）

金风科技机组获 DNV GL 中国型式认证

10 月，国际权威认证机构 DNV GL 清洁能源认证业务中国区总经理 Giovanni Nappi 颁发金风 121/2500-Sinoma59.5 机组型式认证，该认证为 DNV GL 根据 IEC 标准在中国颁发的第一张型式认证证书。GW121/2500 以低风速风区和市场需求为切入点，基于成熟的 2.5MW 设计平台上，完全由金风科技自主研发的大容量低风速机组。该机组严格按 IEC 最新版本标准来设计，机组设计风区为 IEC IIIB（三类 B 风区）。

（陈戈）

国富瑞数据通过 ISO 22301 认证

12 月，国富瑞数据系统有限公司业务连续性管理体系通过国际标准 ISO 22301 认证，并获得认证证书。至此，国富瑞数据已获得 ISO 9001 质量管理体系认证、ISO 20000 IT 服务管理体系认证、ISO 27001 信息安全管理体系认证、ISO 22301 业务连续性管理体系认证。国富瑞数据将在此基础上，不断提升各项管理水平，为客户提供满意的信息基础设施环境和相关服务。

（卢伟琳）

蓝星北化机 28 寸超低温球阀通过认证

年内，蓝星（北京）化工机械有限公司自主设计制造的国内最大上装式低温球阀 28 寸超低温球阀完成阀门产品 16 个类别的 TSG 认证。通过复极式离子膜电解槽节能产品认证年度监督审核；压力容器设计资质从 A2 级升级到 A1 级，并通过压力容器制造换证和 ASME 换证；电解槽和配套压力容器产品通过 CE、GOST 认证。

（孟静静）

凯因科技通过哥伦比亚等 GMP 认证

年内，北京凯因科技股份有限公司生产线通过哥伦比亚卫生部（INVIMA）的 GMP 再认证和乌克兰药监局的 GMP 认证。凯因科技经历多次 GMP 的国内外审查，先后两次通过哥伦比亚 INVIMA 认证，提升了公司 GMP 国际化水平和产品的国际竞争力。

（熊凤涛）

资生堂丽源蓄冷空调系统工程通过认证

年内，资生堂丽源化妆品有限公司蓄冷空调系统工程申报“北京市电力需求侧管理城市综合试点示范项目”，通过北京节能环保中心认证，成为北京市示范项目，并获得 6.76 万元政府补贴。2014 年 6 月 12 日，资生堂丽源引入冰蓄冷空调系统，转移夏季空调用电负荷，可以解决在夏季用电高峰期，变压器供电能力不足的矛盾。采用冰蓄冷空调，对于用户可利用峰谷电价，减少运行费用；冰蓄冷空调可瞬间达到冷却效果，舒适性好；节约自然资源，增加发电厂使用效率约 40%；减少烟尘和二氧化碳的排放量和氯氟烃用量，具有环保效益。

（姚岫霞）

综合经济管理

北京经济技术开发区年鉴 2016
BEIJING ECONOMIC-TECHNOLOGICAL DEVELOPMENT AREA YEARBOOK

综 述

2015年，开发区把握首都功能定位，深化改革、创新驱动，积极构建“高精尖”经济结构，转型发展取得显著成效。开发区紧紧围绕“直面压力，精准调度，经济运行速增质优”的中心工作，强化经济运行调度、加强节能减排力度、严守能源与商务安全，经济运行平稳有序，呈现良好发展态势。

开发区全年实现地区生产总值1081.4亿元，同比增长8.4%(不变价)，首次突破千亿元大关；规模以上工业总产值完成2555.5亿元，同比增长5.6%；工业增加值完成660.4亿元，同比增长8.1%；全社会固定资产投资完成397.6亿元，同比增长1.7%，其中产业投资227.9亿元，同比增长32.6%；完成进出口总额146.6亿美元，同比下降22.8%。其中，出口总额52.6亿美元，进口总额94亿美元。年内，开发区万元GDP能耗0.15吨标煤，同比下降5%，$PM_{2.5}$浓度下降18%，完成市政府下达的任务指标。

开发区共有驰名、著名商标14件。开发区海关全年共备案加工贸易合同322份，税收20.77亿元。开发区检验检疫局完成检验检疫出入境货物20754批次，货值17.53亿美元，无纸通关率达95%。逐步建立以境外第三方检验、到货快查快放、质量保证期内追溯监管等前伸后移多层级的进口医疗器械检验监管新模式。

（蔡星月 庄璐宁 薛雷）

综合调控

召开推动企业出口增长座谈会

10月13日—14日，开发区按照市长专题会部署，组织重点进出口前十家企业和电商企业召开座谈会，传达会议精神，了解企业2015年进出口情况和问题，对四季度和全年进出口形势进行预测分析。其中，出口前十家企业1月至8月完成出口额22.8亿美元，占全区比重68.1%，6家为高新技术企业。

（刘夏阳）

开展开发区经济运行调度工作

开发区内重点企业座谈会　　郑云 摄

年内，开发区发改局建立开发区电子信息、汽车、装备制造、生物医药、电子商务等行业专管员负责机制，专管员负责重点企业的联络跟踪，了解企业生产经营情况，梳理企业困难问题，向开发区管委会领导反馈，对企业进行贴身服务。牵头建立两周一次重点项目、重点工程经济运行调度制度。先后组织召开龙头企业座谈会、进出口前十家重点企业和电商企业座谈会、工程研究中心/实验室创建企业座谈会，增强经济形势预判，提高经济形势监控的前瞻性与精准性。

（蔡星月）

新技术、新产品抢占市场

年内，针对市场消费需求升级，开发区企业准确定义市场，加快应用新技术、推出新产品。北京奔驰及时推出C-class、GLA等新车型，并对E级、GLK系列进行中期改款升级，丰富的车型满足了市场对中高端车的结构性需求，实现销量增长80%。金风科创推出全球最先进的超低风速风力发电机，实现产值超50亿元；赛诺菲的全球第一胰岛素品牌“来得时”被评为北京G20突出贡献大品种，连续三年国内市场占有率第一。

（蔡星月）

企业产品结构多元化

年内，开发区企业注重产品结构多元化，对市场覆盖面更加广泛，发挥智能制造柔性化生产优势。中芯国际拥有从0.13微米到28纳米12英寸芯片的量产能力，可满足19种芯片生产的工艺，国内客户增长超过40%。SMC公司产品涵盖十大类上千个品种，其中气动元件作为中间产品，服务对象多元，市场覆盖广泛。葆婴公司保健产品涵盖从婴幼儿至成年各个年龄阶段，销售额实现三位数增长，新厂投产后预计销售可突破50亿元。绿竹生物通过并购，掌控核心技术，在细菌性疫苗领域成为国内品类最全的企业，各品种份额稳居国内市场前三。

（蔡星月）

企业生产实施科学调度

年内，开发区企业以市场价格走势和外部环境变化定位产品，改进生产流程、生产工艺，通过精准调控，实现产能效益双提高。京东方瞄准市场需求、价格变动，通过改进套切工艺，提高 43 寸、48.5 寸等高价产品生产效率，拉动利润增长 1.6 倍。在天津港爆炸事件和“两大安保”期间，开发区管委会帮助企业通过提前预判、科学调度、预案管理、空运补货等措施，及时对产品、生产线、产能、物流进行预调、微调，实现产供销各环节有序衔接，生产没有受到影响。

（蔡星月）

跨国公司和集团性企业产能向亦庄转移

年内，由于在人才储备、研发能力、基础设施、交通区位、配套企业、商务环境等方面的比较优势，跨国公司和集团性企业在分配生产订单时，优先向开发区转移。美国 GE 亦庄工厂作为国内唯一核心设备生产厂，主要产品产量占全球 1/4，GE 医疗总部和研发中心年内入驻开发区；法国赛诺菲制药在国内共设有 6 家工厂，连续 5 年将最新技术产品投放北京工厂，北京厂销售额年均增长 25% 以上。

（蔡星月）

绿色制造、智能制造促进企业提质增效

年内，开发区企业通过应用绿色、智能技术，降低能耗、排放，节约成本，提升绿色生产和盈利能力。SMC 公司加大环保节能产品研发投入，优化产品设计，应用绿色新材料，同步实现产品轻量、小型化和高可靠性。京东方向节能减排要效益，利用财政补贴、企业自筹的方式，投入 1000 万元用于节能减排，氮氧化物排放由 200ppm 降至 30ppm 以下，下一步拟投入 4800 万元实施磷酸废水循环利用项目，日节水 3000 吨。GE 公司引入机器人检测技改项目，检测工序全部替代人工实现自动化，提高生产效能，降低成本。

（蔡星月）

产业链上下游紧密合作加速产业集聚发展

年内，开发区发挥龙头企业引领作用，带动产业链上下游企业集群式发展特征显著。汽车行业，在北京奔驰直接带动下，采埃孚、北汽李尔等零部件企业销售均逆势增长 60% 以上；新型显示行业，京东方产量迅速提升，直接带动产业上游玻璃基板供应商康宁销量提升 43.1%，下游显示器生产商冠捷产量提升 20.5%；集成电路行业，随着中芯国际二期项目建成、三期项目启动，上下游企业投资积极性增强，投资效益提升，北方微电子设备销量增长 54.5%，一批上下游企业落户亦庄。

（蔡星月）

新业态、新模式激发产业新活力

年内，开发区企业顺应经济发展趋势，开拓新业态、开发新模式。京东商城进军“互联网 + 金融”“互联网 + 医药”等领域，月均增长 10% 以上，成为全国第一位、全球第二位的网络零售商。中交兴路建成唯一的全国性货运公共监管服务平台，已纳入监管车辆 170 万台，5 年内将覆盖全国 1400 万辆货运车辆。

（蔡星月）

支持自主知识产权企业扩大出口

年内，开发区管委会紧盯国际市场，加强知识产权开发应用、加快技术升级，引导企业调整出口产品结构。开发区为中芯国际提供 36 亿美元低成本融资；投资 4

亿元参股四达时代，并提供6亿元融资担保；搭建企业间沟通平台，鼓励京东方、小米、京东、天宇朗通利用四达时代的国际市场渠道，积极开拓海外市场。

（蔡星月）

完成全社会固定资产投资397.6亿元

年内，开发区完成全社会固定资产投资397.6亿元，同比增长1.7%。其中，产业项目完成投资227.9亿元，同比增长32.6%；开发区总公司项目完成投资45.8亿元；住宅项目完成投资87.6亿元；政府投资项目完成36.3亿元，其中开发区管委会12.8亿元、市级投资23.5亿元。

（姚翊）

为重点项目协调能源保障

年内，开发区发改局为保障北京奔驰汽车有限公司NGCC（全新一代紧凑型车）项目开工启动，综合协调开发区建发局、市政局、规划分局、亦庄国投、博大水务、华油联合公司等，推进华油联合管线迁移项目。为北京京东方显示技术有限公司、锋创科技发展（北京）有限公司、北京华海基业机械设备有限公司等已入区项目提供用能咨询和能源保障。

（张真芳）

牵头建设园区智能电网改造工程工作

年内，开发区发改局牵头建设园区智能电网改造工程，投资5.5亿元，开发区单路电缆供电用户全部改造为环网供电，10千伏节点配电实现自动化全覆盖，供电可靠性从99.985%提高到99.999%、户均停电时间缩短为5分钟，电压合格率从99.999%提高到100%。

（张真芳）

启动绿色低碳循环行动计划实施

年内，市发展改革委、市财政局、开发区管委会联合启动北京经济技术开发区绿色低碳循环发展行动计划。该行动计划方案包括建设目标、18个指标体系、6大主要任务、4项保障措施和资金筹措等内容。计划利用3年左右的时间，开发区经济发展质量和效益、资源投入产出、生态环境等主要指标力争达到国际同类园区先进水平，探索形成一套可复制、可推广的园区绿色低碳循环发展模式，成为展示北京市绿色发展成效和对外交流的重要窗口。

（张真芳）

受理政府采购项目15项

年内，开发区政府采购中心受理政府采购项目的预算总金额3689万元，全年完成预算金额2939万元，平均节约率19%，共受理政府采购项目15项，其中货物4项、服务10项（含定点采购类4项）、工程类1项。

（仲婉青）

审批加工贸易企业23家

年内，开发区发改局审批加工贸易企业23家，批准证份数145份。进出口金额总计42.5亿美元，同比减少35%。

（刘夏阳）

创新建设便民服务体系

年内，开发区发改局采用市场化运作方式，引进新农创和格林摩尔两家企业，选址布局15个便民菜店，提升开发区便民服务水平；引导京东到家从线上发展到线下，开拓互联网与社区便民服务融合发展；构建“便民蔬菜店＋个性化定制便民菜店＋线上线下便民菜店”的三级便民服务新体系。

（刘夏阳）

处理物价举报投诉 110 件

年内，开发区发改局共接收并妥善处理举报投诉 110 件，涉及停车场收费、水电气热价格、商超商品标价、网购价格欺诈等多种类型，其中电商举报投诉数量增加明显。

（刘夏阳）

能源消费综合能耗 163.13 万吨标准煤

年内，开发区能源消费综合能源消耗 163.13 万吨标准煤，万元 GDP 能耗 0.15 吨标准煤，能源效率继续在全市保持领先水平，在同类型园区中属于世界先进水平。

（张真芳）

工商行政管理

概况

2015 年，北京市工商行政管理局经济技术开发区分局（简称开发区工商分局）主要负责开发区各类市场主体的登记注册服务、日常监管、消费者权益保护和案件办理等工作。设有办公室、登记科、管理科、消保科 4 个科室，共有干部 30 人。其中，党员干部 27 人，干部平均年龄 42 岁。截至年底，开发区实有企业 13098 户，同比增长 36.15%，高于全市 19.87% 的水平。其中，高新技术产业 6013 户，同比增长 31.46%，高于全市 22.64% 的水平；文化创意产业 1462 户，同比增长 34.01%，高于全市 17.6% 的水平。年内，开发区工商分局通过设立科技园、产业园工商注册指导站，培育登记注册专员，延伸登记前端服务；对大厅进行改造，增加服务窗口；强化个转企的引导工作，对中青信用管理有限公司、北京亦庄国际投资发展有限公司等重点企业实施落地服务等全要素准入服务措施，推动区域市场主体快速发展。9 月 8 日，开发区工商分局赴北京亦庄・永清园，与属地工商局、园区管委会进行座谈，准备在名称和经营范围方面给予最大限度的放宽，支持企业创新和发展需求；开设“京津冀一体化服务窗口”绿色通道，为两地企业的迁移、变更提供“一对一”登记咨询服务，提升准入服务效能。

（杨晶晶 潘葳）

成立 3 家工商登记注册指导站

开发区工商登记注册指导站挂牌　　杨晶晶 摄

7 月 14 日，开发区工商登记注册指导站揭牌仪式在汇龙森科技园举行。开发区管委会副主任绳立成、各园区代表参加。第一批成立工商登记注册指导站的园区有汇龙森科技园、经开产业园、嘉捷科技园三家。开发区工商分局针对重点园区和重点企业，开展送服务活动，走进生物医药产业园，宣传“三证合一、一照一码”等政策措施，指导企业吃透政策，在双创大潮中实现发展。由开发区工商分局局长朱学增带队，为北京亦庄国际投资发展有限公司提供咨询服务，确定3项措施支持亦庄国投关联企业发展。强化服务意识，联合市食药监管局开发区分局、开发区环保局为京东商城总部基地10家配套企业的进驻提供现场咨询和指导服务，协助京东商城总部基地项目顺利进驻。

（杨晶晶 潘葳 姚成双）

第二家商业区工商工作站成立

9月8日，开发区工商分局举行城乡世纪广场工商工作站揭牌仪式。通过工商工作站，开发区工商分局与物业部门进行主体数据对接和交换，发现、清理违法违规行为，开展上门送法律送服务活动，做好行政指导和业务咨询。

（刘智永）

发出首张“三证合一，一照一码”营业执照

开发区发出首张“三证合一，一照一码”营业执照　　单位提供

9月29日，新设企业将领取加载统一社会信用代码的营业执照。开发区管委会副主任绳立成为北京中金云网科技有限公司负责人颁发了开发区首张“三证合一，一照一码”营业执照。

（杨晶晶）

拥有驰名、著名商标总计14件

截至年底，开发区共有驰名、著名商标14件。其中，驰名商标4件：百花、大宝、欧珀莱、中国杂技团；著名商标10件：欧珀莱、华德（图形）、章光、101、富思特、利达、悦康药业和蓝白色图标、利德曼、斯利安、NMC。

（王贺年）

新设企业3326户

年内，开发区工商分局新设企业3326户，同比增长32.72%，高于全市14.82%的水平。其中，高新技术产业1377户，同比增长19.95%，低于全市21.42%的水平；文化创意产业354户，同比增长24.21%，高于全市5.25%的水平；高新技术服务业共有1377户，同比增长19.95%；高新技术制造业16户，同比增长23.08%。

（潘葳 杨晶晶）

外资企业年报率达97.08%

年内，开发区工商分局通过加强学习和拓展宣传方式，保障年报工作开展。2014年度年报率为：外资主体97.08%，内资主体94.59%，个体户85.3%。

（刘智永）

办理行政处罚案件681件

年内，开发区工商分局共处理行政处罚案件681件，罚没款1277万元，同比增长615.4%。在所有办结的案件中，虚假宣传类案件325件，占全部案件数量的47.72%，所占比例最大；发布违法广告案件172件，占全部案件数量的25.26%；普通食品宣传保健功能案件106件，占全部案件数量的15.56%。以上3种案件类型是案件办理的主要类型，占全部案件数量的

88.55%。商标侵权问题、商品质量问题、欺诈均有占比。

（余寺涌）

1221 户企业移入异常名录

年内，开发区工商分局为做好日常巡查、抽查工作，加大无证无照专项整治力度，清理 43 户，移转 420 户，暂停 9 个“失联”企业较为集中区域新设企业的登记注册，集中清理整顿 297 户企业，移入异常名录 1221 户，办理移出 126 户。

（姚成双）

综合开展专项整治 45 次

年内，开发区工商分局与多个部门协同联动，初步建立以无证照联席会为基础的信息互通、联合执法、案件移送的合作机制，重点开展打击非法集资、危化行业、教育培训与咨询、运输行业的整治，配合开发区管委会和公安分局，对两户涉嫌非法集资的企业进行锁定。开展联合整治合计 45 次，存在问题主体 80 户，移转 61 户，限改 28 户，有效控制监管风险。

（杨晶晶　姚成双）

为消费者挽回经济损失 1820.2 万元

年内，开发区工商分局共接到投诉 26728 件，同比增长 226.91%，调解成功 12987 件，为消费者挽回经济损失 1820.2 万元。在所有投诉中，消费合同问题 14622 件，包括订单不发货问题、收货问题、拍卖团购等订单问题，占投诉总量的 55%；售后服务问题 8362 件，包括 7 天无理由退换货、返修问题等，占投诉总量的 31%；产品质量问题 3744 件，占投诉总量的 14%。接到举报 6887 件，同比增长 367.55%，办结 5928 件，同比增长 307.7%。其中，广告类举报 80.18%，商标类举报 5.88%，商品质量问题 5.74%，侵害消费者权益不予发货类 4.29%，泄露消费者信息、删除不利评价等其他问题 4.49%。

（马志扬）

加强对电商企业集中促销监管

年内，开发区工商分局针对网络集中促销活动高峰，集中力量加强对辖区电商企业的监管，做好其间的投诉调解工作。活动开始前，提前约见辖区各电商企业负责人，了解企业的集中促销计划，对企业进行行政提示，要求企业充分发挥消费纠纷解决第一责任人作用，从企业内部发现问题，发挥企业客服和绿色通道在解决消费纠纷中的作用，处理消费者投诉。针对促销开始投诉数量因促销激增的情况，抽调人员支援消费者保护工作，确保投诉调解工作在规定时限内依法依规进行。关注各电商企业集中促销活动，快速调解促销产生的投诉问题，让消费者更好地享受到集中促销带来的实惠和便利。

（王晓峰）

统　计

概况

2015 年，北京经济技术开发区统计局（简称开发区统计局）围绕开发区新的功能定位和全市深化统计改革方案，拓展服务空间，在经济运行监测、服务区域特色经济等方面取得新进展。完成 1361 家单位，涉及工业、固定资产投资、商业、服务业、劳动工资、能源、科技、中关村统计等 5 万余张年定报报表的数据收审、评估、上报工作。完成市统计局课题 1 项，分析 30 余篇，编印统计年鉴、经济普查年鉴、统计公报、普查公报等 6 种资料，对外提供数据 6.86 万笔。

（吕华斌）

完成督导检查工作

1 月至 6 月，开发区统计局以执法组牵头、各专业组全程参与方式，对 18 家企业进行督导检查，对 9 家企业送发催报文书。9 家企业的统计负责人和统计人员均到开发区统计局进行陈述申辩，并配合完成补报工作。

（吕华斌）

完成 2015 年全国 1% 人口抽样调查工作

8 月至 11 月，开发区统计局结合开发区劳动用工特点和社区居民居住情况，合理安排人口抽样调查工作进度，完成 2015 年全国 1% 人口抽样调查试点、入户、登记、质量抽查等相关工作，为控制人口规模提供基本依据。共对 11 个调查小区的 826 户进行登记，登记人口 2215 人。

（吕华斌）

做好年定报工作

年内，开发区统计局推进年报培训、制度讲解、工作组织和审核评估等各个环节工作，总结工作中出现的问题，撰写年报工作报告，做好年报备忘录工作，规范年报工作和提高年报工作水平。

（吕华斌）

加强统计站点建设

年内，开发区统计局到石景山、朝阳局队调研，结合开发区内企业实地考察，完成统计站点前期规划工作。借助专业园区管理优势，签署服务协议，辅助统计点开展企业摸底、统计登记、专项调查、执法宣传等工作；以市场购买服务方式介入统计站点日常管理工作；以普查队伍为主力，在建成的 16 个统计试点完成开发区基本单位情况调查，对开发区试点园区的企业数量、规模、能耗等基本情况进行摸底。

（吕华斌）

创新升级横向交流渠道

年内，开发区统计局深化与国家级新区统计部门的交流沟通，利用信息化技术搭建国家级新区和直辖市功能新区数据共享平台，实现与上海浦东、天津滨海、重庆两江、浙江舟山群岛、甘肃兰州、广州南沙、陕西西咸、贵州贵安等 8 个国家级新区统计资料的多点共享和工作交流，开展国家级新区横向比较分析。

（吕华斌）

完成第三次全国经济普查资料开发工作

年内，开发区统计局发布经济普查主要数据公报，编辑出版《北京经济技术开发区第三次全国经济普查数据资料汇编》和普查年鉴，普查数据全面反映开发区第二、第三产业发展规模和结构布局，展示战略性新兴产业、文化创意产业、生产性服务业和中小微企业的发展状况。完善开发区统计单位名录库，为分析开发区经济社会发展情况提供数据支持。

（吕华斌）

海　关

概况

2015 年，中华人民共和国北京经济

技术开发区海关（简称开发区海关）管辖范围是开发区、大兴区、通州区，主要业务包括加工贸易监管、企业管理、减免税审批、稽核查、亦庄保税物流中心监管等海关监管工作。开发区海关设有办公室、通关科、加工贸易监管科、稽查科、保税物流监管科5个科室，共55人，人员平均年龄34岁。其中，党员有44名，占总人数的80%。年内，开发区海关征收税款20.77亿元，同比下降3.85%，审核报关单34922票，同比下降19.84%；加工贸易电子化手册备案金额21.37亿美元，同比下降63.44%，备案合同322份，同比下降20.1%，内销补税8.29亿元，同比下降10.25%。通过复审继续保留“全国文明单位”称号，连续10年获得“首都文明单位标兵”称号。年内，开发区海关加强内控机制建设，完善制度体系，新修订外出执法、一案双查、线索移交等工作制度，建立涵盖47项关级制度、5项科室职责、49项岗位职责、23项科内一般性管理制度和54项业务操作规范的制度体系，进一步完善《开发区海关制度汇编》。

（庄璐宁 王磊）

完成诺基亚停产监管

1月25日，诺基亚通信有限公司北京工厂停产。开发区海关开展为期1年的实时追踪，完成诺基亚关停后续监管工作和电子化手册核销工作，共审批诺基亚手册报关单12828份，监管进出口金额13.65亿美元，完成内销征税2.43亿元；完成保税仓库电子核对工作，累计为诺基亚审批保税仓库货物出库2.4亿件，出库金额3674.9万美元；完成减免税设备解除监管工作。完成诺基亚3176台在监管期内减免税设备的补税审批工作，货值1487.11万元，补缴税款120.65万元。

（庄璐宁 王磊）

完善与管委会相关职能局交流合作机制

3月24日，开发区海关与开发区投促局签订合作备忘录，建立会议磋商、信息沟通、专人联络等长效工作机制，明确就支持开发区产业发展、定期开展情况交流、共同开展招商引资、共同开展企业培训、促进区域协同发展等方面深入合作。

（庄璐宁 王磊）

支持亦庄保税物流中心开展招商引资

5月6日，亦庄保税物流中心首次开展北京奔驰GLA车型汽车零配件保税仓储业务。年内，开展以备案清单模式监管进口图书业务，吸引北京地区最大的皮草进口保税项目落户，建成两座恒温恒湿库，总面积达2370平方米。亦庄保税物流中心新注册北京京远物流股份有限公司和北京惠兴和供应链管理有限公司两家企业，累计入驻企业6家。

（庄璐宁 王磊）

区域通关一体化改革取得实效

5月18日，开发区海关以亦庄保税流中心为依托，协调北京海关职能部门和口岸海关，开通“一线进出境”业务，为利乐包装（北京）有限公司办结首票“一线出境”货物通关手续，实现辖区企业在属地海关办理一线口岸通关业务的愿望。

（庄璐宁 王磊）

推进保税维修试点工作

6月，开发区海关完成GE公司首份保税维修手册核销。年内，成立关企联合技术攻关小组，建立周评议制度，设立“保税维修试点海关绿色通道”。

（庄璐宁 王磊）

通关无纸化比例 96.89%

年内，开发区海关扩大无纸化通关作业和无纸化报关单集中代存的范围，积极协调解决系统操作问题，显著提高无纸化报关单比例。截至年底，无纸化报关单比例达到 96.89%。

（庄璐宁 王磊）

办理企业注册登记 765 家

年内，开发区海关共办理企业注册登记 765 家，企业变更 1107 家，企业注销 60 家，企业巡查 206 家。截至年底，辖区共有注册企业 4618 家，同比增长 27.74%。其中，高级认证企业 24 家，一般认证企业 93 家，内资企业 4075 家，外资企业 543 家。

（庄璐宁 王磊）

亦庄保税物流中心业务取得较快增长

年内，亦庄保税物流中心审批报关单 16853 票，同比增长 17.34%；监管货运量 7.25 万吨，同比增长 14.23%；货值 25.39 亿美元，同比增长 25.47%；征收税款 7.53 亿元，同比增长 16.99%，在全国已审批的 46 家保税物流中心（B 型）中排名第五位。

（庄璐宁 王磊）

新增 63 家企业开展“一日游”业务

年内，开发区海关推动北京京东方显示技术有限公司、北京京东方光电科技有限公司、冠捷显示科技（中国）有限公司、中芯国际集成电路制造（北京）有限公司等大企业和上下游企业在亦庄保税物流中心开展“一日游”业务，企业平均通关时间仅需十几分钟。新增 63 家企业通过亦庄保税物流中心开展业务，累计达到 231 家。

（庄璐宁 王磊）

17 家企业采取内销集中征税模式

年内，开发区海关简化审批、前置归类、审价、单耗核定等工作流程，缩短办理时间，促进加工贸易内销征税便利化。17 家企业采取内销集中征税模式。

（庄璐宁 王磊）

稽查 18 家企业

开发区海关开展稽核查业务　　李洋 摄

年内，开发区海关共开展企业稽查 18 家。其中，常规稽查 5 家，专项稽查 13 家，补税 3938.25 万元，开展核查作业 259 次。

（庄璐宁 王磊）

两家企业新开通电子账册

年内，开发区海关完成 SMC（中国）有限公司电子账册的 6 期核销工作，指导航卫通用电气医疗系统有限公司和北京通用电气华伦医疗系统有限公司两家公司设立开通两本电子账册，推进威讯联合半导体（北京）有限公司的账册切换工作。

（庄璐宁 王磊）

指导 5 家企业开展中介核查

年内，开发区海关指导赛诺菲（北京）制药有限公司、翰博高科电子材料（北京）有限公司、乐金化学显示器材料（北京）

有限公司、瓦里安医疗设备（中国）有限公司、SMC（中国）有限公司等5家企业聘请会计师事务所开展中介核查，提升监管效能，核查结果表明5家企业加工贸易业务开展情况符合海关监管规定。

（庄璐宁 王磊）

边角料拍卖税款 60.9 万元

年内，开发区海关完成住化华北电子材料科技（北京）有限公司、乐金化学显示器材料（北京）有限公司、SMC（中国）有限公司、翰博高科电子材料（北京）有限公司的边角料拍卖工作，累计拍卖边角料重量968.8吨，缴纳税款60.9万元。

（庄璐宁 王磊）

办理企管年报 2405 家

年内，开发区海关针对2015年发布的企管年报、约谈等各项工作新要求，加强学习，提高政策的执行力。通过召开政策宣讲会、利用稽核查上门宣讲、在公共服务平台上发布信息等形式，指导企业按时办理企业年报业务，确保企业在海关注册信息的准确性，为正面监管提供帮助，共办理企管年报2405家，约谈年报超期企业134家。

（庄璐宁 王磊）

特许权和商标使用费补税 3771 万元

年内，开发区海关对辖区内的敏感行业、敏感企业、敏感商品开展风险分析，合计对特许权使用费和商标使用费补税3771万元。

（庄璐宁 王磊）

移交缉私部门案件两起

年内，开发区海关对辖区企业涉及的重点领域、重点商品加强正面监管，打击走私违规行为，共移交缉私部门案件两起，案值约合2565.79万元。

（庄璐宁 王磊）

约谈 6 家涉及危化品企业

年内，开发区海关甄别风险企业，审核辖区内加工贸易企业安全生产资质，对涉及危化品的北京松下照明光源有限公司、北京皮姆斯化学有限公司、三洋能源（北京）有限公司、拜耳医药保健有限公司、日超工程塑料（北京）有限公司、北京通美晶体技术有限公司等6家企业，约谈负责人，进行实地核查，实现对含危化品手册风险布控全覆盖，核查结果表明6家企业的危化品管理符合安全生产相关规定。

（庄璐宁 王磊）

检验检疫

概况

2015年，北京经济技术开发区出入境检验检疫局（简称开发区检验检疫局）共完成检验检疫出入境货物20754批次，同比增长16.47%；货值17.53亿美元，同比增长7.77%。其中，检验检疫出口货物3482批次，同比增长3.69%；货值1.46亿美元，同比减少32.22%。检验检疫进口货物17272批次，同比增长19.44%；货值16.07亿美元，同比增长13.88%。年内，开发区检验检疫局获2012—2014年首都文明单位称号；机电科获全国青年文明号称号。

年内，所辖亦庄保税物流中心受理进出口货物报检总计12421批次，金额

19.48亿美元。其中，法检货物2027批次，金额3.45亿美元；非法检货物10394批次，金额16.03亿美元；“一日游”货物10511批次，金额15.89亿美元。

（薛雷 张颖）

支持B型保税物流中心发展

8月6日，北京亦庄保税直购中心召开新闻发布会；推进保税物流中心进口生皮保税仓储项目，对企业仓库改造提出建设要求，帮助企业做好各项前期准备工作；推进保税物流中心西班牙橄榄油分装项目，制定橄榄油分装监管方案。

（薛雷 张颖）

实施危包使用鉴定508批

年内，开发区检验检疫局在系统内率先开展进口动力锂电池安全性和包装研究，对进口动力锂电池提出具体检验监管措施建议；加强北京地区出口危险货物包装检验监管工作。3月，召开北京地区出口危险货物运输包装检验监管政策宣贯会，全年实施危包使用鉴定508批，同比增长11.6%，检出不合格31批，批次不合格率达6.1%；修订《出境危险货物运输包装性能检验及使用鉴定作业指导书》，规范检验监管程序；开展危化专项整治活动，共出动检查人员20人，检查企业70家。发现不符合项9项。9月6日，开发区检验检疫局组织召开专项整治总结会，对检查情况进行全面汇总。

（薛雷 张颖）

开展“质量月”宣传活动

年内，开发区检验检疫局多措并举促进质量提升，严把安全底线，开展“质量月”宣传活动。9月11日，赴城乡世纪广场开展食品安全进社区活动；将进口服装、仿真饰品等日用消费品纳入进口产品追溯监管平台；对2015年法检目录新增的轮毂、儿童座椅产品实施检验，确保产品质量；对进口仿真首饰铅、镉严重超标问题约谈进口商、法国代理商，监管不合格商品退运。

（薛雷 张颖）

搭建进口产品追溯监管平台

年内，开发区检验检疫局初步搭建基于“C码”技术的进口产品追溯监管平台，平台先期纳入进口小家电、医疗器械、电子消费品、食品等功能模块，爱尔康、欧姆龙、纬图、智杰华隆、现代等进口品牌上线运行，以该平台为基础建立的产品质量追溯监管机制，实现质量安全监管前推后移中间提速。

（薛雷 张颖）

对进口服装实施预评估批次1836批

年内，开发区检验检疫局完善和推广进口消费品预评估机制，在世界第一大服装品牌爱特思亚太管理有限公司ZAR A品牌和芒果服饰（中国）有限公司MANGO品牌的进口服装和仿真首饰等进口消费品上试用。全年对进口服装实施预评估批次1836批，占报检批次的77.9%。其中，直接验证放行1212批，占报检总批次51.7%，对预评估批次进口服装验证检测合格率为100%。

（薛雷 张颖）

创新进口医疗器械检验监管新模式

年内，开发区检验检疫局初步形成与专业技术机构合作的抽样检测检验模式。与北京市医疗器械检验所合作，试点医疗器械抽样检测，强化安全、卫生、环保项目检验。逐步建立以境外第三方检验、到货快查快放、质量保证期内追溯监管等前伸后移多层级的进口医疗器械检验监管新模式，将爱尔康（中国）眼科产品有限公司、欧姆龙医疗器械（北京）有限公司、北京智杰华隆科技发展有限公司等公司进口产品纳入追溯监管平台试行新机制。

（薛雷 张颖）

无纸通关率达 95%

年内，开发区检验检疫局辖区全面实行无纸化通关，无纸通关率达 95%；在北京地区率先探索实施“通报、通检、通放”通关模式，辖区共有航卫通用电气医疗系统有限公司、通用电气华伦医疗设备有限公司、威尔德（北京）香精有限公司、爱特斯亚太企业管理有限公司（ZARA 服饰）和芒果服饰（中国）有限公司 5 家企业实施“三通”模式。截至年底，受理“三通”报检 12015 批，位居北京地区首位。ZARA 服饰和芒果服饰公司进口货物通关时间平均节约 0.7 天，累计节约成本分别为 2.8 万元和 0.6 万元；GE 医疗北京工厂货物通关时间减少 0.5 天，节约库存成本 180 万元每天，同时节约 9000 万元资金占用成本。

（薛雷 张颖）

受理出口直放 977 批

年内，开发区有出口直放企业 21 家。开发区检验检疫局全年受理出口直放 977 批，出具通关单 977 份，均已通关。北京京东方显示技术有限公司、北京奔驰汽车有限公司等 4 家企业开展“进口直通”业务。截至年底，共受理进口报检 3658 批，集装箱 53120 个标箱；以北京奔驰汽车有限公司为例，进口直通模式可缩短物流周期 2~3 天，节省仓储费、口岸查验费和运输费约 300 万元，提高近 10 亿元资金的周转效率，为扩大产能、实现跨越式发展提供保障。

（薛雷 张颖）

优化业务流程

年内，开发区检验检疫局对出口饲料和饲料添加剂生产企业施行“一厂一品一案”监管模式。以威尔德（北京）香精有限公司为试点，开展进口食品添加剂流程再造，通过属地标签审核，大幅降低企业标签审核的人力和交通成本，通过将查验现场从口岸移至企业库房，缩短检验检疫放行时间，全部流程不超过 14 个工作日。

（薛雷 张颖）

实现进口直通放行货物快验快放

年内，开发区检验检疫局与北京奔驰汽车有限公司共同开发集装箱远程查验系统，实现集装箱国外装船后即可得知各集装箱装载货物信息；实现远程、提前、精准布控，并试点实施查验全程视频监管，在确保监管的基础上实现货物快验快放。

（薛雷 张颖）

出入境特殊物品一体化监管信息平台上线

年内，开发区检验检疫局作为北京出入境特殊物品全流程一体化监管信息平台试点单位，率先对该平台进行试运行，对试运行期间的问题进行收集和反馈，逐步扩大试点企业范围，实现远程查验平台与出入境特殊物品全流程一体化监管信息平台的结合。

（薛雷 张颖）

落实出入境特殊物品无纸审批工作

年内，开发区检验检疫局开展出入境

特殊物品网上审批业务，取消纸质审批。对含有或者可能含有病原微生物、毒素等生物安全危害因子和人体血液及其制品（包括含血液成分生物制品）、人体组织等指定在开发区检验检疫局进行报检的入境高风险特殊物品实施无纸审批，降低高风险特殊物品的流通风险，提高通关效率。

（薛雷 张颖）

落实北京局行政审批事项改革要求

年内，开发区检验检疫局把北京检验检疫局下放的自理报检企业备案登记业务作为优化窗口服务的重要环节，简化业务流程办理，在10分钟内完成。平稳承接进口电池备案工作，完成电池备案386批。对出入境特殊物品实施网上审批电子核查，率先在北京地区实行特殊物品卫生检疫审批单无纸化，提高通关效率，降低风险，促进生物医药企业和产业发展。

（薛雷 张颖）

推动生态原产地产品保护工作

年内，开发区检验检疫局将推动生态原产地产品保护在工业行业的应用作为重点工作，提出“有重点、全方位、重示范”的工作思路。北京天海工业有限公司和冠捷显示科技（中国）有限公司相关产品获得生态原产地产品保护证书，并分别成为全国特种设备制造和电子信息产业首家获得生态原产地保护的企业。派员参加质检总局组织的专题培训和评审活动，申请生态原产地后续监督管理的两项检验检疫行业标准和1项北京局科研课题均通过立项审批。推动地方政府建设“高精尖”产业生态原产地产品保护示范区，打造“生态亦庄”，协助北京检验检疫局研究起草生态原产地产品保护工作的实施意见。

（薛雷 张颖）

推进科技质检建设

年内，开发区检验检疫局《进口工业产品采信第三方检验监管模式研究》等5个北京检验检疫局自立科研课题和1项质检总局科研课题一次性通过验收，其中《C码质量追溯管理系统在进口工业产品质量追溯监管工作应用的研究》在北京检验检疫局科技周作为科研成果予以推介。

（薛雷 张颖）

食品药品监督

概况

2015年，北京市食品药品监督管理局经济技术开发区分局（简称市食药监管局开发区分局）完成案件办理、日常监管、专项整治、食药抽验、行政受理审批等任务。全年检查食品生产企业45家次，药品生产企业60家次，医疗器械生产企业69家次，保健食品生产企业16家次，化妆品生产企业7家次。全年接待咨询8000余人次，受理行政许可1461件，制证830个。开展专项整治工作44次。开展主题宣传活动10次。稳抓重大活动和节假日保障，将两会、节假日、庆祝中国人民抗日战争暨世界反法西斯战争胜利70周年等活动，及北京微电子国际研讨会等4次在开发区召开的大型会议作为保障重点，市场巡查累计超过300家次，派出执法人员700余人次，保障了重大活动期间的食药安全。

（黄文佳）

完成保健食品抽检和风险监测

1月1日至4月1日，市食药监管局开发区分局完成2015年保健食品抽检和风险监测工作。共抽取样品12批次，其中通便类产品8批次，在生产环节抽样6批次、在经营环节抽样两批次；抽检辅助改善记忆类保健食品4批次，在生产环节抽样两批次，在经营环节抽样两批次。按要求索取产品质量标准和保健食品批准证书复印件等材料。通过保健食品抽检工作，加强对辖区保健食品生产经营企业产品的质量监管。

（闫欢）

对北京华联连锁超市现场核查

1月21日，市食药监管局开发区分局对开发区内北京华联连锁超市进行食品流通许可现场核查。详细检查超市的预包装食品区、现场制售区、散装食品区、食用农产品区，现场就加工间设施设备、禽畜鲜肉区消毒设备等硬件设施给予指导。

（周婧然）

药品重点品种抽检

1月26日，根据《北京市食品药品监督管理局关于保障两节、两会开展药品重点品种抽检工作的通知》要求，结合辖区药品生产企业监管实际，市食药监管局开发区分局提前完成了药品生产环节抽检任务。针对辖区内药品生产企业基本药物在产品种、通过新版GMP认证企业相应剂型品种、注射剂品种、未通过新版药品GMP的库存备货品种进行抽检。共完成30件任务，其中监督抽检12件、监测抽检18件。抽检品种中包含基本药物品种21件、注射剂品种9件。未通过新版GMP认证企业品种3件。检验结果均合格。

（苑林）

春节前餐饮环节酒类专项检查

1月，市食药监管局开发区分局加大对餐饮服务单位采购、销售白酒、葡萄酒等酒类的监督检查。此次专项检查以人流密集区域为重点，以大中型餐馆为重点单位，对各餐饮服务单位采购、销售酒类情况进行全面监督检查。通过专项检查，督促餐饮服务单位严格执行进货查验和索证票制度，严防来源不明、假冒侵权酒类流入餐饮服务环节。共出动检查人员30人次，检查餐饮服务单位15家，抽检白酒、葡萄酒共10批次。检验结果均合格。

（刘施）

召开电商企业座谈会

2月3日，市食药监管局开发区分局召开辖区内京东世纪信息技术公司、京东世纪贸易公司、酒仙网、酒快到、惠买在线、汤团宝贝等6家大中型规模电商企业的座谈会议。通报2014年度分局受理举报投诉案件情况、2015年度监督检查与监督抽检情况，沟通企业销售进口食品制度落实情况，讨论境外食品代购问题，并对各企业食品安全管理经验进行交流。

（段亚菲）

春节前食品安全检查

2月11日，开发区管委会组织多部门联合检查，对创意生活广场、华联力宝购物中心等人流密集商业街区进行现场检查。检查组查看了餐饮单位、大型超市的资质与管理情况、从业人员健康体检制度落实、食品和原料的采购验收记录、食品加工操作区环境卫生等情况。要求各餐饮单位要高度重视食品安全工作，提高食品安全意识，切实把食品质量安全放在首位，严把食品质量关，做到食品和原料来源可追溯，确保春节期间食品安全。

（刘施）

学校食堂食品安全专项检查

3月2日起，市食药监管局开发区分局开展为期两周的学校食品安全专项检查。重点对食品原料的来源、进货渠道和索证索票、从业人员健康情况与个人卫生、加工环境、餐饮具清洗和消毒、食品留样等进行监督检查。共检查学校（含托幼机构）食堂11家，对检查中发现的购货台账记录不规范、登记留样台账不完整、许可证健康证等信息未按要求公示等问题，要求各学校限期整改。年内，均已整改到位。

（刘施）

开展药品安全知识宣传活动

3月13日，市食药监管局开发区分局在亦庄创意生活广场开展药品宣传活动。以“保障人民群众药品使用安全”为主旨，宣传内容围绕着处方药与非处方药的区别和使用、含麻黄碱类复方制剂品种的限制管理和药品储存环节对药品质量的影响等与百姓日常用药息息相关的内容。

（刘伟毅）

集中销毁过期药品

3月17日，市食药监管局开发区分局集中处理了一批过期药品，并送至北京金隅红树林环保技术有限公司进行无害化处理销毁，合计销毁各类药品1570公斤。

（杨天一）

召开明厨亮灶建设工作推进会

4月22日，市食药监管局开发区分局召开餐饮服务单位明厨亮灶建设暨食品安全量化分级管理工作推进会。开发区100余家中型以上餐饮单位负责人和厨师长参加。会议提出明厨亮灶建设具体要求，对量化分级评定标准进行详细解析，对食品采购验收和索证索票要求进行专题培训。邀请开发区消防支队工作人员进行餐饮行业消防安全知识培训。

（刘施）

畜禽产品专项整治

4月至9月，市食药监管局开发区分局开展对辖区商场超市、便利店、食杂店、市场销售畜禽产品的专项整治工作。市食药监管局开发区分局印发文件告知辖区内的畜禽产品经营企业开展自查，落实进货检查制度、索证索票制度，认真核查畜禽类产品食品台账记录、供货商证明、产品检验检疫证明、食品贮存条件等内容。在企业自查基础上，市食药监管局开发区分局监管人员重点对经营企业的购进渠道、储存环境和动物检验检疫证明等进行检查，现场查看销售人员是否按规定穿戴工作衣帽、持有有效的健康证明，是否设有防蝇、防鼠、通风等设施并运转正常，完成对辖区内畜禽产品经营企业的全覆盖检查，未发现违法违规行为。结合专项检查情况，市食药监管局开发区分局对辖区内两家超市、3家市场商户进行抽检和快速检验，共计样品56件，其中食品快速检验40件、监督抽检16件，检测结果均合格。

（周婧然）

药品使用环节抽验

5月14日，市食药监管局开发区分局完成2015年度药品使用环节全年抽验任务。根据市食药局《关于印发2015年食品药品安全监测计划的通知》要求，市食药监管局开发区分局制定了医疗机构监督检查和药品市抽工作计划，涵盖6家医疗机构共10个品种，监督和监测比例为1:1，其中中药品种4个、西药品种4个、注射剂品种两个。重点对辖区三级、二级医疗机构进行重点监测，对被抽验医疗机构的药品购进渠道进行监督检查，未发现购进渠道不清晰、违法经营等行为。

（刘惠媛）

糖果和巧克力生产企业专项检查

5月25日，市食药监管局开发区分局完成糖果和巧克力生产企业专项检查，共出动执法人员11人次，检查辖区全部糖果企业4家，分别是乐天（中国）食品有限公司、北京天天益康生物科技有限公司、北京和美科健生物技术有限责任公司和宝健（中国）日用品有限公司。检查其《中华人民共和国食品安全法》《食品生产通用卫生规范》等相关法律法规执行情况。检查结果显示，以上企业均能按照国家相关法律法规开展生产，未发现违法违规生产问题。

（康建）

体外诊断专项检查

6月30日，市食药监管局开发区分局针对拥有生产许可证但尚未获得产品注册证的10家企业召开法规辅导会，对企业在生产注册环节中遇到的问题和相关法律法规进行集中解答。7月，市食药监管局开发区分局完成2015年体外诊断专项检查工作。对23家体外诊断试剂生产企业和两家一级医疗机构发放自查表格和专项调研表，逐步开展现场检查，对发现问题的企业（北京迈誉森生物科技有限公司、北京亦庄国际诊断试剂技术有限公司）责令限期整改并对两家企业负责人进行了诫勉谈话。开展产品抽样工作，对7家企业的15个批次体外诊断试剂进行抽样并完成样品的送检和数据上传等工作。配合北京市医疗器械检验所完成6家次生产企业关键用水点的取样检测。

（朱珠）

端午节食品安全检查

6月，市食药监管局开发区分局开展端午节前节日消费食品的专项检查，对辖区内商场超市、便利店、食杂店加大监管力度，并对销售的粽子进行快速检测，共抽测16个批次的产品，品种涉及宫颐府、稻香村、源盛斋、海达、三全和思念等；同时检测禽畜产品，检测项目包括硼砂、盐酸克仑特罗、莱克多巴胺、磺胺类等，检测结果均合格。

（周婧然）

“食品安全周”系列宣传活动开展

6月，市食药监管局开发区分局开展“食品安全周”系列宣传活动，以“尚德守法·全面提升食品安全法治化水平”为主题，通过食品安全知识进超市、进社区、进餐厅和微信公众号食品安全知识竞赛等活动，引导社会各界广泛参与食品安全普法宣传和科学知识普及，增强社会监督意识，提高维权能力和科学素养。

（黄文佳）

食品生产企业标签标识专项检查

6月至9月，市食药监管局开发区分局对辖区食品生产企业进行标签标识专项监督检查。共检查食品生产企业18家共23家次，对北京可口可乐饮料有限公司、加多宝（中国）饮料有限公司、北京曼可顿食品科技有限公司、北京和美科健生物技术有限责任公司等重点企业进行随机复查，共计派出执法人员 73 人次。重点检查产品标签是否存在强制标注信息不全、名称不规范、配料表不规范、营养标签不规范、夸大宣传或隐瞒真实成分、未按产品标准标注等问题。从检查情况看，大部分企业能够按照国家要求规范制作标签，1 家企业标签存在地址标注不清的问题，对 1 家企业下达责改通知书。

（杨天一）

完成 600 余件化妆品扫码比对

8 月 5 日，市食药监管局开发区分局组织科室人员学习化妆品电子监管比对系统，将软件开发人员多次请到分局，进行面对面的培训与交流，结合对辖区化妆品经营企业日常监督检查完成 600 余件化妆品的条形码扫描和比对工作。

（张胜男）

12 个批次产品国抽任务完成

8 月 7 日，市食药监管局开发区分局完成辖区医疗器械生产环节的国家医疗器械抽验工作，共 5 家企业的 12 个批次产品的抽样工作，1 家企业提交不能提供样品的说明，抽样品全部按照要求寄送至指定单位进行检验，提前完成 2015 年度开发区医疗器械生产环节的国家医疗器械抽验任务。其中，两批次不合格，已经由市局稽查总队进行处罚。

（朱珠）

2015 年北京田径世锦赛食药安全保障

8 月 20 日至 9 月 5 日，市食药监管局开发区分局保障 2015 年北京国际田联世界田径锦标赛期间食品药品安全。加强对辖区“四品一械”的巡查工作，出动监督执法人员 310 人次，共监督检查“四品一械”企业 131 家次，快检 58 个、抽验 6 个，有效规范了相关食品药品企业生产和经营行为。悦康药业集团有限公司、拜耳医药保健有限公司为北京田径世锦赛供应药品，市食药监管局开发区分局将其作为重点督查对象，保障产品供应质量。

（黄文佳）

完成 2015 年北京市保健食品抽检任务

9 月，市食药监管局开发区分局完成 2015 年北京市保健食品抽检任务。完成 35 批次的抽样任务，覆盖辖区内保健食品生产企业 30 个批次、经营企业 5 个批次，并于 9 月 10 日提前完成送检和数据的报送工作。检验结果均合格。

（闫欢）

完成 2015 年北京市化妆品抽检任务

9 月，市食药监管局开发区分局对辖区内 6 家持有化妆品生产许可证的化妆品生产企业和两家涉嫌违法违规的化妆品经营企业开展抽检工作。北京市化妆品抽检涵盖 30 个品种 30 批次，市食药监管局开发区分局按时完成样品送检和数据填报上传工作，完成辖区 2015 年化妆品监督抽检任务。检验结果均为合格。

（闫欢）

“安全用药宣传月”系列活动开展

9 月至 10 月，市食药监管局开发区分局开展“安全用药宣传月”系列活动。向药品生产企业、药店发放宣传海报 205 张。举办微信药品安全知识答题活动，共计 350 人参加。走进亦庄顺天府超市开展药品安全知识宣传，向消费者发放《保健食品常识》《首都市民用药安全常识》等宣传画册，展出用药安全常识展板。共发放宣传画册 1000 余册，宣传品 1000 余份。

（黄文佳）

26家经营单位进行食品快速检测

10月27日，市食药监管局开发区分局对辖区内的商场超市、食品集中交易市场、食杂店、便利店等26家经营单位进行快速检测，共计检测180件食品，按时保质的完成计划任务。市食药监管局开发区分局监管人员针对重点时段和夏季易腐食品加大检测力度，检测食品包括粽子、汤圆、生鲜畜禽、月饼、休闲食品、乳制品、儿童食品等；检测项目包含三聚氰胺、硼砂、盐酸克伦特罗、氯霉素等，快速检验结果未发现不合格食品。

（周婧然）

餐饮环节抽检899批次

11月19日，市食药监管局开发区分局完成全年市抽、区抽和快速检测任务。市抽35家次共340批次；区抽20家次共163批次；快速检测16家次共396批次，包括酒、调料、豆制品、肉类、食品包材、餐饮具等品种，其中7件结果不合格，均已立案处理。

（刘施）

市食药监管局开发区分局搬迁

11月20日，市食药监管局开发区分局由开发区康定街1号搬迁至开发区荣华中路15号朝林大厦5层，并正式办公。

（王璐）

医疗器械生产环节专项检查

11月，市食药监管局开发区分局针对辖区无菌和植入性器械生产企业开展专项检查。检查依据《医疗器械生产质量管理规范无菌医疗器械检查评定标准（试行）》《医疗器械生产质量管理规范植入医疗器械检查评定标准（试行）》和《医疗器械生产质量管理规范》的各项条款，对生产企业的采购过程、洁净室（区）的控制、灭菌过程控制、生产过程、产品可追溯性等关键环节进行了全面细致的检查。除1家企业由于未获得注册证而停产外，其他企业均能按要求规范进行生产，12家生产符合要求，1家停产。

（朱珠）

质量监管

概况

2015年，北京市质量技术监督局北京经济技术开发区分局（简称开发区质监分局）开展产品质量监管、特种设备安全监察、计量、食品相关、实验室、标准化管理、组织机构代码办理等质监工作。年内，开发区质监分局对283家单位开展执法检查，出动人员505人次；办理质量证明35件；接待来电来访1022次；接到并处理投诉举报121起，为消费者挽回经济损失50余万元；查办案件10件，罚没款总额41.08万元；组织机构代码窗口共受理组织机构代码业务7601件，办理5411件，发放组织机构代码证书正副本4662套，发放IC卡3970张。

（王红军 陈莉莉）

取消组织机构代码办理工本费

1月1日起，开发区质监分局取消开发区企业办理组织机构代码收取的工本费。该举措适应国家取消、停征和免征行政事业性收费政策精神，有效减轻企业负担，体现了政府机关为企业服务的发展要求。

开发区质监分局取消组织机构代码办理工本费　田艳军　摄

（王红军）

组织特种设备安全管理人员培训

1月12日—16日，开发区质监分局组织开发区企业进行特种设备安全管理人员培训班，对锅炉、压力容器、压力管道等特种设备的安全管理进行讲解，提升开发区企业特种设备安全管理人员素质。培训班共有15家企业47人参加。

（苏智啟　王红军）

天坛生物蒸汽锅炉通过标杆锅炉验收

2月2日，北京天坛生物制品股份有限公司的蒸汽锅炉通过了由北京市标杆锅炉房建设评定会组织的安全与节能管理标杆锅炉房验收。专家组通过查验文件资料、核实验证、数据比对，对基础管理、设备状况、人员素质、安全经济运行和节能、工作开展情况、环境保护等19项验收项目逐一验证，该企业的各项条件均达到北京市标杆锅炉房的要求。

（苏智啟　王红军）

国家级工业物业服务标准体系文件试运行

2月3日，由北京博大经开置业有限公司组织的生物医药园国家级工业物业服务标准体系文件试运行启动会在北京亦庄生物医药园召开，标志着生物医药园国家级工业物业服务标准体系文件开始试运行。生物医药园作为2013年度国家级服务业标准化试点项目，自2014年3月全面启动标准化创建工作，博大置业完成了全部24套体系文件和21套岗位手册的编制工作，于2015年1月23日通过国家标准委组织的中期评估。

（王凯）

部署特种设备安全管理工作

3月2日，开发区2015年安全生产工作部署会在博大大厦召开，开发区质监分局对特种设备安全工作进行专项部署。对2015年开发区特种设备安全管理工作提出具体要求：特种设备使用，运营单位要全面落实安全主体责任，配齐特种设备安全管理人员，建立健全安全管理制度，制定事故应急专项预案，做好突发事故应急演练，特别是重要安保活动和节假日期间加强对设备巡视，发现隐患及时排除。各单位安全负责人400余人参会，并领取特种设备安全宣传手册。

（苏智啟　王红军）

油气输送管道隐患整治动员部署会召开

3月6日，油气输送管道隐患整治动员部署会在博大大厦召开，北京华油联合燃气公司、北京燃气四分公司、北京北燃港华燃气有限公司、普莱克斯（北京）半导体气体公司、北京奔驰汽车制造有限公司、联华林德气体北京有限公司、法美高新气体（北京）有限公司共7家相关单位负责人参加会议。开发区质监分局通报了隐患整治范围、目标和时间安排，并对相关单位提出具体要求。

（苏智啟　王红军）

两会期间安全检查

开发区质监分局检查自动扶梯　　田艳军 摄

3月12日—13日，开发区质监分局会同开发区发改局、社会发展局、安监局、物业办对荣京街道物美超市自动扶梯、同仁医院医用电梯和居民住宅电梯，开展联合检查。重点检查电梯运行情况、安全管理制度、应急预案、作业人员持证上岗等情况。出动执法人员6人，检查电梯76部，对检查中发现存在的问题在两会结束前整改完毕。同时，对开发区6家消防产品生产企业阿波罗（北京）消防产品、北京利泰恒通科技发展有限公司、北京福赛尔安全消防设备有限公司、北京利达恒信科技有限公司、北京利达华信科技有限公司、北京狮岛消防电子有限公司开展专项检查。6家企业均严格执行国家对3C产品生产全过程控制，未存在超范围生产、产品质量违法行为等内容。

（王凯 苏智啟 王红军）

在用计量器具专项检查

3月15日—16日，开发区质监分局对开发区内大型超市、医院、眼镜店、典当行等单位的在用计价称、电子天平、医疗器具等进行抽查。共检查各类在用计量器具150多台件，经查全部符合要求。

（王红军）

电梯安全监管大会战动员部署会举行

4月23日，开发区质监分局在博大大厦召开电梯安全监管大会战动员部署会。开发区内的50余家电梯使用单位和电梯维保单位参加会议。会议对开发区在用电梯情况和主要问题进行通报和分析。要求电梯使用单位和电梯维保单位落实主体责任，切实做好电梯安全工作，确保公众安全乘梯。

（苏智啟 王红军）

“防灾减灾日”特种设备安全检查

5月11日，为加强“防灾减灾日”期间特种设备安全工作，开发区质监分局对开发区的沃尔玛超市、大料影城、地铁亦庄线站和华润协鑫4家单位的35部扶梯和两台锅炉安全运行状况和企业落实主体责任、应急预案、安全隐患等情况进行检查，经查全部符合相关规定。

（苏智啟 王红军）

特种设备安全知识进社区宣传活动开展

6月3日，开发区质监分局会同荣华街道办在林肯居民小区中心广场就电梯安全使用与电梯安全常识开展宣传咨询活动。通过现场悬挂宣传横幅、摆放展板、发放宣传资料和现场群众咨询等方式对社区居民进行安全常识宣传。共发放宣传资料100余份，现场解答群众提问30余件。

（苏智啟 王红军）

特种设备安全专题活动开展

6月10日，开发区质监分局联合市特检中心走进北京奔驰汽车有限公司开展特种设备安全专题活动。深入宣传特种设备安全；检查北京奔驰的特种设备安全情况；与北京奔驰特种设备安全人员开展特种设备安全技术交流工作会。活动中，开发区质监分局提出规范开展特种设备管理工作的具体要求。要求企业加强特种设备操作人员和管理人员的安全意识，定期对压力管道巡检，并做好巡查记录。

（苏智啟 曾高）

自动扶梯专项自查安全工作会召开

8月5日，开发区质监分局组织开发区24家自动扶梯使用、维保单位召开自动扶梯专项自查安全工作会，部署自动扶梯专项自查工作，督促自动扶梯使用、维保单位开展针对性安全检查，加强电梯运行管理，保障设备安全运行，完善应急预案、加强应急值守，做好暑期、汛期电梯突发事件应急处置工作。

（苏智啟 王红军 曾高）

危化行业安全大检查

8月18日—20日，开发区质监分局组织北京市化工产品质量监督站的专家对法美高新气体（北京）有限公司、普莱克斯半导体气体有限公司、联华林德气体（北京）有限公司3家危化品企业开展特种设备安全、生产许可等专项安全检查，重点检查企业压力容器、压力管道、气体充装设备使用情况、相关管理制度、应急救援预案演练情况；检查工业产品是否取得生产许可证，生产条件是否符合国家产业政策要求，质量控制制度是否完善并有效落实；检查企业执行标准、标识标注等情况是否符合要求，是否存在违法违规行为等。法美高新气体（北京）有限公司有压力容器45台，压力管道两条共15公里，普莱克斯（北京）半导体气体有限公司有压力容器65台，压力管道1条共0.3公里，联华林德气体（北京）有限公司有压力容器13台，压力管道1条共3公里，对液氮、液氧、液氩等相关产品进行专项检查。检查组要求经营企业进行一次全面彻底排查，加强特种设备安全监管，防范和坚决遏制特种设备事故的发生，确保人民生命财产安全。

（王红军 苏智啟）

上海沙龙餐饮场所液化气瓶检查

8月27日至9月10日，开发区质监分局对上海沙龙商业区26家餐馆使用的68台液化气瓶是否报废和超期未检情况进行监督检查。7家餐馆的14个气瓶（其中6个气瓶超期未检，8个气瓶没有检验标识）存在安全隐患。执法人员对未经检验的气瓶责令停止使用。

（曾高 苏智啟）

举办公租房项目电梯安全应急演练

9月22日，开发区质监分局参加亦城茗苑小区举办的公租房项目电梯安全应急演练活动，发放特种设备安全宣传资料100余份。特种设备监察人员为维保单位和小区物业人员在电梯使用过程中出现困人故障进行救援演练；对小区居民如何正确安全乘坐电梯，如何在紧急情况下处置电梯故障进行讲解，并提出乘坐电梯的注意事项。检验所专家对演练过程进行讲评并提出相关要求。

（李国信 苏智啟）

国庆节前人员密集场所安全联合检查

9月28日，开发区质监分局联合开发区发改局、安监局、消防支队等职能部门对城乡世纪广场的安全生产和公共安全工作落实情况开展联合检查。重点检查城乡世纪广场110部电梯的使用情况、检验情况、应急处置情况和电梯操作人员持证上岗情况等。经检查，110部电梯运行良好，未发现安全隐患。

（苏智啟 王红军）

落实“三证合一、一照一码”改革政策

9月29日开始，根据国家“三证合一、一照一码”的改革政策，开发区办事大厅组织机构代码窗口不再办理企业的组织机构代码业务，原组织机构代码证仍然有效。改革后，开发区质监分局仅负责社会团体和组织的组织机构代码办理工作。

（王红军 陈莉莉）

电梯安全进公共场所大型宣传活动开展

10月24日，由北京市电梯商会主办、开发区质监分局指导，北京九州电梯公司承办的电梯安全进公共场所大型宣传活动在北京华联力宝购物中心一层大厅举行。通过电梯安全知识展板展示，发放电梯安全知识资料，电梯安全专家接受群众咨询，有奖问答互动，儿童安全乘梯现场演示等方式，向商场顾客普及电梯安全知识、宣传安全乘梯方式，引导百姓安全文明乘梯。活动现场还成立了开发区首支电梯应急救援队。

（王红军 陈莉莉）

安全生产

概况

2015年，北京经济技术开发区安全生产监督管理局（简称开发区安监局）共检查生产经营单位587家次，出动执法人员1174人次，查处各类安全隐患775项，下达执法文书356份，整改率100%。暂时停产停业整顿18家，立案15起，行政处罚44.4万元。

（张涛）

开展注册安全工程师使用试点工作

开发区安监局引入注册安全师培训机构　　田艳军 摄

1月13日，开发区安监局召开注册安全工程师使用试点推动会。推动会上介绍加强注册安全工程师队伍建设试点工作方案，明确把提高注安师配备人数，切实加强注安师队伍建设；培育和支持注安师事务所；强化注安师职责和权利，充分发挥在企业中的作用作为工作目标。7月13日—17日，开发区安监局聘请首都经济贸易大学安全与环境工程学院教授，在北京电子科技职业学院举办2015年注册安全工程师考前辅导免费培训，开发区内近100家企业的170余人参加，博兴、荣华街道部分人员和专职安全员也参加培训。11月25日，开发区安监局与开发区总工会联合下发《关于鼓励企业在签订职业安全健康专项集体合同中发挥注册安全工程师作用的通知》《关于对已建会单位中的注册安全工程师给予奖励的通知》，对开发区内成立工会组织的企事业单位中的注册安全工程师，给予一次性奖励1000元。经审核，开发区内47家单位的168名注安师提交的申请材料符合条件。截至年底，奖金打入注安师的工会京卡个人账户。

（张润婕）

新《安全生产法》宣传

2月28日，开发区安监局对《全国人大常委会关于修改〈中华人民共和国安全生产法〉的决定》进行宣传。每周五下午

为固定学习时间，从局领导班子到一线执法人员全部参加学习讨论。在开发区的主干道荣华大道显眼位置进行公益广告宣传。组织全区安全生产工作大会，邀请市安监局领导就新《安全生产法》实施作专题讲解。组织新《安全生产法》知识竞赛。32家企业共组成57个代表队参加比赛，最终产生一等奖1名，二等奖两名，三等奖3名。5月8日，开发区安监局局长吴伯军与开发区内隐患排查重点企业主要负责人开展对话谈心活动，谈心会议安排观看事故案例录像、新安法试卷现场答题、解读新安法中对主要负责人的职责要求等内容。强调要认真抓好安全生产工作，管生产就要管安全，要坚持红线意识，切实落实好企业主体责任。

（王山 张润婕）

2015年安全生产工作部署会召开

3月2日，开发区安监局组织开发区内生产经营单位召开2015年安全生产工作部署会。开发区内425家企业的安全负责人参加会议。会议要求各企业踏实开展各项安全生产管理工作，完成2015年生产工作任务，共同保障开发区安全生产形势持续稳定向好发展。

（王山）

开发区安全生产标准化工作推进会召开

3月，开发区安全生产标准化工作推进会召开。2月至4月，开发区安监局委托北京市劳动保护研究所起草了开发区安全生产标准化评审和分类分级初评、复评标准，与市局其他市级标准同步上线标准化申报系统。4月底，确定中介机构并签署标准化工作合同。5月至11月，完成标准化达标创建226家，其中完成达标三级企业173家、小微企业23家、餐饮企业30家。抽查达标企业105家，对抽查企业标准化评审中的扣分项进行整改情况核查，建立抽查台账。

开发区安监局推进安全生产标准化　　田艳军 摄

（孙鹏）

汽车维修行业职业卫生工作会召开

4月2日，开发区安监局召开开发区汽车维修行业职业卫生工作会，开发区内15家汽车维修企业30人参加会议。开发区安监局工作人员、第三方中介机构与企业职业卫生管理人员面对面，对各家企业存在的有关职业卫生隐患问题，逐一核实工作落实情况。引导企业遵守安全生产法律法规，强化管理人员安全意识，落实企业主体责任。

（张涛）

利用物联网监控重大危险源企业

4月至8月，开发区安监局委托万盛（中国）有限公司对开发区已接入的重大危险源物联网监控企业进行回访工作，对设备监测点进行实地测试。7月，京东方五代线的重点监控点位建设完成，全区累计实现重大危险源企业6家的监测，设立监测点位500余个。

（孙鹏）

科研单位安全生产专题工作会召开

6月9日，开发区安监局组织召开

科研单位安全生产专题工作会。开发区内142家科研单位负责人参加。会议集中讲解工业园区危险化学品统一配送、隐患排查体系建设和实验室地标宣贯3个内容。开发区安监局副局长窦桂芹分析科研单位存在的风险点，并介绍工业园区危险化学品统一配送工作。开发区安监局工作人员讲解科研单位隐患排查体系建设工作要求，并对排查标准逐条进行说明。化工协会专家详细介绍《实验室危险化学品安全管理规范》。

（冯丽颖）

组织有限空间专项培训

6月9日，开发区安监局组织有限空间专项培训，邀请北京市劳动保护科学研究所高级工程师李静授课并进行现场实物教学。开发区70家企业141人参加。培训重点讲解有限空间典型事故案例、有限空间作业主要危险有害因素辨识和安全作业要求。向学员展示作业中常用的气体检测仪、正压式呼吸器等设备，并演示设备的使用方法。

（王山）

联合开展安全生产月系列宣传活动

开发区安全生产月咨询活动　　田艳军　摄

6月16日，开发区安监局、公安分局、工商分局、交通大队、建发局、消防支队、市食药监管局开发区分局、北京华油联合燃气开发有限公司等相关部门，以“强化依法治安意识，建设安全发展区域”为主题，在博大公园联合举行安全生产月系列宣传活动。开发区管委会副主任王合生、宣传部部长赵雅娟、总工会主席张凤民、安监局局长吴伯军、建发局局长刘文庆和市安监局协调处处长靳玉光等领导出席活动。开发区各相关职能部门负责人和辖区企业单位负责人、员工、社区居民等群众900余人参加。开发区建发局发放建设工程安全生产、预防食物中毒、防火防爆、急救复苏等宣传材料4000余份，邀请999急救中心到现场进行安全知识宣传，现场模拟讲解。开发区消防支队共发放各类宣传材料3500余份，接待群众现场咨询100余人次，展出消防宣传展板50块，增强了广大人民群众的消防安全意识。华油联合公司宣传主题为“安全用气、自我管理”，派出12名工作人员进行宣传。6月，开发区建发局在中建三局的X87金茂悦项目部协助开展以“关爱农民工健康、维护农民工权益”为主题的安全月活动，为300余名一线工人健康体检。向开发区建设工程工地发放施工安全、999急救方面的挂图等宣传材料2000余份，送安全教育电影到工地6场。

（夏振文 张中阳 黎军）

安全生产行政执法培训举办

7月22日，开发区安监局为执法人员和专职安全员举办安全生产行政执法培训，共20余名执法人员参加培训。邀请市安监局法制处分管行政执法负责人，以《中华人民共和国行政处罚法》为依据，结合实际工作中的行政处罚案卷和文书制作中存在的问题，由理论到实践进行详细讲解。

（张涛 孙鹏）

医药企业重大活动安保会议召开

8月13日，开发区安监局组织开发区内32家大型医药和40余名研发企业安全负责人就2015年北京国际田联世界田径锦标赛和中国人民抗日战争暨世界反法西斯战争胜利70周年期间安保问题召开会议。布置危化品禁运、严格储存管理等各项安保工作。通报天津塘沽危化品爆炸事故情况，要求各单位增派人手切实加强安全管理，消除安全隐患，做好危化库房等重点部位的巡检巡查和应急值守工作。布置企业危化品使用调研工作，要求各企业根据实际情况填报危化品使用、存储情况调查表。

（刘国建）

完成抗日战争胜利70周年活动安保工作

开发区安监局专项检查危险化学品　　田艳军 摄

9月3日—5日，开发区安监局对开发区内涉及危化生产、危化使用、加油站等单位的应急值守值班表收集归拢，统一放在开发区安监局值班室，由值班人员抽查巡检。局长吴伯军部署中国人民抗日战争胜利纪念日执法行动并带队检查，局领导班子成员分别带7个执法组检查，共出动执法检查人员35人次，执法车7辆，对开发区内危化品重点生产、使用、储存单位，及爆炸性粉尘企业共计28家单位进行执法检查。发现隐患数量21个，出具现场执法记录28份，下达限期整改指令书10份。对检查中发现的问题限期企业整改。要求相关企业派专人值守，并做好巡查记录。

（李浩）

危化品使用单位周边企业签订联动协议

开发区安监局开展应急演练　　田艳军 摄

10月15日，开发区安监局组织博世力士乐(北京)液压有限公司和周边的企业、学校、工业园签订应急联动协议并开展片区危化品泄漏综合应急演练，博世力士乐、达涅利、北开电气、奥腾思格玛、杂技学校和大琛工业园区企业共15家单位参加联合演练。市安监局应急处、开发区消防支队、开发区安监局主要领导和中国安科院应急专家观摩了演练并提出宝贵建议。应急联动，即开发区安监局从2014年着力构建的危险化学品重点使用单位周边企业的应急联动机制。该机制的目的是为涉危企业周边单位搭建沟通平台，为企业提供日常交流学习的机会。让片区各企业在平时演练时做到联合演练，共同处置，提高应急响应能力。在遇到事故时，能做到信息及时共享、救援物资共享，最大限度地减少损失。

（李浩）

市安委办检查“回头看”工作

12 月 7 日，北京市安全生产委员会办公室督查组主任张震国一行，对开发区安全生产大检查进行“回头看”督查，就 8 月 24 日国务院督查组检查的法美高新气体公司、SMC 公司和赫凯加油站 3 家企业进行重点检查，针对当时国务院督查组指出的问题的整改情况进行逐项核实。要求开发区深化以危化品为重点的安全生产大检查工作，解决突出问题，确保开发区安全生产形势持续稳定好转。

（王山）

完善行政指导工作体制建设

年内，开发区安监局建立《北京经济技术开发区安全生产监督管理局行政指导管理办法》《北京经济技术开发区安全生产监督管理局行政指导案卷归档管理制度》等配套工作制度; 通过梳理部门各项工作，确定具体工作事项，明确具体业务负责人员，并以业务负责人员为专项行政指导工作开展的第一责任人，制订开展行政指导工作的具体流程，制定《行政指导专项项目职责分工》；同时，对行政指导工作进行总结分析，使行政指导工作可以按时汇总，最大限度提高安全生产行政指导工作的效能。

（张涛）

开展专职安全员岗前培训

年内，开发区安监局通过公开招聘的形式，组建安全生产专职安全员队伍，并组织为期一周的岗前培训。开发区安监局专门成立领导小组，制定培训方案，编制培训课程和讲义。培训内容以市局下发的教材为基础，结合开发区实际情况和特点，邀请相关专家和开发区安监局一线执法骨干进行授课，从安全生产法律法规、安全生产管理、执法监察业务、开发区安全生产形势和执法检查等多方面入手，对安全生产监督管理工作进行深入讲解。

（孙鹏）

26 家化工企业调查摸底

年内，开发区安监局对市局下发到开发区的 26 家化工企业名单进行逐家调查核实，最终确认资生堂丽源化妆品有限公司、大宝化妆品有限公司等 6 家化工企业。通过摸底调查，对 6 家企业建立基础台账。

（刘国建）

规划·建设·管理

北京经济技术开发区年鉴 2016
BEIJING ECONOMIC-TECHNOLOGICAL DEVELOPMENT
AREA YEARBOOK

综 述

2015年，开发区完成凉水河绿地专项整合规划，调整《亦庄新城II-6街区控规深化方案》，开展综合服务配套区与开发区空间发展战略研究，提出整体发展战略。

开发区供应国有建设用地4宗40.87公顷，处置闲置用地19宗，盘活闲置低效土地100公顷；诺基亚、三洋能源、三箭和众鼎等制造企业实现产能转移、土地回收，腾退土地28公顷；推动世界机器人大会永久会址等18个项目实现开工建设。

综合服务配套区环境建设进一步提升。打通交通节点，完成旧忠路、庑殿路、西广德路等重点路段新建、扩建工程。建成南海子电力隧道，启动五福堂和庑殿110千伏变电站建设。完成鹿海园、泰河园三里、贵园小区3个老旧社区改造工程。

优化交通路网，打通科创街、凉水河一街等局部断头路，推动开发区交通规划纳入全市“十三五”总体规划。完成开发区80个重点路口287个倒计时屏安装工程，启动科创五街、经海一路、东环路、荣京西街、西环北路5条道路优化改造工程。

开发区联合市发展改革委、市财政局研究制定开发区绿色低碳循环发展三年行动计划方案，初步确定五大类20项指标、114个项目47亿元的投资任务。开发区环保监控系统一期工程投入使用，二期工程建设启动。实施清洁空气行动计划，在全市各区县空气质量改善情况排名第五名。

完善城市网格化管理设施，经海路派出所、巡防大队、南区警务站开工建设，荣华、博兴街道管理和服务用房投入使用。

完成新区信息化“十三五”规划研究工作，形成“智慧新区”规划设计方案。发布《北京经济技术开发区通信基站专项规划（2015—2017年）》，为基站规划、建设、协调、废止工作提供政策依据。

（马圆圆 刘梅 姚静）

要求，230万平方米建筑获得二星级设计标识。

（葛瑶华 孙雨）

规 划

概况

2015年，北京市规划委员会经济技术开发区分局（简称开发区规划分局）主要负责开发区规划编制、规划实施（管理）、监督执法等工作，下设北京经济技术开发区城市规划和环境设计研究中心（简称规划设计中心）1个事业单位。开发区规划分局把握“引领新常态，打造高精尖，服务京津冀”的工作要点，围绕存量用地转型、完善城市功能，开展规划研究，推进规划编制工作。开辟“绿色通道”，依法保证同仁堂健康、天实和华等重点项目开工。开发区规划分局全年完成行政审批事项583项，其中两证一书268项、其他行政审批事项315项。

（马林涛 马圆圆 江敏）

调研“绿色建筑”

年内，为落实北京市发展绿色建筑推动生态城市建设工作要求，促进开发区在转型升级和城市更新过程中尽快步入绿色、循环、低碳的科学发展轨道，开发区规划分局完成“绿色建筑”（在全寿命周期内最大限度地节能、节地、节水、节材，保护环境和减少污染的建筑）政策、案例和开发区实施现状等调研工作。调研显示，开发区自2013年6月1日起，至2015年，新建民用建筑强制执行一星级施工图审查要求，230万平方米建筑获得二星级设计标识。

路东规划梳理和实施评估

年内，开发区规划分局为建立规划动态实时评估机制，保障规划的继承、发展与深化，完成路东区规划梳理和实施评估工作。工作包括梳理开发区规划体系和发展脉络，分析规划实施的现状情况，评估实施过程中的问题和成因。

（葛瑶华 孙雨）

完成凉水河绿地专项整合规划

凉水河边防护绿地　　田艳军 摄

年内，开发区规划分局完成凉水河绿地专项整合规划。依据上位规划和相关行业标准、规范，确定凉水河70米宽防护绿地以外的公共绿地建设类型为带状公园，总面积约43公顷，具体建设指标按《公园设计规范》等相关规定进行核算。

（葛瑶华）

调整亦庄新城II-6街区控规深化方案

年内，为进一步推动开发区向综合性新城的转型进程，加强规划编制与规划管理的有效衔接，开发区规划分局以原报备的《亦庄新城II-6街区控规深化方案》和已批复地块控规为基础，按照2015年颁布的《北京市居住公共服务设施配置指标》对配套设施的相关规定要求，在未出让用地范围内对学校、幼儿园、社区医疗服务中心、公交场站等用地布局进行调整，完成II-6街区控规深化方案。

（孙雨 王陆通）

起步区转型升级规划研究

年内，开发区规划分局组织开展起步区转型升级规划研究，具体包括区域评估、发展定位、功能分区、建设控制、配套要求和政策建议等方面。其中，以起步区13C3地块和周边用地为试点作为土地综合开发类的更新案例。

（张勇 孙雨）

开展智能制造机器人产业园规划研究

年内，开发区根据《中国制造2025》规划纲要，推动亦创智能机器人创新园建设，启动开发区智能制造机器人创新园的概念规划。通过对高档数控机床和机器人产业发展的研究，分析园区功能构成，提出建筑功能构成；通过对重点园区现状建筑进行评估，提出场地综合利用方案和旧厂房改造再利用方案，并研究制定园区开发时序与综合开发策略。

（孙雨）

梳理F3类多功能用地

年内，开发区规划分局分析上位规划设计初衷，调查F3类多功能用地（F3类多功能用地：安排除居住以外的其他互无干扰的设施的混合用地）地块出让和实际使用情况，并结合最新政策导向内容，对未出让土地提出后期使用建议，全面研究土地用途、规划功能、出让方式、实际使用4项核心内容。

（唐施）

西环路远期改造方案编制

年内，开发区规划分局组织北京市市政工程设计研究总院有限公司与北京经济技术开发区城市规划和环境设计研究中心，完成西环路（文化园路—康定街）远期改造方案的编制工作。通过对西环路现状和周边建设情况与规划情况的对比分析，并以现状交通数据调研为基础，对该道路的交通需求进行预测分析，完成西环路远期改造方案研究工作。该方案的实施，可为缓解西环路拥堵状况、实施道路优化改造提供依据。

（马文睿）

博兴西路规划设计条件编制

年内，开发区规划分局组织开展博兴西路（黄亦路—亦庄南区南街）规划设计条件的编制工作。博兴西路规划为城市快速路，主要承担中心城与新机场之间联系的辅助通道功能，全线建成后方便开发区与南部地区和新机场快速联络。为避免对原规划地方交通产生影响，规划建议博兴西路快速路主路系统全线采用高架形式，设计车速80公里每小时。规划断面利用现有道路隔离带设置主路高架系统，主路双向6条机动车道，桥下保持城市主干路系统。

（马文睿）

京沪高速拓宽改造专项研究完成

年内，开发区规划分局组织北京国道通公路设计研究院股份有限公司、北京经济技术开发区城市规划和环境设计研究中心共同开展京沪高速拓宽改造相关道路节点的交通专项研究工作。因京沪高速公路拓宽改造方案的推进，周边衔接道路的交通组织和道路功能将发生改变，为了适应京沪高速改造带来的交通量变化，对与其衔接相关道路进行系统研究，提出道路改造方案和路口渠化优化，对交通组织进行方案优化，以满足未来使用需求。

（马文睿）

对外交通系统建设规划研究开展

年内，开发区规划分局组织北京交通发展研究中心、北京经济技术开发区城市规划和环境设计研究中心共同开展开发区对外交通系统建设规划研究工作。通过对交通发展的问题分析与形势分析，提出开发区交通近期建设思路，并对近期重点任务和项目进行分解，提出各项基础设施建设项目的建设计划。

（马文睿）

太和东桥改造设计方案完成

年内，开发区规划分局组织北京市市政工程设计研究总院有限公司编制开发区太和东桥改造工程方案。太和东桥是联系开发区南北区域的重要交通节点，为完善立交节点的转向功能、增加立交节点南北向的通行能力，通过多方案研究与比较，完成太和东桥改造工程的方案。根据方案，拓宽跨六环主桥为双向6车道，增加东向南和南向西的转向匝道，使该节点成为与六环路连接的互通式立交。

（马文睿）

调查分析2015年交通流量和过境交通量

年内，开发区规划分局组织北京经济技术开发区城市规划和环境设计研究中心开展2015年开发区交通流量和过境交通量的调查和分析工作。通过对开发区内外交通通道流量情况统计分析，提出2016年交通工作应重点改善开发区对外通道的通行能力，尤其是与中心城、通州副中心和新机场的通道联络，并引导小汽车合理使用，逐步改善交通拥堵状况。

（马文睿）

修编Ⅶ-1街区项目综合和管线综合设计

年内，开发区规划分局完成亦庄新城路南西区Ⅶ-1街区市政工程规划项目综合和管线综合设计修编工作。此项工作为路南西区的道路建设提供前期条件，完善路南西区路网建设。为加强路南西区与亦庄新城先进制造业、科技研发业、服务业等高端合作与产业对接提供条件，为亦庄新城产业发展提供空间保障。

（郭光伟）

编制电网改造工程电力管线规划条件

年内，开发区规划分局完成开发区电网改造工程电力管线规划条件的编制工作，可为电力管线改造工程初步设计提供规划依据。依据开发区电力相关规划和市政管线综合，结合相关道路最新测绘资料，确定新建和改造电力管线路由规划，并提出注意事项。

（郭光伟）

康宁—庆羊电力联络线规划路由方案完成

年内，开发区规划分局完成康宁220千伏—庆羊110千伏联络线规划路由方案研究工作。根据路东区现状配电网建设和运行情况，提出路由方案——沿经海一路向北至科创五街，之后沿科创五街向东至庆羊站。该项研究解决了路东区高压配电网存在的诸多问题，保证路东区供电稳定性。

（郭光伟）

完成中芯国际再生水厂规划选址研究

年内，开发区规划分局完成中芯国际再生水厂规划选址研究工作。通过对再生水水源、再生水厂和管网进行规划研究，提出选址方案。中芯国际再生水厂位于凉水河左岸防护绿地与西环中路道路南红线之间的公共绿地内（地盛南街以北）。该项研究可为中芯国际二期项目提供适用的生产水源，有利于缓解开发区水资源短缺对产业发展的限制。

（王淇 伏圣菊）

47 个通信基站专项规划技术校核

年内，开发区规划分局完成第一批次 47 个基站建设选址校核工作。2015 年度基站建设工作分两批次进行，依据管委会对各职能部门分工职责要求，开发区规划分局对第一批次基站选址位置、周边用地和管线情况进行校核，并对基站选址和建设提出建议。该项工作为基站建设与管理提供了必要的参考与指导，确保基站建设与城市规划布局紧密结合，推进 4G 全覆盖建设进程。

（王淇 伏圣菊 郭光伟）

编制奔驰 MFA 项目电力管线规划条件

年内，开发区规划分局完成奔驰 MFA 项目电力管线规划条件编制工作，建议规划路线为：奔驰现状 110 千伏变电站—博兴三路—新凤河路—现状博兴南路 2.0×2.1 米电力隧道—路南奔驰 MFA 项目 110 千伏变电站。此项工作为路南奔驰 MFA 项目外电源工程建设提供规划依据，推进奔驰企业厂区内自建 110 千伏用户变电站的建设进程，满足了路南区奔驰 MFA 项目用电需求。

（王淇）

区间路市政供给分析和管线综合设计

年内，开发区规划分局完成 E2、D2、C13 等多条区间路的市政供给分析和管线综合规划设计。主要针对区间路道路设计和断面排布、周边道路市政、地块项目市政进行分析，并依据市政供给分析方案进行管线综合图的设计。

（伏圣菊）

优化教育设施空间布局

年内，开发区规划分局牵头梳理教育资源，落实《北京市居住区公共服务设施配套指标（2015）》，高标准配置教育用地，与开发区社会发展局共同确定各片区教育用地优化方案，组织完成开发区中小学和幼儿园等不同层级教育设施空间布局优化工作。推进河西 X39 地块、路东 E13 地块两所 12 年一贯制学校建设，进一步完善开发区教育配套设施建设。

（徐海涛 刘佳）

梳理存量用地

年内，开发区规划分局在首都核心职能疏解转变的大背景下，在城市转型发展、严控建设用地的新要求下，为全面了解开发区剩余用地情况，梳理开发区 56.7 平方千米（不含 VII–2 街区）范围内居住用地、多功能用地、商业用地、工业用地和三大设施用地的存量情况和地块控规批复情况，明确各类用地的存量情况。

（刘佳 徐海涛）

开展 4S 店集中区域转型升级研究

年内，为疏解非首都功能，主动承接中心城外溢功能，将开发区打造成为京津冀“科技创新主阵地，实体经济主战场”，开发区规划分局联合开发区建发局共同开展开发区核心区东北部 4S 店集中区域转型升级规划研究工作。工作从前期调研、产业定位、空间形象示意和实施路径 4 个方面展开，完成区域企业经营、用地、建设等方面的调研，并进行初步的产业定位、实施路径研究，提出空间形象方案。

（张勇 徐海涛 储君）

路东区 A18 地块商务综合体方案获批

年内，开发区路东区 A18 地块商务综合体项目设计方案获得开发区管委会批复。项目总用地面积 8.5 万平方米，为商业金融用地。项目设计总建筑面积 43.5 万平方米（地上 28.4 万平方米），整体容积率 3.32。主要包括：办公楼 11 栋、酒店 1 栋、商业裙房 5 处、共享大堂 1 处，以及酒店配套裙房 1 处。主体建筑最大设计高度 80 米。

（周千钧）

路东区 E2F1 地块配套项目方案获批

年内，开发区路东区 E2F1 地块北京数字电视产业园配套服务中心项目设计方案获得开发区管委会批复。项目总用地面积约 5.2 万平方米，用地性质为其他类多功能用地。项目设计总规模 19.8 万平方米，其中地上 12.9 万平方米。项目容积率 2.5，包括商业步行街 1 条，办公楼 3 栋，集中商业 1 栋。

（周千钧）

路东区 E1C1 地块设计方案获批

年内，开发区路东区 E1C1 地块巡防大队驻地、经海路派出所和维稳大队建设工程设计方案获得开发区规划分局批复。项目总用地面积 1.2 万平方米，用地性质为市属行政办公用地。工程设计总规模 1.7 万平方米，其中地上 1.4 万平方米，主体建筑包括巡防大队业务楼、备勤宿舍楼、派出所主楼等。

（周千钧）

规划监督执法

年内，开发区规划分局配合完成市规划委部署的 4 起卫星查违工作。巡查违法建设现场 180 余次，拆除过期临时建筑约 6000 平方米。通过巡查和群众举报，发现并处理违法建设 74 起。联合开发区城管分局和物业公司对开发区住宅区、企业内违法建设自拆情况进行认定，规劝自拆 26 户，处罚违法建设 1 起。开发区规划分局全年完成 83 个项目的规划验收工作，建筑面积 393.96 万平方米。

（鹿剑光）

建　设

征地拆迁

概况

2015 年，北京经济技术开发区征地拆迁办公室（简称开发区征地拆迁办）主要工作是推动拆迁扫尾项目，化解历史遗留问题，做好维稳工作。全年固定资产投资计划 3.03 亿元，截至年底，累计完成 791.90 万元。

（靳冠英）

X18 加油站局部腾退

7 月，开发区征地拆迁办为尽快打通凉水河一街市政道路，重新启动对加油站局部腾退的协商谈判工作，并完成影响凉水河一街道路建设工程的加油站局部腾退工作，解决了积压多年的遗留问题。

（靳冠英）

解决两项拆迁遗留问题

截至年底，开发区征地拆迁办为化解历时 4 年多的拆迁矛盾，加快推进涉及路东区台湖五村拆迁遗留的有关新生儿问题的解决方案。该解决方案已经得到开发区管委会批准并启动支付程序。推进拆迁安置房房产证办理前提条件之一的公共维修基金支付工作，为拆迁村民房产证顺利办理提供保障。

（靳冠英）

政府投资建设项目

概况

2015年，北京经济技术开发区建设发展局（简称开发区建发局）完成开发区重点路口倒计时屏等工程的建设，启动科创五街、经海一路、东环路、荣京西街、西环北路道路优化改造工程；启动经海路派出所、巡防大队驻地和二中亦庄学校扩建工程等一批重点工程，为10余家企业完成自来水冲洗、市政管网交底等“九通一平”服务工作。承担固定资产投资任务34项，共12.4亿元。

（魏建环）

重点路口倒计时屏工程完成

8月20日，开发区重点路口倒计时屏工程开工，9月20日竣工，涉及80个重点路口，其中47个为十字路口、33个为丁字路口，安装倒计时屏287个。建设单位为开发区基建办公室，设计单位为北京市市政工程设计研究总院，监理单位为北京顺政通工程监理有限公司，施工单位为北京路安交通科技发展有限公司。

（魏建环）

5条道路优化改造工程启动

年内，开发区建发局启动科创五街、经海一路、东环路、荣京西街、西环北路5条道路优化改造工作。道路全长11千米，总投资5.5亿元。完成方案编制、专家论证、向社会公示、主任办公会研定、可研评审、相关前期手续的办理和招投标工作，施工单位进场。建设单位为开发区基建办公室，设计单位为北京市市政工程设计研究总院，监理单位为北京首建工程咨询监理有限公司等3家单位，施工单位为北京天恒建设工程有限公司等14家单位。

（魏建环）

经海路派出所、巡防大队驻地工程启动

年内，开发区建发局启动经海路派出所、巡防大队驻地工程。两项工程总建筑面积1.8万平方米，计划总投资1.1亿元。其中，经海路派出所工程建筑面积5000平方米，计划投资3500万元；巡防大队驻地工程建筑面积1.3万平方米，计划投资7500万元。完成方案编制、主任办公会研定、可研评审、相关前期手续的办理和招投标工作，施工单位进场。建设单位为开发区基建办公室，设计单位为北京市住宅建筑设计研究院有限公司，监理单位为北京中环工程建设监理有限责任公司，施工单位为中煤建设集团工程有限公司等3家单位。

（魏建环）

二中亦庄学校扩建工程启动

年内，开发区建发局启动二中亦庄学校扩建工程。工程总建筑面积4.5万平方米，计划投资2.7亿元。完成方案编制、主任办公会研定、可研评审和招投标工作，施工单位进场。建设单位为开发区基建办公室，设计单位为圣帝国际建筑工程设计

有限公司，监理单位为北京磐石建设监理有限责任公司，施工单位为北京博大经开建设有限公司等3家单位。

（魏建环）

基础设施进一步提升

年内，开发区完成荣景东街、东环路北段和荣华路潮汐车道改造项目，优化提升开发区主干道路交通通行能力。路南区污水处理厂建设完成，提升“12平方公里”市政保障能力。完成公租自行车二期升级改造项目。启动新建开发区社区服务中心和开发区体育中心改造项目，进一步完善居民生活服务配套功能。

（姚翊）

综合服务配套区开工项目19项

年内，综合服务配套区开工项目19项，共完成投资80.3亿元。其中，新建道路17公里，改善旧宫镇、南海子公园交通问题；完成近200公顷绿地改建，提高了综配区生态环境水平；拆迁腾退、土地一级开发项目完成腾退超100万平方米。

（姚翊）

信息化建设

概况

2015年，北京经济技术开发区管理委员会信息化工作办公室（简称开发区信息办）推进开发区信息基础设施建设完善升级，完成4G全覆盖为民实事。推进信息网络技术广泛运用，提升城市管理、产业发展、社会服务与生态建设的信息化水平，提高信息化服务保障能力。

（陈晨）

通信基站专项规划发布

4月，开发区管委会发布《北京经济技术开发区通信基站专项规划（2015—2017年）》，及配套的通信基站管理办法和任务分工，确定未来3年299处通信基站规划选址，为基站规划、建设、协调、废止工作提供政策依据。

（高卿）

移动物联公共服务平台建成

10月，开发区信息办建立统一规范的数据标准，整合无线移动专项应用系统的数据信息，建成移动物联公共服务平台，实现无线政务基础数据、应用数据的融合。

（张澎涛）

智慧灯杆建设试点工作启动

12月，开发区信息办与北京移动、北京联通、北京铁塔公司协调推进智慧灯杆试点工作，完成18处灯杆基站建设工作。

（高卿）

4G全覆盖为民实事完成

年内，开发区信息办协调北京移动、北京联通、北京电信和北京铁塔公司，分三批次共计190项工作任务开展基站建设协调工作和基站供电、传输协调工作，共完成79处基站新建任务，完成4G全覆盖为民实事。

（高卿）

完成信息化“十三五”规划研究

年内，开发区信息办与大兴区经济信息化委协同开展“智慧新区”顶层设计和信息化“十三五”规划研究，融合“智慧大兴”与“智慧亦庄”，形成“智慧新区”规划设计方案，完成新区信息化“十三五”规划研究工作。

（陈晨）

通信信号路测完成

年内，开发区信息办委托第三方专业机构，对开发区全部 1~4 级市政道路和京东方、北人集团等 10 个园区开展全通信制式的信号路测，对勘测结果进行分析汇总，配合 4G 全覆盖为民实事，提升区域移动通信服务水平。

（高卿）

空间地理信息公共服务平台建成

年内，开发区建成空间地理信息公共服务平台，同步整合开发区办公楼宇和园区使用率信息、入驻企业信息、通信基站、公共区域监控，以及公交线路、公共自行车等信息，使区域大数据在开发区地图上得到展现。

（张澎涛）

城市公共监控建设

开发区加装监控探头　　田艳军 摄

年内，开发区信息办完成第六批 130 路监控建设，启动并开展第七批 94 路监控建设前期勘察设计工作。截至年底，开发区累计建成 295 路监控建设。

（张澎涛 周超）

移动端政务办公平台建成

年内，开发区建设完成移动端政务办公平台，实现移动端的公文处理、工资查询、联系信息查询等功能，政务办公不再受空间、时间的限制，实现随时随地网上办公。

（冯若娇）

政务网络安全风险排查

年内，开发区信息中心对全区政务网络系统的 90 台服务器、14 台安全设备进行全面的安全风险检查，对 24 个应用系统进行全面常规渗透测试，对 5 个新增应用系统进行上线前的渗透测试。全年处理高风险漏洞 43 处、中风险漏洞 630 处、低风险漏洞 30 处。

（杨超）

管　理

土地与房屋管理

概况

2015 年，北京经济技术开发区房屋和土地管理局（简称开发区房地局）提高土地集约利用水平，加强土地利用批后监管，维护房地产市场良好秩序，完成土地管理、房屋管理和物业管理各项工作任务。全年供应国有建设用地 4 宗、40.87 公顷，处置闲置用地 19 宗，并启动不动产统一登记工作，完成保障性安居工程审计整改工作。

（王莹）

创新产业配套保障性住房土地供应体系

7 月，开发区房地局拟定《完善住房供应体系的实施办法》，根据区内高端人才、企业中层骨干和一般技术人员多层次住房需求，建立单身公寓、人才公租房、自住型商品房、普通商品房等分层次多种形式的住房保障体系。

（王莹）

土地集约利用评价完成

10月，开发区房地局开展2016年度开发区土地集约利用更新评价工作。更新评价工作根据更新评价技术方案，开展开发区基本信息、用地状况、用地效益、管理绩效和供应状况调查；根据评价类型，计算评价指标现状值，测算潜力、编制成果。调查工作分两个阶段进行：第一阶段按照国土资源部集约利用调查的要求开展，调查内容主要包括开发区基本信息、用地状况、用地效益、管理绩效、土地供应状况和典型企业等调查。第二阶段按照北京市土地精细化管理要求开展，调查内容主要包括管理机构社会经济细化数据、企业社会经济数据。

（王莹）

启动不动产统一登记

11月9日，北京市启用不动产登记簿证，开发区房地局颁发第一本不动产权证书，标志着开发区不动产统一登记工作开始实施。根据规定，启用不动产登记簿证后，原有登记机构依法颁发的各类不动产权属证书、证明继续有效并按照"不变不换"的原则，权利不变动，簿证不更换；与原房屋所有权证书相比，不动产登记证书内页内容新增二维码、不动产单元号、不动产权利使用期限等信息，在其封皮背面也加有激光防伪标志。

（王莹）

保障性安居工程审计整改完成

年内，开发区房地局针对2014年度城镇保障性安居工程审计工作中提出的问题，腾退改变用途和未及时清退的人才公租房共77套，完成整改工作。

（王莹）

处置闲置用地19宗

年内，开发区房地局按照国土资源部颁布的《闲置土地处置办法》中规定的相关程序对闲置土地进行处置，同时根据项目实际情况，督促企业尽快开工。截至年底，在各相关部门全力协作下，土地督察涉及的19宗闲置土地中，有18宗84公顷实现开工建设，1宗收回土地使用权。

（王莹）

保障4宗产业用地供应

年内，开发区入市工业用地4宗，即北京小米电子产品有限公司、森特士兴集团股份有限公司、京唯科技（北京）有限公司、北京奔驰汽车有限公司用地，建设用地面积40.87公顷。

（王莹）

办理土地抵押登记155件

年内，开发区房地局共办理土地抵押登记155件，同比减少3%；抵押物价值（含房屋和在建工程）639.86亿元，同比减少0.95%；实际贷款金额303.67亿元，同比增长49.82%。房地产抵押融资逐步成为开发区内企业融资的主要手段。

（王莹）

对物业服务企业动态监管

年内，开发区房地局物业办完成物业管理项目合同备案16个、合同变更74个、合同注销10个，物业管理项目合同备案总数146个。完成开发区物业管理企业资质变更3个，申请三级3个，申请三级（暂定）1个。完成全部146个项目专项执法检查工作，处理系统内预警提示60个。

（王莹）

开展信访投诉物业服务

年内，开发区房地局处理电话投诉336件，信访件24件，接访60次，开发区应急办电话夜间接访40次，接投诉和举报出现场130次。其中，有效投诉128件，占总投诉的38%；投诉主要集中在共同设备和设施、物业服务合同执行情况等方面，电梯投诉占有效投诉的15.6%。非物业服务投诉的无效投诉208件，占62%，对于无效投诉，物业办通过政策解答、细致沟通等方式，引导信访人选取有效的解决方式。

（王莹）

物业安全检查率100%

年内，开发区房地局物业办共检查物业项目146个，其中住宅项目50个、商业项目10个、工业项目38个、综合产业园区22个、写字楼19个、行政办公楼7个，检查率100%。

（王莹）

建设市场管理

办理施工许可66项

年内，开发区共办理施工许可66项，为2014年的75%，涉及42个项目。其中，土建项目办理施工许可证55项，为2014年的75.3%，涉及项目34个，开工面积247万平方米，工程投资共计93.95亿元；市政工程办理施工许可证6个，为2014年的60%，涉及3个项目，道路长度共计3.38万米，市政基础设施面积0.65万平方米，工程投资3.3亿元；装修工程办理施工许可证5个，涉及5个项目，装修面积17.66万平方米，全部工程投资98.72亿元，为2014年的67.59%。

（刘志群 孙勇）

办理152个投资项目招标

年内，开发区招标投标管理办公室共办理施工、监理招标入场152个，预计投资额99.26亿元。完成施工、监理合同备案112项，其中施工招标项目64项、监理招标项目48项。建筑面积311万平方米，施工合同额91.39亿元。监理合同额1.53亿元。

（孙勇）

建筑业企业管理

年内，开发区建发局管理房地 产开发企业46家，其中一级3家、二级5家、三级6家、四级21家、暂定资质11家。管理建筑业企业126家，具有施工总承包资质的企业24家，具有专业承包资质的企业96家，具有劳务分包资质的企业6家。在126家建筑企业中，具有特级资质的企业1家，具有一级资质的企业22家，具有二级资质的企业21家，具有三级资质的企业71家，其他11家。完成二级建造师注册报送336人，发证336人。

（孙颖）

监管368个项目合同履约

年内，开发区建发局共有368个在建项目纳入合同履约监管范围。全年处理合同履约风险257项，其中涉及备案风险的33项、涉及价款支付风险的216项、涉及进度质量安全的8项。

（孙勇）

劳务市场管理

年内，开发区建发局对开发区建设工地进行劳务检查497次，约谈相关责任单位98家，受理各类纠纷28起（工程款和劳务费纠纷4起，用工劳资纠纷21起，滋事事件1起，索要材料款、供货款事件2起），涉及人数1165人。办理预留账户66项，存入金额6075万元；办理账户托管72项，托管金额5058万元。

（刘毅）

征收专项基金（资金）2249.14万元

年内，开发区建发局完成两项基金（资金）收缴，共计2249.14万元。其中，新型墙体材料专项基金征收53笔，共计2112.04万元，总建筑面积221.20万平方米；散装水泥专项资金征收53笔，共计137.10万元，总建筑面积221.20万平方米。

（蔡猛）

完成88个建筑节能备案项目

年内，开发区建发局完成88个建筑节能备案项目：建筑节能设计备案项目50个、面积123.66万平方米，其中居住42.52万平方米、公建81.14万平方米；节能竣工验收备案项目38个、面积181.4万平方米，其中居住51.56万平方米、公建129.84万平方米。

（徐啸林）

施工现场质量安全管理

概况

2015年，开发区在建房屋建筑工程78个，停工工地16家，完工待验收工地63家。在施工程中续建工程35个，新开工程43个，其中房建37家、装修6家。总建筑面积1046万平方米，总造价约378亿元。完成竣工验收86项。其中，房屋建筑工程73项，总面积284万平方米；市政工程13项，形成固定资产2.06亿元。下发责令改正26次，立案6起，罚款总金额59.51万元。

现场检查建设工程施工工地1028次，发现安全隐患5284项，下发停工整改通知书31次，约谈单位252家，责令改正180次，简易处罚148次，立案4起，罚款总金额18.8万元。

安全培训体验基地全年举办培训600余场，62家单位的15233人次参加培训。组织安全知识培训与集中宣传3次，发放建筑安全基本知识、999急救、预防食物中毒等各类宣传资料6500余份，送安全教育电影进工地5场，1800多名从业人员观看。实现全区在施工地扬尘摄像头、洗轮机安装率100%，渣土运输车辆合格率100%，现场洒水降尘和裸露土方覆盖效果良好。23个项目申报北京市绿色施工文明安全工地，并通过初评考核。发送各类预警和应急短信165次。同开发区环保局、市食药监管局开发区分局、消防支队、城管分局等部门联合执法20多次。

开发区完成126个工程承诺书的补签和备案；新注册32个项目全部按要求备案。备案预拌混凝土、预制混凝土构件、钢筋供应企业法定代表人承诺书228份。开发区有22个工地被评为北京市绿色安全工地，9个工地被评为北京市绿色安全样板工地。34个工程被评为“结构长城杯工程”，3个工程获得国优和詹天佑奖。

（徐存柱 门京春）

工程质量专项治理两年行动开展

年内，开发区建发局继续开展市住房城乡建设委部署的工程质量专项治理两年行动，集中打击和遏制建筑工程施工中违法发包、转包、分包和挂靠等违法行为。进行“两年行动”宣贯培训6次，宣贯培训人数750人。将专项治理工作与日常监督执法工作结合，开展多次专项检查活动。开发区建发局3次配合住房城乡建设部、市建委对12个抽检项目进行检查。对检查中发现的个别专业分包未进行备案、两个标段一套班子、总监理工程师已更换未及时备案等问题向建设单位、总承包单位、监理单位提出整改意见。

（孙勇 徐存柱）

在施项目质量检测

年内，开发区建设工程安全质量技术中心全面引入工程质量第三方专业检测机构，对48个在施工程的施工质量进行抽查检测。检测内容主要涉及混凝土强度、钢筋保护层厚度和钢筋、门窗、防水材料等。

（徐存柱）

安全生产监督现场执法1028次

年内，开发区建发局在完成3次网格监督执法基础上，增加执法频次，实现对每个项目每月2～3次的执法监督。把建筑规模较大、隐患较多和处于关键施工阶段的项目，列为重点项目进行执法监督。全年现场执法1028次，处罚总额18.8万元。开发区建发局把起重机械的使用作为检查重点，定期检查、抽查，同时委托国家建筑城建机械质量监督检验中心的专业检测人员对起重机械进行检测，对发现的问题全部及时督促整改。全年检测施工机械设备84台，发现存在安全隐患的起重设备29台，简易处罚起重机械租赁单位12家，立案处罚两家。

（徐存柱）

工地安全联合执法15次

年内，开发区建发局对工地安全联合执法15次。其中，会同开发区消防支队联合执法4次，重点检查施工工地消防通道占用、消防设施配备、消防管理工作，并对施工现场临时设施搭建的防火要求进行重点监督；会同食药监管局开发区分局对建设工地的食堂卫生进行联合执法5次；会同开发区环保局、城管分局联合执法6次。在庆祝中国人民抗日战争暨世界反法西斯战争胜利70周年和2015年北京国际田联世界田径锦标赛期间，开发区建发局安全科同开发区环保局、城管分局、市政局等单位，每天巡视工地的扬尘控制措施，保证重大活动扬尘控制符合要求。

（门京春）

民防工作

概况

2015年，开发区民防工程有172处、96万平方米，其中民防专业防护队工程2万平方米、人员掩蔽工程18万平方米、民防配套工程76万平方米，初步形成产业新区居住人口和城市防空防灾相适应的民防工程体系。全年审批民防工程建设15件；竣工备案20个项目，共计17万平方米。受理各类民防工程行政审批35项，全部依法依规办结。接收公用民防工程16处，共计16.23万平方米。

（邢亚）

参加民防工程防汛应急演练

民防工程防汛应急演练　　郑云 摄

5月27日，由北京市民防局主办的民防工程防汛应急演练在林肯公园B区民防工程内进行。北京市应急办、住建委、民防局，开发区管委会相关领导，16个区（县）民防局，市民防局机关处室和事业单位，市城建集团抢险大队、市政路桥管理养护集团抢险大队、北京民兵高炮训练中心人防工程抢险队组成的3支市级人防工程事故应急抢险队的主管领导和部分工作人员，以及开发区重点民防工程管理使用单位负责人约200人观摩演练，并参观开发区民防防汛应急救援物资储备情况。开发区建发局、人防工程抢险队、晟邦物业70多人参加演练，动用指挥通信车、工程事故抢险车6台，抢险救援和通信联络装备60余件。

（邢亚）

检查重点民防工程

年内，开发区建发局开展民防工程综合整治，健全民防工程安全管理台账，结合地下空间整治活动，检查重点工程209项次，责令整改各类安全隐患57处，对12家开发和物业单位的法人进行约谈告诫。以民防工程防汛为重点开展安全检查，与相关企业签订防汛协议90余份。

（邢亚）

人民防空法治宣传

年内，开发区建发局推进民防宣传的“五进入”工作，即进学校、进机关（党校）、进社区、进企业、进媒体（网络）。对129名民防积极分子进行应急避险、自救互救技能的业务培训。联合相关部门在国际民防日、防灾减灾日、安全生产月、国防教育日、人民防空创立日的重点节点开展法治宣传活动，以广场宣传、知识讲座、演练观摩形式加强全民的民防意识。邀请市“平安讲师团”深入社区、学校、企业，为居民、学生和企业员工讲授民防知识和法律法规，传授防护救护技能，受教人数300余人。

（邢亚）

市容环境整治

概况

2015年，北京市城市管理综合行政执法局开发区分局（简称开发区城管分局）按照“强化重点领域执法、突出重点区域管控、坚持高发时段治理”的工作主线，着力解决领导关注、群众关心、社会聚焦的环境秩序突出问题。全年出动执法力量17057人次、6800车次。立案处罚359件，罚款80.8万元，暂扣、罚没机动车和非机动车231辆，同比增长32%。接投诉举报1163件，同比下降10%。

（杨静）

全国两会环境秩序保障

3月上旬，全国两会期间，开发区城管分局“三举措”做好环境秩序保障工作。管控街面秩序方面，加强网格单元盯守强度和巡查力度，开展专项执法和风险隐患排查；走访在施工地，落实路面硬化、洒水降尘等绿色文明施工要求；联合公安、交通部门对永康公寓等市局挂账点位“黑车”“黑摩的”开展非法营运专项整治，管控周边环境秩序。应急处置方面，落实三级值班和勤务报备制度，加强信息收集与上报工作；健全应急预案，确保应急体系畅通，应急响应及时，应急处置有效。化解矛盾纠纷方面，对群众举报高发形态加强管控，高发点位盯守保障，确保问题妥善处理、及时反馈；加强信访接待力量，切实满足群众合理诉求，化解安抚情绪，不出现群众反应强烈、媒体聚焦的负面事件。走访企业商户 30 余家，工地 10 余家，规范土方覆盖问题 4 起，落实“门前三包”责任 6 处，排除安全隐患 3 起，规范牌匾宣传品两处，清理小广告 10 余处。

（杨静）

重大活动环境保障

开发区城管分局错时执法　　田艳军 摄

8 月，为做好 2015 年北京国际田联世界田径锦标赛、纪念中国人民抗日战争暨反法西斯战争胜利 70 周年活动期间环境秩序保障工作，开发区城管分局开展综合治理，完成各项工作任务。加强城市运行、环境秩序等方面的安全稳定工作。以公交地铁沿线、人员密集区域、问题多发点位为整治重点，治理露天烧烤、露天焚烧、道路遗撒、牌匾广告等违法行为。根据辖区违法形态和举报情况，及时调整执法人员和时间，对重点区域、主要路段增派执法力量，对非法运营、夜间施工、无照经营等突出违法形态开展错时执法，提升执法效能，确保良好环境秩序。共开展联合检查 100 余次，专项执法整治 60 余次。

（杨静）

保障“双创”周亦庄分会场环境秩序

10 月，开发区城管分局完成“全国大众创业万众创新活动周”亦庄分会场周边环境秩序保障任务。重点查处露天烧烤、无照经营和非法运营等违法行为，对商业区、生活区和地铁沿线等重点点位进行盯守，延长巡查时间。会同建发部门，利用视频监控系统实时监管施工工地扬尘。检查企业、工地、商户和便民餐车的消防安全、燃气安全和临建用电安全，排查安全隐患。配合公安部门做好治安秩序防控工作。共走访企业商户 50 余家，检查工地 30 余处，开展联合治理 10 余次，宣传教育群众 200 余人次。

（杨静）

应对空气重污染红色预警

12 月 19 日，北京市发布空气重污染红色预警，自 12 月 19 日 7 时至 22 日 24 时，启动空气重污染红色预警应急措施。开发区城管分局迅速响应，严格按照预案要求开展相关执法工作。召开开发区城管分局大气污染防治紧急部署会，4 个辖区分队和直属队 100% 执法力量到岗到位，机关人员适时下沉补充一线执法力量，迅速开展防治应对工作。博大公租房项目等施工工地全面停工，渣土车、砂石车和建筑垃圾等重型车辆全部停驶。加强宣传引导，通过现场走访告知、发放宣传折页等方式加强行政指导。快速处置空气重污染类群众举报，及时上报处理结果；开展督导检查、现场督办整改发现的问题，并适时通报，确保空气重污染红色预警应急措施落到实处。共检查工地 20 余家，规范裸土覆盖问题 3 起，宣传告知群众 100 余人次。

（杨静）

大风天气专项执法

开发区城管分局开展大风天气专项整治　　田艳军 摄

年内，开发区城管分局开展大风天气专项执法行动，采取三项措施应对大风天气。排查广告牌匾安全隐患：拉网式排查高层建筑聚集区域楼顶广告、大型竖板式广告，督促物业管理单位维修残损户外广告，限期整改存在安全隐患的广告设施；完善户外广告牌匾安全防控监督网络，强化管理单位日常检查和维护，详细填写检查反馈表。施工工地降尘控污：依托大气污染防治专项执法周，采取多部门日常捆绑执法模式，对工地裸土苫盖、进出场车辆清洗、停工项目现场情况等实现无缝隙监管，对扬尘施工单位追查甲方责任；对在施工地开展防风防火和用电安全隐患排查，完善信息共享与反馈机制，确保大风恶劣天气预警响应及时。渣土运输管理：在渣土车违法形态高发点位设卡检查，落实“定人、定车、定岗、定时、定责”机制，严禁未密闭运输、车轮带泥车辆上路；对运输车辆泄漏遗撒等违法行为，一律高限处罚并移送相关部门，处罚信息录入综合巡查系统，形成动态管控机制。共走访企业商户 20 余家，规范广告牌匾 5 处，排查安全隐患两起，检查工地 10 余家，规范土方覆盖问题两处，整改破损广告围挡 1 处，排除安全隐患两起，宣传告知群众 50 余人。

（杨静）

治理校园周边环境秩序

年内，开发区城管分局采取三项措施开展治理行动，保障校园周边环境秩序。提前走访：主动走访辖区学校，建立校园联系人制度，健全基础台账，向学生和家长发出倡议，远离无照售卖食品、拒绝乘坐“黑车”。联动治理：联合公安、工商等部门开展校园周边环境秩序专项整治行动，严查无照经营、店外经营、非法运营和违法停车等行为；开展公共安全排查，对校园周边违法建设、燃气使用状况开展安全排查，及时发现安全隐患，责令整改，杜绝火灾、建筑物倒塌和食品中毒事件的发生，确保校园安全。巡查：部署执法力量，督促校园周边商家自觉落实“门前三包”责任，加大上下学时段的巡查频次，落实人盯车巡制和定点监控制度，对发现的违法行为做到及时教育和劝阻。共走访重要街区30余处，开展专项行动5次，规范店外经营行为6起，落实“门前三包”责任20余家，宣传教育群众80余人。

（杨静）

燃气安全专项检查

年内，开发区城管分局推进精细化执法，分类开展燃气安全检查工作。检验供气单位燃气经营许可证、钢瓶产品合格证，督促落实安全主体责任，排查供气单位生产设施配备、输气管线维护，源头管控燃气使用安全。落实餐饮公服用户主体责任。对主要商业聚集区域餐饮商户开展拉网式排查，责令整改未安装燃气浓度检测报警装置、橡胶软管老化等问题；对商圈由物业统一配置正规燃气，定期检查供气设施完成安全记录，举办安全用气培训，提高餐饮从业人员安全防范意识和应急处置能力。排查便民餐车液化石油气安全隐患，规范便民餐车，排查液化石油气钢瓶和阀门软管等用气器具，督促靓米家等3家餐饮公司定期安检餐车气罐、炉具和灭火器等设备，消除安全隐患。共检查餐饮服务单位30余家，工地企业10余家，便民餐车50余辆，责成整改隐患8处，发放宣传材料100余份，教育群众200余人。

（杨静）

小广告治理

年内，开发区城管分局持续加强非法小广告专项治理。疏堵结合，全面梳理非法小广告乱点，在商业聚集区域和公交地铁沿线等群众热线举报高发点位，设立提示牌和信息岛，引导小广告定点张贴、定期清理；做好重点区域特殊时段保障，重点管控张贴散发小广告行为；对高发问题和高发点位开展高频次、高强度集中整治，确保上账点位及时销账，对违法企业实施高限处罚，同时将处罚结果录入企业信用信息系统，通报相关主管部门。多元治理，深化小广告清理“服务外包”模式，建立城管、保洁单位联动；落实企业商户小广告清扫保洁责任，发挥城管志愿者小广告治理联络员、监督员、宣传员作用，做好社会层面的辅助执法工作。督察考核，重点点位“定人”“定车”“定责”，做好辖区小广告整治工作考核验收，总结、固化、推广整治行动中的做法；对完成整治的上账点位回头看，坚决遏制违法行为反弹，全面巩固整治成果。共开展专项治理10余次，检查主要街区道路50余处，清理非法小广告30余处，条幅20余条，山寨指路牌10余处，宣传教育群众100余人。

（杨静）

工地专项治理

年内，开发区城管分局开展工地专项执法行动。行政指导方面，召开工地管理座谈会，落实建设单位、施工单位、运输单位三方社会责任；督促项目方签订绿色施工自律承诺书，做好自律自查工作。分类管控方面，组织协调建设工程参建各方严格落实绿色施工各项管理工作，在工地出入口、土方堆放区安装视频监控设备，与城管部门联网进行视频共享；落实施工单位工地沙土百分之百覆盖、工地路面百分之百硬化、出工地车辆百分之百冲洗车轮、拆迁百分之百洒水压尘、暂不开发处百分之百绿化“5个百分之百”的工作要求；督促土方运输单位使用符合“四统一”要求的运输车辆、按照渣土消纳许可确定的时间、路线和要求，运输至符合规定的渣土消纳场所。服务保障方面，对新建工地通过完善台账信息等措施提前介入指导；严查生活区安全隐患，督促项目方及时清理工地可燃物、畅通消防通道，排查燃气设施配备、输气管线维护，管控燃气使用安全，提高安全防范意识和应急处置能力。共走访工地40余家，规范土方覆盖问题6处，排除安全隐患3起，整改破损围挡5处，清理可燃物4处，发放宣传材料200余份，宣传告知群众100余人。

（杨静）

城市管理领域交通秩序专项执法

开发区城管分局检查工地　　田艳军　摄

年内，开发区城管分局围绕渣土车管控、停车场管理、非法运营治理，开展城市管理领域交通秩序专项执法活动。渣土车管控，督促新开工项目提前备案开槽出土时间和渣土车行驶路线，在施工地做好裸土覆盖、道路硬化、车辆冲洗等防尘措施；对违规车辆逐车倒查施工源头，对扬尘施工单位直接追查甲方责任。停车场管理，健全停车管理基础台账，梳理问题举报多发点位；对公共区域私装地锁、地桩行为开展专项检查，遏制私占公共区域行为。非法运营治理，联合公安、交通等部门，对同济南路地铁站等市局挂账点位分波次开展“净化行动”，查处“黑车”“黑摩的”非法运营、占路揽客等突出问题；采取集中整治与属地巡查相结合的方式，治理“黑车”“黑摩的”，形成动态管控机制。共走访主要商业聚集区域5个，检查工地20余家，排查停车场10余个，开展道路日查10余次，布控点位30余个，宣传教育群众100余人。

（杨静）

净化视觉环境

年内，开发区城管分局对影响视觉环境的违法形态进行整治。通过走访检查、电话约谈等形式，对主要区域重点抓好违规户外广告、违规牌匾标识、山寨指路牌、临窗广告等违法形态的调查摸底工作；督促广告牌匾的养护管理单位对检查中发现的残损户外广告进行维修、加固，杜绝安全隐患。动员并督促商户完成违规牌匾广告自拆工作，对逾期未拆除的户外广告实施强制拆除；针对破损的牌匾标识，责令停止使用，限期维修或更换，并依法处罚。完善户外广告牌匾长效管理机制和安全防控监督网络，督促责任主体限时整改、定期复查；加强对辖区重点点位的督察检查力度，及时督促，确保整治效果。共走访企业商户50余家，规范违规广告牌匾20余处，拆除山寨指路牌10余块，宣传教育群众100余人次。

（杨静）

治理夏季夜间违法行为

年内，开发区城管分局为有效遏制夏季露天烧烤、非法大排档、夜施扰民等夜间违法行为高发态势，实行夏季高峰勤务模式。高峰错时巡查，执法力量分成两大组，于正课时间、18:00 至凌晨 2:00 和节假日开展错时巡查，集中对严重影响空气质量、公共安全和市容环境秩序的违法行为进行治理。高峰错时盯守，露天烧烤多发地点为夜间开工的工厂周边，集中时段为倒班制工人交接班时段。开发区城管分局采用轮岗制，派车组在晚间 17:00 至凌晨 1:00 进行不间断地严防死守，用“提前占领、人盯车巡”的方式挤压露天烧烤的生存空间。高峰错时整治，在 5:00~7:00、11:30~13:30、16:00~22:00，对各类违法行为开展综合整治，明确打击重点，发现一起，处罚一起，实现高峰时段无缝隙监管，巩固整治效果。

（杨静）

环境保护

建设环保监控系统

1 月，开发区环保监控系统一期工程投入使用，实现对 3 家废气重点污染源和 11 家废水重点污染源进行实时监控。10 月，启动环保监控系统二期工程建设工作，10 家企业废水污染源自动监控系统、两个环境空气质量自动监控系统项目进入建设实施阶段。11 月，环保监控系统二期信息平台监控中心启动建设。监控系统二期建设包括监测设备运行管理子系统、空气质量预测分析子系统、机动车移动执法管理子系统和环境事故应急指挥管理子系统 4 个模块。初步建成集监测运行管理、数据中心、核心业务、应急管理、排放预警、领导决策于一体的环保监控信息平台。

（齐峰 姚静）

实施清洁空气行动计划

3 月 31 日，《北京经济技术开发区 2015 年清洁空气行动计划》印发实施，包括压减燃煤、控车减油、治污减排、清洁降尘、综合保障 5 个方面 53 条措施。开发区细颗粒物（$PM_{2.5}$）年均浓度 94.4 微克每立方米，空气质量同比下降 9.2%，在全市各区县空气质量改善情况排名第五名。

（王猛 姚静）

排查污染源企业

3 月至 12 月，开发区环保局开展环境保护大检查工作，共排查出 812 家污染源企业，其中工业源 548 家、生活源 264 家（汽修 27 家、餐饮 237 家）。开发区环保局对污染源企业建立“一企一档”，完成污染源分级管理工作，划分出重点污染源 52 家、特殊污染源 43 家、一般污染源 734 家。

（赵荦荦 姚静）

发布环境质量报告书

6 月 5 日，开发区环保局在开发区官网、《亦庄时讯》、“亦庄环保”微信公众号同时对外发布《2014 年度环境质量报告书》和《开发区环境状况公报》。环境质量报告书分为环保工作概况、污染源排放状况、环境质量状况、结论和对策 4 个部分。按照最新的环境质量评价方法对区域的水、气、噪声、土壤等环境要素进行全面系统的评价，结合 2014 年度的环境监测数据和环境统计数据资料，梳理出开发区环境质量状况和污染物排放情况，并分析了开发区环境质量变化的趋势。

（齐峰 姚静）

保障抗战纪念活动空气质量

7月21日，开发区环保局发布《中国人民抗日战争暨世界反法西斯战争胜利70周年纪念活动开发区空气质量保障方案》。8月13日、14日、28日、30日分别召开4次会议，动员部署保障工作。8月20日进入正式保障工作阶段，每日安排7个组30人重点对企业污染源和流动污染源开展监察执法。联合开发区管委办成立两个督察组，每日对开发区空气质量保障措施开展督查检查工作。截至9月4日，开发区管委会各相关部门累计出动督查和检查人员1120人次，检查工业企业、餐饮等单位332家，检查施工工地291家次，检查机动车14034辆、加油站30家次，对5家企业进行处罚。11月11日，开发区环保局被环保部评为先进集体。

（王猛 姚静）

开展建设项目审批工作

年内，开发区环保局完成一般类审批项目343项，其中报告书项目5项、报告表项目131项、登记表项目207项；办结不受理项目36件；办结验收项目105项，试生产项目50项；办结辐射审批项目14件，辐射验收14件，辐射安全许可证16件；办结项目变更批复18件。组织召开项目专家评审6次，参加项目入区专题会议25次。整理并移交项目档案452件。

（黄建琨 姚静）

加大环境监察执法力度

年内，开发区环保局共出动执法人员1838人次，检查污染企业1954家次。查处各类环境违法行为36起，其中限期整改1家。处罚企业42家，罚款金额92.39万元，其中查封扣押3家。排污申报登记企业276家，征收排污费企业167家，累计征收724万元。全年处理信访325件。

（赵荦荦 姚静）

开展主要污染物总量减排和信息公开工作

年内，开发区大气主要污染物中的二氧化硫和氮氧化物排放总量分别控制在327吨和390吨以内；废水主要污染物中的化学需氧量和氨氮排放总量分别控制在1438吨和230吨以内，完成2015年度和“十二五”时期的总量控制目标任务。全年有13家重点排污单位分别在企业网站和北京市重点排污企业自行监测信息发布平台对外发布自行监测信息，让公众知晓企业排污状况，接受公众监督。减排监测体系建设考核结果97.9分，企业自行监测结果公布率98.1%，监督性监测结果公布率100%，污染源自动监控数据传输有效率99.03%。

（齐峰 王君丽 姚静）

实施环保专项资金促进污染物减排

年内，新区环境保护资金支持项目34项，支持资金3515.15万元，其中开发区1067.65万元、大兴区2447.5万元。截至年底，共拨付资金3371.5万元。扶持资金共带动企业投资2.03亿元，改造燃煤锅炉481蒸吨，压减燃煤6.88万吨，氮氧化物减排310吨，挥发性有机物减排8.1吨，二氧化硫减排585吨，化学需氧量减排56.82吨，氨氮减排6.58吨。

（王君丽 姚静）

开展大气污染专项执法检查

年内，开发区环保局在每月的第一周开展大气污染专项执法检查。针对废气重点排放企业、印刷企业、汽车制造、维修企业、餐饮企业、天然气锅炉、施工工地扬尘和食堂油烟排放等多个涉及废气排放的典型行业开展多次专项执法检查。累计出动监察人员381人次，检查企业746家次，其中废气排放企业186家次、印刷企业42家次、汽车制造企业11家次、汽车维修企业63家次、餐饮企业329家次、施工工地115家次。共处罚7家，罚款22.5万元。

（赵苹苹 姚静）

促成氮氧化物排污交易90余万元

年内，开发区环保局共促成开发区内11家企业分别与揖斐电和京东方显示进行氮氧化物交易，累计交易金额90余万元。通过排污交易市场化行为，有效解决了“高精尖”项目入区总量指标问题。

（王君丽 姚静）

完成环境监测任务

年内，开发区环保局完成开发区内地表水监测7个断面、地下水监测4个点位、土壤监测8个点位、噪声监测25个点位、降尘监测2个点位的监测工作。完成国控和市控重点污染源企业监督性监测的各项月报、季报、半年报、年报等共计60份数据上报工作。上报各项有效监测数据4328个，上报完成率100%。完成环境执法监察和总量减排专项监测工作。

（齐峰 姚静）

启动空气重污染源应急预警19次

年内，开发区环保局启动空气重污染应急预警19次，重污染天数41天。其中，蓝色预警8次9天，黄色预警7次20天，橙色预警2次5天，红色预警2次7天。按照《开发区空气重污染应急预案》，开发区环保局与各部门配合，落实土方工地停工、部分企业限产等各项应对措施，完成空气重污染应急保障工作。

（王猛 姚静）

完成林木有害防控工作

年内，开发区市政局购买林木有害生物防治药品、防治美国白蛾的诱捕器等，开展林木有害生物防治工作。完成开发区内1291万平方米绿化面积的美国白蛾病虫害防控工作，打药5次。完成对开发区林木有害生物监测定期向北京市林保站的测报工作。委托北京林业大学开展开发区林业有害生物普查工作。开发区未发生林木病虫害疫情。

（张振利）

开展空气重污染应急工业企业停限产管理

年内，开发区企业发展服务局制定《北京经济技术开发区空气重污染应急预案企业发展服务局分预案》，建立停限产名单管理制度，并在发生空气重污染时，按照不同预警级别措施要求，组织空气重污染应急企业落实停产限产措施。将市级空气重污染应急工业企业，及从事商品包装印刷、涂料、油墨、胶粘剂生产的20家企业，纳入空气重污染应急停产限产企业名单。全年启动空气重污染工业企业应急预案5次，持续时间39天，完成纪念中国人民抗日战争暨世界反法西斯战争胜利70周年活动、全国两会期间空气质量保障任务。

（蔡腾飞）

区属国有资产经营

北京经济技术开发区年鉴 2016

BEIJING ECONOMIC-TECHNOLOGICAL DEVELOPMENT AREA YEARBOOK

综述

2015年，开发区总公司围绕全面参与新区建设和打造升级版总公司两个工作重心，把握“新区一体发展的排头兵、国有企业的领头羊、新区发展的助力器”定位，全面推动开发区总公司做强做大做优，保持强劲的发展势头。全年营业收入59.8亿元，利润6.7亿元，完成固定资产投资85亿元，总资产规模712亿元，净资产规模202亿元，国有资产保值增值率101.5%。

开发区总公司发挥主体作用，全面参与新区建设。新航城建设取得重要进展，历时40天，完成13个村7005户拆迁，完成临空经济区土地一级开发融资方案编制，动工安置房建设，完成天堂河（北京段）改线工程，南部地区排水工程达到施工条件。亦庄新城建设项目全面实施，推进旧宫综配区征地，完成集贤地区4个地块前期立项手续，启动住宅拆迁。做好“12平方公里”项目收尾，中学项目完成主体结构施工，医疗中心项目实现竣工备案。3个幼儿园移交给开发区社会发展局，给水、电信工程分别移交24.9公里和5.8公里。

突出亦庄国投投融资平台作用，着力完善母基金体系，参与设立基金35只，基金总规模2133.63亿元。加大重点产业和重点项目投资力度，全年产业投资决策项目76个，承诺投资额345亿元，其中海外并购投入24亿元，涉及并购资产价值540亿元。

开发区总公司推进科技创新中心建设。生物医药园建成小动物平台和中试平台，园区入驻企业达到150家。

开发区总公司加大服务保障力度，优化职住平衡体系，推进生态改造工程，持续推进宜业宜居和谐新区建设。

（何焱 孙辉 杨莹）

北京经济技术投资开发总公司

概况

2015年，开发区总公司围绕首都战略定位和新区转型升级，全面服务新区建设发展，全面推动开发区总公司做强做大做优。年内，开发区总公司相关部门研究、跟踪开发区现有土地资源情况，其创新成果《企业财务决算标准化流程实施项目》和优秀财务管理论文《以信息化创新成果助推企业财务转型升级》分别获首届全国国有企业财务管理创新成果类一等奖和优秀论文类二等奖。开发区总公司协助法院处理“12平方公里”项目强制执行案件13件、非诉拆迁纠纷补偿纠纷3件、诉讼案件6件。

（何焱 宋健 霍晓蕊）

向中开藏域投资开发公司增资2000万元

1月，开发区总公司为支援西藏经济建设、保障拉萨经济技术开发区的发展，向拉萨中开藏域投资开发有限公司增资1500万元。截至年底，开发区总公司累计向该公司增资2000万元，保障了西藏拉萨经济技术开发区的开发建设。

（宋晓梅）

总公司召开2015年工作会

2月2日，开发区总公司召开2015年工作会，开发区总公司党委书记、经理白文作2015年工作报告，副经理罗伯明主持，公司领导班子成员出席。开发区总公司各部门、各单位副经理以上人员参加会议。白文指出，开发区总公司2015年着眼完成新区各项重点任务，服务新区一体化发展；深化国企改革，形成开发区总公司集团化管控雏形，推进子公司市场化步伐。面对经济发展新常态，市场发展新变化，自身发展新挑战，开发区总公司要集中精力推进三方面重要工作：坚持不懈服务新区一体化发展，坚定不移打造升级版开发区总公司，严字当头全面加强党的建设。白文要求，为全面完成2015年目标任务，开发区总公司全体干部员工要进一步增强使命意识，围绕新区建设发展的中心和大局，主动参与新区建设，服务新区发展；进一步增强改革创新意识，破解发展难题，调动干部员工的主观能动性，增强发展后劲，激发企业活力；进一步增强市场竞争意识，强化市场身份和市场主体意识，立足市场提供产品和服务，努力开拓区内区外两个市场，提高资源获取能力和市场盈利能力；进一步强化抓好党建意识，充分发挥党组织在企业发展中的政治核心作用和统一思想凝聚人心作用，全面提升党建工作水平，为建设发展提供有力保障。

开发区总公司召开2015年工作会　　潘清泉 摄

（何焱 孙辉）

多项措施确保开发区总公司安全生产

2月23日，开发区总公司召开年度安全生产工作会，与所属20个单位签订《安全生产责任书》，对2014年度安全生产工作8个先进集体、27个先进基层单位和65名先进个人进行表彰。年内，开发区总公司各级领导安全检查332人次，专业部门检查672次，发现和消除隐患2147个，同比下降43%。开发区总公司系统组织培训教育192场次，培训7893人次。各单位按照“一预案一演练”要求组织演练，开展各类演练143次，4014人次参加。

（伏社宏）

完善子公司法人治理决策统筹工作体系

3月，开发区总公司下发《关于做好总公司权属及代管企业法人治理决策、统筹相关工作的通知》，从制度层面上对子公司股东会、董事会等重大事项的决策程序进行规范，将各层级主体、决策内容和程序一一对应。全年办理重大事项会签57项。

（佟俐颖）

进行2015年度危险因素辨识

3月，开发区总公司对所属单位进行2015年度危险因素辨识，为防范事故提供重要依据。据统计，开发区总公司系统有锅炉63台、热力管网153公里、电梯532部、通信管网261公里、再生水管网35公里；人员密集场所有青年公寓、永康公寓、京东方宿舍、酒店；施工现场危险源有机械、临电、深基坑、高空临边、工地宿舍等。

（伏社宏）

认缴5亿元投资国新科创私募股权基金

6月，开发区总公司为提升资本运作能力，积极参与资本市场，分享国企改革红利，参与投资国新科创私募股权基金。该基金总规模45.45亿元，开发区总公司认缴投资金额5亿元。基金已投资中石化、澜起和阿波罗等项目。

（宋晓梅）

汇编财务重点业务

10月，开发区总公司计划财务部梳理总结代建（收购）租赁厂房项目——康宁工厂（一期、二期）项目、资产划转业务——X17公租房等资产划转、金融资产出售业务——出售京东方股票、购入少数股东（系统内）持有子公司股权——购入北京经开持有博大经开建设股权、项目工程财务决算步骤、年终财务决算工作步骤等重点业务，形成《北京经济技术投资开发总公司历年财务重点业务汇总2015年汇编本》，在开发区总公司财务系统中印发。重点业务汇编将作为计划财务部的常规性业务事项，向开发区总公司系统财务人员提供参考学习范本，在工作中发挥财务管理作用，改进和提高财务管理手段和水平，为新常态下的开发区总公司转型升级、改革发展提供专业支持。

（宋健）

启动总公司系统年度预算编制优化工作

10月，开发区总公司计划财务部重新梳理和设计原有的预算报表和汇总合并流程，优化原预算系统中预算报表体系，加强预算执行管理。调整后的预算报表体系加强了报表间的数据复核关系和自动生成报表功能，增加了预算滚动调整功能，引入了“差额户”预算报表以便于更准确地对预算财务报表进行合并。优化后的预算系统有利于指导各单位的预算工作按照统一思路、统一规范进行编报，减轻系统各单位编制预算的手工处理，加强预算成果的实用价值。

（宋健）

国有企业改革改制取得重要进展

11月4日，市政府专题研究会审议通过开发区总公司改制方案，开发区总公司改制工作启动。年内，以子公司为试点，在股权改革和退出非优势领域等工作上进行有益尝试，以博大网信、博大水务为试点，推进股权多元化改革，引入北京泰豪智能工程有限公司、北京新航城投资控股有限公司两家战略投资者对博大网信进行增资扩股；以亦庄国际人力、博大万泰为试点，推进国有资本在不具备优势的领域逐步退出，引入北京科锐国际人力资源股份有限公司作为亦庄国际人力的战略投资者，亦庄国际人力股权变更已完成，博大万泰股权改革正在推进。主业转型升级取得成效，开发区总公司积极推进从开发建设向投资控股转变，增加对二级公司博大经开建设、博大数文、亦庄置业等股权投资；认缴5亿元投资国新科创私募股权基金；研究探索如何向保险行业投资等课题，推进向市场化转变进程。

（何焱 孙辉 宋晓梅）

新增融资139亿元

年内，开发区总公司计划财务部与交通银行、建设银行、恒丰银行、浦发银行等多家金融机构开展业务接洽，为开发区总公司存量债务还款和在建新建项目寻求融资支持，新增融资139亿元。

（宋健）

新航城建设取得重要进展

年内，开发区总公司作为新区重点建设企业为新机场建设保驾护航，历时40天，完成13个村7005户拆迁，完成临空经济区土地一级开发融资方案编制，动工安置房建设，完成天堂河（北京段）改线工程，南部地区排水工程达到施工条件，各项保障工作有序推进。

（何焱 孙辉）

亦庄新城建设项目全面实施

年内，开发区总公司旧宫综合服务配套区征地按计划推进，集贤地区4个地块完成前期立项手续，启动住宅拆迁。奔驰二工厂项目取得开发区管委会批复，规划条件通过市规委审核。南海子项目推进立项，德茂地区土地一级开发进展顺利。亦庄镇南工业区拆迁腾退拉开序幕，亦庄镇东工业区改造全面启动。

（何焱 孙辉）

持续推进“12平方公里”项目收尾工作

年内，“12平方公里”项目配套设施建设、资产移交和安置房管理工作有序推进。中学项目完成主体结构施工，医疗中心项目实现竣工备案。3个幼儿园已移交开发区社会发展局，给水、电信工程分别移交24.9公里和5.8公里。

（何焱 孙辉）

北京亦庄生物医药园新增入驻企业55家

年内，北京亦庄生物医药园建成小动物平台和中试平台，园区新增入驻企业55家，企业总数达到154家，初步形成以创新药、诊断试剂、临床检验、技术服务和配套服务机构为主的产业集群化发展态势。

（何焱 孙辉）

多个“众创空间”形成

年内，开发区总公司坚持市场导向，发挥市场配置资源的决定性作用，集中优势力量，初步尝试构建市场化“众创空间”，满足个性化多样化需求和用户体验。北京经开与京西创业公社合作打造“E7创享家”，获“全国众创空间中小企业创新服务平台”称号。生物医药园建成独具特色的“E-Town Bio众创空间”，为客户提供全方位的空间和金融服务，科技创新项目孵化育成步伐加快。

（何焱 孙辉）

“腾笼换鸟”工作取得阶段性成果

年内，开发区总公司确定了开发区起步区转型升级率先启动示范项目，完成搬迁腾退前期摸底调研，形成区域和产业定位方案。加大对闲置、低效土地回购回收力度，达涅利项目回购谈判接近尾声；星网工业园回购原则已确定，谈判取得阶段性成果。

（何焱 孙辉）

与名企合作加大新兴产业投资力度

年内，开发区总公司与中国集团公司促进会合作，成立北京亦庄国际产业创新管理公司，统筹运营亦城财富中心，采取O2O模式重点集聚金融、信息、商务服务产业。与北京市文投集团围绕股权合资、产业空间运营、产业孵化、产业投资全方位探索合作，双方共同投资设立北京文化创新工场亦庄文化发展有限公司，在盘活部分空置资产的同时，以科技文化融合发展为方向，开展文化主题园区的运营和产业孵化。与国研文化传媒公司合作，建设智库创新科学园和互联网金融大道。

（何焱 孙辉 宋晓梅）

公租房总量达到12676套

年内，E8项目整体完成四方验收。E18项目主体和二次结构全部完成。X38项目精装修竣工。公租房总量达到12676套，服务开发区162家企业。永康公寓升级改造完成，青年公寓设施维修有序推进，两个公寓入住人员1.3万人，帮助200余家开发区企业解决员工住宿问题。

（何焱 孙辉）

多业态推进京津冀协同发展

年内，开发区总公司天津武清项目土地一级开发基本完成，二级开发全面推进，5.3万平方米住宅项目、4万平方米云海产业园项目完成主体施工。京津冀科技创新服务平台也初具规模，线下平台装修接近尾声，线上平台开始运营，平台工作机制日益完善，机构引进和遴选正在推进。

（何焱 孙辉）

做好资金中心资金集中管理工作

年内，在保证各子公司正常经营资金需求的前提下，开发区总公司计划财务部资金管理中心通过组织月度资金计划，管理资金上收下拨等方式严格控制资金收支。在日常资金集中管理工作中，开发区总公司计划财务部不断探索，逐步改进、规范和完善业务流程，统一做好业务单据，加强内部监督和审核，使资金精细化管理落到实处。为鼓励各子公司资金上存，资金管理中心通过各子公司的申请为其办理通知存款、定期存款等业务，提高各子公司存款资金收益。同时，资金管理中心充分利用集中资金为各子公司提供内部信贷服务。积极开展与北京经开资金管理分中心对接，指导北京经开分中心建设工作，掌握运行情况。

（宋健）

纳税完成5.03亿元

年内，开发区总公司计划财务部严格按照征期要求，按期完成重点税源户报表报送、纳税申报和税款缴纳工作。开发区总公司（不含子公司）汇总纳税5.03亿元，完成重点户税收调查表格填报工作；企业所得税免税收入相关资料备案、开发区总公司Comag设备资产损失专项申报备案、关联报表申报和所得税汇算清缴工作。

（宋健）

接受各项审计检查工作

年内，开发区总公司计划财务部组织开发区总公司相关部门和各子公司开展各项审计检查工作。就D6电子信息产业园项目接受市经济信息化委3868万元工业发展资金贴息事宜，按照市经济信息化委要求，从项目经济效益和社会效益情况，立项、投资、工程管理情况，贴息款收支和财务管理情况等方面编写并提交自评报告。就B7生物医药园接受4000万元市统筹资金补贴事宜，组织生物医药管理公司从项目实施绩效成果情况、项目运营情况、商业模式的创新情况、项目取得的经济效益和社会效益情况等方面编写项目自评报告，向开发区投促局提交报告。

（宋健）

“美丽工地”建设与“互联网+”相结合

年内，开发区总公司将“美丽工地”的打造与“互联网+”概念相结合，不断创新、扩展“美丽工地”的内涵与外延。继2013年“美丽工地”试点，2014年延续推广后，2015年选取保华国际学校项目作为新的“美丽工地”项目。项目建设依据“美丽工地”相关标准打造，不仅涵盖“美丽工地”成果，而且将“美丽工地”建设与“互联网+”概念紧密结合，增加可视功能，通过项目微信公众号实现所有关注公众号的人都可以及时查看项目进度、安全和质量的管理过程。

（李婧）

完成固定资产投资85亿元

年内，开发区总公司着力提高固定资产投资计划系统化、精细化管理水平，统筹调度并完成了路东区E18R1、E18R2开发区产业配套人才公租房项目、综配区3个半村还绿工程、南海子项目征地拆迁等重点项目，完成固定资产投资85亿元，实现开复工面积130万平方米。

（刘彬）

安全生产工作多次获奖

年内，新元公司、博大兴物业公司获得三级安全标准化企业称号；博大经开建设、北京经开、开拓热力获北京市和开发区安全生产月活动优秀组织奖；E2M1、荣京道项目、博大芯FAB2C厂房、X78中学项目、X83医疗项目等获得“北京市绿色施工文明安全工地”称号，保华教育园项目等8项工程获得“2015年全国质量安全管理AAA级示范工程”称号。

（伏社宏）

新增直接融资45亿元

年内，开发区总公司积极拓展直接融资渠道，解决各类资金需求，优化融资结构，降低综合财务成本。4月10日，首次发行10亿元超短期融资券，期限270天。7月16日，发行15亿元中期票据，期限3年。7月21日，发行10亿元短期融资券，期限1年。12月7日，首次发行10亿元理财直接融资工具，期限两年。

（宋晓梅）

亦城财富中心项目竣工运营

年内，开发区总公司完成亦城财富中

心项目竣工备案工作，项目进入运营状态。亦城财富中心项目占地面积 3.37 万平方米，建筑面积 15.74 万平方米，位于荣华中路东侧，紧邻北京丰大国际大酒店和开发区工商分局。开发区总公司前期策划部配合并组织完成亦城财富中心导视系统的招标和相关设计工作。同时，开展对 A 座 32 层的功能研究工作，委托项目设计院对 32 层平面功能进行可行性论证。亦城财富中心项目建筑功能主要为高端商务、企业办公、商业服务和其他配套设施，建成后将成为荣华中路地标性建筑。景观设计延续建筑中共享大堂钻石元素的概念，注重品质和舒适感。

（王翠 蒙乐）

亦庄保华国际教育学校项目完成主体施工

年内，开发区总公司完成保华国际教育学校项目主体施工、市政雨污管线和热力管线施工，耀中中学、耀华中学、耀中综合馆、耀华综合馆初装完成 98%，机电管线设备综合安装完成 95%，实现年底主体施工进度目标。保华国际教育学校占地面积 11.89 万平方米，建筑面积 4.64 万平方米。

（王翠）

开展所属子公司风险内控专项检查

年内，开发区总公司组织开展所属子公司风险内控管理执行情况的专项检查评价工作，检查涉及 18 家单位，共发现 217 项内控问题，结合实际，提出制度修订意见 89 条，风险内控管理手册修订意见 13 条，各单位的风险管控水平和抗风险能力得到进一步提升。继续推进对所属子公司负责人的经济责任审计工作，开展 1 家子公司负责人离任经济责任审计、两家子公司负责人任中经济责任审计。

（张扬）

规范工资总额预算和薪酬管理

年内，开发区总公司在完成 2014 年工资总额清算工作、2015 年工资总额预算工作的基础上，建立并下发《北京经济技术投资开发总公司工资总额预算制全年工作月历》，对系统内人事经理和经办人员宣贯培训，确保工资总额预算工作及时有效推进。同时，为完善开发区总公司薪酬管理机制，开发区总公司与相关机构达成合作协议，对现行薪酬体系进行专项调研，最终形成薪酬调研报告和薪酬优化方案。

（姜静）

全资（控股）子公司

北京经开与小桔科技（滴滴出行）签约

北京经开与小桔科技（滴滴出行）签约专车业务　　赵晓婷 摄

1 月 26 日，北京经开投资开发股份有限公司作为首批与小桔科技（滴滴出行）签约客户之一，参加了滴滴企业出行服务发布会。滴滴在会上推出企业商务用车服务。北京经开作为专业的园区开发运营商，致力于搭建系统的园区企业服务平台，与滴滴出行平台共同推进专车业务，进一步推进企业用车的低碳、智慧化，为园区企业和员工提供包括“自行车—电动接驳车—电动租赁汽车—专车服务”在内的一体化低碳交通体系。

（孙玲）

北京经开启动电动汽车租赁业务

北京经开启动电动汽车租赁业务 温睿玚 摄

2月4日，北京经开投资开发股份有限公司启动电动汽车租赁业务。在北工大软件园举办主题为“电动租车 经彩启程”的租车业务开通庆典暨交车仪式。活动现场，北京经开领导为4位首批客户代表递交汽车钥匙。北京经开纯电动汽车租赁业务上线后，为园区企业和员工出行提供更加低碳、方便、高效的出行选择。

（孙玲）

博大网信加入中国铁塔联盟

2月，北京博大网信科技发展有限公司加入中国铁塔联盟，成为联盟常务理事单位和日常运营机构——中国通信企业协会通信工程建设分会装备委员会的常委单位。中国铁塔联盟由中国通信企业协会和中国铁塔股份有限公司，会同通信设施服务关联领域大中型通信装备和工程服务企业、科研单位、高等院校，以及各省（市、自治区）通信行业协会、铁塔分公司共同成立。博大网信加入联盟，在参与并促进电信行业的资源整合共享、提升电信网络基础设施效率和效益、规范市场主体行为、推动通信设施服务关联产业惠民强企方面发挥作用，吸引业内主管部门和企业关注。

（范洪波）

北京经开与浦发银行合作推出鑫经彩卡

3月23日，北京经开投资开发股份有限公司与浦发银行北京分行签署“经彩浦发联名卡合作协议书”，共同推出具备多种功能的鑫经彩卡。该卡是国内首家由银行与企业合作推出的特殊功能借记卡，不仅可用于传统的银行卡储蓄、消费，还可以进行身份识别，使得银行卡同时具备门禁、考勤、停车、食堂就餐、商户消费等多种功能。鑫经彩卡的发行也使得北京经开在园区内发行的原“经彩卡”由行业卡转变为金融卡，使所辖园区内的近3万名员工享受更加便捷优质的餐饮、商务、交通和金融服务。

（姜昧茗）

博大网信获得5项产品研发新成果

3月，北京博大网信科技发展有限公司与北京博大光通国际半导体技术有限公司共同研发的“一种基于无线传感网的窨井管道监测微功耗无线设备”，取得知识产权局颁发的实用新型专利证书。7月，博大网信自主研发的4个管理软件：博大网信楼宇信息分析系统V1.0、博大网信能源监测管理平台V1.0、博大网信智能建筑综合管理系统V1.0、博大网信智能社区综合管理平台V1.0，获得版权局颁发的计算机软件著作权登记证书。

（范洪波）

博大网信调整优化企业发展战略

年初，北京博大网信科技发展有限公

司立足于资源布局优势、主营业务发展趋势和自身的承载能力，对主营业务进行重新定位，通过对智慧城市市场需求、技术发展路径、国家政策导向，特别是对智慧亦庄、智慧新航城总体建设目标和关键需求深入分析，调整确定公司的业务定位与发展目标："立足于新区建设、京津冀协同发展，积极拓展智慧城市领域中基础性、平台型、高成长、高附加值的专业细分行业，成为以运营服务为主导，智慧城市投资建设、解决方案提供为一体的知名智慧开发区领域的综合运营服务商"。

（范洪波）

北京经开携企业参加北京工业大学双选会

4 月 1 日，北京经开·北工大软件园携手北京久其软件股份有限公司、中企动力科技股份有限公司、北京京诚鼎宇管理系统有限公司、北京盈科通达信息技术有限公司 4 家开发区企业，参加北京工业大学举办的 2015 年毕业生综合双选会。双选会共吸引 200 余家企业和 1500 余名学生参会，提供招聘岗位近 5000 个。北京经开·北工大软件园利用高校大型双选会的平台，为园区企业争取免费展位，助推企业招纳贤士，并积极将优质企业资源送入学校，为毕业生提供直接有效的应聘途径，降低学生与用人单位双方的成本，形成毕业生、学校、企业相互扶持的三赢局面。

（孙玲）

联港置业联港嘉园项目首家大型超市入驻

4 月 16 日，北京联港置业有限公司与北京家家吉利商贸有限公司签约，实现联港嘉园项目公建楼 6400 平方米超市对外租赁。该合同的签订标志着联港嘉园小区的第一家大型超市入驻。10 月 14 日，超市对外营业。

家家吉利超市在联港嘉园小区开业　　冯青 摄

（何谊 李雷）

博大世通成立 24 小时通关服务中心

4 月 16 日，博大世通国际物流（北京）有限公司成立通关服务中心，将原来的 7×24 小时远程预约通关服务升级为 7×24 小时现场通关服务，并本着"问题不遗留、交接面对面、服务不间断"的原则，通过规范制度、量化考核、学习培训等方式，提升人员高效服务的意识，为企业通关做好基础服务工作，力争将通关服务中心打造成中心的明星窗口，成为开发区招商引资的服务名片。截至年底，非正常工作时间共办理企业通关业务 2963 车次，同比增长 16%；非正常工作时间办理企业通关业务占同期总服务车次的 35%。

（王矗 赵慧娟）

生物医药园实验动物中心取得运营资质

5 月 15 日，北京亦庄生物医药园实验动物中心取得市科委颁发的实验动物使用许可证。动物中心投入使用后，可为园区和开发区的企业提供大鼠、小鼠和豚鼠的寄养服务、病理检测服务、高通量组织芯片服务、ABSL-2 级以下动物感染性实验服务、创新药的体内有效性预评价和疾病模型动物实验服务。实验动物中心作为生物医药园的小动物寄养和新药预评价服务平台，在生物制药企业的研发中起到不可或缺的技术和服务保障作用。

（孔畅）

博大置业成立工业企业物业管理分公司

5月22日，北京博大经开置业有限公司推进企业管理模式改制，原博大置业工业物业管理中心调整管理模式，注册成立工业企业物业管理分公司。分公司设置综合办公室、财务管理部、运营管理部、质量管理部4个职能部门，及经海产业园、生物医药园等8个物业项目部，共有员工298名。

（黄秀敏）

北京经开参与成立工业大数据创新联盟

北京经开参与成立中国工业大数据创新发展联盟　　王玉巍 摄

6月9日，在工业和信息化部的支持下，由中国电子学会、电子科学技术情报研究所、北京经开投资开发股份有限公司等联合主办的中国工业大数据创新发展联盟成立大会在北京召开，相关领导、专家和企业代表280余人参加大会。中国工业大数据创新发展联盟由中国电子学会、工业和信息化部电子科学技术情报研究所、中国电子产品可靠性与环境试验研究所、中国电子技术标准化研究院、北京大学国家竞争力研究院和北京航空航天大学计算机学院6家单位组成，联盟旨在服务产业生态建设，协助制定工业大数据领域的发展政策，助推工业大数据的政产学研用协同创新，切实推进两化深度融合相关工作。北京经开参与联盟的成立和协作，有助于借力联盟优质资源服务园区企业，进一步完善智慧型服务平台的系统架构与运行标准，共同探索大数据时代下产业园区的创新型管理与服务。

（姜昧茗）

北京经开获评中小企业创新服务平台

6月14日，由国资委批准，在工业和信息化部中小企业司、商务部流通业务发展司的支持下，中国中小商业企业协会主办的第三届中国中小企业产业园投资与建设年会在人民大会堂召开。北京经开投资开发股份有限公司因在探索众创空间运营、扶持中小企业发展上作出的贡献，获得“全国众创空间中小企业创新服务平台”称号。

（孙玲）

生物医药管理公司签订海外战略合作协议

6月30日，开发区科技局、昭衍美国创新园区总公司、北京亦庄国际生物医药投资管理有限公司签订《关于北京国家生物医药国际创新园建设三方战略合作协议》，为打通国际合作渠道、优化平台服务、营造创新氛围、共建北京国家生物医药园国际创新园奠定合作基础。

（孔畅）

博大世通获批开展区外保税展示交易业务

6月30日，博大世通国际物流（北京）有限公司获得开发区海关《关于同意博大世通公司开展保税展示交易业务的函》，回函要求公司尽快完成保税展示展厅建设和辅助平台保税展示交易模块开发等工作。公司将充分利用保税物流中心闲置保税仓库，加快推进北京亦庄保税直购中心的建设，以丰富开发区产业配套，提升北京市民消费水准，进一步拉动内需。

（王蠢 赵慧娟）

博大数文开展企业发展战略研究

6月至12月，北京博大数文广告有限公司在北京北大纵横管理咨询有限责任公司的专业协助下，结合公司业务发展趋势、国家政策导向和行业市场的变化，开展企业发展战略研究。提出公司新使命是“服务新区文化事业发展、传播社会与商业价值、搭建员工事业发展舞台”，新愿景是“成为国内领先的园区广告传媒服务商和运营商”。

（靳洋）

联港置业联港嘉园项目完成社区设施移交

7月1日，北京联港置业有限公司与大兴区北臧村镇政府、林校路街道办事处签署三方协议。12月，完成联港嘉园项目配套公用服务设施移交，其中包括社区居民委员会、社区卫生服务站、社区服务中心、托老所和老年活动场站，移交面积1960.48平方米。

（何谊 李庄）

北京经开成立BDA研究院

7月22日，北京经开投资开发股份有限公司成立BDA研究院。BDA研究院是北京经开联合北京师范大学、国际关系学院等机构的专家、学者共同打造的产业研究机构，也是公司在战略转型背景下的研究平台和创新载体，研究院采用项目制开展研究工作，邀请行业内知名学者、专家担任项目导师，通过课题申请—课题评选—项目发布的流程，确定研究课题并公开招标，开展研究工作。课题研究主要服务于公司业务发展和经营管理创新，推动公司战略转型升级。年内，完成第一批课题征集和选拔工作。

（姜昧茗）

生物医药园多平台获市新技术新服务认定

7月，经市科委、市发展改革委、市经济信息化委、市住房城乡建设委、市质监局、中关村管委会组成的工作小组评审，北京亦庄生物医药园制剂中试平台获得2015年第一批北京市新技术新产品（服务）证书。12月，生物医药园病理技术和组织芯片定制服务获得2015年第二批北京市新技术新产品（服务）证书，可享受政府采购和推广应用等政策支持。

（孔畅）

北京亦庄保税直购中心新闻发布会召开

北京亦庄保税直购中心新闻发布会召开　　高鹏 摄

8月6日，北京亦庄保税直购中心新闻发布会在北京亦庄保税物流中心召开，市商务委、北京海关、市国检局、开发区管委会、开发区总公司等相关领导出席新闻发布会，博大世通国际物流（北京）有限公司负责人介绍北京亦庄保税直购中心的相关情况。北京亦庄保税直购中心是经北京海关批准，依托北京亦庄保税物流中心建设的“线上线下”相结合的跨境购物平台。人民网、北京电视台、北京日报等多家媒体对此进行了新闻报道，百余家单位、企业参会。

（王蠢 赵慧娟）

博大置业完成股东和公司名称变更

8月20日，北京博大经开置业有限公司2015年第一次临时股东会决定，北京经开投资开发股份有限公司所持股权全部转让给开发区总公司，转让后，开发区总公司持有博大置业100%股权。9月29日，博大置业2015年第二次临时股东会决定，公司名称变更为北京亦庄置业有限公司，并根据股东会决定，修订公司章程，履行工商变更和备案程序。10月9日，公司经市工商局核准更名。

（黄秀敏）

博大网信工程获评“智能建筑精品工程”

8月，北京博大网信科技发展有限公司承建的开发区49C1地块A座写字楼弱电工程，被中国建筑业协会智能建筑分会评为“智能建筑精品工程”。这是继公司2013年以1号保税仓库等10项建筑智能化工程获评“智能建筑精品工程”之后，再次获此殊荣。公司在建筑智能化、智慧城市规划与设计方面，已具备高标准的设计施工、系统集成和综合运维服务能力。

（王娜）

北京经开发起成立全经联众创空间联盟

北京经开发起成立全经联众创空间联盟　　姜昧茗 摄

9月11日—12日，在第三届中国房地产创新模式大会上，北京经开投资开发股份有限公司旗下创孵品牌“北京经开·E7创享家”受邀作为发起人，联合恒生科技园、中国宏泰产业市镇发展有限公司、亿达软件新城、浙大网新集团、当代置业、合生创展集团、绿维创景、深圳奥雅设计股份有限公司和UFO科技9家企业集团发起成立全经联众创空间联盟。该联盟的设立旨在联合各个众创空间组成交流与合作平台，分享发展经验和案例，促进产业资源与金融资源的对接与共享。

（姜昧茗）

亦庄国际人力举办高峰论坛

9月25日，北京亦庄国际人力资源有限责任公司与三人行、亦庄创投会共同策划举办亦庄·2015秋季人力资源管理高峰论坛，200多家企业、近350人参加。此次论坛围绕产业升级下的人力资源管理创新与变革展开，着力于战略管理和人力实战两部分。专家提出“忘掉HR，才能做好HR”新观点，探讨如何让员工体面地留职，如何从信息数据中寻求动态变化，通过数据说话更有效率，混序管理，给员工创新的空间等新思路，激发与会人员结合自身企业的特点进行梳理和创新，打造适合自身企业发展的管理模式，促进企业发展。

（王巍）

联港置业获得500万元专项基金

9月，北京联港置业有限公司获得市住房城乡建设委返还的新型墙体材料专项基金和散装水泥专项基金500万元。联港嘉园项目住宅楼、公建楼共计73项，面积约46.54万平方米，符合北京市新型墙体材料使用和节能建筑情况检验标准。

（何谊 石磊）

生物医药园成立 E-Town Bio 众创空间

9 月，北京亦庄生物医药园根据生物医药项目创业的特点，重点打造建设符合生物医药创业特点的“E-Town Bio 众创空间”，通过整合生物医药园内原有资源、新资源和园外资源，为生物医药创业人员提供一个优质的孵化空间，为创业初期的生物医药项目提供流动工位、导师和使用实验室、测试仪器等优惠服务，为企业搭建低成本、便利化、全要素的开放式办公实验环境。年内，有 5 家众创企业进入“E-Town Bio 众创空间”。

（孔畅）

生物医药园举办第二届生物医药产业大会

10 月 15 日—16 日，北京亦庄生物医药园举办第二届北京亦庄（京津冀）生物医药产业大会。大会组织 4 个论坛、14 场主题演讲，涉及化药、中药、生物制药、生物技术、医疗器械和设备制造、临床试验业务、医疗检验、医疗健康服务、产品销售、投资、咨询等生物医药所有相关行业，75 家企事业单位分别在产品、技术、融资项目、服务、团队等方面进行展览展示。大会吸引了来自京津冀地区和青岛、苏州、内蒙古等其他地区的政府主管部门、行业权威专家、研发和生产型企业、国内外知名厂商、投资机构、科研院所、行业协会和新闻媒体等 404 家企事业单位 821 人参加。

（孔畅）

新元公司加强公租房项目管理

10 月，市住房保障办公室组织对全市 38 个公租房项目后期经营和服务管理检查，北京博大新元房地产开发有限公司运营管理的亦城茗苑小区和博客雅苑小区得分均名列前茅，得到了高度评价。在公租房配套服务设施招商方面，通过拓展新思路、新办法，商业租赁收入同比增长近 27%。年内，通过统一办公区、公租房施工现场、公租房园区环境标识，提升公租房项目整体形象。新元公司作为北京市乃至全国最早参与社会化公租房建设、运营的公司，通过总结、升华公租房管理经验，创造了一个可供推广的公租房运营模式。

（谷守宇 刘丹青）

亦庄国际人力完成股权转让工作

10 月，北京亦庄国际人力资源有限责任公司作为开发区总公司混合所有制的首批试点企业，完成了向科锐国际人力资源责任公司（简称科锐国际）的股权转让工作，科锐国际成为亦庄国际人力的控股股东，完成工商变更手续。股权变更后，亦庄国际人力注册资本 1000 万元，科锐国际占 80%，开发区总公司占 20%。科锐国际先进管理理念和产品创新能力，客户开发、服务能力和人才发展体系，将助力亦庄国际人力走上更快更高的发展之路。

（王巍）

生物医药管理公司举办投融资对接会

10 月至 12 月，为促进生物医药创新项目与投资机构深层对接，解决生物医药创业企业融资难的问题，北京亦庄国际生物医药投资管理有限公司为园区企业组织了京津冀（亦庄）全球路演会生物医药专场、北京四板展示挂牌企业投融资路演会医疗与生物医药专场和生物医药企业融资项目路演会 3 场项目路演会，为园区 13

家企业与40余家投资机构进行融资对接，为小微企业搭建金融对接平台。

（孔畅）

北京经开租赁公司开启资产证券化业务

11月5日，北京经开投资开发股份有限公司全资子公司北京经开租赁有限公司与广发证券资产管理（广东）有限公司联袂打造的一只以“创新”为概念的资产证券化产品成功设立，产品共募集资金2.5亿元，为期1年半，是国内首笔以内资租赁公司为发起人的证券化金融产品。通过融资，北京经开租赁公司有效地盘活存量资产，扩大杠杆倍数，以实际行动践行“资产证券化，租赁资产化”的行业发展趋势，为更好地服务各类创新型企业提供资金支持。

（姜昧茗）

博大万泰启动改制工作

11月16日、25日，北京博大万泰国际投资咨询有限公司股东会、开发区总公司总经理办公会分别通过博大万泰改制方案，原则同意智慧神州（北京）科技有限公司以增资扩股方式入股博大万泰。

（马苏墨）

亦庄置业亦城茗苑项目处置燃气爆炸事故

11月29日，北京亦庄置业有限公司亦城茗苑项目与相关部门通力配合，妥善处置“11·29”燃气爆炸事故。事故发生后，亦城茗苑项目部第一时间启动应急预案，报告开发区消防支队、管委会相关部门和燃气公司，安全及时地处理事故，疏散居民57户，共计171人。会同政府部门妥善安置业户，受到社区工作站和广大业户的表扬肯定，并收到业户送来的锦旗。

（黄秀敏）

亦庄置业隆盛工业园安装光伏发电设备

11月，北京亦庄置业有限公司隆盛工业园项目配合开发区电力公司和北京泰豪太阳能技术有限公司，在园区内安装太阳能光伏发电设备，成功并网发电。截至年底，发电近3万千瓦时，年发电量1兆瓦，节约电费15万余元。该项目由北京泰豪太阳能技术有限公司投资1000余万元建设完成。

（黄秀敏）

博大网信获企业管理创新优秀成果奖

11月，北京博大网信科技发展有限公司建设的北京亦庄宽带无线城域网（一期）项目，凭借基于智慧城市基础资源统建共享的移动通信基站规划建设与运营管理模式创新，经北京市通信行业协会推荐，在工业和信息化部、中国通信企业协会举办的第十二届通信行业企业管理现代化创新优秀成果评选活动中获得三等奖。公司以小规模区域性运营商身份，跻身中国移动、中国联通、中国电信、中国邮政等大规模中央企业和上市公司背景的大企业之列，获得全国性管理创新大奖，显示了博大网信的创新实力与创新水平，并被市经济信息化委列为“北京市支持信息化发展项目”，获得152万元的资金支持。

（王娜）

北京经开E7·创业公社开业

12月2日，由开发区管委会主办，北京经开投资开发股份有限公司和创业公社联合承办的北京股权交易中心亦庄孵化培育基地落成仪式暨北京经开E7·创业公社开业仪式在北京经开数字工场举行。开发区管委会副主任绳立成、中关村股权交易服务集团副总经理侯博、北京经开总裁周世义、创业公社总裁刘循序和开发区相关部门领导 100 余人参加活动。北京经开 E7 创享家是北京经开以园区资产为基础推出的创业生态服务品牌，可以为创业者提供包括众创空间、孵化器、加速器、创业公寓在内的全业态空间产品，同时打造通用服务、资本服务、智本服务等创业服务保障。年内，北京经开建成 E7 · 创业鹰巢、E7 · 创芯中心、E7 · 数字工场 3 个自营众创孵化空间和 1 个合作众创孵化空间 E7 创业公社，并将持续引入更多成熟创孵机构和服务要素资源，打造京津冀地区完善的创新创业服务平台。

北京经开 E7 · 创业公社开业仪式　　白辰　摄

（孙玲）

北京经开中国低碳智慧园区联盟获奖

12 月 12 日，由北京经开投资开发股份有限公司发起成立的中国低碳智慧园区联盟，在第九届中国产学研合作创新大会上获“中国产学研合作促进奖”。大会由中国产学研合作促进会与云南省人民政府在昆明市共同举办，会议以“创新驱动、开放合作、转型升级”为主题，下设一带一路与产业发展论坛、生态建设与环境保护论坛、“互联网 +”与绿色低碳智能制造论坛等 7 个专题论坛。来自全国一线的产学研、政经界、商媒用各界代表 1500 余人出席会议。

（姜昧茗）

亦庄置业通过工业物业标准化验收

12 月 17 日，北京亦庄置业有限公司工业企业物业管理分公司生物医药园项目通过国家标准化委员会工业物业服务标准化试点考核。考核组由中国国家标准化管理委员会和市质监局专家组成，经过 2 天的现场评审，生物医药园项目以 97 分的成绩通过考评。标志着亦庄置业在工业园区物业管理标准化体系建设过程中实现了一次大的跨越。

（黄秀敏）

北京亦庄生物医药园获得多项资质认定

年内，北京亦庄生物医药园申请北京国家生物医药国际创新园、北京亦庄特色产业园—生物医药创新园、北京高等学校市级校外人才培养基地、众创空间、新区科普教育基地，获得北京市新技术新产品（服务）证书等 11 项资质认定，获得扶持资金 767 万元。

（孔畅）

博大经开建设承建的多个工程获奖

年内，北京博大经开建设有限公司承建的大兴北臧村配套工程、中芯国际二期工程、展虹宇产业园工程、X83C1 社区卫生服务中心工程项目、E2M1 地块 1 号综合楼等 10 项工程和路东区 E18 产业配套工程获得“北京市绿色施工文明安全工地”称号，其中 E2M1 地块 1 号综合楼等 10 项工程获得“北京市绿色安全样板工地”称号。E2M1 地块 1 号综合楼等 10 项工程和路东区 E18 产业配套工程获得“2015 年度北京市结构长城杯工程金质奖”称号，展虹宇产业园工程、X83C1 社区卫生服务中心工程获得“2015 年度北京市结构长城杯工程银质奖”称号。北京亦庄保华国际教育园工程获得开发区首家“扬尘管理优秀等级施工工地”“2015 年度中国工程建设贯彻实施建筑施工安全标准示范单位”和“2015 全国质量安全管理 AAA 级示范工程”称号。

（刘欢）

博大经开建设获得 11 项专利成果

年内，北京博大经开建设有限公司获得 10 个实用新型专利，分别为“一种安全带的安全操作体验系统”“一种安全防护栏杆体验装置”“一种安全帽撞击体验设备”“一种安全鞋冲击体验设备”“一种垂直爬梯倾倒体验设备”“一种高空坠落体验设备”“一种临边机械振动体验设备”“一种墙体倾倒体验设备”“一种人字梯倾斜体验设备”“一种移动式操作架倾斜体验设备”。获得 1 个实用新型专利，即连接件。

（刘欢）

博大经开建设承建工程进展顺利

年内，由北京博大经开建设有限公司承建的 E2M1 地块综合楼工程 8 月 17 日竣工；X83C1 社区卫生服务中心工程 9 月 30 日竣工；北臧村镇回迁房工程 12 月 12 日竣工；京津冀创新线下实体平台装修工程 12 月 31 日竣工；中芯国际二期和亦城财富中心工程竣工移交；路东区污水处理厂三期工程已经通水；路南区污水处理厂工程竣工；塘沽海洋科技商务园工程完成四方验收；天堂河改造工程基本完工。

（刘欢）

博大数文制作《亦庄新闻》237 期

年内，北京博大数文广告有限公司与开发区新闻中心联手打造的《亦庄新闻》系列栏目，成为开发区新闻类的品牌项目。节目以京津冀战略规划的角度，结合新区转型发展，以简短精炼的方式传播新区时事新闻，打造出政企合作的新平台。节目共录制 237 期，每期平均时长 14 分钟，合计 3318 分钟，同比增长 40%。为开发区内企事业单位提供视频素材近 3000 分钟，刻盘 3000 张，是 2014 年的 1.5 倍。此外，公司提供会议、活动等全程录像 87 场，总时长近 9000 分钟。

（靳洋）

博大数文发布公益广告 1970.67 平方米

年内，北京博大数文广告有限公司为开发区工委、管委会和多个职能局投放公益广告。内容涵盖社会主义核心价值观、扶贫互助、防火防灾等多个领域，发布面积 1970.67 平方米，占公司户外广告发布总面积的 18%。

（靳洋）

亦庄置业培训全面升级

年内，北京亦庄置业有限公司实施管理人员培训课时管理制度和考核制度。公司全年完成培训 147 次，其中公司级培训 68 次、部门级培训 63 次、项目级培训 147 次，共计 5780 人次参加。同时，开展人才培养计划和专项培训考核计划，考核 117 人次，其中关键岗位考核通过率 70%。

（黄秀敏）

亦庄置业完成 326 部电梯台账录入

年内，北京亦庄置业有限公司完成公司所辖 23 个项目 326 部电梯的 NC 信息系统设备台账录入工作，进一步规范各项目部电梯档案资料的收集和整理，为电梯的维修、保养、年检等管理工作提供信息保障。

（黄秀敏）

新元公司 1491 套公租房交付使用

年内，北京博大新元房地产开发有限公司鹿海园五里（X38）、定海园项目公租房精装修施工全部完成，并实现交付。两个项目共有 1491 套房屋转为公租房管理。新元公司接手后，迅速制定精装修方案并组织施工，配置节能灯具、节水型洁具、整体橱柜、烟机、灶具、热水器等设备设施，达到租户拎包入住条件。

（谷守宇 刘丹青）

新元公司亦城文园公租房完成实体施工

年内，北京博大新元房地产开发有限公司负责开发的亦城文园（E8）公租房项目实体施工基本完成。该项目位于开发区路东区，由 6 栋高层住宅、1 栋配套公建、1 栋临街商业楼和配建地下车库组成，总建筑面积约 8 万平方米，成套公租房 820 套。该项目获得“2015 年度北京市建筑长城杯工程银质奖”称号。

（谷守宇 刘丹青）

新元公司亦城景园公租房项目完成外装修

年内，北京博大新元房地产开发有限公司负责开发的亦城景园（E18）项目主体和二次结构全部完成，主楼外装修全部完成，室内精装修完成 80%，小市政外线、管井完成 50%。亦城景园（E18）项目位于开发区路东区，由 7 栋高层住宅、4 栋商业楼和配建地下车库组成，总建筑面积约 22 万平方米，成套公租房 1926 套。

（谷守宇 刘丹青）

博大兴挖掘青年公寓经营潜力

年内，北京博大兴投资开发有限公司通过加强青年公寓经营管理、资产管理和物业管理，深挖经营潜力。经营管理方面通过对 4 号楼和 5 号楼进行整体出租，减少经营成本和经营压力，提高园区出租率，提升效益；对园区租金价格进行重新调整，将供暖费用纳入租金范畴，降低财务风险；建立客户信誉档案，有针对性地对现有客户进行筛选，提升客户质量，降低管理服务成本。资产管理方面，以 4 号楼作为整体出租资产管理试点，加强整租客户的资产管理；建立资产定期巡视制度，每月入户抽查资产状况，确保资产安全；制定重点设备设施管理制度，强化重点设备设施管理。物业管理方面，建立整改通知单制度，发现问题及时发放整改通知单，年内发放整改通知单 30 个；加强与物业公司的沟通协调，公司定期召开宿管会、协调会，制定工作联系单制度，保障物业工作畅通高效；加强绩效考核，订立客户评定表，作为支付物业费的依据。

（周会丽）

博大网信市场影响力进一步提升

年内，北京博大网信科技发展有限公司逐步由“市场参与性主体”向“行业引导性主体”身份转变，在推动电信行业资源整合共享、促进通信关联产业惠民强企、整合智慧城市综合解决方案方面，发挥了创新引导作用。8 月，成为北京信息化协会的会员单位；9 月，担任中关村中安城市智慧安全产业联盟成员单位；11 月，先后被市科委等部门认定为高新技术企业，被北京企业评价协会和北京通信信息协会评为北京市诚信创建企业。

（范洪波）

博大网信推进公司体制机制改革

年内，北京博大网信科技发展有限公司有序实施公司体制机制创新工作。7 月，被开发区管委会正式批准列为开发区总公司国企改革的试点单位；制定企改后业务发展基本规划；以5月31日为基准日，完成博大科技对所持博大网信5%的股权无偿划转开发区总公司的工作，博大网信成为开发区总公司的全资子公司，为探索实践股权多元化铺平了道路；聘请专业评估审计单位，完成对公司的资产预评估、最终评估和改革审计；择优选定北京泰豪智能工程有限公司、北京新航城投资控股有限公司两家战略合作意向企业，完成相互尽职调查工作，并就增资扩股和业务开展等事项进行协商研讨；12月4日，完成博大科技将所持的博大网信全部股权划转至开发区总公司之后的工商变更工作。

（王娜）

开发建设公司推进一级开发项目

年内，北京亦庄国际开发建设有限公司取得开发区管委会对南海子郊野公园四片区土地一级项目开发授权，完成南海子、奔驰前驱车二期用地项目的权属认界，并取得勘测定界报告、权属审核报告、项目规划条件、土地预审和项目立项批复，确定征地补偿标准和耕地占补指标，进行申报征地组卷。推进旧宫综合服务配套区、亦庄镇南工业区、瀛海镇3个半村搬迁腾退项目回迁安置工作，其中旧宫综合服务配套区共交房558户、拆除面积约21万平方米、非住宅签约54户、拆除面积约53.97万平方米；亦庄镇南工业区已与1家单位签订腾退补偿协议；瀛海镇3个半村民宅签约率达95%，地上物已签662户（约186.67万平方米），项目安置房已选房屋4262套，占可选房源总套数的80%；过审1323户、4254套；累计办理回迁入住3609套。

（巨德慧 朱晓明）

开发建设公司推进“12平方公里”项目

年内，北京亦庄国际开发建设有限公司代开发区总公司开发的“12平方公里”项目按计划推进。医疗中心项目完成项目竣工备案，中学项目主体结构完成，取得融兴北三街等6条道路立项批复、规划许可证等前期手续；向开发区市政局移交市政基础设施给水工程3239米、电信1718米；取得幼儿园等5个配套项目大产权证；向开发区社会发展局移交X75幼儿园、X82幼儿园。组织落实工程建设项目奖项申报，其中中学项目获得中国建筑业协会建筑安全分会颁发的“AAA级安全文明标准化工地”称号。

（巨德慧 朱晓明）

生物医药园开展E-Town Bio认证培训

年内，生物医药园举办四期“E-Town Bio注册认证直通车”系列培训课程，邀请食品药品监管总局、市药监局相关处室、药品和医疗器械审评中心等相关部门资深专家授课，共有250多名开发区医药企业的研发、生产和质量负责人参加培训。培训帮助医药企业掌握法律法规和专业知识，提升医药企业的管理能力和水平，提高药品医疗器械产品的质量，促进北京医药企业的发展。

（孔畅）

生物医药园推进平台基础设施建设

年内，北京亦庄生物医药园推进平台基础设施建设，营造高效技术服务环境，重点建设小动物平台和病毒载体/抗体疫苗中试平台。病毒载体疫苗/抗体中试平台已进入试运营阶段。北京亦庄生物医药园技术服务平台探索服务项目细化，新推芯片检测系统使用服务等6项技术服务。同时，创新建立平台客户信用风险防控机制，有效管控资源风险。年内，平台新增客户 85 家，累计为 206 家客户提供各类技术服务 4000 多次，实现营业收入 381 万元，同比增长 93%。

（孔畅）

所属企业

北京经开投资开发股份有限公司

北京经开投资开发股份有限公司（简称北京经开）2015 年开展物业开发、资产运营和园区服务等业务，实现收入 13 亿元。“十园一场”（具体包括永昌工业园、宏达工业园、隆盛工业园、中和科技园、北工大软件园、国际企业大道 I–II、国际企业大道 III、数字工场、壹中心、智汇园和亦庄创意生活广场）新入驻企业 40 家，其中上市公司紫鑫药业（股票代码 002118）入驻 E2M1 数字新工场。智汇园项目和壹中心项目竣工并开售。在业务转型中，北京经开加快推进包含鑫经彩卡、电子商务公司、融资租赁公司、网络投融资业务在内的“四位一体”园区金融服务体系，通过 O2O 模式集中服务并签约意向企业或商户，为商家提供持续的平台推广服务和业务拓展支持，签约商户 100 余家。2 月 4 日，新能源汽车租赁业务正式开展，第一批 50 辆电动汽车投入运营。在支持创新创业业务上，北京经开开创“北京经开 E7·创享家”品牌，建成 3 个自营众创孵化空间（E7 创业·鹰巢、E7·创芯中心、E7·数字工场）和 1 个合作众创孵化空间（E7·创业公社），打造京津冀地区完善的创新创业服务平台。

（姜昧茗 孙玲）

北京经开投资开发股份有限公司
董事长 郭广庆
总经理 周世义

北京亦庄置业有限公司

北京亦庄置业有限公司（简称亦庄置业）即原北京博大经开置业有限公司（简称博大置业），于 2015 年 10 月 9 日经市工商局核准更名。公司全年经营收入 25056 万元，回款率 93.59%，同比增长 23.55%；代管资产经营收入 3.72 亿元，同比增长 27.74%，回款率 97%。年内，完成消防维保、秩序维护服务、绿化养护服务、垃圾清运、中央空调运行维护、风道清洗等 12 项工程的 14 次招标。亦城茗苑项目获得“北京市科普示范小区”称号。4 月 1 日，博大置业“亦家园”党群工作站在永康公寓成立。

（黄秀敏）

北京亦庄置业有限公司
董事长 郭广庆
总经理 张志祥

北京博大经开建设有限公司

北京博大经开建设有限公司（简称博大经开建设）2015 年营业收入 18.02 亿元，利润 5281.83 万元，国有资产保值增值率为 104.97%。年内，在建工程 13 项，竣工工程 7 项，开复工 117 万平方米，新开工程 22 万平方米。公司取得国家“建筑工程施工总承包壹级”和“市政公用工程施工总承包壹级”资质；北京市“防水防腐保温工程专业承包贰级”“电子与智能化工程专业承包贰级”“钢结构工程专业承包贰级”“建筑装饰装修工程设计与施工贰级”资质。公司获得“全国安全生产先进单位”和“北京市安全生产月优秀组织奖”称号。项目经理乔勇获得“全国劳动模范”和“北京市劳动模范”称号，王淼获得“全国优秀项目经理”和“北京市最美劳动者”

称号，王言亮获得“北京市优秀项目经理”称号。

（刘欢）

北京博大经开建设有限公司

执行董事 芦永忠

北京博大数文广告有限公司

北京博大数文广告有限公司（简称博大数文）2015年较好完成营业收入，营业利润率18.92%；净资产收益率19.24%；资本保值增值率127.69%，完成开发区总公司年初下达的各项经营指标。公司共有员工51人，其中13人获得相关专业技术资格认证。公司全年新增户外广告媒体面积1827平方米，媒体总面积达11020.70平方米。10月，博大数文股东北京经开投资开发股份有限公司将55%股权转让给开发区总公司，博大数文成为开发区总公司全资子公司。

（靳洋）

北京博大数文广告有限公司

董事长兼总经理 罗伯明

北京博大坤元房地产开发有限公司

北京博大坤元房地产开发有限公司（简称博大坤元）2015年主要任务是开发区博客雅居底商销售和天津天和城区域二级项目开发，总收入7554.66万元。下属子公司博大东方（天津）房地产开发有限公司开发的C3南湖9号一期于2015年8月开盘，截至年底累计销售房屋84套，面积14978.5平方米，回收资金7707.1万元。年内，天津天和城区域二级开发项目D4德国城一期主体、外檐、室外全部完成；D3云海科技园和展厅主体、外檐、雨污水工程全部竣工；D2酒店独栋主体全部完成、外檐基本完成。天和城项目加大宣传力度，协助政府举办第三届中国绿化博览会；中央电视台CCTV7“美丽乡村中国行”在南湖广场现场录制；2015中国休闲与旅游峰会在天和城举行，对天和城宣传起到推动作用。

（贾坤）

北京博大坤元房地产开发有限公司

董事长 卢自锋

总经理 张洪东

北京博大新元房地产开发有限公司

北京博大新元房地产开发有限公司（简称新元公司）2015年资产总额45.72亿元，营业收入9846万元，员工74人。年内，公司通过三级安全生产标准化验收。公司运营管理的亦城茗苑小区和博客雅苑小区，在全市公租房项目后期经营和服务管理检查中名列前茅。鹿海园五里（X38）、定海园项目精装修施工全部完成，并交付使用；亦城文园（E8）公租房项目实体施工基本完成；亦城景园（E18）公租房项目实现年度工期目标。

（谷守宇 刘丹青）

北京博大新元房地产开发有限公司

董事长兼总经理 卢自锋

北京博大兴投资开发有限公司

北京博大兴投资开发有限公司（简称博大兴）2015年经营收入4840万元，利润−941万元。为改善青年公寓硬件环境，提高经营收入，年内投资1720万元，完成青年公寓4号楼A、B段首层的装修改造工程，青年公寓4号楼A、B段2~6层装修改造工程，青年公寓基础设施改造工程（一期），青年公寓4号楼C段装修改造工程，同时加强公寓的经营管理、资产管理和物业管理，深挖经营潜力。扎实推进“蓝鲸”军民融合创新平台项目，完成全部工程建设。

（周会丽）

北京博大兴投资开发有限公司

董事长 卢自锋

总经理 黄 强

北京博大酒店管理有限公司

北京博大酒店管理有限公司（简称博大酒店）2015年营业收入1923万元。年内，利用网络和微博营销，在报纸、杂志和店内闭路电视等传统媒介上发布广告，提高品牌知名度，新增订房中心3家。加大员工培训力度，提高服务质量，具有两项专业上岗证书3人，3项专业上岗证书1人，酒店综合维保水平大幅度提高。同时，加强成本控制，节能降耗，成本费用同比节约25%。博大酒店由酒店管理公司、博大永康商务酒店、博大万源公寓组成，酒店管理公司管理博大永康商务酒店、博大万源公寓两个项目。

（张玉力）

北京博大酒店管理有限公司

董事长 郭广庆

总经理 常万龙

北京博大水务有限公司

北京博大水务有限公司（简称博大水务）2015年控股、参股和运行的水务项目包括经开再生水厂、东区再生水厂、东区污水处理厂、金源经开污水处理厂、核心区和东区再生水管网，及新建的路南区污水处理厂和东区污水厂三期、四期。拥有17万吨每日的污水处理能力，6万吨每日的再生水生产能力和10万吨的输配能力。全年营业收入1.40亿元，同比增长60%，利润总额3950万元，回款率93%。职工总数161人，生产专业技术岗位人员占65%。12月31日，博大水务承担的市科委课题——脱盐水输配过程中水质保障技术研究与应用按期完成。课题任务书中规定的建设脱盐水输配管网化学稳定性实验平台1套，建设脱盐水输水管网水质监控与管理平台1项，发表学术论文3篇，申请软件著作权1项，完成脱盐水输配过程中水质保障技术研究与应用研究报告1份，完成《脱盐水管网管材遴选规程（企业）》1套，6项考核指标均完成并通过市科委验收。

（石晔）

北京博大水务有限公司

董事长 蒋玉明

北京博大科技投资开发有限公司

北京博大科技投资开发有限公司（简称博大科技）2015年总资产17.84亿元，完成营业收入432.34万元，完成利润5202万元，其中营业利润80万元，其余为投资收益。公司仓库占地面积7494平方米，其中仓储面积4140平方米；另有楼房两栋，建筑面积共计3067.26平方米，仓库与写字楼已全部出租。年内，投入房产修缮、安全管理35.52万元，未发生安全生产事故。与投资企业保持密切联系，维护合法权益。

（杨韫辉）

北京博大科技投资开发有限公司

董事长兼总经理 郭广庆

北京亦庄国际人力资源有限责任公司

北京亦庄国际人力资源有限责任公司（简称亦庄国际人力）2015年经营收入4791万元，利润总额2349万元，回款率100%，营业利润率5.54%，净资产收益率 125.65%，资本保值增值率 242.02%。10 月，科锐国际人力资源责任公司成为公司控股股东，控股 80%。年内，公司以“服务新区企业用工、促进当地劳动力就业”为重点提供就业岗位约 2800 个，新招聘入职 348 名大兴籍人员，累计在职大兴籍人员 847 人。新增常规派遣客户 17 家、岗位外包客户 6 家、代理客户 17 家。

（王巍）

北京亦庄国际人力资源有限责任公司

总经理 郑 洁

北京博大网信科技发展有限公司

北京博大网信科技发展有限公司（简称博大网信）2015 年营业收入 1.32 亿元，同比增长 19.6 %；利润总额 1053 万元，同比增长 1.6 %；资产保值增值率 126.48%。博大网信重新确定了公司的业务定位与发展目标：“立足于新区建设、京津冀协同发展，积极拓展智慧城市领域中基础性、平台型、高成长、高附加值的专业细分行业，成为以运营服务为主导，集智慧城市投资建设、解决方案提供为一体的知名智慧开发区领域的综合运营服务商”。博大网信发挥“一信二通”（“博大网信”和旗下子公司——北京博大数通科技发展有限公司、北京博大网通科技发展有限公司）协同作战优势，着力提升对“智慧城市解决方案、系统集成、运营服务”的综合服务能力，助力打造升级版总公司。根据国企改革指导精神，在系统内先行先试，推进了公司体制机制改革，为公司走向市场化寻求突破。公司连续第三年入选“德勤—亦庄高科技、高成长 20 强”企业，成为新区高成长 14 强企业，受到开发区和战略投资者的高度关注。6 月，博大网信微信公众号启用。

（范洪波）

北京博大网信科技发展有限公司

董事长 罗伯明

党支部书记兼总经理 栾志海

北京亦庄国际开发建设有限公司

北京亦庄国际开发建设有限公司（简称开发建设公司）2015 年完成土地开发管理费（受托任务）4.55 亿元，营业收入 2.13 亿元，利润总额 1.51 亿元，固定资产投资完成 56.97 亿元。在岗员工 113 人，本科及以上学历占总人数 89.4%。年初，发布公司风控手册，新增 24 项制度，累计新增 52 项制度。开发建设公司全面落实安全生产责任制，坚持开发建设“大安全”思想，全年未发生责任事故，实现“零事故”工作目标。

（巨德慧 朱晓明）

北京亦庄国际开发建设有限公司

董事长 芦永忠

总经理 王晓军

北京亦庄国际生物医药投资管理有限公司

北京亦庄国际生物医药投资管理有限公司（简称生物医药管理公司）2015 年积极搭建园区开放式创新服务平台，推动产业基金成立，探索合作发展，实现营业收入 1343 万元，同比增长 40%。年内，园区新增入驻企业 55 家，企业总数达到 154 家，整体出租率达 80%，形成以创新药、诊断试剂、临床检验、技术服务和配套服务机构为主的产业集群化发展态势。4 月，增资后注册资本 8600 万元。生物医药管理公司负责北京亦庄生物医药园的整体管理与运营工作，主营业务包括开展房屋租赁、政策咨询、投融资、专业咨询与培训等专业技术性服务。北京亦庄国际生物医药科技公司（简称生物医药科技公司）是生物医药管理公司全资子公司，注册资本金 500 万元，主要负责园区仪器测试、工艺开发、中试生产和小动物寄养等技术服务平台的运营管理，定位于专业技术服务，与生物医药管理公司业务上各有侧重又紧密互补。

（孔畅）

北京亦庄国际生物医药投资管理有限公司

董事长兼总经理 郭广庆

北京博大万泰国际投资咨询有限公司

北京博大万泰国际投资咨询有限公司（简称博大万泰）2015 年本着合作共赢、诚信服务的经营理念稳定发展。在经营方面，公司继续以咨询调研为主，同步推进固定资产投资项目前期手续咨询、工商注册登记代理等业务。在中小企业服务等方面，围绕开发区管委会创办的京津冀科技创新公共服务平台，配合开展规划、选址、建设和运营工作，实现了开发区中小企业公共服务平台向京津冀科技创新公共服务平台的过渡。在战略发展方面，公司迎来新的发展机遇，启动改制工作。

（马苏墨）

北京博大万泰国际投资咨询有限公司

董事长 罗伯明

总经理 龚秋平

博大世通国际物流（北京）有限公司

博大世通国际物流（北京）有限公司（简称博大世通）2015 年不断优化 7×24 小时通关服务，提升中心通关效率，已服务企业近 200 家，全年征缴关税约 7.5 亿元，位居全国保税物流中心前列，成为海关总署认可的保税物流中心样板。4 月 16 日，博大世通成立 7×24 小时通关服务中心，现场通关服务水平得以进一步提升。5 月 29 日，博大世通应北京服务贸易协会邀请，参加了 2015 意大利米兰世博会北京周活动。年内，博大世通以服务产业升级、服务区域经济发展为基础，依托保税物流中心的政策资源优势，结合自由贸易区、跨境电商、京津冀一体化、首都功能定位调整等发展趋势，整体谋划合理布局，制定了集保税直购、跨境电商、保税体验等一体的保税商务中心的建设方案。博大世通获得“2012—2014 年度首都精神文明创建工作先进单位”“2015 年中国物流与采购信息化优秀案例”“全国交通运输行业重点联系物流园区（企业）”等奖项。

（王矗 赵慧娟）

博大世通国际物流（北京）有限公司

董事长 黄建华

北京亦庄盛元投资开发有限公司

北京亦庄盛元投资开发有限公司（简称亦庄盛元）2015 年员工人数 38 人（含兼职和借调），平均年龄 33 岁，其中本科及以上学历占 69%，中高级职称占 41%。亦庄盛元业务统筹推进工作组（简称统筹推进组）负责公司日常经营业务的开展与实施，设组长 1 人、副组长 4 人，代行公司经理班子职责，下设综合事务部、财务管理部、资源拓展部、规划设计部、工程管理部、成本管理部、营销策划部 7 个部门。年内，亦庄盛元围绕起步区转型升级示范项目、亦城时代广场项目开发建设、开发区低效闲置土地盘活与储备 3 项重点业务开展工作。

亦庄盛元成立于 2014 年 4 月，注册资金 20 亿元，是开发区总公司下属全资子公司，根据开发区管委会转型升级的战略部署，承担开发区盘活低效闲置土地、打造高端产业平台、助推亦庄产业升级、服务区域经济发展的历史使命，是起步区转型升级的投融资平台和实施主体。

（王森）

北京亦庄盛元投资开发有限公司

执行董事 卢自锋

经营负责人 苗育林

北京联港置业有限公司

北京联港置业有限公司（简称联港置业）2015年营业收入11583万元，利润总额4842万元，总资产9.67亿元，在岗职工39人。年内，以联港嘉园项目为工作重心，倡导安全精细化管理，强化风险内控，大力开展工程建设、房屋销售交付、售后客服和商业物业管理等工作。进行施工现场安全检查34次，查出安全隐患50处，监督整改完成50处，整改合格率100%，实现7.5万平方米竣工备案，固定资产投资0.36亿元。全年未发生人身、财产损害安全事故。公司连续两年获得“全国安康杯竞赛优胜单位”称号。

（何谊 石磊 郭欣）

北京联港置业有限公司

董事长 田德祥

总经理 禹 洋

北京亦庄博润置业有限公司

北京亦庄博润置业有限公司（简称博润置业）2015年营业收入3811万元，利润总额2468万元。年内，公司与海南中房康城房地产开发有限公司合作海南陵水县清水湾住宅项目，实现公司业务延伸至京外。12月，北京博大兴房地产开发有限公司更名为北京亦庄博润置业有限公司。

原北京博大兴房地产开发有限公司成立于2002年12月，具备二级开发资质，主要业务板块为房地产开发和资产运营。公司由北京博大兴投资开发有限公司与开发区总公司分别以51%和49%持股，公司注册资本金3922万元。2003年，参与瀛海名居项目开发的前期工作。2004年，投建博大兴工业园项目，该项目交付使用后一直处于区域租价引领地位，且保持满租的运营成绩。2009年，独立开发运作开发区产业配套住宅项目悦廷和mini悦项目，该项目于2010年10月获得新浪乐居2010年度最具影响力楼盘大奖，2010年12月获得第十一届中国指数研究院搜房网2010金紫荆花奖，2011年1月被评为安家第八届地产年度风云榜影响中国地产的特色名盘。2013年，投建BDA名企七栋项目，该项目已有多家企业入驻，成为区域创业者的创业乐园。2014年10月，开发区总公司收购并持有公司100%股权，成为开发区总公司全资控股的专业地产公司。同年11月，公司接受企业利润分红资金3.3亿余元的增资，注册资本金变更为4亿元。

（闫葆廷）

北京亦庄博润置业有限公司

执行董事 卢自锋

总经理 黄 强

北京亦庄国际投资发展有限公司

概况

2015年，北京亦庄国际投资发展有

限公司（简称亦庄国投）以统筹布局为中心，以构建投资生态环境为主线，在投资业务、融资服务、创新孵化和改革发展等方面全面突破。全年投资决策项目76个，承诺投资额345亿元。其中，基金投资248.7亿元，占比72.1%；债权投资38.8亿元，占比11.3%；股权投资49.1亿元，占比14.2%；控股公司投资8.2亿元，占比2.4%，投资业务数量多、规模大、覆盖广，有力支持新区“高精尖”产业和园区建设发展。截至年底，亦庄国投总资产241.02亿元，同比增长48.82%；净资产188.54亿元，同比增长44.92%；营业收入2.74亿元，投资收益26.04亿元，净利润19.23亿元，主要经营指标创历年新高。

（杨莹）

2015第二届互联网金融全球峰会举办

1月19日，北京亦庄国际投资发展有限公司联合互联网金融千人会、北京市网贷行业协会等在北京丰大国际大酒店，举办2015第二届互联网金融全球峰会，以“互联网＋金融＋产业”为主题，邀请阿里蚂蚁金融集团、京东金融、小米科技、微信支付等多名国内外互联网金融、金融和IT行业知名企业家、专家学者、创业者作主题演讲和专题讨论，共同研究探讨产业互联网金融发展与创新。会上还举行互联网金融实验室启动、北京互联网贷行业协会成立和开发区入区企业战略合作签约仪式，促进北京市和新区互联网金融产业健康发展。开发区管委会主任梁胜致辞并以“亦庄要成为京津冀一体化协同发展的桥头堡”为题作演讲。

（杨莹）

企业跨国并购和海外融资策略交流会举办

1月23日，北京亦庄国际投资发展有限公司举办开发区企业跨国并购和海外融资策略交流会，开发区投促局解读有关政策，亦庄国投介绍资金支持方案，德意志银行、香港交易所驻北京代表处等单位分享海外融资和上市有关经验和知识，帮助开发区企业开展海外资本运作，实现企业转型升级。近50余家开发区企业参会。

（杨莹）

合资设立京存技术公司

1月，北京亦庄国际投资发展有限公司联合北京兆易创新科技股份有限公司的全资子公司深圳市外滩科技开发有限公司，在开发区共同出资设立北京京存技术有限公司（简称京存技术），进行下一代三维V-NAND闪存存储器芯片和相关产品的研究开发和产业化。京存技术注册资本4950万元，其中亦庄国投出资4000万元，占股81%，推动开发区高性能集成电路产业发展。

（杨莹）

减持京东方股份14.14亿股

1月至3月，北京亦庄国际投资发展有限公司抓住中国二级市场基本面大幅上扬时机，通过竞价交易系统和大宗交易系统减持京东方科技集团股份有限公司A股无限售条件流通股全部股份，减持股份数为14.14亿股，退出金额46.58亿元，实现投资收益14.81亿元。

（杨莹）

发行非公开定向债务融资工具19.3亿元

2月，北京亦庄国际投资发展有限公司发行非公开定向债务融资工具，发行金额19.3亿元，期限5年，采取固定利率方式，按面值发行，附第三年年末发行人调整票面利率选择权和投资者回售选择权，募集资金用于园区建设等方面。

（杨莹）

携合作企业亮相第十八届北京科博会

亦庄创投汇展位　　田艳军 摄

5月13日—17日，在科技部、知识产权局、中国贸促会和市政府共同主办的第十八届中国北京国际科技产业博览会上，北京亦庄国际投资发展有限公司充分展示“产业＋金融、基金＋基地、创新＋创业”的发展模式，重点宣传“亦庄创投汇”品牌，聚集科技要素，助力创新创业发展。同时，组织北京星和众工设备技术股份有限公司、富思特新材料科技发展股份有限公司等10多家合作企业在会上展示。展会期间，市委书记郭金龙、市长王安顺、副市长陈红、证监会主席肖钢、总装备部部长张又侠、国务院发展研究中心主任李伟等领导来到企业展台，与参展企业进行交流，并对开发区在科技创新方面发挥重要作用给予肯定。

（杨莹）

合作企业耐威科技公司上市

5月14日，北京亦庄国际投资发展有限公司合作企业北京耐威科技股份有限公司（简称耐威科技）登陆创业板（代码：300456），开发区投促局局长王延卫，亦庄国投董事长芦永忠、总经理王晓波出席挂牌仪式。耐威科技子公司北京耐威时代科技有限公司（简称耐威时代）注册在开发区，耐威科技和耐威时代均为国家高新技术企业，其创始人杨云春为中央“千人计划”、开发区海外高层次人才，亦庄国投于2014年投资耐威时代并积极开展增值服务，促进开发区集成电路产业发展。

（杨莹）

出资5000万美元购买乐视手机公司债券

5月，北京亦庄国际投资发展有限公司全资子公司亦庄国际控股（香港）有限公司出资5000万美元，购买乐视手机公司可转换债券，可转换债券年利率为15%，期限为3年，支持乐视控股集团构建垂直整合的“平台＋内容＋终端＋应用”的移动互联生态系统，促进新一代移动通信产业发展。

（杨莹）

战新基金参与投资多个基金

5月，北京亦庄国际投资发展有限公司母基金北京亦庄国际新兴产业投资中心（有限合伙）（简称战新基金）参与投资北京集成电路制造和装备子基金，基金总规模60亿元，主要投资于集成电路装备与制造领域，促进开发区集成电路产业加快发展。8月，战新基金与京东方科技集团股份有限公司共同设立北京芯动能投资基金，基金总规模40.17亿元，主要投资于显示芯片、车联网和智慧城市有关领域的CIS和MEMS等芯片设计和高端封测行业等，增强中国微电子设备制造领域实力，加快高端芯片产业发展，亦庄国投控股公司北京亦庄国际产业投资管理有限公司与京东方等共同投资组建该基金管理公司，负责其管理和运营；战新基金参与投资君联资本文化体育产业基金，基金总规模 10 亿元，投资于文化娱乐、体育休闲、创新消费和服务等大文化产业，支持开发区文化创意产业发展；战新基金参与投资北京天图兴北基金，基金总规模 20 亿元，投资于消费服务产业上下游领域，加快开发区消费服务产业转型升级和供给侧改革。12 月，战新基金参与投资北京崇德弘信创业基金，基金总规模 2.6 亿元，投资于生物医药领域创业和创新型企业，促进开发区生物医药产业发展；战新基金参与投资北京正和兴源创业投资合伙企业（有限合伙），基金总规模 2 亿元，投资于信息技术、医疗健康等各类“高精尖”产业，支持开发区产业发展。

（张心月）

亦庄创投汇品牌发布仪式举办

6 月 15 日，由开发区管委会、北京亦庄国际投资发展有限公司共同主办，北京亦庄移动硅谷有限公司承办的“亦庄创造 +”暨“亦庄创投汇”品牌发布仪式在北京丰大国际大酒店举行，“亦庄创造 +”品牌旨在通过打造开发区创新环境，聚集全市、全国和全球范围优质项目、企业、人才等资源，完善开发区创新创业服务体系；“亦庄创投汇”旨在打造开发区路演中心，组织创业项目路演、导师培训、创业沙龙、大赛等活动，激发开发区创新创业活力。同时，会上还推介“亦庄创投汇”路演中心第一期活动，前沿科技国际有限合伙人公司（简称前沿科技）进行项目路演。开发区管委会副主任高言杰、开发区科技局局长李宏、亦庄国投总经理王晓波、北京大河融科创业投资有限公司刘志硕和前沿科技首席执行官罗晋出席。

（杨莹）

获评中国股权投资 FOFs（母基金）20 强

6 月 18 日，在清科集团、投资界联合主办的第九届中国有限合伙人峰会暨财富管理峰会上，清科集团发布“2014 年度中国股权投资 FOFs（母基金）20 强”榜单，北京亦庄国际投资发展有限公司位列第二名，亦庄国投总经理王晓波出席峰会并主持专场讨论。

（杨莹）

投资中航汽车公司

6 月，北京亦庄国际投资发展有限公司通过所持太平洋世纪（北京）汽车零部件有限公司（简称太平洋汽车公司）49% 的股权和 5 亿元资金，入股中国航空汽车系统控股有限公司（简称中航汽车公司），占股 41.66%，加强中航汽车公司在汽车零配件产业的专业化整合和国际竞争力。中航汽车公司注册在开发区，2011 年 3 月与亦庄国投共同通过太平洋汽车公司完成对美国通用汽车公司全资子公司耐世特汽车系统公司（简称耐世特公司）100% 股权收购工作，并推动耐世特公司于 2013 年 10 月在香港上市。该项投资后，亦庄国投将通过中航汽车公司间接持有耐世特公司股权。9 月，中航汽车公司完成对美国汽车零部件供应商瀚德汽车控股公司的收购，是中国企业对美国汽车零部件公司规模最大的一次收购工作。

（杨莹）

成立全资子公司中青信用公司

6 月，依托发展改革委社会信用体系和共青团中央青年体系建设政策支持，北京亦庄国际投资发展有限公司成立全资子公司中青信用管理有限公司，注册在开发区，注册资本1亿元。公司按照市场化机制运营，研究制定青年信用体系规划，搭建青年信用体系平台，开展青年大数据信用管理工作。

（杨莹）

与SEMI举行共建活动

7月3日—4日，国际半导体设备与材料协会（简称SEMI）中国区总裁陆郝安率领产业研究与咨询团队一行7人访问北京亦庄国际投资发展有限公司，双方举行为期两天的业务交流与团队共建活动，达成合作共识：建立定期交流机制；SEMI与亦庄国投分享行业活动与会议资源；围绕亦庄半导体产业发展战略，结合具体投资项目，双方在产业研究、制造与市场、材料与设备、LED、MEMS、FPD进行调研与投资合作。

（杨莹）

向新航城公司投资5亿元

7月，北京亦庄国际投资发展有限公司出资5亿元，入股北京新航城控股有限公司，占股24.04%，加快推进北京大兴国际机场和新区新航城建设，支持新区临空经济产业发展。新航城公司于2012年10月由大兴区国有资产监督管理委员会和开发区总公司共同出资设立，注册资本为15.8亿元。

（杨莹）

向华夏芯公司投资1500万元

8月，北京亦庄国际投资发展有限公司出资1500万元，入股华夏芯（北京）通用处理器技术有限公司（简称华夏芯公司），占股22.7%。华夏芯公司于2014年12月在开发区成立，注册资本2000万元，从事新型通用应用处理器IP核的设计，并开发面向行业应用的SOC芯片，拥有自主知识产权，能够填补中国在自主处理器领域的空白，完善开发区集成电路行业的上下游产业链。

（杨莹）

促成松辽汽车公司战略转型

8月，北京亦庄国际投资发展有限公司推动松辽汽车股份有限公司（简称松辽汽车）以非公开方式募集资金38.88亿元，募集方有北京市国有文化资产监督管理办公室管理的北京文资控股有限公司、耀莱文化产业股份有限公司、北京君联嘉睿股权投资合伙企业等10家公司。同时，松辽汽车完成对江苏耀莱影城管理有限公司和上海都玩网络科技有限公司全资收购，实现向影视运营管理、影视投资制作发行等业务转型，加快建设成为北京市文化创业产业领军企业。北京文资控股有限公司成为松辽汽车第一大股东，持股22.88%；亦庄国投位居第四位，持股6.77%。

（张心月）

向四达时代软件公司投资4亿元

8月，北京亦庄国际投资发展有限公司母基金北京亦庄国际新兴产业投资中心（有限合伙）出资4亿元，入股北京四达时代软件技术股份有限公司（简称四达时代软件），占股3.33%，用于支持开发区数字电视产业和文化创业产业发展。四达时代软件于2002年12月在开发区成立，注册资本3.3亿元，从事有线电视站设计、安装和提供有线电视网络整体技术解决方案、有线电视网络系统集成等，是非洲最大的地面数字电视终端产品提供商和数字电视标准制定者。

（杨莹）

向金银岛公司投资 2 亿元

8 月，北京亦庄国际投资发展有限公司母基金北京亦庄国际新兴产业投资中心（有限合伙）出资 2 亿元，入股金银岛（北京）网络科技股份有限公司（简称金银岛公司），占股 12.5%，支持电子商务产业发展。金银岛公司成立于 2004 年 3 月，是中国领先的大宗产品 O2O 电子商务平台，主要从事基于大宗商品的网络融资、现货交易撮合大数据信息服务。

（杨莹）

合资成立首只跨境基金汉德海外基金

8 月，北京亦庄国际投资发展有限公司母基金北京亦庄国际新兴产业投资中心（有限合伙）与中国投资有限责任公司、中国中信股份有限公司、新华人寿保险股份有限公司、汉德资本等共同发起设立汉德海外基金，基金规模为 10 亿美元。该基金为亦庄国投首只跨境基金，专注于欧洲工业 4.0 方面中小企业的股权投资和并购，投资领域为欧洲工业自动化、节能环保、先进材料和医疗器械等行业。同时，亦庄国投参股该基金管理公司汉德生产力跨国促进（开曼）有限公司，参与其管理和运营。9 月 11 日，汉德资本首届出资人全体会议在苏州召开，亦庄国投总经理王晓波参加并作为出资人代表发言。

（杨莹）

已投基金获评最佳回报中资投资机构

9 月 24 日，在投中集团主办的 2015 全球 LP-GP 交易博览会上，北京航天产业基金获“投中 2015 年中国最佳回报中资私募股权投资机构 TOP10”称号，该基金是北京亦庄国际投资发展有限公司于 2010 年作为发起设立人之一参与设立的，是亦庄国投参与设立的首只基金。截至年底，投资项目近 20 个，已投项目发展势头良好，在退出的投资项目上获得良好回报。

（杨莹）

投资北京中关村互金创新股权投资基金

9 月，北京亦庄国际投资发展有限公司母基金北京亦庄国际新兴产业投资中心（有限合伙）投资北京中关村互金创新股权投资基金。该基金目标规模为 11.55 亿元，管理公司为中国国际金融股份有限公司控股公司中金甲子（北京）投资基金管理有限公司，主要投资于互联网和金融产业的创新型企业，支持互联网金融产业发展。

（杨莹）

亦庄金融汇第一届演讲之星大赛举办

亦庄金融汇第一届演讲之星大赛举办　　柳俊伟 摄

9 月至 10 月，北京亦庄国际投资发展有限公司联合工商银行开发区支行、北京亦庄国际开发建设有限公司共同举办以“铭记历史、筑梦中国”为主题的亦庄金融汇第一届演讲之星大赛，开发区 9 个单位、42 名员工报名参赛。经过初赛和决赛，由 5 名来自开发区管委会、总公司领导和高校教授等非参赛单位专家综合评分，亦庄国投子公司北京亦庄国际融资租赁有限公司王珍获得第一名，工商银行开发区支行获得最佳组织奖。通过演讲赛，进一步激发开发区员工爱国主义热情，引导员工继承和发扬抗战精神，为实现中国梦凝聚力量。

（杨莹）

创新创意大赛项目路演会举办

10月15日，北京亦庄国际投资发展有限公司举办创新创意大赛项目路演会，启迪控股股份有限公司等多家知名投资机构受邀出席。路演会从百余个申报项目中精选出中云智慧科技有限公司等14个项目，为投资机构与项目方搭建平台，助力优质企业加快发展。

（杨莹）

北京亦庄创投联盟成立

北京亦庄创投联盟成立仪式　郑云 摄

10月23日，由开发区管委会主办，北京亦庄国际投资发展有限公司旗下品牌“亦庄创投汇”承办的北京创业投资创新服务联盟成立仪式暨亦庄创投汇企业入驻签约仪式在开发区举行。会上，亦庄国投联合中金甲子（北京）投资基金管理有限公司、北京洪泰投资管理有限公司等70余家孵化机构、投资机构、服务机构共同成立北京亦庄创投联盟。该联盟旨在围绕开发区“产业联盟+研究院+专利池+技术交易平台+基金+特色产业园”的科技创新服务链条，协同创新，构建开发区创投金融生态，打造服务开发区、北京市、京津冀科技创新发展的合作平台。

（杨莹 周磊 代贝）

合资成立国科瑞华基金

北京国科瑞华战略性新兴产业投资基金成立　郑玮 摄

10月，由开发区管委会与中国科学院合作成立的首只基金北京国科瑞华战略性新兴产业投资基金（简称国科瑞华基金）在开发区注册成立。该基金采用“人民币+美元”平行基金模式，其中人民币基金规模20亿元、美元基金规模1亿美元，投资于高端装备制造、信息技术、消费与健康等战略性新兴产业。该基金普通合伙人为中国科学院控股企业中国科技产业投资管理有限公司（简称国科投资），有限合伙人包括北京亦庄国际投资发展有限公司母基金北京亦庄国际新兴产业投资中心（有限合伙）(简称战新基金）、中国进出口银行等，其中战新基金认缴3亿元。11月23日，国科瑞华基金成立大会在开发区召开，国科投资总经理孙华主持，开发区管委会副主任王合生发表讲话，中国科学院原副院长杨柏龄、中国科学院国有资产经营有限责任公司董事长吴乐斌、亦庄国投董事长芦永忠和总经理王晓波、其他投资人代表等出席。

（杨莹）

成为市知识产权运营机构投资管理机构

10 月，北京亦庄国际投资发展有限公司经过公开招标和专家评审，成为市知识产权局关于招标北京市知识产权运营机构股权投资管理机构的中标机构，通过吸引社会资本、共同筹划设立基金等方式，投资北京市知识产权运营机构，聚集专利资产，提升知识产权创新活力和运营能力，促进北京市重点产业知识产权成果转化。

（杨莹）

获 2015 中国好雇主优秀企业奖

11 月 18 日，由北京太和睿信企业管理顾问有限公司主办的 2015（第四届）“互联网 +”时代下的人力资源管理变革论坛暨中国好雇主颁奖盛典，在北京光华路五号国际会展中心举行，来自中粮集团、招商银行、腾讯等企业代表、业内权威人士，央视、搜狐、新浪等媒体共 800 多人参加。北京亦庄国际投资发展有限公司获“2015 中国好雇主优秀企业奖”。

（杨莹）

设立开发区科技创新投资基金

11 月，开发区科技局联合北京亦庄国际投资发展有限公司共同发起设立开发区科技创新投资基金，亦庄国投作为该基金名义出资人，其控股公司北京亦庄国际产业投资管理有限公司作为管理机构。该基金分为开发区科技创新投资创业投资引导基金（简称创投引导基金）和开发区科技股权投资基金（简称股权投资基金），其中创投引导基金通过参股支持方式引导合作机构共同设立创投企业（子基金），投资于开发区创业期科技型、创新型中小企业；股权投资基金通过股权投资、知识产权共享等方式，支持符合开发区产业发展方向的创业期科技型、创新型企业。

（杨莹）

出资 1 亿元设立领军人才创业发展基金

11 月，北京亦庄国际投资发展有限公司作为新区人才工作协调领导小组办公室受托机构，联合控股公司北京亦庄国际产业投资管理有限公司（简称亦庄产投公司）共同设立领军人才创业发展基金，基金规模 1 亿元，主要用于以股权投资等方式投资“新创工程”领军人才项目，扶持领军人才创新创业。亦庄产投公司为该基金管理公司，各项管理工作将根据新区人才工作协调领导小组办公室指示开展。

（杨莹）

与北京文化产权交易中心签署合作协议

12 月 8 日，由北京市文化投资发展集团控股联合中国文化产业发展集团等企业成立的北京文化产权交易中心业务上线。北京文化产权交易中心为首都文化要素市场的核心平台，北京亦庄国际投资发展有限公司与其签订战略合作协议，共同在金融产品创新、财务顾问、并购重组等方面提供文化金融服务，推进全国文化产业交易共同市场建设。中宣部、文化部、北京市领导，银行、证券、保险、文化产业企业等机构出席，亦庄国投董事长芦永忠、总经理王晓波参加并签署战略合作协议。

（杨莹）

参与完成美国半导体上市公司并购项目

12 月 8 日，北京亦庄国际投资发展有限公司旗下公司北京屹唐半导体产业投资中心联合武岳峰资本、北京清芯华创投资管理有限公司、华清基业投资管理有限公司等机构，通过开发区企业北京闪胜投资有限公司，出资近 8.5 亿美元，完成对美国半导体设计领域上市公司芯成半导体有限公司（ISSI）的并购，同时 ISSI 从纳斯达克退市。此次并购是中国首个私有化总部位于美国的半导体上市公司的并购项目，填补中国存储产业和汽车半导体空白，大力提升中国集成电路产业在动态随机存取存储器（DRAM）领域的技术水平。

（杨莹）

设立国内首只央地合作知识产权运营基金

12 月 31 日，北京市重点产业知识产权运营基金设立发布会在开发区举行，北京亦庄国际投资发展有限公司作为北京市知识产权运营机构股权投资管理机构，发起设立北京市重点产业知识产权运营基金，基金总规模 10 亿元，其中首期 4 亿元，投资于移动互联网和生物医药产业拥有核心专利和高价值专利组合、市场前景良好、高成长性的初创期或成长期企业和具有相应产业领域特色的知识产权运营机构。该基金是中国首只由中央、地方财政共同出资引导发起设立的知识产权运营基金，也是国内资金规模最大的知识产权运营基金。北京市副市长隋振江，市财政局、市知识产权局、市发展改革委等领导，开发区工委副书记谈绪祥、亦庄国投总经理王晓波出席。

（杨莹）

向亦盛精密半导体公司投资 5000 万元

12 月，北京亦庄国际投资发展有限公司以统筹资金出资 5000 万元，入股北京亦盛精密半导体有限公司（简称北京亦盛精密半导体公司），占股 50%，用于支持集成电路晶圆备件产业发展，促进开发区集成电路关键装备和材料突破发展。北京亦盛精密半导体公司于 2015 年 3 月在开发区成立，注册资本 5000 万元，从事生产销售反应腔、微动框架和匀气盘，研究开发和生产销售硬质脆性零部件，提供 IC 装备子系统组装服务等。

（杨莹）

投资信息菌素公司

12 月，北京亦庄国际投资发展有限公司以统筹资金出资 2000 万元入股北京亦科信息菌素研究院有限公司，占股 10%，用于生物医药（信息菌素）实验研究和产业发展，促进开发区新一代抗生素产业研发和商业化。

（杨莹）

向中电投资公司投资 4.1 亿元

12 月，北京亦庄国际投资发展有限公司出资 4.1 亿元，入股中国电子投资控股有限公司（简称中电投资公司），占股 15%，延伸开发区电子信息产业布局。中电投资公司是中国电子信息产业集团有限公司全资子公司，于 2012 年成立，注册资本 10 亿元，包括集成电路、融资租赁、移动金融、互联网保险等业务，计划通过增资扩股和结构调整，打造全牌照 TMT 产业金融平台，推进电子产业和融资租赁板块上市。

（杨莹）

北京亦庄国际投资发展有限公司

董事长　芦永忠

总经理　王晓波

亦庄国投所属控股公司

亦庄担保实施优惠费率政策支持新区发展

4 月，北京亦庄国际融资担保有限公

司与开发区企业服务局共同举办金融服务推介会，帮助园区内企业融资方面的问题，参会企业和金融机构达100多家。借助开发区产业园的密集优势，加大服务力度，重点为四达时代、矿业城、爱生生物、华科投资、行有恒医药、星和众工、博尔诚科技、耐威时代、晶科光电、圣福伦科技等企业服务，融资规模超过7亿元。同时，积极服务兴顺达、敬业达、天普新能源、北阀等大兴区企业，企业融资规模达3.46亿元。截至年底，为新区符合产业政策的高新技术、高端制造企业共计融资10.45亿元。为切实降低企业融资成本，公司推出针对开发区企业担保费率最低可降至1%的优惠政策。

（张赛）

屹唐资本基金系品牌发布

12月18日，屹唐资本（北京）投资管理有限公司（简称屹唐资本）在2015北京·亦庄国际金融创新峰会现场举行品牌发布仪式，屹唐资本是北京亦庄国际投资发展有限公司旗下着力打造的基金系品牌，屹唐资本在此次金融峰会上亮相，吸引了国内国际顶尖投资机构和金融领域500位精英的关注。

（代贝）

亦庄担保优化担保品种结构

年内，北京亦庄国际融资担保有限公司新增业务总量27.48亿元，同比增长115%；新增项目236个，新增担保客户增长率48%。其中，融资性担保业务220个，金额20.77亿元；非融资性担保业务10个，金额3.21亿元，相比2014年的9251万元增幅明显；新增委托贷款业务6个，金额3.5亿元。亦庄担保在保业务总量24.96亿元，同比增长近70%，在保项目216个，户均规模达1155万元。其中，融资担保业务205个，金额19.43亿元；非融资性担保项目9个，担保金额3.02亿元；委托贷款业务3个，金额2亿元。

（张赛）

亦庄担保推动业务创新和产品创新

年内，北京亦庄国际融资担保有限公司不断探索可持续发展和低风险经营的战略模式，围绕投融资服务开发了多元化的业务品种，建立良好融资平台，围绕中小企业和实体经济的实际需求，培育优良客户群体、拓宽收益渠道。创新性开发出拓展业务品种：普惠金融业务、委托贷款业务、集合信托业务、见贷即保业务、互联网金融业务、投贷联动业务等。

（张赛）

亦庄担保加强项目风险评审

年内，北京亦庄国际融资担保有限公司完成237户企业的尽职调查和评审工作，在项目前期准备、现场调查分析、后续报告撰写等方面统筹安排时间，提高评审效率，全年单户平均评审时间维持在4个工作日左右。公司聘请德勤事务所进行全面风险管理架构搭建工作，根据现有业务流程制定或完善包括《担保业务制度》《评审委员会议事规则》等规章制度25项，公司业务流程从15项细化至17项，包括公司治理、组织架构、风险管理、担保业务管理、信息与沟通、人力资源管理、固定资产管理、采购管理、法律事务管理、企业文化等。并制定《风险控制评价手册》，建立长效机制下的全面风险管理体系。

（张赛）

亦庄担保新增银行授信额度 41 亿元

年内，北京亦庄国际融资担保有限公司与各大银行保持良好的授信合作关系，合作银行从 2010 年的 14 家银行、总授信额度 39 亿元，增至 19 家银行、总授信额度 80 亿元，基本覆盖北京市所有国有控股银行和地方城市银行、商业股份制银行，为公司业务发展提供充足的授信额度保证。

（张赛）

亦庄融资租赁注册资本增至 5478 万美元

年内，北京亦庄国际融资租赁有限公司的快速发展得到开发区管委会和股东单位的大力支持，开发区国资办投资 2934 万元并新增为公司股东；原股东亦庄国际（香港）公司增资 1000 万美元。增资后，公司注册资本 5478.55 万美元。

（王慧）

亦庄融资租赁与 11 家银行建立融资机制

年内，北京亦庄国际融资租赁有限公司大力拓展融资渠道，分别同 11 家银行建立沟通机制，申请获得北京银行人民币授信 1 亿元，江苏银行 555 万元；办理浦发银行新疆项目保理 2273 万元；发行凤凰金融类资产证券化融资产品 188 万元。

（王慧）

所属企业

北京亦庄国际产业投资管理有限公司

北京亦庄国际产业投资管理有限公司（简称亦庄产投）2015 年全力推进北京亦庄国投母基金体系建设，在构建涵盖天使基金、VC 基金、PE 基金、并购基金、海外基金、债权基金的母基金体系的基础上，积极探索政府引导基金等多种基金形式。截至年底，亦庄国投母基金体系共参与设立基金 35 只，基金总规模 2133.63 亿元，亦庄国投母基金体系总认缴规模超过 240.15 亿元。亦庄产投是北京亦庄国际投资发展有限公司金融服务体系中专业的产业投资基金管理公司。

（代贝）

北京亦庄国际产业投资管理有限公司
董事长兼总经理 王晓波

北京亦庄国际融资担保有限公司

北京亦庄国际融资担保有限公司（简称亦庄担保）2015 年批准业务总量 313 个，同比增长 83.04%，批准金额 30.26 亿元，同比增长 113.79%。截至年底，公司总担保收入 4030 万元。其中，中小企业融资性担保收入 4001 万元，非融资担保收入 29 万元。年度利润总计 5957 万元，净利润 4745 万元。

（张赛）

北京亦庄国际融资担保有限公司
董事长 王晓波
总经理 刘　峰

北京亦庄国际融资租赁有限公司

北京亦庄国际融资租赁有限公司（简称亦庄融资租赁公司）2015 年项目评审通过 34 个，累计签约额 3.66 亿元，实现净利润 1184 万元。其中，开发区客户签约额 2.65 亿元，占总额比例 72.4%。根据经营实践和行业调研，公司逐步明确两个定位：即立足开发区、面向京津冀的区域定位和重点开拓装备制造、医疗机械、电子信息、节能环保的行业定位。在产品设计上，突破因法律法规和政策不配套产生的障碍，扩大业务标的和方式，丰富公司产品并成功推向市场。

（王慧）

北京亦庄国际融资租赁有限公司

董事长 王晓波

北京亦庄国际小额贷款有限公司

北京亦庄国际小额贷款有限公司（简称亦庄小贷）2015 年累计新发贷款 600 万元，累计回收贷款 6166 万元，公司存量贷款余额共计 5588.38 万元。累计利息收入 545.57 万元，实现营业收入 540 万元，纳税额 129 万元，各项税费总计 130.25 万元。公司是由北京亦庄国际投资发展有限公司于 2010 年 8 月发起成立，经市金融工作局批准的开发区内第一家小额贷款公司，注册资本 1 亿元。作为开发区集基金、担保、小额贷款和上市服务四大功能于一体的产业投融资平台的有机组成部分，公司主要面向大兴区和开发区内高新企业、科技型中小企业，办理各项小额贷款业务。

（付青）

北京亦庄国际小额贷款有限公司

董事长兼总经理 刘 峰

北京亦庄移动硅谷有限公司

北京亦庄移动硅谷有限公司（简称移动硅谷）2015 年注册资本增至 12.8 亿元，创新中心项目全年累计固定资产投资 4.5 亿元。其中，G9 一期工程完成固定资产投资 2.17 亿元，完成幕墙、二次结构、机电设备安装调试、规划、消防、人防、节能等专项验收工作，于 12 月 24 日完成项目竣工验收，交物业管理单位进行管理。同时，G9 一期工程项目被评为北京市结构长城杯金质奖工程。G9 二期工程完成固定资产投资 2.13 亿元，完成 6 号、7 号、8 号、9 号、11 号楼主体结构施工、幕墙龙骨安装和机电设备进场安装工作。G4-1 地块于 4 月取得施工规划许可证，10 月 15 日取得施工许可证，10 月 30 日举行开工典礼活动。截至年底，完成护坡桩和冠梁、降水井施工，开槽放线，平整场地，完成固定资产投资 0.22 亿元。

（周磊）

北京亦庄移动硅谷有限公司

董事长兼总经理 王晓波

亦庄国际控股（香港）有限公司

亦庄国际控股（香港）有限公司（简称亦庄国投香港）2015 年注册资本 5221 万美元，总资产 13.6 亿元，实现境外融资 1 亿元。完成重大投资项目两个，包括出资 5000 万美元参与乐视手机项目、出资 1 亿元参与包钢股份项目。年内，公司完成续牌手续，并更新商业登记证。

（彭森）

亦庄国际控股（香港）有限公司

董事长 芦永忠

北京新航城控股有限公司

概况

2015 年，北京新航城控股有限公司（简称新航城公司）注册资本增至 20.8 亿元，共有职工 85 人，劳务派遣员工 12 人，本科以上学历 79 人，占比 93%；研究生以上学历 23 人，占比 27%；拥有职称人数 40 人，职业资格人数 20 人，其中中级以上职称 29 人，占比 34%。新机场安置房项目举行奠基仪式；天堂河（北京段）新机场改线项目各项工作有序推进；推进公司总体规划前期研究；探索区域协同发展新模式；构建顺畅融资渠道；发行北京新机场临空经济区首只基金；进一步健全新航城公司管理体制，创新人才管理，规范人才引进、评价、培养、退出机制，制定人才发展规划。

（李姗）

与北京国际信托签署战略合作协议

2 月，北京新航城控股有限公司与北京国际信托有限公司签署战略合作协议，双方就资金、项目、人才等方面实现资源共享，共同打造高端、国际化临空经济区。

（宁玉风）

与北京建工集团开展合作

2 月，北京新航城控股有限公司与北京建工集团有限责任公司签署战略合作协议。双方以综合指标体系工作的推进为引领，围绕碳排放、绿色建筑、资源能源合理利用、工程建设服务、城市运营服务等领域开展深度合作，提高城市建设品质，提升城市发展质量。

（宁玉风）

在多国开展招商路演

6 月，北京新航城控股有限公司赴韩国首尔、日本东京等地开展北京新航城环球招商路演和定向招商活动。赴俄罗斯、荷兰考察，了解俄罗斯会展行业发展现状和荷兰史基辅机场临空经济区规划建设情况，并开展环球路演活动。

（宁玉风）

获多种方式注资

6 月，大兴区国资委决定将评估后的北京星明湖度假村以实物注资的方式注入北京新航城控股有限公司。根据北京达兴资产评估有限公司 2015 年 7 月出具的《北京星明湖度假村拟股权转让项目资产评估报告书》，截至 6 月底，北京星明湖度假村净资产为 3.13 亿元。7 月，为确保临空经济区开发建设工作的顺利开展，加快推动国际化、高端化空港新城的建设进程，同时满足新航城公司运营支出、对外合资合作、临空经济区起步区一级开发等方面的资金需求，由亦庄国投代表开发区管委会，向新航城公司注资 5 亿元，成为新航城公司新股东。

（陈万鑫）

对接红线内外项目

8 月，北京新航城控股有限公司与首都机场集团就红线内外的项目合作进行初步对接，并就再生水厂项目、综合保税区项目、机场配套生活基地项目的合作可行性进行讨论。

（宁玉风）

与榆垡镇签订城乡共建协议

10 月，北京新航城控股有限公司与榆垡镇宣传部签订《“魅力新区文明同行”城乡共建协议书》。双方根据协议内容，在城乡共建、志愿服务等活动中密切合作。

（宁玉风）

北京新机场临空经济区首只基金发行

10 月，北京新航城股权投资基金中心（有限合伙）、北京新航城宝榆兴航置业有限公司和北京新航城控股有限公司，完成有限合伙基金一期 14.35 亿元募集和投资。北京新机场临空经济区首只基金的发行，为新航城公司下一步搭建临空经济区长效投融资体系奠定基础。

（陈万鑫）

主办“新机场 新区域 新设计”论坛

11 月，在第二届中国设计节活动期间，北京新航城控股有限公司主办“新机场 新区域 新设计”论坛。作为中国设计节期间的重点活动之一，邀请到来自国内外城市规划、机场建设等领域的 50 多位专家学者，以北京新机场和临空经济区的规划设计为背景，就绿色低碳城市设计与区域的可持续发展问题进行交流研讨，为新机场和临空经济区的可持续发展建言献策。

（宁玉风）

永兴河改线箱涵工程完成顶进

11 月，永兴河改线下穿京九铁路箱涵工程完成顶进，标志着永兴河改线（北京段）工程全线贯通，推动北京新机场建设步伐。下穿京九铁路箱涵被誉为“亚洲单体最大的下穿铁路箱涵工程”，实施期间受到各级领导和社会各界的高度重视。

（陈顼）

新机场安置房工程奠基

12 月，北京新机场安置房工程在安置房榆垡组团举行奠基仪式。大兴区委书记、区政府党组书记、开发区工委书记谈绪祥，副区长金卫东、许玉增，北京新航城控股有限公司董事长罗伯明、北京新机场建设指挥部副指挥长蔡颢等领导出席。管理、设计、监理、施工等各方为保证安置房建设作出承诺。安置房项目的开工，标志着项目取得阶段性成果。

新机场安置房工程项目奠基　　田艳军 摄

（刘轩）

取得房地产开发企业资质证书

12 月，北京新航城控股有限公司完成房地产开发企业资质升级工作，取得房地产开发企业四级资质证书。

（李姗）

机场征地拆迁工作稳步推进

年内，北京新航城控股有限公司配合完善机场项目成本、资金使用等测算工作；配合做好红线内征地拆迁项目的资金保障；依据征地拆迁资金支付流程，及时支付相关补偿费；安置组进驻指挥部，编制宣传书册、布置选房大厅、爬楼表上墙等，完成拆迁百姓的选房安置工作。

（刘森）

北京新航城控股有限公司
董事长 罗伯明
总经理 曹 辉

财政金融

综 述

2015 年，开发区加强资金统筹、调度和管理，推进财政体制改革，保障重点支出，压缩三公经费支出，为开发区科技创新、产业转型、城市治理提供支持。全年公共财政预算收入实现 134.92 亿元，公共预算支出完成 145.4 亿元，税收收入 389.2 亿元。

开发区围绕“高精尖”产业和企业，健全天使、风投、创投、私募、并购、代偿担保等投融资方式，完善投融资体系，支持和引导企业开展海外并购活动，促进产业发展。亦庄国投母基金体系实际认缴额 248.7 亿元，投向新区 42 亿元；为京东方科技集团股份有限公司、中芯国际集成电路制造（北京）有限公司等近百个重大产业项目提供低成本融资 120 亿元；并购美国上市公司芯成半导体有限公司，在存储器等关键领域实现布局；参与中国航空汽车系统控股有限公司对瀚德汽车控股公司海外并购，支持其进一步加强在汽车关键零部件领域技术优势；参与设立北京文化中心建设基金。

开发区设立科技创新投资基金，通过合作设立基金、股权投资、知识产权共享等方式投资于创业期中小企业和创新型企业。设立领军人才创业发展基金，并制定《领军人才创业发展基金实施细则》，引导社会资本支持领军人才在“高精尖”产业领域创新创业。

开发区管委会与中国科学院合作成立北京国科瑞华战略性新兴产业投资基金。设立北京市重点产业知识产权运营基金，基金总规模 10 亿元。北京新机场临空经济区首只基金发行，一期募集 14.35 亿元。

（张蕾 杨莹）

财 政

概况

2015年，北京经济技术开发区财政局（简称开发区财政局）在经济平稳运行基础上，全年预算执行情况总体符合预期。全年地方公共财政预算收入实现134.92亿元，同比增长12.42%，完成年度预算的100.37%；政府性基金预算收入实现56.93亿元，同比减少45.94%。公共预算支出完成145.4亿元，同比增长29.67%，完成年度支出预算的117.7%。其中，基本支出1.79亿元，同比增长28.78%，完成年度支出预算的89.69%；项目支出116.56亿元，同比增长8.3%，完成年度支出预算的95.91%，市级项目支出4.83亿元。政府性基金预算支出累计完成68.82亿元，同比下降16.19%，完成年度支出预算的87.35%。完成新入区外商投资企业财政登记16家，外商投资企业财政登记变更23家。

（王艺秋）

完成69个政府采购项目立项批复工作

截至年底，开发区财政局完成69个政府采购项目立项批复工作，累计批复采购预算资金8722万元。其中，16项为公开招标项目，涉及采购预算资金2970万元。完成开发区公租自行车运营服务、开发区规划分局规划设计、南海子公园养护和开发区管委会公务车定点服务等一批重点政府采购项目工作，推动政府向社会购买公共服务。

（王艺秋）

制定开发区项目支出预算管理办法

年内，开发区财政局为进一步规范项目支出预算管理，依据市财政局《北京市市级项目支出预算管理办法》，并结合开发区实际情况，制定《北京经济技术开发区项目支出预算管理办法》，适用于开发区行政事业单位、团体组织、区属国企、综配区单位，规定了项目资金余额的收缴程序、预算调整的条件、审批程序，明确了差旅费、会议费的编制方法，加强绩效评价结果的应用。

（王艺秋）

完成2014年度营改增扶持资金清算工作

年内，开发区财政局联合开发区国税局、地税分局开展2014年度营业税改征增值税（简称营改增）财政扶持资金清算工作。纳入清算范围的企业共计8户，经清算并经市级审定，其中7户企业应拨付剩余30%的扶持资金，合计442.74万元；根据市财政局、国税局、地税局《关于继续做好我市营业税改征增值税试点过渡性财政扶持资金年度清算等工作的通知》要求，对开发区2015年度营改增财政扶持资金受理工作做出调整，取消原按季度预拨的方式，改为按年一次受理，即于每年1月受理上年度扶持资金的申请。

（王艺秋）

加强对区内企业扶持力度

年内，开发区财政局有序安排产业扶持资金，全年拨付企业管理专项资金0.57亿元，其中2014年新区环保资金0.37亿元，海外高层次人才扶持与奖励资金0.16亿元，就业补助和职工培训、岗位补贴专项资金 0.04 亿元。重大科技统筹资金 2.13 亿元，中央专项资金 0.19 亿元。

（王艺秋）

完成国资产权登记 42 笔

年内，开发区财政局完成国资产权登记 42 笔，其中占有登记 10 笔、变动登记 25 笔、注销登记 7 笔。做好开发区内国有企业资产和经营情况快报，全年合并资产总额 1064 亿元、负债总额 620 亿元、所有者权益总额 444 亿元。推进国有资本经营预算收缴，上缴国有资本收益 1.23 亿元。

（王艺秋）

为 521 人发放会计证

年内，开发区财政局完成会计从业资格考试报名和组考工作。组织会计从业资格考试共计 2800 余人次，组织会计初级、中级职称考试 2015 人。在开发区会计人员考试中心实现金财网视频监控专线的开通工作。截至年底，办理会计证调出调入 251 人、变更 43 人、补证 42 人，发放会计证 521 人。全年代理记账机构共计 21 家，新增代理记账机构 6 家。组织开发区 330 人开展会计继续教育工作，鼓励开发区内国有企业财务人员参加财政部企业信息化知识竞赛活动，支持开发区中小企业服务中心开展常见涉税新政和高新政策趋势解读培训。

（王艺秋）

上缴非税收入 2.8 亿元

年内，开发区财政局上缴市财政局非税收入共计 2.8 亿元，主要包括城市公用事业附加收入 0.8 亿元、国有资本经营收入 1.3 亿元、其他一般罚没收入 0.2 亿元和其他利息收入 0.4 亿元等项目。取消劳动鉴定费的收费项目，并撤销劳动鉴定中心执收单位职权。

（王艺秋）

安排偿还政府性债务本金 15 亿元

年内，开发区财政局安排偿还政府性债务本金 15 亿元，贷款利息 3.93 亿元。截至年底，开发区通过北京市地方政府债务置换债券，化解存量债务 22.22 亿元。

（王艺秋）

检查涉及海外人才专项扶持资金 1.07 亿元

年内，开发区财政局组织对 2012—2014 年累计获得海外学人专项资金支持在百万元以上的 35 家企业开展专项监督检查工作，涉及海外人才专项扶持资金 1.07 亿元。经查，会计信息符合相关政策要求，不存在违法违规行为。组织对开发区环保局和其下设 4 家事业单位开展监督检查工作，涉及资金 3963.85 万元，其中开发区环保局和下属事业单位涉及检查支出 1521.14 万元，建设工程交易中心 2442.71 万元。经查，各单位会计核算真实、完整，“三公经费”使用能够贯彻执行相关规定并严格控制，固定资产管理和控制制度完整有效。

（王艺秋）

首次开展对部门预算项目事前评审工作

年内，开发区财政局首次开展对开发区工委、管委会各部门和所属事业单位部门预算项目事前评审工作。工作内容从梳理评审项目选择、评审工作流程等方面展开，选择 7 个预算项目作为评审对象，总申报预算金额为 2228.1 万元，其中 3 个项目如期完成，审定金额为 691.51 万元，审减 39.59 万元。截至年底，共审核各类财政性投资评审项目 144 项。其中，审定新委托工程项目 62 项，审定金额 5.86 亿元，审减金额 1.28 亿元；审定往年结转工程项目 82 项，审定金额 8.76 亿元，审减金额 2.79 亿元。

（王艺秋）

税　务

国家税务

概况

2015 年，北京经济技术开发区国家税务局（简称开发区国税局）组织税收收入 266.12 亿元，同比增加 30.95 亿元，增长13.16%；组织中央级收入 195.01 亿元，同比增加 26.17 亿元，增长 15.50%；组织地方级收入 71.10 亿元，同比增加 4.78 亿元，增长 7.21%，税收收入总量居全市第六位。利用“税立方”系统强化风险管理和动态监控，帮助京东商城等企业防范风险。开发区国税局被授予“首都精神文明单位标兵”称号，开发区国税局办税服务厅获“2015 年北京市模范集体”称号。共承接市国税局系统指标 105 项，获得特别加分 51.6 分，获北京市国税系统绩效考核优秀单位。

（薛新杰）

组收税收增加收入 6287 万元

年内，开发区国税局将全年税收任务分解到 6 个业务部门，落实组收责任；与开发区财政局、地税分局联合按月编写《税收收入专报》；通过开展 32 项（337 户次）风控任务，增加收入 2776 万元；通过清理入区税源企业 165 户，增加收入 1950 万元；通过各类税务案件稽查，增加收入 1561 万元。

（薛新杰）

税收宣传

年内，开发区国税局与世界 500 强大型跨国公司相关人员进行面对面座谈；联合开发区发改局、地税分局、海关举办出口退税座谈会、送税法进园区进校园进社区等税收宣传；通过内外网、短信平台、网报平台、微信、手机 APP、办税服务厅 LED 显示屏等多种渠道，向中央电视台《新闻联播》《晚间新闻》、北京电视台、人民日报、北京日报、经济日报、中国税务报、北京晚报等主流媒体投稿发表税收宣传稿件 16 篇。通过内外网发布信息 456 条，被市委、市政府采用信息 7 条；被市国税局采用信息 73 条。

（薛新杰）

完成 354 万份发票的验旧工作

年内，开发区国税局落实网上变更、网上申报、网上增值税一般人登记认定、网上简易处罚、发票自动验旧、网上企业所得税备案等多项便民办税服务举措，实现税企“双减负”。完成 354 万份发票的自动验旧工作；21 万户次企业网上抄报验旧；近 2300 户次企业网上自动备案和变更税务登记。平均每月减少 2400 余户次往返发票验旧和发票领购窗口。

（薛新杰）

“三证合一”执照企业税务登记 475 户

年内，开发区国税局制定“三证合一”（工商营业执照、组织机构代码证和税务登记证合一证）推行工作方案和应急预案。与开发区工商分局、地税分局等相关部门加强协作，统一登记条件、统一工作流程、统一登记文书，实现“一窗受理、一表申请”，业务衔接顺畅高效。全年办理领取“三证合一”执照企业的税务登记475户。

（薛新杰）

2014年度汇算清缴申报率达100%

年内，开发区国税局借助新型数据平台的预警功能，及时发现纳税人的申报错误和疑点，提高汇算清缴申报质量，2014年度汇算清缴应补（退）的所得税额6.24亿元，申报率达到100%。

（薛新杰）

完成生产企业退税952批次

年内，开发区国税局加快退税进度，对单证齐全真实、电子信息核对无误的出口退税申报资料实行即报即审。全年完成生产企业退税952批次，退税款43.86亿元，审核免抵额46.26亿元。

（薛新杰）

税收立案检查31户次

年内，开发区国税局各类税收立案检查31户次，审结执行完毕31户，对16户次企业开展纳税风险排查，共发现5户企业存在涉税问题，总计涉及税款0.09亿元。截至年底，查补入库2022万元。

（薛新杰）

地方税务

概况

2015年，北京市地方税务局开发区分局（简称开发区地税分局）累计完成各项税费收入137.18亿元，同比增收18.86亿元，增长15.94%，完成全年各项税费收入计划的108.36%，收入规模位列全市第七位；完成地方公共财政预算收入109.55亿元，同比增收14.79亿元，增长15.6%，完成全年地方公共财政预算收入计划的108.14%。3月11日，开发区地税分局第一税务所被评为北京地税系统2013—2014年度市级青年文明号。5月21日，开发区地税分局召开新一届特约监察员聘任仪式暨座谈会，新一届特约监察员共6人。7月5日，开发区地税分局完成办公楼维修改造后办公人员从博大万源公寓回迁工作。12月14日，成立专业化小型呼叫中心，建立由税政管理科、征收管理科、基层税务所组成的税收业务支撑组。

（庄丽娟 安娣）

完成新旧机房与市地税局广域网的切换

7月3日，开发区地税分局主机房投入使用，完成网络主设备进驻，完成新旧机房与市地税局广域网的切换。7月14日，开发区地税分局主机房通过北京信息安全测评中心实施的主机房环境测评。9月1日，开发区地税分局与北京软件和信息服务交易所有限公司签订微软Office 2010、Office 2013办公软件采购合同，标志着开发区地税分局推进办公软件正版化，保护软件知识版权，清理非正版软件的主要工作完成。12月15日，开发区地税分局无线Wi-Fi使用工作环境部署建设完成，配合开发区公共场所热点区域无线局域网覆盖“e-Town”建设，实现无线网络接入服务全覆盖。

（叶婉）

开发区地税分局第二税务所成立

9月17日，开发区地税分局成立第二

税务所，把占全局收入85%的重点税源划归该所管理。按属地管理原则，以荣华路为界，将中小税源户划分为东西两个区域，分别由东区税务所和隆庆街税务所管理。截至年底，第二税务所税源户共计13567户，其中正常户11466户、非正常户293户、停业户5户、在途户324户、证件失效户1111户、非正常注销户368户。按登记注册类型分类，内资企业10054户、外资企业（含中外合资、中外合作、外商独资，及港、澳、台资）810户、个体工商户514户、党政机关6户、社会组织82户。属于上市公司的有19户，属于世界500强企业的有71户，属于高新企业的有49户。全年组织完成日常评估11户，评估辅导598户，日常检查201户。评估补税税款和滞纳金共计2.3亿元。其中，土地增值税1.9亿元，个税3005.88万元，营业税243.92万元，城建税240.01万元，教育费附加79.70万元，地方教育费附加53.13万元，房产税315.72万元，土地使用税20.67万元，企业所得税20.54万元，印花税0.87万元。

（李楠）

举办“区域通办”办税流程培训会

9月29日，开发区地税分局组织召开房地产中介机构培训会，对32户房地产中介门店共81名业务骨干就个人存量房交易办税流程、提交资料、表单填写和相关注意事项等内容进行说明，使中介经纪人员熟悉窗口工作流程，掌握各项办税事宜，确保10月8日个人存量房交易税收征管“区域通办”（纳税人可以自行选择房产所在行政区域的地税税务所、设有地税办税点的政府行政服务大厅等办税场所，办理个人二手房交易涉税业务）工作开展。

（王京川）

开发区完成各项税费收入137.18亿元

年内，开发区完成各项税费收入137.18亿元。开发区个人所得税、车船税、营业税稳居前三位，税收占比达到61.06%。其中，个人所得税入库34.6亿元，同比增长18.45%；房地产企业的企业所得税入库7.25亿元，同比增长12.69%；受土地交易减少影响，契税入库4.3亿元，同比下降33.04%。二产中电子信息产业、装备制造产业、生物工程和医药产业、汽车与交通设备四大主导产业均实现较快增长，同比分别增长55.95%、22.04%、9.3%、71.52%。三产中房地产业同比增长6.61%；金融业同比增长20.55%；租赁和商务服务业受投资与资产管理类带动实现较快增长，同比增长34.66%；居民服务、修理和其他服务业受微软移动（原诺基亚中国）裁员影响，同比下降11.55%。新增企业2925户，带动2015年税款增加1.12亿元。3月31日，财政部、税务总局下发《关于调整个人住房转让营业税政策的通知》，将个人销售已购住房免征营业税时限从5年调整为2年。新政实施以来，存量房交易日趋活跃，存量房交易量同比增加779笔，入库税款同比增加8342万元，增长69.8%。根据关于暂免征收部分小微企业增值税和营业税的通知规定，开发区地税分局纳税户累计减免5326户次，减免税款554万元。

（庄丽娟）

加强税收法治工作

年内，开发区地税分局完成市地税局部署的税收优惠政策清理工作和开发区管委会部署的行政审批取消和承接项目文件目录清理工作。对开发区地税分局对外签署的合同进行审核，共完成合同审核12件。召开税务行政处罚听证会两次，保障行政相对人的合法权益，发挥听证制度保障行政处罚公正合理的功能。12月，与北京市英岛律师事务所签署常年法律顾问合同，探索建立开发区地税分局法律顾问制度。从事前防范法律风险、事中处理法律事务、事后参与法律救济等方面发挥法律顾问促进依法行政作用。

（胡琳娜）

5761户小微企业享受税收优惠

开发区地税分局小微企业优惠政策咨询服务岗 田艳军 摄

年内，开发区地税分局落实小微企业税收优惠政策，共有5761户小微企业享受税收优惠。其中，5326户享受小微企业营业税优惠政策，减免营业税554万元；435户企业享受小型微利企业所得税优惠政策，减免税款120.97万元。

（闫国良）

实际参加汇算清缴企业所得税2345户

年内，开发区企业所得税应参加汇算清缴2406户，实际参加汇算清缴2345户，实际应纳税所得税额11.27亿元。与2014年同期相比，实际参加汇算清缴增加400户，同比增长20.56%；与2014年同期相比实际应纳税所得税额增加4.85亿元，同比增长75.65%。其中，查账企业申报2345户，实现销售（营业）收入391.15亿元，纳税调整后所得42.03亿元，实际应纳所得税额11.27亿元。与2014年同期相比查账企业申报增加400户，同比增长20.56%，实现销售（营业）收入增长67.24亿元，同比增长20.75%，纳税调整后所得增加8.82亿元，同比增长26.56%，实际应纳所得税额增加4.85亿元，同比增长75.65%；亏损企业1483户数，与2014年同期相比增加411户，同比增长38.33%。亏损总额15.46亿元，与2014年同期相比亏损增加1.58亿元，同比增长11.34%。全年办理二手房2078套，入库各项税款2.03亿元，其中个人所得税5126万元、营业税4304万元、契税9364万元、土地增值税959万元。代收工会经费2.35亿元，代收残保金1.05亿元。

（闫国良）

开展“便民办税春风行动”

年内，开发区地税分局落实《纳税服务规范》，开展“便民办税春风行动”，推动纳税服务向前台和网上转移，将纳税人依申请事项全部前移至办税服务厅统一受理。落实首问责任制、领导值班制、一次性告知等制度，落实规范着装、服务用语、导税服务、延时服务等内容。“税务登记”“申报纳税”等八大类88项涉税业务流程实现手机移动端展示。

（王京川）

联合税务登记2550件

年内，开发区地税分局推行网上报税，逐步实现税收业务网上受理、网上审批和电子登记。推进《国地税合作工作规范》

落实，实现“联合税务登记”“联合新户培训”“联合税法宣传”“联合税务稽查”“联合税收分析”五项联合，达到“1+1 > 2”的效果。联合税务登记 2550 件，“一税两费”委托代征 25.46 亿元。推进“三证合一”“一照一码”工作，成立工作领导小组，加强同开发区工商分局、国税局、统计局等职能部门的沟通与联系。

（王京川）

加强重点企业税收风险管理

年内，开发区地税分局制定《开发区大企业税收风险管理工作流程》，实现风险评估、风险应对、反馈提高等环节的有机衔接；对 6 户工业企业开展税收风险管理专项工作，涉及税款 280.15 万元；同 386 户大企业通过微信平台，为大企业提供政策咨询全天候服务、涉税通知群发服务，及涉税事项资料线上预审线下办结服务。

（武兰萍）

5 家企业补缴外籍个人个人所得税和滞纳金

年内，开发区地税分局加强与开发区公安分局等有关部门的数据交换，结合开发区外资企业和外籍个人相对集中的情况，对历年外籍个所税申报数据进行筛查、比对，查找疑点，确定 8 户重点企业作为开发区地税分局重点核查对象。抽调业务骨干，组成专门的调查队伍逐户对企业进行约谈。在市地税局国际税务处的指导帮助下，共有 5 家企业补缴外籍个人个人所得税和滞纳金 4786.36 万元。通过整理对外支付税务备案等资料，收集制作 2014 年度自动情报 41 份。处理自发情报 1 份，涉及个人中介服务个人所得税，由于纳税人在境外，通过邮件和电话对纳税人多次进行沟通和政策讲解，最终补缴个人所得税和滞纳金 54.76 万元。

（张莹）

税务稽查立案 56 户

年内，开发区地税分局共立案 56 户，举报中心共受理举报案件 35 份，处理 31 份，另 4 份在处理中。共计查补入库 6627.35 万元。其中，税款 5807.41 万元、滞纳金 692.05 万元、罚款 127.89 万元，是 2014 年查补收入的 1.08 倍，户均查补税款 602.49 万元。

（李旻）

执法督察发现执法问题 1579 个

年内，开发区地税分局开展 14 项重点督察项目，其中税务总局规定的督察项目 11 项、市地税局督察项目 3 项，开发区地税分局督察项目 1 项。采用全面自查与集中评查相结合、案卷检查与实地核查相结合的方法实施督察。督察共发现执法问题 1579 个（其中含疑点核查发现问题 148 个，申报未入库问题和土地增值税征管等方面发现问题 1431 个），绝大多数属于纳税人未按规定办理税收事项和办税人员疏忽产生的问题。整改问题 1552 个，补税款 165.72 万元，加收滞纳金 60.84 万元。

（胡琳娜）

5 篇调研报告和文章发表

年内，由开发区地税分局牵头的重点调研课题“我国房地产税制改革国际借鉴与政策建议”成果获第二届“大江论坛”——两岸税收法制建设论坛征文活动评选三等奖；开发区地税分局参与的课题“从税收看首都生活性服务业发展”成果在《北京工作》《北京调研》刊登；《大企业税收风险管理工作实践探析》在《现代经济信息》刊登；《从税收看首都生活性服务业发展》《大企业税收风险管理工作实践探析》《北京经济技术开发区税源质量分析报告》《建筑业营业税纳税要点及稽查对策浅析》4 篇文章在市地税局《调查与研究》刊登。

（安娣）

银 行

中国工商银行开发区支行

概况

2015 年，中国工商银行股份有限公司北京经济技术开发区支行（简称工商银行开发区支行）本外币存款时点余额 218 亿元，同比增加 76 亿元；本外币贷款时点余额 145 亿元，同比增加 25 亿元；拨备前利润 5.3 亿元，净利润 4.5 亿元。截至年底，工商银行开发区支行个人客户总量 40.18 万户，累计开设 10 个综合化营业网点和两家自助银行。工商银行开发区支行自助机具累计 134 台，其中存取款一体机 47 台、取款机 47 台、查询缴费机 32 台、智能柜员机 3 台、转账汇款机 5 台。

（方园 张正 刘园园）

办理集成电路海外并购

年内，工商银行开发区支行为并购美国上市芯片设计公司 ISSI 项目提供包括 4.8亿美元等额人民币跨境并购银团贷款、并购顾问、资本金购付汇、交易资金托管等在内的一揽子金融服务。此次并购是中国集成电路行业第一个真正意义上的海外并购，也是中国首个资本私有化纯粹美国半导体上市公司的跨境并购项目。

（方园 冯超 刘园园）

搭建企业资金归集

年内，工商银行开发区支行为开发区内两家重点外资企业完成本外币资金归集架构的搭建，资金归集业务先后上线，对公外汇归集管理得以电子化、集中化和智能化。外币跨境资金池和人民币跨境双向资金池业务完成前期报备和架构工作，两大外资企业外汇资金集中运营和人民币跨境项下业务落地发展，该项目的实施大大节约企业的财务成本。

（方园 杨凯 刘园园）

健全安全案防机制

工商银行开发区支行开展防范电信诈骗活动　　路臻 摄

年内，工商银行开发区支行建立健全安全案防机制。组织培训 23 次、演练 57 次、检查 112 次，堵截电信诈骗案件 53 起，为居民挽回财产损失 112.3 万元。并持续开展宣传公益活动。

（方园 刘园园）

开展定点帮扶

年内，工商银行开发区支行与大兴区安定镇前安定村对接，成立帮扶共建小组。双方定期组织碰头会，工商银行开发区支行适时了解农作物的生长和销售情况，从产品包装、品牌建设、销售渠道等方面为前安定村出谋划策，为农产品的发展提出合理化营销建议，拓宽农产品的销售思路，提高产品的知名度，促进农产品的发展。

（方园 刘园园）

开设首家智能化网点

年内，工商银行开发区支行对金地格林小镇网点支行进行改造，配备包括智能终端机、产品领取机、智能打印机、柜员手持平板电脑、网吧机等自助设备，形成理财 + 自助、低柜 + 智能终端的全新服务格局，成为开发区内首家智能化网点。

（方园 刘园园）

中国工商银行股份有限公司北京经济技术开发区支行

党委书记兼支行行长 任小克

中国银行开发区支行

概况

2015 年，中国银行股份有限公司北京经济技术开发区支行（简称中国银行开发区支行）本外币存款余额 88.37 亿元；累计为客户提供融资支持 29.77 亿元，其中为个人客户提供贷款支持 2.24 亿元，为公司客户提供融资支持 27.53 亿元；实现利润 1.88 亿元；实现中间业务收入 5066 万元。

（马晶）

创新融资方式

年内，中国银行开发区支行针对客户特点、贷款用途等，为客户创新多种渠道融资方式。为支持区内企业拓展海外市场，创新为客户续作海外直贷、内保外贷等业务。联动保险公司、证券公司、基金公司、信托公司，为不同类型的企业客户提供投融通业务、黄金租赁、信托计划、产业基金、供应链融资等个性化融资方案。全年融资支持 18.34 亿元。

（马晶）

支持中小企业发展

年内，为实现中小企业授信高效化，中国银行开发区支行设立问题逐级上报处理机制和每周例会机制。针对中小企业用款急、周期短的融资特点，对不同行业、不同类型、不同结算方式的中小企业客户提出不同的授信方案，共为 71 个中小客户累计发放授信 110 笔、3.4 亿元。中国银行开发区支行被北京市银行业协会授予 2015 年度北京市银行业小微金融服务特色经营单位称号。

（马晶）

提供 E 社区服务

年内，中国银行开发区支行与一家社区签约中银 E 社区服务，为社区居民提供“一站式”金融与商务服务。通过中银 E 社区，社区居民通过互联网和移动互联网可实现线上物管缴费、物业报修和周边商户服务等，构建起综合物业、住户、联盟商家、银行等多项功能的智能化社区服务体系。

（马晶）

中国银行股份有限公司北京经济技术开发区支行

行长 杨青梅

中国农业银行开发区支行

概况

2015 年，中国农业银行股份有限公

司北京经济技术开发区支行（简称农行开发区支行）本外币存款时点余额 169.4 亿元，较年初增加 27.0 亿元；日均存款余额 168.1 亿元，较年初增加 19.9 亿元；各项贷款余额 84.99 亿元，其中个人贷款余额 28.37 亿元，比年初增加 4.56 亿元；实现国际结算量 49.26 亿美元，跨境人民币结算量 72.02 亿元，结售汇量 18.88 亿美元。完成中间业务收入 1.1 亿元，拨备后利润 5.1 亿元，考核利润 4.38 亿元。实现经济增加值 2.07 亿元，经济资本回报率 43.37%。在 24 家支行中，综合考核排名第八名。9 月，农行开发区支行为北京工业大学新生办理校园卡 3300 张。10 月 21 日，位于闽龙广场的大羊坊路支行开业。

（朱燕群）

办理转开涉外信用证业务

4 月，农行开发区支行办理北京分行首笔转开涉外融资性备用信用证业务，金额 1350 万美元，期限 1 年。该业务的办理进一步拓宽农行开发区支行与金融同业的合作领域，实现双方共赢。

（朱燕群）

认购戴姆勒公司债券

7 月，农行开发区支行成功营销并实现戴姆勒股份公司9亿元熊猫债券的认购，这是全国农行认购的首笔熊猫债券。熊猫债券是境外机构在中国发行的以人民币计价的债券，根据国际惯例，以中国的吉祥物熊猫命名。戴姆勒股份公司为首家在中国发行熊猫债券的境外非金融机构，农行开发区支行认购的 9 亿元债券为戴姆勒股份公司第二次在国内发行。

（朱燕群）

中国农业银行股份有限公司北京经济技术开发区支行

行长 余 萱

中国建设银行开发区支行

概况

2015 年，中国建设银行股份有限公司北京经济技术开发区支行（简称建行开发区支行）本外币全口径存款日均余额 173 亿元，其中人民币企业存款日均余额 115 亿元，本外币个人存款日均 58 亿元。公司机构全量新增 567 户，个人全量客户新增 27208 户。12 月 4 日，建行经海路支行开业，营业网点达到 8 个。年内，建行开发区支行营业部通过中国银行业协会验收，获“五星级网点”称号。客户总投诉量较 2014 年减少 71%，工单下降 77%。

（黄永雷）

国库支库获一级库称号

建行开发区支行代理的国库支库获一级库称号 张帆 摄

4 月，由建行开发区支行代理的国库支库获“国家金库北京市代理支库一级库”称号，成为北京地区 3 家一级代理支库之一。开发区支库全年办理业务 27.72 万笔，同比增长 28.57%。

（黄永雷）

建立国际业务服务体系

年内，建行开发区支行将国际业务柜面人员与营销人员进行整合，建立分行系统内首家集柜面收单、会计核算、产品营销于一体的国际业务“一站式”服务体系，客户维护紧密度与客户需求响应速度得到明显提升。

（黄永雷）

中国建设银行股份有限公司北京经济技术开发区支行

行长 王 堃

交通银行开发区支行

概况

2015年，交通银行股份有限公司北京经济技术开发区支行（简称交行开发区支行）以深化改革为动力，以转型发展为主题，以“拓客户、抓存款、稳利润、控风险”为主线，全面推进改革兴行、客户固本、发展提速、费用提效、风险管控、网点增产、管理提升、服务立行、党建护航、幸福交行“十大工程”，实现存款、利润稳健增长，保持资产质量基本稳定。区域内本外币存款余额58.4亿元；对公新开户增加120户，完成计划的100%；个人有效客户增加5510户；信用卡激活户新增1658户，完成计划的130%。12月，交行开发区支行辖属文化园西路支行开业。

（张敏）

支持开发区企业

年内，交行开发区支行继续为开发区总公司“12平方公里”项目投放大额表内贷款。与北京亦庄国际投资发展有限公司继续在结算、理财、表内外授信业务方面保持多角度合作；与北京亦庄国际产业投资管理有限公司在产业基金业务方面开展实质性沟通，申报表外业务以支持开发区产业基金做大规模，做强渠道。

（张敏）

交通银行股份有限公司北京经济技术开发区支行

行长 张 伟

华夏银行亦庄支行

概况

2015年，华夏银行股份有限公司北京亦庄支行（简称华夏银行亦庄支行）贯彻“精准营销、平台对接、链式开发”的营销策略，推动各项业务的发展。储蓄存款余额6.32亿元，储蓄存款日均5.10亿元。对公有效户净增115户，个人有效户净增35817户。个人理财年销售量23.70亿元。信用卡新增1240张，京津冀协同卡发卡16248张。新增POS、TPOS机具共76台，新增个人网银16568户，新增手机银行客户4024户。

（李菲）

提升转化低效户

年内，华夏银行亦庄支行继续推进“两个80%”工作，即调动80%的员工去服务80%没有得到银行很好服务的客户，加大对低效存量客户的挖潜力度，重点做好睡眠客户唤醒和低效客户转化工作；加强对20%重点客户的项目管理，落实专门团队和项目经理，制定针对性服务方案，提高服务深度和广度。全面梳理存量客户，对客户重新分配。对于低效户，根据客户需求配套提供金融服务，如票据置换、公司理财、网上银行、代发工资、高端私人客户产品等，有效户得到提升。华夏银行亦庄支行同时联动营销中小企业授信、企业职员个人业务，累计开发小企业授信客户 22 户。有效带动支行金融资产总量的增长。

（李菲）

发行速通卡 4594 张

年内，华夏银行亦庄支行组建速通卡（ETC）“一站式”服务团队，运营条线与营销条线紧密配合，开设速通卡（ETC）办理绿色通道，全体员工利用闲余时间参与速通卡（ETC）现场营销和拓展营销渠道。以亦庄工业园各企业和车辆检验厂作为主要营销对象，进行现场宣传速通卡（ETC）业务。在周边社区与支行门头悬挂宣传横幅，印制宣传折页，加大速通卡宣传力度。新增速通卡（ETC）4594 张，完成计划的 187%，累积发放 43469 张，发卡量居开发区“一站式”服务行首位。经过二次营销，速通卡（ETC）客户已经成为支行个人业务的重要支撑。

（李菲）

华夏银行股份有限公司北京亦庄支行

行长 孙国威

中国邮政储蓄银行开发区支行

概况

2015 年，中国邮政储蓄银行股份有限公司北京经济技术开发区支行（简称邮储银行开发区支行）秉承“进步与您同步”的服务理念，延续个人、国际、对公、承兑、票据贴现、信贷业务，新增设高端客户团队，为高端客户提供“一站式”服务，根据客户需求提供营销方案。丰富银企直联、债券结构化、股票结构化、资产证券化等融资类业务。邮储银行开发区支行于 1 月 1 日起停业装修，11 月 23 日重装开业。年内，邮储银行开发区支行 24 小时自助银行区域配备 4 台存取款机、2 台网银体验机、2 台自助终端、2 台 ACR，设立独立的理财室、信贷室和 VIP 室，保证客户的私密性。

（王振）

中国邮政储蓄银行股份有限公司

北京经济技术开发区支行

行长 付宏磊

北京银行开发区管辖行

概况

2015 年，北京银行股份有限公司经济技术开发区管辖行（简称北京银行开发区管辖行）时点存款 35 亿元，贷款 16 亿元，其中中小微户数 47 户；时点个贷 7.9 亿元。北京银行开发区管辖行下辖两个网点，分别为开发区支行和亦庄支行。北京银行开发区管辖行致力服务小微企业，针对小微企业的特色推出创意贷、节能贷、成长贷、软件贷、智权贷、订单贷、小微贷等系列产品，为小微企业搭建更为便捷、全面的资本对接服务平台。

（张雯雯）

北京银行股份有限公司经济技术开发区管辖行

行长 贾 梅

北京农商银行开发区支行

概况

2015 年，北京农村商业银行股份有

限公司经济技术开发区支行（简称农商银行开发区支行）深度挖潜客户需求，创新营销管理机制，推动业务发展。截至年底，各项存款余额96.6亿元，各项存款日均余额90.42亿元。

（王华伟）

推进养老助残卡项目

年内，农商银行开发区支行持续推进北京市养老服务体系建设工作，完成全市第二批、第三批养老助残卡发卡开户工作。发放养老助残卡1974张，发展商户16家。

（王华伟）

推进社区e服务

年内，农商银行开发区支行推进“社区e服务”——专门为社区居民和周边商户服务的移动互联网金融产品。“社区e服务”包括用户端、商户端、管家端，通过北京农商银行电子账户将线上支付与线下服务相结合，搭建移动互联网便民服务平台，为社区居民提供便捷的社区生活和日常金融服务，为社区周边小微商户提供免费的网上平台。

（王华伟）

开展“六进”活动

年内，农商银行开发区支行开展“进机关、进企业、进社区、进园区、进超市、进市场”的“六进”活动100余场。通过与机关、企业、商户、居民面对面的交流，及时了解其日益增长的多样化金融需求，向群众普及金融理财知识，宣传防范打击非法集资教育，提高群众金融安全意识。

（王华伟）

支持4个重点项目

年内，农商银行开发区支行加大对开发区重点项目的资金支持力度。参团贷款支持ISSI海外并购项目，投放并购贷款12.29亿元，对在纳斯达克上市的美国半导体存储设备设计销售企业ISSI100%股权实施收购；为北京奔驰二工厂用地项目提供12.4亿元的授信额度支持，发放贷款3.96亿元；为中金数据系统有限公司发放银团贷款3亿元，支持企业北京数据中心二期项目建设；为北京亦庄盛元投资开发有限公司提供14.8亿元授信额度，支持开发区路东区A18C-2地块一期商务综合体项目开发建设。

（王华伟）

北京农村商业银行股份有限公司
经济技术开发区支行
行长 刘 勇

浦发银行开发区支行

概况

2015年，上海浦东发展银行股份有限公司北京经济技术开发区支行（简称浦发银行开发区支行）存款余额52.63亿元，贷款余额14.8亿元，被北京市银行业协会评为“北京市银行业特色服务示范网点”。

（李华）

办理银联代付项目

8月23日，浦发银行开发区支行与中国银联总公司签约，成为中国大陆第一家中国银联清结算账户开户行，对接中国银联全渠道代理付款业务，累计交易金额3亿元。

（李华）

办理离岸业务

年内，浦发银行开发区支行为某客户及其香港上市公司办理离岸账户存款质押在岸开立银行承兑汇票业务，开出银行承兑汇票 6.53 亿元，累计质押存款 7.16 亿港元、600 万美元。在开发区某企业香港上市前后，针对募集资金保值增值、账户设置、资金入境路径等制定详细的金融服务方案，帮助客户在香港和上海自贸区开立离岸账户，首批划入上市募集资金 3 亿港元，协助其上市募集的资金成功入境。

（李华）

发行鑫经彩卡

年内，浦发银行开发区支行与北京经开投资开发股份有限公司合作发行集楼宇门禁管理、电梯梯控管理、园区食堂就餐、周边餐饮消费等功能的鑫经彩卡产品，借助双方资源为园区客户提供全方面服务，打造智能园区的核心载体。该产品得到北京银联专属资金扶持，并在北京地区率先运用电子现金、小额免密等新型支付技术，全年发行量 1.5 万张。

（李华）

上海浦东发展银行股份有限公司
北京经济技术开发区支行
行长 王 宁

兴业银行南区中心支行

概况

兴业银行股份有限公司北京南区中心支行（简称兴业银行南区中心支行）于 2015 年 10 月正式成立。截至年底，兴业银行南区中心支行对公存款余额 243.11 亿元；对公存款日均 185.61 亿元，同业财务公司存款余额 3.1 亿元，日均 5.5 亿元。储蓄存款余额 20.5 亿元，较年初增加 2.6 亿元，日均存款 20 亿元，较年初增加 2.5 亿元。财富类金融资产日均 27.7 亿元，较年初增加 9 亿元，个贷余额 16.77 亿元，较年初增加 8.15 亿元。兴业银行南区中心支行贷款余额 72.45 亿元，其中对公贷款 54.29 亿元、个人贷款 18.16 亿元。

（刘妮）

支持新区重大项目

年内，兴业银行南区中心支行加大对开发区和大兴区重大项目建设支持力度，开展 7 项重大业务，支持资金累计 218.55 亿元。其中，新航城产业基金 70 亿元、非标准债权融资 20 亿元；北京恒兴盛房地产开发有限公司开发贷款 15 亿元；北京亦庄国际投资开发有限公司黄金租借 15 亿元；旧宫集贤旧村改造项目贷款 17.6 亿元；西红门城乡一体化改造项目贷款 64 亿元；瀛海西区土地一级开发项目贷款 15 亿元；北京兴福临空产业发展有限公司土地一级开发贷款 1.95 亿元。

（刘妮）

兴业银行股份有限公司北京南区中心支行
行长 张春明

东亚银行开发区支行

概况

2015 年，东亚银行（中国）有限公司北京经济技术开发区支行（简称东亚银行开发区支行）时点存款余额 0.93 亿元，贷款余额 6.24 亿元。有公私账户 1184 个，其中879个账户开通网银功能。有公司账户72个，其中人民币账户57个、外币账户15个；有52个公司账户开通网银。截至年底，东亚银行开发区支行对公业务存款余额0.85亿元。公司业务贷款余额6.23亿元。有个人账户1112个，其中人民币账户1054个、外币账户7个、显卓账户51个；827个账户开通网银。个人存款余额829万元，个人贷款余额118万元。继续推广“开心游”“留学通”“两地一本通”“移民通”和“高端医疗”等金融产品。

（孟超）

东亚银行（中国）有限公司北京经济技术开发区支行

行长 郑文鑫

招商银行北京亦庄支行

概况

7月18日，招商银行北京亦庄支行开业　　刘志鹏 摄

2015年，招商银行股份有限公司北京亦庄支行（简称招商银行北京亦庄支行）个人客户数31308户，累计为15万人次提供个人金融服务，零售核心资产36.2亿元，储蓄存款7.5亿元；公司客户数1858户，年末存款余额18.2亿元。全年新开企业客户数1432户，使用对公产品3964个。招商银行北京亦庄支行成立于2014年6月27日，下辖亦庄文化园支行、旧宫东路支行两个零售专业网点。

（孙琳）

金融服务多样化

年内，招商银行北京亦庄支行为客户提供多样化的个人金融服务，涵盖理财、缴费、信贷、转账、购物等全面的生活服务。截至年底，招商银行北京亦庄支行为客户管理资产36.2亿元，并为169家企业的4240位个人客户提供工资代发服务，代发金额约1.6亿元。

（孙琳）

助力中小企业发展

年内，招商银行北京亦庄支行为落实京津冀协同发展国家战略的要求，配合开发区建设京津冀科技创新公共服务平台，将“千鹰展翼”计划作为业务重点，为创新成长型中小企业提供资金支持、拟定上市策略、搭建资本对接通道等系列服务。招商银行北京亦庄支行以“小额股权直投”“小企业选择权”等产品作为主打产品，为具有高科技、高成长，未来有资本市场规划的优秀企业提供有针对性的综合金融服务方案。截至年底，招商银行北京亦庄支行与7家有成长潜力的中小企业进行对接，商定融资服务方案，拟投资金额3200万元。

（孙琳）

开展金融咨询服务

年内，招商银行北京亦庄支行开展多种多样的客户服务活动。通过打造“小招亦生活”品牌，为开发区个人和企业带来方便、快捷、实用的信息；开展儿童节手绘文化衫、社区跳蚤市场、“我爱旧宫”摄影大赛等活动，覆盖上海沙龙、金地格林小镇、星岛嘉园、宣颐家园、灵秀山庄等社区，受众人数约 1500 人；开展“大众创业·万众创新”企业注册优惠服务年活动，在开发区多个产业园、工业基地、科技孵化器、“互联网 +”创业基地设立服务站，为企业提供注册、开户一条龙服务和专业的金融业务咨询服务；配合大兴区金融办举办“防范金融诈骗，保障财产安全”宣传活动；招商银行北京亦庄支行开展多种形式、固定频次的防金融诈骗宣传活动，每月两场，受众人数约 3000 人次，被评为北京银行业“金融知识进万家”示范网点。

（孙琳）

招商银行股份有限公司北京亦庄支行

行长 文 涛

证 券

国泰君安证券北京亦庄营业部

概况

2015 年，国泰君安证券股份有限公司北京亦庄宏达北路证券营业部（简称国泰君安北京亦庄营业部）以专业服务促进客户向财富管理转型，通过首次公开募股辅导、新三板挂牌、债券发行、定向增发和股权质押等综合金融服务，助力开发区企业通过资本市场做强做大。3 月，国泰君安北京亦庄营业部承揽的中国有色矿业集团有限公司 2014 第二期公司债券 30 亿元发行。9 月，国泰君安北京亦庄营业部推荐的开发区企业易康云（北京）健康科技股份有限公司挂牌新三板。

（邢雷）

举办新三板座谈会

4 月 17 日，国泰君安北京亦庄营业部与北京亦庄国际投资发展有限公司共同举办亦庄金融汇系列活动之聚焦新三板。特邀国泰君安北京分公司投资银行部专家全面解析新三板挂牌规则和实务。开发区内 50 余家企业代表、亦庄国投下属子公司代表共计 90 余人参加座谈会，通过专家解析对新三板有了深入了解。

（邢雷）

开展俱乐部活动

年内，国泰君安北京亦庄营业部君弘财富俱乐部举办 40 余次投资沙龙活动、1 次高端客户投资报告会，共 1200 人次参加。举办两次高端客户会员活动，提供投资理财之外的增值服务，200 人次参加。众多客户能“一对一”与投资顾问交流，学习资产配置。

（邢雷）

国泰君安证券股份有限公司

北京亦庄宏达北路证券营业部

总经理 张国伟

社会发展

北京经济技术开发区年鉴 2016
BEIJING ECONOMIC-TECHNOLOGICAL DEVELOPMENT
AREA YEARBOOK

综述

2015 年，开发区在经济增速放缓和结构深层次调整的背景下，把促进就业作为头等大事，密切跟踪分析人力资源市场供需形势，积极完善就业政策、加强就业服务、沟通供需对接渠道。统筹安排 2 亿元支持高端人才创新创业。实现吸纳新区劳动力就业 4827 人。组织定期招聘、专场招聘、乡镇招聘等招聘活动 135 场。推进高质量培训工作，落实各类培训 26793 人次，围绕“人人享有社会保障”的目标，全面推进社会保障工作的法治化、科学化、信息化建设。推进国家政策和北京市各项惠民措施在开发区落地执行，及时调整各项社保待遇，通过完善网上申报业务、推进自助服务、业务下沉社保所等多种措施提高经办服务效能，加大扩面征缴力度，开展社保基金和其他重大专项资金使用情况专项检查，确保各项基金应收尽收。开发区全年五项社会保险基金征缴总额 59.41 亿元、支付总额 8.95 亿元，为全市贡献基金结余 50.46 亿元。

开发区积极完善公共服务。推进集团化办学，完成十一学校实验中学、耀华耀中国际学校主体结构建设，开工建设北京二中亦庄学校扩建工程。开办北京市大兴区中芯南海子幼儿园。加强医疗应急体系建设，制定下发《开发区突发公共事件医疗卫生救援工作方案》。健全“社区卫生站 + 一级医院 + 区域医疗中心”基本医疗服务体系，区域医疗保障能力显著增强。

开展农社对接活动，实施大兴优质农产品进社区活动，累计销售新区当地优质农产品 6.8 万公斤，服务社区群众 3.8 万人次。老年食堂对外挂牌营业，社区老年大学开学。发展文化体育事业，与北京电子科技职业学院合作建设开发区公共图书馆，举办开发区第八届文化艺术节、北京亦庄电影交响音乐会、新区“一区六园”第十届运动会等文体活动。

（王倩倩 齐亚丽 陈秋明）

社会保障

社会保险

概况

2015年，北京经济技术开发区人事劳动和社会保障局（简称开发区人劳局）继续推进社会保障工作法治化、科学化、信息化建设，及时落实各项社保待遇调整，扩大社会保险覆盖面，稳步提高保障水平，确保基金安全。在政策落实方面，推进落实机关事业单位养老保险制度改革、特困职工一次性医疗救助、新《劳动能力鉴定职工工伤与职业病致残等级》国家标准等政策调整在开发区的落地执行。及时做好各项社保相关待遇的调整工作。新增3家医保定点医疗机构，使开发区医保定点机构达到8家。在经办服务方面，通过完善网上申报业务、推广银行缴费、业务下沉社保所等多种措施提高经办服务效能。截至年底，开发区社会保险网上申报比率超过99%，参保单位开通银行缴费业务的占缴费单位数的92.91%。在基金安全方面，加大基金征缴稽核力度，开展社保基金和其他重大专项资金使用情况专项检查，确保各项基金应收尽收。截至年底，开发区共有参保单位5837家、缴费单位5693家，同比分别增长23.45%和24.21%；参保人数38.15万人、缴费人数21.23万人，同比分别增长4.14%和4.47%。5项社会保险基金征缴总额59.41亿元、支付总额8.95亿元，同比分别增长21.98%和18.07%，在基金安全稳定运行的基础上，为全市贡献基金结余50.46亿元。

（王倩倩 李甜）

实现全月受理业务

5月，开发区社保业务中涉及的人员增减、信息变更、社保补缴、保险转移接续和社保卡申领等业务实现全月办理；12月，养老、医疗、生育、失业4个险种的支付业务也实现全月办理。

（李甜）

发放2013年度补充医疗保险补贴

6月，经过审计公司的全面审计，开发区社保中心2013年度补充医疗保险补贴已经全部发放到位。在发放工作启动之初，中心申请审计公司提前介入，对补贴

2015年社保基金收、支、余情况一览表

单位：万元

险　　种	收缴金额	同比增幅	支付金额	同比增幅	结余金额	同比增幅
养老保险	379444.34	22.16%	27585.85	17.65%	351858.49	22.52%
失业保险	15518.33	24.52%	927.5	22.35%	14590.83	22.77%
工伤保险	9413.62	21.22%	3158.1	27.45%	6255.52	18.31%
生育保险	11731.11	21.91%	11986.57	4.29%	−255.46	−86.35%
医疗保险	177984.56	21.60%	45817.34	21.85%	132167.22	21.52%
合　　计	594091.96	21.98%	89475.36	18.07%	504616.6	22.71%

发放工作进行全面审计，主动发现工作中可能存在的差错和问题，及时进行规范和调整，为最后一次补贴的发放工作提供数据基础。补贴发放涉及参保单位 142 家，申请补贴人数 13403 人。经审核，符合支付补贴标准的为 13403 人，符合补贴月份为 129783 个月，按照开发区人劳局相关文件规定，2013 年度补贴支付标准为月人均 16.45 元，补贴金额合计 213.49 万元。

（李甜）

开通首发社保卡邮寄业务

10 月，开发区社保中心推出社会保障卡首发卡免费邮寄业务，与社保卡制作单位和物流公司共同研究制定邮寄业务基本流程，缩短参保人领取社保卡的周期，领取社保卡更方便、更快捷。截至年底，开发区社保中心邮寄发放社保卡 13856 张。

（李甜）

医疗工伤生育保险支付医疗费 4.46 亿元

截至年底，开发区社保中心完成基本医疗、工伤和生育累计报销医药费 85.14 万人次，同比增加 5.98 万人次，增幅 7.56%；累计支付金额 4.46 亿元，同比增加 5610.25 万元，增幅 14.4%；全年先后 8 次集中对离退休人员、工伤人员、失业人员和无保障老年居民的社会保险待遇进行调整，调整补支金额共计 470 余万元，已全部及时准确发放到待遇人员手中，无错支、漏支问题。

（李甜）

稽核受理投诉立案 131 起

截至年底，开发区社保中心受理投诉立案 131 起，补缴社保金额 988.88 万元；申请法院强制执行两家，涉及金额 143.29 万元；清理社保未足额缴费 781.09 万元，已到账 691.62 万元，到账率 89%。开发区社保中心探索规范新的工作模式，捋顺法院强制执行程序，不断加强日常稽核工作，确保社保基金应收尽收。

（李甜）

新增定点医疗机构 3 家

年内，开发区新增定点医疗机构 3 家，即国家康复辅具研究中心附属康复医院、北京军海医院和数字电视产业园社区卫生服务站。开发区医保中心积极配合市人力社保局、市医保中心和开发区人劳局医保科进行新增定点医疗机构的资格初审工作，获批后从常规业务、系统安装、医保网络调试等方面进行全方位的指导与协助，保证开发区 3 家单位在年底前全部通过现场验收。

（李甜）

落实 4915 名退休职工养老金调整

年内，开发区社保中心为 4915 名退休人员调整养老保险待遇。调整后，开发区退休养老保险金人均上涨 308.07 元，全区人均养老金 3379.82 元。

（陈学海）

受理工伤认定案件 565 件

年内，开发区共受理工伤认定案件 565 件，同比增长 9.28%。其中，因工死亡案件 11 起，包括突发疾病死亡 7 起、交通事故死亡 2 起、工作原因死亡 2 起。发生行政诉讼 1 件。工伤康复 27 人。

（许大川）

完成内控检查 7.11 万笔

年内，开发区社保中心通过开展专项业务检查，改进内控检查方式，强化内控检查程序，进一步管控风险业务、确保内控检查质量、落实日常内控检查工作。截至年底，开发区社保中心共完成 12 次日常内控检查和 4 次专项内控检查，共检查业务数量 7.11 万笔，检查中发现问题 384 笔，发现问题率 0.54%。

（李甜）

劳动就业

概况

2015 年，开发区人劳局加大岗位资源开发力度，在 2228 家企业开发就业岗位 11396 个，其中 1334 个优质岗位直送新机场拆迁地区榆垡、礼贤两镇劳动力。充分发挥就业促进资金导向作用，全年通过岗位补贴政策帮助新区劳动力 3855 人次实现稳定就业，其中 42.2% 为“4050”（女满 40 周岁、男满 50 周岁）等就业困难群体；通过劳务派遣补贴政策带动劳务派遣单位吸纳新区劳动力就业 3162 人次；通过班车补贴支持礼贤镇、长子营镇、榆垡镇、魏善庄镇、庞各庄镇、西红门镇、青云店镇、兴丰街道 8 个镇、街道开通 31 辆就业班车。组织定期招聘、专场招聘、乡镇招聘等招聘活动 135 场，累计服务劳动力 5.48 万人次。多渠道解决企业所需劳动力来源问题，通过公共就业服务机构推荐 905 名市其他区县劳动力、7483 名外省市劳动力进入开发区工作，受益企业 1000 余家。推荐 4522 名新区劳动力（其中榆垡、礼贤两镇劳动力 943 名）和 894 名市其他区县劳动力在开发区实现就业；在 28 所高校组织校园招聘会 28 场，启动“大学生预就业实习生计划”，2053 名应届毕业生与企业达成招聘意向；通过政府公共职业介绍机构和各类人力资源中介服务机构吸纳 7415 名外省市劳动力进入开发区内企业工作。推进高质量培训工作，共落实各类培训 2.68 万人次，其中 3105 人取得国家职业资格等级证书。加强劳动用工情况监控指导，组织开发区内 200 多家企业进行法规政策培训，帮助 53 家企业完成相关劳动制度的修改，规范企业用工行为。截至年底，开展劳动用工备案的企业数达到 4676 家，覆盖员工 17.55 万人。与开发区建发局共同探索建立农民工工资支付保障保险制度，对建筑施工企业农民工工资支付行为实施保险合同化管理，为农民工工资支付提供制度保障；开展针对工资支付、劳动合同签订、社会保险缴纳等方面的执法检查活动。建立“依托政策法规、强化行政管理、优先协调化解、落实政法保障、注重舆论宣传、强化企业责任”“六位一体”工作模式，妥善处置开发区内制造类企业的群体性裁员事件，涉及分流安置员工 6000 余人。完善纠纷调处机制，引导企业内部建立协商调解机制，面向社会招录兼职仲裁员充实办案力量，制定仲裁办案工作规则完善工作程序，结案率 90.45%。

（王倩倩）

开展“春风行动”专项活动

2 月 16 日至 3 月 20 日，开发区开展以“搭建供需平台，促进转移就业”为主题的“春风行动”专项活动。开发区人劳局、人才职介中心、劳动监察大队、工会帮扶中心等职能部门联合成立专项活动领导小组。活动期间，组织开展定期招聘会 9 场，接待求职者 9244 名，提供各类就业岗位 9719 个，发放求职地图等政策宣传材料 5600 份，满足了春节后企业用工和求职人员就业需求。

（王艳艳）

选聘兼职仲裁员 10 名

7 月 24 日，开发区人劳局从开发区从事人力资源和法律工作的专家、专业人员中选聘 10 名优秀人员作为劳动争议仲裁委员会兼职仲裁员，聘期 3 年。兼职仲裁员与专职仲裁员形成优势互补，有利于保障人民群众广泛参与劳动仲裁工作，提升劳动仲裁公信力，并能够更好地宣传劳动法律法规。

（隆昕哲）

帮助解聘员工解决再就业难题

7 月，开发区人才、职介中心与劳动仲裁、监察、社保和工会等多部门联合为三洋能源（北京）有限公司解聘的 1500 名员工提供再就业服务。调研摸底员工现状和再就业意向。提供招聘会优先登记、优先推荐、优先参会服务。8 月，有 200 余名三洋能源离职员工完成求职登记，并有 600 人次参加日常招聘会。联系北京奔驰汽车有限公司、SMC（中国）有限公司等企业针对三洋能源员工进行对口招聘，提供装焊、采购等 10 余类几十个岗位。9 月底，三洋能源公司全员办结离职手续。

（王宁）

首获北京市稳岗补贴 1995 万余元

9 月 6 日—16 日，开发区人劳局组织开发区企业开展稳岗补贴申报工作，集中受理 323 家开发区企业补贴申请，其中 258 家企业一次性通过市局审批，获得补贴资金共计 1995.75 万元。减轻企业负担，促进企业稳定就业岗位。落实市人力社保局“将稳岗补贴适用范围扩大到所有符合条件的企业，补贴标准为企业和其职工上年度实际缴纳失业保险费总额的 40%”的通知精神。

（陈果）

获评人社系统优质服务窗口单位

11 月，开发区劳动监察大队获评“2015 年北京市人力资源和社会保障系统优质服务窗口单位”。劳动监察大队建立和完善内部管理制度，整理制定《劳动监察大队管理制度汇编》，涵盖了立案流程、工作纪律和接待用语等多项内容，统一制度规范，有效防止了办事不公、以权谋私等行为的发生，使大队服务窗口达到规范化、制度化。明确岗位职责和工作流程，根据监察各项管辖权限的不同，对各项业务均制定业务流程图，并明确服务窗口岗位职责，就窗口人员制定专门的绩效考核制度，形成权责明确、业务规范的工作机制，推进工作人员秉公办事、依法行政。全年共受理投诉举报案件 213 件，立案数量同比上升 12%。法定期限结案率 100%。接待来访人员（含电话咨询）1708 次，涉及劳动者近万人，未发生一起劳动者投诉工作人员事件。

（徐德馨）

启动开发区大学生暑期实习生计划

年内，开发区人劳局启动大学生暑期实习生计划，抢抓优秀大学毕业生生源，帮助企业与高校、科研院所建立人才资源供需渠道。组织北京泰德制药股份有限公司、北京金风科创风电设备有限公司、北京通用电气华伦医疗设备有限公司等 8 家开发区内知名企业赴大连理工大学、大连海事大学、东北大学、沈阳药科学院开展活动，面向在校本科三年级和硕士博士研究生，介绍开发区内情况，宣讲人才政策。

活动安排北京市“海聚工程”入选者、开发区海外高层次人才、北京罗诺强施医药技术研发中心有限责任公司总经理魏世峰与东北大学师生开展互动交流，罗诺强施与东北大学生命科学与健康学院签署合作协议，双方商定将在人才培养、科研成果转化等方面进一步加强合作。

（李大业）

召开榆垡、礼贤专场招聘会

年内，开发区人劳局与大兴区人保局联合新区企业，在榆垡镇和礼贤镇举办两场“服务机场、保障民生”专场招聘会。按照“以人定岗，有效对接”原则，结合前期劳动力基本信息与求职意向调查摸底情况，为新机场建设地区劳动力引入匹配程度高的优质岗位资源。开发区有博大数通、晨飞雁、顺丰速运、百思特迅捷等 20 家企业参会。两场招聘会共有 64 家企业参加，提供岗位 2393 个，以快递员、客服、保安、保洁等适合当地劳动力就业的服务性岗位为主，该类岗位具有入职门槛低，工作地点灵活性大等特点。招聘活动共吸引机场建设地区劳动力 2300 余人参加，经统计，达成就业意向 1798 人次。招聘会后，开发区人劳局还对企业开展现行市、区就业优惠政策宣讲培训，调动企业招用劳动力就业的积极性。

（李大业）

吸纳新区劳动力 4827 名

年内，新区人力社保部门通过深挖劳动力资源、加大岗位开发力度、畅通就业渠道、密集招聘服务、加强技能培训等一系列措施推进就业工作。截至年底，开发各类岗位 11397 个，举办各类招聘会 136 场，累计已实现吸纳 4827 名新区劳动力在开发区企业就业。年内，开发区人才、职介中心推出多项举措，推动新区劳动力到开发区就业工作，在乡镇、企业宣传班车和岗位补贴政策，进一步提高优惠政策的知晓度和吸引力；组织企业到镇街招聘，并联系镇街带人参加人才、职介中心举办的日常招聘会，提高大兴劳动力就业积极性；围绕首都机场拆迁安置工作重点，深入调研分析榆垡、礼贤两镇就业现状，举办 4 场新机场拆迁镇专场招聘会。

（李大业 王宁）

解决新机场建设地区 892 人就业

年内，开发区人劳局结合新机场建设地区——榆垡、礼贤两镇就业工作的难点问题，加大对两镇促进就业政策倾斜力度和专场招聘会力度，鼓励开发区企业积极招用两镇劳动力，调动两镇就业服务机构积极性。提高班车补贴标准，将原来每月每辆车补贴 1.8 万元提高到每月每辆车补贴 2 万元标准。两镇已开通赴开发区的就业直通班车 10 辆，涉及补贴资金 40 万元，班车的开通，解决了两镇劳动力到开发区就业的交通问题。扩大岗位补贴政策覆盖范围，将榆垡、礼贤两镇纳入开发区企业招用征地拆迁地区劳动力政策补贴范围。涉及 110 名榆垡、礼贤两镇农村劳动力，涉及补贴资金 4.8 万元。扩大劳务派遣补贴政策覆盖范围，引导两镇劳动力就近、就地就业，对榆垡、礼贤两镇指定的劳务派遣机构派遣两镇劳动力在新区范围内工作的给予每人每月 100 元补贴。补贴资金共涉及 223 人次，补贴资金 4.47 万元。联合召开专场招聘会，8 月以来，在榆垡、礼贤两镇召开专场招聘会，组织开发区内 20 家知名企业提供就业岗位 1087 个，会上达成就业意向 302 人。

截至年底，共为两镇劳动力提供定向就业岗位 1334 个，促进就业 759 人，占大兴劳动力在开发区就业总人数的 15.7%。

（李大业）

走访调研企业挖掘岗位资源

年内，开发区人才交流服务中心、职业介绍服务中心深入博大水务等 130 余家企业开展走访、调研活动，开发优质岗位 8261 个。完成市人才布置的“2015 年校园招聘”和“信息技术在公共就业中的作用”两项调研，以及两次企业用工需求调查任务，涉及重点企事业单位 464 家次，首次调研摸底空岗 17674 个。开发区人才、职介中心将不同时段走访、调研取得的企业用工数据情况进行统计与归纳，作为开发区人力资源市场的一手资料，为应对愈加复杂的就业形势、满足开发区企业人力资源发展需求提供重要参考。

（王宁）

全面优化校园招聘

年内，开发区人才、职介中心多措并举全面优化校园招聘。配合全市公共职介进校园活动，组织开发区内 32 家次企业赴中国人民大学、中国农业大学等 5 所北京院校招聘。组织 17 家次企业参加市人才组织的“人才服务公益行”、研究生专场招聘会。协助局机关组织 6 家企业赴东北大学等 4 所高校招聘 35 名实习生入区。完成川陕、东北、天津和北京线共计 19 所高校的专场招聘会。共组织校园招聘 28 场，参会企业 5253 家次，参会高校毕业生 17184 人次，达成意向 2053 人次，为开发区内企业补充应届生源提供了重要渠道。

（王宁）

举办人才招聘会 136 场

年内，开发区人才、职介中心以务求实效、力求突破为人才就业工作目标，完成市、局布置的各项就业专项工作；加大宣传力度，密集组织招聘；在求职招聘大厅增设固定招聘展位，提高招聘场地承载力；安排 11 家次企业参加市人才组织的京津联合招聘活动；组织承办开发区第二届校企交流座谈会和才聚亦庄招聘会；为高校毕业生、进城务工和就地转移就业的农村劳动者提供优质就业服务。共举办各类招聘会 136 场，开发岗位 11397 个，帮助 13218 人就业，有效缓解开发区内企业的人才配置需求。

（王宁）

完成 1493 家单位存档 28693 份

年内，开发区人才、职介中心档案管理和人事代理工作落实档案管理和人事代理各项新政，清理欠缴、多缴档案费；梳理档案接收、鉴定、整理、保管流程，档案材料收集做到“全”，材料审核做到“细”，整理入库做到“严”，提高档案保管质量；加强疑难档案处理力度，通过责成专人受理、电话和网上在线答疑、网上发布政策、定期为企业举办答疑培训会等方式，重点解决档案业务中容易出现的政策不清、手续不全等问题，人事档案实现科学化、规范化、制度化管理。截至年底，共为 1493 家单位存档 28693 份，同比增长 1.3%。办理档案调入调出 7165 份，代缴社会保险 471 人，人均提供服务 60 人次每日，服务业务量保持较高水平。1 月 1 日起，按照《关于进一步加强流动人员人事档案管理服务工作的通知》要求，开发区取消收取人事关系和档案保管费、查阅费、证明费、档案转递费等名目的费用。截至年底，存档 28693 份，每份档案一年存档费 120 元计算，共为企业减负超过 340 万元。

（杨晓燕）

制定劳动争议仲裁员行为规范

年内，开发区人劳局结合劳动争议仲裁工作实际，参考法官行为规范和职业道德准则，在全市率先制定《劳动争议仲裁员行为规范与道德准则》（简称《规范》）。《规范》共 31 条，围绕“公平正义、高效办案、勤政廉洁、严守纪律、加强修养、接受监督”职业道德进行细化，对劳动争议仲裁员的行为进行规范，同时，主动引入外部监督机制。《规范》实施以来，全年劳动争议仲裁结案率 90.45%，完成年初指标，案件调解率达到 51.18%，居于全市前列。

（王倩倩）

为 104 家用人单位完成出证审查

年内，开发区劳动监察大队为 104 家用人单位完成上市、融资、评优或投标前的出证审查工作。出证单位数量同比增长 167%。在工作中根据出证单位需要，主动对用人单位遵守劳动法律、法规和规章情况进行审查，并克服因企业原因的反复出证等困难。同时将出证办理期限由文件规定的 10 个工作日，缩短到平均 5 个工作日，加快受理、审查、报批速度，为扶植企业发展提供高效便捷服务。

（徐德馨）

开展用工专项执法检查

年内，开发区劳动监察大队以 4 个关键时期为节点，针对不同时期的焦点问题分别展开专项行动，维护开发区用工环境和谐稳定。即：春节后的清理人力资源市场秩序问题；第三季度加工制造、餐饮服务、在施工地的用工管理规范问题；世锦赛、阅兵期间的劳动关系维稳问题；元旦、春节期间的农民工工资支付问题。在专项查处方面实行区域化管理，将相关企业包括建筑工地划分为核心区、河西区和路东区三大区域，落实到组，责任到人，建立重点关注时期的应急备勤制度，要求大队全体成员，除当日值班人员外，其他人员也必须 24 小时手机开机，保证群体、突发事件发生时执法人员及时到岗；加强联系沟通，建立与其他相关部门的情况互通和应急联动机制，确保重点时期的群体事件依法、快速、妥善解决。专项行动的落实保障了开发区内劳资关系的和谐稳定，开发区劳动监察大队被评为市人力社保系统“工资无拖欠工作先进集体”。

（徐德馨）

举办培训班 113 期

年内，开发区人才、职介中心广泛寻访开发区内外资质优良的培训公司，开发一线班组长、劳动争议等多领域、多门类的培训项目。坚持开班调查先行原则，与招聘部门联合走访企业，提前了解培训需求；邀请企业参与课程设计，开班前划定 20 家企业进行电话调研，根据企业的反馈调整课程内容，确保培训实效。提供良好的培训学习交流环境，课程结束后开展回访调研，紧抓服务细节。全年举办培训班 113 期，培训 937 人次。

（王璐静）

受理劳动监察案件 1145 起

年内，开发区人劳局创新工作模式，把行政调解列为案件处理的首要程序，日常案件即接即处；在开发区内百人以上企业和大型工地推进劳动争议调解室制度，搭建企业和员工沟通平台，引导双方在合法、合理、合规的基础上协商解决争议事项。全年受理劳动监察案件1145起。其中投诉、举报案件213起，经调解撤销立案、结案103起，调解率48%；劳动争议仲裁委员会全年立案932起，达成调解协议302起，调解率32.4%，提高行政案件处理效率，全部调解案件业已自动履行，再次投诉率为零，切实把矛盾化解在萌芽状态，降低区域劳资隐患。

（徐德馨）

处理群体性事件38起

年内，开发区人劳局处理各种突发群体事件38起，涉及工人943人，涉及金额794万元。解决因企业合并、重组、关厂、转移等出现的各种转岗、裁员事件20起，涉及人数6000余人。实现所有群体性突发性事件24小时内稳控局势，90%以上的事件协调解决，实现案结事了，切实维护区域社会稳定。

（徐德馨）

受理劳动能力鉴定申请380人

年内，开发区劳动能力鉴定中心受理劳动能力鉴定申请380人，其中工伤鉴定申请360人、因病鉴定申请20人。开展劳动能力鉴定工作32场，其中日常鉴定10场、专场鉴定22场。按劳动能力鉴定类型划分：工伤评残360人、配置辅助器具9人、护理依赖4人。因病鉴定指导性指标人数50人，已鉴定20人，指标结余30人。启动全市首个劳动能力鉴定综合管理平台系统的立项工作，并于年底开始该系统的建设工作。

（丁建海）

教 育

综合管理

概况

2015年，为进一步提高区域学位供给能力，丰富区域教育形式，提升学前教育和基础教育硬件水平，开发区社会发展局以满足开发区经济社会发展需要、“适度超前”与“科学合理”并重为原则，加快与科技创新中心主阵地定位相适应的教育基础设施布局，继续开展教育发展扶持与奖励项目，推动幼儿园和中小学的建设和发展。1月26日，北京亦庄实验中学（北京十一学校亦庄分校）教学楼、宿舍楼均完成主体结构工程封顶，各项工程按进度进行。4月23日，开发区保华教育园一期两座中学楼主体结构封顶，保华教育园占地面积约11.8万平方米，建筑规模4.6万平方米。8月6日，开发区管委会专题会议原则同意路东区E13地块确定为24个班小学、21个班初中、18个班高中建设规模，E9地块确定为18个班小学规模；河西区X39地块为42个班小学、24个班初中、15个班高中十二年一贯制学校，X95地块为36个班小学、18个班初中九年一贯制学校。会议确定各学校的用地面积等规划条件。

（齐亚丽 陈秋明）

联合检查民办教育培训机构食堂卫生

2月11日，市食药监管局开发区分局

与大兴区教委、开发区工商分局、开发区社会发展局等部门对辖区内民办教育培训机构开展联合检查。检查组现场检查开发区红黄蓝亲子园等5家培训机构，核实相关证照，要求各单位加强从业人员健康管理，预防集体性食物中毒，分局执法人员责令未取得餐饮服务许可证的单位不得开办食堂。

（刘施）

调研二中亦庄学校入学需求

3月10日—20日，开发区社会发展局调研2015年亦庄地区入学需求。调研首次在开发区政府网站发布调查，通过开发区适龄儿童入学信息调查系统网上平台进行。家长登录网站注册填报信息，开展开发区适龄儿童入学需求网上调查，有效提高入学摸底信息的准确性和便捷性。调查结果显示，适龄入学儿童993人，符合二中亦庄学校义务教育条件的约520人。10月13日—20日，开发区社会发展局调研2016年亦庄地区入学需求，调查结果显示，适龄入学儿童约900人，符合二中亦庄学校义务教育条件的约400人。

（齐亚丽）

完成2015年中小学新生入学工作

4月30日，开发区社会发展局与大兴教委联合发布《亦庄地区2015年中、小学入学方案》，规范招生政策，确定招生范围。与开发区人劳局、房地局、工商分局等业务部门对接，在行政服务大厅设立窗口，为非京籍适龄儿童入学"五证联审"工作提供"一站式"服务，简化操作流程。在学位和生源供需失衡的情况下，通过严审核、多宣传、扩学位等多种措施完成新学年招生工作。二中亦庄学校新学年一年级入学人数410人，初一年级新生167人。北京亦庄实验小学共接收学生596人，一年级新生146人。

（齐亚丽）

校园安全联合检查

9月1日—2日，由开发区社会发展局与开发区消防支队、公安分局、交通大队、市食药监局开发区分局组成的联合检查组，对开发区内13所学校、幼儿园进行校园安全联合检查，同时进行校园消防安全、交通安全和食品安全宣传等工作，确保开发区内校园安全。

（齐亚丽）

二中亦庄学校启动扩建工程

10月8日，北京二中亦庄学校扩建工程项目建议书（代可行性研究报告）获得批复，该项目位于开发区8号地块内，工程新建建筑面积4.54万平方米，建设内容包括：南区为高中部教学楼、九年制教学楼和人防地下车库等，建筑面积约为3.42万平方米，校内为风雨操场、食堂、操场和主席台等，建筑面积约为1.12万平方米。同步实施的还包括校内景观绿化工程、道路工程、室外地下综合管线等室外工程内容。工程预算总投资为2.71亿元（不含土地费用）。该项目由北京市专项资金支持7879万元，其余部分由开发区筹措。

（陈秋明）

教育扶持奖励项目评审和验收

10月11日—12日，开发区社会发展局组织专家评审组对学校申报的教育扶持奖励项目进行审核，有7所学校、幼儿园的22个项目通过专家组评审，拨付教育发展扶持资金279.3万元。11月6日—7

日、12 月 7 日，开发区社会发展局组织专家评审组对学校往年申报的跨年度项目进行中期验收和结题验收，共有 12 所学校、幼儿园的 41 个项目通过专家组验收，共拨付跨年度项目的后续资金 124.5 万元。

（齐亚丽）

学前教育

亦庄中心幼儿园开展寻找春天的颜色活动

3 月 23 日，北京市大兴区亦庄镇中心幼儿园开展“寻找春天的颜色”活动。活动以“春天的色彩”为主题，120 名幼儿通过收集自己各种颜色的旧衣服，利用拼贴、裁剪、黏接等多种方式进行旧衣改造。活动中，幼儿通过教师的启发和引领，大胆表达自己对于春天的感受，勇于尝试用旧衣的改造装饰出不同颜色的春天，用儿童的视角寻找春天的色彩。

（贾海燕）

中芯幼儿园受委托开办南海子幼儿园

3 月 31 日，开发区社会发展局为满足企业员工和社区居民对高水平国际化学前教育的需求，充分发挥现有的优质学前教育资源的带动辐射作用，采用政府委托办园的新模式，与北京中芯幼儿园签署委托办园协议，委托承接期限至 2030 年 6 月 30 日。将位于河西区 X82 号教育用地委托北京中芯幼儿园用于开办分园——北京市大兴区中芯南海子幼儿园。该民办园为 18 班制规模，占地面积 6000.2 平方米，建筑面积 5589.86 平方米，保持北京中芯幼儿园办学内涵，开设普惠班和双语班，南海家园业主子女可享受普惠制价格入园。该园将于 2016 年 3 月份开园招生。

（齐亚丽 庞露露）

二十一世纪幼儿园五大领域活动小组启动

4 月至 5 月，北京市大兴区二十一世纪实验幼儿园开展健康、语言、社会、科学、艺术五大领域联合小组活动。活动旨在依托园所级别骨干教师资源，结合大兴区教委的五大领域中语言、科学、艺术领域的各年龄段发展目标，对青年教师进行引领参与式的互教互学，使青年教师迅速成长。4 月 10 日，幼儿园开展五大领域联合活动小组启动仪式。联合活动组分为：由骨干教师和教研组长组成的督导组，主要负责领域目标的解读和领域课程的听评；由青年教师组成的提升组。5 月 5 日，针对语言领域的教学活动，进行推荐课听评课活动。教师通过初期的参与设计、督导教师的指导，且根据各年龄段保教主任的点评，最终推荐出 15 名青年教师园级优质活动。

（王琳）

亦庄四幼参加央视“智力快车”节目

5 月 11 日，经过三次筛选和面试，北京市大兴区亦庄第四幼儿园 3 名幼儿（卢丁、田正宇、余赜茜）到中央电视台和主持人方琼一起录制“智力快车”节目。孩子们进入录制现场后，从容大方，在答题环节中表现出众，一路领先，获得冠军。

（张晓晴）

美格幼儿园建构完整的双语课程体系

5 月，北京市大兴区美格双语幼儿园建构完整的双语课程体系。主题双语课程以幼儿整合性地学习家庭、自然、社会和人类为主；中英文两种语言为交流背景，提供全语言下的整合课程。美格双语课程的基本原理包括8个方面：宗旨、目标、分期目标、组织、主题、延伸、资源、评估。课程体系包括：学期计划、各主题计划、周计划、每个活动计划。活动计划形式包括：计划、准备、介绍、过程、复习巩固、总结、评估。9月，幼儿园加强国际化教师队伍建设，为每班配备一名全天候外籍教师。聘请的外教为本科以上学历，有幼儿教育经验且母语为英语。配备国际化的教育师资，为幼儿园实施国际化双语教学课程奠定基础。美格幼儿园双语课程中文教材采用《快乐与发展》，英文教材选用澳大利亚幼儿英语教材 ***Fingerprints***，于2011年9月全方面推展双语课程。

（叶立华）

亦庄二幼开展首次独自社会实践活动

10月22日，北京市大兴区亦庄镇第二中心幼儿园组织中大班幼儿到蓝天城职业体验馆进行社会实践活动，旨在培养幼儿独立自主的品质，幼儿在教师的带领下完成一天活动。幼儿在职业体验馆的工作人员带领下，积极投入各种职业体验中：有的亲手制作手链，有的学当儿科医生，有的在押运公司工作，有的换上服装当警察、消防员、导游等。幼儿在游戏中耐心地排队，认真地体验现实生活，在感受中想象未来。全园中大班幼儿、教师172人参与。这是该园首次尝试幼儿独自参与活动。

（赵新）

亦庄三幼组织开展多项主题活动

10月，北京市大兴区亦庄第三幼儿园开展“变废为宝”月度主题活动，旨在培养幼儿环保意识、锻炼动手协调能力、增进亲子互动、创造和谐家园共建环境。活动中，幼儿与父母共同创作，进行“变废为宝，动手乐园”游戏，开展“珍惜资源、减少浪费”主题教育课，汇总作品评比会展。全园幼儿234人参加活动，144人次获奖。12月3日，组织幼儿参加亦庄镇第二届少年儿童书画比赛活动。各年级教师分别组织“走进绘本乐园，创作亦庄生活连环画”“感受绿色亦庄，畅游湿地公园”等活动，活动后以班级为单位开展后续系列教育活动，有“我画家乡——美丽亦庄”“我的家乡有地铁——大美亦庄线”“亦庄玉带——美丽的凉水河”“亦庄景色——南囿秋风”等。教师以质朴自然、色彩丰富、主题突出、画面设计感为标准，经过逐一挑选，最终选出6幅代表作品，参加亦庄儿童书画比赛活动。

（房帅）

亦庄二幼开展微视频展评活动

12月2日，北京市大兴区亦庄镇第二中心幼儿园开展“幼儿自主性游戏”微视频展评活动。14名教师积极参与录制幼儿自主游戏的微视频参加活动。由班子成员和年级组长组成的评委组，从幼儿游戏的自主性、视频画面清晰度、教师分析等方面进行评价，最终推选出5份优秀作品参加大兴区幼儿园微视频评比，教师赵新、黄宇作品获一等奖，陈梦媛、殷文雅作品获二等奖，李婷婷作品获三等奖。

（赵新）

幼儿园（部分）

北京市大兴区亦庄镇中心幼儿园

北京市大兴区亦庄镇中心幼儿园（简称亦庄中心幼儿园）为一级一类日托制公办幼儿园。2015年，幼儿园占地面积7600平方米、校舍建筑面积5495平方米，固定资产349.48万元，全年教育经费投入973.47万元，全部为国家拨款。拥有舞蹈室、美术室和多媒体室等专用教室4个，普通教室12个。教室内设有钢琴、电脑和一体机等教学设施。教职工66人，其中教师49人，专科以上学历49人，中级以上职称4人；保健员两人，均为专科以上学历。开设12个教学班，其中小班5个、中班4个、大班3个。幼儿入园155人、离园120人、在园395人。

（王玲玲）

北京市大兴区亦庄镇中心幼儿园

园长 李艳秋

北京市大兴区亦庄镇第二中心幼儿园

北京市大兴区亦庄镇第二中心幼儿园（简称亦庄二幼）是一级一类全日制公办幼儿园。2015年，幼儿园占地面积7899平方米，建筑面积5663平方米。固定资产1173. 71万元。全年教育经费投入687.95万元，均为国家拨款。拥有1个多功能厅、1个报告厅、1个小会议室和两个专用教室，共配有两套多媒体设备和两套LED显示屏设备；普通教室20个，其中9个教室内配有电脑、电视、钢琴等教学设施。教职工55人，小学高级5人，中学高级1人。其中，教师33人，保育员9人，均为专科以上学历；区级学科带头人1人，区级骨干教师3人；保健医两人，均为大专学历，有主治医生（中级职称）1人。开设9个教学班，其中小班4个、中班3个、大班两个。幼儿入园148人，离园66人，在园329人。

学校获2014年大兴学前教育工作“文化建设组进步奖”，2015年大兴区幼儿园室内外游戏评比活动户外组一等奖，大兴区教育系统工会工作综合考评二等奖，大兴区教育系统工会工作特色工作获评二等奖，在“新亦庄，新观念，新生活”优秀教师长走活动中获得优秀组织奖，“新亦庄，新观念，新生活”第二届儿童书画大赛中获得优秀组织奖，被评为新区教育系统2014年度党政信息宣传工作先进单位，多位教师在市、区级竞赛中获得荣誉。

（赵新）

北京市大兴区亦庄镇第二中心幼儿园

园长 王 丽

北京大兴区亦庄第三幼儿园

北京市大兴区亦庄第三幼儿园（简称亦庄三幼）为一级二类日托制公办幼儿园。2015年，幼儿园占地面积4196.31平方米、校舍建筑面积3348.12平方米。图书馆藏书7000余册。固定资产231万元，全年教育经费投入411万元，其中国家拨款401万元、自筹经费10万元。拥有多功能专用教室1个、普通教室12个。教室内设有电子触摸屏、投影仪和电脑等教学设施。教职工44人，其中教师16人、保育员8人、保健员两人；专科以上学历27人，中级以上职称3人。开设8个教学班，其中小班3个、中班3个、大班两个。幼儿入园88人、离园65人、在园235人。

年内，幼儿园获大兴区教育系统工会工作综合考评二等奖、大兴区教育系统工会特色工作一等奖。教师杨丽获北京市第七届“京研杯”教育教学研究成果二等奖、大兴区教育系统“五四青年标兵”、大兴区幼儿园骨干教师。王秀红的《小小粉刷匠》获中国梦·全国优秀多媒体教学课件评选大赛一等奖，《浅谈如何让幼儿度过快乐的童年》获中国梦·全国优秀教育教学论文评选大赛二等奖。

（房帅）

北京市大兴区亦庄第三幼儿园

园长 王洪靖

北京市大兴区亦庄第四幼儿园

北京市大兴区亦庄第四幼儿园（简称亦庄四幼）是一级一类日托制公办幼儿园。2015 年，幼儿园占地面积 3162 平方米、校舍建筑面积 2157 平方米。固定资产 335 万元。全年教育经费投入 577 万元，均为国家拨款。拥有舞蹈专用教室 1 个、会议室 1 个、资料室 1 个、普通教室 8 个。教室内设有多媒体和钢琴等教学设施。教职工 42 人，其中中级职称两人，区级学科带头人 1 名，区级骨干教师两名；在编教师 25 人，专科以上学历 21 人。开设 8 个教学班，其中小班 3 个、中班 3 个、大班两个。幼儿入园 76 人、离园 35 人、在园 208 人。12 月，通过一级一类幼儿园验收。

亦庄四幼以“为幼儿的成长提供环境，为幼儿的发展提供支持”为办园理念，通过开放的、真实的、可操作的环境来帮助幼儿建构经验，激发幼儿的学习兴趣，促进幼儿全面发展。亦庄四幼获评北京市幼儿园环境创设评优活动“园所环境创意奖”、大兴区幼儿园园所文化展评活动二等奖、大兴区教育系统“青年文明号教研组”、大兴区学前教育工作课程建设组进步奖、团支部大兴区教育系统共青团“创先争优”活动“五四红旗团支部”等。

（张晓晴）

北京市大兴区亦庄第四幼儿园

园长 谭亚静

北京市大兴区亦庄第五幼儿园

北京市大兴区亦庄第五幼儿园（简称亦庄五幼）为一级二类日托制公办幼儿园。2015 年，占地面积 9067.69 平方米，校舍建筑面积 7229.61 平方米，固定资产 468 万元。全年教育经费投入 676 万元，均为国家拨款。拥有美工坊、博弈室、绘本馆、舞蹈教室、多功能厅等专用教室 5 个，普通教室 24 个。教室内设有液晶电视、钢琴等教学设施。教职工 66 人，其中教师 36 人，专科以上学历 33 人，中级以上职称两人。保健员 3 人，均为专科以上学历。开设 13 个教学班，其中小班 5 个、中班 5 个、大班 3 个。幼儿入园 454 人、离园 26 人、在园 428 人。

年内，幼儿园结合区域环境设置，制定区域设置要点：扩大娃娃家、建构区，满足孩子们游戏空间的需求；将植物角与科学区紧密结合，满足孩子们科学探究的需求；拼插区与积木区相联系，满足孩子们建构的需求；美工区设置在盥洗室附近，方便取水和清洁；图书区与益智区相邻，选择采光好且相对安静的地方，创设温馨舒适的阅读氛围，培养幼儿养成良好的阅读习惯；表演区与角色扮演类的区域相结合，满足幼儿游戏互动的需求。幼儿园用学习故事的理念转变教师的儿童观、教育观，由“神医”变观察者和支持者。幼儿园通过家长助教日和开放日等家园互动活动，拉近幼儿园与家庭的关系，让家长更加了解幼儿园的教育理念，使其渐渐渗透到家庭中。幼儿园坚持绘本教学，通过绘本主题、绘本舞台剧和绘本借阅等活动，逐渐提高幼儿的语言表达能力，促使家长重视幼儿的阅读活动和习惯的养成。

（闫炎）

北京市大兴区亦庄第五幼儿园

园长 何学清

北京市大兴区二十一世纪实验幼儿园

北京市大兴区二十一世纪实验幼儿园（简称二十一世纪幼儿园）为日托制民办幼儿园。2015 年，幼儿园占地面积 2.5 万平方米，校舍建筑面积 1.57 万平方米，固定资产 268 万元，自筹教育经费投入 100 万元。拥有风雨操场、艺术宫各 1 个，琴房 10 个，圆弧教室 9 个，普通教室 46 个。教室内设有电子琴、录音机和电脑等教学设施。教职工 194 人，其中教师 93 人，专科以上学历 76 人，中级以上职称 12 人；保健员 5 人，其中专科以上 4 人，中级以上职称 4 人。开设 42 个教学班，其中托班 5 个、小班 16 个、中班 13 个、大班 8 个。幼儿入园 364 人、离园 237 人、在园 873 人。

（王琳）

北京市大兴区二十一世纪实验幼儿园

园长 崔立新

北京市大兴区美格双语幼儿园

北京市大兴区美格双语幼儿园（简称美格幼儿园）为日托制民办幼儿园。2015 年，固定资产 272.02 万元，自筹教育经费投入 352.5 万元。开设班级 6 个，其中托班 1 个、小班两个、中班两个、大班 1 个。教职工 25 名，其中教师 18 名 、保健员 1 名。美格幼儿园始建于 2002 年 8 月，在北京市共有 5 个园所。美格幼儿园坐落于开发区天华园。幼儿园倡导中西方教育理论和实践的融合，追求“开放式、发展式”教育模式，强调“玩中学、学中玩”教学理念。在课程设置上，中英文课程各占 50% 的双语教育是美格品牌上的亮点。美格双语幼儿园把中文和英文作为幼儿在日常生活中的两种工具性语言，通过主题活动中融合音乐、美术、运动、认知、社会、品德，引领幼儿从生活中获取成长需要的经验。

（叶立华）

北京市大兴区美格双语幼儿园

园长 陈 虹

北京市大兴区大地双语幼儿园

蕾蕾国际班 ABCmouse 小律动　　孙继东 摄

北京市大兴区大地双语幼儿园（简称大地幼儿园）为日托制民办幼儿园。2015 年，大地幼儿园固定资产 70 万元，自筹教育经费投入 42 万元。开设 11 个教学班，托班两个、小班 3 个、中班 3 个、大班 3 个，幼儿入园 60 人、离园 56 人、在园 294 人，拥有教职工 50 余人。9 月，新设立 1 个小班国际班，全园共设有 3 个国际班。国际班融入美国 ABCmouse 课程，通过课上教学、线下分小组活动、户外美语游戏等形式，在校园的日常教育活动中开展浸入式学习交流，引领幼儿从兴趣出发，自主感受语言文化、拓宽视野。年内，大地幼儿园参加天华园二里社区新春欢联欢活动，举办特色课程曲棍球亲子比赛、早教进社区等活动。

（孙继东）

北京市大兴区大地双语幼儿园

园长 刘桂玲

北京市大兴区春蕾幼儿园

北京市大兴区春蕾幼儿园（简称春蕾幼儿园）是春蕾幼儿园第八分园，属于一级二类日托制民办幼儿园。2015年，占地面积4000平方米，园舍建筑面积2900平方米，注册资金100万元。拥有多功能厅专用教室1个，普通教室9个。教室内设有多媒体一体机等教学设施。教职工46人。其中，教师18人，专科以上学历13人，高级职称2人；保健员2人，均为专科以上学历。开设9个教学班，其中托班1个、小班3个、中班3个、大班两个。幼儿入园75人、离园80人、在园261人。11月20日，春蕾幼儿园通过北京市一级二类园所验收，晋升为北京市一级二类幼儿园。12月13日，被评选为AAAA级社会组织。

（张婉君）

北京市大兴区春蕾幼儿园

园长　霍艳方

北京市大兴区慧才苑林肯公园社区实验幼儿园

北京市大兴区慧才苑林肯公园社区实验幼儿园（简称慧才苑幼儿园）为日托制民办幼儿园。2015年，开设11个教学班，包括6个国际班、5个双语班；幼儿入园270人、离园25人、在园245人。教职工60人，其中主管园长1名，教学主任1名、后勤主任1名，保健医两名，英语教学主管1名，园内教师为学前教育专业的本科生与大专生。

（金明艳）

北京市大兴区慧才苑林肯公园社区实验幼儿园

园长　金明艳

北京中芯幼儿园

北京中芯幼儿园（简称中芯幼儿园）为日托制民办非企业幼儿园。2015年，中芯幼儿园占地面积3000平方米、校舍建筑面积4479平方米。固定资产240.28万元，自筹经费1206.94万元。拥有美术和英语等专用教室4个，普通教室17个。教室内设有交互式电子白板、电脑和电钢琴等教学设施。幼儿园教职工101人，其中教师59人，均为专科以上学历；保育员18人，专科以上学历14人。开设17个教学班，其中15个混龄班、两个国际班。幼儿入园205人、离园171人、在园458人。5月29日，中芯幼儿园举办十年建园庆典活动。

（庞露露）

北京中芯幼儿园

园长　白　桦

基础教育

亦庄实验小学为三位美术教师开设美术馆

亦庄实验小学李净洋老师美术馆　顾春春　摄

1月4日、3月31日和5月28日，北京亦庄实验小学分别为曹婷婷、顾春春、李净洋3位美术教师开设以他们名字命名的师生美术馆。虽然是以各教师的名字命名，但悬挂的全部都是孩子们的创意作品。这类美术馆的开设，打破传统美术课堂形成的教与学的禁锢，给学生更加广阔的艺术创作空间。

（边淑清）

二中亦庄学校开展“名师进课堂”活动

1 月至 4 月，北京市第二中学亦庄学校开展“二中名师进课堂”活动。学校邀请北京二中、北京二中分校 8 个学科 9 名优秀教师走进初三、高三课堂，为学生开展形式多样的教学活动。1 月 19 日，北京二中分校初三数学教师孙竹溪为初三全体学生作数学专题讲座。3 月 9 日和 11 日，北京二中地理特级教师吴京梅、历史高级教师王芳、政治高级教师韩辉 3 位教师分别为高三文科班学生进行讲座。3 月 19 日，北京二中生物特级教师孙继凡为高三理科班学生进行生物讲座。北京二中分校化学特级教师梁胜金为初三全体学生作化学专题讲座。4 月 13 日，北京二中分校教师刘丹为初三全体学生作题为“2015 年中考作文备考建议”讲座。4 月 21 日，北京二中分校教师孟丹为初三全体学生作题为“中考阅读策略之揣测词义”专题讲座。4 月 27 日和 28 日，北京二中物理教师陈雯为高二年级理科班学生上题为“电磁振荡”“电磁场和电磁波”两节物理课，全校有 200 名学生听课。

（侯萱）

二中亦庄学校参加市级比赛获奖

2 月 2 日，在第十五届北京青少年机器人竞赛中，北京市第二中学亦庄学校学生崔赫获得小学组机器人创意项目比赛一等奖，教师李稳获优秀辅导员称号。4 月 18 日，参加阳光体育 2015 北京市学生体育舞蹈比赛，小学部 6 位学生获集体舞小学银牌 B 组一等奖，成为大兴区唯一的体育舞蹈获奖团队。

（侯萱）

亦庄实验小学“中国历史步道”绘制完成

亦庄实验小学学生在历史步道上玩耍　　顾春春 摄

3 月 6 日，北京亦庄实验小学“中国历史步道”由该校教师钱锋带领的“万物启蒙”项目团队集体创作而成。该历史步道地处五年级外走廊，长约 60 米，融游戏、历史、文学、地理、科学等为一体，让孩子们在游戏、健身的同时，全身心、全方位感受中国传统文化的滋养和浸润。

（边淑清）

二中亦庄学校成立特级教师工作室

3 月 12 日，北京市第二中学亦庄学校成立特级教师工作室。该工作室的导师队伍是由苏怀堂、焦艳玲、虎占智 3 名数学特级教师和语文特级教师徐雅娟组成，成员是全体青年骨干教师，共计 31 人。工作室旨在把特级教师的师德风范，以及多年来积淀和探索的教育教学经验传授给青年教师，将学校教师队伍培养成师德高尚、业务精湛、结构合理、充满活力的高素质专业化教师队伍。

（侯萱）

中芯学校参加区艺术节和合唱节获佳绩

3 月 18 日—24 日，北京市中芯学校中文部 14 名学生参加大兴区 2015 年第二届中小学生艺术节，7 名学生获得“最佳艺术之星”称号，6 名学生获得“优秀艺术之星”

称号。此外，蒋琨获得小高组钢琴第一名，孙鼎昊获得小低组钢琴第一名。4月23日，中芯学校56名小学生组成的合唱团演唱的曲目《老师妈妈》《共同长大》获得大兴区第二届中小学生合唱节比赛一等奖。教师李丽明、刘琨、白桦获优秀辅导奖。

（李丽明）

二中亦庄学校百草园实践基地建成

4月8日，北京市第二中学亦庄学校建成百草园实践基地。该基地旨在继承和弘扬祖国优秀传统中医药文化，占地533.33平方米，种植75种中草药，30名教师和23个班级学生担任百草园的志愿者，负责种植、浇灌、拔草等日常工作。学生在教师的指导下，开展种植体验、课题研究、制作标本、绘画写生等活动，近1000名学生参加。

（侯萱）

亦庄中学组织阳光心语进校园活动

亦庄中学组织阳光心语进校园活动　王宁 摄

4月13日，北京市大兴区亦庄中学邀请北京师范大学师英爱心社走进校园，社团成员以“励志青春，放飞梦想”为主题，带领初三4班22名学生开展一系列拓展活动，引导他们树立正确的前途理想目标，摆脱懒散、浪费时间等不良学习习惯，让同学们能以崭新的姿态更好地投入到学习生活中，做一名积极向上、心理健康的优秀中学生。

（王宁）

二中亦庄学校被认定为市文化建设示范校

4月17日，北京市第二中学亦庄学校被市教委认定为第二批北京市学校文化建设示范校。自2011年转制为公办学校以来，二中亦庄学校逐渐形成以“幸福”为核心的校园文化。为使校园文化建设更具科学性，特色更鲜明，学校在2012年制定校园文化建设总体方案。按照总体方案的规划，全体师生积极参与到校园文化建设中来，努力构建多元、和谐、奋进的幸福校园，取得了阶段性成果。北京市203所学校被认定为第二批北京市学校文化建设示范校。

（侯萱）

亦庄二小与国际友好校签约

4月21日，美国波士顿尼德姆学区Eliot小学校长罗德·麦克尼尔，副校长、尼德姆学区特殊教育总监蒙娜·马斯到北京市大兴区亦庄镇第二中心小学访问交流、合作签约。大兴区教委副主任扈岩江出席，人事科科长和校领导参加。双方签订《教育合作谅解备忘录》，合作双方就共同致力于持续性的探讨与发展双方国际化教育和文化交流项目；合作双方有意愿共同开展教师交流、交换项目，亦庄二小教师将有机会前往美国马萨诸塞州学习生活，参加短期访问项目；美国艾略特小学教师和管理人员将有机会来中国北京大兴学习生活、短期访问等内容达成合作意向。学校学生代表将自制的软陶、软笔书法作为礼物赠送给美国教师代表，双方建立友好合作关系。

（张春红）

二中亦庄学校承办大兴区多项活动

二中学亦庄学校承办小学精品德育展示交流活动 刘超 摄

4 月 28 日，大兴区小学精品德育展示交流活动在北京市第二中学亦庄学校举行。学校舞蹈社团、模特社团、国学社团、书法社团、单片机社团、合唱团、行进打击乐团、跆拳道校队、3D 打印社团、中草药社团等 10 个社团做汇报展示。学生处副主任张凤梅作“立足个性成长，筑梦七彩社团”工作汇报。学校将社团活动作为德育课程的活动载体，践行社会主义核心价值观。该活动由大兴教委小教科主办，旨在搭建交流平台，大兴区内各校展示德育工作成果，相互交流学习，全区 50 所小学的德育干部观摩活动。6 月 19 日，二中亦庄学校承办北京市中华优秀传统文化教育市、区、校联动研讨会暨大兴区中华优秀传统文化教育项目阶段总结推进会。会议以“端午行吟，课显华彩”为主题，分为学校展示和交流研讨两个阶段。二中亦庄学校分为吟诵篇、教学篇和采访篇三个篇章进行展示；交流研讨由北京市中华优秀传统文化教育项目负责人李群主持，大兴区中华优秀传统文化项目负责人贺争光与二中亦庄学校中华优秀传统文化项目负责人焦艳玲分别作主题发言。该活动由北京教科院基础教育课程教材研究发展中心、大兴区教师进修学校主办，来自朝阳、昌平、东城、海淀、门头沟、平谷、石景山、顺义、延庆、大兴 10 个区县的中华优秀传统文化教育实验项目的 300 余名实验区、实验校领导和教师参加。12 月 3 日，二中亦庄学校承办大兴区初三数学教研活动，教师高燕、王艳萍展示“反比例函数复习课”“新函数图像与性质的探究”两节研究课，课后开展评课和研讨活动。大兴区教师进修学校教研员和全区初三数学教师 60 余人参加教研。12 月 4 日，学校承办大兴区高三电化学教学研讨活动，教师王蒙、陈志刚展示“原电池原理”“原电池原理应用”两节研究课，课后开展评课和研讨活动。大兴区教师进修学校教研员和全区高三化学教师 20 余人参加教研。12 月 23 日，学校承办大兴区高中英语教研活动，高中英语教师钟佳、区级骨干教师王银萍和陈红霞展示了典范英语小说阅读课“Kelly-The Rescue Dog”、阅读课“Unit 5 Nelson Mandela-a modern hero”、读说课“Unit 4 Making The News”三堂不同形态的英语课，课后开展评课和研讨活动。北京外国语大学典范英语课题组专家、大兴区英语教研员、英美文学市级课题负责人和全区英语教师 30 余人参加教研。

（侯萱）

二中亦庄学校建成师生博物馆

4 月，北京市第二中学亦庄学校教师博物馆和学生博物馆建成。两个博物馆分别坐落于教学楼一层东西两侧。教师博物馆收藏了教师在教书育人过程中的教案、著作、手稿、照片、奖状、音像，以及有关记录学校发展的珍贵实物资料，展现学校教师敬业精神和优良传统，是对教师职业的尊重。学生博物馆收藏了历届学生作品、作业、照片、奖状，以及师生间交流互动的珍贵资料，立体展现学校学生爱师乐学、丰富多彩、成绩卓越的校园生活，是学校各阶段学生精神面貌和学习状态的生动体现。

（侯萱）

二中亦庄学校国际部举办公益慈善音乐会

二中亦庄学校国际部举办公益慈善音乐会　　梁翊 摄

5月22日，北京市第二中学亦庄学校国际部举办公益慈善音乐会。主题为“我们能为濒危动物做点什么”，国际部学生们用英文介绍造成濒危动物的原因、如何保护濒危动物和保护濒危动物的解决方案。同学们一边用 PPT 介绍濒危物种，一边演奏激昂的音乐，唤醒大家保护自然、保护环境、保护动物的自觉意识。国际部近100名师生参加活动。

（侯萱）

中芯学校举办十周年校庆和中华文化节

5月29日，北京市中芯学校举办创校十周年庆祝活动。大兴区教委会、开发区社会发展局、中芯国际集成电路制造（北京）有限公司、上海市民办中芯学校等领导参加并致辞；中芯学校往届毕业生代表和家长代表发表感言；举行庆典活动演出；学生开展一年一度的中华文化节（国际日）活动。师生和家长2000余人参加。

（马苗苗）

北京八中亦庄分校举办生命科学实验汇报

6月10日，北京市第八中学亦庄分校举办创新人才培养展示暨生命科学实验中心成果汇报活动。学校6位学生分3组分别展示他们参加生命科学活动的收获和两项课题研究。这两项课题研究在2014年青少年创新大赛和金鹏科技论坛活动中获得过较好成绩。最后，与会人员参观生命科学实验中心和组培实验室。

（张文芮）

二中亦庄学校中高考创佳绩

6月25日，北京市第二中学亦庄学校组织首次自主会考。会考科目为化学学科和历史学科，学校高一年级71名学生通过会考。7月，二中亦庄学校2015年高考本科上线率达到90.6%，位列大兴区第四名，比入学成绩提高两个名次，增长幅度为大兴区之首，其中文科数学，理科数学、英语、综合科目位列大兴区第三名。学生李若冲以653分的好成绩，位列大兴区第十二名。2015届中考成绩取得历史性突破，中考总平均分512.8分，在大兴区38所初中学校中位列第四名，比初中入学成绩提高4个名次。其中，英语提高6个名次，位列大兴区第二名；物理提高4个名次，位列大兴区第四名；语文提高3个名次，位列大兴区第五名；数学提高2个名次，位列大兴区第六名。总分优秀率76.4%，总分良好率97.2%，总分及格率100%。500分以上学生占72.2%，学生屈飞扬取得565分，陈雨欣英语为满分 120 分。

（侯萱）

中芯学校管乐团和英语夏令营持续开展

中芯学校举办英语夏令营　　苗刚 摄

7 月 6 日—10 日，北京市中芯学校举办为期五天的第二届管乐团夏令营。夏令营邀请毕业于英国皇家音乐学院的指挥教师约翰·萨穆尔·伍德（英国）担任教学。20 位学生报名参加初级班和加强班。7 月 13 日—31 日，学校与美国达拉斯浸信大学合作举办第九届外教英语夏令营。夏令营面向中芯学校学生和社会适龄学生招生，旨在培养学生良好品格，加强其沟通能力、合作能力、动手能力和领导力。在正规教学中，穿插戏剧、音乐、游戏和体育等科目，并为五至九年级学生特设篮球课程。夏令营由 13 名美国籍教师授课，13 名大学生助教协助。一至九年级共设 12 个班，205 名学生参加夏令营。

（马苗苗）

二中亦庄学校完成暑期修缮工程

7 月 10 日至 8 月 10 日，北京市第二中学亦庄学校完成暑期修缮工程。该工程粉刷校园教学楼和师生宿舍墙面；更换消防管道；卫生间吊顶；图书馆一楼改造成开放式阅览室；实验楼新建物理、化学、生物实验室；更换散热器、公寓楼外保温；彩钢房更换岩棉保温板；校园围墙加固。修缮工程共花费 1097.25 万元，均为大兴教委拨付专项资金。

（侯萱）

中芯学校举办教育培训活动

8 月 19 日—21 日，北京市中芯学校特邀请台湾彩虹爱家生命教育协会的生命教育团队到校开展为期 3 天的“生命教育·人与己”讲师培训。培训由多项活动呈现，包括律动、寻找豆豆王子、消灭灰点点、小种子的花园舞会、人生画布等。参加培训的教师和家长在彩虹爱家团队的“生命教育”理念、绘本阅读、儿童心理特质和发展、体验教学等方面，均得到系统的学习和培训。年内，学校共为校内外家长举办 7 次家长课堂，主题分别为“爸爸早餐会”“生命教育家长分享会”“妈妈早餐会”“如何说孩子才会听”和“青少年沟通”等，1500 人次家长听课。

（马苗苗）

亦庄实验小学重视课程改革

9 月 7 日，北京亦庄实验小学四年级开启军旅课程。军旅课程初步以站姿、队列和平时越野、拉练为主，兼以学习国防知识为辅，以增强吃苦耐劳精神，强身健体。9 月 21 日启动“品牌教师周”活动。从引进的 13 位特级和名教师开始，每周集中展示一位教师的教育教学艺术、课程改革探索，通过个性化的展示方式，提高校本教研的活力和效率，为青年教师的专业发展提供路径和学习的榜样。11 月 23 日，在教师纪现梅的品牌周上，四年级学生开设“饮食”课程。让学生们知晓古今用餐礼仪，熟悉餐饮文化，不仅会吃饭、吃好饭，还知道了中餐里所蕴含的文化背景。12 月 18 日，亦庄实验小学举办一年级开学 100

天纪念日活动。学生们载歌载舞，全方位展示开学以来各个班级丰富多彩的教室生活。该活动是“全课程”教材里第一个主题课程“开学了”的结束仪式。

（边淑清）

亦庄实验小学健美操队获全国特等奖

9月15日—16日，北京亦庄实验小学健美操队参加在青岛举办的2015世界休闲体育大会暨第四届全国全民健身操舞大赛总决赛，取得3项特等奖和1项一等奖，同时获得组委会特设的三座特别奖杯中的两座——“最佳编排奖”和“最佳表演奖”。全国20个省、市、自治区5000余名运动员参赛。这是亦庄实验小学健美操队自2013年11月建队以来第四次获大奖。

（边淑清）

二中亦庄学校开启浸润式“留学”

9月，北京市第二中学亦庄学校开启赴北京二中本部浸润式“留学”工作。学校高一年级3名学生和高二年级3名学生被选送到北京二中本部随班就读，一直到高三毕业，全方位浸润式享受本部所有的优质资源，共同培养优质学生。

（侯萱）

二中亦庄学校招收双培计划生

9月，北京市第二中学亦庄学校招收53名“双培计划”学生，与中国戏曲学院合作共同培养，“双培计划”为成绩刚过一本线的考生提供了进入清华大学、北京大学等知名部属高校学习的可能。该校作为名校办分校，承担北京市“双培计划”改革项目，“双培计划”是由北京市属高校与在京中央高校共同培养优秀学生的一项举措。12月6日，高一年级45名学生汇报演出《三家店》《穆桂英挂帅》《红灯记》选段、戏曲形体等5个节目。这45名学生均是学校“双培计划”招收的第一届学生，自9月份开课以来，每周二下午半天时间上课排练，学生们零基础学习，中国戏曲学院教师到校指导。活动由市教委会主办，由中国戏曲学院、大兴教委、东城教委、西城教委、丰台教委、石景山教委承办。

（侯萱）

北京八中亦庄分校参加市车辆模型比赛

10月25日，北京市第八中学亦庄分校29名学生参加由市教委、北京学生活动管理中心、北京市西城区教委、北京市西城区青少年科技馆主办的2015年北京市中小学生车辆模型比赛。10名学生获一等奖，19名学生获二、三等奖。

（张文芮）

亦庄实验小学为学生吴宇昂举办化石展览

11月11日，北京亦庄实验小学为五年级学生吴宇昂举办化石收藏展览。中科院《化石》杂志主编郭建崴出席开启仪式，为学生们普及化石知识，增强师生对科学探索的积极性和趣味性。该校是国内首家为10岁孩子创办化石展览的学校。

（边淑清）

中芯学校获得开发区教育立项支持

11月20日，北京市中芯学校获得开发区年度工作支持奖励资金50万元，其中4个开发区教育科研课题立项——“中医药文化校本教材开发及药用植物温室建设”“中小学语文教学中的名著导读与研究”“初中生命教育课程开发”“利用3D打印技术与美术教育整合”共得到开发区支持建设项目建设30万元。

（郭悦沙）

二中亦庄学校举办英文广播电台

11 月 23 日，二中亦庄学校举办 I Hear You 英文广播电台启动仪式。英文广播电台旨在打造学校英语多方位学习、共享平台，每周出一期节目，由中学部英语教研组教师指导，广播电台人员由 35 位正式成员和 18 名实习生组成。

（侯萱）

二中亦庄学校成为茶学院分院

二中亦庄学校成为东城区青少年文化艺术学院茶学院分院　陶景霖 摄

11 月 25 日，北京市第二中学亦庄学校成为东城区青少年文化艺术学院茶学院第二十四家分院。该茶学院形成以茶育人的合作联盟体系，研究发展以茶育人的途径与方法。二中亦庄学校以校内“百草园”为研究基地，开展中草药与茶的相结合的研究，开设茶艺校本课程和茶艺社团，学校借助茶学院的平台开展丰富多彩的青少年茶文化活动，弘扬传统文化，培养学生综合素质。

（侯萱）

中芯学校和幼儿园举办慈善义卖

12 月 2 日—17 日，北京市中芯学校和幼儿园举办爱心慈善义卖。活动分为两部分：2 日、3 日、4 日、16 日和 17 日，初中部六至八年级学生走进亦庄 5 家知名企业进行义卖，学生们利用午餐时间，在各企业餐厅表演节目和出售亲手制作的手工艺品；12 日和 13 日，全校师生在亦庄华联力宝购物中心，进行 12 场演出和手工艺品售卖活动。活动从策划、义卖品制作、节目排演、主持人和义卖员培训，到探访捐助对象和宣传，历时 3 个多月，共募款 20.39 万元，全数捐赠给奇妙爱之家和爱心蓝天康复中心。2015 年是中芯学校义卖活动的第五年，累计募款 60 余万元。

（马苗苗 王燕 于宏颖）

二中亦庄学校开展关爱弱势群体志愿服务

12 月 4 日—5 日，北京市第二中学亦庄学校开展关爱弱势群体志愿服务活动。活动旨在弘扬“奉献、友爱、互助、进步”的志愿精神，践行社会主义核心价值观。学生志愿者先后走进红星社会福利院和密云鼓楼街道社会福利中心，慰问孤寡老人和身患残疾的孤儿，送去文艺演出和御寒用品，为孤儿送去食品和学习用品。该活动由团委和学生处组织，全校 80 余名志愿者参加活动。

（侯萱）

中芯学校成为空气重污染预警试点学校

12 月 18 日，北京市空气重污染应急指挥部启动雾霾红色预警，因北京市中芯学校已全面安装新风机，成为新区唯一一所雾霾红色预警下的试点学校。在预警期间，学生可以自愿选择是否到校正常上课。经多方测量和统计，在户外雾霾指数高达 350 时，教室内雾霾指数可以保证并维持在 100 以下。“停课不停学”期间，学生出勤率达到 60%。

（马苗苗 杨旸）

亦庄一小三至六年级开设外教英语课

年内，北京市大兴区亦庄镇第一中心小学与波士顿常青藤培训机构合作，聘请有英语教学资格的两名外教为三至六年级每班每周上一节英语课，教学内容结合生活实际，重点培养提高学生的口语能力。同时，学校教师和英语外教共同备课，实现学校教师与外教的教学相长。

（陈晶）

二中亦庄学校跆拳道比赛获 66 枚金牌

二中亦庄学校参加北京市中小学生跆拳道冠军赛　周小明 摄

年内，北京市第二中学亦庄学校跆拳道队参加全国、市级 7 项跆拳道比赛获得 66 枚金牌。1 月 18 日，在市教委、市体育局主办的 2015 年北京市中小学生跆拳道冠军赛上，获金牌 11 枚、银牌 9 枚、铜牌 5 枚，获专业中学组团体冠军、团体“最佳组织奖”。4 月 25 日和 5 月 9 日，在市体育局、市教委主办的 2015 年北京市体育传统项目学校跆拳道比赛上，获竞技金牌 7 枚、品势金牌 7 枚、竞技银牌 4 枚、品势银牌 4 枚、竞技铜牌 10 枚、品势铜牌 11 枚，获得男子高中组、男子初中组、女子高中组 3 个品势团体冠军，获得团体高中组和团体初中组第一名，被授予团体“体育道德风尚奖”。7 月 26 日—30 日，在中国中学生体育协会跆拳道分会主办的 2015 年中国中学生跆拳道锦标赛（北区分区赛）上，获高水平组金牌 12 枚、银牌 6 枚、铜牌 16 枚，获得初中男、女品势团体冠军，高中男子品势团体亚军，高中女子品势团体冠军，高水平高中组第一名，高水平初中组第一名，被授予“团体体育道德风尚奖”。8 月 16 日—20 日，在中国中学生体育协会跆拳道分会主办的 2015 年中国中学生跆拳道锦标赛总决赛上，获高水平组金牌 8 枚、银牌 7 枚、铜牌 13 枚，获得初中男、女品势团体冠军，高中男子品势团体季军，高中女子品势团体冠军，高水平高中组第一名，高水平初中组第一名，被授予“团体体育道德风尚奖”。8 月 21 日—24 日，在国家体育总局拳击跆拳道运动管理中心、中国跆拳道协会、中国中学生体育协会主办的 2015 年全国青年跆拳道锦标赛乙组比赛上，获金牌两枚、铜牌 3 枚，获得男子组团体冠军。11 月 14 日，在市体育局、中小学体协主办的 2015 年北京市中小学生跆拳道公开赛上，获金牌 13 枚、银牌 9 枚、铜牌 10 枚，获得专业中学组团体冠军、团体“最佳组织奖”。12 月 5 日，在市教委、市体育局主办的 2015 年北京市中小学生跆拳道冠军赛上，获金牌 6 枚、银牌 7 枚、铜牌 15 枚，获得中学组团体冠军。12 月 14 日，二中亦庄学校王岩、代禀喆、贾一超、黄伟 4 名跆拳道特长生在 2015 年中国中学生跆拳道锦标赛总决赛中获冠军，均被授予“2015 年度北京市中小学生银帆奖”。

（侯萱）

二中亦庄学校开展多学科整合主题教学

年内，北京市第二中学亦庄学校小学部开展多学科整合主题教学活动。活动由小学部课程整合行动研究项目组主持开展，旨在打通学科间的壁垒，确定学习主题，再从整体上将主题教学分为课前、课中、课后三个阶段。该项教学活动打破固有的 40 分钟一节课单学科授课模式，采用 1 个小时一节课、多学科教师共同授课模式。学生在整个学习过程中经历查阅资料、动手绘画、口语交际、情景剧表演、创作小报等实践、体验、欣赏的多种学习方式。教师综合运用引导自学、知识梳理，以及讲授等多种教学方式，主要体现教师的引导作用，以学生为主体，培养学生的兴趣和主体性。4 月，小学部三年级开展“北京胡同文化”“植物”两个主题的教学活动，由语文、数学、品社、美术、英语 5 个学科教师共同授课。11 月，小学部四年级开展“知我世界遗产，爱我世界遗产”颐和园主题教学活动，由音乐、语文、英语、数学、科学和美术 6 个学科教师共同授课。小学部五年级开展“知我国耻，爱我中华”圆明园主题教学活动，由品社、语文、数学、美术、书法、音乐 6 个学科教师共同授课。700 余名学生参加活动。

（侯萱）

中小学（部分）

北京市大兴区亦庄镇第一中心小学

北京市大兴区亦庄镇第一中心小学（简称亦庄一小）2015 年占地面积 3.29 万平方米，建筑面积 1.99 万平方米，体育场（馆）面积 7210 平方米。图书馆（室）藏书 7.82 万册。固定资产总值 6474.15 万元。全年教育经费投入 3759 万元，全部为国家拨款。拥有计算机 334 台，多媒体教室座位 1260 个，校园网出口总带宽 20 Mbps，数字资源量 2000 GB，信息技术课程 1 课时每周。普通教室 33 个，专用教室 18 个。教职工 113 人，其中中级职称 56 人，专任教师 109 人，本科以上学历 104 人。开设教学班 43 个。毕业 208 人，在校生 1400 余人。4 月 27 日，在北京市第十八届学生艺术节打击乐展演获金奖。

亦庄一小抓住“立德树人”根本任务，践行社会主义核心价值观；秉承“阳光教育”理念，实行中心校区与三羊校区一体化管理；加强教师队伍建设，初步建立起“阳光管理”规章制度和“阳光教师”行为规范；在完成国家课程、地方课程基础上，积极建设学校特色校本课程；结合阳光教育活动，引导学生逐渐养成阳光少年行为规范，全面提高学生的综合素质。

（王德友）

北京市大兴区亦庄镇第一中心小学

校长 乔永斌

北京市大兴区亦庄镇第二中心小学

北京市大兴区亦庄镇第二中心小学（简称亦庄二小）2015 年占地面积 1.6 万平方米、建筑面积 8760 平方米，体育场（馆）面积 5450 平方米。图书室藏书 7 万册，订阅杂志、报刊 19 种。固定资产总值 1312.9 万元。全年教育经费投入 2028.6 万元，全部为国家拨款。学校信息化经费投入 45.3 万元，拥有计算机 285 台，多媒体教室座位 768 个，校园网出口总带宽

30Mbps，数字资源 1T，信息技术课程 7 课时每周。普通教室 24 个、专用教室 10 个。教职工 68 人，其中中级职称 41 人；专任教师 61 人，本科以上学历 42 人。开设教学班 23 个。毕业 122 人、招生 105 人、在校生 682 人。

（张春红）

北京市大兴区亦庄镇第二中心小学

校长 桂宗连

北京亦庄实验小学

北京亦庄实验小学（简称亦庄实验小学）2015 年占地面积 3.7 万平方米、建筑面积 2.6 万平方米。固定资产总值 2930.5 万元。全年教育经费投入 1079.9 万元，全部为国家拨款。学校信息化经费投入 100.5 万元，拥有计算机 480 台。教职工 70 人，其中高级职称 8 人、中级职称 12 人；专任教师 65 人，包括特级教师、名师 16 人，本科以上学历 68 人。开设教学班 30 个。毕业 73 人、招生 224 人、在校生 890 人。订阅报刊 800 种。3 月 12 日，亦庄实验小学阳光农场开园。3 月 26 日，亦庄实验小学儿童阅览室对全校师生全天候开放。另类阅览室藏书 6 万多册。5 月，四年级学生马萧桐被评为大兴区“十佳少年”之“最美友善少年”。

（边淑清）

北京亦庄实验小学

校长 李振村

北京市大兴区亦庄中学

北京市大兴区亦庄中学（简称亦庄中学）2015 年占地面积 2.8 万平方米，建筑面积 1.66 万平方米，体育场（馆）面积 1.32 万平方米。图书馆（室）藏书 5.6 万册，订阅杂志、报刊 50 种，固定资产总值 5147.1 万元。全年教育经费投入 2275.19 万元，全部为国家拨款。学校信息化经费投入 40 万元，拥有计算机 331 台，多媒体教室座位 32 个，校园网出口总宽带 100Mbps，数字资源量 100GB，信息技术课程 1 课时每周。普通教室 18 个、专用教室 16 个、实验室 7 个。教职工 87 人。其中，高级职称 18 人，中级职称 36 人；专任教师 64 人，北京市骨干教师 1 人；本科以上学历 84 人。开设教学班 13 个。毕业 97 人、招生 179 人、在校生 418 人。

年内，亦庄中学团委组织实施的“中国梦五彩梦”项目，在 2014 年度北京共青团中学系统评优工作中，被评为优秀活动项目；学校获大兴区教育系统工会工作综合考评二等奖、大兴区教育系统工会工作特色二等奖、大兴区 2014 年度教育教学工作一等奖，被评为北京市综合素质评价先进单位。

（王宁）

北京市大兴区亦庄中学

校长 王春彦

北京市中芯学校

北京市中芯学校（简称中芯学校）是由中芯国际集成电路制造（北京）有限公司投资兴办的一所九年一贯制民办学校。2015 年，学校面积 2.68 万平方米，体育场（馆）面积 1.4 万平方米。图书馆藏书 3.6 万册，订阅杂志、报刊 115 种。固定资产总值 1442.46 万元，全年教育经费投入 3240.16 万元。学校信息化经费投入 346.11 万元，教职工 175 人，专任教师 133 人，其中硕士及以上学历占 26%，本科学历占 89%。开设教学班 49 个，在校生 1211 人。面向社会招生 284 人，六年级毕业生 68 人，九年级毕业生 44 人。

（李雅荣）

北京市中芯学校

校长 郭悦沙

北京市第二中学亦庄学校

二中亦庄学校举行“课后一小时”开课仪式　刘超 摄

北京市第二中学亦庄学校（简称二中亦庄学校）2015 年建筑面积 5.5 万平方米。图书馆藏书 7.6 万册。固定资产总值 5673.36 万元。全年教育经费投入 6729.63 万元，全部由国家拨款。学校信息化经费投入 425.35 万元，拥有计算机 638 台，多媒体教室 108 个，信息化设备资产 628.105 万元，网络信息点数 2000 个，校园网出口总带宽 20Mbps，数字资源量 400GB，信息技术课程 32 课时每周。教职工 345 人。其中，副高级职称 25 人，中级职称 86 人；专任教师 289 人，包括特级教师 4 人，北京市骨干教师 1 人，大兴区骨干教师 24 人，大兴区学科带头人 2 人；教职工本科以上学历 265 人。学校开设教学班 95 个，其中小学班 56 个、初中班 18 个、高中班 9 个、国际高中部 12 个。毕业 381 人，其中小学 157 人、初中 87 人、高中 83 人、国际高中 54 人；招生 706 人，其中小学 363 人、初中 155 人、高中 105 人、国际高中 83 人；在校生 2920 人，其中小学 1979 人、初中 501 人、高中 250 人、国际高中 190 人，包括寄宿生 360 人。高中录取分数线 500 分，应届高考本科上线率 90.6%。

3 月 23 日，二中亦庄学校确定 4 月 20 日为校庆日。年内，学校获“首都文明单位”、第二批“北京市学校文化建设示范校”、第十八届全国青少年五好小公民“少年向上真善美伴我行”主题教育活动示范学校、2015 年大兴区“师德建设先进集体”、2014 年度大兴区教育系统“党政信息宣传工作先进单位”、大兴区课后一小时工作先进学校、大兴区科技教育先进校、大兴区艺术教育先进校。学校团委获得大兴区“五四红旗团委”（团总支）称号，教工团支部获“大兴区教育系统五四红旗团支部”称号；学校少先大队获 2014 年北京市少先队“星星火炬奖”、北京市红领巾通讯社校园记者站、大兴区优秀少先大队、大兴区少先队信息工作先进集体；学校工会获大兴区教育系统工会工作特色工作一等奖、大兴区教育系统工会工作综合考评二等奖。

（侯萱）

北京市第二中学亦庄学校

校长 钮小桦

北京市第八中学亦庄分校

北京市第八中学亦庄分校（简称北京八中亦庄分校）占地面积 2 万平方米，建筑面积 1.48 万平方米，绿化面积 9415 平方米，体育场面积 4890.9 平方米。图书馆藏书 19066 册，订阅杂志 35 种、报刊 11 种。固定资产总值 1471 万元。全年教育经费投入 1457 万元，全部为国家拨款。学校信息化经费投入 524.6 万元，拥有计算机 279 台，多媒体教室座位 300 个，校园网出口总宽带400Mbps，数字资源量300GB，信息技术课程两课时每周。有普通教室28个，音乐、美术、书法、史地、劳技、计算机、舞蹈形体、心育中心、图书室、卫生保健室和体育器材室专用教室11个、理化生实验室7个。教职工74人。其中，大兴区编制52人；高级职称4人、中级职称13人；专任教师59人；研究生学历23人，本科以上学历35人；北京八中本部特聘教师15人，其中高级职称8人、中级职称5人；专任教师13人，包括特级教师1人。开设初中教学班12个；招生81人，在校生283人，其中寄宿生26人。5月9日，北京八中亦庄分校健美操队在市教委举办的第五届北京市体育传统项目学校健美操比赛中，获得单项奖三等奖。5月15日至10月23日，北京八中亦庄分校组织学生开展“走进社会大课堂——爱祖国·爱北京·爱家乡”实践活动。6月24日，北京八中亦庄分校学生杨雨凡参加由大兴区少年宫组织的2015年弘扬国学之读国学经典演讲比赛，获优秀展示奖。

（张文芮）

北京市第八中学亦庄分校

校长　霍元斌

职业教育

电科职院学生赴国（境）外交流学习

2月至11月，北京电子科技职业学院72名学生赴国（境）外交流学习。2月和9月，39名学生分两批赴台湾明道大学、台湾建国科技大学等学校开展交换生项目，为期6个月。7月至11月，33名学生分4批赴芬兰赫尔辛基城市学院、奥地利布劳瑙高等职业技术学院等合作院校交流学习，为期两周。该校与合作学校定期开展学生互访，交流研修艺术设计、汽车技术、装备技术、数控技术等专业内容。

（王琴）

电科职院学生赴培养基地实习

3月2日—27日，北京电子科技职业学院62名学生分两批赴校外金融人才培养基地中国平安财产保险北京分公司实习两周。企业实习采用企业导师一对一现场辅导方式，为学生讲解机动车辆保险专业知识和新车续保、转保流程和出单步骤等。学生在实习中掌握中国平安车辆保险业务下单系统操作方法，提升专业素质和职业技能。实习期满时，大部分同学通过企业面试，并进入企业兼职人才项目库。电科职院从2015年起，与中国平安财产保险北京分公司合作建立校外金融人才培养基地。

（王琴）

电科职院成为北京市专利工作试点单位

3月，北京电子科技职业学院通过市知识产权局验收，成为北京市专利工作试点单位。根据《北京市专利申请资助金管理暂行办法》规定，北京市专利试点单位可优先获得北京市专利申请资助金的资助，优先安排专利申请并优先考虑申请北京市科委专利课题。电科职院于2014年成为北京市专利试点培养单位。

（王琴）

电科职院开展学生心理辅导系列活动

3月至6月，北京电子科技职业学院举办学生健康辅导系列活动。学校以“为爱点赞，为青春担当”为教育主题开展大学生心理健康节活动，举办3次“心语讲堂”；3 次“舞动青春、丰富心灵”舞动治疗；4 次“亲近自然、感悟生命”户外团体活动；15 次绘画、手工、沙盘工作坊；10 次班级拓展活动；4 次宿舍心理辅导；两次朋辈心理辅导员培训，参与活动学生约 4000 人次。

（王琴）

电科职院接待国外院校到访交流

3 月至 10 月，北京电子科技职业学院接待 5 所国外院校到访交流。3 月 14 日，德国柏林职教集团主席、董事长弗格森到校，就柏林机动车行会北京汽车学院 K 模块课程合作项目交流，决定德籍专家 OST 3 月底驻校继续落实 2014 年 K 模块课程项目实施。3 月 23 日—25 日，英国布鲁克兰学院（Brooklands College）院长穆琳·吉尔敏斯特与副院长盖尔·沃克一行到校交流，就高端技术技能人才贯通培养实验项目合作事宜交换意见。4 月 15 日，英国机械制造工程领域职业资格认证机构 EAL 代表 Stirling Wood，英国艾蒙特克公司商务董事、博士张绍毅一行到校考察，观摩奔驰生产班和 IMI 班课堂教学，在课程建设和培训取证方面形成合作意向。9 月 14 日，法国大学科技学院院长联盟国际协调员 BordryGuilaume，财务负责人 DonnetPatric，国际关系负责人 Ribault Olivier 到校访问并洽谈北京市高端技术技能人才贯通培养项目，就合作专业、教学计划、课程标准、学生选拔等交换意见。10 月 12 日，昆士兰州职业技术教育学院校长 Trevor Arthur Schwenke 与国际部负责人 Philip Fung 到校洽谈合作，双方就北京市高端技术技能人才贯通培养试验项目学历衔接、教师培训等进行探讨，并签署《职业教育合作意向书》。

（王琴）

电科职院与 5 家企业签署校企合作协议

3 月至 11 月，北京电子科技职业学院与 5 家企业签署校企合作协议。3 月 12 日，电科职院与北京捷成世纪科技股份有限公司签署合作协议，进行捷成世纪影视制作定向班合作，2015 年 7 月开始招生。6 月 18 日，电科职院与捷迈（北京）医疗器械制造有限公司签署合作协议。电科职院向捷迈公司颁发“北京电子科技职业学院实践基地”铜牌，并被授予“捷迈（北京）人才培养基地”铜牌。根据协议，双方共同组建“捷迈定向培养”企校合作工作组，合作开展科学研究和社会培训，电科职院根据捷迈公司需求开展定向培养人才。10 月 11 日，电科职院与北京艾百诺科技有限公司签署校企合作协议。根据协议，北京艾百诺科技有限公司将提供横项科研经费 300 万元，支持电科职院生物工程学院教师开展科研成果转化，双方共享科研成果。合作为期 6 年，合作期满后艾百诺投入价值约 100 万元的固定资产将无偿赠予电科职院生物工程学院。10 月 15 日，电科职院与江苏汇博机器人公司签署校企合作协议。根据协议，双方将在专业设置、实训基地建设和师资培养等方面进行合作。11 月 12 日，电科职院与中华会计网校签署合作协议，面向在校生和校外人员合办会计从业资格培训班，网校提供教材和网络教学，电科职院教师负责面授课程，首期培训班于 12 月开班。

（王琴）

电科职院举办校园文化系列活动

3 月至 12 月，北京电子科技职业学院举办校园文化系列活动。举办“诵读中华经典，营造书香校园”国学经典诵读比赛和中国古代礼乐文化展。举办“民族艺术进校园——春之声”专场音乐会、“相聚五一·职的期待”迎新生文艺晚会、“筑梦青春·职帆起航”2015届毕业生晚会、“筑梦青春·职的精彩”第十一届校园歌手大奖赛、线上微信平台“歌手大赛”和民族剧目“曲剧”专场演出。举办主题为“We Involve，We Improve”（我们专注，共同成长）外语文化节。作为唯一一支高校艺术团体，受邀参加“民族艺术进校园”同一首歌音乐会暨纪念抗战胜利70周年大型活动，50余名师生在北京音乐厅与业内艺术家同台演出。参加2015北京大学生舞蹈节，该校学生舞蹈团作品《落花情》获群舞A类普通B组三等奖。

电科职院2015届毕业生晚会　　倪玉林 摄

（王琴）

电科职院承担国家级教学资源库子项目

4月9日，北京电子科技职业学院获批承担物联网应用技术专业国家级教学资源库“基于Android的应用程序开发”课程资源子项目建设任务。职业教育专业教学资源库建设，是“推进职业教育资源跨区域、跨行业共建共享，逐步实现所有专业的优质数字教育资源全覆盖”的有机组成部分。职业教育专业教学资源库的建设和应用，旨在推动职业教育在信息化背景下教与学方式深刻变革，提高教与学的效率与效果，进而提高人才培养质量，同时服务于继续教育和终身教育，促进学习型社会建设。12月10日，电科职院教育部职业教育民族文化传承与创新专业教学资源库中国传统金属和泥塑工艺美术子库项目通过验收。职业教育民族文化传承与创新专业教学资源库项目于2013年7月获教育部批准，电科职院为主持单位。中国传统金属和泥塑工艺美术子库旨在以中国传统金属及泥塑工艺美术相关“非遗”项目为资源载体，应用数字媒体技术，按照行业规范和职业标准，“政校企行”共建大容量、共享型、互动式、持续更新的专业教学资源库，实现民族文化传承创新专业人才培养与非物质文化遗产传承对接，保存、传承、传播和创新中华民族传统文化。电科职院自2010年开始进行民族文化传承相关课程开发建设，2013年4月，该校申报教育部职业教育民族文化传承与创新专业教学资源库项目。2013年9月27日，电科职院举办职业教育民族文化传承与创新专业教学资源库项目启动工作会议，成立专门组织管理机构，确定资源库建设标准。2014年11月26日，在湖南省益阳市湖南工艺美术职业学院召开民族文化传承与创新专业教学资源库建设项目中期交流与协调会，督查各子库项目资源建设情况。9月，资源库参加教育部验收。中国传统金属和泥塑工艺美术子库项目参与院校20所，企业26家，机构13个，经费投入600万元，在素材建设、资源转化、课程开发和产、学、研、用一体化多元平台建设等方面取得系列成果。

（孙磊 王琴）

电科职院召开专业委员会换届大会

4月10日，北京电子科技职业学院召开北京市职业技术教育学会机电技术应用专业委员会换届大会暨三届一次理事会。北京市职业技术教育学会会长、西门子（中国）有限公司DF/PD战略部组织发展部总经理和电科职院相关校领导出席大会。电科职院自动化工程学院院长、副院长和北京工业职业技术学院副院长、北京农业职业学院副院长分别当选主任委员、副主任委员，并吸收委员25名、秘书长1名，其中包括9名企业委员，委员会秘书处设在电科职院。机电技术应用专业委员会是北京市职业技术教育学会分支机构，是从事机电专业教学研究与交流的群众性学术团体，由理事单位推荐人选，机电技术应用专业委员会确认，经北京市职业技术教育学会批复产生。

（王琴）

电科职院成立基础学院

4月10日，北京电子科技职业学院成立基础学院。学院承担该校高端技术技能人才培养项目基础教育阶段工作，负责全校基础课程的教学、科研工作和基础课各类培训基地的建设工作等。学院设外语教学部、数理教学部、语言与文史教学部、体育教学部；有教职工132人，其中专任教师126人。该学院前身是2012年10月成立的基础部。

（王琴）

杂技学校武术专业学生比赛取得优异成绩

4月18日，北京市杂技学校武术专业学生在北京市武术传统校比赛上，20名学生获得个人单项冠军，21名学生获得单项亚军，6名学生获得单项季军。学校获得高中团体总分第一名，初中组团体总分第二名。4月25日，获得北京市中小学生集体项目与武术操集体比赛武术操一等奖，初中组和高中组集体项目分别获得二等奖和三等奖。7月31日至8月4日，获得2015年全国中学生武术锦标赛暨全国段位制武术比赛集体项目第二名、团体第三名，学生张京菁获得个人项目第一名。8月27日—31日，获得第十五届全国武术学校套路比赛集体项目第二名，学生张京津获2015年中国中学生武术套路锦标赛传统拳第一名，施雯获女子B类（传统器械规定拳）全能第二名，高添获女子B类（传统器械规定拳），王纯获女子A类（南拳南刀）全能第三名，3名同学同时获得国家一级运动员称号。

（刘晓霞）

杂技学校在“我的模式我的课”比赛获奖

4月24日—26日，北京市杂技学校6位教师参加在河南省周口市淮阳县召开的全国第五届和谐杯初高中“我的模式我的课”比赛。有来自16个省市的1000多位教师参加。教师高娜获初中组数学学科特等奖，胡祖红获高中组英语学科一等奖。

（刘晓霞）

电科职院设立安全生产职业技术学院

4月30日，北京电子科技职业学院与市安监局签署战略合作框架协议，共同成立安全生产职业技术学院。根据协议，双方共同搭建北京市安全生产领域科研、人才培养、技术支撑与服务合作平台，在电科职院相关学院加挂市安监局统一制发的安全生产职业技术学院牌子，双方共同开展职业化安全生产实用技术人才培养、安全生产专项培训和安全生产科研攻关，市安监局提供政策支持和业务指导。市安监局党组书记兼局长、电科职院校长等出席签字仪式。

（王琴）

电科职院学生参加高校大学生比赛获奖

电科职院 ST 车队参加 2015 年大学生方程式汽车大赛　王春祥 摄

4 月至 12 月，北京电子科技职业学院学生参加高校大学生各类竞赛获奖。4 月 23 日，获第四届北京市大学生动漫设计大赛一等奖 1 项、二等奖 3 项、三等奖 8 项。7 月 25 日，获第十届“思科网院杯”全国大学生网络技术大赛职校组一等奖 1 项、二等奖 1 项、三等奖 2 项。10 月 11 日，获全国数学建模比赛北京赛区一等奖。10 月 13 日，获 2015 年全国高等职业院校银行综合业务技能大赛“手工技能”赛项个人单项一等奖、三等奖和团体二等奖，“零售业务”赛项个人单项三等奖。10 月 13 日—17 日，获“昆仑润滑油杯”中国大学生方程式汽车大赛油车赛三等奖和动态赛“8 字绕环”项目第一名，并以 4.95 秒最快单圈刷新国内 8 字绕环记录。10 月 23 日，获第二届“大智慧杯”全国大学生金融精英挑战赛“金融操盘手”一等奖、三等奖。10 月 31 日，获首届北京市大学生工程设计表达竞赛个人一等奖、二等奖、三等奖和团体一等奖。获 2015 年全国高校商业精英挑战赛营销模拟决策竞赛团体三等奖。11 月 28 日，获 2015 年全国大学生投资理财规划大赛个人一等奖、二等奖、三等奖和团体二等奖。12 月 26 日，获 2015 年全国大学生物流企业经营管理沙盘模拟大赛团体三等奖。

（王琴）

电科职院参加首届职业教育活动周

5 月 10 日，北京电子科技职业学院参加全国首届职业教育活动周。该校展出“创新驱动、校企合作、培养高精尖技术技能人才”办学成果，展示民族文化工艺传承、“一升油”节能车、“智慧小精灵”智能机器人等内容。国务院副总理刘延东等领导参观该校展区，体验中国工艺美术大师钟连盛指导的景泰蓝“点蓝”工艺，听取该校学生关于节能车等专业技术汇报并予以指导。

电科职院参加首届职业教育周活动　王秀婷 摄

（王琴）

电科职院学生获定向越野赛冠军

5 月 24 日，北京电子科技职业学院学生获得北京高校春季定向越野公园赛 4 项冠军。比赛设军事定向组、高校精英男子组、高校精英女子组、高校男子组、高校女子组、高职男子组、高职女子组、中职男子组、中职女子组 9 个组别。电科职院共 130 名高、中职学生参加其中 4 个级别的比赛，1 名学生获高职组冠军，两名学生分获中职男子组、女子组冠军，电科职院团队获高职组团体冠军。北京 37 所高校共 962 名学生参加比赛。

（王琴）

电科职院师生获得 IMI 技能大赛特等奖

6 月 1 日，北京电子科技职业学院师生组合获得全国 IMI（Institute of Motor Industry）合作院校优秀学生和考评师组合技能大赛特等奖。技能大赛在湖北黄冈职业技术学院举行，针对 5 个筛选出的 IMI 二级模块项目进行操作，该校 2011 级 1 名 IMI 班学生与 1 名教师组合，获得技能大赛优胜奖，该生获得特等奖。上海交通职业技术学院、成都工业职业技术学校等 5 所 IMI 合作院校的优秀 IMI 学生、考评师参加竞赛。9 月 26 日，英国 IMI 内督员 Stephen 来校为 4 名在 2 月通过英国 IMI 中心培训考核教师颁发 IMI 二级考评员证书，并对学校两名教师进行内督员培训考核。该校 IMI 合作班项目于 2009 年启动，2013 年正式成立英国 IMI 一级合作班。IMI 是英国国家汽车工业学会的简称，是英国唯一一家专注于汽车工业领域的最具权威性和影响力的职业资格认证和颁证机构。

（王琴）

电科职院与美国康明斯集团签署合作协议

6 月 12 日，北京电子科技职业学院与美国康明斯集团签署康明斯社区技术教育项目(TEC Beijing, 即 Technical Education for Communities）合作协议。根据协议，康明斯集团为电科职院提供汽车制造与汽车检测维修相关专业课程与软技能训练等非专业课程，提供康明斯柴油机拆装试验台、康明斯柴油机运行测试试验台等设备，在柴油机技术和软技能训练等方面提高师资水平。美国康明斯公司（Cummins Inc.）主要从事柴油发动机设计、制造、销售和服务，为世界 500 强企业，在柴油机技术方面处于全球领先地位。康明斯 TEC 项目是一项在全球范围、康明斯所在地区开展的公益技术培训项目，主要为该地区职业院校实训室建设、课程开发、师资培训提供资金与技术支持，与同行业相关企业建立合作伙伴关系，为学生提供实习与就业岗位，缩短毕业生技术技能与行业需求技能的差距。

（王琴）

电科职院学生参加全国职业技能竞赛获奖

6 月 12 日至 7 月 4 日，北京电子科技职业学院学生参加全国职业院校技能大赛获 23 项奖牌。6 月 12 日—19 日，获服装设计赛项与服装制版工艺赛项高职组二等奖 3 项、中职组二等奖 2 项。6 月 13 日，获移动互联网应用软件开发赛项高职组二等奖。6 月 18 日，获风光互补发电系统安装与调试赛项高职组一等奖。7 月 1 日—4 日，获信息安全管理与评估赛项高职组一等奖；获工业机器人技术应用赛项高职组三等奖；获嵌入式产品开发赛项高职组一等奖，2 名教师获优秀指导教师称号；获自动化生产线安装与调试赛项高职组一等奖，1 名教师获优秀指导教师称号；获现代电气控制系统安装与调试赛项二等奖；获重金属含量检测赛项高职组二等奖；获大气环境监测与治理技术赛项高职组二等奖；获电子商务技能赛项高职组二等奖；

获智能电梯装调与维护赛项高职组三等奖；获农药残留检测赛项高职组三等奖；获注塑模具 CAD/CAE 与主要零件加工赛项高职组三等奖。7 月 2 日—4 日，获全国职业院校学生技术技能创新成果交流赛二等奖 3 项、三等奖 2 项。

（王琴）

电科职院挂牌开发区公共图书馆

6 月 15 日，北京电子科技职业学院与开发区管委会签署共建公共图书馆战略合作协议，在原有高校图书馆基础上承载开发区公共图书馆服务职能。这是北京市政府部门首次以购买服务形式与高校共建公共图书馆。根据协议，自 2015 年起，开发区管委会每年投入一定资金，购买公共图书馆职能范围内服务，协议有效期 5 年。该校图书馆对社会读者全年 360 天开放，为社会读者提供借还书服务和数字资源使用服务，统一管理亦庄书屋，根据开发区管委会、企业、居民需要，建设纸质和数字图书资源。10 月 27 日，电科职院举行公共图书馆揭牌仪式，开发区公共图书馆启动运行。11 月 25 日，在图书馆召开开发区图书馆工作委员会第一次会议，审议通过图书馆工作委员会委员名单和《开发区图书馆工作委员会章程（试行）》。电科职院图书馆 2013 年 9 月 9 日开馆，馆舍面积约 2.2 万平方米，纸质图书 108 万余册，1300 多个读者座位。

（王琴）

杂技学校获国际青少年书画大赛奖

6 月 30 日，北京市杂技学校参加第十五届 PHE 国际青少年书画大赛，103 幅作品参赛，91 幅作品获奖，获奖率 88%。其中，一等奖 9 幅，二等奖 17 幅，三等奖 34 幅，优秀获 31 幅。学校获集体特等奖，教师王康平获特等辅导奖。

（刘晓霞）

电科职院承办企业职业技能竞赛

电科职院承办北汽集团汽车焊装工竞赛　蔺月松 摄

6 月和 12 月，北京电子科技职业学院两次承办北汽集团职业技能竞赛。6 月 14 日，承办北汽集团第四届“福田杯”职业技能竞赛。该校教师组成竞赛工作小组，负责决赛命题、选手培训、现场组织、后勤保障等，6 名专业教师负责竞赛裁判。北京现代、北京奔驰、北汽股份、北汽福田四家整车厂 146 名选手参加汽车点焊和二氧化碳保护焊实操比赛。12 月 13 日，承办北汽集团可编程控制系统设计师技能竞赛，北京现代、北京奔驰、北汽越野车、北汽福田、北汽昌河、北汽动力总成等多家北汽集团下属企业 33 名选手参加。该校承担理论和实操试题的命题、选手培训、现场组织、后勤保障等工作。裁判组均现场评分，并将评分汇总上传北汽集团竞赛组委会。

（王琴）

电科职院 7 名教授当选行指委委员

7 月 3 日，北京电子科技职业学院 7 名教授当选教育部全国行业职业教育教学指导委员会委员，分别担任统计职业教育教学指导委员会、食品工业职业教育教学指导委员会等 8 个行指委委员。该届行指委任期 4 年，至 2019 年 12 月 31 日止。行指委是受教育部委托，由行业主管部门或行业组织牵头组建和管理，对相关行业（专业）职业教育教学工作进行研究、咨询、指导和服务的专家组织，同时也是指导该行业职业教育与培训工作的专家组织。

（王琴）

杂技学校主办口技专场演出

7 月 6 日—7 日，由中国杂技团有限公司、北京市国际艺术学校主办，国家级非物质文化遗产口技传承人牛玉亮筹办的口技专场演出，在天桥剧场举行。演出以口技艺术贯穿全场，表演了《鸡鸣犬吠》《草原情》等传统节目和创新节目，并整理挖掘各朝代的传统经典段子，在现场恢复还原，让观众听到古人传统口技表演的声音。演出旨在传承国家非物质文化遗产，弘扬传统口技艺术，发展创新口技表演形式。

（刘晓霞）

电科职院获批现代学徒制试点高职院校

8 月 5 日，北京电子科技职业学院获批全国首批百所现代学徒制试点高职院校。根据教育部《教育部办公厅关于公布首批现代学徒制试点单位的通知》，165 家单位成为首批现代学徒制试点单位和行业试点牵头单位，北京共 3 所高职获批，电科职院将按教育部要求，会同合作企业共同制订任务书，分步实施完成试点工作。

（王琴）

电科职院新实训楼投入使用

9 月 1 日，北京电子科技职业学院新实训楼群投入使用。该楼群总建筑面积 6 万余平方米，地上 4~5 层，5.2 万平方米，地下 1 层，0.8 万平方米，工程结构为框架结构。楼群包括电子信息实训楼、机械与交通实训楼和生物工程实训楼三部分。有 19 个机房，118 个实验实训室，58 个教室，67 个办公室。楼群于 2013 年 5 月开始建设，工程费用 2.1 亿元。该工程获 2014 年度结构长城杯金质奖工程。

（王琴）

电科职院开展高端技术技能人才培养项目

9 月 14 日，首届 889 名“2+3+2”高端技术技能人才贯通培养项目新生参加北京电子科技职业学院开学典礼。该项目采用“2+3+2”贯通培养模式，分为外培班和内培班两类。前 5 年在电科职院学习，第一个两年为基础教育阶段，采用北京市第三十五中学课程体系开展通识教育，并开设 3 门以上外语课供学生选学。中间 3 年为职业教育准备阶段，学习中国大学准备课程获国外大学先修课程，学校结合自身职业教育优势提供符合北京“高精尖”产业发展的 26 个专业方向。第二个两年为职业本科阶段，外培班学生经选拔进入德、法等国家相应大学并完成本科阶段职业教育后，获得国家教育部承认的国外本科毕业证书。出国学生将获得政府政策和资金支持。内培班学生通过转段考试进入北京工业大学、北京工商大学、北京信息科技大学、北方工业大学、北京服装学院等五所院校对应专业完成本科专业教育后，获得本科毕业证书。根据市教委《关于开展高端技术技能人才贯通培养试验的通知》，电科职院与北京市第三十五中学合作，成为改革试点项目重点实施单位，承担首届1000名学生培养任务，其中外培计划500人，通过中考提前批次录取；内培计划500人，通过中考统招批次录取。参加该项目的北京高职院校还包括北京工业职业技术学院和北京财贸职业技术学院。该项目旨在通过创新职业教育体制机制，整合各级各类优质教育资源，促进教育公平，完善职业教育体系，构建人才培养“立交桥”，为学生成长、成才提供更完善的条件。

（王琴）

电科职院学生通过跨境电商人才认证

9月20日，北京电子科技职业学院首批17名学生通过阿里巴巴跨境电商人才认证考试。6月，电科职院与全球最大电商平台阿里巴巴签订校企合作协议，在教学中引入“阿里系”课程和职业资格认证体制。7月8日，电科职院首批25名学生参加认证考试。阿里巴巴跨境电商人才认证是阿里巴巴开发的内部人才认证标准考试，认证考试设计基于跨境电子商务业务岗位技能，认证内容均来自一线业务。通过认证学生将优先获得阿里巴巴推荐，进入阿里巴巴平台从事跨境电子商务工作。

（王琴）

电科职院与国外大学合作开展人才培养

9月、11月和12月，北京电子科技职业学院分别与德、英、法大学签署合作协议。9月18日，电科职院与北京市第三十五中学、科隆汉斯贝克勒职业学院、南威斯特法伦应用科技大学、卡尔·杜伊斯堡公益中心共同签署《中德合作备忘录》。根据协议，电科职院贯通培养外培班学生完成中德合作备忘录中设定的各类准备课程并获得相应资格证书，即取得参与该项目德国（应用科技）大学指定专业方向入学资格，可进入德国（应用科技）大学本科工科类专业学习。11月12日，电科职院与英国哈伯亚当斯大学签署战略合作协议。根据协议，双方将在课程和学分互认、教师互访、合作开展食品与生物技术领域科学研究、联合申请课题等领域进行合作；电科职院生物工程学院教师可去哈伯亚当斯大学进行为期3个月以上科学研究。12月23日，电科职院与北京市第三十五中学、法国大学科技学院院长联盟、友好华腾国际文化交流（北京）中心共同签署《北京市“高端技术技能人才贯通培养试验”项目中法合作协议书》。该协议继中德合作备忘录之后扩大合作范围。根据协议，贯通培养外培班学生完成中国阶段学习后，可进入法国大学科技学院接受本科阶段职业教育，经考核合格，获得由法国教育部签发、中国教育部认定的大学学士学位。电科职院与德法签署合作协议是依据《北京市教育委员会关于开展高端技术技能人才贯通培养试验项目的通知》，开展中外合作办学七年制贯通培养改革试验，落实“高端技术技能人才贯通培养试验”项目外培计划的具体措施。

（王琴）

电科职院举办职业技能培训认证班

10月17日—18日，北京电子科技职业学院举办2015年第十三期机械行业特有工种职业技能鉴定考评、管理人员职业资格培训认证班。电科职院89名专业教师和北京奔驰汽车有限公司42名技师和高级技师参加培训。电科职院 72 名教师和北京奔驰 42 名技师通过职业技能鉴定考评员、高级考评员和管理人员现场考试。考试合格人员获得人力资源社会保障部职业技能鉴定考评员、高级考评员和管理人员职业资格证书。

（王琴）

电科职院承办大学生篮球联赛

10 月 27 日—31 日，北京电子科技职业学院承办第十八届 CUBA 中国大学生篮球联赛（北京赛区）高职组暨第六届 CCBA 中国高等职业院校篮球锦标赛（北京区预选赛）。比赛分设男子组和女子组，14 所高校 24 支代表队 288 名运动员参赛。电科职院获男篮亚军，女篮第六名。北京工业职业技术学院和首钢工学院分获男篮冠军、季军，北京劳动保障职业技术学院、首钢工学院和北京社会管理职业学院分获女篮前 3 名。

（王琴）

电科职院获艺术设计类专业教学成果奖

11 月 8 日，北京电子科技职业学院获第八届教育部职业院校艺术设计类专业教学成果 12 个奖项。2015 年教育部职业院校艺术设计类专业年度教学成果颁奖会以“致用致美、共栖共融”为主题，由教育部职业院校艺术设计类专业教学指导委员会主办，湖南工艺美术职业学院承办，全国 30 多个省市职业院校艺术设计类专业 300 余名代表参加。电科职院获“优秀毕业设计奖”银奖 2 项、铜奖 4 项、优秀奖 3 项，获“优秀指导教师奖”两项，获“金教鞭奖”优秀奖 1 项。

（王琴）

电科职院获大学生科技类成果推介会金奖

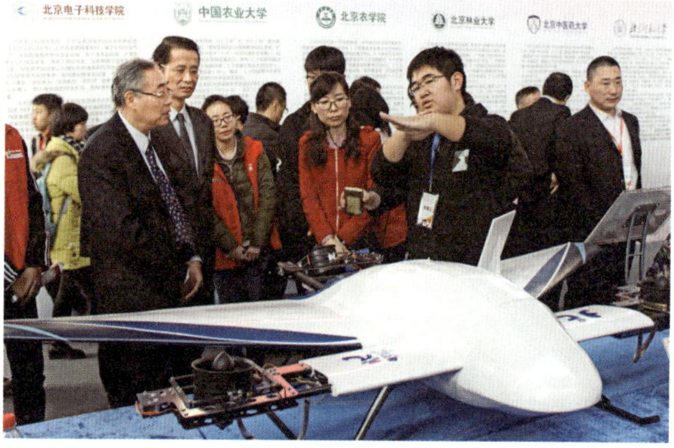

电科职院承办大学生科技创新作品与专利成果展示推介会　王秀婷 摄

12 月 5 日—6 日，北京电子科技职业学院师生在第四届大学生科技创新作品与专利成果展示推介会上获金奖。推介会主题为“青春 · 梦想 创业 · 创新”，由市科协联合市教委等单位主办，北京科技咨询中心、电科职院和开发区科协承办，麦子学院支持。活动现场有“创新大讲堂”“创新对对碰”“人才新干线”“咖啡一角”等主题活动，为大学生搭建成果展示、政策咨询、技术供需、促进创新、协助创业、成果转化等专业化、综合性服务平台。电科职院两名教师合作发明专利、1 篇学生论文均获金奖。其间，电科职院与哈希水质分析仪器（上海）有限公司签订共建 HACH 技术服务中心合作协议，与北京晨晓阳科技发展有限公司签订技术开发合同。

（王琴）

电科职院首届彩尔班学生结业

12 月 7 日—16 日，北京电子科技职业学院首届彩尔班学生进行结业考试。考试由德国彩尔集团总裁 Krüger 担任主席，德方教师和电科职院教师共同组成考评委员会，通过工艺编制考核、程序编制考核、理论知识笔试考核、实操技能考核、理论口试考核等多个环节，对学生进行综合评价，首届彩尔班近 90% 学生通过考试，获得德国彩尔切削技术职业资格证书。电科职院德国彩尔切削技术职业资格证书教学项目将德国优秀教育资源和教学方法融入该校机械制造专业人才培养方案，按照德国机械切削职业资格标准，对学生进行职业素养、专业知识和技能水平的教学和考核。通过德国彩尔集团组织的包含理论和实操内容的中期和结业两次考试的学生，将获得德国彩尔切削技术职业资格证书。6 月 15 日—21 日，电科职院彩尔班 39 名学生全部通过中期考试，3 名教师通过彩尔班考官培训，被德方聘为德国彩尔工业切削师考试考官。

电科职院彩尔班学生参加结业考试　　靳宇 摄

（王琴）

电科职院成为数字化校园建设实验校

12 月 10 日，北京电子科技职业学院成为首批 129 所职业院校数字校园建设实验校之一。职业院校数字校园建设实验校遴选工作旨在全面贯彻《教育信息化十年发展规划（2011—2020 年）》，推动职业院校数字校园建设，促进信息技术与职业教育深度融合。工作由教育部委托中央电化教育馆于 7 月启动，经院校申报、教育主管部门审核，最终由专家组评审确定。北京市 3 所中职、2 所高职入选。

（王琴）

萨哈（雅库特）政府代表团参观杂技学校

12 月 12 日，由萨哈（雅库特）共和国国立议会主席热尔科夫、萨哈（雅库特）共和国文化与精神发展部部长吉哈诺夫等，以及来自萨哈（雅库特）地区各个文化和教育领域的政要人士和媒体代表组成的萨哈（雅库特）代表团来北京市杂技学校参观访问。来宾们了解学校留学生文化课模式、师资队伍和授课理念，参观学校教育教学设施，观看雅库特学生汇报表演。

（刘晓霞）

电科职院开展教师专业能力培训

年内，北京电子科技职业学院举办多期师资培训项目。3 月至 10 月，作为北京市高职院校数学师资培训基地举办 3 期数学师资培训，15 所高职院校 200 余名教师参加数学建模、国家资源共享课程建设等项目培训。3 月至 11 月，作为北京市高职院校体育师资培训基地举办 4 期岗位能力培训，28 所高职院校 210 余名教师参加野战运动、户外教育等项目培训。3 月至 12 月，举办 5 期北京市高职院校英语教学改革项目研讨会，7 所高职院校 260 余名英语骨干教师参加“三一口语”教学等项目培训。4 月至 6 月，举办北京市教师培训基地数控专业组模具前沿新技术、CAD/CAM 应用技术两期培训，8 所高职院校 90 余名教师参加三维数字化设计与制造、工业 4.0 新技术、ESPRIT-CAM 车铣复合数控编程技术、Solid Works-3D 三维建模技术等项目培训。4月至7月，举办北京市教师培训基地汽车专业组汽车新技术、国内外发动机技术、库卡工业机器人技术、ABB工业机器人技术4期培训，20余所高职院校280余名教师参加汽车自动变速箱、车用内燃机余热利用、库卡机器人程序执行与修改、ABB机器人的程序数据等项目培训。8月25日—28日，北京教科院职业教育与成人教育研究所主办，电科职院承办第八期“胡格模式”教学试验项目师资培训，7所高职院校60余名汽车检测维修专业教师参加以照明系统故障诊断为载体，在专业课程中培养学生非专业能力培训。

（王琴）

职业学校（部分）

北京电子科技职业学院

开发区南海家园社区分馆开馆　王秀婷 摄

北京电子科技职业学院（简称电科职院）2015年占地面积53.32万平方米，产权校舍建筑面积43.22万平方米。全年教育经费投入10.49亿元，其中国家拨款9.14亿元、自筹经费1.35亿元。固定资产总值20.68亿元，其中教学、科研仪器设备总值6.52亿元。图书馆建筑面积2.66万平方米，藏有纸质图书108.41万册、电子图书115万册。拥有计算机9646台。多媒体教室座位7140个。学校信息化经费投入1105.78万元，信息化设备资产2.15亿元，网络信息点24875个，校园网出口总带宽1024Mbps，电子邮件系统用户921个，上网课程457门，数字资源量64499GB，管理信息系统数据总量290GB。设有大兴亦庄等3个校区，26个系部，开设生物技术及应用、数控技术、多媒体设计与制作和计算机网络技术等44个专业。教职工973人。其中，专任教师575人，包括教授和教授级高级工程师27人，副教授和高级工程师239人；博士40人，硕士127人；“双师型”教师388人。聘请校外教师87人。毕业生3859人，其中高职生2258人、中职生1478人、成人教育专科生123人。毕业生一次就业率98.63%，一次签约率82.59%。招生3518人，其中高职生2606人、中职生900人、成人教育专科生12人。高考北京地区提档线文科150分、理科150分，单考单招150分。在校生9358人，其中高职生6446人、中职生2815人、成人教育专科生97人。3月至12月，电科职院开展向开发区开放的多种文化服务活动，举办大讲堂3场，举办第二十届世界读书日系列活动，承办首届开发区安全生产法知识竞赛决赛，举办两期科技条件平台服务推广政策培训会。4月17日，电科职院副校长安江英在北京市大学生体育协会第五次会员代表大会上当选为新一届理事会副主席，该校入选北京市大学生体育协会理事学校，北京仅有两所高职院校获此资格。4月至12月，电科职院承办15项市级职业技能大赛。5月27日，电科职院1名教师获北京高校第九届青年教师教学基本功比赛理工类B组一等奖、最佳教案奖，电科职院获优秀组织奖。10月23日，电科职院教师黄敦华和张虎成被《北京晨报》评为“师德榜样”。12月11日，电科职院1名教师入选中国物理学会第十一届物理教学委员会委员，是唯一一名职业院校教师委员。2014年12月，电科职院获得中国电子学会SMT专业技术资格认证委员会授权，成为SMT专业技术资格认证中心，证书编号：SMT-14-013，有效期5年，自2014年12月8日起至2019年12月7日止。

（王琴）

北京电子科技职业学院

党委书记 张雅君

院长 王海平

北京市杂技学校（北京市国际艺术学校）

北京市杂技学校（简称杂技学校）又称北京市国际艺术学校，隶属于北京市文化局，由北京演艺集团托管。学校占地面积5.2万平方米，建筑面积5.1万平方米，拥有现代化的教育教学设施。全年市财政教育经费投入4738万元。在校生计713人、毕业生136人、新入学生169人，同时还有来自俄罗斯、塔吉克斯坦、欧美等多个国家的留学生41人。教职工148人，其中教师101人。学校设有杂技与魔术表演专业（滑稽表演方向）、美术绘画专业（舞台美术设计）、戏剧表演专业、舞蹈表演专业、运动训练（武术）五大专业。杂技专业作为学校的龙头骨干专业，在国际、国内杂技赛事中表现突出，独立获金奖16枚，与中国杂技团有限公司合作获得金奖12枚；武术专业学生在近几年的全国武术馆（校）比赛中成绩优异，有多名同学获得国家一级运动员称号；美术绘画、戏剧表演、运动训练、舞蹈表演专业毕业生均以优异的成绩考入理想院校。

年内，杂技学校承担的课题项目“团校一体”人才培养模式的长效机制研究，经北京市职业技术教育学会学术专家组批准立项。杂技专业表演的实践剧目《哪吒》在北京西单民族宫剧院上演。学生在第十四届北京舞蹈大赛、北京市中等职业学校技能技术大赛中均取得优异成绩。

（刘晓霞）

北京市杂技学校

校长 张 红

卫 生

综合管理

概况

2015年，开发区卫生工作以完善区域医疗资源布局、提升医疗服务水平为重点，加强医疗应急体系建设，制定《开发区突发公共事件医疗卫生救援工作方案》，补充购买医疗应急设备。继续巩固企业公共卫生网络建设，提升公共卫生管理和服务质量。优化为民公共服务项目，开展免费体检和宫颈癌、乳腺癌筛查等基础服务工作。东方医院南院区落户开发区，国家康复医院获批医保定点机构，新增加企业大道社区卫生服务站运行。

（陈秋明）

完善医疗应急救援体系

3 月 19 日，开发区社会发展局制定下发《开发区突发公共事件医疗卫生救援工作方案》。补充购置床旁血滤机等医疗应急设备，以完善开发区医疗应急救援体系，有效开展各类突发公共事件的医疗救援工作，全年共协调“大众创业万众创新”活动周、新区“一区六园”第十届运动会暨北京市第五届外企职工运动会、会计资格考试、动漫论坛等各类活动医疗应急保障 26 场次。

（崔容芳）

东方医院南院区落户开发区

5 月 25 日，大兴区卫计委、开发区社会发展局、北京中医药大学东方医院共同签署《合作建设东方医院南院区框架协议》，北京中医药大学东方医院南院区落户开发区。合作三方将按照打造高水平三级甲等中医医院的建设标准，将东方医院南院区建成以心脑血管等血管疾病为诊疗特色的中医综合医院，引领、带动区域中医药服务水平的提升，使百姓就近享受高端医疗卫生服务。

（崔容芳）

开展控烟宣传

6 月 1 日起，《北京市控制吸烟条例》正式施行，开发区社会发展局落实属地管理责任，做好开发区内的控制吸烟工作，在开发区辖区内设置标明“12320”举报电话的新款禁烟标识，覆盖行政机关、医院、社区、学校和托幼机构、文体场所、各类企业等，发放禁烟标识牌 3000 块。

（崔容芳）

举办公共卫生管理培训班

6 月 24 日—25 日，开发区社会发展局组织召开区域公共卫生会议和相关知识的集中培训。培训内容包括传染病预防与控制、卫生监督管理、食品安全、职业康复等，以促进企业规范卫生管理行为。开发区内百人以上企业公共卫生管理员 175 人参加培训。

（崔容芳）

职业健康调查

7 月 5 日至 8 月 20 日，开发区社会发展局应北京市疾病控制中心要求，在开发区内开展劳动密集型电子制造服务业从业人员职业健康状况调查。参与单位包括富智康精密电子（北京）有限公司、揖斐电电子（北京）有限公司、诺兰特移动通信配件（北京）有限公司、乐金化学显示器材料（北京）有限公司、中科晶电信息材料（北京）有限公司 5 家企业，收取调查问卷 3464 份。

（崔容芳）

乳腺癌筛查

7 月 6 日—17 日，开发区社会发展局应用开发区内企业新博医疗技术有限公司研制的先进设备，为开发区内百人以上企业女性高管和公共事业联络员开展乳腺癌筛查活动，共计 227 人参加。

（崔容芳）

首家产业园区社区卫生服务站运营

大道卫生站成立　　单位提供

8 月 25 日，北京经开企业大道园区社区卫生服务站开业运营。该卫生站是根据园区内企业和职工需求，由开发区社会发展局、北京经开投资开发股份有限公司、国家康复辅具研究中心附属康复医院共同开设，是开发区第一家设在工业园区内直接服务企业又面向社会开放的社区卫生服务站，以园区内的广大职工和周边居民为服务重点，以主动服务、基本医疗为主，开展社区预防、保健、医疗、康复、健康教育和计划生育技术指导的“六位一体”诊疗工作。

（崔容芳 高峰 姜昧茗）

开展“两癌”筛查、免费体检

12 月，开发区社会发展局组织为 35~59 岁的北京市户籍妇女进行免费宫颈癌、乳腺癌筛查，为辖区 65 岁以上常住老年人提供健康管理服务。“两癌”筛查工作共计筛查户籍人口 229 人，65 岁以上老年人免费体检 453 人。

（崔容芳）

组织无偿献血 4.42 万毫升

年内，开发区社会发展局在夏、冬季组织两次开发区内团体无偿献血活动，缓解夏季酷热天气对血液库存的影响和冬季街头采血量下降的问题。富智康精密组件（北京）有限公司、中铁十九局集团有限公司、汇龙森科技园区、悦康药业集团有限公司、中冶赛迪电气技术有限公司 5 家企业参与，年度累计献血 4.42 万毫升。

（崔容芳）

医疗工作

亦庄医院援疆技术干部启程

3 月 10 日，根据市卫生计生委统一部署，亦庄医院防保科雷敢作为北京市第八批第二期援疆技术干部启程，赴新疆墨玉县开展为期一年的援疆工作。大兴区卫生计生委相关领导，以及亦庄医院院长陈宝军、副院长郑津京等人员到首都机场送行。

（何霞）

国家康复医院通过眼科等科目增项评审

3 月 24 日，北京市医学会评审专家组到国家康复辅具研究中心附属康复医院，对眼、耳鼻咽喉、妇、儿、疼痛科增项工作进行现场审核。国家康复医院汇报新增科室的申请理由、人员组成、场地设施、专科设备、科室制度和开诊项目等，专家组听取汇报并现场提问，同时对新增科室进行实地审验，一致同意国家康复医院增设眼、耳鼻咽喉、妇、儿、疼痛科。

（高峰）

亦庄医院进行医疗纠纷风险防范培训

3 月 27 日，北京市大兴区亦庄医院聘请律师王小冬从法律专业工作者的角度，结合案例讲解医疗纠纷的概念，如何避免医疗纠纷，以及怎样解决医疗纠纷，对如何正确签署知情同意书，如何履行告知义务等方面进行重点讲解。副院长李雪冬强调，在工作中必须严格执行疾病诊疗常规和规章制度、各种操作规范，严格履行告知义务，规范行医，进一步规避医疗风险，保障医疗安全。

（何霞）

同仁医院王宁利获全国先进工作者称号

4 月 28 日，在 2015 年庆祝“五一”国际劳动节暨表彰全国劳动模范和先进工作者大会上，北京同仁医院党委书记、副院长、眼科中心主任、首席专家教授王宁利获 2015 年全国先进工作者称号。这是北京同仁医院继 1955 年眼科主任医师张敬娥、1986 年眼科主任张晓楼获评全国先进工作者称号后，第三位获此称号的医务工作者。

（月梅兰）

同仁康复家园康复成员达 300 余人

5 月 23 日，首都医科大学附属北京同仁医院肿瘤中心与“同仁康复家园”，组织第二届乳腺癌康复者运动会。百名乳腺癌康复者相聚在亦庄金风大学体育场，进行一场别开生面的趣味运动会。第四临床医学院医学生作为志愿者参与活动。截至年底，康复家园成员从 25 名乳腺癌术后的康复者扩大到 300 余人，志愿者约 60 名，其中常驻志愿者 10 名、流动志愿者近 50 名。

（月梅兰）

国家康复医院与天华园二里社区合作共建

5 月 31 日，国家康复辅具研究中心附属康复医院与开发区天华园二里社区举行“和谐社区共建单位”挂牌仪式，开发区社会发展局、天华园二里社区和国家康复医院领导出席仪式。仪式结束后，社区党支部为在医院治疗的“公益项目”救助患儿捐建“爱心书屋”，并将医院作为爱心基地长期合作。活动共捐赠图书近 400 册，活跃在院患儿的文化生活，搭建爱心平台，传播“关爱、阳光、快乐”正能量。

（高峰）

亦庄医院一体化管理动员会召开

6 月 1 日，北京市大兴区亦庄医院亦庄和鹿圈社区卫生服务中心一体化管理动员会在亦庄医院南院召开。大兴区卫生计生委主任李爱芳，区社管中心主任刘会芳，亦庄医院班子成员和中层干部，鹿圈社区卫生服务中心全体职工等参加会议。大兴区卫生计生委副主任焦昕宣读区卫生计生委关于亦庄社区卫生服务中心与鹿圈社区卫生服务中心实行一体化管理的决定。亦庄医院院长陈宝军和原鹿圈中心主任张俊桥在会上做表态发言。李爱芳希望两中心能充分认识到一体化管理的重要意义，加强领导、相互支持确保各项工作落实到位。

（何霞）

振国医院主办全国健康企业联盟论坛

6 月 26 日—27 日，由中国医促会中老年保健专业委员会、北京振国中西结合肿瘤医院、北京慧济健康管理有限公司等单位联合主办的 2015 全国健康企业联盟高端论坛暨健康养生产品推广会，在中国吉林通化振国长白山养生谷举行，来自主办单位领导、全国各参展企业代表、通化市企业家协会共 200 余人参加。中国社会福利协会副会长兼秘书长冯晓丽作“关于中国社会养老产业发展”主题报告，振国医院院长王振国作“中医药在防治疾病中的地位与作用”专题报告；国家纳米技术科学中心博士杨延莲作“纳米技术在肿瘤检测中的应用”专题报告；北京慧济健康管理有限公司副总裁战德谦作“互联网 + 与大健康展望”专题报告。健康产品推广会有 20 多家企业参加产品展示。展示有取自天然原料的健康养生产品、天然护肤护发品和药膳食疗、自然疗法、生物疗法、特色医疗技术等，浓缩传统健康产业领域的不同层面和部分高新技术产品。推广会当天，有 20 家企业相互达成战略合作意向和项目合作协议。

（邓玉生）

王振国被选为国际癌症康复联盟主席

6 月 30 日至 7 月 2 日，由中国医促会中医肿瘤防治专业委员会、国际癌病康复协会、北京抗癌乐园、上海癌症俱乐部等单位发起的国际癌症康复联盟成立大会举行。大会通过表决选举国际癌病康复协会会长、振国集团董事长王振国为联盟主席，振国医疗集团执行总裁王磊为执行主席。大会确定每年组织1次联盟论坛。

（邓玉生）

国家康复医院举办脊柱矫治技术培训班

9月19日，国家康复辅具研究中心附属康复医院主办施罗斯体操与矫形器结合矫治脊柱侧弯培训班，来自国内外康复辅具和康复医疗行业的30多名辅具装配人员和康复医生参加培训。培训班由国际知名脊柱侧弯矫治专家Weiss担任主讲，教授学员施罗斯体操、CAD/CAM脊柱侧弯矫形器理论知识和施罗斯体操的具体动作，指导学员亲身体验施罗斯体操，并结合24例不同的脊柱侧弯病例，与学员一起制定个性化的施罗斯矫形体操方案，指导患者训练，并针对患者所佩戴的矫形器进行评估，解答相关问题。

（高峰）

国家康复医院成为市医保定点医疗机构

11月4日，国家康复辅具研究中心附属康复医院通过北京市第二十一批医保定点医疗机构认定。11月12日，北京市基本医疗保险定点医疗机构持卡实时结算现场管理验收工作完成，标志着国家康复医院已经通过医保定点医疗机构的技术、业务和管理的全方面验收，并与市人力社保局签订《北京市基本医疗保险定点医疗机构服务协议书》。11月23日，国家康复医院医保收费系统上线，开始接诊医保患者。

（崔容芳 高峰）

国家康复医院举办脑卒中预防学术沙龙

11月27日，国家康复辅具研究中心附属康复医院与北京同仁医院康复科，联合举办关于脑卒中偏瘫的康复方法和二级预防学术沙龙。来自首都医科大学附属北京安贞医院、北京和睦家康复医院、海军总医院的多名专家学者围绕“脑卒中二级预防”“镜像治疗在脑卒中康复中的应用”“结构整合康复—悬吊设备在骨关节疾病中的应用操作”等多个主题进行介绍和交流，对国家康复医院的康复学科发展起到促进作用。

（高峰）

亦庄医院慢病防治管理项目启动

12月16日，大兴区携手专家推动基层卫生—社区慢病防治管理项目启动会在亦庄社区卫生服务中心举行。大兴区社区卫生管理中心副主任李建国、北医一院消化专家王化虹、北京市社区卫生协会副会长郝凤贞、阿斯利康总监李荣平和大兴区11家社区卫生服务中心主任参加会议。郝凤贞介绍携手专家推动基层—社区慢病防治管理项目，希望通过该项目更好地帮助社区建立患者的健康管理档案，使患者得到更科学的社区健康管理。

（何霞）

同仁医院南区处理突发应急事件

年内，首都医科大学附属北京同仁医院经济技术开发区院区共接诊群体伤病11起，其中最大的一起是22人群体食物中毒事件，均在第一时间启动突发事件应急预案，调配人员、物资，迅速开通绿色通道，保证伤病员的及时有效救治。同仁医院南院区急诊科为开发区突发公共卫生事件医疗救援小组主要成员，承担开发区突发公共卫生事件伤员的医疗救治工作，包括制定预案、人员培训和应急演练。

（月梅兰）

同仁医院南区开展新技术新项目

年内，首都医科大学附属北京同仁医院经济技术开发区院区推广 MDT（多学科诊疗模式），促进学科协作，开展新技术新项目。在 2014 年基础上，配合外科中心申请首都医科大学重症肌无力诊治研究中心和胃食管反流疾病研究中心。在临床管理方面，组织神经内科、消化内科、胸外科、内镜中心、麻醉科、喉科等多科室协作、形成合力，逐步成为首都医科大学附属北京同仁医院乃至北京市属医院系统中新的优势学科，并获得市医管局重大科研项目。

（月梅兰）

卫生单位（部分）

首都医科大学附属北京同仁医院经济技术开发区院区

首都医科大学附属北京同仁医院经济技术开发区院区（简称同仁医院南区）2015 年接待门急诊 68.55 万人次。其中，门诊 53.68 万人次、急诊 14.87 万人次，急诊抢救 4038 人次，抢救成功率 95.04%，入院 2.5 万人次、出院 2.5 万人次，病床周转次数 40.88 次，病床使用率 96.35%，手术 1.4 万人次，平均住院日 7.86 天。医院多次承担各种医疗保障任务，完成 APEC 会议、开发区内大型会议与活动的现场或院前急救应急准备等。

（月梅兰）

国家康复辅具研究中心附属康复医院

国家康复辅具研究中心附属康复医院（简称国家康复医院）2015 年接待门诊患者 7050 人次，收治住院患者 1970 人次，完成手术 1883 例次。3 月 20 日，医院微信公众号开通。5 月 8 日，获得大兴区区级优秀护士称号 1 人；参加大兴区卫计委举办的护士节征文演讲比赛，获三等奖 1 名。国家康复医院是一所专门为残障人士提供康复服务的新型医疗康复机构，承担着周边社区的基本医疗服务和全国重大疑难残疾的医疗保障，同时承担康复辅具临床应用、民政对象服务保障、老年养护研究和公益项目实施等多项职能，是市卫生局 2012 年 10 月核定的二级康复医院，是北京市基本医疗保险和新型农村合作医疗定点医疗机构。主要诊疗项目为运动功能障碍康复、四肢和骨关节畸形矫治，服务对象主要为运动功能障碍者。

（高峰）

国家康复辅具研究中心附属康复医院

院长 樊瑜波

北京振国中西结合肿瘤医院

北京振国中西结合肿瘤医院（简称振国医院）2015 年在医护人员基本技能训练、服务流程规范、服务质量监管与考评等方面取得长足进步，尤其在改善患者症状、抑制肿瘤生长、防止复发转移、提高生存质量、预防肿瘤和开展肿瘤康复文化活动等方面有所突破，形成独具振国特色的医疗手段与康复文化，在临床实践中赢得患者的信任和业界认可。年内，振国集团开展以彩丝带爱心传递为主要内容的“公益振国”系列活动，提升品牌影响，拉动市场发展。振国集团被新华社新华网评为“2015 年互联网＋健康创新企业”，振国医院被评为“2015 网民首选中国民营医院”“国学进社区爱心企业”。振国医院院长、著名肿瘤专家王振国被新华网、人民网、中央电视台官方网《华人频道》授予“中华名医”称号。王振国被聘为北京涉外经济专修学院国际护理学院名誉院长和客座教授。振国医院加入中国非公立医疗机构协会，成为理事单位。

（邓玉生）

北京振国中西结合肿瘤医院

院长 王振国

北京市大兴区亦庄医院

北京市大兴区亦庄医院（简称亦庄医院）2015年分为南北两个院区，建筑总面积1.09万平方米。固定资产2488.6万元，其中医疗设备437台，总价值2024.5万元。总资产8211万元，同比增长16%；业务收入9020.9万元，同比增长9%。拥有职工323人，其中正高级职称4人、副高级职称16人、中级职称54人、初级职称157人。硕士学历增至11人，全院本科以上学历占53%，大专学历占36%。另外，医院聘请来自同仁医院、天坛医院、鼓楼中医院等多位中医科、神经内科专家来院出诊。医院设有内科、外科、妇产科、五官科、中医科、口腔科、儿科、体检科、检验科、超声科、放射科、药剂等多个临床医技科室，有妇幼保健站、预防保健站、卫生监督站3个公共卫生服务科，下设贵园、三羊、天宝园、数电园和林肯5个社区卫生服务站。医院有内外妇3个病区，69张床位。配备有CT、DR、进口彩超、全自动生化分析仪、阴道镜、C形臂等大型医疗设备。

亦庄医院建于1958年，是北京市大兴区卫生计生委下属的非营利性一级综合性医院。2010年9月1日，亦庄医院正式挂牌，加入北大医院医疗服务共同体；同月，医院妇产科取得二级助产资质；2010年底，医院120急救工作站投入使用；2011年8月，被评为北京市示范社区卫生服务中心；2014年，成为首都医科大学社区卫生实践教学基地。

（何霞）

北京市大兴区亦庄医院

院长 陈宝军

文 体

概况

2015年，开发区社会发展局以“中国梦、亦庄情”为主题，以“激发文化创造活力、共建美丽和谐新区”为宗旨，弘扬社会主义核心价值观，繁荣和发展“北京亦庄”文化。举办首都艺术家走进开发区演出、夏季文化广场系列活动、电影交响音乐会、文化艺术节、戏剧季系列活动、书画摄影展、职工文化节、诵读经典、合唱演出、健身操舞展示、文化“三送五进”等10类活动，展示北京亦庄科技与文化融合的创新成果，以及在建设首都南部高技术制造业和战略性产业聚集区进程中勇于创新、志在领先的精神风貌。在《北京市全民健身实施计划（2011—2015年）》的收官之年，开发区群众体育工作以中共中央总书记习近平系列重要讲话精神为指引，深入开展“三严三实”专题教育，深化群众路线教育实践活动，以健全全民健身公共服务体系为核心，以发挥政府公共服务职能为主线，进一步深化政府主导、部门协同、全社会共同参与的大群体工作格局，积极推进区域群体工作发展，完成全年各项工作任务。在四达时代、经开企业园、生物医药园等新建健身路径 5 套、专项球类场地两块。

（张茹 李哲晖）

第八届文化艺术节举办

开发区第八届文化艺术节合唱赛　　田艳军 摄

4 月 22 日，以“诵读经典 智汇亦庄”为主题的开发区第八届文化艺术节开幕式在荣华天地云剧场举行。该诵读分为 3 个篇章：六合书香、古今雅诵、大庄厚韵。邀请中央人民广播电台主持人黎春主持，曹灿、张家声、殷之光、李慧敏等著名语言表演艺术家与开发区机关职工、企业员工、学生、居民共同演出。4 月至 8 月，开发区社会发展局以“多彩亦庄·美丽绽放”为主题，针对开发区多元化、多层次的文化需求，推广优秀剧目，邀请评剧院、中国杂技团、盟邦文化、博纳星辉等文化创作团队，开展不同形式的小剧场专场演出和展演共计 12 场，内容涵盖音乐剧、话剧、京剧、儿童剧、评剧、情景杂技等多种形式。11 月 18 日，在博纳星辉剧场举办“新经典 · 新国粹”开发区第八届文化艺术节闭幕式，演出把京剧、杂技、国学、民乐等国粹经典与多种艺术形式融合，使其与时装、歌剧、舞蹈、流行音乐等方面进行跨界组合，运用沙画的表现形式将第八届文化艺术节的系列活动全部内容呈现在观众面前。开发区第八届文化艺术节共推出演出 12 场，开发区内企业职工、学校师生、社区居民等逾 1 万人次观看演出。

（张茹 杨阳）

开展高危险性经营许可证审地工作

4 月 30 日，开发区社会发展局根据市体育局相关要求，完成开发区内 7 家已取得营业执照营单位的行政审批，并颁发高危险性经营许可证。全年审批高危险性经营许可 11 家。

（李哲晖）

第九届“和谐杯”乒乓球比赛举办

开发区举办第九届“和谐杯”乒乓球赛　　田艳军 摄

5 月 6 日，开发区第九届“和谐杯”乒乓球赛在北京金风大学体育馆举行。比赛吸引开发区内企业、事业、社区等 68 家单位，近 500 人次参加，其中年龄最大的 73 岁，最小的 11 岁。开幕式上乒乓球世界冠军朱芳和杨影为乒乓球爱好者进行一场表演赛。

（侯嘎）

第五届职工拔河比赛举办

5 月 16 日，开发区职工第五届拔河比赛在金风大学体育馆开赛，共有 SMC（中国）有限公司等 24 家开发区内中外企业 30 支代表队 400 余名一线职工参赛。最终，SMC 代表队获得男子组比赛冠军，博大建设代表队获得混合组比赛冠军。

开发区举办第五届职工拔河比赛　　王硕 摄

（侯嘎）

“六一”亲子趣味嘉年华活动举办

5 月 31 日，由开发区团工委主办的开发区“六一”亲子趣味嘉年华暨少年儿童才艺展示活动在金风大学体育馆举办。活动设有才艺 high 翻天、运动总动员、动手小行家等环节等 10 余个项目，共有来自开发区内企事业单位的近 200 个青年家庭参加。

（臧华）

新区“一区六园”第十届运动会举行

6 月 6 日—13 日，“一区一品”——新区“一区六园”第十届运动会暨北京市第五届外企职工运动会，在开发区体育中心举行。“一区一品”即一个区域有一个有特色的品牌项目。运动会有 102 家代表队，24 家外企代表队，4000 名运动员，近万名中外职工参加。开发区总公司代表队有 95 名运动员参赛，获得 49 个项目中的 14 个冠军，以总分 359 分的成绩获得团体总分第一名。开发区总公司、北京奔驰汽车有限公司、SMC（中国）有限公司、资生堂丽源化妆品有限公司、京东方科技集团股份有限公司等 20 家中外企业获得优秀组织奖。

（侯嘎 何焱 孙辉）

国民体质监测和科学健身大讲堂举办

6 月、11 月，开发区社会发展局在开发区体育中心、中国杂技团有限公司、北京市国际艺术学校等进行国民体质测试。此次体质监测结合新区“一区六园”第十届运动会暨北京市外企职工运动会，吸引来自近 50 家企业、12 个社区的 1025 人。结合体质测试，重点开展科学健身大讲堂活动 15 场次，近 3 万人次接受全民健身宣传、体育知识和科学锻炼的普及。

（李哲晖 杨阳）

第七届社区文化节举办

6 月至 11 月，开发区举办第七届社区文化节。文化节由舞蹈展演、戏曲曲艺展演、老年棋牌友谊赛、纪念中国人民抗日战争暨世界反法西斯战争胜利 70 周年群众歌会和国庆 66 周年书画展组成。开发区内的社区团队（居民）、企事业单位员工，总计约 1500 余人次参与。

（余宏）

第十二届全民健身体育节系列活动开展

7 月 30 日，2015 北京市体育公益活动社区行暨开发区第十二届全民健身体育节系列活动——健身操舞大赛在开发区金风大学体育馆启动。该体育节活动由北京市体育局、北京市体育总会主办，北京市体育基金会、北京市社会体育管理中心、开发区社会发展局承办，开发区荣华街道、博兴街道协办。涵盖乒乓球、拔河、篮球、健身操舞、健身气功等 20 余项市区活动和赛事。先后组织开展健身操舞大赛、健身气功大赛、职工篮球赛、羽毛球赛、足球赛等多项赛事，来自企业、社区的 70 余支队伍，2000 余人参加。系列活动于 11 月 30 日结束。

（李哲晖）

第二届新区青年手机摄影大赛举办

8 月 6 日至 9 月 15 日，开发区团工委主办，开发区社区青年汇承办的“遇见美好 · 光影盛夏”第二届新区青年手机摄影大赛举办，全区各界青年摄影爱好者参与。经过初赛、复赛和决赛，从参赛的 300 余幅作品中评选出金奖 5 名、银奖 10 名、铜奖 15 名、优秀奖 30 名。

（臧华）

第五届七人制足球友谊赛举办

8 月 14 日，“博大杯”开发区职工第五届七人制足球友谊赛在开发区体育中心举行，来自开发区内企、事业单位共 30 支代表队参加。开发区管委会代表队获得冠军，普莱姆代表队获得亚军，北汽李尔代表队和开发区交通大队代表队并列第三名。

（侯嘎）

企业党组织篮球联谊赛活动开展

8 月 17 日，开发区企业党委组织的首届篮球联谊赛在党群活动服务中心举办，共有 20 个代表队参赛。篮球联谊赛是开发区企业党委为驻区企业党员与群众、企业与企业、企业与政府之间搭建沟通理解、促进资源共享的平台，推动驻区企业和员工健身活动的开展，进一步丰富企业基层党组织文化生活，提升企业党组织的影响力和号召力。

（任莹）

2015 年北京亦庄电影交响音乐会举办

8 月 25 日，开发区社会发展局邀请中国广播电影交响乐团，举办“铭记历史 珍爱和平”纪念中国人民抗日战争暨世界反法西斯战争胜利 70 周年 2015 北京亦庄电影交响音乐会。开发区企业高管、党务工作者、机关职员、基层工会代表、企业职工代表、社区居民等 450 余人参加。交响音乐会以《神圣的战争 · 莫斯科保卫者之歌》开场，演绎了《松花江上》《弹起我心爱的土琵琶》《瓦尔特保卫萨拉热窝》等反映抗日战争和反法西斯战争时期的多首曲目。

（张茹 杨阳）

亦庄国投举办首届趣味运动会

亦庄国投举办首届趣味运动会　　单位提供

10 月 16 日，北京亦庄国际投资发展有限公司在金风大学体育馆举办首届趣味运动会，将各部门和各控股公司随机分为 8 个队，开展绳圈力量、链接能量球、趣味接力、攀岩接力、拔河 5 个趣味团体比赛项目，最终评选出团体前三名，增强团队凝聚力，营造团结向上、和谐进取的企业氛围。

（杨莹）

开发区职工“NBA”篮球联赛举办

10月16日，“博大杯”2015年北京经济技术开发区职工篮球联赛在开发区电子科技职业学院体育馆落幕。联赛由开发区总工会、社会发展局共同主办，开发区篮球联盟协办，北京金风科创风电设备有限公司承办。该赛事从9月6日开哨，历时一个多月，共有来自开发区各企事业单位的28支代表队，420名运动员、教练员，近2000名篮球爱好者参与比赛。比赛借鉴NBA联赛形式，以开发区永昌路为界分为东、西两个赛区，采取循环赛积分形式决出两个赛区的冠军，最终角逐总冠军。最终，京东方8代线代表队获得冠军。此次比赛首次以篮球联盟的形式举办。

（李哲晖）

培训开发区二级、三级社会体育指导员

10月27日—28日，由开发区社会发展局主办，开发区荣华街道、博兴街道协办，北京金风科创风电设备有限公司承办的2015年开发区二级、三级社会体育指导员培训在金风大学篮球馆举行。对近240名学员进行健身操舞类（民族舞、广场舞、排舞等）、健身气功类的理论和技术指导。

（李哲晖）

金秋健步行活动开展

10月29日，开发区企业党委组织开展区企业党群组织负责人、行政领导干部金秋健步行活动，中芯国际集成电路制造（北京）有限公司、京东方科技集团股份有限公司、北京泰德制药股份有限公司等66家企业党群组织负责人、行政领导干部共计350余人参加。健步行活动旨在加强开发区企业党委、企业党群组织负责人、企业行政领导干部间的沟通与交流，增进企业对党建工作的理解与支持。

（任莹）

国家体育锻炼标准测试开展

11月4日，开发区社会发展局组织开展国家体育锻炼标准社会体育指导员培训。邀请中芯国际集成电路制造（北京）有限公司、富智康精密电子（北京）有限公司、汇龙森园区等7个园区和企业参加，先期培训近40名测试工作人员。11月2日—20日，在园区和企业内部开展国家体育锻炼标准测试，共有1052人进行测试，及格率91.7%，不及格率8.3%。

（李哲晖）

第二届青年三对三篮球赛举办

11月22日，开发区团工委在金风大学举办第二届“区域化团建杯”青年三对三篮球赛，旨在加强基层团组织之间的联系交流，进一步丰富开发区青年人的业余生活，大力开展区域化团建工作，开发区内企事业单位、社区24支代表队参赛。为增加活动的趣味性和参与性，大赛同时设有“谁是单挑王”和“三分球大赛”两个趣味环节。最终，中芯国际集成电路制造（北京）有限公司代表队和上海沙龙社区代表队分获企业组、社区组冠军。

（臧华）

第二届青年趣味攀岩挑战赛举行

12月5日，开发区团工委举办的第二届青年趣味攀岩挑战赛在金风大学举行，有11支代表队共100余人参加。富智康精密组件有限公司代表队获得团体赛冠军；富智康代表队的徐敏获得男子组冠军；天地人环保科技代表队的吴玉婷获得女子组冠军，比赛还评选出优秀组织奖和道德风尚奖各3个。

（臧华）

举办“三送五进”文化工程 402 场

年内，开发区社会发展局举办送电影、送讲座、送演出进工地、进企业、进社区、进校园、进部队“三送五进”文化工程402 场，其中，送电影 300 场、周末演出12 场，开展亲子教育、健康、礼仪等系列讲座 90 场，结合元旦、春节文化活动聚集特点开展“两节”送演出、送设备文化扶持活动 23 场。累计服务群众 8 万人次，激发文化创造活力，展示开发区人民蓬勃向上的精神风貌。

（杨阳 魏振）

开发区体育中心承办规模上千人运动会

年内，开发区体育中心承办中冶京诚工程技术有限公司、北京和利时系统工程有限公司、北京航天长征飞行器研究所、北京市工商行政管理局、航天长征火箭技术有限公司、北京建工四建工程建设有限公司、北京市崇文小学等规模上千人运动会共计 10 场，参赛人数达 2 万余人，活动惠及区内 10 万余人。

（侯嘎）

开展群众性文化活动

年内，开发区工委宣传部联合开发区社会发展局、党群工作部、总工会，修订完善了文化基地、群众性文化团队扶持管理办法，对金风大学体育馆等 8 家文化体育基地和泰德制药凯馨合唱团等 36 支群众性文化团队，完成 107 万元扶持经费的发放工作。整合总工会、党群工作部、街道等力量，举办开发区第八届文化艺术节，以经典诵读开幕，综合了达人秀、五月鲜花合唱比赛、戏剧季活动、企业青年员工摄影比赛、社区文化节、纪念中国人民抗日战争暨世界反法西斯战争胜利 70 周年电影交响音乐会、合唱音乐会、新经典新国粹闭幕式演出等活动。其中，合作引入的戏剧季开展专业戏剧演出 10 余场，交响音乐会已成为艺术节将高雅音乐引入开发区的品牌节目。整个文化节发掘创作了一大批原创节目，提升开发区的文化艺术氛围，进一步巩固和扩大“文化亦庄”工程成果。推进 30 家亦庄书屋数字化升级。

（孙晓伟）

组织参与全国和市级赛事

年内，开发区社会发展局组织开发区内单位参加北京市健身操舞大赛，获得一等奖 1 个、二等奖 3 个、三等奖 1 个；组织参加北京市拔河比赛，获二等奖 2 个、三等奖 1 个；组织参加北京市健身气功大赛，获三等奖 3 个；组织参加首届京津冀健身气功交流赛，获金盾奖等 19 个奖项。此外，还参加健身秧歌、健身腰鼓大赛、龙舟赛等市级比赛。

（李哲晖）

社　区

概况

2015 年，开发区社区建设工作紧紧围绕加快推进社会治理现代化这一中心任务，以社区建设工作交接为契机，以问题和需求为导向，全面加强基层组织建设，提升社区管理水平，始终以服务居民、群众满意为出发点和落脚点，不断完善社区服务，开发区社区建设再上新台阶。年内，老年食堂对外挂牌营业，社区老年大学开学。

（王小会）

完成与街道的社区工作交接

3月初，开发区社会发展局就和谐社区建设、社工队伍管理、为老服务、低保救助等相关工作与荣华街道、博兴街道进行交接。开发区社会发展局及时梳理相关工作流程，多次召开街道沟通协调会，主动开展人员培训，帮助街道人员熟悉政策和工作程序，切实发挥街道的一线管理作用，实现无缝对接和有序衔接，确保开发区社区建设工作持续健康开展。

（王小会）

开发区社区老年大学开学

开发区社区老年大学开学　　徐健 摄

3月23日，开发区社区老年大学开课。第一学期开设书法（初级、提高）、国画（花鸟写意、基础）、英语（基础、口语）、围棋7门课程，共有255名注册学员，于7月初结课。第二学期于9月份开课，除去原有的国画写意花鸟、国画基础、书法、英语和围棋班外，还另开国学（古诗词）课程，共设6门课程、7个班次。

（佘宏）

社区党组织和社区居委会换届选举

7月，开发区第九届社区党组织和社区居委会换届选举工作完成。3月，成立以开发区工委组织部部长为组长、管委会主管副主任为副组长、8个部门主要负责人为成员的换届选举工作领导小组，下设办公室。开发区社会发展局严格按照市委、市政府的部署要求和市区两级换届选举意见，指导街道及早研究，周密部署，广泛宣传，精心组织，完成换届选举工作。其中，社区党组织换届选举工作于5月底结束，社区居委会换届选举于7月底完成。开发区9个社区党支部和9个社区居委会全部参加选举，产生社区党支部班子成员39名、社区居民委员会委员53名，各项选举目标全部达成。新一届选举结果有6个特点：年龄结构进一步优化，平均年龄比上届年轻3岁；社区党支部书记和居委会主任“一肩挑”比例达到100%；班子知识结构进一步优化，“两委”成员大专及以上学历均比上届提升4个百分点；“两委”交叉任职比例为58.98%；新一届居委会班子中本地化比例高达62%；非本地选民占登记选民总数的33.75%。

（王小会）

首都社区志愿服务评优工作开展

10月，开发区社会发展局组织开展2015年度首都社区志愿服务评优工作。从各社区居委会递交材料中评出首都社区志愿者之星2名、社区志愿服务工作者之星1名、社区志愿服务组织之星1名、优秀社区志愿服务项目1个。

（张磊）

“12·5”国际志愿者日主题活动举办

12月3日、4日，开发区社会发展局在亦城茗苑社区服务站和天华园三里社区活动室，开展两场“12·5”国际志愿者日主题活动，旨在呼吁更多的社区居民加入社区志愿者行列，进一步弘扬志愿服务理念，传承“奉献、友爱、互助、进步”

的志愿精神，为构建和谐社区贡献自己的一份力量。来自开发区环保局、工商分局、消防支队等多家单位和个体工商户的 40 余名志愿者参加活动，累计服务时长 5 小时，累计服务 200 人次。社区服务中心为区内每位社区志愿者制作发放《社区志愿者时间储蓄手册》，该手册用于记录志愿活动时间，并于每年年底进行汇总，对表现优秀的社区志愿者进行奖励，逐步探索出一套完善、成熟的社区志愿者奖励制度。

（张磊）

和谐社区创建和评估验收

12 月 14 日，开发区 2015 年度和谐社区创建评估验收工作启动。11 月初，开发区社会发展局在总结历年开展和谐社区创建工作的基础上，征求开发区和谐社区创建工作领导小组各成员单位和街道的意见，修订和下发《北京经济技术开发区 2015 年度和谐社区创建评估验收工作方案》。12 月 23 日，组织召开 2015 年开发区和谐社区建设自查总结会，总结街道和社区 2015 年度自查情况，部署下一步联查工作。各成员单位代表、街道代表和社区专兼职社工共 120 余人参会。12 月底，和谐社区创建评估验收工作全部结束，开发区 9 个社区均被评选为五星级和谐社区，荣华街道金地格林小镇社区“志愿时间存折”项目和博兴街道中芯花园社区“智慧健康小屋”项目被评为特色创新奖。

（王小会）

老年食堂对外挂牌营业

12 月底，开发区开办老年食堂对外挂牌营业。开发区社会发展局通过对其他区域成熟经验的调研，结合开发区的实际情况，探索以政府引导，社会力量参与的为老服务新模式，由开发区管委会提供场地，委托专业的餐饮企业负责老年食堂的日常运营。经公开招选，选定北京融海盛业餐饮公司作为老年食堂合作运营方。委托开发区政府采购中心，先后采用公开招投标和竞争性磋商的方式选定装修供应商，对老年食堂用房进行装修，同时办理老年食堂的相关证照。开发区社会发展局制定《北京经济技术开发区老年餐桌管理办法》，进一步规范老年餐桌定点经营单位的管理。开发区内有老家肉饼（卡尔店）、李先生（亦庄店）、食立方食悦餐厅、妈妈味餐厅等 4 家老年餐桌定点经营单位，累计就餐 59392 人次，是 2014 年就餐人次的 2.48 倍，进一步缓解老年人的就餐难问题。

（王明刚）

“孝星榜样”评选活动开展

年内，开发区社会发展局根据北京市志愿服务联合会通知要求，组织街道办事处、社区居委会推荐候选人参加“孝星”命名暨“孝星榜样”评选活动，最终，开发区共有 13 名社区居民获此殊荣，每人获得荣誉证书、奖章和 1000 元奖金。

（张磊）

公开招录社区工作者 41 人

年内，开发区社会发展局会同开发区社区工作者队伍建设领导小组成员单位，面向社会公开组织两次社区工作者招录工作，共招录 41 人。第一次招录工作于 3 月 26 日启动，5 月下旬结束，招录 11 人；第二次招录于 9 月 7 日启动，11 月中旬完成，招录 30 人。截至年底，开发区共有社区工作者 109 人，社工队伍进一步壮大，基层服务力量进一步充实。

（王小会）

公用事业

北京经济技术开发区年鉴 2016
BEIJING ECONOMIC-TECHNOLOGICAL DEVELOPMENT AREA YEARBOOK

综 述

2015年，开发区各公用事业专业公司坚持创新服务，在推进节能减排、绿色低碳经济发展模式和产业转型升级、提质增效中作出贡献，高起点、高标准建设国家生态工业示范园区。

开发区制定“十三五”时期排水和再生水利用规划、防洪防涝规划。完成路南区污水处理厂工程建设，开始试生产。完成污水处理3922万吨，污水处理率达到100%。生产再生水1220.8万吨，再生水总用量占开发区总用水量的30%。

开通公交线路7条，优化调整公交线路4条，新能源微公交接驳线路达到9条。新建电动汽车充电桩112个，累计建成243个。开展电动汽车租赁，投放分时租赁新能源汽车1800辆。继续推行公共自行车租赁业务，用于运营的公共自行车达到1676辆，实现新区范围内车辆通存通取。

建设智能电网示范园区，供电网络实现环网供电，年节电1000万千瓦时；投入资金3500万元，支持34个项目实现节能减排。开发区光节点覆盖达到100%，光纤网为主、AG网为辅的全光接入节点电话网替代了20余年的PSTN通信网。实施4G信号全覆盖工程，新建、改建通信基站190处。

燃气第四分公司与大兴区青云店镇、长子营镇分别签署《天然气发展建设合作框架协议》，改善其工业与民用天然气供气条件。开拓热力开展能源管理体系暨碳排放管理体系建设，自主开发烟气再循环控制系统，对二号热源厂1号锅炉进行烟气再循环系统改造，锅炉的氮氧化物排放由200毫克每立方米下降到100毫克每立方米，完成五号热源厂和青年公寓燃气锅炉烟气余热回收改造。华润协鑫取得电力公司颁发的“黑启动”电源点认证资质，成为北京电网唯一“黑启动”电源点。

（张书强 蔡霈）

天然气

北京市燃气集团有限责任公司第四分公司

概况

2015年，北京市燃气集团有限责任公司第四分公司（简称燃气第四分公司）设有14个职能部门、10个下属机构，职工1048人，具有中高级职称32人。管辖范围860平方千米，地跨石景山区、海淀区、丰台区、西城区、大兴区、房山区、门头沟区、通州区、东城区、朝阳区。自西二环阜成门桥沿阜石路向西经航天桥、定慧桥、晋元桥至门头沟双峪环岛，中从阜成门桥沿西二环向东南至永定门桥，延南中轴路向南经木樨园桥至南四环大红门桥向东至肖村桥，向南至五环亦庄桥向东至京沪高速。5月12日，燃气第四分公司代表队参加北京市市政市容系统组织的第四届有限空间作业大比武活动，获得第三名。7月3日，燃气第四分公司在梅市口公服收费站建立的集公服收费、社区服务为一体的公服收费综合管理站投入运营。截至年底，辖区内共有天然气管线5026.99千米，调压站181座，调压箱4631座，闸井4568座，家庭用户165.27万户，公服用户7285户，采暖制冷用户2039户，生产用户171户。

（董凤荣）

燃气安全知识大讲堂活动开展

1月21日，燃气第四分公司社区服务中心三里河店与风桥路店联合在月坛街道办事处开展燃气安全知识大讲堂活动。北京市市政市容管理委员会副主任李楠、市燃气集团副总经理董蓟伟、燃气第四分公司总经理宋景祥和副总经理马英，以及月坛街道的100多位居民参加活动。社区服务中心三里河店的安全讲师任富刚从辨别燃气小广告、假冒燃气服务人员入手，结合日常燃气使用常识、节气小窍门，以及北京燃气客服电话“96777”等方面宣传讲解燃气安全知识。

（董凤荣）

与大兴区两镇签署天然气建设合作协议

7月16日，燃气第四分公司与大兴区青云店镇政府签署《天然气发展建设合作框架协议》，以改善青云店镇工业与民用天然气供气条件，完善区内的基础设施建设，推动“清洁空气行动计划”的顺利进行，在市场竞争中取得有利态势。9月17日，燃气第四分公司与大兴区长子营镇签署《天然气发展建设合作框架协议》，以改善大兴区长子营镇工业与民用天然气供气条件，完善基础设施建设，提高人民生活水平，发展区域经济。

（董凤荣）

北京市燃气集团有限责任公司第四分公司
总经理 宋景祥

北京华油联合燃气开发有限公司

概况

2015年，北京华油联合燃气开发有限公司（简称华油联合）有员工380人，燃气管道里程超过490千米，承担着北京经济技术开发区、门头沟区和辽宁绥中开发区等区域的天然气供应，累计通气用户 12 万余户。

（张中阳）

北京华油联合燃气开发有限公司

总经理 房 伟

北京北燃港华燃气有限公司

概况

2015 年，北京北燃港华燃气有限公司（简称北燃港华）按港华集团提出的 TQM（全面品质管理）要求，秉承“三宜三求三礼”（易贯易行易通、求变求精求同、礼貌礼让礼仪）精神，强化安全管理，加快市场开发，提升服务品质，创新管理模式，天然气销售、主营业务收入、利润总额等主要经营指标均超额完成计划指标。实现天然气销售 4221 万立方米，利润总额 1612 万元，同比增长 9%。6 月，北燃港华通过方圆标志认证中心审核组的 QEO（质量、环境、职业健康安全）管理体系审核；10 月，取得北京市燃气供应企业二级安全生产标准化证书。北燃港华在中国海员建设工会全国委员会举办的班组安全竞赛中获得 2015 年全国燃气行业班组安全竞赛安全班组称号；获得北京市有限空间作业大比武三等奖，获得大兴区有限空间作业大比武第一名。

（王英健）

燃气泄漏事故应急演练举行

6 月 29 日，北燃港华组织开展 2015 应急抢修抢险应急演练。演练模拟民用客户天然气泄漏，引起燃气火灾事故，启动事故应急抢险预案，开启应急联动机制。开发区应急办、消防支队、安监局等部门参加演练。

（王英健）

客户关注活动开展

北燃港华开展燃气安全宣传活动　　王英健 摄

年内，北燃港华开展客户关注活动暨安全宣传教育安检进企业、进社区活动。全年进企业、社区进行安全宣传教育 12 次，覆盖全部民用小区和主要工商客服，通过微信扫码、图画展板、资料宣传、现场释疑、实物展示和现场抽奖等方式向客户宣传燃气安全知识。民用户安检完成总用户的 95%，实现安检综合效益指数 100% 和三年安检覆盖率 100% 的目标；工商客户安检入户率达到 100%。10 月 28 日，北燃港华举办十周年客户联谊会，邀请京东方、康宁、亿滋、盛通等 20 多家大型企业参会，增强客户对公司的了解和信赖。

（王英健）

北京北燃港华燃气有限公司

总经理 刘晓刚

电 力

概况

2015 年，国网北京市电力公司亦庄供电公司（简称亦庄供电公司）负责开发区

59.47平方千米范围内的电网规划建设、运行管理、电力销售和83801户的供电服务工作。亦庄供电公司负责110千伏变电站10座，主变25台，容量1256兆伏安；10千伏架空线路15条，长度89.87千米；10千伏电缆线路494条，长度769.97千米。设置10个职能部门、两个业务支撑与实施机构、13个班组。截至年底，亦庄供电公司共有全民职工109人。其中，研究生及以上学历16人，本科学历69人，专科学历18人；高级职称17人，中级职称34人；技师及以上职业资格21人，高级工49人，中级工18人。全年完成售电量44.81亿千瓦时，同比增长7.40%；完成线损率0.74%；完成业扩报装接电容量59.34亿千伏安；电费回收率100%；供电可靠率99.98%；电压合格率100%；最大负荷77.28万千瓦特。实现全年安全生产无事故目标，累计安全生产长周期4199天。

（孙立东）

获得北京市电力公司先进单位等表彰

年内，亦庄供电公司获首都文明单位，北京市电力公司优质服务先进单位、安全生产先进单位、安保工作先进单位、业绩标杆单位、综合进步标杆单位和管理进步标杆单位等称号。“基于营配调贯通和配电自动化全覆盖的‘主动抢修’模式构建”获得北京市电力公司2015年度管理创新成果一等奖，“低压用户供电可靠性业务管理实践”获得三等奖。“亦庄公司配电网建设改造项目过程跟踪审计”获得北京市电力公司2015年优秀审计项目一等奖，“制作低压核相仪放置平台”获得北京市电力公司2015年度QC（质量控制）小组活动优秀奖。

（孙特）

配电网建设改造完成

年内，亦庄供电公司完成配电网建设改造暨营配调数据深化应用试点工作。地区电缆双环网由8个提升到36个、单环网由1个提升到29个，10千伏公用电缆线路环网比例达到43%，实现6座变电站任一站全停不损失负荷，4座变电站和全部10千伏开闭站停一段母线不损失负荷，电网互倒互带能力明显增强。配电自动化站点的覆盖率由不足5%提高至79.8%，配电自动化终端在线率稳定在95%以上，在具备自动化三遥功能且保护能够正确判断故障区间的情况下，平均故障隔离时间由226分钟降至20分钟以内，配电自动化水平明显提升。建成覆盖全区域的光纤配电通信网，实现光纤到台区，配电通信网支撑能力明显提升。

（孙特）

进入北京市电力系统标杆行列

年内，亦庄供电公司深化“三集五大”（即人力资源、财务、物资集约化管理；大规划、大建设、大运行、大检修、大营销体系）体系建设，试点实行配网运行指挥、运维、抢修末端融合，全力打造一体化班组，共计梳理业务流程118项，编制班组作业指导书177个、指导卡55张，提升业务执行环节效率。加强工程管理，实现财务、物资、审计、档案等专业全过程跟踪管控，提高各专业管控效力。强化电缆、环网柜等退运物资再利用，利旧物资占撤旧总量的13.4%，降低工程成本400余万元。打造阳光精品工程，将风险管理、内部控制贯穿于配网建设改造全过程，有效降低工程建设的潜在风险。同业对标围绕“进入标杆”的总体目标，建立指标预警等工作机制，亦庄供电公司综合、业绩、管理均处于北京市电力系统标杆行列。

（孙特）

安全生产标准化达标评级完成

年内，亦庄供电公司通过全过程安全管控机制、编制安全标准化作业指导卡、开展安全月和反违章治理专项行动，完成安全生产标准化达标评级工作，达到二级企业标准要求。完成55家施工企业准入审核，组织外包单位作业人员安规考试260余人次。开展安全大检查和缺陷隐患整治活动，排查治理隐患109项。查处管理违章和现场违章139件。完善应急预案体系，启动应急响应35次，累计时长386小时。实施停电计划671项，临时计划28项，临时计划率为4.17%。全口径配网故障同比下降10次，降幅43.5%。全年未发生各类人身事故和电网、设备、交通、火灾等责任考核事故。

（孙特）

营配数据贯通

年内，亦庄供电公司开展营业厅工作日活动，进一步提升优质服务理念。完成10千伏接电容量38.46万千伏安，同比提高21.4%。制定“一户一策”电费催缴措施，累计收缴欠费金额约542万元。推广“掌上电力”服务软件和微信客户端。完成223台电动汽车充电桩站点选址。推动11项老旧小区改造民生工程。完成营配数据贯通工作，开展3轮基础数据核查。开闭站、小区配数据上传率由88.38%提升到100%，专变客户由92%提升到99%，居民客户、低压非居民客户由99.1%提升到99.8%。共产党员服务队与区内13个社区、单位结对，实现挂牌服务，客户满意率达到100%。

（孙特）

居民小区智能表数据上传

年内，亦庄供电公司首次在北京地区大面积应用宽带载波技术，实现居民小区智能表数据全部通过光纤上传到采集主站。截至年底，配电通信网终端实时在线率稳定在98%以上，采集抄通率稳定在99.6%以上。开展营配调数据深化应用，强化主配网规划辅助平台、一体化电量、线损管理系统、PMS 2.0系统、电缆监控设备管理系统、故障自动研判外挂程序、营销业务系统的应用实效，线损、故障研判、台区精益化管理、业扩报装预约等26项关键业务得到提升。

（孙特）

国网北京市电力公司亦庄供电公司

经理　李继东

热　力

概况

2015年，北京博大开拓热力有限公司（简称开拓热力）有员工413人，具有职称人数44人，其中高级工程师5人、注册安全工程师3人、中级职称20人。开拓热力供热范围1254.5万平方米，新增供热面积82.87万平方米；企业用户277户，居民小区29个；总管网长度168.66千米；营业收入5.4亿元，同比增长10.84%；蒸汽管网凝结水回收率70.18%；市政蒸汽管网热损失率22.14%。全年未发生安全生产事故。8月26日，按照股东要求，开拓热力法人治理结构改为执行董事模式，完成工商变更。

11月，股东开发区总公司向开拓热力增资2974万元，注册资本增至4.45亿元。年内，开拓热力获首都文明单位、北京市安全生产标准化企业、北京市2012—2015年度供热先进单位（一级）、北京市模范职工之家4个称号，获北京市第二届有限空间大比武优胜奖。

（董迪）

建立碳排放管理体系

9月，开拓热力通过市发展改革委初次效果评价，建立并运行碳排放管理体系，碳排放强度同比下降4%。开拓热力将PDCA（即：过程分析方法、系统工程原理和策划、实施、检查、改进）循环管理理念引入企业能源和碳排放管理，建立覆盖能源利用和碳排放全过程的管理体系。

（董迪）

获得能源管理体系证书

年内，开拓热力开展能源管理体系暨碳排放管理体系建设工作。实施锅炉给水电动调节阀重新选型、除氧器凝水管改造、除氧器乏气回收、阀门保温修复、蒸汽用户管线、阀门附件恢复保温设施、烟气余热回收利用、燃烧器电子比例控制柜改造、加装烟气再循环系统、能源计量基础能力建设、节能灯改造10项节能技改项目，年节省标准煤1000余吨。12月28日，开拓热力获得方圆标志认证集团有限公司认证的能源管理体系证书，并获得国家财政奖励资金11万元。

（董迪）

二号热源厂1号锅炉烟气再循环系统改造

年内，开拓热力自主开发烟气再循环控制系统，对二号热源厂1号锅炉进行烟气再循环系统改造工作，可减排、降低污染。锅炉的氮氧化物排放原为200毫克每立方米，采用烟气再循环系统后，可降到100毫克每立方米。锅炉氮氧化物排放量减少50%，每年节约天然气91万立方米。

（董迪）

烟气余热回收改造完成

年内，开拓热力完成五号热源厂、青年公寓燃气锅炉烟气余热回收改造项目。系统投入运行后每年节约天然气160.56万立方米，减少二氧化碳排放3741.24吨，减少氮氧化物排放3吨。

（董迪）

北京博大开拓热力有限公司

执行董事 卢自锋

总经理 李树栋

热　电

概况

2015年，华润协鑫（北京）热电有限公司（简称华润协鑫）完成发电量6.28亿千瓦时，供蒸汽38.4万吨，供热水131.79万吨，供冷水3.34万吉焦。有员工70人，其中初级、中级、高级职称14人，注册安全工程师2人。华润协鑫开展综合应急预案、防汛防强对流天气应急预案、防地震灾害应急预案、人身事故应急预案等13个应急预案演练，举办全厂性反事故演习4次。对备案的11个预案进行修改，向华北能源监管局提交备案申请，规范应急预案体系管理。在以“发展节能经济、践行低碳生活”为主题的2015十大绿色品牌评比活动中，华润协鑫获“2015低碳十大绿色品牌”奖。截至年底，华润协鑫实现连续安全生产 3479 天。

（谭艳）

成为北京电网唯一“黑启动”电源点

1 月，华润协鑫取得北京市电力公司颁发的“黑启动”电源点认证资质。华润协鑫与北京电力公司、中国电科院合作，于 2013 年 12 月 15 日和 2014 年 9 月 23 日进行两台燃气发电机组的“黑启动”试验并取得成功，两台机组全部具备电网全瘫痪极端状态下的自启动并带动其他大型机组启动的能力。“黑启动”试验成功标志着华润协鑫成为北京电网唯一“黑启动”电源点，为北京电网的安全稳定运行提供技术保障。

（谭艳）

两台机组进行脱硝改造

4 月 6 日，华润协鑫对两台机组进行脱硝改造，11 月底完成施工、安装、调试。经测试，两台机组的脱硝改造达标，烟气中氮氧化物排放浓度由 40 毫克每立方米大幅降至 6 毫克每立方米，远低于 30 毫克每立方米的北京市标准。全年可减少氮氧化物排放 79 吨。

（谭艳）

热水扩容改造工程主体完工

12 月，华润协鑫热水扩容改造主体工程完工。热水扩容工程投运后，华润协鑫的供热水能力将由改造前的 300 吨每小时增至 800 吨每小时，可以满足周边用户的用热需求。该热水扩容改造工程于 5 月开工。

（谭艳）

华润协鑫（北京）热电有限公司

总经理 孙昊明（10 月任）

王 东（10 月免）

水 务

概况

2015 年，北京经济技术开发区市政管理局（简称开发区市政局）编制完成《北京经济技术开发区“十三五”时期排水和再生水利用规划》《北京经济技术开发区防洪防涝规划》《北京经济技术开发区再生水规划》。6 月 1 日至 9 月 15 日，开发区汛期降雨 67 场。其间接到市住房城乡建设委发布的各类预警信息 30 次（其中 4 次针对工地），开发区房地局通过短信平台向各物业服务企业发出汛情信息 26 次，发出短信 5278 条，雨中、雨后巡查重点小区 56 人次，应急值守人员 13 人，汛期查房 106 次。

（蔡雳 王莹）

自来水

概况

2015 年，北京市自来水集团禹通市政工程有限公司亦庄管理所（简称自来水公司亦庄管理所）负责应对开发区范围内自来水管网突发事故和供水管网维修抢修，确保供水管网的安全稳定运行，有职工 42 人。自来水公司亦庄管理所接受入区企业用水咨询服务 29 户，代用户报装 29 户，完成安装 37 户，完成自来水管线安转长度 6111 米。完成节假日供水保障任务，共出勤人员 260 人次、车辆 208 车次。完成维修业务613处，共出勤人员1839人次，车辆613车次。

（张然）

修复DN1200输水主干线漏水

6月13日，开发区荣华桥南发生DN1200输水主干线漏水，该管线为开发区用水生命线，影响整个开发区范围的用水问题。自来水公司亦庄管理所组织力量抢修，在开发区应急办、市政局等部门配合下，成立临时指挥部研究抢修方案，经过44小时不间断连续抢修，6月15日4时10分，DN1200管线恢复供水。这是自来水公司亦庄管理所自成立23年以来管径内最大的一次抢修任务。

（张然）

配合完成“南水”用水工作

年内，自来水公司亦庄管理所对管网南水北调进京水质进行监测，保障开发区百姓和工业用水的供水安全。布设16个水质监测点，每日安排两人一组，共4组，于4时、15时两次进行监测，共256天，出勤人员1884人次、车辆942车次，监测的水质达标。参与自备井置换工程施工任务，完成小康东里小区自备井置换工程，解决3000人的用水水质问题。开发区从1月开始使用“南水”水源。

（张然）

迎高峰供水保障工作

年内，自来水公司亦庄管理所全力做好迎高峰供水保障工作，开展供水管网全部设备井掀盖检查和消火栓等设备开关维护保养工作，查找和预防管线设备隐患问题，确保供水管网安全运行。每日安排四人一组，共两组，共54天，出勤人员592人次、车辆148车次，完成6468处。中国人民抗日战争暨世界反法西斯战争胜利70周年纪念活动期间，参与供水管网的帕玛劳监测器布设、数据采集和报送任务。每日安排3人一组，共两组，共30天，出勤人员180人次、车辆60车次。

（张然）

管网消隐改造工程完成

年内，根据市政府的“折子工程”，北京市自来水集团承担消除供水管网隐患的改造工程任务。自来水公司亦庄管理所完成景山东街、景山后街、苏州胡同、小报房胡同、顶银胡同、后沟胡同、东直门北小街、王佐胡同、抽屉胡同9条胡同，共计2.7千米的小口径换管工程任务。

（张然）

3处DMA安装完成

年内，北京市自来水集团继续推进DMA（供水管网独立计量区）试点建设工作。自来水公司亦庄管理所承担并完成开发区博兴九路、经海七路100号院、文化园西路6号院DMA设备的安装任务，实现漏点快速发现、快速定位、快速修复。

（张然）

北京市自来水集团禹通市政工程有限公司
亦庄管理所 负责人 吕 超

污水处理和回用

路南区污水处理厂试生产

10月20日，北京博大水务有限公司投资建设的开发区路南区污水处理厂完成工程建设，包括土建工程、设备安装工程等，随即开展设备单机调试、各单元清水联动调试。截至年底，路南区污水处理厂完成相关调试工作，结合前端进水水量，开始试生产。

（石晔）

生产再生水 1220.8 万吨

年内，北京博大水务有限公司运营的两座再生水厂采用双膜法（微滤＋反渗透）工艺，对污水进行深度处理，生产高品质工业用再生水。全年生产再生水 1220.8 万吨，同比增长 8.4%。其中，经开再生水厂产水 443.3 万吨，日均产水 1.2 万吨；东区再生水厂产水 777.5 万吨，日均产水 2.1 万吨。全年再生水总用量占开发区总用水量的 30%。

（石晔）

处理污水 3922 万吨

年内，北京博大水务有限公司直接运营的东区污水处理厂，负责处理开发区东区的全部工业废水、生活污水和河西区部分污水，全年共处理污水 1844.1 万吨。博大水务参股运营的金源经开污水处理厂，负责处理核心区全部工业废水、生活污水和河西区部分污水，全年共处理污水 2077.9 万吨。两座污水处理厂共处理污水 3922 万吨，开发区污水处理率达到 100%。

（石晔）

市政交通建设

概况

2015 年，开发区市政局制定《核心区交通优化方案》。办理行政审批事项 237 件，非行政审批事项 78 件。新建电动汽车充电桩 112 个，累计建成 243 个。完成外事接待、重大活动环境保障 19 次。办理回复纪工委投诉 14 件、信访办 1 件，办理回复“12345”“12319”、开发区管委会值班室和开发区居民反映的各类投诉 178 件，累计办理回复投诉 193 件。

电动汽车充电桩　　潘清泉 摄

（高新伟）

开展电动汽车租赁

2 月，开发区市政局电动汽车租赁业务正式对外营业，提供分时租赁、日租、周租、月租、年租等不同种类服务业务，用于租赁的新能源汽车达 1800 辆。

（宋萍）

7 条公交线路开通

年内，开发区开通 7 条公交线路。440 路为公交线路，其余 6 条为微公交接驳线路，全部采用纯电动车新能源车辆。开发区新能源接驳车线路累计达到 9 条，日均客流量 1000 余人。优化调整 4 条公共交通线路。通过增加运力、增发车次、延长高峰时段运营时间等方式，方便企业职工、居民出行。

（高新伟）

推行公共自行车租赁业务

年内，开发区市政局继续推行公共自行车租赁业务，用于运营的公共自行车达到 1676 辆，累计办卡 4300 余张。公租自行车可在开发区与大兴区之间通存通取。

（宋萍）

通 信

邮 政

概况

2015年，中国邮政集团公司北京市经济技术开发区邮政支局（简称开发区邮政支局）实现收入2130万元，有员工166人，包括两个整编制投递部，为开发区内企事业单位和居民提供全方位的邮政服务。

（刘明明）

分销抗战专题纪念邮票

9月3日，中国邮政推出中国人民抗日战争暨世界反法西斯战争胜利70周年纪念日专题纪念邮票，设计主题为全国13个抗战纪念馆。开发区范围内仅利用1周时间就预订38万余元邮品，为开发区内企事业单位和集邮爱好者提供交流平台。

（刘明明）

上门服务业务

年内，开发区邮政支局为客户提供上门服务业务。与中信地产等几家单位合作，上门收寄捐赠衣物和被褥等，给偏远山区送温暖、送爱心。为外籍用户提供邮寄、封装等一条龙服务，满足向美国、澳大利亚、英国等邮寄书本等个人物品的需求。为辖区退伍兵提供邮寄包裹等服务。

（刘明明）

中国邮政集团公司北京市经济技术开发区邮政支局

支局长 刘东霞

电 信

概况

2015年，中国联合网络通信有限公司北京市七区电话局分公司亦庄分局（简称亦庄电话局）主要负责公众客户、商务客户固网电话、互联网络、移动电话、IT外包等业务。中国联通公司获得信息安全服务资质证书（安全工程类一级）、ISO 20000证书等安全保证类证书，商用密码产品销售许可证、ITSS信息技术服务运行维护标准复合型证书等新兴产品销售等24个资质，中国联通已成为全业务运营商。截至年底，亦庄地区联通道路基站覆盖率达到95%，光节点覆盖率达到100%，光纤入公众客户达到95%，光纤入商企客户达到60%。中国联通与物联网运营支撑中心和Jasper公司合作开发的联通物联卡上线。物联卡支持2G/3G/4G网络，支持短信和GPRS等基础通信服务，可为客户提供流量池、数据分析等10余项功能，奔驰、宝马等多家企业已经使用该产品。

（黄文）

实现“全光接入”覆盖

12月31日，亦庄电话局举行PSTN下电仪式。9点29分，PSTN下电，标志着亦庄地区自20世纪90年代初开始的，通过程控交换系统实现数字电话的“铜网旧时代”永久载入史册。亦庄地区使用20余年的PSTN通信网（公共交换电话网）被以光纤网为主、AG网为辅的全光接入节点电话网替代（简称全光网络）。全光网络的实现，将为亦庄地区通信发展打下坚实的网络基础，不仅提高政府和企事业单位的网络信息化办公效率，增强通信服务和信息安全保障能力，还能够进一步发挥云计算等尖端通信技术，针对各行各业提供全方位、个性化的行业应用技术解决方案，助力商企客户经营效益增长。

（黄文）

中国联合网络通信有限公司北京市七区电话局
分公司亦庄分局 局长 刘 杨

有线电视

概况

2015 年，北京华开有线电视网有限公司（简称华开有线）负责开发区内建设、运营有线电视传输网络。建设的 HFC 有线电视传输网络已覆盖开发区超过 40 个居民小区、20 多个工业园区，全网线缆铺设里程上千千米、接收端口总数量超过 10 万个；为 3 万多户居民和 100 多家驻区企业提供有线电视节目信号，网络覆盖范围超过 40 平方千米。华开有线为开发区居民用户免费发放标清、高清数字电视机顶盒 783 台；传输高清电视节目 11 套，并提供 40 套电视节目的时移互动服务。截至年底，向开发区居民、企业用户发放标清、高清数字电视机顶盒合计 2.5 万余台，同时在网传输 100 多套数字电视节目信号。

2015 年，北京歌华有线电视网络股份有限公司经济技术开发区分公司（简称歌华有线开发区分公司）有线电视覆盖新区 20 个居民小区、3 个工业园区，完成网内传输模拟电视节目 61 套、广播 1 套；平移网中的模拟节目 27 套，数字节目 181 套，广播 18 套，服务 5 套；高清交互数字节目 181 套，广播 18 套，服务 5 套。春节、两会等重大节日、活动、会议期间，全面启动重要保障期安全传输保障机制，完成有线电视安全传输保障和用户服务工作。

（席志斌 王超 李倩）

华开有线推广有线宽带

年内，华开有线在开发区 9 个居民小区开展 Cable 宽带上网业务，为居民提供 2M、4M、10M 和 10M 以上速率的宽带接入服务，维持、发展个人宽带上网用户约 2000 余户，降低开发区居民使用宽带的资费价格。9 个居民小区的 Cable 上网接入率达到 20%。

（席志斌 王超）

华开有线参与公益事业

年内，华开有线为驻区企业、政府部门、学校、幼儿园等减免有线电视收视费用超过 20 万元。为开发区管委会宣传部、公安分局、消防支队等单位播放机顶盒开机宣传广告，宣传内容推送覆盖全开发区，持续播送时间达 24 个月。

（席志斌 王超）

华开有线开展“三网融合”技术试验

年内，华开有线与北京博大网信科技发展有限公司、北京博大网通科技发展有限公司、北京博大数通科技发展有限公司等单位合作，在开发区有线电视网络覆盖区域内，开展电视信号经 OTT 转换平台转码后依托 ISP 专网传输承载电视信号直播到户的商用化播出试验，全年新发展 IP 电视收视用户 1000 余户。

（席志斌 王超）

北京华开有线电视网有限公司
董事长 罗伯明
总经理 蒋振伟
北京歌华有线电视网络股份有限公司
经济技术开发区分公司
总经理 田 秋

党建事务

北京经济技术开发区年鉴 2016
BEIJING ECONOMIC-TECHNOLOGICAL DEVELOPMENT AREA YEARBOOK

综述

2015年，开发区工委团结带领全区干部群众，坚决贯彻中央大政方针和中共中央总书记习近平系列重要讲话精神，深入践行“三严三实”要求，主动扛起“引领新常态、构建高精尖、服务京津冀”的重大责任，实现“十二五”规划圆满收官。

开展党的群众路线教育实践活动“回头看”工作，围绕局处两级班子整改方案落实情况、制度建设情况、专项整治情况、126项具体意见建议落实情况和基层党建情况等7个方面，开展自查与专项检查，得到市委检查组肯定。开展“三严三实”专题教育，处级以上240名领导干部全部完成讲党课、学习研讨和参加民主生活会等各项工作。各单位和领导干部共建立历史遗留问题台账39个。截至年底，处级以上领导班子和干部查找的问题逐一得到整改落实。

积极推进高端产业领军人才发展示范区建设，新增中央“千人计划”8人、北京市“海聚工程”16人、新区高端领军人才127人，出台《新区推进高端产业领军人才发展示范区建设实施办法》。

制作《北京·亦庄电子报告》，推送覆盖全球80多个国家。全面升级“北京·亦庄”品牌CIS体系，策划设计“北京·亦庄”新宣传册，其形象广告宣传片形成全球联播网络效应。

落实基层党建责任，建立健全工会管理服务体系，持续开展“双百双千”城乡共建，深化区级领导“五个一”、在职党员进社区等机制，进一步密切党群干群关系。

扎实开展“为官不为、为官乱为”专项治理，深化完善决策留痕、结果查究等机制，全面推行工程建设领域廉洁准入制度。

（孙立峰）

教育实践活动成果，并表示肯定。

（李佳）

进行“三严三实”专题教育

5月22日，新区“三严三实”专题教育党课报告会召开。局级领导带头，处级以上240名领导干部陆续完成讲党课、学习研讨和参加民主生活会等各项工作。5月29日，新区决定在“三严三实”专题教育中，开展解决历史遗留问题工作。8月初，“三严三实”专题教育健全督导机制，协调成立工委调研指导组，负责督促指导开发区各单位专题教育工作，纠正一些单位重视不够、投入精力不足甚至应付了事的倾向，效果明显。8月底，各单位和领导干部共建立历史遗留问题台账39个，并全部制定整改措施，明确责任人。截至年底，处级以上领导班子和干部查找的问题逐一得到整改落实。

综合事务

概况

2015年，开发区工委办公室在开发区工委的正确领导下，深入贯彻落实党的十八届四中、五中全会精神和市委、工委的决策部署，以开展“三严三实”专题教育为契机，紧密围绕新区中心工作，充分发挥统筹协调和参谋助手作用，服务大局，认真履职，开拓创新，坚持“服务领导、服务部门、服务基层”理念，做好三个服务，较好地完成了开发区工委领导交办的各项工作。

（温晋平）

群众路线教育实践活动“回头看”

1月19日，新区下发《大兴区—开发区关于对教育实践活动整改落实情况进行“回头看”的工作安排》。4月初，开发区工委组织部制定下发《开发区关于深化“四风”整治、巩固和拓展党的群众路线教育实践活动成果的工作方案》，围绕局处两级班子整改方案落实情况、制度建设情况、专项整治情况、126项具体意见建议落实情况和基层党建情况等7个方面，开展自查。5月底，在自查基础上，开发区工委组织部组织检查组，对各单位的整改落实和制度建设工作，及巩固和拓展活动成果等情况进行专项检查。6月1日，中共北京市委检查组来开发区检查活动成果，通过实地走访、查阅档案资料、调查问卷等形式，检验了开发区党的群众路线

开发区召开“三严三实”工作会　　田艳军 摄

（李佳 毛癸卜）

共产党员献爱心活动开展

6月24日—25日，开发区开展“共产党员献爱心”集中捐献活动，接受党员捐献金额27.71万元。所捐款项主要用于慈善大病救助项目和“爱心成就未来”慈善助学项目，分别对因大病导致的困难家庭和困难家庭子女就学进行帮扶。

（李佳）

新区党外知识分子联谊会成立

新区党外知识分子联谊会成立　　郑云 摄

9月22日，大兴区—开发区召开党外知识分子联谊会第一届理事会，标志着新区党外知识分子联谊会成立。理事会设理事80名，其中开发区共推荐理事40名，副会长8名，大兴区政协常委、印刷学院副院长蒲嘉陵担任第一任会长。

（李佳）

组织会议和大型活动

年内，开发区工委办公室共组织工委会17次，讨论议题76个，主要涉及经济社会发展、“四个全面”战略布局贯彻落实、京津冀协同发展、“十三五”规划、安全稳定、重要人事任免、党风廉政建设和党的建设等重大决策事项，形成工委会议纪要17期。共组织专题会26次，重点研究了经济社会发展、基层组织建设、思想文化宣传、党风廉政建设、人才、工会、安全稳定等工作，形成专题会议纪要12期。牵头或参与筹备新区“三严三实”专题教育党课报告会、新区党风廉政建设大会、开发区年度工作会、2016年工作务虚会、经济形势分析会等重要会议23次。参与组织新区2015年烈士纪念日公祭活动、新区“一区六园”第十届运动会等7次活动。

（孙立峰）

领导调研组织服务

年内，开发区工委办公室牵头或配合接待了文化部、商务部、共青团中央、市委、市政府、市人大、市政协、市相关部门，河北省廊坊市、邢台市等领导先后24次到北京奔驰汽车有限公司、中芯国际集成电路制造（北京）有限公司、京东方科技集团股份有限公司、北京义翘神州生物技术有限公司等重点企业和单位调研。牵头或配合组织新区领导先后20余次到开发区总公司、工委和管委会有关部门、驻区职能局、专业公司、街道、社区等单位调研，重点解决经济发展、社会建设、安全稳定、基层组织建设和人民群众密切关注的热点难点问题和历史遗留问题。

（孙立峰）

管理机要文件1674份

年内，开发区工委办公室完成机要文件的管理和阅办工作，确保中央、市委政令畅通，为开发区工委、管委会领导和各相关部门落实上级有关批示精神提供支持和保障。接收传达中发、中办发、中办通报、厅字（县团级）、京发、京办发、京办通报等机要文件1674份。

（葛佳）

保密管理和培训

年内，开发区保密工作领导小组办公室通过开展为领导干部和保密员订阅《保密工作》杂志、发放《党政机关工作人员保密须知》等保密学习资料、在开发区工委办公室保密园地发布保密警示案例、张贴新《中华人民共和国保密法》挂图、开展保密知识宣传月等形式，大力宣传党和国家关于保密工作的方针政策，宣传保密法律法规，进一步增强领导干部、涉密人员、机关公务员的保密意识和保密法治观念，提高保密员和保密干部做好保密工作的能力和水平。对要害部门、重点部位、涉密人员、涉密文件和各类涉密载体加强管理，对互联网电子邮箱、即时通信工具和非涉密计算机开展自查和抽查，防止各类失泄密事件的发生。9 月 16 日，43 位保密员参加了在大兴宾馆举办的保密机要培训；11 月 12 日，45 人参加了北京市机关单位涉密人员轮训和上机考试；完成市保密局 2015 年度开发区保密数据变更录入工作。

（温晋平）

制发文稿 89 件

年内，开发区工委办公室规范做好文稿制发工作，编制各类文稿 89 件。其中涉及重要工作安排、工委会工作规则、表彰奖励、请示报告等内容，制发京开党文号文件 32 件、京开党函文号文件 3 件；涉及干部人事变动等内容制发京开干文号文件 8 件；涉及领导讲话、相关规定、任务部署、活动开展等内容制发京开党办发和京开党办通文号文件 34 件；涉及专项工作研究、部署、汇报等内容制发工委专题会议纪要 12 件。

（葛佳）

做好开发区工委督查工作

年内，开发区工委办公室紧密围绕新区重大决策部署和新区中心工作，以开拓创新为动力，以严督实查为保障，以决策落地生根为目标，全力推动各项决策部署的贯彻落实。全年共督查落实中央制定的方针、政策和市委、大兴区委重大决策部署事项 8 件，跟进督查落实重点工作、重大项目 20 项，专项督查开发区工委各部门承担的年度党群工作任务共计 33 项，确保政令畅通，维护开发区工委权威。

（刘红美）

《北京信息》刊登新区信息 22 条

年内，开发区工委办公室与大兴区委办公室继续拓展信息渠道，优化信息资源共享机制，紧密围绕新区发展，突出新成果、新亮点，同时注重加强经济运行、创新驱动发展、京津冀协同发展、解决制约城市发展的热点难点问题的信息报送力度。全年共向《北京信息》报送信息 90 条，采纳刊发 22 条。

（郎海燕）

组织人事

概况

2015 年，开发区工委组织部围绕新区中心工作、服务新区工作大局，围绕“三严三实”学习教育，强化党员干部教育管理，推进干部人事管理体制创新，建设具有开发区特色的人事人才管理体制，大力推进高端产业领军人才发展示范区建设，推进新区创新发展，推进开发区转型升级，为建设开发区科技创新中心主阵地、京津冀协同发展桥头堡、转型升级绿色发展示范区和宜居宜业和谐新城提供组织保障。

（张学才）

考核干部 652 人

年初，开发区工委组织部对开发区机关和事业单位处级以下工作人员进行 2015 年年度考核。参加考核人数 652 人，确定优秀等次 133 人、三等功奖励 24 人、嘉奖奖励 91 人。

（刘洋）

开发区领导职务任免情况

5 月 13 日，市委决定：王杰群任中共北京市委经济技术开发区工作委员会委员，免去王清旺中共北京市委经济技术开发区工作委员会委员职务。6 月 17 日，王杰群任中共北京市委经济技术开发区工委组织部部长，免去王清旺中共北京市委经济技术开发区工委组织部部长职务。11 月 4 日，市委决定：高言杰任中共北京市委经济技术开发区工作委员会副书记，免去其中共北京市大兴区委员会委员、常委职务；赍勇任中共北京市委经济技术开发区工作委员会委员，免去其中共北京市委经济技术开发区工作委员会副书记职务。11 月 10 日，市人民政府第 97 次常务会议决定：免去高言杰北京经济技术开发区管理委员会副主任职务。11 月 26 日，市委决定：王合生任中共北京市大兴区委员会委员、常委。12 月 9 日，市委决定：沈永刚任中共北京市委经济技术开发区工作委员会委员。12 月 14 日，市人民政府第 100 次常务会议决定：沈永刚任北京经济技术开发区管理委员会副主任（试用期一年）。

（刘洋）

完成机构调整

7 月 21 日，党员电教中心、政府采购中心、财政监督检查所、财政投资评审中心、建设工程安全质量技术中心、水务工作站 6 家单位，列入参照公务员法管理范围。9 月 8 日，开发区建发局加挂民防局、重大项目建设办公室两块牌子。在党建联络员办公室的基础上，组建党群活动服务中心。整合机关事务管理办公室、外事服务中心、机关后勤服务中心，成立机关事务管理服务中心。整合社会保险基金管理中心、医疗保险事务管理中心，成立社会保险事业管理中心。新闻信息中心更名为新闻中心。人力资源管理中心更名为高层次人才服务中心。

（刘斌）

干部调配管理

11 月 20 日，开发区出台《北京经济技术开发区干部调配管理办法（试行）》《关于规范报考北京经济技术开发区以外机关事业单位审批工作的通知》。年内，共调入干部 1 人，调出干部 13 人，公开招考、招聘公务员和事业单位工作人员 54 人，办理退休 3 人。

（刘斌）

调整处级干部 3 批 26 人

年内，开发区工委组织部制定出台《开发区干部选拔任用工作实施办法》，健全完善干部选拔任用工作程序。注重加强自我监督，增强纪律约束，严格标准条件，严明工作纪律，从严选人用人。先后调整处级干部 3 批 26 人。其中，提拔任职 18 人，平级交流 4 人。结合干部队伍建设实际，进一步落实《开发区科级干部管理暂行办法（试行）》，不断加强科级干部队伍培养管理，为 4 个事业单位选配 4 名领导班子成员。

（刘洋）

干部挂职交流 30 人

年内，开发区工委组织部结合干部队伍建设需要，着眼于多岗位培养锻炼年轻干部，开阔干部视野，丰富任职经历，激发干部队伍整体活力。全年选派 18 名干部到开发区区外挂职交流，其中 10 名参与亦庄·永清合作园筹备建设，3 名到上海先进地区挂职，3 名到驻区央企挂职，2 名到大兴区乡镇挂职。接收河北、安徽、湖北、山东等地挂职干部 12 名。

（刘洋）

第二轮党员干部全员进党校工程完成

年内，开发区工委组织部以“强党性、守纪律、讲规矩、转作风”为主题，开展第二轮党员干部全员进党校工程。全年举办处级干部学习中共中央总书记习近平系列重要讲话精神和十八届四中全会精神专题研讨班共 5 期，科级及以下干部轮训班共 5 期，对新区处级干部、开发区全体科级及以下干部进行了轮训，进一步深化干部理想信念和道德品行教育，加强干部队伍理论武装，切实提高思想政治素质。开发区工委、管委会处级以下在职在编党员干部，及开发区总公司子公司中层管理人员 700 余人参加轮训。

（张学才）

人才工作

概况

2015 年，是新区“十二五”人才发展规划收官，“十三五”人才发展规划编制的重要之年。开发区不断转变工作思路、创新服务方式、优化人才环境，紧紧围绕产业联盟 + 研究院 + 专利池 + 技术交易平台 + 基金 + 特色产业园“六位一体”的科技创新服务体系，打造高舒适度的科技创新生态圈。推动新区一体化、高端化、国际化发展，向绿色发展示范区、宜居宜业和谐新城转型升级。开发区全面落实“领军人才聚集区”相关意见的实施工作，在新区人才工作协调领导小组领导下，加强各类人才队伍建设，加大人才引进力度，广泛开展各领域、各层面的人才培养工作，持续优化人才服务环境，进一步发挥人才对新区发展的支撑和引领作用。年内，共引进各类人才 3055 人，新增中央“千人计划”入选者 8 人，累计达到 58 人；新增北京市 “海聚工程”入选者 16 人，累计达到 107 人；新区“新创工程”领军人才入选者 374 人。新区由两院院士、政府特贴专家等组成的高层次人才队伍达到 385 人，实现了海内外人才的加速聚集，人才引领区域发展的能力进一步提升。

（郝健强 王倩倩）

博士后科研工作站企业分站达到 28 家

1 月 29 日，经北京凯正生物工程发展有限责任公司、北京嘉捷恒信能源技术有限公司申请，全国博士后管理委员会批准，撤销其博士后科研工作站企业分站设站资格。12 月 23 日，经全国博士后管理委员会批准，在安诺优达基因科技（北京）有限公司、北京海思特临床检验所有限公司、北京泰豪智能工程有限公司、中国通信建设集团设计院有限公司 4 家企业设立博士后科研工作站分站。开发区博士后科研工作站企业分站达到 28 家，新招博士后 9 人，已累计培养 59 名博士后。

（杨琦）

7 人获市留学人员科技择优资助 64 万元

3 月，开发区人劳局组织完成北京市留学人员科技活动择优资助项目申报工作，推荐 15 个新近留学归国人员承担的科研项目参加评选。北京百奥赛图基因生物技术有限公司白阳、郭雅南，安诺优达基因科技（北京）有限公司林东旭，北京博大光通国际半导体技术有限公司王煜，北京京东世纪贸易有限公司翁志，北京贝美拓新药研发有限公司颜丹、竺添 7 人共获得 2015 年度北京市留学人员科技活动择优资助 64 万元，占北京市入选人员的 15%。其中，白阳、郭雅南、翁志 3 人已被列为市级人选推荐至人力资源和社会保障部，参评国家留学人员科技活动择优资助，占北京市推荐人选的 21%。

（李大业）

开展职称推荐工作

3 月至 5 月，开发区人劳局开展 2015 年度中关村国家自主创新示范区高端领军人才专业技术资格评价工作，推荐 22 人参与“教授级高工直通车”评审，其中 9 人获得教授级高级工程师职称，占全市通过人员的 12%。12 月，开发区人劳局开展首批高端领军人才自然科学和社会科学研究系列研究员评价工作，推荐 10 人参加“研究员直通车”的评审，其中 6 人获得研究员职称，占全市通过人员的 1/3。年内，经与市局专技处积极沟通，深入研究了相应政策，开展高级工程师（副高级职称）破格推荐工作。解决开发区内企业反映的多数专业技术人才骨干多年来因各种原因未能取得相应职称的问题。经开发区推荐，有 9 人获得高级工程师职称。

（杨琦）

“才聚亦庄”中高级引荐会举办

4 月 19 日，第四届“才聚亦庄”中高级人才大型引荐会在开发区举办。开发区 58 家企业和近 4000 名求职者参会。在现场提供的近千个中高端岗位中，项目课题负责人和企业高级管理岗位近 400 个。其中，生物医药企业占招聘职位的近 40%。引荐会尝试首次引入猎头进场，协助企业招聘，并为求职者的职业发展提供咨询。在现场，约 40% 的岗位与求职者达成招聘意向。

（李大业）

4 名博士后获市级科研活动资助 17.2 万元

5 月 21 日，经北京市人力资源和社会保障局批准，海康生物科技（北京）有限公司博士后柴睿超承担的“核酸检测在疾病早期诊断中的应用探索及技术开发”项目，获得科研资助 4.6 万元。舒泰神（北京）生物制药股份有限公司博士后田文洪承担的“治疗乙肝的基因药物的开发研究”项目，获得科研资助 4.6 万元。北京诺赛基因组研究中心有限公司博士后郭慧娟承担的“北京及周边污染土壤微生物群落结构及功能性研究”项目，获得科研资助 4 万元。北京北方微电子基地设备工艺研究中心有限公司博士后赵崇军承担的“45-22nm 铜 PVD 设备研发及产业化”项目，获得科研资助 4 万元。共计获得北京市博士后科研资助 17.2 万元。

（杨琦）

政策宣讲培训会举办

6 月 5 日，开发区海外学人中心举办政策宣讲培训会，聚焦最新热点税收政策，围绕最新主要税收立法和影响、区域性税收优惠政策与运营架构优化、行业性税收优惠政策的申请与维持等内容进行详细解读。以使企业及时掌握最新热点税收政策，更好地促进企业创新驱动、转型发展。

（周伟）

财务管理海创高管培训班举办

7月9日，由开发区海外学人中心组织的“非财务经理的财务管理”海创高管培训班，在嘉捷科技园举办，来自新博医疗技术有限公司、北京百奥赛图基因生物技术有限公司、北京贝美拓新药研发有限公司近40位海创高管参加培训课程。年内，为更好地服务广大海外高层次人才企业，开发区海外学人中心在前期充分调研企业需求基础之上，确定了非财务经理的财务管理、非人力资源经理的人力资源管理、企业投融资专题培训等一系列课程。此次财务课程以“战略财务分析”为主题，旨在帮助海创高管体会和反思自己不同的经营决策行为将如何影响财务结果，以促进科学决策，提升管理水准，使管理者更加有效地管理企业和最大限度地实现战略目标。

（刘蕾）

规范合同工管理

7月9日，开发区出台《关于规范聘用合同工审批工作流程的通知》，进一步规范合同工管理。年内，建立合同工工资结构体系和工资正常增长机制。

（刘斌）

设立领军人才创业发展基金

8月25日，开发区工委组织部会同开发区发改局、投促局、科技局、人劳局、高层次人才服务中心、北京亦庄国际投资发展有限公司，共同研究制定了《领军人才创业发展基金实施细则》，领军人才创业发展基金主体已设立完成。

（郭明宇）

完成事业单位分类改革

9月8日，建设工程交易中心划分为公益二类，其他34家事业单位划分为公益一类。具体包括：党员电教中心、政府采购中心、财政国库支付中心、财政监督检查所、财政投资评审中心、社会保险事业管理中心、劳动监察大队、劳动能力鉴定中心、建设工程安全质量技术中心、水务工作站、安全生产执法监察队、新闻中心、党群活动服务中心、机关事务管理服务中心、投资促进中心、财务结算中心、信息中心、总工会服务（帮扶）中心、不动产登记中心、北京市土地整理储备中心开发区分中心、物业管理办公室、住房保障事务中心、基建办公室、民防工程事务中心、社区服务中心、社会保障事务所、审计事务中心、环境保护监测站、环境保护管理中心、机动车排放管理站、职业介绍服务中心、高层次人才服务中心、体育中心、人才交流服务中心。

（刘斌）

127人入选首批“新创工程”领军人才

10月8日，开发区第一批“新创工程”（北京市《关于推进北京经济技术开发区建设高端产业领军人才发展示范区的实施意见》的简称）领军人才评审工作开始报名。此次评审，是“新创工程”实施以来组织开展的第一次评审工作，共有371人申请报名。经过初审、资格审查、专家评审和专题讨论，最终127人入选第一批领军人才队伍。加上2008—2014年自动纳入“新创工程”领军人才的247位，截至年底，新区共有“新创工程”领军人才374人。

（孙宁）

3人入选首批新创工程高技能领军人才

10月，开发区人劳局组织开展新区“新创工程高技能领军人才和工作室”评选工作。根据技能人才分布特点和产业发展需要，重点动员电子信息、汽车、生物技术与新医药和装备制造等主导产业中，技能人才培养体系较为健全的企业申报高技能领军人才并建立工作室，推进开发区高端产业领军人才发展示范区建设。经专家评审、开发区工委和管委会批准，授予北京奔驰汽车有限公司推荐的赵郁、赵斌和北京航天万源科技公司推荐的张芸为新区高技能领军人才，授予其所在工作室为“新创工程高技能领军人才工作室”，开发区每年给予工作室 10 万元支持费用，连续支持 5 年，鼓励其进一步发挥高技能人才带徒传技的作用。

（陈果 张琳）

8 家企业被认定为首批人才联合培养基地

10 月，开发区人劳局组织开展新区“人才联合培养基地”评审工作。经开发区人才工作协调领导小组批准，北京赛升药业股份有限公司、中奥汇成科技股份有限公司、中航金网（北京）电子商务有限公司、北京义翘神州生物技术有限公司、北京奔驰汽车有限公司、SMC（中国）有限公司、北京久其政务软件股份有限公司、北京凯因科技股份有限公司 8 家企业被认定为首批人才联合培养基地，并给予资金支持 107 万元，用以进一步开展校企合作，发挥人才效应，推进开发区高端产业领军人才发展示范区建设，支持开发区内企业与国内重点大专院校开展产学研合作。

（杨琦 张琳）

华德液压成立院士专家工作站

11 月 1 日，北京华德液压工业集团有限责任公司院士专家工作站授牌仪式在开发区博大大厦举办。市科协党组书记夏强为华德液压院士专家工作站授牌；华德液压总经理廖显胜向中国工程院院士杨华勇颁发院士专家工作站进站院士聘书，旨在发挥院士专家资源优势，提升企业综合研发能力，助推企业转型升级。

（岳高丽）

首届领军人才国情研修班举办

11 月 25 日—29 日，开发区管委会与北京大学光华管理学院联合主办的开发区首届领军人才国情研修班举行，共有 44 位领军人才参加，涉及开发区内生物医药、电子信息、装备制造、新能源新材料等各行业的 41 家企业，还邀请天津市、河北省两地高端产业人才共同参会。主办方邀请罗援、汪潮涌、阿不力克木 · 阿不力米提等 9 位各行业专家学者进行授课，讲解“中国制造 2025”、剖析“互联网 + ”、新一代信息产业、互联网和大数据的应用、互联网金融、新时期下局势发展战略等课程，内容涉及军事、金融、互联网等方面。

（孙宁 郭明宇）

2 人获市优秀人才培养资助 8 万元

12 月 7 日，经中共北京市委组织部批准，北京凯因科技股份有限公司许铮承担的“全新蛋白可溶性表达纯化系统的设计及在 GLP-1 类似物的应用”项目和北京泰德制药股份有限公司赵焰平承担的“三类新药注射用两性霉素 B 磷脂酰甘油复合物脂质体的临床研究和产业化”项目，均获得 2015 年度北京市优秀人才培养资助青年骨干类项目 4 万元资助。

（杨琦）

组织来京海外人才到开发区考察

12 月 30 日，开发区海外学人中心承接 2015“春晖杯”中国留学人员创新创业大赛获奖人才北京行的第三站活动——来京海外人才赴开发区考察交流。海外人才参观开发区展厅，北京亦庄国际投资发展有限公司负责人介绍创业相关扶持政策。到汇龙森国际科技产业园、安快创业谷和亦庄创投汇进行实地参观和交流。活动让更多的海外留学人员了解开发区。

（田梦）

新区高端产业领军人才政策出台

年内，为落实北京市《关于推进北京经济技术开发区建设高端产业领军人才发展示范区的实施意见》，推进北京市高端产业领军人才发展示范区建设，开发区工委组织部作为人才工作领导小组办公室，研究起草了《新区推进高端产业领军人才发展示范区建设实施办法》。7 月 23 日，该《办法》提请开发区工委会、大兴区常委会讨论审议通过，并印发。9 月 8 日，召开新区人才工作协调领导小组会议，讨论审议并通过了《关于〈新区推进高端产业领军人才发展示范区建设的实施办法（试行）〉实施细则》。

（郭明宇）

基层党建

概况

2015 年，中共北京经济技术开发区企业委员会（简称开发区企业党委）深入贯彻落实党的十八届三中、四中、五中全会精神和中共中央总书记习近平系列重要讲话精神，以建设学习型、服务型、创新型党组织为统领，推动绩效考核新实践，推出创先争优新典型，坚持党群工作一体化，问题同研究、工作同部署、措施同落实，为新区经济社会发展提供坚强组织保障。

开发区机关党委有党总支 2 个，党支部 39 个。党员总数 720 人，其中女党员 332 人，占党员总数的 47%；少数民族党员 39 人，占党员总数的 6%；本科及以上学历 645 人，占党员总数的 90%；35 岁及以下的党员 334 人，占党员总数的 47%。年内，发展党员 17 人，有申请入党人员 88 人。开发区机关党委在党员干部和群众中，开展多种形式的学习教育和文化活动。在建设学习型机关和学习型党组织活动中，要求机关 700 余名党员每人每年在线学习 40 小时，内容包括中共中央总书记习近平系列重要讲话、中央和市委最新精神、反腐倡廉教育、党的政策理论知识等。通过开展党务工作者业务培训、规范发展党员程序，参加各支部的党日活动等，提升支部党建工作水平。通过机关合唱团、百姓宣讲团、机关书屋，和多种形式的特色文体活动，营造和谐向上的机关文化氛围。在春节和“七一”开展的慰问活动中，慰问 20 名困难党员，发放补助金 4.05 万元。在“共产党员献爱心”捐款活动中，机关党员、积极分子、群众和民主党派共 723 人参加捐款，共捐款 88960 元。

（王瑾 郭佳丽）

社区对接工作启动

3 月 4 日，开发区工委组织部牵头，组织相关单位参加，召开社区工作对接会。会上，开发区社区党委、社会发展局将承担的社区“两委”队伍建设、和谐社区创建等 11 项相关工作，与荣华、博兴两个街道办事处对接。此后，开发区各相关部门陆续与荣华、博兴两个街道进行工作对接，逐步形成了开发区工委宏观指导、社区党委具体指导、街道工委直接管理的社区党建工作机制。

（李佳）

《企业基层党建绩效考核办法》出台

3月10日，开发区企业党委出台《企业基层党组织建设工作绩效考核办法》，该办法对照“党组织班子、工作思路、工作制度、保障机制、工作业绩、工作资料、群众反映”的评价体系，采取基层党组织自评、党员群众评议、企业党委审核相结合的方式，对企业党委所属的党组织进行考核评定，旨在鼓励先进、激励后进，真正构建企业党建整改提高的新常态。

（任莹 王瑾）

开发区社区基层党建工作交接会召开

3月11日，开发区社区基层党建工作交接会在开发区社区服务中心会议室召开，社区党委全体班子成员和办公室工作人员、荣华街道和博兴街道党务工作负责人共16人参加会议。社区党委介绍社区党建基本情况和特色亮点，将组织发展、党统日常维护、党费收缴等基层党建具体工作交接给街道工委。

（周琳）

企业基层党团工作会召开

3月14日，开发区企业党委召开了2015年度企业基层党团工作会。会议总结2014年企业党委和团工委各项重点工作，提出2015年进一步加强非公有制企业党团组织建设的主要工作任务。按照开发区工委的要求，坚持创新与服务并举，围绕中心，服务发展，进一步巩固党的群众路线教育实践活动成果，加强作风建设，坚持实事求是，坚定理想信念，为开发区经济社会的稳定发展作出新的贡献。

（王瑾）

基层党建工作述职评议考核

3月20日至4月3日，开发区社区党委书记参加开发区组织部层面的评议考核的同时，对社区党委班子其他成员抓基层党建工作或支持开展党建工作的情况进行评议考核。述职对象主要包括：党委班子成员、9个社区党支部的支部委员、社区党员和群众代表，共发放考核测评表73份，回收73份，考核测评表有效率为100%，征求到对社区党委班子成员个人的意见建议共两条。

（周琳）

开发区总公司党群工作部署会召开

4月1日，开发区总公司召开2015年党群工作部署会，传达新区党风廉政建设工作会议精神，部署2015年开发区总公司党群工作。开发区总公司党委书记、经理白文出席会议并讲话，党委副书记、纪委书记韩洪英主持会议。会上，韩洪英对开发区总公司2015年党群工作要点进行说明。白文在讲话时指出，抓好党群工作，要解决好思想认识问题，要把抓好党建作为最大的政绩。只有坚持从严治党，才能充分发挥党组织的政治核心作用；只有严格落实“两个责任”，才能真正营造风清气正、干事创业的良好环境；只有不断加强党的建设，才能为推进各项事业提供坚强保障。年内，开发区总公司理论中心组学习实现常态化和制度化，开展党员意识提升行动、优秀共产党员先进事迹巡回宣讲，举办开发区总公司成立23周年成就展。

（何焱 孙辉）

入党积极分子培训班举办

4月18日、9月25日，开发区企业党委在党群活动服务中心举办两期入党积极分子培训班，开发区内63家企业的298名积极分子参加了培训。培训班围绕加深对党的认识、端正入党动机、学习党章和党的基本理论知识、如何围绕企业中心工作发挥好作用，以及怎样才能早日加入党组织等内容进行培训，为确保党员发展工作的质量奠定基础。4月23日—25日，开发区机关63名入党积极分子参加为期两天的集中培训。培训形式包括集中授课、参观学习、互动交流和开卷测试，近半数入党积极分子是首次参加培训。

（任莹 王瑾 郭佳丽）

党务工作培训举办

4月29日、11月21日，开发区企业党委分两期举办企业基层党组织党务工作培训，来自113家企业的党组织负责人累计300人次参加培训。培训以增强企业基层党组织党务工作者的能力素质，提升企业党建科学化水平为目标，以党务工作知识、业务开展、党员教育管理等内容为重点加强讲解和指导。11月25日，开发区机关党委对机关39个支部和2个党总支的书记、副书记和支部委员共110余人，进行党务工作业务专题培训，会期半天。包括党务工作基本知识、规定和要求，并对支部党建工作存在的一些实际问题进行有针对性地解答。

（任莹 王瑾 郭佳丽）

纪念建党94周年系列活动开展

5月15日，开发区企业党委组织企业基层党组织和广大党员开展纪念建党94周年“十个一”系列活动。开展先进基层党组织、优秀共产党员、优秀党务工作者评选表彰活动；开展绩效考核评比活动；开好一次专题组织生活会议；组织好一次走访慰问困难党员活动；组织开展新党员宣誓、老党员重温入党誓词活动；组织开展“如何提升党员意识”大讨论；开展缅怀教育；组织开展“传递正能量，党员展风采”活动；组织一次优秀共产党员典型事迹宣讲活动；开展一次主题党日活动。6月15日，开发区企业党委对22个先进基层党组织、107名优秀共产党员、16名优秀党务工作者予以表彰。7月，开发区企业党委依据绩效考核办法，对169个企业基层党组织进行考核评定，对先进党组织给予经费上的奖励与支持，对10个后进党组织进行约谈帮助。开发区企业党委为5名困难党员、两名退休支部书记送去慰问金。7月1日，开发区企业党委在“共产党员献爱心”活动中共计收到来自42家企业607名党员29名群众的捐款48216.6元。7月30日，开发区企业党委组织联合支部党员参观周恩来邓颖超纪念馆。9月19日，开发区企业党委组织开发区内50多家企业的100多名党员，前往位于卢沟桥畔的抗日战争纪念馆，参观纪念中国人民抗日战争暨世界反法西斯战争胜利70周年的主题展览——“伟大胜利，历史贡献”。11月7日，参观中国航空博物馆和党群活动服务中心。12月12日，参观“明镜昭廉”明代反贪尚廉历史文化园和坦克博物馆。通过参观学习，大家纷纷表示要时刻牢记自己的党员身份，充分发挥党员在企业发展中的先锋模范作用。

（任莹 王瑾）

亦庄国投举办主题党日活动

6月12日、6月26日，北京亦庄国际投资发展有限公司党支部与新区联合招商办党总支共同组织开展“铭记历史、坚定信念、共建美好新区”主题党日活动，亦庄国投3个党小组和联合招商办3个党支部相应联合，分别召开组织生活会，回顾入党心路历程，开展党员意识提升讨论、工作业务交流和党员践诺承诺活动，重温入党誓词，参观抗日战争纪念馆，并以此为契机，促进两个单位人员在思想、工作、生活、感情上的沟通交流，凝聚共识、团结合作、共促发展。参加活动的党员干部共80人，其中亦庄国投42人、新区联合招商办38人。

（杨莹）

开发区总公司“七一”表彰大会召开

6月29日，开发区总公司庆祝中国共产党成立94周年暨“七一”表彰大会在博大大厦报告厅举行。开发区工委、管委会、总公司领导赉勇、白文、赵雅娟、张凤民、罗伯明、芦永忠、郭广庆、卢自锋出席，韩洪英主持会议。会上，北京经开投资开发股份有限公司党总支部等8个先进基层党组织，孙红等45名优秀共产党员，张福超等7名优秀党务工作者受到表彰；先进基层党组织代表王春玲、优秀共产党员代表黄南希、优秀党务工作者代表李小平在会上作了典型发言。

（何焱 孙辉）

9个社区完成换届选举

7月底，开发区工委组织部按照市委市政府有关要求，结合开发区实际，对社区党组织和社区居委会换届选举工作进行指导，严格把关，9个社区全部完成了“两委”换届选举工作。

（李佳）

“嘉捷学堂”成为市基层党建创新项目

7月，由嘉捷企业汇党总支创办的“嘉捷学堂”，获批成为北京市基层党建创新项目孵化工程。学堂坚持把党组织的主体作用与提高党员、职工的综合素质相结合，围绕企业生产经营需要，通过举办宣传党的政策法规、全球经济热点解读等活动，促使企业和企业党组织能够认真履行党章规定的职责任务，保证、监督党的路线、方针、政策和国家的法律法规在企业的贯彻执行，促进集团党总支与驻区优秀企业家的相互融入，形成红色经典文化与前沿管理理念的良性互动，构建职业管理培训新平台，打造党建文化传播新阵地。依托企业管理培训平台，提升企业基层党组织的号召力和影响力，创新党员教育培训方式，形成党建工作与企业发展的双赢格局和良性循环。

（李佳 任莹）

基层党建工作交流活动开展

企业党委参观金佰利　　单位提供

8月26日，开发区企业党委举办基层党组织参观、学习与交流活动。30余位基层党组织负责人和优秀共产党员代表，先后参观北京奔驰汽车有限公司、北京金佰利个人卫生用品有限公司的生产线，并在金佰利进行党建工作经验交流。

（任莹）

组织社区党建工作培训

9月21日—25日，开发区社区党委组织了为期5天的基层党建工作培训，社区党委委员、街道党务工作者、社区支部委员和入党积极分子共计70余人参加培训。培训围绕党章和党史学习辅导、党务基础知识、发展党员工作细则辅导、“三严三实”重要论述解读、“四个全面”战略部署辅导，以及优秀社区党支部书记经验交流等内容开展，旨在进一步提高服务党员和群众的能力，巩固建设服务型社区党组织的成果。

（周琳）

开发区总公司党委中心组学习会议召开

10月29日，开发区总公司召开党委理论中心组学习（扩大）会议，开发区总公司各部门和子公司领导参加会议，听取预防国有企业领域职务犯罪专题教育报告。报告会是在开发区总公司党委深入开展“三严三实”专题教育、参观国有企业领域警示教育展览、廉政风险防控自查自纠等系列活动的基础上，为帮助开发区总公司系统领导人员在开展生产经营活动和各项业务工作中，保持清醒头脑、依纪依法履职，确保不发生违纪违法问题。

（何焱 孙辉）

党建工作务虚会召开

11月13日，开发区召开党建工作务虚会，开发区工委委员、组织部部长王杰群对开发区各系统2016年党建工作创新提出明确要求。会议要求党建工作要更有针对性，下大力气解决党建工作薄弱环节和突出问题，不断推进党建工作自我完善、自我发展、持续改进和稳步加强，为开发区全面深化改革各项工作任务提供坚强的组织保证。开发区工委所属各党委和荣华、博兴街道工委主要负责人参会。

（李佳）

新任党务工作者研讨会召开

12月5日，开发区企业党委召开企业党组织新任党务工作者研讨会。研讨会重点围绕进一步加强企业党建工作，提升新任党务工作者任职能力，发挥企业基层党组织政治核心作用和企业发展中的政治引领作用等内容展开，并进行党支部换届选举工作程序模拟实操。

（任莹 王瑾）

党委书记抓基层党建工作述职评议会召开

12月17日，开发区召开党委书记抓基层党建工作述职评议工作会，这是继2014年书面述职评议考核之后，首次进行现场口头述职，评议会上，5个党委书记分别对抓基层党建工作进行述职，并接受与会人大代表、政协委员和党员群众的现场提问，开发区工委副书记高言杰进行点评。高言杰要求各党委书记要发挥好示范带头作用，把责任扛在肩上，坚持一级抓一级，层层抓落实，努力开创新区党建工作新局面。

（李佳）

企业党委理论学习大讲堂举办

年内，开发区企业党委举办3期理论学习大讲堂。邀请中央党校等高校专家学者就经济发展新常态、社会主义核心价值观、共产党员的忠诚与信仰等内容进行专题辅导，开发区内企业党员、入党积极分子共计 700 人次参加。

（任莹 王瑾）

开发区总公司深化党工团一体化格局

年内，开发区总公司工会以活动为载体，组织员工参与开发区运动会、“最美劳动者”评选等活动，展示开发区总公司良好形象。开发区总公司代表队在开发区运动会中取得第一名，实现五连冠。组织开展“我为蓝天行走”等多项文体活动，提升员工身心健康水平。开发区总公司团委开展了理想信念意识、服务奉献意识、市场竞争意识和自主思考意识教育，提升团员青年的思想政治觉悟。拓展服务阵地、学习阵地和创新发展阵地，搭建青年成长创业平台。

（何焱 孙辉）

宣传思想和精神文明建设

概况

2015 年，开发区工委宣传部认真贯彻落实北京市宣传部长会议精神，牢牢把握“两个巩固”（巩固马克思主义在意识形态领域的指导地位，巩固全党全国人民团结奋斗的共同思想基础）的根本任务，以“两个能力”（意识形态工作的领导能力和宣传思想工作的服务能力）建设为依托，以“五种思维”（战略思维、辩证思维、系统思维、创新思维和底线思维）推动非公企业宣传思想文化工作创新，着力打通党的思想理论和意识形态向基层延伸的“最后一公里”，促进中心工作的顺利开展，营造良好的区域软环境。

（王磊）

提升品牌宣传水平

1 月，在冬季达沃斯峰会召开期间，利用国家总理李克强参会掀起的“中国热”，与峰会指定合作媒体欧洲货币集团合作，在其官方网站上刊载《北京·亦庄电子报告》，并在会后利用其资源网络，在北美洲、欧洲、拉美、亚太（不包括中国）、中东地区全球财富 500 强企业的 3 万多名决策者中进行有针对性地筛选和投放。《北京·亦庄电子报告》全球电子邮件成功推送 38429 次，覆盖全球 80 多个国家，主要集中于北美洲和欧洲。在欧洲货币网站的点击量近 1500 次，下载收藏量 800 次，平均每人次阅读时间为 2 分 16 秒（据欧洲货币统计，人均阅读时间超过 2 分钟即为深度阅读）。与蓝色光标集团旗下的今久广告传播有限责任公司合作，全面升级“北京·亦庄”品牌 CIS 体系，策划设计“北京·亦庄”新宣传册。10 月中旬起，“北京·亦庄”品牌形象广告宣传片在美国纽约时报广场大屏、美国旧金山机场、德国法兰克福机场、英国希思罗机场、法国戴高乐机场等全球 6 块大屏同时滚动播出，在纽约时报广告每天播出 132 次，在美国旧金山机场、德国法兰克福机场、英国希思罗机场、法国戴高乐机场每天均播出 180 次，形成“北京·亦庄”品牌宣传片全球联播网络。9 月至 10 月，分别利用国家主席习近平访问美国和欧洲的契机，与中国日报多次合作，在《中国日报》刊登彩色跨版专题报道，同时在中国日报传媒集团承办的《中国国家形象专刊》上刊登彩色整版专题报道，以图文并茂的形式全面介绍开发区的发展思路和取得的成就，该专题报道全球发行

90万份，进入领导人专机、代表团下榻宾馆和活动现场，并随《华盛顿邮报》进入欧美主流人群。11月至12月，“北京·亦庄”品牌形象宣传广告登陆《经济学人》和《福布斯》杂志最具影响力的刊次，包括:《经济学人》中国峰会特刊、经济学人集团《2014全球展望》《福布斯投资指南专刊》。年内，针对招商引资目标客户群不同的文化背景和认知心理，制作完成的北京·亦庄“六个一”（“一块屏”“一枚芯片”“一部手机”“一片云”“一辆车”“一箱药”）形象广告，继续在北京首都机场T3航站楼国际出发通廊投放，在T2航站楼国际到达行李提取处投放巨幅迎客奇幻灯箱，全年有效覆盖旅客超过1200万人次。

（王涛 成小红）

组织中心组学习19次

3月，开发区工委宣传部下发《关于加强局处两级领导班子理论中心组学习的意见》《2015年理论中心组学习计划》《区级班子“三严三实”专题教育学习计划》，深入学习中共中央总书记习近平系列重要讲话精神和市委书记郭金龙在开发区调研时重要讲话精神，组织中心组集中学习（研讨）19次，以领导干部对中国特色社会主义和中国梦、对社会主义核心价值观、对中共中央总书记习近平系列重要讲话精神等的学而信、学而用、学而行，引领全区思想航向。

（黄自稳）

志愿服务常态化

11月26日，开发区工委宣传部召开开发区志愿者联合会第一次代表大会，实现了开发区志愿服务活动体制机制的进一步完善，推动志愿服务常态化、制度化。在京东方8.5代线和汇龙森企业园，建设了两个首都紧急救援服务站，提升区域内大企业、园区的紧急救援服务能力。

（孙晓伟）

送讲座进基层35场

年内，开发区工委宣传部下发《关于进一步加强形势政策教育和哲学社会科学报告会、讲座管理的通知》，继续开展践行核心价值观送讲座进基层活动，共向企业、社区、学校送理论讲座35场。

（黄自稳）

开展领导干部宣讲12场

年内，开发区工委宣传部下发《2015年开发区领导干部宣讲方案》，组织各职能部门处级干部深入企业园区宣讲开发区工委、管委会重大决策部署和各方面政策与服务，共开展领导干部宣讲12场，700多家企业、1200多名企业负责人参与。

（黄自稳）

报送《每日舆情》254期

年内，开发区工委宣传部进一步提升《每日舆情》的日月季年报告体系，针对重大舆情事件制作专题报告，充分发挥“参谋部”作用。全年共报送《每日舆情》254期，报送敏感舆情专报18期，获得领导批示69次。制作《国家级经开区转型升级舆情报告》《“互联网+”发展现状与趋势舆情专报》等专题舆情报告。同时，进一步深化“监测+预警+研判+引导+反馈”的舆情工作机制，完善舆情反馈机制并常态化，以“舆情通知单”形式，将敏感舆情及时通报相关部门，了解舆情具体情况，联动舆情涉及部门，提前介入处置，处置敏感舆情，推动问题解决37次。

（隋国勇 毕诗豪）

实现政务双微平台质、量双提升

年内，开发区工委宣传部围绕“引领新常态、打造高精尖、服务京津冀”的中心任务，夯实全媒体平台，促进双微新媒体质、量双提升。开发区政务微博“@北京亦庄”全年共采编内容170余万字，累计发布微博1.2万余条，总粉丝量超过107万人，覆盖粉丝超过近8000万人。在全年常规运营的6个固定话题中，“亦世界·企业动态”话题的阅读量累计超过2300万次，累计吸引讨论量4万多次。在人民日报和新浪网从传播力、互动力和服务力三个维度共同发布的动态榜单中，“@北京亦庄”政务微博在北京地区5200余个政务微博账号中稳居前100名。“北京亦庄”微信公众号每期发布消息5条左右，总粉丝数达5.64万人。共编辑发布内容1755条，单条阅读数接近7万次，最高转发5.6万次，累计阅读量突破400万次，在北京市近3000个政务微信的综合排名中多次跻身前3名，在样本为全国近20万个公众号的新榜中国微信500强的日榜单中多次跻身前300名。开发区双微已成为增强社会相互沟通的新渠道、思想文化领域新阵地、社情民意的集散地。

（隋国勇 毕诗豪）

夯实境内外新闻宣传主阵地

年内，开发区工委宣传部围绕开发区打造科技创新中心主阵地、推动科技文化融合发展，以创新创业大赛、科博会、京津冀开发区联盟成立、全国“双创”周、文博会等重大活动为契机，组织各种形式新闻发布活动30多场，发布中文稿件1000多篇，一批重点稿件在新华社、人民日报、经济日报、北京日报、北京电视台等中央和市属重点媒体的重要时段（版面）播发，引起广泛社会反响，其中《亦庄“智造”迎来收获期》《330亿元“高精尖”项目落地亦庄》等11篇重要稿件在《北京日报》头版进行刊载。以北京奔驰、金风科技为例介绍开发区以“高精尖”产业引领新常态发展的《“高精尖”技术引领亦庄高增长》，以北方微电子为代表的集成电路产业为例介绍开发区发展势头良好的《“高精尖”产业带动效益增长》等11条重要新闻，在北京电视台《北京新闻》栏目播出。同时，与北京电视台《北京发布》栏目合作，制作20分钟专题片《“智”汇亦庄 “创”造未来》，宣传开发区智能制造、转型升级。夯实与新华社、新加坡中盛集团等全球知名媒体集团或传媒机构的常态交流机制，实现开发区相关新闻信息在境外知名媒体的有效落地，在彭博社、路透社等近20家境外媒体发布英文稿件800余篇。世界最大的资产经营者之一巴克莱资本、全球最大金融集团之一瑞穗银行、全球著名投行高盛等，成为阅读北京亦庄新闻报道最多的公司。

（王涛 成小红）

内宣工作稳中求新

年内，《亦庄时讯》共出版发行46期，刊发《“高精尖”成果助推开发区转型》《站在“互联网+”风口起飞》《五大创新中心展示“亦庄智造”新高度》《绿色亦庄激活城市内生力引擎》《北京亦庄释放创新创业磁石效应》《京津冀产业吹响协同发展集结号》等专版672个，开辟《新常态新作为》《践行“三严三实”推动新区发展》《抗战胜利70年不容忘却的记忆》《爱在亦庄·我们的价值观百姓宣讲》《小亦听你说》等新专栏25个，编发稿件7000余篇，照片1300余幅。《亦庄新闻》共播出237期，每期时长约14分钟，总时长近3500分钟，开设“纪念抗战胜利70周年”“创新亦庄”“文明亦庄”“我们的价值观”“百姓宣讲人物故事”“市花进我家”等专题10余个，播发新闻报道2000余条，单期视频最高点击量10余万次，总点击量1214万余次。为新区“三严三实”专题教育活动、新区纪念抗战胜利70周年集体宣誓活动、开发区第八届文化艺术节系列活动等提供全程录像92场，总时长近7000分钟。网络新闻部门上传开发区内新闻1627条，图片234张，外媒报道56条，开展“你好·北京亦庄”摄影图片征集活动，征集图片300余张，制作“纪念抗战胜利70周年”“‘智’汇亦庄·‘创’造未来”等网络专题4个。

（吕鹏宇 杨琳娜 赵玉凯）

扩大社会宣传面

年内，开发区工委宣传部利用电视开机画面、户外广告、大屏和宣传栏、工地围挡等各类广告媒介进行社会主义核心价值观的宣传和氛围营造，在报纸、电视、微博和微信等自媒体平台均长期设立了社会主义核心价值观专栏。中国人民抗日战争暨世界反法西斯战争胜利70周年大阅兵期间，在开发区内的户外广告、社区宣传栏等处进行社会氛围宣传。同时，结合精神文明建设工作、百姓宣讲工作推进社会主义核心价值观的落细、落小、落实，利用百姓宣讲故事、创新人物故事、文明单位巡礼等专题报道形式细化社会主义核心价值观的宣传。开展中国人民抗日战争暨世界反法西斯战争胜利70周年主题宣传教育活动，各党委、社区、企业均开展了参观、座谈、交流、竞答等以“缅怀英烈、圆梦中华”为主题的群众性教育活动。同时，在自有媒体开设专题栏目，加强和深化爱国主义宣传教育。在百姓宣讲工作中融入开发区抗战老兵的爱国抗战故事，组织开发区内群众参加京华英雄巡讲专场活动。

（孙晓伟）

开展百姓宣讲活动60余场

年内，开发区工委宣传部制定落实“爱在亦庄·我们的价值观”百姓宣讲工作方案，完成70多篇新故事线索的征集，组织各基层党委开展总计60余场次基层宣讲，组建10余人的工委宣讲团和创新创业特色宣讲团，开展10余场示范宣讲，拍摄1部百姓宣讲微电影。年内，开发区工委宣传部获得北京市百姓宣讲工作先进单位，创新创业宣讲团获得市级特色优秀宣讲团称号，宣讲员张敬雷、陈津津获得市级优秀宣讲员称号，以北京亦庄生物医药园海归创业科学家唐莉为原型拍摄的微电影获得市级优秀微视频，8篇微故事获得市级优秀微故事。

（孙晓伟）

开发区典型选树工作开展

年内，开发区工委宣传部配合各项活动和自有媒体，开展各类典型和模范的选树活动，组织开展了首都道德模范和全国道德模范的评比推荐工作、“北京榜样”的宣传和报送工作。其中，赵郁获得全国道德模范提名奖；谢良志获得北京榜样的周榜样和月榜样，并获得年度十大北京榜样的提名和首都道德模范的提名。

（孙晓伟）

纪检监察

概况

2015 年，北京经济技术开发区纪工委（简称开发区纪工委）、监察局针对开发区重点工作和重点项目，强化监督执纪问责，继续深入开展党风廉政建设和反腐败工作。有行政编制 7 人，设纪工委书记 1 名、正处级纪检监察员 4 名、副处级纪检监察员 1 名、科员 1 名。

（周未）

纪检监察干部大会召开

1 月 28 日，开发区召开纪检监察干部大会，学习贯彻中央纪委十八届五次全会和市纪委十一届四次全会精神，落实工作部署。开发区纪工委书记王敬东对纪检监察干部提出要求，要求干部要政治坚定、党性坚强，围绕发展主题，增强大局观念，加强学习、提高本领，恪尽职守、不辱使命，严于律己、清正廉洁，并指出，落实两个“主体责任”，深入推进党风廉政建设和反腐败工作，关系全区改革发展稳定大局，任务长期艰巨，意义重大深远，需要以更加坚决的态度、更加有力的措施坚定不移惩治腐败，以更加扎实的工作、更加明显的成效取信于广大干部群众，为推动新区一体化、高端化、国际化发展作出新的更大的贡献。

（周未）

组织签订党风廉政建设责任书

年初，开发区纪工委组织各级党员领导干部签订党风廉政建设责任书，并明确责任区分：开发区各级领导班子对所属单位（部门）党风廉政建设负有主体责任。领导班子主要责任人是职责范围内党风廉政建设第一责任人。领导班子其他成员根据工作分工，对职责范围内党风廉政建设负主要领导责任。各级纪检监察组织（人员）对党风廉政建设负有监督责任。党风廉政建设责任制考核结果被作为领导班子和领导干部绩效考核、奖励惩处、选拔任用的重要依据之一。

（周未）

新任职和调整干部集体廉政谈话

5 月 8 日，开发区工委委员、纪工委书记王敬东与开发区新提拔和新调整的干部进行集体廉政谈话。王敬东从权、责、利、学、位 5 个方面提出要求，通过参观反腐倡廉教育展厅、观看警示教育片等方式，强化领导干部的责任担当和自律意识。

（周未）

“为官不为”“为官乱为”治理工作启动

6 月，开发区纪工委召开工作部署会，针对一些单位、部门和其领导干部、工作人员中存在的“为官不为”“为官乱为”问题进行治理。专项整治行动范围涵盖所有行政机关和具有行政管理和公共服务职能的事业单位，对象是上述机关和单位的在岗领导干部和工作人员。旨在通过专项治理，进一步促进机关效能显著提升，做到守纪律、讲规矩、树新风、作贡献。年底，市、区两级纪检监察部门集中时间对专项治理工作进行检查验收，并作为年度党风廉政建设责任制检查考核的重要内容。

（周未）

检查两节期间“四风”问题

9月24日，开发区纪工委、监察局联合开发区工委办、组织部、宣传部、工商分局等部门组成检查组，重点对全区各级党政机关、国有企业事业单位的广大党员干部遵守中央八项规定精神的情况，是否存在奢侈浪费等“四风”问题和其他违规违纪行为开展监督检查。当天，检查组分别来到沃尔玛、华联商场、城乡世纪广场、开发区总公司、行政服务大厅、人才职介中心、社会保险基金管理中心、建设工程交易中心、博大大厦、上海沙龙社区服务中心等地明察暗访，以更加严格的监督方式，对开发区内的“四风”问题进行检查，确保廉洁过节。

（周未）

开发区完成党风廉政建设检查考核工作

11月下旬至12月下旬，开发区纪工委、监察局对开发区工委、管委会27个职能部门落实党风廉政建设责任制情况进行检查考核，并对亦庄国际开发建设有限公司、新航城控股有限公司进行抽查。检查考核后，集中召开党风廉政建设述责述廉工作会，大兴区委书记、开发区工委书记李长友出席并对各部门党风廉政建设责任制的落实情况给予肯定。他指出，各部门能够把握开发区特点，在重点工程的监督检查、大额资金使用的监督管理、行政审批的风险防范、基层干部的廉政教育等方面总结了好经验、好做法。李长友强调，各部门要抓好班子、带好队伍，持续改进作风，切实加强团结，发挥担当精神，在其位要谋其政，行其权要担其责，自觉服务一体化发展大局，以更大的勇气和智慧，去探索、创新和突破。

（周未）

工　会

概况

2015年，开发区总工会评选出全国劳动模范1名、北京市劳动模范17名、北京市模范集体3个、全国巾帼标兵2名、全国巾帼标兵岗1个、开发区“爱企业的好职工”576名、“爱职工的好经理”18名。健全完善劳动争议调解机制，劳动争议调解中心接待咨询与调解达782批、5795人次，接待满意率为100%。受理调解申请619件，结案614件，结案率99.19%，调解成功510件，调解成功率83.06%，履行金额达1624.28万元；集体争议25起，涉及1297人。开发区总工会受理劳动争议案件同期占仲裁受理案件的比例为66.42%。开发区劳动争议调解中心获“北京市先进调解组织”称号。

（李怀亭　陈京生）

组织1022名职工登上返乡专列

1月16日，开发区总工会为解决返乡员工购票难的问题，与北京西站建立长期合作关系，设立票务中心，为富智康员工争取到开往河南郑州的临客K4079次车作为返乡专列，并将1022张火车票送到员工手中，保证外来务工人员安全往返。

（李怀亭　陈京生）

10家企业获职工创新工作室称号

1月23日，开发区“职工创新工作室”授牌仪式在北京泰德制药股份有限公司举行，北京金风科创风电设备有限公司、欧必翼门控科技（北京）有限公司、北京航天万源科技公司等 10 家企业获此殊荣。主要表彰他们为促进企业产业升级、推动企业科技进步、增强企业自主创新能力，组织员工开展降低成本、技术攻关、技术改造、节能减排等群众性技术创新活动，为培养有智慧、有技术、能发明、会创建的技能人才队伍，建设科技创新中心阵地作出的突出贡献。

（李怀亭 陈京生）

职工艺术团慰问一线职工

1 月 28 日，开发区职工艺术团以“为最美劳动者点赞”为主题深入企业举办专场新春慰问演出活动，向节日里坚守在工作岗位上的一线职工献上杂技《顶碗》、民族歌舞《走在山水间》、歌曲联唱《流行风》等由职工文艺骨干精心编排并创作演出的剧目，得到企业职工的欢迎。艺术团精湛的演出成为传播社会主义核心价值观，凝聚正能量，丰富职工精神文化生活，陶冶职工情操的“职工文化名片”。

（李怀亭 陈京生）

首期电工取证班结业

3 月 6 日，95 名职工通过考核取得维修电工职业资格证书。此期培训班共设置基础理论和实际操作两部分课程，学时 7 天。学员在开发区总工会教育服务基地完成专业理论知识学习，在电子科技职业学院自动化工程学院完成实际操作训练，并通过理论和操作两项考核取得职业资格证书。此项培训，是开发区总工会实施职业助推计划项目之一，不仅解决开发区内职工取证远、取证难的问题，而且还为获得证书的职工发放助学奖金。

（李怀亭 陈京生）

第三届四次、五次委员会会议召开

3 月 20 日，开发区总工会召开第三届第四次委员会议。开发区工委副书记贲勇、总工会主席张凤民出席大会并讲话，工会委员、经审委员、开发区总工会各部门负责人参加大会，会议听取了三届四次委员会工作报告，审议并通过了开发区总工会 2014 年经费决算和 2015 年度经费预算报告、2014 年经费审查委员会工作报告。11 月 24 日，开发区总工会召开第三届五次委员会会议。会议听取审议了开发区总工会 2015 年预算调整的报告、经费审查工作报告。学习贯彻《中共中央关于加强和改进党的群团工作的意见》《中共北京市委关于进一步做好工会工作的意见》和《中共北京市大兴区委、中共北京市经济技术开发区工委关于进一步做好工会工作的意见》精神。

（李怀亭 陈京生）

一届八次、九次女职工委员会会议召开

4 月 9 日，开发区总工会召开一届八次女职工委员会（扩大）会议。市总工会女职工部部长张秀萍出席会议并讲话。大会表彰了获 2015 年度全国巾帼标兵（2 名）、标兵岗（1 个）的先进个人和先进集体；获 2014 年度开发区巾帼标兵（8 名）、巾帼标兵岗（4 个）的先进个人和集体，增补 6 名女工委员。9 月 17 日，召开一届九次女职工委员会议。学习中央《关于加强和改进党的群团工作的意见》《中共北京市大兴区委中共北京市委经济技术开发区工委关于进一步做好工会工作的意见》等文件精神，听取了 2015 年巾帼标兵、标兵岗和女工工作进展情况。开发区总工会女工委员会主任李静出席并讲话。

（李怀亭 陈京生）

先进模范表彰大会召开

4月29日，开发区总工会召开劳动模范表彰大会。北京市总工会党组成员、副主席陆晓光，开发区工委副书记、管委会主任梁胜，出席并讲话。工委副书记贲勇宣读《关于表彰全区先进模范的决定》。大会为获得2015年全国劳动模范、北京市劳动模范、北京市模范集体、全国巾帼标兵、全国巾帼标兵岗、开发区“爱企业的好职工”“爱职工的好经理”等称号的先进集体和先进个人颁奖。全国劳动模范乔勇代表获奖者发言，开发区职工艺术团献上精彩的慰问演出。开发区党政领导、相关部门负责人、职工代表和获得表彰的先进集体、先进模范人物600余人参加大会。

（李怀亭 陈京生）

基层工会干部培训班举办

5月8日，开发区总工会举办基层工会干部“1+15文件”培训班，170多名来自开发区内基层工会主席参加培训。北京市工会干部学院工会理论与职工教育研究所科研副所长、博士张孝梅，进行“新常态下首都工会工作——‘1+15文件’解读”主题讲座。通过考核，开发区总工会颁发“1+15文件”培训结业证书。5月13日，开发区总工会举办基层工会干部集体协商培训班，183家驻区企业的350名工会主席和人力资源经理参加学习。北京市总工会权益部部长司建作题为“集体协商工作的发展与现状和如何操作”的讲座。中国工人运动历史与现状研究会副秘书长、教授戴文宪，北京市劳动和社会保障法学会秘书长张恒顺，北京市人事劳动和社会保障局处长李长保，中国职工保险互助会北京办事处副部长王晓茜，大兴区法院院长闫春生、法官毛希彤，国家安全领域专业讲师王海岩等，分别从新时期工人阶级现状分析、新常态下劳动争议预防、如何构建企业和谐劳动关系、工资集体协商推进、互助保险最新政策解读，并进行现场答疑。

（李怀亭 陈京生）

《关于进一步做好工会工作的意见》发布

5月19日，大兴区委、开发区工委印发《中共北京市大兴区委、中共北京市委经济技术开发区工委关于进一步做好工会工作的意见》，依据政治原则、法律原则、互利双赢原则、可操作性原则，制定培养一支体现新区精神的劳模队伍、建设一支高素质的职工技能人才队伍、发挥工会三级服务体系优势、加大工会组建力度、依法推进工资集体协商、维护职工合法权益、加强工会干部队伍建设、加强党对工会工作的领导等12条具体措施，为实现依法建会、依法管会、依法履职、依法维权，给予了更多的政策支持。

（李怀亭 陈京生）

亦庄体育公园职工体育活动基地揭牌

5月30日，开发区总工会为BOT亦庄体育公园职工体育活动基地揭牌，同时开启“博大杯”开发区职工网球欢乐季活动。北京市体育局、北京市总工会、开发区总工会和北京东方国际网球发展中心的领导出席了仪式。活动基地是开发区总工会举办职工系列体育赛事的重要活动场所，更好地发挥BOT体育场地、专业技术、国际交流的资源优势，为开发区企业和职工提供高品质服务，不断丰富繁荣职工的文体生活，推进全民健身活动的开展。

（李怀亭 陈京生）

“亦生有缘”职工婚恋服务平台启动

7月3日，“亦生有缘——快乐亦夏”交友联谊活动暨职工婚恋服务平台启动仪式在青年公寓举行。“亦生有缘”是开发区总工会解决企业职工婚恋问题创建的网上服务平台，为开发区内未婚职工提供更大相识范围、更加方便快捷、更加真实可信的交友服务。8家企业、353名职工在平台注册登记，并开始牵手联谊线上相识交流、线下相知相交活动。

（李怀亭 陈京生）

开发区电子信息产业工会联合会成立

开发区电子信息产业工会联合会成立　　孔跃进 摄

7月28日，开发区总工会召开开发区电子信息产业工会联合会成立大会。大会审议通过工会联合会筹备组工作报告和大会选举办法，以无记名投票的方式选举产生了电子信息产业工会联合会第一届委员会，11名常务委员会委员，88个委员单位。产业工会联合会的核心任务是推动产业内企业普遍建立工会组织，开展工资集体协商，维护职工权益，发展和谐劳动关系，为职工提供教育培训、文化体育、困难帮扶等专项服务。

（李怀亭 陈京生）

开发区建筑行业工会联合会成立

11月19日，开发区建设行业工会联合会成立大会在开发区建设工程安全培训体验基地召开。大会审议通过大会选举办法和开发区建筑行业工会联合会第一届委员会主席、副主席候选人名单，选举产生了建筑行业工会联合会第一届委员会委员，7名委员，4个委员单位。开发区在建项目158个，开工面积1063万平方米。建筑行业工会联合会将在开发区重点工程项目工地上组建工会，把建筑行业内的广大农民工有序地组织起来，维护好、发展好业内农民工的合法权益，关爱农民工健康，促进开发区建筑行业健康、稳定、有序发展。

（李怀亭 陈京生 门京春）

中芯国际签订集体合同

11月25日，中芯国际集成电路制造（北京）有限公司副总裁张昕代表企业方，与工会主席姜镭等10名代表所代表的职工方，就职工工资水平、加班费基数、劳动安全、女职工权益保护等相关事宜进行平等协商，达成共识，双方签署《工资集体协商协议书》《企业集体合同》《女职工权益保护协议》《职业安全卫生协议》，惠及企业职工2528人。

（李怀亭 陈京生）

开发区首个行业工资集体协商协议签约

12月11日，开发区举行首个行业工资集体协商签约仪式，开发区人力资源企业分会首席代表、生物医药分会首席代表，分别与劳务服务企业工会联合会和生物医药产业工会联合会首席代表，根据法律、法规、规章的规定，就劳动报酬、工作时间、休息休假、劳动安全卫生、职业培训、保险福利等事项，进行多轮协商谈判，最终达成一致，双方共同签订《开发区人力资源行业工资集体合同》和《开发区生物医药行业工资集体合同》。开发区总工会主席张凤民、人劳局副局长张建荣参加，北京市总工会副主席王玉英出席仪式并讲话。

（李怀亭 陈京生）

开发区工会职工文体活动举办

开发区职工篮球联赛举办　　田艳军 摄

年内，开发区总工会创建了职工体育活动中心（BOT亦庄体育公园）、职工文化活动中心（青年公寓）、亦仁乐活艺苑3个职工文体活动基地，为职工免费提供体育健身、文化娱乐等丰富多彩的业余生活。组织开展“博大杯”职工篮球、足球、乒乓球、羽毛球、拔河、健步走等系列体育联赛，以及桥牌、书画、摄影、音乐、舞蹈等文化艺术活动，累计参与职工1.6万余名。职工艺术团深入企业进行5场春节慰问演出，1500余名企业职工观看。举办2015新春合唱音乐会、职工文化艺术节合唱比赛、摄影知识公益大讲堂等具有时代气息、丰富职工精神需求的职工文化活动，提高职工文化品位。

（李怀亭 陈京生）

加强工会组织建设

年内，开发区总工会发挥各部门的优势，强化责任、落实任务、研究对策、制定措施。新建独立工会组织128家，覆盖291个法人单位，新增会员15371人。其中百人以上企业新建独立工会40家。完成市总工会下达的考核指标。46家小微企业加入联合工会，会员339人；成立电子信息产业工会联合会、建筑行业工会联合会，逐步形成跨所有制、跨系统的区域产业工会组织体系。

（李怀亭 陈京生）

实施职工素质建设工程

年内，开发区总工会组织开展叉车、高低压开关板（柜）装配配线工、无线电装接工等岗位练兵活动22场，参与职工1.1万余人。6家企业参加市职工技能竞赛。创办职工夜校，办班84期，培训1.26万人次。举办“亦庄·心·课堂”讲座11期、微课堂10场，覆盖职工1万余人次。一线班组长、工会干部、心理、财务类等综合培训40期，累计6126人次。完善人才激励机制。119名职工取得大专、本科学历教育证书，享受学历教育助推计划。205人取得职业资格证书，享受职业发展助推计划。其中，高级技师44人，技师16人，高级工48人，中级工47人，心理援助师50人，累计发放助推资金12.8万元。有力地促进职工队伍知识结构的改变和技能水平的提高。

（李怀亭 陈京生）

维护女职工合法权益

年内，61家企业签订《女职工权益保护专项协议》。其中，女职工人数在1000人以上的企业4家，涵盖女职工1.5万余名。关心关爱女职工，20家百人以上的企业建立了“爱心妈咪小屋”，举办20场“妈咪课堂”公益讲座。为30家企业500多名女农民工和劳务派遣女员工免费进行妇科专项体检；211 名女工会主席、女工会委员做了心脑血管疾病和肿瘤早期筛查等 17 个项目的免费检查。150 名困难女职工（含非京籍）参加女职工特殊疾病互助保障计划，女工特殊权益得到保障。

（李怀亭 陈京生）

帮扶困难职工

年内，开发区总工会健全和完善动态化管理、常态化帮扶的工作机制，提高困难职工脱困实效，实现精准帮扶目标。共慰问 382 名困难职工，发放慰问金 80 万元。为 36 名市级困难职工发放“温暖包”和价值 410 元的优质棉被套装。13 名特困职工享受开发区温暖专项基金，共计 22万元；送每位困难职工 100元的“暖·出行”交通补贴与粮油帮扶实物慰问品。各项累计 107.3 万元。举办再就业专场招聘会，为下岗职工提供 275 个岗位、719 个职位，收取简历 586 份，初步达成意向 206 人。

（李怀亭 陈京生）

加强工会宣传报道工作

年内，开发区总工会运用新媒体新技术，建立“bda 工会事务通”QQ 群和公众微信号、职工“快快通”短信平台，制作《前进中的帮扶中心》《京卡系列——京京卡卡的幸福生活》等宣传片 11 部；在《劳动午报》《工会博览》《亦庄时讯》等报刊登载 190 篇文章、《北京工会信息》18 篇文章；开展“点赞最美劳动者” 网络评选活动，参与投票职工达 6 万人，广泛宣传了社会主义核心价值观，强有力地发出了工会的“好声音”。

（李怀亭 陈京生）

青年工作

概况

2015 年，共青团北京市委经济技术开发区工作委员会（简称开发区团工委）结合区域化团建工作要求和开发区实际情况，将荣华、博兴两个街道纳入到区域化团建整体工作方案中，建立信息共联、资源共享、活动共办的工作机制。截至年底，全区直属基层团组织 173 个，工作联系覆盖驻区各类团组织 81 家。继续推进青联各项工作，培育摄影、骑行等各类青年社团组织和公益组织。筹备召开开发区志愿服务联合会第一次会员代表大会，选举产生第一届理事会理事、常务理事和联合会领导机构，将开发区 142 个志愿服务组织，1.5 万名志愿者纳入到全区志愿服务体系中。充分发挥青年身边的综合服务平台作用，先后开展了儿童防侵害讲座、母亲河环保、马驹桥敬老院服务、梨花节单身联谊、欢乐场吧、台球交流赛、生物医药园拔河比赛等文化学习活动 200 多次，新青年城市体验营 12 次，参与团员青年达 1000 人，承办全区羽毛球赛、三人制篮球比赛、攀岩挑战赛等健身活动 10 余次， 直接参与青年累计超过 1 万人，影响和覆盖青年 3 万余人，得到青年的普遍欢迎和充分认可。同时，以 BDA 青年单身俱乐部和小朋友公益课堂项目为试点，探索与专业机构合作，为青年提供优质、优惠、便利的服务。继续拓展新媒体传播途径，整合线上线下，升级完善以“青春

etown”为品牌，涵盖网站、微博、微信新媒体产品建设，定期维护、推送各类团内信息，“青春 etown”微信公众号关注已达千人。

（臧华）

关爱外来务工青年电影专场开播

1 月 7 日，开发区团工委在力宝广场唐阁影城开展“青春情暖”开发区共青团关爱外来务工青年电影专场活动，为开发区内外来务工青年提供免费观影体验，送去节日温暖，共有来自富智康、京东方、首卫保安等 6 家企业的 200 余名外来务工青年和一线保卫人员参与。

（臧华）

联港置业成立共青团支部

5 月 4 日，北京联港置业有限公司召开共青团支部成立大会，选举产生第一届团支部委员会委员。同日，联港置业团支部委员会召开第一次全体会议，选举产生团支部书记和委员，会议议程严格按照《中国共产主义青年团章程》有关规定执行。截至年底，团支部团员总数 8 人。

（何谊 冯青）

开发区总公司召开“五四”表彰大会

5 月 8 日，共青团北京经济技术投资开发总公司委员会召开 2015 年“五四”表彰大会。开发区总公司领导白文、韩洪英、郭广庆、卢自锋出席会议并为获奖的优秀集体和个人颁奖。开发区总公司系统 11 名优秀团干部、15 名青年岗位能手、19 名优秀团员、6 个五四红旗团支部和 8 个青年文明号受到了表彰。会议总结了 2014 年度开发区总公司基层青年助推改革创新工作取得的成果，对 2015 年工作作了部署。

（何焱 孙辉）

开发区共青团表彰大会召开

5 月 15 日，开发区共青团表彰大会暨青年创新创业大讲堂在博大大厦召开。大会回顾了 2014 年开发区共青团工作；宣读了达标创优活动和青年文明号、青年岗位能手争创活动表彰决定，表彰五四红旗团组织 32 个、优秀共青团干部 37 人、优秀共青团员 42 人、“青年文明号”单位 29 个、“青年岗位能手”57 个；邀请北京梦之城文化有限公司 CEO、“阿狸”动漫品牌掌门人于仁国为开发区内团干部主讲青年创新创业大讲堂。来自开发区内基层团组织的 160 余名团干部参会。

（臧华）

组织青年志愿者团队参与新区运动会

6 月 13 日，开发区团工委组织来自富智康、知金教育等多家单位的 50 余名青年志愿者参与新区“一区六园”第十届运动会暨北京市第五届外企职工运动会组织工作，承担看台秩序维护、引导、广播等赛事任务。

（臧华）

“点亮‘青’能量”培训项目举办

7 月 1 日，开发区共青团“点亮‘青’能量”青年工作者能力建设项目开班仪式在博大大厦启动。该项目是开发区团工委与北京市青少年法律与心理咨询服务中心合作的系统培训项目，为加强开发区共青团工作科学化水平，提高团干部和青年社会工作者能力建设。项目分服务需求和资源评估、团体活动组织理念和方法、青年身心和人际成长、婚恋和亲子问题服务技能 4 个专题，通过 5 期参与体验式教学内容，对开发区各系统、各单位全体团干部进行轮训。12 月 9 日，项目结业仪式暨青年工作研讨会在博大大厦举行。126 名学员结业，其中有 41 名学员按时完成培训各项内容，表现优异，被评为优秀学员。

（臧华）

亦庄国投成立团支部

7 月 10 日，北京亦庄国际投资发展有限公司召开第一次全体团员大会，采取无记名投票和差额选举方法，选举产生第一届团支部委员会，党支部组织委员武春雷主持，党支部书记李小平讲话，46 名团员和 24 名青年参会。

（杨莹）

员工心理压力应对讲座开讲

7 月 26 日，开发区团工委主办的“员工心理压力应对与情绪调控技术”专题讲座，在博大大厦开讲，讲座邀请中国康复研究中心心理科主任刘松怀为企业青年员工讲授应对工作压力的解压方法，共有来自开发区内企事业单位的 140 余名青年员工参加。

（臧华）

走进北京亦庄·永清产业园区活动开展

8 月 28 日，开发区青年联合会组织开展了走进北京亦庄·永清产业园区活动，活动内容包括听取永清开发区管委会负责人介绍园区概况、政策和项目等情况，参与“京津冀一体化背景下的企业发展机会”主题座谈会等，共有 20 位青联委员参与活动。

（臧华）

“温暖衣冬”公益活动开展

11 月 5 日至 12 月 10 日，开发区团工委在开发区开展“温暖衣冬”公益活动。活动得到北京京东方显示技术有限公司等开发区内各企事业单位和社会各界爱心人士的大力支持，共募集冬衣外套 3000 余件，经过消毒清理后分批捐赠到首都贫困地区、西藏拉萨地区。

（臧华）

志愿服务联合会首次会员代表大会召开

11 月 26 日，开发区召开志愿服务联合会第一次会员代表大会。开发区工委委员、宣传部部长赵雅娟出席并讲话。会议审议并通过了《北京经济技术开发区志愿服务联合会章程（草案）》《北京经济技术开发区志愿服务联合会选举办法（草案）》，选举产生第一届理事会理事、常务理事和联合会领导机构。赵雅娟当选会长。

（臧华）

“奋斗青春最美丽”励志教育活动开展

年内，开发区团工委挖掘开发区各行各业优秀青年的典型事迹 42 个，与开发区工委宣传部联合开展“爱在亦庄·我们的价值观”宣讲活动，征集并拍摄反映优秀青年事迹的短片 5 个，组织来自企事业单位 8 名员工参加演讲比赛。青年宣讲员深入企业、机关和社区进行宣讲，展示和传递了开发区青年有责任、有担当、有作为的青春正能量。结合中国人民抗日战争暨世界反法西斯战争胜利 70 周年，开展了红色电影放映、抗战纪念馆红色之旅、“亦庄之星”评选活动。

（臧华）

综合行政事务

综 述

2015年，开发区调整功能定位，深化改革、创新驱动，构建“高精尖”经济结构，促进各项工作取得新成绩。坚持把“服务企业、服务项目、服务人才”贯穿于工作始终，紧扣经济运行提质增效主线，统筹调度各部门重点工作，经济运行质量和效益持续提升。以打造科技创新中心主阵地为着力点，坚持深化产业研究，明确产业方向，引导企业加大科技创新投入力度，严把新增项目质量关，提高落地项目效益。参与区域合作，创新合作机制，加快推进跨区域全产业链布局，探索合作路径，联合成立京津冀国家级开发区产业协同发展联盟，推进三地园区产业发展，按照区域资源禀赋，推动产业合理布局。完善城市功能和提升区域环境，“两区五园”一体发展。

开发区坚持依法行政。规范政府决策流程，完善开发区管委会工作规则、绩效管理实施意见和实施方案、“三重一大”集体决策制度、新建非住宅类项目实施意见和管理办法等11项制度。实施政务“督考合一”，启用督查管理系统，出台绩效考核办法，强化对重点工作任务的督查督办。提高政务效率，实现开发区管委会职能部门集中办公，节约办公经费2000余万元。严格“三公经费”使用，落实因公出国（境）管理规定，完成公车改革。

开发区应急系统强化公共安全体系，健全源头治理、动态管理、应急处置相结合的社会管理机制。开发区积极开展对外合作和国际交往，开发区外事办全年外宾接待14批293人次。

（孙沐琳）

政务

开发区 2015 年度工作会召开

1 月初，开发区召开 2015 年度工作会，李长友出席会议并讲话，谈绪祥主持会议，梁胜作工作报告，张晓林、王新、贲勇、白文等新区领导参加会议。谈绪祥首先传达北京市委十一届六次全会精神，梁胜在年度工作报告中总结回顾了开发区 2014 年经济社会发展情况，并从六个方面对 2015 年开发区加速转型工作任务做了总体部署，提出开发区要从“转、调、升、合”四个方面着力做好建设科技创新中心主阵地的大文章。李长友要求，要坚定不移推进新区一体发展，要坚持不懈推动产业转型升级，靠政策引导、科技创新、项目建设、结构调整和功能疏解加快转型。

（毛癸卜）

中央编办一司领导调研开发区消防支队

1 月 7 日，中央编办调研组一行 3 人到开发区消防支队调研指导消防力量建设等工作。公安部消防局警务处处长王川，市消防总队总队长吴志强、副总队长孔凡全和总队司令部、政治部、后勤部、防火部相关领导，开发区消防支队领导陪同。调研组到开发区博兴路、亦庄两个消防中队，深入战斗班、学习室、文娱活动室等库室，询问消防官兵的学习、训练、工作和生活情况；走进中队车库、训练场、器材室等，了解车辆器材装备的参数性能和执勤备防使用情况。调研组对开发区消防支队官兵昂扬的精神状态、营区良好的卫生秩序给予肯定。座谈中，中央编办一司副司长马震介绍中央编办调研消防力量建设工作的重要意义、主要调研提纲等情况。吴志强分别从首都公安消防现役编制基本情况、公安消防部队任务构成、消防力量最薄弱环节、公安消防现役编制在全国面上挖掘的可能性、消防领域行政审批改革情况、公安派出所承担日常消防监督检查工作情况、多种形式消防队伍建设、消防指挥系统调度和其他消防队伍联动机制等方面进行汇报。与会领导还就如何科学实现公安消防现役编制、消防部队任务职能拓展、妥善处理消防部队与政府部门在行政审批中的关系等方面进行探讨交流。

（黎军）

《福布斯》集团亚洲执行董事访问开发区

1 月 27 日，国际知名传媒福布斯集团亚洲执行董事 Joyce Lim 一行访问开发区。开发区工委委员、宣传部部长赵雅娟接待。Joyce Lim 介绍了《福布斯》集团 2015 年新的推广战略、在新媒体渠道和国际活动平台上可提供的媒体资源。她指出，开发区的快速发展，吸引了越来越多国际高端媒体的关注。《福布斯》集团与开发区在多年实践中已形成长期稳定的合作关系。《福布斯》集团将更加关注开发区转型升级取得的新成就，配合开发区向世界展示“具有全球影响力的科技创新中心”新形象。赵雅娟肯定双方多年来的良好合作。开发区将借力国际知名媒体，推进项目化资源的深化整合，推动“北京 · 亦庄”品牌的国际化再提升，助力开发区走上世界的中央舞台。

（孙沐琳）

苏丹工业部领导考察开发区

1月29日，苏丹工业部部长萨米赫·萨迪克和企业家代表团一行10余人到开发区参观考察。代表团依次参观新区综合展示厅和企业新产品新技术展厅，全面了解开发区发展历程、园区运营模式和产业发展趋势。

（孙沐琳）

全国人大常委会领导调研开发区

2月10日，全国人大常委会副委员长、农工党中央主席陈竺率队到新区调研生物医药产业发展。农工党中央专职副主席何维，北京市委常委、统战部部长牛有成参加，新区领导李长友、梁胜、绳立成、王清旺接待陪同。陈竺一行先后走访北京义翘神州生物技术有限公司、北京旷博生物技术有限公司、百泰生物药业有限公司等知名生物医药企业，了解企业自主创新、技术升级、人才引进等情况，并与企业家们座谈。陈竺强调，要强化创新驱动，培育产业发展市场环境，最大限度发挥现有生物医药产业的带头示范效应；要降低准入门槛，增加医保目录，全力推进深化医改工作；要加强顶层设计，坚持试点先行；要加快区域联动，促进京津冀协同创新，提升企业开放创新能力和国际化水平。

（崔春雷 孙沐琳）

市领导调研开发区

3月26日，市委书记郭金龙到开发区调研。市委常委、常务副市长李士祥，副市长张工陪同。郭金龙强调，要深刻理解、深入贯彻习近平总书记重要讲话精神，始终把新常态、“高精尖”、京津冀三个关键词牢记于心，进一步明确区域功能定位，坚持深化改革，确立发展优势，为全市经济社会发展作出更大贡献。新区领导李长友、梁胜就开发区加快产业转型、推动融合发展等方面工作进行汇报，开发区领导班子成员参加座谈。7月2日，副市长隋振江到开发区调研，要求开发区牢牢把握新常态、“高精尖”、京津冀三个关键词，在首都科技创新中心、文化中心建设和服务京津冀协同发展中发挥更大的辐射带动作用。市政府副秘书长朱炎一同调研，李长友主持座谈会，梁胜、贲勇、白文等新区领导出席座谈会。11月9日，市委副书记、市长王安顺到开发区调研制造业转型升级情况。他强调，开发区和驻区企业要抓住京津冀协同发展机遇，瞄准产业高端，聚焦优势领域重点突破，不断推动北京制造业向“高精尖”转型。王安顺先后考察新投用的中芯国际集成电路二期生产线、以金融大数据服务为主要业务的中金数据系统公司和北京奔驰发动机工厂。随后，王安顺主持召开座谈会，听取大兴区和开发区工作汇报，听取驻区企业代表和市有关部门的意见建议。副市长隋振江，市政府秘书长李伟一同调研，新区领导李长友、梁胜、白文、高言杰、王合生、袁立洪陪同。

（孙沐琳）

出版《北京经济技术开发区年鉴(2015)》

4月，开发区启动《北京经济技术开发区年鉴（2015）》编纂工作，确定参编单位261家，同比增加6家。全书收到文字66.6万字，同比增加8.6万字；图片2773张，同比增长159%。9月，开发区志办召开集中审稿会。12月底，《北京经济技术开发区年鉴（2015）》出版发行。全书成书72.8万字，采用照片325幅，全面系统地反映了开发区2014年的发展历程。

（王新美）

应急管理网站发布预警信息46次

开发区应急管理网站改版上线　田艳军 摄

5月12日，开发区应急管理网站改版上线。新版网站在广泛宣传应急管理工作、普及防灾减灾知识基础上，增加突发事件预警信息发布功能，搭建开发区应急系统数据平台，实现预警信息、应急预案、物资队伍、应急知识、工作动态等内容的对外公开和对内交流，丰富预警发布途径，拓宽预警发布范围，结合短信平台，在预防和应对各类突发事件中发挥重要作用。改版以来，该网站转发预警信息46次，其中极端天气24次、空气重污染9次、防汛5次，浏览访问量14703人次。开发区应急管理网上报北京市应急网工作动态和新闻信息132条，被采纳刊登126条，被采用率达95%。

（吴振坤）

应急宣传教育

5月12日—15日，在全国第七个“5·12”防灾减灾宣传周期间，开发区应急办围绕“科学减灾、依法应对”主题，宣传党和政府“以人为本”的防灾减灾工作理念。主题活动日期间，开发区应急办组织志愿者服务队、职工和居民到市地震与建筑科学教育馆进行培训。5月12日，开发区消防支队组织开放日活动，居民、职工和中小学生现场观摩了消防业务表演，互动体验各种消防器材装备。5月15日，开发区应急办会同开发区建发局，组织开发区内重点建设项目到开发区建筑工程安全培训体验基地进行培训，通过施工安全标准化展示、现场医疗急救体验等科目，一线工人提高了安全意识和应急技能。活动中，开发区以宣传贯彻《中华人民共和国突发事件应对法》和北京市实施办法为主线，利用电视台、网站、报纸、广告牌、横幅、展板等方式进行报道宣传，免费发放《预警信息手册》5000本、《中小学生防灾减灾手册》4000本，号召市民下载安装“北京服务您”手机客户端，普及应急法律法规和防灾减灾知识，营造全社会关心、支持、参与防灾减灾和应急管理工作的良好氛围。

（吴振坤）

开展应急演练5次

中芯国际开展应急疏散演练　田艳军 摄

5月27日，开发区承办北京市人防工程防汛应急演练，出动应急指挥车、工程抢险车6台，救援和通信装备60余件，参演人员70多人，各区县民防部门观摩演练。7月2日，开发区公安分局开展防恐处突演练，30 余名公安干警参加演练。7 月 10 日，中芯国际集成电路制造（北京）有限公司开展应急疏散演练，千余名员工 10 分钟内全部疏散到指定地点。8 月 13 日，开发区环保局组织驻区企业进行氨气泄漏应急演练。9 月 19 日，开发区组织动员开展防空警报试鸣，提高广大市民的国防观念和防空意识。防灾减灾宣传周期间，水电气热讯等专业公司开展各专项应急演练，城市运行服务保障能力不断提升。

（吴振坤）

天津市人大常委会领导调研开发区

6 月 18 日，由天津市人大常委会主任肖怀远带队，天津市人大常委会 70 人组成的考察团，以“发挥人大在推进京津冀协同实施创新驱动发展战略发表重要讲话方面的作用”为主题，到开发区调研科技创新工作，了解开发区“高精尖”产业发展情况。北京市人大常委会主任杜德印，副主任梁伟、孙康林一同考察，新区领导李长友、梁胜、李永贵、高言杰等陪同。

（孙沐琳）

便民电话和非紧急救助服务

7 月 16 日，开发区开通全市便民电话和非紧急救助服务网络平台，提升倾听民意、为民解忧的工作效率。截至年底，开发区便民电话和非紧急救助服务中心共承办市政府便民电话中心、北京市非紧急救助服务中心转交电话工单 519 次，网络派单 1374 个，直接接听市民群众来电 2297 个，按期办结率 100%、及时反馈率 100%。

（吴振坤）

新区 2015 年上半年经济形势分析会召开

新区召开 2015 年上半年经济形势分析会　　郑云　摄

7 月 31 日，新区召开 2015 年上半年经济形势分析会暨区委四届九次全会（扩大）会议。会议总结上半年新区经济社会发展和产业发展工作，并部署下半年工作任务。李长友主持会议并讲话，新区领导谈绪祥、梁胜、张晓林、王新、赍勇等出席会议。会上，谈绪祥和梁胜分别作关于新区 2015 年上半年经济社会发展情况和下半年工作安排的报告、新区上半年产业和京津冀协同发展的报告。

（毛癸卜）

新区领导干部大会召开

新区召开领导干部大会　　郑云　摄

9 月 9 日，新区召开领导干部大会。学习贯彻 9 月 7 日中共中央政治局委员、市委书记郭金龙到新区调研时的讲话精神。李长友主持会议，梁胜传达讲话精神。李长友对新区领导干部提出必须全力以赴稳增长、必须永不懈怠保稳定的工作要求。

（毛癸卜）

中央领导考察京东·绿安特产体验馆

9月14日，国务院副总理汪洋在北京市市长王安顺、农业部部长韩长赋等领导的陪同下，参观位于中国农业科学院院内的京东·绿安特产体验馆，考察京东·绿安特产体验馆线上和O2O购物流程、农产品在线追溯体系。京东商城CEO沈皓瑜汇报京东在农村电商领域付诸的努力与阶段性成绩。京东·绿安特产体验馆是京东与北京旗舰食品集团控股子公司北京绿安会展服务有限公司联手推出的“互联网+农业”项目，是集农产品销售、展示、推介、仓储、配送、信息交流等功能于一体的中国名优特农产品O2O营销服务平台。已有北京、河北、内蒙古、安徽、湖北、台湾等近30个省市的地方特产馆入驻体验馆，涵盖包括粮油、休闲食品、酒水饮料、果蔬生鲜等上万款名优特产。

（王晓东）

商务部领导调研开发区

10月16日，商务部贸易谈判代表兼副部长钟山带领调研组到开发区调研外贸工作，副市长林克庆参加调研，市商务委主任闫立刚，开发区管委会主任梁胜、副主任高言杰陪同并出席座谈会。调研组实地考察四达时代集团和京东方科技集团股份有限公司8.5代线，了解企业新技术新产品在市场上的应用和外贸出口情况。钟山主持召开外贸工作座谈会，市商务委就北京市1月至9月全市外贸运行情况和稳定外贸出口的新举措进行汇报，开发区管委会、航卫通用电气医疗系统有限公司等6家开展外贸业务的代表性企业分别对当前外贸形势、存在的问题、下一步工作着力点作了重点发言。

（孙沐琳）

完成57人口述专访

10月至12月，开发区志办完成对开发区内33家单位57人的口述专访工作。专访内容以受访者口述的形式，讲述企业创业、成长故事，记录企业发展历程。此次专访使用最先进的4K技术录制，便于视频资料的留存、编辑和应用。

（王新美）

新区“十三五”规划务虚会召开

11月27日，新区召开“十三五”规划务虚会，深入贯彻党的十八届五中全会精神和市委十一届八次全会精神，集中讨论新区“十三五”规划重大问题。李长友主持会议并讲话，谈绪祥、梁胜、张晓林、王新、王有国、高言杰等新区领导参加。会议传达了市委全会精神，听取大兴区发展改革委、开发区发改局等单位关于“十二五”规划落实和“十三五”规划编制情况，以及现代服务业发展情况、“互联网+”融合计划等。李长友强调要科学编制规划，绘就发展蓝图。谈绪祥充分肯定了新区“十二五”时期的工作。站在新的五年起点上，提出必须坚持追求速度、质量、效益的总方向，必须坚信新区发展所处历史阶段的重大判断，必须坚守新区处在全市聚光灯下的位置，必须长期致力于缓解紧张的人口资源环境矛盾，必须持久发力解决城乡一体化问题的工作要求。在“十三五”时期，新区力争在规划建设新航城、构建“高精尖”经济结构、统筹城乡发展、破解人口资源环境难题、全面深化改革等方面取得新突破。梁胜就“十三五”产业发展形势进行分析，并对2016年的重点经济任务提出建议。他指出，新区发展正面临难得的历史机遇。市委、市政府对新区发展的新定位，与新区面临的开发区创新发展、大兴国际新机场建设、城乡一体化发展、京津冀协同发展四大发展机遇形成了历史性交汇，为新区实现“十三五”发展目标，服务优化提升首都核心功能，巩固新区在全市经济发展布局中的战略地位，形成首都经济发展的副中心效应。

（毛癸卜）

开发区述责述廉工作会召开

12 月 21 日，开发区党风廉政建设责任制检查组分两队分别对开发区机关党委、管委办、科技局等 8 个部门（单位）领导，以及开发区市政局、审计局、环保局等 7 个部门（单位）和开发区总公司 1 个子公司，就 2015 年贯彻落实党风廉政建设责任制情况进行检查考核。新区领导谈绪祥、梁胜、王敬东、绳立成、张凤民出席会议并听取汇报。谈绪祥要求各部门主要负责同志在履行党风廉政建设主体责任方面，要严肃认真，切实把认识提到一个高度，真正解决主体责任认识欠缺的问题；要严格履职，切实把工作抓到手上，规范权力的运行和监督，抓早抓小，及时有效发挥警示教育的重要作用；要严格要求，切实增强党要管党，不断将党风廉政建设引向深入。梁胜指出各部门现阶段落实党风廉政建设责任制工作的成绩来之不易，需要倍加珍惜，但同时也要清醒地认识到工作还有很大的开发潜力和发展空间。他要求，各单位要做到强化审计，让跟踪审计走在前面，把严结点，加密结点，全流程确保各个环节做到清清楚楚。要建章建制，强化制度落实，提高管理水平和服务水平。要强化教育引导，加大廉洁自律教育力度，加大监督检查力度，要让干部做到不敢、不能、不想。

（毛癸卜）

《开发区政务信息》出刊 29 期

年内，《北京经济技术开发区政务信息》出刊 29 期，向市政府报送信息 100 条，被采用 53 条，采用率 53%。其中，获市领导批示 4 条，“北京经济技术开发区建立应急处置群体性劳资纠纷‘六位一体’工作机制”被市政府选为年度优秀调研信息；京津冀开发区创新发展联盟相关信息获市领导高度关注。年内，围绕京津冀协同发展等国家战略和市重点工作，开发区提供大量有价值的信息。据统计，被市政府采用的信息主要集中在京津冀协同发展、“高精尖”企业动态、科技创新、产业服务等方面。

（钱琨）

接收各门类档案 8091 卷

年内，开发区档案室共接收各门类档案 8091 卷（件），完成 2015 年度文书、会计、审批等约 1 万卷（件）档案的加工整理工作，共接待利用档案人员 790 人次，借阅、利用各类档案共计 1.22 万卷（件），复印资料 8442 页。对文书、会计、审批、执法、合同、工程、企业七大类纸质档案进行数字化扫描。全年共接收数码照片 165 张，促进档案管理向信息化、数字化方式转变。

（田梦）

受理因公出访团组 19 批 36 人

年内，开发区实际因公出访 19 批 36 人次。其中，党政干部实际出访 10 批 20 人次，人次同比零增长。开发区外事办公室全年受理咨询团组累计 25 批 46 人次，初审阶段取消各种无必要的出访共计 6 批

12人次。因公证照收缴率保持100%。

（张晓明）

为区内企业办理来华邀请函34人次

年内，开发区外事办公室为开发区内企业办理90天以内一次或两次来华邀请函申请22人次，初审90天以上多次来华和工作类邀请函申请12人次。为驻区企业办理APEC商务旅行卡19张。

（张晓明）

接待、受理群众来访326批1777人次

年内，开发区信访办贯彻落实《信访条例》，规范完善信访配套制度，畅通信访渠道，开展矛盾排查调处工作，预防化解大量矛盾纠纷，发挥联席联动机制作用，推动信访疑难案件解决，维护人民群众的合法权益。开发区信访办全年接待、受理群众来访326批1777人次，同比分别增长11.26%和下降29.15%。其中，集体来访54批1226人次，同比分别下降25%和35.85%；信件173封，同比增长24.46%。从反映问题形式来看：信访形式多样化、公开化和频率加快；重复投诉、缠访反映问题处理难度大、呈周期性波动趋势；自发组织的集体访问题突出；部分上访人员行为激烈，个别上访人员甚至采用极端行为来表达诉求。从反映问题内容来看：社会管理问题有所增多，主要涉及部分居民的违章建筑、业委会和公共维修基金的使用；劳动关系问题占比较大，主要集中在讨薪、劳动关系纠纷和劳动权益保障等方面；城市管理问题占比较大，房屋公共设施、设备管理和供暖价格问题突出；征地拆迁问题占比有所增加，一些特定的群体就历史遗留问题重复缠访；合同争议问题占比大幅增加，主要是信访人相较于司法途径更愿意走无成本的上访途径。

（王空颖）

主动公开信息408条

年内，开发区通过“首都之窗”政府信息公开专栏主动公开信息408条。其中，法规文件类信息6条，占总体比例的1.47%；规划计划类信息5条，占总体比例的1.23%；职责信息12条，占总体比例的2.94%；业务动态类信息385条，占94.36%。全年接待公众咨询查阅371人次。

（王海凤）

受理信息公开申请101件

年内，开发区受理信息公开申请101件。其中，当面申请85件，占总数的84.16%；通过互联网申请1件，占总数的0.99%；以信函形式申请15件，占总数14.85%。答复申请信息100项。其中，“同意公开”62项，占总数的62%；“同意部分公开”1项，占总数的1%；“不予公开”1项，占总数的1%；“信息不存在”25项，占总数的25%；“非本机关掌握”11项，占总数的11%。

（王海凤）

加强应急队伍装备建设

年内，开发区启动新一轮应急队伍和装备物资信息的更新工作，并将数据录入北京市应急队伍与装备管理系统。开发区应急办为开发区交通大队购置应急信号设备，提高交通保障能力。开发区公安分局成立处突服务队，启动摩托车巡逻机制，增强新形势下掌控社会稳定的能力。开发区消防支队新配一批防爆、防化专业设备，使安保力量再升级。“119”消防日，开

发区社区微型消防站揭牌，8 辆微型消防车开进社区，推进最小防灭火作战单元建设。开发区质监分局牵头成立电梯安全应急志愿服务队，充实特种设备救援力量。在应急队伍和物资检查方面，开发区通过不定期抽查、无通知集结调度等方式，强化各专业救援和志愿服务队伍的应急响应能力。在应急宣传、重大活动保障和突发事件处置中，开发区民防应急指挥车充分发挥作用。

（吴振坤）

健全基层应急管理机构

年内，开发区加快转变政府职能，创新社会管理体制，与新设立的荣华街道、博兴街道实现工作对接，加快形成源头治理、动态管理、应急处置相结合的社会管理机制，强化公共安全精细化管理。开发区基层应急管理机构得到充实，显著提升城市运行服务保障和突发事件预防处置能力，为新区的一体化发展提供重要保障。

（吴振坤）

应对各类突发事件

年内，开发区社会安全和城市运行总体和谐稳定，未发生重特大突发事件。在做好全年值守应急工作基础上，开发区继续贯彻执行公共安全季度形势分析和周例会制度，结合全市防控重点和区域实际，针对性部署风险排查和突发事件防控工作，妥善应对空气重污染、防汛等极端天气，做好马航失事乘客家属的服务工作，有效处置三农集团农民维权、国融国际电梯停运、林肯公寓供暖纠纷等群体性事件和城市管网事故等突发事件。

（吴振坤）

审　计

概况

2015 年，北京经济技术开发区审计局（简称开发区审计局）依法开展审计，用好审计监督权。加大对财政资金分配、重大投资、维护群众利益、干部履职尽责情况等重点领域、重要岗位和关键环节的审计，关注公共资金使用、经济运行中风险隐患、改善民生的协调配合等方面，促进深化改革、依法行政、推进廉政建设、推动履职尽责。

（张玉英）

9 位领导干部经济责任审计

年内，开发区审计局开展 9 位领导干部经济责任审计，涉及被审计单位 9 个，延伸审计单位 24 家。审计金额共计 23 亿元。提出审计建议 29 条，督促企业补缴税款 2 万元。

（张玉英）

预算执行审计 88 亿元

年内，开发区审计局加强全口径预算监督，对开发区 2014 年度财政预算执行和其他财政收支进行审计，审计金额 88 亿元，从着力盘活财政存量资金、加强财政资金监管、规范业务流程方面提出 3 条审计建议，督促追缴财政资金 100 余万元。深化预算执行审计内容，将政府性基金预算纳入审计范围，实现对公共财政预算、国有资本经营预算和政府性基金预算的审计全覆盖，增强审计监督力度。关注财政资金的存量和增量，促进减少财政资金沉淀，盘活存量资金，提高财政资金使用绩效。同时，关注社会维稳资金的管理和使用情况。

（张玉英）

完成两项专项资金绩效审计

年内，开发区审计局完成专项资金绩效审计两项。加大政策措施落实情况的审计力度，继续开展北京市重大科技成果转化和产业统筹开发区项目绩效审计，并现场延伸审计10家项目单位，审计金额13亿元。从加强项目绩效考核、严格项目监管、加强申报文件的审查和绩效目标评估、加强统筹资金财务核算检查方面提出4条审计建议。深入开展民生审计，加强对教育资金的审计监督，坚持纵向到底，循着资金流向走，从政策要求、资金拨付一直追踪到项目，并现场延伸审计10家学校，审计金额4202万元。从加强过程留痕、严格项目监管、监督项目执行过程方面提出3条审计建议。

（张玉英）

重大投资项目和民生项目审计

年内，开发区审计局加强对重大项目的跟踪审计，列入年度审计计划的政府投资项目启动实施（含延续）跟踪审计项目94项，其中综配区项目启动跟踪审计32项，“12平方公里”土地一级开发项目46项，其他项目16项。94个项目按建设进度有序开展跟踪审计，完成相对应的跟审工作。

（张玉英）

综合服务配套区项目跟踪审计

年内，开发区审计局开展瀛海镇搬迁腾退还绿项目，完成住宅拆迁补偿审核1318户，审定补偿金额17.81亿元；青苗和地上物补偿662户，审定补偿金额0.68亿元；南宫养殖小区拆迁补偿审核16户，审定补偿金额0.5亿元。集贤土地开发项目累计清登非住宅144户，签约送审非住宅57户，审定补偿金额6.55亿元；住宅拆迁清登672户，签约送审171户，审定补偿金额2.23亿元。市政工程项目结算送审3.10亿元，审定金额2.69亿元。做好亦庄镇南工业区拆迁腾退项目和奔驰二期项目腾退项目跟踪审计工作。

（张玉英）

“12平方公里”安置房工作结算审计

年内，开发区审计局开展“12平方公里”开发项目在施工程的跟踪审计，着力推进安置房结算审计工作，初步审核定案7个地块中5个地块，施工单位报送约60.64亿元，审减17.22%。市政和配套工程结算送审0.42亿元，审减7.14%。结算过程中与建设单位建立结算例会机制，沟通解决结算过程中遇到的问题。

（张玉英）

保障房、搬迁房建设项目跟踪审计

年内，开发区审计局实施E8/E18保障房建设项目的跟踪审计工作，重点对项目的基本建设程序履行、工程现场管理情况和投资控制情况进行跟踪审计，督促建设单位办理主体变更手续，及相关土地、工程手续变更，推进公积金贷款手续的办理。积极与建设和相关单位协调，推进X38号地搬迁房建设项目结算审计工作，完成9个标段总包结算的定案工作，报审6.56亿元，审定6.10亿元，审减7.01%。启动二中亦庄学校扩建等10个政府投资建设工程跟踪审计工作，完善前期审计调查工作。

（张玉英）

牵头梳理入区协议 252 份

年内，开发区审计局牵头梳理了自 2007 年以来入区协议的签订和履约情况，2007—2015 年共签订 252 份入区协议，在梳理的基础上，提出下一步 3 点工作建议。

（张玉英）

推进结果查究工作

年内，开发区审计局对荣京东街改造等 4 个项目开展集中查究工作，加强党风廉政建设，加大对制度落实情况的检查，促进形成决策科学、执行坚决、监督有力的权力运行机制。选择 3 个 2014 年完成的跟踪审计项目开展局内分口查究工作。集中查究工作和分口查究工作均已完成。

（张玉英）

配合国家审计署和市审计局完成审计任务

年内，开发区审计局配合市审计局完成城镇保障性安居工程跟踪审计。开发区审计局负责协调相关部门成立联络小组，与市审计局审计组到项目现场进行实地勘察公租房相关地块，保证市审计局完成审计工作。配合市审计局开展开发区管委会统筹的市重大科技成果转化和产业化项目资金审计工作。开发区审计局负责服务保障工作，针对审计时间跨度大、涉及项目多的情况加强对接；协调相关部门和企业及时提供资料，保障审计组完成审计任务。

（张玉英）

加大审计信息公开力度

年内，开发区审计局试行对经济责任审计工作进行审前审后公示。审前在被审计单位公共场所对审计范围等信息进行公示；审中建立联络机制、沟通机制、廉政建设机制和回访机制，加强与 31 家被审计单位进行沟通协调，全程接受被审计单位的监督；审后扩大审计结果的公开范围，将 34 份审计报告报送给开发区工委、管委会领导和相关被审计单位。

（张玉英）

推进内审工作

年内，开发区审计局对开发区 75 家民营企业进行前期调查和摸排，实地走访两家企业，调查结束后撰写内审调查工作报告上报至北京市内审协会。推广内部审计实践经验，发挥优秀内部审计案例的示范和导向作用，组织开发区审计局审计人员和开发区内企业参加北京市“优秀内部审计案例”征集评选展示活动和内部审计理论研讨。开发区审计局由专人带队组成 5 人内审代表队参加市审计局举办的知识竞赛，获组委会颁发的组织奖。开发区审计局加入北京市内部审计协会推广的内部审计人员后续教育网络平台，通过免费共享网络资源解决开发区内审人员原有后续教育难的问题。

（张玉英）

法治建设

综 述

2015年，开发区以党的十八大精神为指导，以确保开发区发展建设安全稳定环境为主线，以平安开发区建设为目标，以宜居宜业新城建设为载体，以反恐防暴为重点，为新区一体化发展营造稳定的社会环境。

开发区落实维稳工作会商协调机制，完善社会治安治理和整体防控，确保区域社会和谐稳定。完成十八届五中全会、纪念中国人民抗日战争暨世界反法西斯战争胜利70周年、2015年北京国际田联世界田径锦标赛等重大活动服务保障任务。

开发区公安分局经海路派出所挂牌对外办公。依托“一区一警”警务工作机制，强化安全教育。在荣华路、荣京街等8条主要道路路口安装80个信号灯计时器，保障道路畅通。切实建立联动机制，加强信息沟通，建立健全消防工作隐患问题抄报移送、责任落实定期通报制度。开发区全年共发生火灾15起，社会单位建成微型消防站227个。

开发区检察处启动行贿犯罪档案查询工作，全年开展查询服务2435起，审核相关材料12175份，有效防控职务犯罪和商业贿赂。开发区法庭共受理各类案件2036件，审结各类案件1704件。

（李婕）

政策法制

概况

2015年，开发区研究室落实党的十八届四中全会精神，推进法治园区建设，审查行政规范性文件草案、重要文件和各类合同协议，开展行政审批、行政处罚权力清单编制，组织依法行政工作研讨会，处理行政复议、行政诉讼案件和各类涉法问题，做好法治服务保障工作。

（张哲明）

组织依法行政研讨会

8月24日—25日，开发区研究室组织召开开发区管委会2015年度依法行政工作研讨会，重点针对行政执法人员，讲解行政执法和复议诉讼应对实务，共70人参加。会后，开发区研究室组织公共法律基础知识考试，作为开发区管委会执法人员申领执法资格证的依据。

（张哲明）

审核修改文件和合同协议74件

年内，开发区研究室审核修改行政规范性文件草案和各部门起草的文件40件；审核修改各类合同协议34件。向市法制办报备两项行政规范性文件，分别是《北京经济技术开发区新建非住宅类项目管理办法》和《北京经济技术开发区机动车停车管理办法》。

（张哲明）

编制行政审批和行政处罚权力清单

年内，开发区研究室根据国家、北京市关于简政放权的系列要求，结合市级权力清单，梳理和编制开发区行政审批和行政处罚权力清单。其中，处罚职权12大类、1877项，行政审批72大项（行政许可类57项，非行政许可类15项），188小项。

（张哲明）

处理行政复议和行政诉讼案11件

年内，开发区发生以开发区管委会为被告的行政诉讼案件9件，其中审结6件，均驳回原告诉讼请求；以开发区管委会为被申请人的行政复议案件两件，均尚未审结。

（张哲明）

综　治

概况

2015年，开发区政法工作部贯彻落实中央、市委关于维护社会稳定和社会治安综合治理的方针、政策并完成相关的工作任务；分析研究社会治安综合治理的形势并提出对策；协调、指导开发区社会治安综合治理工作；督促社会治安综合治理各项措施的落实；支持和监督开发区驻区政法部门依法行使职权。加强社会治安综合治理基层工作、建立健全维稳会商机制，全力化解社会矛盾和不稳定因素，确保辖区稳定。

（李婕）

完成“两大安保”任务

8月22日—30日、9月3日，在北京分别举行北京国际田联世界田径锦标赛和中国人民抗日战争暨世界反法西斯战争胜利 70 周年阅兵纪念活动，开发区各政法单位完成“两大安保”任务。开发区政法工作部牵头成立开发区“两大安保”工作领导小组，以开发区管委会、安委会、防火委、公安分局名义印发“两大安保”等各类工作方案 39 份。8 月 20 日，开发区组织召开“两大安保”动员部署大会，开发区安监局、公安分局、消防支队和各街道、派出所主管领导，消防安全重点单位、社区、工业园区消防安全负责人 300 余人参加会议。开发区公安分局对开发区内重点部位、危险品从业使用单位、行业场所、出租房屋等进行安全检查，发现并整改安全隐患 240余件。开展社会面整治，清理“黑车”“黑摩的”130 余辆，清理无照游商 60 余个，社会面巡逻抓获可疑人员 100 余人，排除安全隐患，维护辖区稳定。8 月 15 日至 9 月 3 日，抽调 18 名警力到长安俱乐部、新闻大厦、英大国际大厦三处支援警卫局、东城分局执行“9·3”纪念活动制高点安检任务。8月22日—23日、9月2日—3日，抽调 86 名警力到前门西大街和煤市街地区，完成阅兵演练和“9·3”阅兵现场安保任务。开发区消防支队于 7 月 28 日举行“两大安保”誓师仪式。开发区消防支队先后召开 3 次管委会主任办公会、2 次防火委联席会、3 次全区安全生产工作会议，研究部署“两大安保”等消防安全工作。开发区工委、管委会领导带队开展消防安全检查 69 次，开发区消防支队共检查单位 290 家次，发现并消除火灾隐患 273 处，下发责令改正通知书 108 份，查封 6 家，“三停”两家，实施行政处罚 13 万元，拘留 1 人；实名制发动群防群治力量 7000 余人开展“两大安保”火灾隐患排查整治工作；开发区消防支队和相关职能部门共指导 500 余家社会单位，3 万余人开展培训演练，组织培训教育 350 余次，培训 2 万余人。对辖区 194 家重点单位、167 处地下建筑、169 栋高层建筑、地铁轻轨沿线和 7 个站点等单位场所开展调研分析，对开发区内 1173 个市政公共消火栓、两个天然水源等公共消防基础设施情况进行全面摸排评估，建立台账。组织开展高层建筑、地下空间、商市场、易燃易爆危化场所等各类演练 67 次；制定完善石油化工、易燃易爆等危险场所等应急救援和灭火预案 169 份；联合组织开展地铁站点、反恐处突等实装拉动演练 38 次。

“两大安保”工作部署会召开　　付森森 摄

（李婕 王海英 黎军）

处理联拓集团售车引发群体性聚集问题

年内，因联拓集团下属汽车 4S 店不能向购车人交付已售汽车的合格证，造成车主无法正常上牌照，致使大批车主多次到开发区管委会办公大楼聚集上访要求解决。开发区政法工作部按照市维稳办统一部署，统计涉事车主信息，做好解释和劝解工作。此事得到妥善处理，未对辖区稳定造成重大影响。

（李婕）

开展钰诚集团和“e 租宝”专项处置工作

年内，开发区政法工作部为妥善处置

钰诚集团和“e 租宝”因涉嫌犯罪所引发的员工劳资纠纷、受损群体集体维权和工程建设纠纷等相关隐患，维护开发区安全稳定，在北京市“e 租宝”专项处置工作小组领导下，协调开发区公安分局、宣传部、总工会、应急办、信访办、投促局、人劳局等有关部门，成立专项应急处理领导小组，并结合自身职责分别制订工作方案。根据市维稳办的要求，开发区公安分局对辖区的投资人开展摸底核查工作；开发区人劳局受理“e 租宝”公司员工仲裁申请并做好装修民工工资发放工作；青年公寓完成“e 租宝”公司租赁房屋清退工作。

（李婕）

强化维稳情报信息会商

年内，开发区政法工作部以维稳会商会为依托，将不稳定因素纳入视线，对敏感问题、突出情况适时进行会商，明确牵头部门，提出解决对策。在敏感时段、敏感日期，适时进行会商。对北京可口可乐公司合同纠纷案、诺基亚裁员、爱农家加非法吸收公众存款案、中电华通股权纠纷案等一批涉及地区安全稳定的案件进行多次专题会商，为新区一体化发展营造稳定的社会环境。

（李婕）

公 安

概况

2015 年，北京市公安局经济技术开发区分局（简称开发区公安分局）落实“平安行动”整治部署，完成北京国际田联世界田径锦标赛、“9・3”阅兵、党的十八届五中全会等重大安保任务，破获特大诈骗案、团伙重大运输贩卖吸食毒品等一批重特大案件，处理稳控竹柳种植户非法维权、三洋能源公司改制、诺基亚公司裁员等敏感事件，维护辖区政治稳定和社会安定。强化社会面巡控，加大对辖区政府机关、重点部位、繁华街道、公交场站、地铁沿线、进出区要道等部位周边的巡控力度，强化地上地下一体化勤务、校园高峰勤务，开展堵卡行动 96 次，开展三大秩序整治工作 80 余次，处置突发事件 700 余起，查获各类违禁品 90 余件。加强行业场所检查，检查各类场所 2000 余家次，对问题单位采取关停、停业整顿等措施。检查危险品从业单位和使用单位 240 余家次，检查出租房屋 4500 余户，发现并整改安全隐患 200 余件；开展社会面清理整治 87 次，清理“黑车”“黑摩的”100 余辆，清理无照游商 60 余个。加强开发区内单位内部安全管理力度，摸排重点部位 56 处，发现隐患问题 80 个，督促整改率达 100%。开展各类主题宣传活动 5 次。11 月 9 日，开发区公安分局经海路派出所挂牌对外办公，临时办公地点位于经海七路 100 号院 6 号楼一层。年内，开发区公安分局被评为“北京市第十二届思想政治工作优秀单位”“2012—2014 年度首都精神文明单位标兵”。3 个集体荣立集体三等功，1 个集体被授予集体嘉奖；1 人荣立个人二等功，14 人荣立个人三等功，50 人被授予个人嘉奖。

（王海英）

开展多项主题宣传活动

1 月 10 日，开发区公安分局开展以“110，与您携手共创平安”为主题的宣传活动。组织相关单位分别在辖区北京丰大国际大酒店、创意生活广场、力宝广场和乐天超市设立4个宣传点，出动警力30余人次，发放110宣传海报、防范电信诈骗提示、安全燃放烟花爆竹、预防煤气中毒等宣传材料8000余份，解答群众咨询700余人次。4月28日，开发区公安分局在大雄商业中心、中芯国际两个宣传点开展文明养犬主题宣传活动，向群众宣传科学养犬知识、发放犬只年检宣传材料，此次活动共悬挂横幅5条，发放宣传品3000余份。6月26日，开发区禁毒委举行国际禁毒日主题宣传活动，开发区禁毒委各成员单位、各街道办事处、开发区公安分局领导和相关人员，及企业、社区、场所150余名禁毒志愿者参加活动，向群众发放禁毒宣传册、海报、光盘等宣传资料3000余份。11月6日，开发区公安分局在中芯花园社区、卡尔北广场两个宣传点开展预防煤气中毒主题宣传活动，悬挂横幅两条、设立主题宣传展板10块、发放宣传材料3000余份，教育开发区内群众2000余人。

开发区举行“6·26”国际禁毒日宣传活动　　单位提供

（王海英）

完成多项大型活动安保勤务

1月19日，第二届互联网金融全球峰会在开发区举行，阿里、百度、腾讯、京东等国内外一线互联网金融界和IT界的知名企业家、专家学者、创业者80余人出席峰会。开发区公安分局会前进行实地踏勘，周密部署，出动警力完成现场安保任务，确保峰会顺利召开。10月19日—23日，全国大众创业万众创新活动周在北京举行，开发区设分会场，开发区公安分局出动警力，完成活动现场安保任务。10月29日，第十六届北京微电子国际研讨会和第十届中国北京国际文化创意展业博览会动漫游戏产业发展国际论坛活动在开发区举行，开发区公安分局当日出动警力，完成活动现场警卫任务。

（王海英）

春节烟花爆竹安全管理

2月18日至3月5日，开发区公安分局共发动各类安保力量2200余人，巡逻车50余辆，做好春节期间烟花爆竹安全燃放管理工作，对32处燃放点位进行安全监管，对200余处重点禁放部位和两处重点路段加强巡控，共查处烟花爆竹违法案件两起，收缴烟花爆竹49箱，行政拘留1人，批评教育1人，专项办牵头清理各类可燃杂物3吨，出动加湿散水车200余台次、散水1200余吨，完成春节期间烟花爆竹管理工作。

（王海英）

警犬“小不点”获荣誉

3月11日，开发区公安分局警犬“小不点”被公安部沈阳警犬基地授予“公安部沈阳片区功勋犬”称号。该犬2013年以3.17秒的成绩夺得第二届巡警系统车辆搜爆第一名，2014年夺得第三届巡警系统箱包搜爆第四名的成绩。

（王海英）

举行摩托车巡逻启动仪式

开发区公安分局举行巡逻启动仪式　　单位提供

4 月 28 日，开发区公安分局举行摩托车巡逻启动仪式，开发区公安分局领导和摩托车巡逻队 20 余人参加。每日投入 8 辆摩托车围绕开发区银行周边、力宝广场沃尔玛商圈、上海沙龙、林肯公园、永康公寓、青年公寓六大重点区域开展巡控，重点针对“两抢”“砸车盗”“盗非”、工地工厂盗窃四大类违法犯罪活动开展阵控和打击。年内，开发区公安分局通过车巡、步巡、摩托巡等方式，强化街面巡逻震慑，抓获可疑人员 145 人，其中行政拘留以上处理人员 125 人。

（王海英）

破获 1 起团伙重大运输贩卖吸食毒品案

6 月 10 日，开发区公安分局破获 1 起团伙重大运输贩卖吸食毒品案，抓获犯罪嫌疑人王某某（1982 年 2 月出生，男，山东省沂源县人）、李某某（1988 年 7 月出生，男，甘肃省天水市人）、毕某某（1987 年 6 月出生，男，河北省献县人）、谭某某（1988 年 2 月出生，男，广东省罗定市人）、袁某某（1989 年 4 月出生，女，陕西省兴平市人）、李某某（1986 年 5 月出生，男，吉林省长岭县人），经审，6 名犯罪嫌疑人交代吸食毒品和运输贩卖毒品的犯罪事实。

（王海英）

破获 1 起职务侵占案

7 月 21 日，开发区公安分局破获 1 起职务侵占案，抓获犯罪嫌疑人游某某（1971 年 2 月出生，男，台湾人），经审，交代了其 2013—2014 年在开发区某公司任营销经理期间，利用职务便利，向公司所属某销售商索要销售回扣，涉及金额 23 万余元的犯罪事实。

（王海英）

处置竹柳种植户非法维权事件

7 月 24 日， 来自全国部分省市的竹柳种植户 100 余人到开发区某公司，采取阻碍公司正常办公秩序、喊口号等过激行为进行维权，持续时间近 40 小时，严重影响公司正常办公秩序。7 月 25 日，开发区公安分局现场警力依法采取强制传唤措施，将挑头滋事的 46 名违法人员强行带离现场，刑事拘留两人，行政拘留 16 人。

（王海英）

完成党的十八届五中全会辖区安保任务

10 月 26 日—29 日，党的十八届五中全会在北京召开，开发区公安分局以面保点开展安保工作，共出动警力 200 余人次，警犬 60 余条次，抓获各类嫌疑人 10 余名，其中行政拘留 5 人、刑事拘留 1 人。查获一级临控人员 1 名、泛亚重点人员 4 名。会同交通、城管大力整治辖区内残存的“黑车”“黑摩的”，警告“黑车”8 辆，查扣“黑摩的”两辆。

（王海英）

破获两起强奸抢劫案

11 月 27 日，开发区公安分局破获两起强奸抢劫案，抓获犯罪嫌疑人田某某（1981 年 12 月 4 日出生，男，河北省成安县人）。经审，其交代了 11 月 22 日、23 日，先后在马驹桥新桥北侧尾随单独出行女子拖至路边树林实施强奸、抢劫的犯罪事实。

（王海英）

开展年底打击整治

11 月至 12 月，开发区公安分局开展年终岁末打击整治，多警联动，取得显著效果。破获刑事案件 15 起，刑事拘留 18 人，检查水电气热重点部位 65 家次，大型商场 29 家次，出租房屋 127 间次，工地宿舍 95 间次，整改安全隐患 31 件，清理“黑车”20 余辆，清理无照游商 27 个，警告 23 人，净化开发区内治安秩序。

（王海英）

处置某公司工人集体讨薪事件

12 月 16 日，开发区某公司 60 余名工人，向工程总包商讨要工资。开发区公安分局会同开发区内相关部门在现场开展工作。12 月 19 日，开发商和施工单位将该公司拖欠的 109 人 92 余万元工资全额发给工人。

（王海英）

开展联合执法 110 次

年内，开发区公安分局会同开发区交通大队、城管分局等部门强化对社会面乱点清理整治，开展联合执法 110 次，清理“黑车”200 余辆，查处“黑车”147 辆，当场警告“黑车”司机 147 人，维持开发区内社会秩序。

（王海英）

强化应急处突工作

开发区公安分局开展反恐防恐处突演练　　单位提供

年内，开发区公安分局成立处突服务队，完善处置各类突发事件工作方案，开展反恐防暴和极端行为处置警务实战专项培训两次，应急处突实战演练 3 次，妥善处置突发事件 700 余起。

（王海英）

加强出入境管理

年内，开发区公安分局检查涉外企业 350 家次，查验境外人员证件 500 余人次，检查涉外酒店 150 余家次，组织社区民警、宾馆前台登记人员各种培训 8 次。全年查处“三非”（非法入境、非法居留、非法就业）外国人 3 人，查处未按规定登记住宿旅客信息案件 62 起 62 人。

（王海英）

堵截电信诈骗 8 起

年内，开发区公安分局对辖区 18 家银行和 40 个网点进行排查，向各银行张贴、发放宣传材料 3 万余份，堵截电信诈骗 8 起，为群众挽回经济损失 100 余万元。

（王海英）

企业停产关厂裁员维稳

年内，开发区公安分局对开发区内企业停产关厂、裁员可能产生群体性事件的隐患进行重点排查，搜集到北京三箭和众鼎电子有限公司裁员、三洋能源（北京）有限公司停产关厂解散员工、诺基亚公司裁员等含有不稳定因素的信息30余条，制定相应处置预案，与公司沟通，采取措施化解矛盾，未引发群众性事件，维护辖区稳定。

（王海英）

完成国内外领导考察开发区警卫任务

年内，开发区公安分局出动警力，先后完成中共中央政治局常委、国务院副总理张高丽，原中共中央政治局常委、全国政协主席贾庆林，全国人大常委会副委员长陈竺，国务委员杨晶，印度安得拉邦首席部长、泰卢固之乡党主席奈杜，古巴中共中央政治局委员、国务委员、副主席萨尔瓦多·巴尔德斯·梅萨等考察开发区企业的现场警卫任务。

（王海英）

检　察

概况

2015年，北京市大兴区人民检察院经济技术开发区检察处（简称开发区检察处）有工作人员8人，其中检察官7人。年内，围绕“新常态、高精尖、京津冀”和开发区重点工作，履行检察职能，做好职务犯罪预防与侦查、法律宣传、控告申诉和法律咨询等工作，促进开发区党风廉政建设，为区域经济和社会健康发展发挥良好作用。

（张宁）

行贿犯罪档案查询2435起

2月10日，开发区检察处启动行贿犯罪档案查询工作。完成《开发区检察处行贿犯罪档案查询管理意见》制定，公布查询工作流程、预约和咨询电话等系列基础工作，安排3名检察人员轮值。通过审核查询申请材料，录入被查询单位、个人信息，比对全国行贿犯罪档案信息库，检察官依据查询结果向被查询单位出具《查询结果告知函》。全年累计开展查询服务2435起，审核相关材料12175份，有效防控职务犯罪和商业贿赂，促进《北京经济技术开发区建设工程及政府采购领域开展行贿犯罪档案查询实行廉洁准入管理的实施办法》的落实。

（张宁）

国有企业警示教育展览活动开展

开发区国有企业警示教育展览　　田艳军 摄

8月11日—13日，开发区检察处协同预防部门与开发区纪工委、监察局联合举办国有领域警示教育展览，共计12场。展览以近五年来北京市查办的22件国有企业领域典型职务犯罪案件为素材，罪名涉及受贿、贪污、挪用公款、泄露国家秘密等。开发区总公司、北京经开、博大置业等20家单位、650人次参观展览，取得良好的宣传、警示教育效果。

（张宁）

加强廉政文化建设

年内，开发区检察处依托“三严三实”主题教育活动和规范司法行为专项整治活动，以强化基层党组织战斗堡垒作用为目标，开展党支部廉政文化建设。1名干警家庭获新闻出版广电总局授予的“书香之家”称号，1名干警在市纪委、市委宣传部举办的廉政微小说征集活动中获三等奖，1名干警的作品在北京市检察机关廉政征文中获奖并刊登于《北京检察》。

（张宁）

审判

概况

2015年，北京市大兴区人民法院经济技术开发区人民法庭（简称开发区法庭）有6个民事审判组、1个劳动争议组和4名派驻法警，派驻开发区的商事组撤回法院本部。开发区法庭共受理各类案件2036件，审结各类案件1704件。其中，审结建设工程、房屋买卖、租赁、交通肇事等民事案件1229件，经济合同类商事纠纷258件、劳资纠纷217件。年内，开发区法庭被评为大兴法院调研工作先进集体、大兴法院新闻宣传先进集体，组织撰写的《关于北京经济技术开发区房屋买卖纠纷案件审理情况的统计分析》获北京市法院年度优秀司法统计分析三等奖，时任庭长单祖果获“北京市审判业务专家”提名，两名法官分别荣立个人三等功、获民事审判专业优秀法官称号。

（李宝才）

与名企女高管座谈职场女性维权

3月6日，开发区法庭联合开发区总工会与开发区名企女高管座谈职场女性维权，解答职业女性关心的法律难题，搭建网络平台构建纠纷化解多方联动机制。大兴法院党组成员、副院长闫春生，开发区总工会副主席李怀亭出席会议并讲话，时任开发区法庭庭长单祖果、民三庭庭长刘东民，法官贺维、张小娟，与通用公司、施耐德（北京）中低压电器有限公司等企业的30余名女高管进行维权互动交流。

（乔晗）

与上级、同级法院加强交流

4月13日，市二中院党组成员、副院长路宏利，审委会专职委员王范武、民六庭庭长李经纬、立案庭庭长饶林生一行4人到开发区法庭就人民法庭亮点工作调研，沟通民事审判中的疑难复杂问题，达成共识以统一裁判尺度；8月18日，邀请丰台法院副院长吴德生一行到开发区法庭交流，学习借鉴丰台法院在小额诉讼案件审理工作中的经验；8月，协调市二中院8名优秀法官到开发区法庭挂职锻炼两年，审理基层案件，增加一、二审法官沟通机会，交流群众工作经验，学习提高庭审驾驭能力；10月30日，邀请市二中院民一庭庭长肖大明和法官顾国增、李珊一行到开发区法庭指导年底结案工作。

（乔晗）

送法到企业

5月13日，《高法微博走基层》栏目

全程报道开发区法庭到开发区重点企业中金数据有限公司的送法到企业活动。法官贺维、毛希彤为企业分析管理风险并给出法律建议，指导企业防范经营风险，助推开发区企业规范有序健康发展。该公司表示法庭实地走访座谈有利于防范经营风险，能够更好地维护企业和员工权益。高法微博走基层活动由人民法院报、最高人民法院网、中国法院网和最高人民法院联合发起，通过走进人民法庭，反映法庭助推辖区社会经济发展的工作动态。

（乔晗）

辖区人民陪审员专项培训会召开

开发区法庭召开辖区人民陪审员专项培训会　　乔晗 摄

8月4日，开发区法庭组织辖区的16名人民陪审员进行物业、供暖纠纷调解专项培训，并在培训会上动员陪审员开展调解进社区工作，巧用陪审员双重身份，分区分片将司法服务融入社区。

（乔晗）

开展法律专题宣讲

8月13日，开发区法庭庭长李宝才、劳动争议审判组法官毛希彤应邀到开发区总工会面向企业工会200余人开展法律宣讲，提高司法服务开发区建设的针对性，让司法工作更好地服务新区的发展。

（乔晗）

与荣华街道、博兴街道对接共建工作

10月15日，大兴法院党组成员、副院长闫春生，党组成员、纪检组长单祖果，开发区法庭庭长李宝才一行到荣华街道办事处就法庭与街道对接工作座谈调研，磋商共建事宜。荣华街道工委书记赵凌云，主任刘学勇，副主任苗杰颖、王长路参加座谈，就街道参与社会治理工作中遇到的业委会不作为、换届撤场乱象和违法建设拆除难题，与法庭进行商讨、征求对策。12月8日，到博兴街道办事处就法庭与街道对接工作进行座谈调研，磋商共建事宜。博兴街道工委书记、人大工委主任王春晖，工委副书记闫素先参加座谈。双方就联动共建化解区域社会矛盾、合力参与创新基层社会治理形成高度共识，并达成每季度共同组织去社区开展法律大讲堂、定期到辖区企业送法的意向。人民法庭处于面向基层、面向群众的前沿阵地，在参与创新基层社会治理中具有重大责任。开发区法庭始终坚持“靠前司法、能动有为”的指导思想，积极开展“法庭街道共建”，共同参与创新社会治理，有针对性地改进提升社会管理、预防和减少矛盾纠纷，推动人民法庭工作向纵深发展。

（乔晗）

房屋租赁风险提示与防范新闻通报会召开

11月18日，开发区法庭组织召开商业经营类房屋租赁风险提示与防范新闻通报会。开发区法庭法官贺维和张小娟分别进行诉讼特点与风险防范主题发言和商业经营类房屋租赁合同纠纷典型案例通报，面向社会公众进行实例讲解，敲响房屋租赁警钟，保障商业经营顺畅运转。开发区法庭庭长李宝才，《法制日报》《民主与法制时报》《新京报》、北京电视台等多家媒体参加。该通报会让社会公众对房屋租赁纠纷的常见特点和风险多发点有全面的了解，同时也提示社会公众总结、注意、防范通报会提及的法律风险点，有效避免纠纷隐患的发生。

开发区法庭召开新闻通报会　　乔晗 摄

（乔晗）

法官联席会议常态化

年内，开发区法庭沿袭每周二下午法官疑难案件研讨会的传统，召开法官联席例会，为疑难案件“会诊”。法官们及时、自主地研究解决疑难案件，能够保障案件审判的质量和效率，提高业务素质，强化职业凝聚力，实现审判资源共享和裁判尺度统一。

（乔晗）

交通管理

概况

2015 年，北京市公安局公安交通管理局开发区交通大队（简称开发区交通大队）围绕市交管局“事故少、秩序好、道路畅通、群众满意”工作目标，强化“创新管理、打造亮点、夯实基础、提升水平”工作思路，取得队伍精细化、规范化管理和秩序精准化、效能化管理双提升，及投诉、违纪零发生的良好工作局面。全年共纠正各类交通违法行为 6.08 万起，车管站共办理驾驶证业务 4.32 万笔，临时号牌业务 7.83 万笔；完成天宝中路、西环南路道路改造；在荣华路、荣京街等 8 条主要道路路口安装 80 个信号灯计时器；在科创十一街、经海五路、西环南路、泰河一街等路段施划 400 个路侧停车位。开发区交通大队有 6 人荣立市交管局个人三等功，20 人受到市交管局嘉奖。

（闫盼娜）

为企业员工春节返乡保驾护航

2 月 13 日，开发区交通大队从地泽北路（富智康三期）出发，经荣华路—南五环—京沪高速—南三环—西三环—莲花桥，到达北京西客站 P2 停车场，12 名民警和辅警全程参与护送富智康精密组件（北京）有限公司 1050 名外埠员工乘坐 23 辆大客车，前往北京西客站乘坐火车返乡，确保返乡员工安全抵达。

（闫盼娜）

应急处突工作演练

5 月 27 日，开发区交通大队组织全体干部民警、辅警和协管员 100 余人开展突发事件应急处突消防工作演练，现场传授火场逃生知识、灭火器的使用方法和防火灭火的基本常识。7 月 9 日，开发区交通大队在文化园公园组织开展防汛应急处置冲锋舟专项演练，组织教练员以冲锋舟结构、性能、操作等知识为重点进行讲解，逐人进行实战操作。

开发区交通大队开展防汛应急处置冲锋舟专项演练　刘鑫垒 摄

（闫盼娜）

规范占路施工监管

年内，开发区交通大队加强占路施工管理，采取施工前严格审批、施工期加强现场维护、施工后认真检查验收、严格落实安全责任制、严肃查处违规行为等措施，有效规范施工行为。全年共受理道路开设道口 11 个，审批占道施工 3 个，临时施工 46 个。以大货车、企业班车、危化品运输车、校车和 7 座以上金杯车为重点，对207起严重交通违法涉及的183家单位，271 家交通违法超标涉及的 1352 辆机动车，严格执行停运、停驶、消减通行证办理数量等管理措施。

（闫盼娜）

“122”接处警接收警情 1.94 万起

年内，开发区交通大队“122”接处警共接各类警情 1.94 万起，同比增长 17.6%。其中，交通事故报警 9656 起、拥堵报警 297 起、群众反映 9418 起。出动警力 1.5 万余人次，接受群众咨询 1.5 万余次，为群众提供帮助 6000 余次，获群众赠送锦旗 7 面。

（闫盼娜）

文明交通宣教活动开展

年内，开发区交通大队围绕“倡导文明交通，摒弃交通陋习”“缓解拥堵 人人有责”“122 全国交通安全日”等主题，依托流动宣传车，以举办交通安全讲座、座谈会、签订安全责任书等形式，开展文明交通宣教活动 103 场，受教育人员累计达 18 万人，发放各类宣传材料 20 万余份。12 月 14 日，开发区交通大队组织塞维思教育中心 130 余名师生参加交通安全警营开放宣教活动，通过观看交通安全动漫宣传片，了解呼吸式酒精检测仪、执法记录仪、肩灯等警用装备的作用功能和指挥中心单兵定位、电视监控、网上督察等系统功能，提升交通安全出行意识。

（闫盼娜）

消　防

概况

2015 年，北京经济技术开发区公安消防支队暨中国人民武装警察部队北京经济技术开发区消防支队（简称开发区消防支队）机构规格为正团级，下设亦庄消防中队、经海路消防中队和博兴路消防中队 3 个消防中队，有执勤备战车辆 16 部，主要承担开发区各种灾害事故的处置和辖区消防勤务保障。年内，开发区消防支队完成春节、两会、“两大安保”、十八届五中全会等重大消防保卫任务，确保全区火灾形势和部队管理的双稳定，为地区经济社会发展创造良好的消防安全环境。开发区消防支队先后有 7 人荣立个人二等功，38 人荣立个人三等功，特别是涌现出王继康等先进典型模范。

（黎军）

公安部消防局督导组到开发区督导检查

2 月 9 日，公安部消防局督导组对开发区冬春季火灾防控和劳动密集型企业消防安全专项治理工作进行督导检查。市消防总队防火部部长臧桂丛、副部长李云浩和支队班子陪同。开发区消防支队汇报了开发区冬防和劳动密集型企业消防安全专项治理情况。督导组现场查阅开发区消防支队每日一查、监督员每周半天消防教育培训、重大火灾隐患挂牌督办等软件材料。深入到开发区消防支队所属亦庄中队，对车辆装备、灭火预案的制定、灭火演练开展、六熟悉等情况进行检查，抽查部分官兵对车辆器材性能操作和使用情况，查看各项软件材料。随机抽取北京京东方显示技术有限公司、北京邮政速递物流有限公司、大料国际影城等进行实地检查。就中控室人员在岗在位情况、自动消防系统运行情况、责任制度落实情况、单位人员的防灭火知识掌握情况、消防通道畅通情况、灭火疏散预案的演练情况、单位重点部位等方面进行详细检查。检查结束后，督导组对开发区各项消防工作给予肯定，对发现的隐患问题提出整改要求。

（黎军）

挂账重大火灾隐患整改推进会召开

4 月 7 日，开发区消防支队召开开发区挂账重大火灾隐患整改推进会。开发区消防支队、荣华街道、物业办相关负责人和两家重大火灾隐患单位负责人参加。会上通报辖区上海沙龙商业和国融国际大厦两个重大火灾隐患单位基本情况，介绍开发区消防支队前期通过调研摸排发现的两个单位存在的隐患问题、整改措施等；两个重大火灾隐患单位负责人分别进行情况说明；开发区物业办领导和荣华街道领导结合管理职能就做好重大火灾隐患销账整改工作提出工作要求。

（黎军）

轻型地震救援队夜间紧急拉动演练

开发区消防支队组织地震救援队拉练　　单位提供

4 月 27 日，开发区消防支队组织轻型地震救援队进行实战拉动演练。此次拉动演练时间设定在作战环境较差，能见度较低的夜间开展，并以响应集结、指挥调度、现场通信、徒步奔袭、后勤保障等作为应急救援拉动演练主要内容。接到命令后，轻型地震救援搜救队迅速携带个人防护装备、破拆、搜救、照明、通信和 72 小时自我保障物资，徒步向预定地点进行集结。救援队员准时到达预定集结地点后，迅速组建前沿指挥部，并按照地震救援人员和装备携行相关标准进行点验。搜救队员分工协作，清理场地，搭建帐篷，建立营区。15 分钟后，所有帐篷搭建完毕，营区建成，装备器材良好可用。通过演练，检验开发区消防支队轻型地震救援队应对地震灾害事故的处置能力，进一步做好地震灾害事故应急救援准备工作。

（贾政军）

夏季消防安全大检查

5月4日至9月20日，开发区消防支队在辖区集中开展“打基础、强整治、严管控”社会面火灾防控暨夏季消防安全大检查工作。重点检查人员密集场所、易燃易爆企业等单位场所逐级岗位消防安全责任是否落实；单位领导带班、巡查检查制度是否落实；消防安全责任人、管理人、消防专兼职人员、消防控制室操作人员和保安是否履行岗位职责，是否掌握消防工作要求和应急处置程序；消防设施是否正常运行；疏散通道、安全出口是否畅通；用火、用电、用油、用气是否符合消防安全要求；宣传培训、灭火和应急疏散演练是否开展；小单位、小场所等低端业态是否存在动态火灾隐患、“三合一”等问题。其间，开发区消防支队共检查单位1407家次，发现火灾隐患772处，督促整改778处，下发责令改正通知书522份，临时查封17家，责令“三停”12家，罚款63万元，行政拘留7人，有效确保北京国际田联世界田径锦标赛、中国人民抗日战争暨世界反法西斯战争胜利70周年纪念活动等重大活动期间开发区社会面消防安全的高度稳定。

（黎军）

防灾减灾宣传周活动举行

5月12日，开发区消防支队举行防灾减灾宣传周暨消防中队开放活动启动仪式。开发区政法工作部、公安分局、消防支队和开发区内企业单位、社区、学生代表、居民代表约200余人参加。向参加活动的群众发放消防宣传纪念品。设立宣传品发放区、消防宣传车和云梯车体验区、模拟逃生疏散体验区、消防器材装备展示体验区、灭火器操作体验区等。通过活动现场参观、亲身体验、趣味互动等环节，提高社会消防安全意识，营造全民参与防灾减灾氛围。

开发区消防支队举行防灾减灾宣传周活动启动仪式　　单位提供

（黎军）

开展消防管理集中培训

5月21日，开发区消防支队组织开发区安监局、公安分局、房地局、建发局、市政局、社会发展局、城管分局、工商分局、开发区总公司、开拓热力、供电公司、燃气集团第四分公司等部门消防安全负责人，博兴街道、荣华街道主管领导和安全科全体人员共计50余人开展消防管理集中培训。会上，开发区消防支队监督员结合日常消防工作实际，就消防监督检查工作程序、检查标准、检查重点、注意事项等进行讲解培训。会后，开发区消防支队组织带领全体参会人员到北京丰大国际大酒店，开发区消防支队监督员对消防中控室、消防报警系统、消防水喷淋系统、疏散通道、安全出口等日常消防检查重点进行面对面、手把手实地教学培训。通过此次业务理论加实践操作的消防培训，达到了消防知识与实际基本操作、检查相结合，为开展行业、系统、街道日常消防工作打下基础，提升各部门消防工作水平。

（黎军）

“掌上119”一键逃生项目试点推进会召开

5月25日，开发区消防支队联合法制日报召开“掌上119” 一键逃生项目试点推进会。法制日报“掌上119”项目负责人，北京京东方显示技术有限公司、力宝广场、亦庄创意生活广场三家试点单位负责人参加会议。会上，法制日报相关负责人详细介绍“掌上119”手机客户端3.0版四大功能，通过试点推广工作，进一步拓展新形势下消防宣传工作覆盖面，尤其是扩大手机移动用户消防宣传普及面，使广大人民群众能够积极参与消防，了解消防部队，学习消防知识。

（黎军）

国务院督导组到开发区检查指导

8月24日，公安部消防局副局级调研员张福生带领国务院督导组到开发区督导检查危化品消防安全工作，市消防总队副总队长刘海龙，开发区管委会副主任王合生等陪同。督导组共分两组先后对北京奔驰汽车有限公司、SMC（中国）有限公司等6家单位进行检查。其间，督导组分别查看相关单位化学危险品库、除尘车间等重点区域，并在现场对消防设施器材的完好有效性，危化品存放的种类、数量、相关危化性和紧急情况下的处理方式进行检查。督导组对开发区危化品消防安全管理工作给予肯定。

（黎军）

开展易燃易爆危险品场所专项整治

8月，天津“8·12”特大爆炸事故发生后，开发区消防支队联合开发区公安分局开展易燃易爆危险品场所专项整治工作。组织召开易燃易爆危险品场所专项整治动员部署会，成立由治安、内保、派出所、消防等警种混编组成的4支危化品场所专项检查小组，分别对开发区内生产、加工、储存、运输易燃易爆危险化学品的企业开展消防安全排查整治工作，推动企业落实消防安全主体责任。辖区涉及生产、使用、存储易燃易爆危险品单位共190家，总计储存液氯约5.9吨、液氨约55.7吨，加油站储存汽油约264吨，储存柴油约126吨。另有高危单位29家。通过专项整治，掌握开发区内危化品单位的基础数据，重点单位使用的危化品品种、数量、类型等信息数据。进一步强化单位消防安全主体责任意识，有效确保地区易燃易爆危险品场所消防安全。

（黎军）

建成微型消防站227个

10月9日，开发区管委会副主任王合生主持召开微型消防站建设推进会，开发区安监局、消防支队、财政局、交通大队相关负责人，荣华、博兴街道办主任等参加会议并发言。会上，开发区消防支队介绍开发区微型消防站建设推进情况，并着重介绍细水雾电动消防车性能和义务消防队员装备器材的配备等基本情况。各相关部门结合各自职能，围绕微型消防站建设进行交流探讨。王合生强调并要求做好开发区微型消防站建设。年内，开发区消防支队推动社会单位建成微型消防站227个，其中重点单位198个、社区8个、工业园区21个。定期组织对微型消防站开展培训、拉动等，切实发挥微型消防站第一出动功能，充分发挥微型消防站扑救初期火灾的积极作用。

（黎军）

市消防宣传月活动启动仪式举行

市消防宣传月活动启动仪式在开发区举行　　单位提供

11月9日，北京市第二十五届“119”消防宣传月活动启动仪式在开发区京东方显示技术有限公司举行。公安部消防局副局长牛跃光，宣传处处长周久经，法制日报社社长邵炳芳，市委农工委副书记刘福志，北京广播电视台党委书记刘志远，北京农商银行副行长付东升，开发区工委书记李长友，开发区管委会主任梁胜、副主任王合生，市消防总队总队长吴志强、政委夏夕岚、总工程师张先来、防火监督部部长臧桂丛，各区县消防支队支队长、防火处处长，重点单位、居民社区代表、北京消防微博粉丝团等800余人参加。启动仪式上，吴志强对第二十五届“119”消防宣传周活动进行部署。夏夕岚为演员朱时茂颁发北京消防宣传大使聘书；牛跃光向获得全国优秀消防示范课北京市获奖代表颁发证书；周久经为书画家张建华颁发北京消防宣传大使聘书；邵炳芳宣布“掌上119”手机客户端3.0版本上线并致辞。与会领导向12位主持人颁发社区消防宣传大使和乡村消防宣传大使证书。李长友、吴志强为开发区荣华、博兴街道“社区微型消防站”揭牌，并发放微型消防站消防车。

（黎军）

火灾防控工作部署大会召开

11月19日，开发区召开今冬明春火灾防控工作部署大会。开发区工委政法工作部部长王国良、安监局局长吴伯军、公安分局副局长贾建文、消防支队支队长徐群，以及各派出所主管领导、重点单位、施工现场、社区、工业园区消防安全负责人200余人参加。会上，通报开发区1月至10月火灾情况，总结前期消防工作，分析消防监督执法中发现的共性问题，动员部署今冬明春火灾防控工作。康龙化成（北京）新药技术发展有限公司代表重点单位宣读消防安全承诺书。吴伯军部署冬防期间安全生产工作。

（黎军）

上门入户面对面开展消防宣传

12月8日—10日，开发区消防支队联合街道办、居委会等相关部门，针对辖区上海沙龙、听涛雅苑、金地格林、卡尔生活馆等10余个居民社区的鳏寡孤独弱势群体上门入户面对面开展宣传。利用印制的家庭防火常识、居民社区消防知识、消防安全常识20条等宣传手册，面对面宣传教授消防安全知识；结合社区消防安全工作的特点，对日常家庭发生的火灾事故特点、初期火灾的引发与扑救、火场逃生自救常识等方面进行讲解。结合居民家庭实际情况就家庭如何确定防火重点部位、清理可燃物、如何做好家庭火灾隐患自查整改、注意事项等实地进行讲解。就居民群众日常安全用火用电、家庭防火常识问题等进行解答。通过对辖区居民群众进行上门入户面对面宣传，让消防安全知识入区入户，使消防安全意识入脑入心，为冬防工作营造消防宣传氛围。此次宣传活动中，支队共发放各类宣传品150余份，宣传材料100余份，入户宣传50余家，宣传教育120余人。

开发区消防支队上门入户面对面开展消防宣传　单位提供

（黎军）

社区消防安全宣传活动启动

12月25日，在上海沙龙社区服务站举行开发区"除火患、送温暖、保平安"社区消防安全主题宣传活动启动仪式。开发区工委政法工作部、消防支队和各街道、派出所主管领导、各社区负责人参加。启动仪式上，开发区消防支队对开发区"除火患、送温暖、保平安"社区消防安全主题宣传活动进行动员部署。上海沙龙社区物业经理代表社区进行表态发言。与会领导为社区代表发放消防宣传材料。向社区发放"家庭消防安全自查表"《家庭消防知识手册》《致居民的一封信》等宣传材料2万余份，扩大消防宣传工作的覆盖面、影响力。

（黎军）

发生火灾15起

年内，开发区共发生火灾15起。机动车火灾8起，占火灾总数的53.34%，生产企业火灾3起，占火灾总数的20%，"六小"场所火灾和居民住宅区火灾均为两起，均占火灾总数的13.33%。从火灾原因来看，电气火灾仍居首位，为11起，占火灾总数的73.33%；用火不慎火灾3起，占火灾总数的20%；其他火灾1起，占火灾总数的6.67%。

（董浩）

接处警442起

年内，开发区消防支队共接警442起，同比增加20起。其中，辖区内警情262起，同比增加30起；增援区外警情180起，同比减少12起。262起区内警情中，虚假警122起，同比减少19起；真实警140起，同比增加51起。辖区内共接火警160起，同比增加28起。其中，成灾14起，同比增加3起，分别为汽车火灾6起（电气线路故障）、单位火灾5起（吸烟，油烟道，电焊，杂物）、住宅火灾两起（电气线路引起）、早餐车火灾1起（煤气罐）；未成灾146起，同比增加25起，分别为垃圾火35起、杂草火73起、汽车类26起（过热冒烟），房屋12起（电焊）。社会救助、抢险救援共接警102起，同比增加两起。其中，跳楼39起，交通事故14起，电梯救人14起，高空取物5起，煤气泄漏两起，取戒指4起，开门12起，摘马蜂窝5起，抓动物3起，抽水两起，卡手卡脚两起。

（王浩然）

对 95 家劳动密集型企业专项治理

年内，开发区消防支队组织开展贯穿全年的劳动密集型企业消防安全专项治理工作。重点把以下方面列为整治重点：劳动密集型企业厂房、库房、员工集体宿舍违规采用易燃可燃材料为芯材的彩钢板搭建，违规使用聚氨酯泡沫等易燃可燃材料装修或者作隔热保温层；采用液氨制冷的企业，氨设备和管道的设置和管理不符合国家安全标准；建筑防火间距、防火防烟分区、消防设施设置不符合国家安全标准；消防设施、器材、消防安全标志未保持完好有效，疏散通道、安全出口、消防车通道未保持畅通；电器产品、燃气用具的安装、使用，及其线路、管路的设计、敷设、维护保养、检测不符合技术要求；违规用火、用电、用气、用油；存在违规住人和违规设置住宿与生产储存经营合用场所问题；落实消防安全主体责任、开展防火检查巡查不到位，消防安全“四个能力”（检查消除火灾隐患的能力、组织扑救初起火灾的能力、组织人员疏散逃生的能力、消防宣传教育培训的能力）建设不达标；规模较大的劳动密集型企业未依法建立专职、义务消防队等。通过对现有的劳动密集型企业开展一次全面排查检查，全面摸清底数，对存在的火灾隐患和消防安全违法行为依法责令改正；对存在重大火灾隐患的企业和区域，提请政府挂牌督办，明确和落实劳动密集型企业集中区域的消防安全管理责任，完善公共消防设施建设，建立长效管理机制，提高劳动密集型企业的火灾防控能力。开发区消防支队全年共摸排劳动密集型企业 95 家，共检查劳动密集型企业 409 家次，发现火灾隐患 621 处，督促整改火灾隐患 511 处，下发责令改正通知书 382 份，临时查封 3 家，责令“三停”两家，实施行政处罚 58 万元，行政拘留 3 人。

（黎军）

“零点”夜查行动开展

年内，在元旦、圣诞、春节等重要节假日和全国两会、抗战胜利 70 周年阅兵活动等重大消防保卫时期，开发区消防支队联合治安、内保、派出所等警种，会同安监、工商等部门和街道组成联合检查组，开发区消防支队班子成员分别带领全体干部，分片包干，对辖区社会单位进行零点夜查。 检查组重点对人员密集场所进行检查，着重检查单位消防安全主体责任落实情况，安全出口、疏散通道畅通情况，消防设施、器材完好有效情况、消防中控室值班值守情况和防火巡查等。据统计，零点夜查行动，开发区消防支队共出动检查组 120 个，检查社会单位 342 家，发现并督促整改火灾隐患 766 处，下发责令改正通知书 265 份。

（黎军）

“一静一动一网一视”心理健康平台组建

年内，开发区消防支队组建“一静一动一网一视”心理健康平台，用于官兵心理健康缓压。“一静”放松平台，通过多轨道合成放松音源与音乐随动按摩，快速消除官兵紧张、焦虑等情绪，缓解工作和训练的身心疲劳，调节心理压力，维护心理健康水平；“一动”宣泄平台，官兵可以在一个安全可控的范围内，用消耗体力、运动击打、注意力转移的方法，将心中不快、闷气、怨气等负面情绪适当宣泄出来，从而实现心理的平衡调节，内心压力的宣泄与释放；“一视”4D电影院，通过4D影像模式模拟灭火救援现场，用置身现实场景方式提升官兵参加实战的心理素质；“一网”测评平台，通过网络定制版心理测评系统进一步提高开发区消防支队指导和开展部队心理工作的能力素质，在关键时间节点，能够充分利用信息化网络化技术为官兵服务，搭建心理数据平台。依托“一静一动一网一视”心理健康平台，组织官兵轮流体验，邀请心理专家开展健康辅导活动，实现对官兵的心理疏导和干预，使官兵心理压力得到缓解，心理矛盾得以化解，激发全体官兵的热情，为做好各项执勤保卫任务筑牢思想基础和心理保障。

（黎军）

统计资料

北京经济技术开发区年鉴 2016

BEIJING ECONOMIC-TECHNOLOGICAL DEVELOPMENT AREA YEARBOOK

综 合

北京经济技术开发区主要经济综合指标一览表

项目	单位	2015 年	2014 年	增减（%）
开发区生产总值	亿元	1081.4	997.4	8.4
第二产业	亿元	690.7	639.7	8.0
第三产业	亿元	390.8	357.8	9.2
工业总产值（现价）	亿元	2555.5	2421.0	5.6
# 高新技术企业	亿元	2333.2	2201.7	6.0
营业收入	亿元	6670.7	5589.9	19.3
第二产业	亿元	3013.3	2799.9	7.6
工业	亿元	2679.4	2521.8	6.2
建筑业	亿元	333.9	278.0	20.1
第三产业	亿元	3657.5	2790.0	31.1
利润总额	亿元	384.6	249.2	54.3
第二产业	亿元	252.9	185.9	36.1
工业	亿元	239.6	177.2	35.2
建筑业	亿元	13.3	8.7	53.4
第三产业	亿元	131.7	63.3	107.9
进出口总值	亿美元	146.6	190.0	−22.8
# 出口	亿美元	52.6	88.6	−40.6
一般公共预算收入	亿元	134.9	120.0	12.4
一般公共预算支出	亿元	145.4	112.1	29.7
新批企业个数	个	3197	2736	16.8
新批企业投资总额	亿美元	192.6	119.5	61.2
合同外资金额	亿美元	9.2	5.0	84.3
实际利用外资	亿美元	3.0	6.4	−52.5
全社会固定资产投资	亿元	397.6	391.0	1.7
全部从业人员年末人数	人	314059	286133	9.8
全部从业人员年平均工资	元	104982	101655	3.3

北京经济技术开发区地区生产总值一览表

单位：亿元

项目	2015年	2014年	增减（%）
地区生产总值	1081.4	997.4	8.4
按产业分			
第二产业	690.7	639.7	8.0
第三产业	390.8	357.8	9.2
按行业分			
工业	660.4	612.4	7.8
建筑业	31.6	28.4	11.2
批发和零售业	213.2	192.1	11.0
交通运输、仓储和邮政业	28.5	26.0	9.7
住宿和餐饮业	17.2	16.0	7.3
信息运输、软件和信息技术服务业	40.7	35.6	14.6
金融业	20.5	22.3	-7.8
房地产业	7.6	6.9	10.4
租赁与商务服务业	13.3	12.9	2.6
科学研究和技术服务业	42.2	39.4	7.1
水利、环境和公共设施管理业	1.2	1.0	18.3
居民服务、修理和其他服务业	2.2	2.1	6.1
教育	1.4	1.2	14.5
卫生和社会工作	0.8	0.7	18.6
文化、体育和娱乐业	0.1	0.1	9.1
公共管理、社会保障和社会组织	0.4	0.3	13.0

北京经济技术开发区规划土地面积一览表

单位：公顷

项目	面积	比重（%）
规划用地面积	4680.0	100.0
居住用地	473.3	10.1
公用设施用地	351.9	7.5
工业用地	1487.2	31.8
多功能用地	455.6	9.7
道路广场用地	913.6	19.5
市政公用设施用地	83.3	1.8
绿地	812.9	17.4
特殊用地	0.4	0.0
其他用地	101.9	2.2

北京经济技术开发区进出口总值一览表

单位：万美元

项目	2015年	2014年	增减（%）
进出口总值	1466031	1900030	−22.8
进口总值	940127	1013942	−7.3
#外商和港澳台企业	822444	874980	−6.0
#高新技术企业	314050	370593	−15.3
#机电产品进口	668543	750530	−10.9
出口总值	525904	886088	−40.6
#外商和港澳台企业	370725	759710	−51.2
#高新技术企业	283866	672912	−57.8
#机电产品出口	482227	851126	−43.3

说明：为保持数据可比性，本表2014年数据根据2015年报表同期数填列，部分数据有所调整，请以此为准

北京经济技术开发区一般公共预算收支情况一览表

单位：万元

项目	2015年	2014年	增减（%）
一般公共预算收入	1349167	1200137	12.4
税收收入	1334371	1187828	12.3
#增值税	363932	271579	34.0
#营业税	185430	153694	20.6
#个人所得税	138419	116855	18.5
#企业所得税	333591	374968	−11.0
#城市维护建设税	126259	95989	31.5
非税收收入	14796	12309	20.2
一般公共预算支出	1454018	1121304	29.7
#基本建设	395791	284349	39.2

北京经济技术开发区土地出让一览表

项目	单位	2015年	2014年
签订土地合同个数	个	2	18
#外商和港澳台企业	个	1	2
签订土地合同面积	公顷	12.6	66.9
#外商和港澳台企业	公顷	10.7	5.5
签订土地合同金额	亿元	2.1	97.5

招商引资

北京经济技术开发区招商引资情况一览表

项目	单位	2015年	2014年	增减（%）
批准企业个数	个	3197	2736	16.8
外商及港澳台企业	个	41	44	-6.8
内资企业	个	3156	2692	17.2
批准企业投资总额	万美元	1926351	1195014	61.2
外商及港澳台企业	万美元	21342	66365	-67.8
内资企业	万元	5653075	2319447	143.7
增资企业	万美元	981152	748219	31.1
合同外资金额	万美元	92111	49982	84.3
外商实际投资	万美元	30216	63619	-52.5
批准企业注册资本	万美元	1697422	1135196	49.5
外商及港澳台企业	万美元	17283	44701	-61.3
内资企业	万元	5653075	2319447	143.7
增资企业	万美元	756282	710065	6.5

北京经济技术开发区外商和港澳台投资企业主要国别或地区一览表

单位：个，万美元

国别（地区）	企业个数	投资总额	注册资本	合同外资金额
中国（香港）	17	17636	14111	10850
美国	6	374	366	365
加拿大	2	522	516	509
意大利	2	55	39	16
澳大利亚、印度尼西亚	1	82	82	27
比利时	1	131	131	131
德国	1	130	130	78
俄罗斯	1	78	78	23
法国	1	20	20	20
芬兰	1	654	327	327
韩国	1	33	33	13
塞舌尔	1	179	163	65
中国（台湾）	1	45	31	13
新加坡	1	178	125	125
英国	1	830	830	581
其他	3	396	302	139

说明："其他"表示投资性公司和股权投资公司

能源消费

北京经济技术开发区能源消费总量和万元地区生产总值能耗一览表

项目	单位	2015 年	2014 年	增减（%）
能源消费总量	万吨标准煤	163.1	157.6	3.5
万元地区生产总值能耗	吨标准煤	0.151	0.158	-4.3
万元地区生产总值能耗下降率	%	4.78	7.01	-31.8

说明：1. 本表中能源消费总量为等价值，取自北京市统计局反馈的年度最终核算数据；
2. 为保持数据可比性，本表 2014 年数据根据 2015 年报表同期数填列，部分数据有所调整，请以此为准

北京经济技术开发区按三次产业分能源消费总量和万元地区生产总值能耗一览表

项目	单位	2015 年	2014 年	增减（%）
能源消费总量	万吨标准煤	163.1	157.6	3.5
第二产业		131.8	129.1	2.1
# 工业		122.8	119.9	2.4
第三产业		26.3	23.7	11.3
生活消费		5.0	4.8	3.9
万元地区生产总值能耗	吨标准煤	0.151	0.158	-4.3
第二产业		0.191	0.202	-5.5
# 工业		0.186	0.196	-5.0
第三产业		0.067	0.066	1.9
万元地区生产总值能耗下降率	%	4.78	7.01	-31.8
第二产业		5.99	8.47	-29.3
# 工业		5.30	9.66	-45.1
第三产业		-1.59	-0.75	112.5

说明：1. 本表中能源消费量相关数据为等价值，取自北京市统计局反馈的年度最终核算数据；
2. 为保持数据可比性，本表 2014 年数据根据 2015 年报表同期数填列，部分数据有所调整，请以此为准

北京经济技术开发区规模以上工业企业综合能源消费量（当量值）一览表

（按行业大类分）

单位：万吨标准煤

项目	2015年	2014年	增减（%）
合计	68.54	63.40	8.1
采矿业	1.92	2.63	-27.2
开采辅助活动	1.92	2.63	-27.2
制造业	57.62	55.17	4.4
农副食品加工业	0.03	0.02	59.3
食品制造业	1.87	1.83	2.4
酒、饮料和精制茶制造业	0.74	0.77	-3.3
纺织服装、服饰业	0.05	0.06	-14.5
造纸和纸制品业	0.74	0.80	-6.7
印刷和记录媒介复制业	1.77	1.67	6.0
文教、工美、体育和娱乐用品制造业	…	0.01	…
化学原料和化学制品制造业	3.78	4.09	-7.6
医药制造业	5.97	3.45	73.3
化学纤维制造业	0.80	0.77	3.7
橡胶和塑料制品业	0.32	0.42	-23.7
非金属矿物制品业	0.05	0.06	-11.4
有色金属冶炼和压延加工业	…	…	…
金属制品业	0.22	0.18	27.8
通用设备制造业	2.11	2.32	-8.7
专用设备制造业	1.81	1.74	3.8
汽车制造业	9.61	6.38	50.6
铁路、船舶、航空航天和其他运输设备制造业	0.13	0.13	1.6
电气机械和器材制造业	1.31	1.83	-28.1
计算机、通信和其他电子设备制造业	25.95	28.25	-8.1
仪器仪表制造业	0.34	0.39	-12.1
其他制造业	…	0.03	…
金属制品、机械和设备修理业	…	…	…
电力、燃气及水的生产和供应业	8.99	9.11	-1.3
电力、热力的生产和供应业	8.62	8.85	-2.6
燃气生产和供应业	0.01	0.01	-1.7
水的生产和供应业	0.37	0.26	43.2

说明：1. “…”表示数据不足该表最小单位数；

2. 为保持数据可比性，本表2014年数据根据2015年报表同期数填列，部分数据有所调整，请以此为准

北京经济技术开发区规模（限额）以上二、三产业能源消费量（当量值）一览表

（按行业门类分）

单位：万吨标准煤

项目	2015 年	2014 年	增减（%）
合计	90.65	88.68	2.2
第二产业	77.67	76.11	2.0
采矿业	1.92	2.63	-27.2
制造业	57.63	55.17	4.5
电力、燃气及水的生产和供应业	8.99	8.86	1.5
建筑业	9.13	9.45	-3.4
第三产业	12.98	12.57	3.3
交通运输、仓储和邮政业	1.87	1.73	8.3
信息传输、软件和信息技术服务业	2.27	1.86	21.7
批发和零售业	1.62	1.89	-14.0
住宿和餐饮业	1.72	1.79	-3.9
金融业	…	0.01	
房地产业	2.87	2.53	13.5
租赁和商务服务业	0.29	0.38	-24.1
科学研究、技术服务业	1.50	1.46	2.9
水利、环境和公共设施管理业	0.23	0.28	-17.4
居民服务、修理和其他服务业	0.08	0.08	-8.3
教育	0.10	0.10	4.6
卫生和社会工作	0.10	0.10	2.2
文化、体育和娱乐业	0.12	0.12	0.1
公共管理、社会保障和社会组织	0.20	0.23	-13.6

说明：1. 门类“公共管理和社会组织”不等同于“公共机构”，公共机构目前暂无明确划分标准；
2. 当量值：亦称理论热值，是指某种能源一个度量单位本身所含热量

北京经济技术开发区规模（限额）以上二、三产业水消费量一览表

单位：万立方米

项目	2015 年	2014 年	增减（%）
合计	3466.87	3414.87	1.5
第二产业	2907.50	2914.82	-0.3
采矿业	17.92	16.04	11.7
制造业	2681.24	2682.97	-0.1
电力、燃气及水的生产和供应业	76.17	77.37	-1.6
建筑业	132.17	138.44	-4.5
第三产业	559.37	500.05	11.9
交通运输、仓储和邮政业	32.60	30.68	6.3
信息传输、软件和信息技术服务业	30.21	30.09	0.4
批发和零售业	84.54	61.41	37.7
住宿和餐饮业	129.57	114.32	13.3
金融业	0.05	0.16	-66.0
房地产业	127.31	151.68	-16.1

（续表）

项目	2015年	2014年	增减（%）
租赁和商务服务业	15.17	21.06	−28.0
科学研究、技术服务业	41.61	37.77	10.2
水利、环境和公共设施管理业	37.90	25.95	46.1
居民服务、修理和其他服务业	4.43	4.04	9.4
教育	14.76	10.33	42.9
卫生和社会工作	17.36	5.62	208.9
文化、体育和娱乐业	23.86	6.94	243.9
公共管理、社会保障和社会组织	0.00	0.00	0.00

说明：为保持数据可比性，本表2014年数据根据2015年报表同期数填列，部分数据有所调整，请以此为准

北京经济技术开发区供热一览表

项目	单位	2015年	2014年	增减（%）
供应能力				
蒸汽供应能力	吨/小时	915	915	0.0
高温热水供应能力	兆瓦	448	448	0.0
期末用热户数	户	310	296	4.7
蒸汽户数	户	240	234	2.6
高温热水户数	户	66	59	11.9
其他	户	4	3	33.3
期末管线长度	千米	373.8	360.2	3.8
蒸汽管线长度	千米	193.8	191.9	1.0
高温热水管线长度	千米	180.0	168.3	7.0
其他	千米	0	0	
采暖面积	万平方米	1254.5	1170.5	7.2
蒸汽采暖面积	万平方米	878.1	809.8	8.4
高温热水采暖面积	万平方米	361.4	345.6	4.6
其他	万平方米	15.0	15.1	−0.7

说明：为保持数据可比性，本表2014年数据根据2015年报表同期数填列，部分数据有所调整，请以此为准

北京经济技术开发区供气一览表

单位：户

	项目	2015年	2014年	增减（%）
北京市燃气集团有限责任公司第四分公司	已接通户数	7292	3107	134.7
	工业	2	4	−50.0
	公服	41	73	−43.8
	民用	7249	3030	139.2
北京华油联合燃气开发有限公司	已接通户数	127016	110412	15.0
	工业	171	147	16.3
	公服	253	205	23.4
	民用	126592	110060	15.0

北京经济技术开发区供电一览表

项目	单位	2015年	2014年	增减（%）
报装户数	户	5368	3257	64.8
报装设备容量	千伏安	1306542	824924	58.4
接电户数	户	112	29	286.2
接电设备容量	千伏安	593377	653917	-9.3
期末供电线路长度	公里	969	881	10.0
# 电缆	公里	890	794	12.1
期末用电户数	户	83801	79912	4.9
# 工业户	户	310	295	5.1
用电量	万千瓦时	448111	417252	7.4
# 工业用电	万千瓦时	324162	306716	5.7

全社会固定资产投资

北京经济技术开发区全社会固定资产投资完成情况一览表

单位：亿元

项目	2015年	2014年	增减（%）
全社会固定资产投资	397.6	391.0	1.7
# 基础设施投资	28.6	68.6	-58.3
# 建安投资	149.1	196.7	-24.2
按产业分			
第一产业			
第二产业	185.3	145.5	27.3
# 工业	184.0	145.5	26.4
第三产业	212.3	245.5	-13.5
# 房地产开发	135.5	152.7	-11.3
按登记类型分			
# 国有	74.5	61.3	21.6
集体			
股份制	147.6	203.8	-27.6
港澳台商	7.3	7.3	0.4
外商	147.7	106.3	38.9
私营个体	11.2	9.6	17.6
其他	9.3	2.8	235.2

说明：1. 国有包括登记注册类型为国有、国有联营和国有独资公司的单位；
2. 集体包括登记注册类型为集体和集体联营的单位

北京经济技术开发区全社会固定资产投资及新增固定资产一览表

（按行业分）

单位：万元

行业	投资额			新增固定资产		
	2015年	2014年	增减(%)	2015年	2014年	增减(%)
合计	3976205	3910369	1.7	3309060	4766883	-30.6
农、林、牧、渔业		288			12006	
采矿业						
制造业	1758860	1442405	21.9	2340284	3192651	-26.7
电力、燃气及水的供应业	81109	12975	525.1	53667	25500	110.5
建筑业	13252			11931		
批发与零售业	130835	89988	45.4	141786		
交通运输、仓储和邮政业	27239	11754	131.7	9047		
住宿和餐饮业						
信息传输、软件和信息技术服务业	157460	66429	137.0	72199	25412	184.1
金融业						
房地产业	1390363	1550059	-10.3	404383	982871	-58.9
租赁和商务服务业	8625	14122	-38.9	36537		
科学研究和技术服务业	136650	52264	161.5	37649	28836	30.6
水利、环境和公共设施管理业	142850	611847	-76.7	121517	386256	-68.5
居民服务、修理和其他服务业						
教育	82308	12351	566.4	80000		
卫生和社会工作		34890			95651	
文化、体育和娱乐业	46654	5297	780.8	60	3000	
公共管理、社会保障和社会组织		5700			14700	

北京经济技术开发区房地产开发面积一览表

单位：万平方米

项目	2015年	2014年	增减（%）
房屋施工面积	464.2	534.4	-13.1
#本年新开工面积	93.1	97.1	-4.1
#商业营业用房	49.7	52.2	-4.9
办公楼（写字楼）	159.6	229.7	-30.5
住宅	148.1	127.5	16.1
#公寓别墅	2.1		
房屋竣工面积	89.9	74.6	20.5
#商业营业用房	11.2	4.1	172.1
办公楼（写字楼）	45.7	52.8	-13.5
住宅	19.4		
#公寓别墅			

（续表）

项目	2015 年	2014 年	增减（%）
商品房销售面积	38.0	39.3	-3.2
# 商业营业用房	1.0	1.8	-44.9
办公楼（写字楼）	12.8	21.6	-41.0
住宅	23.1	11.6	99.3
# 公寓别墅			
商品房待售面积	60.6	53.0	14.4
# 住宅	3.4		
#1~3 年（含 1 年）	56.6	40.3	40.5
#3 年以上（含 3 年）	0.8		

社会消费品零售额

北京经济技术开发区社会消费品零售额一览表

单位：亿元

项目	2015 年	2014 年	增减（%）
社会消费品零售额	354.5	325.1	9.0
按规模分			
限额以上	337.6	307.1	9.9
限额以下	16.9	18.0	-6.2
按行业分			
批发业	13.2	11.0	20.0
零售业	332.5	302.9	9.8
住宿业	1.6	1.3	23.1
餐饮业	7.2	9.9	-27.3

第二产业

北京经济技术开发区规模以上工业企业主要指标一览表

项目	单位	2015 年	2014 年	增减（%）
企业单位个数	个	280	278	0.7
从业人员平均人数	万人	14.6	15.2	-3.7
资产总计	万元	32692655	29376558	11.3
负债合计	万元	16439839	15009363	9.5
固定资产原价	万元	14445719	13101328	10.3
工业总产值	万元	25555253	24209903	5.6
主营业务收入	万元	26181216	24793077	5.6
利润总额	万元	2396229	1772185	35.2
应缴税金合计	万元	2326409	1725103	34.9

说明：1. 规模以上指：年主营业务收入 2000 万元以上的全部法人工业企业；
2. 应缴税金合计包括应交增值税、应交所得税、营业税金及附加和管理费用中的税金

北京经济技术开发区规模以上电子信息产业主要经济指标一览表

项目	单位	2015年	2014年
企业单位个数	个	54	54
#亏损企业	个	18	18
工业总产值（当年价格）	万元	6018824	7984492
工业销售产值（当年价格）	万元	5992925	7759872
#出口交货值	万元	3348562	5425704
从业人员平均人数	人	39390	45075
资产负债			
资产总计	万元	8909711	9328727
流动资产合计	万元	4985118	5027809
#存货	万元	680799	752174
#产成品	万元	300477	282270
#应收账款（净额）	万元	1234836	1544937
固定资产合计	万元	3135359	3426572
固定资产原价	万元	6820469	6907351
负债合计	万元	4000329	4349083
#流动负债合计	万元	2810542	2623971
#应付账款	万元	1122154	1334553
所有者权益合计	万元	4909382	4979644
#实收资本	万元	4066657	4025654
损益			
营业收入	万元	6382329	8062395
#主营业务收入	万元	6210593	7987810
营业成本	万元	5545439	7272385
#主营业务成本	万元	5393483	7185455
营业税金及附加	万元	35337	17160
#主营业务税金及附加	万元	35159	17045
销售费用	万元	105940	104013
管理费用	万元	358791	392764
财务费用	万元	42078	24285
利润总额	万元	325628	312399
应缴增值税	万元	82361	100900

北京经济技术开发区规模以上装备制造产业主要经济指标一览表

项目	单位	2015 年	2014 年
企业单位个数	个	121	121
# 亏损企业	个	32	27
工业总产值（当年价格）	万元	4715837	4581147
工业销售产值（当年价格）	万元	4743847	4526113
# 出口交货值	万元	736101	870748
从业人员平均人数	人	36908	40080
资产负债			
资产总计	万元	8207212	7213098
流动资产合计	万元	5962967	5166419
# 存货	万元	1084383	1060980
# 产成品	万元	336288	342646
# 应收账款（净额）	万元	2022412	1734704
固定资产合计	万元	761762	801410
固定资产原价	万元	1377117	1565123
负债合计	万元	4367317	4022368
# 流动负债合计	万元	3883626	3541010
# 应付账款	万元	1462375	1391476
所有者权益合计	万元	3804238	3190730
# 实收资本	万元	1546005	1413739
损益			
营业收入	万元	5529528	5373036
# 主营业务收入	万元	5353722	5202675
营业成本	万元	4302606	4212224
# 主营业务成本	万元	4207711	4124830
营业税金及附加	万元	25153	22571
# 主营业务税金及附加	万元	24527	22494
销售费用	万元	295504	245096
管理费用	万元	486610	447224
财务费用	万元	47015	34588
利润总额	万元	408388	435796
应缴增值税	万元	174482	170806

北京经济技术开发区规模以上生物与医药产业主要经济指标一览表

项目	单位	2015年	2014年
企业单位个数	个	26	24
#亏损企业	个	5	5
工业总产值（当年价格）	万元	3216769	2826229
工业销售产值（当年价格）	万元	2923453	2687234
#出口交货值	万元	65085	26008
从业人员平均人数	人	22822	21100
资产负债			
资产总计	万元	4582048	3550902
流动资产合计	万元	2842104	2365649
#存货	万元	919722	665962
#产成品	万元	436075	266994
#应收账款（净额）	万元	612528	539732
固定资产合计	万元	713198	357703
固定资产原价	万元	954491	594839
负债合计	万元	1888356	1414820
#流动负债合计	万元	1510597	1243467
#应付账款	万元	593027	466573
所有者权益合计	万元	2693692	2136082
#实收资本	万元	824153	693658
损益			
营业收入	万元	3272807	2926619
#主营业务收入	万元	3150313	2833266
营业成本	万元	1488103	1267689
#主营业务成本	万元	1380967	1190944
营业税金及附加	万元	29604	30960
#主营业务税金及附加	万元	29540	30960
销售费用	万元	1022619	988062
管理费用	万元	236713	191364
财务费用	万元	77096	63263
利润总额	万元	461908	371074
应缴增值税	万元	237696	247455

北京经济技术开发区规模以上汽车与交通设备产业主要经济指标一览表

项目	单位	2015 年	2014 年
企业单位个数	个	14	16
# 亏损企业	个	2	1
工业总产值（当年价格）	万元	8957418	6084329
工业销售产值（当年价格）	万元	8870406	6055557
# 出口交货值	万元	28663	20447
从业人员平均人数	人	15571	14716
资产负债			
资产总计	万元	6851520	5420153
# 存货	万元	836902	870339
# 产成品	万元	277431	256631
# 应收账款（净额）	万元	669538	576774
固定资产合计	万元	2368270	1351546
固定资产原价	万元	3034940	1825412
负债合计	万元	4405117	3721682
# 流动负债合计	万元	4075307	3251949
# 应付账款	万元	1580296	1271317
所有者权益合计	万元	2446402	1698471
# 实收资本	万元	1313178	907555
损益			
营业收入	万元	8212603	5661767
# 主营业务收入	万元	8116109	5612746
营业成本	万元	5934448	4266746
# 主营业务成本	万元	5865008	4227334
营业税金及附加	万元	499764	384494
# 主营业务税金及附加	万元	499764	384472
销售费用	万元	632594	416120
管理费用	万元	238995	215641
财务费用	万元	993	-68522
利润总额	万元	910176	433931
应缴增值税	万元	425723	142003

北京经济技术开发区规模以上都市工业主要经济指标一览表

项目	单位	2015年	2014年
企业单位个数	个	43	41
#亏损企业	个	14	13
工业总产值（当年价格）	万元	1692338	1779086
工业销售产值（当年价格）	万元	1702882	1776283
#出口交货值	万元	52401	60150
从业人员平均人数	人	21458	21330
资产负债			
资产总计	万元	2108240	1984640
流动资产合计	万元	1341193	1214097
#存货	万元	263312	252248
#产成品	万元	128106	122880
#应收账款（净额）	万元	345528	312491
固定资产合计	万元	498321	498179
固定资产原价	万元	1065963	1036505
负债合计	万元	1106627	1006379
#流动负债合计	万元	1085654	982634
#应付账款	万元	378953	376477
所有者权益合计	万元	1001613	968058
#实收资本	万元	731030	716681
损益			
营业收入	万元	2353172	2251412
#主营业务收入	万元	2322259	2226524
营业成本	万元	1411903	1386691
#主营业务成本	万元	1390766	1370245
营业税金及附加	万元	19216	16632
#主营业务税金及附加	万元	19168	16620
销售费用	万元	598411	585444
管理费用	万元	156902	153281
财务费用	万元	1083	-17
利润总额	万元	192611	120493
应缴增值税	万元	153069	132661

北京经济技术开发区规模以上现代制造业主要经济指标一览表

项目	单位	2015年	2014年
企业单位个数	个	148	147
#亏损企业	个	40	33
工业总产值（当年价格）	万元	20349612	19004061
工业销售产值（当年价格）	万元	20009843	18661778
#出口交货值	万元	3928150	6039962
从业人员平均人数	人	91645	97048
资产负债			
资产总计	万元	23158599	20657088
流动资产合计	万元	13748891	11958946
#存货	万元	2752472	2563474
#产成品	万元	1041417	864997
#应收账款（净额）	万元	3609967	3482887
固定资产合计	万元	6443060	5382658
固定资产原价	万元	11252108	9842636
负债合计	万元	12092289	11063952
#流动负债合计	万元	10117321	8624170
#应付账款	万元	3971583	3750765
所有者权益合计	万元	11030654	9593136
#实收资本	万元	6804265	6179656
损益			
营业收入	万元	20367614	18996511
#主营业务收入	万元	19884963	18712854
营业成本	万元	14848538	14605886
#主营业务成本	万元	14482043	14390142
营业税金及附加	万元	574709	439667
#主营业务税金及附加	万元	573989	439572
销售费用	万元	1894136	1599806
管理费用	万元	1025839	969202
财务费用	万元	126794	23284
利润总额	万元	1951479	1353013
应缴增值税	万元	823518	556056

北京经济技术开发区规模以上高技术制造业主要经济指标一览表			
项目	单位	2015年	2014年
企业单位个数	个	120	121
#亏损企业	个	31	35
工业总产值（当年价格）	万元	10310230	11997145
工业销售产值（当年价格）	万元	10046955	11656912
#出口交货值	万元	3817265	5965353
从业人员平均人数	个	72301	79843
资产负债			
资产总计	万元	15420253	14635246
流动资产合计	万元	9246010	8721727
#存货	万元	1908474	1739399
#产成品	万元	803469	621453
#应收账款（净额）	万元	2440949	2633898
固定资产合计	万元	4048703	4035437
固定资产原价	万元	8100274	8003324
负债合计	万元	7037676	6846772
#流动负债合计	万元	5394040	4885560
#应付账款	万元	2035928	2094149
所有者权益合计	万元	8346920	7788474
#实收资本	万元	5286072	5180137
损益			
营业收入	万元	10972621	12316467
#主营业务收入	万元	10611600	12085250
营业成本	万元	8081298	9632920
#主营业务成本	万元	7812797	9461866
营业税金及附加	万元	67661	50701
#主营业务税金及附加	万元	67391	50586
销售费用	万元	1163705	1127549
管理费用	万元	742828	730393
财务费用	万元	132604	94339
利润总额	万元	857028	713295
应缴增值税	万元	325525	365577

北京经济技术开发区建筑业企业基本情况一览表

项目	单位	2015 年	2014 年	增减（%）
建筑施工企业单位数	个	32	30	6.7
建筑施工企业总产值	亿元	258.4	240.8	7.3
主营业务收入	亿元	333.9	275.8	21.1
建筑施工企业利润总额	亿元	13.3	8.7	53.4
建筑施工企业房屋建筑面积				
施工面积	万平方米	1248.3	697.5	79.0
竣工面积	万平方米	114.0	171.3	−33.4

说明：建筑施工企业房屋建筑面积包括在本市和外省完成的施工、竣工面积

第三产业

北京经济技术开发区规模（限额）以上第三产业主要指标一览表

（按行业、按登记注册类型分）　　单位：个，万人，亿元

项目	单位数	从业人员平均人数	资产总计	收入合计	税收合计	利润总额
合计	467	10.9	3407.3	3657.5	72.3	131.7
按行业分						
批发和零售业	145	3.3	904.4	3109.7	32.5	44.5
交通运输、仓储和邮政业	11	1.0	107.3	129.6	8.1	25.7
住宿和餐饮业	25	1.0	28.0	25.7	1.7	0.4
信息传输、软件和信息技术服务业	53	1.8	262.1	128.7	7.4	20.7
金融业	19	0.0	52.1	2.8	0.2	0.3
房地产业	73	0.5	1295.5	77.2	10.5	9.9
租赁和商务服务业	31	1.5	401.8	31.1	5.8	23.9
科学研究与技术服务业	78	1.1	323.0	135.2	5.3	8.3
水利、环境和公共设施管理业	5	0.2	6.1	3.3	0.1	−0.3
居民服务、修理和其他服务业	4	***	***	***	***	***
教育	10	0.1	2.6	2.4	0.1	0.0
卫生与社会工作	7	0.1	13.9	4.7	0.0	−1.8
文化、体育和娱乐业	5	0.1	4.5	1.4	0.1	−0.7
公共管理、社会保障和社会组织	1	***	***	***	***	***

（续表）

项目	单位数	从业人员平均人数	资产总计	收入合计	税收合计	利润总额
按登记注册类型分						
内资	397	6.5	2631.5	1591.6	43.5	69.3
国有	12	0.2	507.3	23.2	2.4	8.3
集体	1	***	***	***	***	***
股份合作	2	***	***	***	***	***
联营						
有限责任公司	230	4.9	1768.2	1358.1	34.4	57.6
股份有限公司	14	0.3	168.9	38.8	2.2	1.8
私营	131	1.1	185.1	163.8	4.4	1.7
其他	7	0.1	0.9		0.0	
外商投资	28	3.0	486.9	1852.2	14.3	1.8
港、澳、台商投资	42	1.5	289.0	213.7	14.5	60.6

说明："***"表示为使个别机构单位所提供的资料得以保密，该数据不予公布

北京经济技术开发区文化创意产业财务状况一览表

单位：个，人，万元

行业	单位个数	从业人员平均人数	营业收入	税金合计	营业利润	利润总额	资产总计
合计	95	32876	8414366	119326	215287	227955	4490622
文化艺术	2	***	***	***	***	***	***
新闻出版	14	4705	162940	10852	6656	9139	271200
广播、电视、电影	4	469	26147	1924	5827	6239	47035
软件、网络及计算机服务	48	16999	1201796	66657	178841	184415	2475685
广告会展	7	294	23373	1099	865	982	13804
艺术品交易	1	***	***	***	***	***	***
设计服务	7	1237	88058	3519	2070	2327	152084
旅游、休闲娱乐	3	1214	14532	920	−5674	−4060	27417
其他辅助服务	9	7525	5307609	32539	5097	5403	1282157

说明："***"表示为使个别机构单位所提供的资料得以保密，该数据不予公布

劳动工资

北京经济技术开发区从业人员和劳动工资一览表

单位：人，万元，元

项目	年末人数	工资总额	平均工资
合计	283929	2939953	109312
农、林、牧、渔业	19	154	81053
采矿业	3021	30473	100804
制造业	135389	1682844	119936
电力、热力、燃气及水生产和供应业	1018	10515	103801
建筑业	9636	78884	81483
批发和零售业	53082	403102	118413
交通运输、仓储和邮政业	11552	125195	115750
住宿和餐饮业	10724	62019	60892
信息传输、软件和信息技术服务业	14948	161944	104635
金融业	279	3034	117597
房地产业	4932	49712	99524
租赁和商务服务业	16121	94776	58356
科学研究和技术服务业	15348	174439	115799
水利、环境和公共设施管理业	1842	11804	63360
居民服务、修理和其他服务业	628	4610	65670
教育	1733	12430	73204
卫生和社会工作	1418	14140	103894
文化、体育和娱乐业	1267	9993	81376
公共管理、社会保障和社会组织	972	9885	101593

说明：2015年数据为北京市统计局反馈非私营法人单位数据

高新技术企业情况

北京经济技术开发区高新技术企业情况一览表

项目	单位	2015年	2014年	增减（%）
投产（开业）企业个数	个	739	720	2.6
工业总产值（现价）	万元	23332392	22016633	6.0
总收入	万元	38810670	37222959	4.3
# 产品销售收入	万元	24292812	22732282	6.9
利润总额	万元	3182688	2334553	36.3
实缴税费总额	万元	2796828	2477790	12.9

资料来源：统计资料中的所有表格均由开发区统计局、调查队提供

附录

北京经济技术开发区年鉴 2016
BEIJING ECONOMIC-TECHNOLOGICAL DEVELOPMENT AREA YEARBOOK

北京经济技术开发区内世界 500 强企业一览表		
序号	企业名称	区内投资项目名称
1	通用电气（美国）	航卫通用电气医疗系统有限公司
2		北京通用电气华伦医疗设备有限公司
3		通用电气运输系统（中国）有限公司
4		北京通用电气（中国）融资租赁有限责任公司
5	通用汽车（美国）	北京奥多特汽车技术服务有限公司
6	德尔福（美国）	北京德尔福汽车系统有限公司
7		北京德尔福技术开发有限公司
8	IBM（美国）	北京金长科国际电子有限公司
9	康宁（美国）	康宁显示科技（中国）有限公司
10		北京康宁科技光缆有限公司
11	可口可乐（美国）	北京可口可乐饮料有限公司
12	金佰利（美国）	北京金佰利个人卫生用品有限公司
13	摩根士丹利（美国）	第一联合资产管理有限责任公司
14		华摩通资产管理有限公司
15		第二联合资产管理有限公司
16	JP 摩根（美国）	通合资产管理有限责任公司
17		通源资产管理有限责任公司
18		北京怡斯宝特面包工业有限公司
19	高盛（美国）	融盛资产管理有限责任公司
20	联合技术（美国）	北京蓝天协鑫燃气热电有限公司
21	霍尼维尔（美国）	北京霍尼韦尔节能设备有限公司
22	TYCO（美国）	北京基士敦阀门有限公司
23	AP（美国）	爱而普空气产品高科技气体（北京）公司
24	施耐德（法国）	施耐德（北京）中压电器有限公司
25		施耐德（北京）低压电器有限公司
26		施耐德电气销售（北京）有限公司
27	联合利华（英国、荷兰）	和路雪（中国）有限公司
28	微软（收购诺基亚通信，美国）	诺基亚通信有限公司
29	诺基亚（芬兰）	诺基亚西门子通信网络科技服务有限公司
30		诺基亚（中国）投资有限公司
31		诺基亚联新互联网络服务有限公司
32		诺基亚（北京）通信技术服务有限公司
33		纬图通信贸易（中国）有限公司
34	拜耳（德国）	拜耳医药保健有限公司
35		拜耳光翌板材有限责任公司
36		纽内姆（北京）种子有限公司
37	安万特（法国）	北京安万特制药有限公司
38	赫斯特（德国）	梅塞尔北方工业气体有限公司（北京）
39	欧倍德（英国翠丰集团）	欧倍德时尚家居购物中心

（续表 1）

序号	企业名称	区内投资项目名称
40	松下（日本）	北京松下电工有限公司
41		北京松下照明光源有限公司
42	乐天，三井物产（韩国、日本）	乐天（中国）食品有限公司
43	三井物产（日本）	北京住力电通光电技术有限公司
44		北京三井联通通信技术有限公司
45	伊藤忠（日本）	北京伊藤忠华堂综合加工有限公司
46	飞利浦（荷兰）	北京中视联条件接收系统有限公司
47	三洋（日本）	三洋能源（北京）有限公司
48	东芝（日本）	拓普康（北京）科技有限公司
49		北京三广医疗器械有限公司
50	现代（韩国）	北京京东方光电科技有限公司
51	好利获得（意大利）	北京万高宝信息系统工程有限公司
52	日立（日本）	北京日立北工大信息系统有限公司
53	戴姆勒－克莱斯勒（德国）	北京奔驰－戴姆勒·克莱斯勒汽车有限公司
54	三菱汽车（日本）	三菱吉普
55	欧姆龙（日本）	欧姆龙分公司
56	美国应用材料（美国）	美国应用材料公司
57	百胜餐饮集团（美国）	肯德基配送中心
58	DOVER（美国）	奥科电子（北京）有限公司
59		楼氏电子（北京）有限公司
60	汤姆逊（泰雷兹集团）（法国）	北京汤姆逊中信数字技术有限公司
61	ITW（美国）	北京米勒电器制造有限公司
62	百事（美国）	北京 DOLE 食品有限公司
63	普利司通（美国）	北京凡士通空气弹簧有限公司
64	ABB（瑞士）	ABB 高压电器有限公司
65		ABB 低压电器有限公司
66	日本凸版（日本）	北京日邦印刷有限公司
67	博世（德国）	博世汽车检测设备（北京）有限公司
68		博世热力技术（北京）有限公司
69		博世力士乐（北京）液压有限公司
70	铃木（日本）	铃木（中国）投资有限公司
71	乐金电子（韩国）	乐金化学显示器材料有限公司
72	UBS（瑞士）	融瑞资产管理有限公司
73	德意志银行（德国）	德恒资产管理有限公司
74	英国航空（英国）	金鹰国际货运代理有限公司
75	TPG（TNT）（荷兰）	北京天地达快运有限责任公司
76	SK（韩国）	SK（北京）公路科技有限公司
77		爱思开（北京）咨询有限公司
78		爱思开（中国）文化创意产业发展有限公司
79		北京电控爱思开科技有限公司

（续表 2）

序号	企业名称	区内投资项目名称
80	卡夫（美国）	卡夫食品有限公司
81	中国石油（中国）	中石油海洋工程技术有限公司
82	敦豪（德国邮政）	敦豪（中国）总部
83	三菱重工（日本）	北京首旅普兰德洗涤有限公司
84		北京三菱重工北人印刷机械有限公司
85	美国国际集团、德意志银行（美国、德国）	融德资产管理有限公司
86	3M（美国）	3M 北京技术中心（分公司）
87	李尔（美国）	北京北汽李尔汽车系统有限公司
88	皇家壳牌石油（英国荷兰）	壳牌北京研发中心
89	法国里昂证券（法国农业信贷银行）	北京泰德制药有限公司
90	鸿海集团（中国台湾）	富士康精密组件（北京）有限公司
91		富泰京精密电子（北京）有限公司
92	伟创力（德国）	伟创力电源系统（北京）有限公司
93	强生（美国）	大宝化妆品有限公司
94	中冶集团（中国）	中冶京诚工程技术有限公司
95	英特尔（美国）	英特尔移动通信技术（北京）有限公司
96		北京望海康信科技有限公司
97	住友化学（日本）	住化华北电子材料科技（北京）有限公司
98	国家电网公司（中国）	国网信息通信有限公司
99		北京中电飞华通信股份有限公司
100	中航工业集团（中国）	中航技进出口有限公司
101		中航国际北京公司
102		中航凯新（北京）船舶有限公司
103	中信集团（中国）	北京中信新城房地产有限公司
104	沃尔玛（美国）	沃尔玛山姆会员店（亦庄店）
105	中国铝业集团公司（中国）	中铝物资供销有限公司
106	中电信息产业集团（中国）	瑞得盛科技开发有限公司
107	联想控股（中国）	网通宽带网络有限公司
108	中国机械工业集团（中国）	中国国机重工集团有限公司
109	首钢集团（中国）	首钢莫托曼机器人有限公司
110	华润集团（中国香港）	华润医药控股有限公司
111		华润电力燃料（中国）有限公司
112	KDDI 株式会社（日本）	北京亚太中立信息技术有限公司
113	采埃孚（德国）	采埃孚汽车底盘系统（北京）有限公司
114	中国石化（中国）	中国石化长城能源化工有限公司
115	中化集团公司（中国）	纽内姆（北京）种子公司（已计入拜耳）
116	旭化成化学株式会社（日本）	蓝星旭化成（北京）节能电解技术有限公司

（续表 3）

序号	企业名称	区内投资项目名称
117	国家开发银行（中国）	华芯投资管理有限责任公司
118		国家集成电路产业投资基金股份有限公司
119		国开新能源科技有限公司
120		国开新城镇（北京）管理咨询有限公司

（开发区投促局提供）

2015 年北京经济技术开发区引进中央企业项目一览表

序号	企业名称
1	中国国际电子商务有限公司
2	中国航空技术北京有限公司
3	中国机动车辆安全鉴定检测中心
4	北京京诚华泰工程技术有限公司
5	中国华冶科工集团有限公司
6	经纬纺织机械股份有限公司
7	中铁十九局集团有限公司
8	中国国际电子商务中心
9	新探健康发展研究中心
10	中交四公局第三工程有限公司
11	北京航天易联科技发展有限公司
12	中铁二十一局集团第六工程有限公司
13	北京凯堡清洁设备有限公司
14	国富通信息技术发展有限公司
15	北京锦江富园大酒店有限公司
16	北京新华印刷有限公司
17	航天长征化学工程股份有限公司
18	北京京诚华宇建筑设计研究院有限公司
19	北京赛西科技发展有限责任公司
20	中交路桥华北工程有限公司
21	中冶华冶（北京）国际贸易有限公司
22	中非重工投资有限公司
23	中交四公局第一工程有限公司
24	北京航天爱锐设备安装有限公司
25	北京经纬纺机新技术有限公司
26	中国亚太移动通信卫星有限责任公司
27	中通建设股份有限公司
28	中国石油集团海洋工程有限公司
29	中航技进出口有限责任公司
30	中铝物资供销有限公司
31	北京中纺化工股份有限公司

（续表）

序号	企业名称
32	中纺网络信息技术有限责任公司
33	赛维航电科技有限公司
34	北京协和建昊医药技术开发有限责任公司
35	北京中安特科技有限公司
36	国药物流有限责任公司
37	中体彩科技发展有限公司
38	北京中电科卫星导航系统有限公司
39	北京中纺优丝特种纤维科技有限公司
40	中冶京诚工程技术有限公司
41	北京国电通信工程设计院有限公司
42	北京航天金泰星测技术有限公司
43	北京京诚赛瑞图文信息科技有限公司
44	北京京诚瑞达电气工程技术有限公司
45	北京京诚之星科技开发有限公司
46	北京京诚科林环保科技有限公司
47	北京京诚瑞信长材工程技术有限公司
48	北京首信圆方机电设备有限公司
49	北京京诚鼎宇管理系统有限公司
50	中冶交通工程技术有限公司
51	北京航天汇信科技有限公司

（开发区投促局提供）

2015 年北京经济技术开发区竣工建设项目一览表

序号	竣工备案日期	项目	建设单位
1	1 月 6 日	1# 住宅楼等 16 项	中芯国际集成电路制造（北京）有限公司
2	1 月 16 日	试制研发楼，厂房	北京世纪秀服装有限公司
3	1 月 22 日	河西区黄亦路（博兴西路—博兴十路）道路、雨污水、电力工程	北京经济技术投资开发总公司
4	1 月 28 日	2# 办公楼，1# 宿舍楼，地下车库、配套用房和餐厅配套用房	中国人民武装警察边防部队后勤部
5	1 月 30 日	特气供给站	北京京东方光电科技有限公司
6	2 月 3 日	兴业变电站	国网北京市电力公司
7	2 月 3 日	泰河 110kV 变电站	国网北京市电力公司
8	2 月 3 日	主厂房，泵房	国网北京市电力公司
9	2 月 13 日	17# 管理栋扩建，18# 制剂栋扩建（含连廊），19# 废品库改建	第一三共制药（北京）有限公司
10	2 月 13 日	定海园项目 1 里、2 里、3 里 (2# 楼等 20 项）装修工程	北京博大新元房地产开发有限公司
11	2 月 13 日	13# 住宅楼、11# 住宅楼，8# 住宅楼，12# 住宅楼，10# 住宅楼，6# 住宅楼，9# 住宅楼，7# 住宅楼装修工程	北京博大新元房地产开发有限公司

（续表 1）

序号	竣工备案日期	项目	建设单位
12	2 月 13 日	燃气锅炉房，围墙，综合泵房	北京经济技术开发区基建办公室
13	2 月 16 日	办公楼厂房内装修工程	北京精诚博桑科技有限公司
14	2 月 16 日	西门卫室，围墙东门卫室，联合车间二期	北京曼可顿食品科技有限公司
15	3 月 11 日	围墙，门房，燃气锅炉房，综合泵房	北京经济技术开发区基建办公室
16	3 月 13 日	3B# 住宅楼	北京国锐房地产开发有限公司
17	3 月 23 日	西曼 C-21 甲型生产测试车间等 10 项	北京西曼国际服饰有限公司
18	3 月 23 日	西曼 D-3 甲型 (4F) 生产测试车间等 11 项、生产辅助车间	北京西曼国际服饰有限公司
19	3 月 27 日	综合楼和地下室、实验楼和连廊、人防出入口、电镜室	中国检验检疫科学研究院
20	3 月 31 日	整机大楼（工业厂房），门卫 2 水泵房，门卫 3，8# 建筑（天桥）	北京京东方视讯科技有限公司
21	3 月 31 日	河西区新凤河路（博兴十路—博兴八路）道路、雨污水、电力	北京经济技术投资开发总公司
22	3 月 31 日	河西区新凤河路（博兴十路—博兴八路）再生水管线工程	北京经济技术投资开发总公司
23	3 月 31 日	河西区新凤河路（博兴十路—博兴八路）给水管线工程	北京经济技术投资开发总公司
24	3 月 31 日	南区九路（南区四街—南区北路）给水管线工程	北京经济技术投资开发总公司
25	3 月 31 日	南区九路（南区四街—南区北路）再生水管线工程	北京经济技术投资开发总公司
26	4 月 13 日	23# 厂房，20# 厂房，项目整体地下车库和辅助用房，22# 厂房，21# 厂房	北京星岛置业有限公司
27	4 月 13 日	南区九路（南区四街—南区北路）道路、雨污水、电力工程	北京经济技术投资开发总公司
28	4 月 15 日	1#、3-7# 研发试制楼，5-7# 楼附属裙房，地下附属用房（含库房及设备用房）	北京金地科创置业有限公司
29	4 月 29 日	2# 厂房扩建、1# 厂房	北京迪兴市政工程有限公司
30	5 月 12 日	A01 厂房	富智康精密组件（北京）有限公司
31	5 月 13 日	欧必翼 1# 厂房等 9 项	欧必翼门控科技北京）有限公司
32	5 月 13 日	A 座生产研发楼、地下车库及附属用房、B 座研发办公楼	北京冠华轩投资有限责任公司
33	6 月 9 日	3# 车间，1# 车间	北京西京盛氏服装有限公司
34	6 月 9 日	6D# 办公楼（综合服务设施项目（国锐广场））	北京国锐房地产开发有限公司
35	6 月 12 日	门房，食堂，厂房	北京 DOLE 食品有限公司
36	6 月 15 日	A1 综合商业楼等 14 项	北京国盛兴业投资有限公司
37	7 月 14 日	中航技易发研发办公楼 D 座等 16 项一标段	中航技易发投资有限公司
38	7 月 17 日	生产厂房、化学品库、氢气站、门卫 1、门卫 2、围墙	华延芯光（北京）科技有限公司
39	7 月 21 日	3# 商务办公楼	北京富兴金地置业有限公司
40	7 月 22 日	生产车间	北京亦庄新城实业有限公司
41	7 月 28 日	生产厂房二和研发中心	北京智飞绿竹生物制药有限公司

（续表 2）

序号	竣工备案日期	项目	建设单位
42	8 月 6 日	7# 门卫室，6# 住宅楼，地下车库和附属设施，3# 住宅楼，车库 C-4# 出入口，车库 C-2 出入口，8# 门卫室，车库 C-1 出入口，车库 C-5 出入口，5# 住宅楼，4# 住宅楼，车库 C-3# 出入口，1# 住宅楼，车库 C-6# 出入口，车库 C-7# 出入口，2# 住宅楼	中华人民共和国北京海关
43	8 月 14 日	厂房、门卫房、围墙	北京虹雨兴旺物资有限公司
44	8 月 27 日	L1 号总部办公楼等 16 项（中航国际北京航空城项目）	中国航空技术北京有限公司
45	8 月 28 日	1-A 化、中药楼，1-B 生物楼，1-C 质量管理楼，1-D 质检楼，2-E 集团办公楼，2-F 集团办公楼，7-1# 液体研发楼，7-2# 新药研发楼，7-3# 仿制药研发楼，7-4 检水研发楼，7-5# 试水研发楼，7-6# 标准品研发楼，1# 人防出入口，2# 人防出入口，3# 人防出入口，地下室	北京悦康创展科技有限公司
46	8 月 31 日	4# 标准厂房，2# 研发生产楼，1# 综合楼，3-A 研发生产楼，3-B 研发生产楼，6# 门卫室，地下车库和机房，5# 标准厂房，7# 门卫室、围墙	北京亦庄数字显示产业管理有限公司
47	9 月 9 日	10# 综合楼（含办公、商业）	北京国锐房地产开发有限公司
48	9 月 11 日	核酸生产车间 1，综合实验楼，围墙，地下室，免疫生产车间 1，核酸生产车间断，免疫生产车间 2	博尔诚（北京）科技有限公司
49	9 月 28 日	印刷车间、成品库、原料库	北京科信盛彩置业有限公司
50	9 月 28 日	阀门加工车间等 2 项	安迅（北京）金融设备系统有限公司
51	9 月 28 日	空调机房	航天长征化学工程股份有限公司
52	10 月 14 日	3-G 分公司楼、3-H 分公司楼	北京悦康创展科技有限公司
53	10 月 14 日	4# 生产楼，2# 军品楼（综合楼），3# 运营楼（综合楼），1# 研发楼（综合楼），地下室	北京星网卫通科技开发有限公司
54	10 月 16 日	4# 厂房	北京皓海嘉业机械科技有限公司
55	10 月 23 日	液氧站，污水处理站，医疗楼，人防出入口	北京经济技术投资开发总公司
56	10 月 30 日	地下商业，车库和设备用房，1# 总部办公楼，货梯，2# 商务办公楼及其配套商业楼，3# 人防出入口，1# 人防出入口，16# 楼梯，分线室，2# 人防出入口	北京富兴金地置业有限公司
57	10 月 30 日	X88-12# 住宅楼、X88-2# 住宅楼、X88-9# 住宅楼、X88-1# 住宅楼、X88-5# 住宅楼	北京方兴亦城置业有限公司
58	11 月 6 日	科创六街（经海二路—经海四路）高温热水管线，经海四路（科创十二街—科创十四街）热力管线，排干渠西路（科创十四街—科创十七街）高温热水管线，科创十三街（经海三路—经海路）高温热水管道，科创十一街（经海三路—经海四路）高温热水管道，经海三路（科创十一街—科创十三街）高温热水管线，科创九街（经海三路—经海四路）高温热水管线）	北京经济技术开发区基建办公室

（续表 3）

序号	竣工备案日期	项目	建设单位
59	11 月 6 日	机械与交通实训楼，入口标识墙，门卫室 1（西轴北门），门卫室 2（西轴北门），电子电信实训楼，生物工程实训楼	北京电子科技职业学院
60	11 月 10 日	试制中心（二）、制造中心	恺王科技（北京）有限公司
61	11 月 12 日	研发办公楼，2# 厂房，大门，警卫室，仓库	北京亿海先锋汽车科技有限公司
62	11 月 13 日	京东方运营与研发中心	京东方科技集团股份有限公司
63	11 月 13 日	C 座研发办公楼，D 座研发办公楼，F 座制景车间，H 座人防出口，E 座制景车间，地下车库和附属设施	贞观国际科技发展（北京）有限公司
64	11 月 13 日	亚太中立自有厂房外立面及内部装修工程	北京亚太中立信息技术有限公司
65	11 月 19 日	3# 门卫室，1# 门卫室，研发试产运营楼（综合楼），2# 门卫室	坤鼎（北京）投资发展有限公司
66	11 月 25 日	澳源德江 2# 生产厂房	北京澳源德江生物技术有限公司
67	11 月 27 日	1# 人防出入口，2# 人防出入口，X88-13# 住宅楼，X88-11# 住宅楼，接待门厅，2# 地下车库，独立商业	北京方兴亦城置业有限公司
68	11 月 27 日	X88-4# 住宅楼，X88-14# 住宅楼，X88-7# 住宅楼	北京方兴亦城置业有限公司
69	11 月 27 日	X88-8# 住宅楼，垃圾房，X88-6# 住宅楼，1# 车库出入口，2# 车库出入口，1# 地下车库，3# 人防出入口，X88-3# 住宅楼，X88-10# 住宅楼，4# 人防出入口	北京方兴亦城置业有限公司
70	12 月 1 日	科创三街、经海三路、经海二路、经海四路、经海二路、亦庄镇贵园小区供热厂热力管道工程	北京经济技术开发区基建办公室
71	12 月 1 日	科创二街（亦庄镇东工业区供热厂—经海路）热力管线工程	北京经济技术开发区基建办公室
72	12 月 2 日	生产车间，门卫室，设备用房和泵房	北京一成泰和投资有限公司
73	12 月 10 日	博兴十一路（兴海四街—兴海路）给水管线工程	北京经济技术投资开发总公司
74	12 月 10 日	博兴十一路（兴海四街—兴海路）道路、雨污水、电力工程	北京经济技术投资开发总公司
75	12 月 10 日	博兴十一路（兴海四街—兴海路）再生水管线工程	北京经济技术投资开发总公司
76	12 月 10 日	1# 车间、2# 车间、3# 车间、仪表厂房、办公楼、设备用房、门卫室、围墙	北京美基机电设备有限公司
77	12 月 11 日	2# 住宅楼，1# 住宅楼，22# 住宅楼，14# 住宅楼，15# 住宅楼，16# 住宅楼，4# 住宅楼，13# 住宅楼，地下车库 V 段，3# 住宅楼	北京城建兴华地产有限公司
78	12 月 16 日	11# 住宅楼、13# 住宅楼	北京万瑞房地产开发有限公司
79	12 月 21 日	14# 住宅楼、9# 住宅楼	北京万瑞房地产开发有限公司
80	12 月 21 日	门卫，二期研发生产车间	北京欧瑞德科技发展有限公司
81	12 月 21 日	市政配套服务楼（亦庄工业区市政配套服务楼）	北京亦庄物业管理中心
82	12 月 25 日	半导体集成电路研发和业务中心楼，人防出入口	晶门科技（北京）有限公司

（续表4）

序号	竣工备案日期	项目	建设单位
83	12月25日	1# 生产研发楼，2# 生产研发楼，3# 生产研发楼，门卫室（人防出口）和地下车库，垃圾房，4# 生产研发楼，6# 宿舍，5# 配套服务楼	北京四达时代软件技术股份有限公司
84	12月31日	2# 厂房，1# 厂房A段，办公楼，1# 厂房B段	隆力液压机械（北京）有限公司
85	12月31日	1# 人防出入口，10# 住宅楼，8# 住宅楼，7# 住宅楼，2# 地下车库（地下车库VIB段及地下车库IIA段），9# 住宅楼	北京城建兴华地产有限公司
86	12月31日	11# 住宅楼，1# 地下车库（地下车库VIA段及地下车库IV段），5# 住宅楼，1# 门卫室，8# 人防出入口，7# 人防出入口，12# 住宅楼，6# 住宅楼	北京城建兴华地产有限公司

（开发区建发局提供）

2015年北京经济技术开发区新开工建设项目一览表

序号	批开工日期	项目	建设单位
1	2月5日	零部件排序中心和分拣中心等7项（北京奔驰配套零部件排序中心和分拣中心东区项目）	北京中都迈速物流有限公司
2	2月5日	北京经济技术开发区路南区污水处理厂工程	北京博大水务有限公司
3	2月10日	X87-1# 住宅楼（公租房）等24项（北京经济技术开发区河西区X87R1地块二类居住（配建公共租赁住房）项目）（X87-1# 住宅楼（公租房）、X87-2# 住宅楼（公租房）、X87-3# 住宅楼（公租房）、X87-4# 住宅楼（公租房）、X87-C1配套商业、X87-C2配套商业、垃圾处理站）	北京方兴葛洲坝房地产开发有限公司
4	2月10日	X87-1# 住宅楼（公租房）等24项（北京经济技术开发区河西区X87R1地块二类居住（配建公共租赁住房）项目）（X87-7# 住宅楼、X87-8# 住宅楼、1# 地下车库）	北京方兴葛洲坝房地产开发有限公司
5	3月5日	新建测试间（新建测试间项目）	瓦里安医疗设备（中国）有限公司
6	3月10日	科研楼（含实验室和研发办公室）等8项（公司总部及研发制造基地项目）（除生产厂房）（时翼航化）	北京时翼航化科技有限公司
7	3月13日	综合楼、总调度库房等两项（百度亦庄云平台数据中心项目）（1号连廊），综合楼、总调度库房（百度亦庄云平台数据中心项目）	百度云计算技术（北京）有限公司
8	3月16日	综合制剂楼等9项（颗粒剂生产项目）	北京泰德制药股份有限公司
9	3月20日	东工业区热力管道和东环路改造工程（基建办）	北京经济技术开发区基建办公室
10	3月20日	贵园热力管道和东工业区热力管道改造工程（基建办）	北京经济技术开发区基建办公室
11	3月31日	厂房等4项（东方国际服装中心生产厂房项目）	东方国际服装中心

（续表 1）

序号	批开工日期	项目	建设单位
12	4 月 1 日	X87-1# 住宅楼（公租房）等 24 项（北京经济技术开发区河西区 X87R1 地块二类居住(配建公共租赁住房)项目)(X87-V1# 住宅楼、X87-V2# 住宅楼、X87-V3# 住宅楼、X87-V4# 住宅楼、接待门厅（物业管理用房）、X87-C3 配套商业、2# 地下车库）	北京方兴葛洲坝房地产开发有限公司
13	4 月 1 日	X87-5# 住宅楼等 20 项（北京经济技术开发区河西区 X87R1 地块二类居住（配建公共租赁住房）项目）（X87-5# 住宅楼、X87-6# 住宅楼、4# 地下车库、1# 人防出入口及管理用房、2# 人防出入口、3# 人防出入口、1# 人员疏散口）	北京方兴葛洲坝房地产开发有限公司
14	4 月 10 日	X87-5# 住宅楼等 20 项（北京经济技术开发区河西区 X87R1 地块二类居住（配建公共租赁住房）项目）（X87-13# 住宅楼、X87-14# 住宅楼、6# 地下车库、7# 人防出入口、8# 人防出入口）	北京方兴葛洲坝房地产开发有限公司
15	4 月 13 日	X87-5# 住宅楼等 20 项（北京经济技术开发区河西区 X87R1 地块二类居住（配建公共租赁住房）项目）（X87-9# 住宅楼、X87-10# 住宅楼、X87-11# 住宅楼、X87-12# 住宅楼、5# 地下车库、4# 人防出入口、5# 人防出入口、6# 人防出入口）	北京方兴葛洲坝房地产开发有限公司
16	4 月 13 日	X87-1# 住宅楼（公租房）等 24 项（北京经济技术开发区河西区 X87R1 地块二类居住(配建公共租赁住房)项目)(X87-V5# 住宅楼、X87-V6# 住宅楼、X87-V7# 住宅楼、X87-V8# 住宅楼、X87-C4 配套商业、X87-C5 配套商业、3# 地下车库）	北京方兴葛洲坝房地产开发有限公司
17	4 月 24 日	多功能车间（新建 MFA(奔驰前驱动车型)项目）	北京奔驰汽车有限公司
18	4 月 24 日	6# 生产服务楼（增建生产服务楼项目）	北京同仁堂股份有限公司
19	4 月 28 日	四海基业试验厂房等 3 项	北京四海基业建筑装饰工程有限公司
20	5 月 8 日	1# 集体宿舍楼等 3 项（天语 3G 手机总装厂（一期）项目）（科泰乐讯）（二次）	科泰乐讯（北京）通信设备有限公司
21	5 月 21 日	1# 厂房等 6 项（“绿色”开关设备产业基地项目）(1# 厂房、研发办公楼、综合楼(含宿舍、食堂、员工活动室等），1# 空气压缩机房、2# 空气压缩机房）	北京华东电气股份有限公司
22	6 月 5 日	博大永康公寓综合维修工程	北京经济技术投资开发总公司
23	6 月 24 日	科研楼(含实验室及研发办公室)等 8 项(公司总部及研发制造基地项目）（生产厂房）（时翼航化）	北京时翼航化科技有限公司
24	6 月 29 日	研发中心等 4 项（北京市赫凯科技发展中心电子仪表生产基地项目）	北京市赫凯科技发展中心
25	7 月 8 日	大兴区旧宫镇五福堂二号路道路及管线工程、东营房南路道路及管线工程	北京市大兴区旧宫镇人民政府
26	7 月 15 日	研发办公楼等 8 项（科研设计制造一体化基地）	北京中寰工程项目管理有限公司

（续表 2）

序号	批开工日期	项目	建设单位
27	7 月 16 日	2013 年一期市政工程 15 标段	北京经济技术开发区基建办公室
28	7 月 28 日	涂装车间(新建 MFA(奔驰前驱动车型)项目)	北京奔驰汽车有限公司
29	7 月 30 日	联合厂房等 6 项（特种变压器生产基地和研发中心项目）	北京新特电气有限公司
30	7 月 30 日	扩建办公区（扩建办公区项目）	北京怡斯宝特面包工业有限公司
31	8 月 5 日	旧宫地区一号路道路及桥梁工程、旧宫地区三号道路工程和旧宫地区十五号路道路桥梁工程	北京市大兴区旧宫镇人民政府
32	8 月 5 日	万国数据亦庄数据研发中心装饰装修工程	北京恒普安数码科技发展有限公司
33	8 月 17 日	1# 厂房等 5 项（工业厂房项目）	北京雅仕博家具有限公司
34	8 月 17 日	A 组创意设计综合楼等 4 项	清大科华创意港（北京）科技有限公司
35	8 月 20 日	物流中心辅助用房(物流中心辅助用房项目)	国药物流有限责任公司
36	8 月 27 日	实验检测楼（增建实验检测楼项目）	北京金风科创风电设备有限公司
37	9 月 10 日	中国工商银行股份有限公司北京市分行开发区支行金地格林小镇网点支行装饰装修项目	中国工商银行股份有限公司北京经济技术开发区支行
38	9 月 14 日	生产服务楼（奇正藏药保健功能食品深加工产业基地项目）、配送中心等 10 项（奇正藏药保健功能食品深加工产业基地项目）	北京奇正天麦力健康科技有限公司
39	9 月 15 日	京津冀科技创新公共服务平台线下实体平台装修改造工程（总公司）	北京经济技术投资开发总公司
40	9 月 17 日	研发楼等 3 项（超高频读写器生产项目）（德鑫泉物联网）	北京德鑫泉物联网科技股份有限公司
41	9 月 28 日	中试厂房等 10 项（医药生产基地项目、心脑血管和免疫调节产品产业化项目）	北京赛升药业股份有限公司
42	9 月 30 日	总部楼（研发与总部基地建设项目）	北京行有恒医药有限公司
43	10 月 15 日	G4-4# 研发办公楼（含底商）等 9 项（移动硅谷创新中心项目）	北京亦庄移动硅谷有限公司
44	10 月 15 日	G4-1# 酒店等 6 项(移动硅谷创新中心项目)	北京亦庄移动硅谷有限公司
45	10 月 27 日	检测及配套中心（数字电视产业园配套 LED 封装厂项目）	京东贝（北京）光电科技有限公司
46	10 月 28 日	1# 办公楼等 4 项（天实和华置业（北京）有限公司数码办公和配套设施项目）	天实和华置业（北京）有限公司
47	10 月 28 日	1# 办公楼(A 座)等 4 项(天实和华置业(北京）有限公司数码办公及配套设施项目）	天实和华置业（北京）有限公司
48	10 月 29 日	A# 研发办公楼等 9 项（北京同仁堂健康药业股份有限公司亦庄总部基地项目）	北京同仁堂健康药业股份有限公司
49	10 月 29 日	A1 商业楼等 8 项（动漫产业衍生品发展园项目）	英联视动漫文化发展（北京）有限公司
50	10 月 29 日	C1 商业办公楼等 9 项（动漫产业衍生品发展园项目）	英联视动漫文化发展（北京）有限公司
51	10 月 29 日	研发中心 1# 楼（健康产业园路东区新厂二区项目）	北京泰德制药股份有限公司
52	10 月 30 日	1# 研发综合楼等 6 项（GT 改性高分子环保材料及其制品（环保食品包装容器）产业化基地项目）	北京迅宝新材料技术有限公司

（续表3）

序号	批开工日期	项目	建设单位
53	10月30日	消防站等2项（增建MFA生产辅助用房项目）、1#门卫等3项（增建MFA生产辅助用房项目）、油库和油泵房（增建MFA生产辅助用房项目）、围墙（新建MFA（奔驰前驱动车型）项目）	北京奔驰汽车有限公司
54	10月30日	MRA2-油库和油泵房（增建生产辅助用房和配套设施项目）	北京奔驰汽车有限公司
55	10月30日	能源中心扩建（增建生产辅助用房和配套设施项目）、水泵房（增建生产辅助用房和配套设施项目）	北京奔驰汽车有限公司
56	10月30日	厂房及设施扩展标段等5项（北京奔驰汽车有限公司新建发动机工厂项目）	北京奔驰汽车有限公司
57	10月30日	1#楼（公租房）等3项（河西区X13R2地块居住项目）	北京首开住总房地产开发有限公司
58	11月17日	MRA-冲压车间扩建等9项（MRA-总装车间北侧辅房）（北京奔驰）	北京奔驰汽车有限公司
59	11月18日	3#住宅楼等4项（北京经济技术开发区路东区G1R1地块二类居住（配建公共租赁住房）项目）（3#住宅楼、5#住宅楼）、1#住宅楼等14项（北京经济技术开发区管理委员会关于北京经济技术开发区路东区G1R1地块项目核准的批复）(1#住宅楼、2#住宅楼、4#住宅楼、1#出入口、2#出入口兼B-3人防口部、D1地下车库）	北京经开投资开发股份有限公司
60	11月18日	3#住宅楼等4项（北京经济技术开发区路东区G1R1地块二类居住（配建公共租赁住房）项目）（7#住宅楼（含配套）、7#住宅楼地下室）、1#住宅楼等14项（北京经济技术开发区管理委员会关于北京经济技术开发区路东区G1R1地块项目核准的批复）（6#住宅楼、8#住宅楼、9#住宅楼、10#住宅楼、G1配电室、3#出入口兼D-1人防口部、4#出入口兼F-3人防口部、D2地下车库）	北京经开投资开发股份有限公司
61	11月19日	X91-1#住宅楼等16项（北京经济技术开发区河西区X91R1地块二类居住（配建公共租赁住房）项目）（X91-1#住宅楼、X91-3#住宅楼、X91-C1配套商业、垃圾处理站）	北京方兴拓赢房地产开发有限公司
62	11月20日	X91-2#住宅楼等25项（北京经济技术开发区河西区X91R1地块二类居住（配建公共租赁住房）项目）（X91-4#住宅楼、9#人防战时主要出入口及管理用房）	北京方兴拓赢房地产开发有限公司
63	12月15日	通用电气医疗中国研发试产运营科技园项目A区精装修工程	坤鼎（北京）投资发展有限公司
64	12月24日	看台扩建工程（北京经济技术开发区职业教育园区看台扩建工程）	北京电子科技职业学院
65	12月28日	3#楼（公租房）等4项（河西区X13R2地块居住项目）	北京首开住总房地产开发有限公司
66	12月30日	B3厂房（集成电路生产厂房建设项目）	中芯北方集成电路制造（北京）有限公司

（开发区建发局提供）

2015年新区认定产业技术（知识产权）创新战略联盟一览表

序号	名称
1	北京经济技术开发区特色产业园发展联盟
2	北京军民融合技术创新联盟
3	智能机器人（北京）产业联盟
4	中关村慧学云智能文教产业技术创新联盟
5	产业互联网联盟
6	北京亦庄创投汇联盟
7	新能源产业技术创新战略联盟
8	智能能源节能服务产业战略联盟

（开发区科技局提供）

2015年新区认定公共技术服务平台一览表

序号	平台名称	承担单位
1	嘉捷电力电子公共技术平台	北京明漫克斯科技有限公司
2	安全可信的微物联平台	北京博大光通物联科技股份有限公司
3	电动汽车电子控制系统测试与验证服务平台	北京恒天鑫能新能源汽车技术有限公司
4	互联网技术公共服务平台	北京博大网通科技发展有限公司
5	软件测试公共技术服务平台	赛维航电科技有限公司

（开发区科技局提供）

2015年新区认定（重点）科技服务机构一览表

序号	企业名称	认定类型
1	北京瑞宏科技有限公司	科技服务机构
2	中关村现代医药生产力促进中心	
3	北京艾迪康医学检验所有限公司	
4	北京华测北方检测技术有限公司	
5	北京嘉捷开源科技发展有限公司	
6	远东正大检验集团有限公司	
7	中国国际电子商务有限公司	
8	北京艾德摩生物技术有限公司	
9	北京科信通服科技发展有限公司	
10	北京志诚宏业智能控制技术有限公司	
1	北京清润国际建筑设计研究院有限公司	重点科技服务机构
2	赛维航电科技有限公司	
3	北京博奥晶典生物技术有限公司	
4	北京科莱博医药开发有限责任公司	

（开发区科技局提供）

2015年新区认定企业研发机构一览表

序号	企业名称
1	北京安泰伟奥信息技术有限公司
2	北京艾路浦科技发展有限公司
3	北京波特光盛石油技术有限公司
4	北京泰豪太阳能电源技术有限公司
5	北京诺康达医药科技有限公司
6	北京东方华辉生物医药科技有限公司
7	北京苍穹数码测绘有限公司
8	北京通泰信诚科技有限公司
9	北京分豆教育科技股份有限公司
10	北京永瀚星港生物科技股份有限公司
11	北京君合文汇科技有限公司
12	精效新软件新技术（北京）有限公司
13	北京伊斯康科技有限公司
14	北京云狐时代科技有限公司
15	远东正大检验集团有限公司
16	北京亦庄国际蛋白药物技术有限公司
17	北京东霖消防科技有限公司
18	北京爱普拜生物技术有限公司
19	北京钰林化工有限公司
20	北京画中画印刷有限公司
21	北京五和博澳药业有限公司
22	北京快舒尔医疗技术有限公司
23	北京新安特风机有限公司
24	北京金日恒升科技有限公司
25	北京世纪蓝箭防水材料有限公司
26	北京依生兴业科技有限公司
27	北京格雷时尚科技有限公司
28	北京北汽模塑科技有限公司

（开发区科技局提供）

2015年新区认定科技企业孵化器一览表

序号	企业名称
1	鼎石天元投资（北京）有限公司
2	安快创业有限公司
3	北京赛欧信发文创科技孵化器有限公司
4	北京金日兴科技技术有限公司
5	北京中科电商谷信息技术有限公司

（开发区科技局提供）

2015年新区认定“小巨人”重点培育企业一览表

序号	企业名称
1	北京海泰锐森环境能源技术开发有限公司
2	北京和利康源医疗科技有限公司
3	北京分豆教育科技股份有限公司
4	北京万得嘉瑞汽车技术有限公司
5	北京清润国际建筑设计研究院有限公司
6	北京奥一新源科技有限公司
7	北京康派特医疗器械有限公司
8	北京华测北方检测技术有限公司
9	远东正大检验集团有限公司
10	北京钰林化工有限公司
11	北京国药龙立科技有限公司
12	北京华科仪科技股份有限公司

（开发区科技局提供）

2015年德勤—亦庄高科技、高成长20强企业一览表

序号	企业名称
1	冠捷显示科技（中国）有限公司
2	悦康药业集团有限公司
3	北京中电科电子装备有限公司
4	北京天诚同创电气有限公司
5	北京智飞绿竹生物制药有限公司
6	北京国信恒润能源环境工程技术有限公司
7	北京赛升药业股份有限公司
8	北京星昊医药股份有限公司
9	北京德鑫泉物联网科技股份有限公司
10	北京航天易联科技发展有限公司
11	联通宽带在线有限公司
12	北京安泰伟奥信息技术有限公司
13	北京耐威时代科技有限公司
14	北京博大网信科技发展有限公司
15	北京爱普益医学检验中心有限公司
16	北京合创三众能源科技股份有限公司
17	龙创信恒（北京）科技有限公司
18	诺兰特移动通信配件（北京）有限公司
19	北京天地超云科技有限公司
20	北京群菱能源科技有限公司

（开发区科技局提供）

2015年德勤—亦庄高科技、高成长20强明日之星企业一览表

序号	企业名称
1	安诺优达基因科技（北京）有限公司
2	北京分豆教育科技有限公司
3	北京诺康达医药科技有限公司
4	北京华兴长泰物联网技术研究院有限责任公司
5	北京飞音时代技术有限公司

（开发区科技局提供）

2015年北京经济技术开发区领导一览表

姓名	单位名称	职务	备注
李长友	中共北京市大兴区委	书　记	
	中共北京市委经济技术开发区工委	书　记	
谈绪祥	中共北京市大兴区委	副书记	
	北京市大兴区人民政府	区　长	
	中共北京市委经济技术开发区工委	副书记	
梁　胜	中共北京市大兴区委	副书记	
	北京市大兴区人民政府	副区长	
	中共北京市委经济技术开发区工委	副书记	
	北京经济技术开发区管委会	主　任	
贲　勇	中共北京市委经济技术开发区工委	副书记（正局级）	11月免
	中共北京市委经济技术开发区工委	委员（正局级）	11月任
高言杰	中共北京市大兴区委	常　委	11月免
	中共北京市委经济技术开发区工委	委　员	
	北京经济技术开发区管委会	副主任	11月免
	中共北京市委经济技术开发区工委	副书记	11月任
王敬东	中共北京市委经济技术开发区工委	委　员	
	中共北京经济技术开发区纪工委	书　记	
王合生	中共北京市大兴区委	常　委	11月任
	中共北京市委经济技术开发区工委	委　员	
	北京经济技术开发区管委会	副主任	
绳立成	中共北京市委经济技术开发区工委	委　员	
	北京经济技术开发区管委会	副主任	
王杰群	中共北京市委经济技术开发区工委	委　员	5月任
	中共北京市委经济技术开发区工委组织部	部　长	6月任
袁立洪	中共北京市委经济技术开发区工委	委　员	
	北京经济技术开发区管委会	副主任	
赵雅娟	中共北京市委经济技术开发区工委	委　员	
	中共北京市委经济技术开发区工委宣传部	部　长	
陈小男	中共北京市委经济技术开发区工委	委　员	
	北京经济技术开发区管委会	副主任	
王清旺	中共北京市委经济技术开发区工委	委　员	5月免
	中共北京市委经济技术开发区工委组织部	部　长	6月免
沈永刚	中共北京市委经济技术开发区工委	委　员	12月任
	北京经济技术开发区管委会	副主任	12月任
张凤民	北京经济技术开发区总工会	主　席	

（开发区组织部提供）

2015年北京经济技术投资开发总公司领导一览表

姓名	单位名称	职务	备注
白　文	北京经济技术投资开发总公司党委	书　记	
	北京经济技术投资开发总公司	经　理	
罗伯明	北京经济技术投资开发总公司	副经理	
	北京新航城控股有限公司	董事长	
韩洪英	北京经济技术投资开发总公司党委	副书记	
	北京经济技术投资开发总公司纪委	书　记	
芦永忠	北京经济技术投资开发总公司	副经理	
	北京亦庄国际投资发展有限公司	董事长（兼）	
郭广庆	北京经济技术投资开发总公司	副经理	
卢自锋	北京经济技术投资开发总公司	副经理	

（开发区组织部提供）

2015年驻北京经济技术开发区职能局负责人一览表

单位名称	姓名	职务	备注
北京市工商行政管理局经济技术开发区分局	赵　敏	局　长	3月免
	朱学增	局　长	3月任
北京经济技术开发区国家税务局	蒙玉英	局　长	9月免
	田　建	局　长	
北京市地方税务局开发区分局	武立煌	党组书记、局长	3月免
	丁锦宁	党组书记、局长	3月任
中华人民共和国北京经济技术开发区海关	韦　江	主　持	9月免
	朱卫文	主　持	9月任
北京经济技术开发区出入境检验检疫局	张瑞宏	党组书记、局长	
北京市公安局经济技术开发区分局	邹燕平	局　长	
北京市公安局公安交通管理局开发区交通大队	王万荣	大队长	6月免
	韩志涌	大队长	6月任
北京经济技术开发区公安消防支队	徐　群	支队长	
北京市食品药品监督管理局经济技术开发区分局	唐庆军	局　长	
北京市质量技术监督局北京经济技术开发区分局	董梦铎	局　长	3月免
北京经济技术开发区经济社会调查队	任　斌	队　长	
北京市大兴区人民检察院经济技术开发区检察处	齐宝成	处　长	
北京市大兴区人民法院经济技术开发区人民法庭	单祖果	庭　长	7月免
	李宝才	庭　长	7月任

国家部分机构全称简称对照表		
序号	全称	简称
1	中华人民共和国国务院办公厅	国务院办公厅
2	中华人民共和国国防部	国防部
3	中华人民共和国国家发展和改革委员会	发展改革委
4	中华人民共和国教育部	教育部
5	中华人民共和国科学技术部	科技部
6	中华人民共和国工业和信息化部	工业和信息化部
7	中华人民共和国民政部	民政部
8	中华人民共和国司法部	司法部
9	中华人民共和国财政部	财政部
10	中华人民共和国人力资源和社会保障部	人力资源社会保障部
11	中华人民共和国国土资源部	国土资源部
12	中华人民共和国环境保护部	环境保护部
13	中华人民共和国住房和城乡建设部	住房城乡建设部
14	中华人民共和国交通运输部	交通运输部
15	中华人民共和国水利部	水利部
16	中华人民共和国农业部	农业部
17	中华人民共和国商务部	商务部
18	中华人民共和国文化部	文化部
19	中华人民共和国卫生和计划生育委员会	卫生计生委
20	中国人民银行	人民银行
21	中华人民共和国审计署	审计署
22	国务院国有资产监督管理委员会	国资委
23	中华人民共和国海关总署	海关总署
24	国家税务总局	税务总局
25	国家工商行政管理总局	工商总局
26	国家质量监督检验检疫总局	质检总局
27	国家新闻出版广电总局	新闻出版广电总局
28	国家统计局	统计局
29	国家林业局	林业局
30	国家知识产权局	知识产权局
31	国务院法制办公室	法制办
32	新华通讯社	新华社

（续表）

序号	全称	简称
33	中国科学院	中科院
34	中国社会科学院	社科院
35	中国工程院	工程院
36	国家行政学院	行政学院
37	中国地震局	地震局
38	中国气象局	气象局
39	中国银行业监督管理委员会	银监会
40	中国证券监督管理委员会	证监会
41	中国保险监督管理委员会	保监会
42	国家自然科学基金委员会	自然科学基金会
43	国家能源局	能源局
44	国家国防科技工业局	国防科工局
45	国家海洋局	海洋局
46	国家测绘地理信息局	测绘地信局
47	中国民用航空局	民航局
48	国家邮政局	邮政局
49	国家食品药品监督管理总局	食品药品监管总局
50	国家中医药管理局	中医药局
51	国务院台湾事务办公室	台　办
52	国务院新闻办公室	新闻办
53	国家航天局	航天局

北京市部分政府机构全称简称对照表		
序号	全称	简称
1	北京市人民代表大会常务委员会	市人大常委会
2	中共北京市委组织部	市委组织部
3	北京市委政法委员会	市委政法委
4	北京市机构编制委员会办公室	市编办
5	首都精神文明建设委员会办公室	首都文明办
6	中国人民政治协商会议北京市委员会	市政协
7	北京市政府新闻办公室（北京市委宣传部）	市政府新闻办公室（市委宣传部）
8	中共北京市委研究室	中共北京市委研究室
9	北京市人民政府办公厅	市政府办公厅
10	北京市发展和改革委员会	市发展改革委
11	北京市教育委员会	市教委
12	北京市科学技术委员会	市科委
13	北京市经济和信息化委员会	市经济信息化委（市国防科工办）
14	北京市公安局	市公安局
15	北京市监察局（中共北京市纪律检查委员会）	市监察局（市纪委）
16	北京市民政局	市民政局
17	北京市司法局	市司法局
18	北京市财政局	市财政局
19	北京市人力资源和社会保障局	市人力社保局
20	北京市国土资源局	市国土局
21	北京市环境保护局	市环保局
22	北京市规划委员会	市规划委（首规委办）
23	北京市住房和城乡建设委员会	市住房城乡建设委（市政府房改办）
24	北京市交通委员会	市交通委
25	北京市农村工作委员会	市农委（市委农工委）
26	北京市水务局	市水务局
27	北京市商务委员会	市商务委（市政府口岸办）
28	北京市文化局	市文化局
29	北京市卫生和计划生育委员会	市卫生计生委
30	北京市审计局	市审计局
31	北京市人民政府外事办公室（北京市人民政府港澳事务办公室）	市政府外办（市政府港澳办）
32	北京市社会建设工作办公室	市社会办
33	北京市人民政府国有资产监督管理委员会	市国资委
34	北京市地方税务局	市地税局

（续表）

序号	全称	简称
35	北京市工商行政管理局	市工商局
36	北京市质量技术监督局	市质监局
37	北京市新闻出版广电局	北京市版权局
38	北京市统计局（国家统计局北京调查总队）	市统计局 （国家统计局北京调查总队）
39	北京市园林绿化局（首都绿化委员会办公室）	市园林绿化局（首都绿化办）
40	北京市金融工作局	市金融局
41	北京市知识产权局	市知识产权局
42	北京市人民政府法制办公室	市政府法制办
43	北京市人民政府研究室	市政府研究室
44	中关村科技园区管理委员会	中关村管委会
45	北京市农业局	市农业局
46	北京市粮食局	市粮食局
47	北京市食品药品监督管理局	市食品药品监管局
48	北京市中医管理局	市中医局
49	北京市重大项目建设指挥部办公室	市重大项目办
50	北京市南水北调工程建设委员会办公室	市南水北调办
51	北京市档案局	市档案局
52	北京市公园管理中心	市公园管理中心
53	北京市投资促进局	市投资促进局
54	北京市地方志编纂委员会办公室	市地方志办公室
55	北京市政府采购中心	市政府采购中心
56	北京市国家税务局	市国税局
57	北京市气象局	市气象局
58	北京市人民政府台湾事务办公室	市台办（市委台湾工作办公室）
59	中华人民共和国北京海关	北京海关
60	北京市人民检察院	市人民检察院
61	北京市高级人民法院	市高级人民法院
62	北京市总工会	市总工会
63	共青团北京市委员会	团市委
64	北京市妇女联合会	市妇联
65	北京市科学技术协会	市科协
66	北京市社会科学界联合会	市社科联
67	北京市爱国卫生运动委员会	市爱卫会
68	北京出入境检验检疫局	北京检验检疫局

主题词索引

北京经济技术开发区年鉴 2016
BEIJING ECONOMIC-TECHNOLOGICAL DEVELOPMENT AREA YEARBOOK

索引说明

本索引采取主题索引也称内容分析索引法编纂。主题词以《北京经济技术开发区年鉴（2016）》正文中出现的专业名词、名词词组为主。

本索引按汉语拼音音序排列，汉字打头的标目按首字母的音序音调依次排列，首字相同时，则以第二字排序，依此类推；以英文字母打头的主题词，列于其前；以阿拉伯数字打头的主题词，排在最前面。

索引词条后的阿拉伯数字表示内容所在的页码，数字后的英文字母（a、b）表示正文中的栏别（从左至右）。

同一主题的内容在文中多处出现的，在索引中按页码顺序依次列出。

本刊的区情概况、特载、文件选载、大事记、统计资料、附录栏目内容不在索引范围内。

0～9

A

C

D

E

F

H

O

P

Q

R

S

Y

Z

北京经济技术开发区年鉴编辑部

电　　话　(010)67887287　67887137　67880343
传　　真　(010)67887287
电子邮箱　bdaqzb@163.com
网　　址　www.bda.gov.cn
通讯地址　北京经济技术开发区荣华中路15号
邮　　编　100176

bdayearbook
（微信）

图书在版编目（CIP）数据

北京经济技术开发区年鉴 . 2016 / 北京经济技术开发区年鉴编纂委员会编 . ——北京 : 方志出版社，2016.12
ISBN 978-7-5144-2236-8

Ⅰ. ①北… Ⅱ. ①北… Ⅲ. ①技术开发区—北京—2016—年鉴 Ⅳ. ① F127.1

中国版本图书馆 CIP 数据核字（2016）第 302308 号

北京经济技术开发区年鉴（2016）

编　　者：北京经济技术开发区年鉴编纂委员会
责任编辑：齐笑

出 版 人：冀祥德
出 版 者：方志出版社
地址　北京市朝阳区潘家园东里 9 号（国家方志馆 4 层）
邮编　100021
网址　http://www.fzph.org
发　　行：方志出版社发行中心
电话　（010）67110500
经　　销：各地新华书店
印　　刷：北京华联印刷有限公司

开　　本：889 × 1194　　1/16
印　　张：39.25
字　　数：872 千字
版　　次：2016 年 12 月第 1 版　　2016 年 12 月第 1 次印刷
印　　数：0001~1200 册

ISBN 978-7-5144-2236-8　　定价：480.00 元